澧县城头山

新石器时代遗址发掘报告(中)

湖南省文物考古研究所

主 编 何介钧

文物出版社

北京·2007

Chengtoushan in Lixian

Excavation Report of a Neolithic Site

(II)

Hunan Provincial Institute of Archaeology and Cultural Relics

Editor-in-chief　He Jiejun

Cultural Relics Publishing House

Beijing · 2007

第三部分

遗　物

第一章　汤家岗文化遗物

城头山遗址数千平方米的发掘面积内，出土汤家岗文化遗物的区域只见于发掘区的第六区，且主要集中于 1998 年和 2000 年度所发掘探方。除地层和两座墓葬外，多数遗物出土于灰坑当中。典型单位有 T3022⑧、T3122⑧、T3325⑭A、T3225⑭B、M904、H549、H585 等。遗物以陶器为主，另有少量磨制石器和燧石石片。

一　陶器

陶器均为手制，部分器表经过打磨处理，有的还涂有薄层黑褐色陶衣（主要是盘、钵两类）。除釜、罐口沿略有加厚外，一般器壁厚薄均匀，部分内壁有刮削痕迹。以夹砂陶为主，另有少量夹炭、夹蚌和泥质陶。白陶数量极少，也夹细小的石英砂末。陶色以红褐色为主，次为酱黑色（表三六、三七）。多数器表颜色斑驳不一，有的是多种颜色共处一器，表明当时陶器的烧制火候并不均匀。

表三六　　　　　　　　汤家岗文化典型灰坑出土陶器的陶质陶色统计表

数量 单位	陶质 陶色	夹砂		夹炭		夹蚌	泥质					小计
		红陶	褐陶	红陶	褐陶	灰褐	红陶	黑陶	酱黑	橙黄	白陶	
H594	片	25	57	11	22	5	18	23	46	15	3	225
	%	11.1	25.3	4.9	9.8	2.2	8.0	10.2	20.5	6.7	1.3	100
H585	片	150	195	34	46	8	45	80	125	34	8	725
	%	20.7	26.9	4.7	6.3	1.1	6.2	11.0	17.3	4.7	1.1	100
H588	片	68	110	24	35	4	13	44	75	14		387
	%	17.6	28.4	6.2	9.0	1.0	3.4	114	19.4	3.6		100

续表三六

数量单位 \ 陶质陶色	夹砂		夹炭		夹蚌	泥质					小计
	红陶	褐陶	红陶	褐陶	灰褐	红陶	黑陶	酱黑	橙黄	白陶	
H549　片	23	58	18	32		10	15	22	6	2	186
H549　%	12.4	31.2	9.7	17.2		5.4	8.1	11.8	3.2	1.1	100
小计　片	266	420	87	135	17	86	162	268	69	13	1523
小计　%	17.5	27.6	5.7	8.9	1.1	5.6	10.6	17.6	4.5	0.9	100
合计（%）	45.1		14.6		1.1	39.2					100

表三七　　　　汤家岗文化典型地层出土陶器的陶质陶色统计表

数量单位 \ 陶质陶色	夹砂		夹炭		夹蚌	泥质					小计
	红陶	褐陶	红陶	褐陶	灰褐	红陶	黑陶	酱黑	橙黄	白陶	
T3022⑧　片	31	120	25	30	7	29	35	86		1	364
T3022⑧　%	8.5	33.0	6.9	8.2	2.0	8.0	9.6	23.6		0.3	100
T3122⑧　片	89	108	21	28		25	19	43	12	4	349
T3122⑧　%	25.5	31.0	6.0	8.0		7.2	5.4	12.3	3.4	1.2	100
T3225⑭B　片	120	50	18	15	5	30	25	15	9	1	288
T3225⑭B　%	41.7	17.4	6.3	5.2	1.7	10.4	8.7	5.2	3.1	0.3	100
T3325⑭B　片	90	210	23	40		8	12	30	40	5	458
T3325⑭B　%	19.7	45.9	5.0	8.7		1.8	2.6	6.6	8.7	1.1	100
T3325⑭A　片	45	67	18	31	6	12	18	24	8	1	230
T3325⑭A　%	19.6	29.1	7.8	13.5	2.6	5.2	7.8	10.4	3.5	0.4	100
小计　片	375	555	105	144	18	104	109	198	69	12	1689
小计　%	22.2	32.8	6.2	8.5	1.1	6.2	6.5	11.7	4.1	0.7	100
合计（%）	55		14.7		1.1	29.2					100

　　陶器有纹饰者较多，比例高达50%左右。纹饰装饰方式有拍印、彩印、刻划、压印、模印等，主要纹样有粗绳纹、篦点纹、附加堆纹、锯齿纹、瓦棱纹、痂瘢纹、指甲纹、弦纹等。其中，篦点纹极其繁缛，由篦点所构图案复杂。有波浪形、曲折弧线形、竖向雨线形、方格带形、连珠形、还有各类几何图形等。其戳印工具估计是加工过的竹、木器类。白陶则以压印或模印指甲纹、勾连纹、交错几何纹、短条纹等为主（图四〇一，1～20；四〇二，1～20；四〇三，1～19）。红衣和彩陶较少，彩绘纹饰简单，常见条带纹，另有少量折曲纹、弧线勾连纹、圆点纹等。一般饰黑

图四○一　汤家岗文化陶器拍印、戳印、刻划纹饰（拓片）

1. T3024⑧:30　2. T3072⑧:19　3. T3273⑧:33　4. T3273⑧:19　5. T3273⑧:31　6. T3122⑧:23　7. T3325⑧:
23　8. T3123⑧:11　9. T3272⑧:29　10. T3024⑧:34　11. T3272⑧:35　12. T3122⑧:12　13. T3122⑧:17　14.
T3273⑧:31　15. T3174⑧:25　16. T3273⑧:29　17. T3223B:18　18. T3123⑧:29　19. T3273⑧B:34　20. T3325A:10

图四〇二 汤家岗文化陶器拍印、戳印、刻划纹饰（拓片）

1. T3073⑧:9 2. T3324⑧:21 3. T3222⑧:18 4. T3122⑧:9 5. T3273⑧:16 6. T3024⑧:10 7. T3122⑧:25 8. T3272⑧:19 9. T3024⑧:8 10. T3273⑧:10 11. T3022⑧:13 12. H585:7 13. T3273⑧:7 14. T3273⑧:6 15. T3273⑧:25 16. T3022⑧:34 17. T3274⑧:7 18. T3272⑧:9 19. T3122⑧:8 20. T3022⑧:12

图四○三　汤家岗文化陶器戳印、刻划纹饰（拓片）

1. T3273⑧:14　2. T3224⑧:15　3. T3273⑧:14　4. T3022⑧:14　5. H504:7　6. M904:2　7. T3223
⑧:11　8. T3223⑧:26　9. T3325B:16　10. H600:6　11. T3123⑧:9　12. H585:16　13. T3122⑧:
11　14. T3122⑧:7　15. M905:1　16. T3273⑧:11　17. T3273⑧:30　18. T3122⑧:23　19. T3275:16

彩，亦有少量饰红、黄二种色彩的。

陶器造型以圜底为大宗，次为圈足，不见三足器。器类有釜、罐、钵、碗、盘、盆、支座。器类中釜的比例近半，次为钵、碗类。

釜　249 件。完整器较少，绝大多数为残器，仅存口沿及上腹部。夹砂红陶或褐陶。分十一型。

A 型　64 件。均为残器。仰折沿，深筒腹微鼓，器物个体较大。分三式。

Ⅰ式　25 件。侈口，沿外有凸棱。

标本 M904:3，唇沿饰一周锯齿纹，颈饰戳印短线和四方格带纹，腹部满布痂瘰纹。底残。口径 24、残高 17.4 厘米（图四〇四，1）。标本 T3272⑧:1，腹饰粗绳纹。口径 30、残高 15.2 厘米（图四〇四，2）。

Ⅱ式　20 件。敞口微内敛，沿外有凸棱。

标本 T3325⑭A:1，颈饰一周刻划波折和短竖线纹，腹饰粗绳纹。口径 27、残高 9.7 厘米（图四〇四，3）。

Ⅲ式　19 件。尖唇微盘口，沿外无凸棱。

标本 T3325⑭A:2，颈饰两周指甲纹，腹饰痂瘰纹。口径 26.4、残高 12.6 厘米（图四〇四，4）。

B 型　19 件。均为残器。盘口，深筒腹微鼓。分三式。

Ⅰ式　3 件。浅盘口，仰折沿。

标本 T3022⑧:1，沿外饰戳印篦点纹及一周圆圈纹，颈及上腹饰篦点、雨线、圆圈和刻划几何纹。口径 22、残高 13.2 厘米（图四〇四，5）。

Ⅱ式　5 件。盘口，沿面较宽。

标本 T3275⑭A:1，颈饰戳印指甲状纹，腹饰篦点组成的网状纹。口径 16、残高 4.6 厘米（图四〇四，6）。

Ⅲ式　11 件。盘口，沿面变宽，束颈。

标本 H588:1，颈饰二行刻划波折纹，腹饰痂瘰纹。口径 22、残高 11.2 厘米（图四〇四，7）。标本 H580:2，沿外饰戳印篦点纹及圆圈纹，颈残见篦点状纹饰。口径 26、残高 4 厘米（图四〇四，8）。

C 型　11 件。其中，完整器 3 件。窄折沿，浅筒腹，器物个体较小。分三式。

Ⅰ式　2 件。直腹。

标本 T3325⑭B:1，颈及上腹饰篦点纹，下腹素面。口径 11、残高 4.8 厘米（图四〇四，9）。

Ⅱ式　6 件。其中，完整器 2 件。斜直腹内收，尖圜底。

标本 M904:4，腹、底转折成棱。素面。口径 13.6、高 8.6 厘米（图四〇四，10；图版一，1）。标本 T3324⑧:1，口沿不规整。素面。口径 16、高 10 厘米（图四〇四，11）。

Ⅲ式　3 件。其中，完整器 1 件。窄折沿，斜弧腹，圜底。

标本 T3073⑧:1，腹较浅，圜底近平。素面。口径 13、高 7.6 厘米（图四〇四，12）。

D 型　8 件。均为残器。小口，折沿微内凹，束颈，深垂腹。器物个体较大。分二式。

Ⅰ式　2 件。斜肩成有领状。

标本 H561:1，腹较鼓。素面。口径 20、腹径 39.2、残高 24.8 厘米（图四〇五，1）。

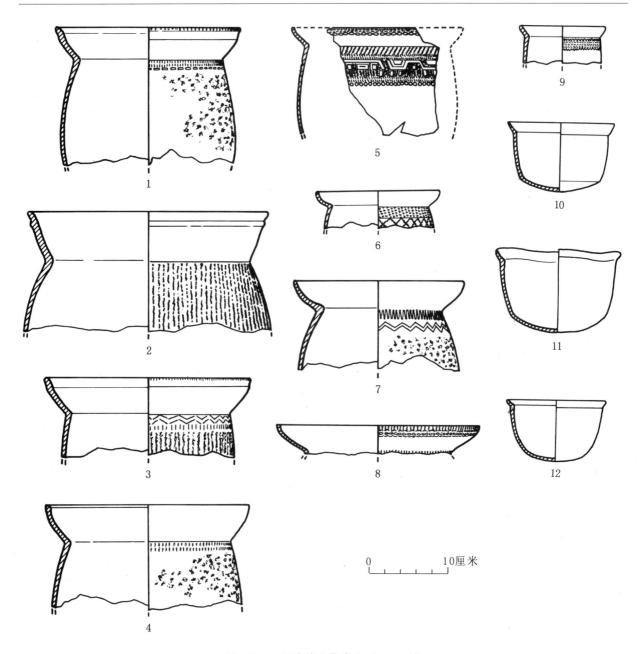

图四〇四　汤家岗文化陶釜（A～C型）

1、2.A型Ⅰ式（M904:3、T3272⑧:1）　　3.A型Ⅱ式（T3325⑭A:1）　　4.A型Ⅲ式（T3325⑭A:2）

5.B型Ⅰ式（T3022⑧:1）　　6.B型Ⅱ式（T3275⑭A:1）　　7、8.B型Ⅲ式（H588:1、H580:2）　　9.C

型Ⅰ式（T3325⑭B:1）　　10、11.C型Ⅱ式（M904:4、T3324⑧:1）　　12.C型Ⅲ式（T3073⑧:1）

Ⅱ式　6件。斜肩，最大腹径上移。

标本 T3122⑧:6，球腹。素面。口径 19.2、腹径 38.7、残高 31.4 厘米（图四〇五，2）。

E型　19件。均为残器。斜折沿，深垂腹，余同D型。分二式。

Ⅰ式　5件。折沿微仰，上腹微曲，最大腹径偏下。

标本 T3022⑧:2，上腹饰刻划网络纹及平行竖条纹，下腹素面。口径 21.2、腹径 33.2、残高

24 厘米（图四〇五，3）。

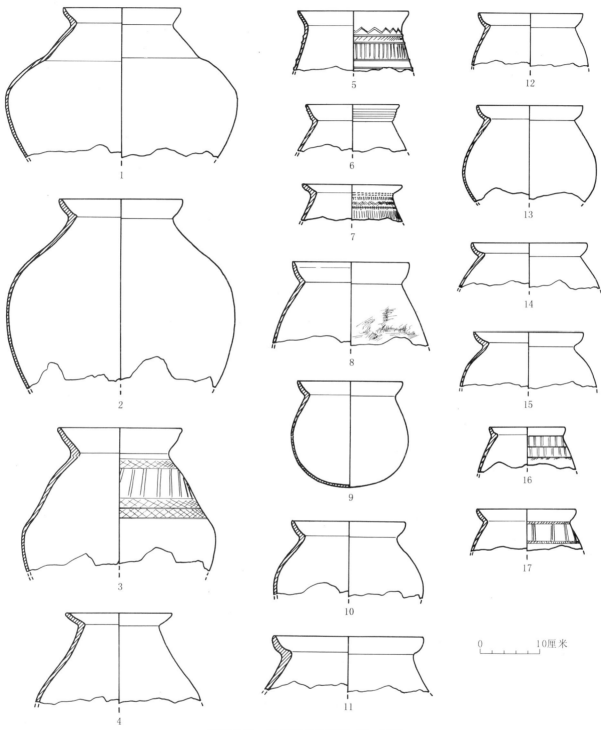

图四〇五　汤家岗文化陶釜（D～I型）

1. D型I式（H561:1）　2. D型II式（T3122⑧:6）　3. E型I式（T3022⑧:2）　4. E型II式（T3122⑧:7）
5. F型I式（T3222⑧:1）　6. F型II式（T3273⑧:1）　7. F型III式（T3172⑧:1）　8. G型I式（H585:1）
9. G型II式（H549:2）　10. G型III式（H549:1）　11. H型I式（T3122⑧:5）　12、13. H型II式（T3322⑧:
1、H584:2）　14、15. H型III式（T3225⑭B:1、H584:1）　16. I型I式（T3073⑧:2）　17. I型II式（H584:3）

Ⅱ式　14件。折沿较甚，上腹内弧。

标本 T3122⑧:7，素面。口径18、残高14.6厘米（图四〇五，4）。

F 型　33件，均为残器。大口，折沿，垂腹。器物个体较小。分三式。

Ⅰ式　17件。仰折沿似卷。

标本 T3222⑧:1，颈饰一周刻划波折纹，上腹饰刻划斜线和竖线纹，间以数道附加堆纹，下腹残。口径19、残高9.8厘米（图四〇五，5）。

Ⅱ式　11件。仰折沿微内凹。

标本 T3273⑧:1，沿外饰数道弦纹，腹部素面。扣径17、残高6.9厘米（图四〇五，6）。

Ⅲ式　5件。折沿较甚。

标本 T3172⑧:1，颈饰戳印篦点及刻划纹，上腹饰细刻划竖条纹。口径17、残高6.2厘米（图四〇五，7）。

G 型　29件。除个别复原器物外，多为残器。折沿微内凹，鼓腹。分三式。

Ⅰ式　3件。鼓腹，大圜底。

标本 H585:1，腹饰细篦划纹，下部残。口径20、残高12.8厘米（图四〇五，8）。

Ⅱ式　16件。鼓腹，大圜底。

标本 H549:2，素面。口径18、腹径20、高17.6厘米（图四〇五，9）。

Ⅲ式　10件。束颈，鼓腹，最大腹径上移。

标本 H549:1，素面。口径19.6、腹径26.4、残高12厘米（图四〇五，10）。

H 型　32件。均为残器。盘口，鼓腹。分三式。

Ⅰ式　4件。仰折沿，深盘口，束颈，斜肩。

标本 T3122⑧:5，素面。口径26、残高9厘米（图四〇五，11）。

Ⅱ式　16件。仰折沿，深盘口，溜肩。

标本 T3322⑧:1，饰暗红陶衣。素面。口径18、残高8.8厘米（图四〇五，12）。标本 H584:2，最大腹径偏下。素面。口径18、腹径22.8、残高16厘米（图四〇五，13）。

Ⅲ式　12件。折沿，盘口较浅，广肩，最大腹径偏上。

标本 T3225⑭B:1，素面。口径20、残高7.4厘米（图四〇五，14）。标本 H584:1，广肩微耸。素面。口径19、残高9.2厘米（图四〇五，15）。

I 型　6件。均为残器。折沿，鼓腹，一般饰刻划纹。个体较小。分二式。

Ⅰ式　2件。窄折沿内凹，鼓腹微垂。

标本 T3073⑧:2，上腹饰红衣及刻划短竖条纹，间以弦纹。口径13、残高6.7厘米（图四〇五，16）。

Ⅱ式　4件。宽折沿，鼓腹。

标本 H584:3，颈及上腹饰两周由短斜线组成的带纹，中间饰数组刻划竖线纹。口径17、残高6.9厘米（图四〇五，17）。

J 型　18件。均为残器。宽折沿，鼓腹，饰附加堆纹。分三式。

Ⅰ式　5件。斜折沿，无肩。

标本 T3222⑧:2，颈饰附加堆纹，间以刻划波折纹。口径16、残高6厘米（图四〇六，1）。

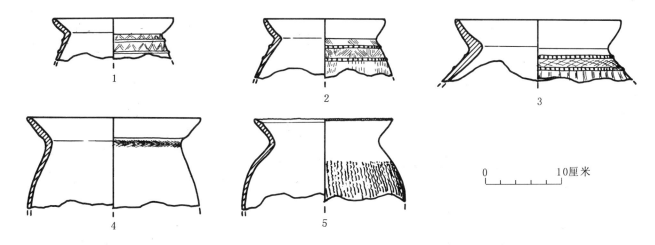

图四〇六　汤家岗文化陶釜（J、K型）

1. J型Ⅰ式（T3222⑧:2）　2. J型Ⅱ式（T3022⑧:4）　3. J型Ⅲ式（T3022⑧:5）

4. K型Ⅰ式（H582:1）　5. K型Ⅱ式（H589:1）

Ⅱ式　10件。折沿微凹，溜肩。

标本T3022⑧:4，肩饰两周附加堆纹，间以成组的细刻划斜线纹，腹饰浅刻划细雨线纹。口径16、残高7.4厘米（图四〇六，2）。

Ⅲ式　3件。折沿内凹，斜肩。

标本T3022⑧:5，肩饰两周附加堆纹，间以浅细刻划网格纹，腹饰成组的刻划竖条纹。口径22、残高8厘米（图四〇六，3）。

K型　10件。宽卷沿，束颈，深鼓腹。分二式。

Ⅰ式　6件。喇叭口，微束颈。

标本H582:1，除颈部饰一圈刻划折曲纹（似叶脉）外，余为素面。口径23、残高11.5厘米（图四〇六，4）。

Ⅱ式　4件。敞口微侈，束颈更甚。

标本H589:1，唇沿上饰一周刻划锯齿纹，腹饰拍印绳纹。口径18、残高11.7厘米（图四〇六，5）。

罐　24件。均为残器。夹炭红陶或褐陶。分三型。

A型　8件。有领罐。夹砂褐陶。分二式。

Ⅰ式　6件。方唇，折沿，曲领微折。

标本T3273⑧:2，领、腹饰粗乱拍印绳纹。口径17、残高7.6厘米（图四〇七，1）。

Ⅱ式　2件。尖唇，微盘口，曲领。

标本T3325⑮:4，素面。口径22、残高7.4厘米（图四〇七，2）。

B型　6件。敛口罐。泥质橙黄陶。

标本T3123⑧:4，口沿外饰黑彩带及二个对称的圆镂孔，镂孔为对钻。口径13、残高7.7厘米（图四〇七，3）。

C型　10件。折沿罐。泥质红陶。分二式。

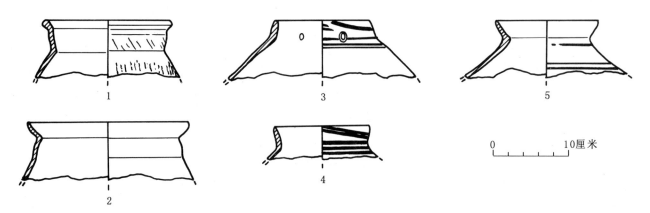

图四○七　汤家岗文化陶罐（A～C型）

1. A型Ⅰ式（T3273⑧:2）　2. A型Ⅱ式（T3325⑮:4）　3. B型（T3123⑧:4）

4. C型Ⅰ式（T3024⑧:2）　5. C型Ⅱ式（T3123⑧:5）

Ⅰ式　3件。折沿似卷。

标本T3024⑧:2，沿外及颈部饰平行和斜向黑彩带。口径13、残高4.5厘米（图四○七，4）。

Ⅱ式　7件。折沿微凹，斜肩微内弧。

标本T3123⑧:5，颈及肩部饰平行黑彩带。口径14、残高7厘米（图四○七，5）。

碗　75件。泥质黑陶或酱黑陶。分三型。

A型　32件。直口微敞。分三式。

Ⅰ式　14件。浅斜腹，粗圈足。

标本M904:2，唇饰锯齿纹，口及上腹部饰篦点状弦纹、斜条纹和勾连纹，下腹部素面，盘、足相交处亦满布篦点纹。圈足略残。口径18.4、残高6.4厘米（图四○八，1）。

Ⅱ式　10件。口微内折，球腹，小圈足。

标本T3225⑭B:2，唇饰锯齿纹，口及上腹部饰三组平行篦点条纹，下腹素面。圈足残。口径21、残高8厘米（图四○八，2）。

Ⅲ式　8件。近直口，深弧腹，小圈足。

标本H549:3，纹饰同Ⅱ式。圈足残。口径22、残高9.4厘米（图四○八，3）。

B型　18件。泥质黑陶（俗称黑皮陶），敞口。分二式。

Ⅰ式　12件。腹较浅。

标本H549:4，唇饰锯齿纹，口及上腹戳印三组平行篦点条纹，下腹素面。圈足略残。口径22、残高8.4厘米（图四○八，4）。

Ⅱ式　6件。腹较深。

标本T3072⑧:1，足、腹相交处饰一周指甲纹，余均同Ⅰ式。圈足残。口径21、残高8.8厘米（图四○八，5）。

C型　25件。泥质黑陶。大敞口，折腹。分二式。

Ⅰ式　2件。腹微折。

标本T3224⑧:2，盘外上腹饰两组平行篦点条纹，间以刻划与篦点组成的菱形纹；下腹饰四道平行的压印凹凸条纹。圈足残。口径21、残高5.6厘米（图四○八，6）。

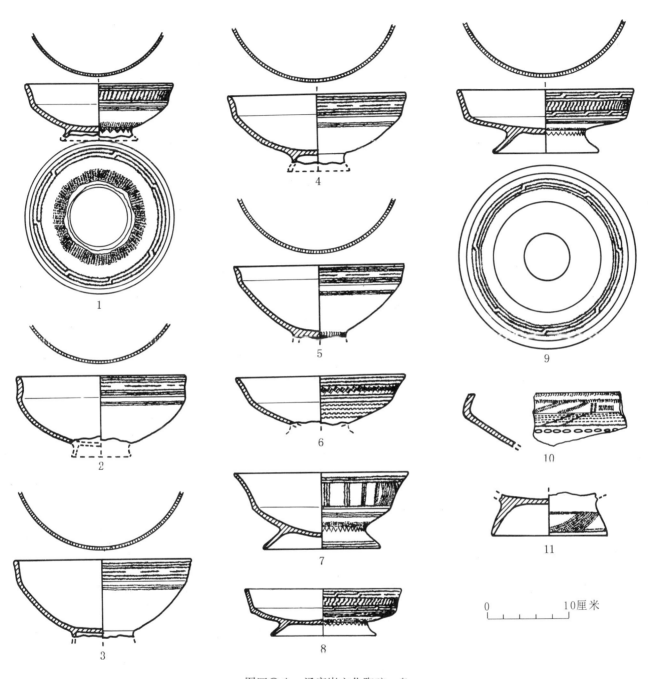

图四〇八 汤家岗文化陶碗、盘

1. A型Ⅰ式碗（M904:2） 2. A型Ⅱ式碗（T3225⑭B:2） 3. A型Ⅲ式碗（H549:3） 4. B型Ⅰ式
碗（H549:4） 5. B型Ⅱ式碗（T3072⑧:1） 6. C型Ⅰ式碗（T3224⑧:2） 7. C型Ⅱ式碗（T3022⑧:
6） 8. A型Ⅰ式盘（M904:1） 9. A型Ⅱ式盘（M905:1） 10、11. B型盘（T3024⑧:1、T3225⑭B:3）

Ⅱ式 23件。折腹，矮圈足外撇。

标本T3022⑧:6，器身及圈足饰由箆点纹组成的平行横条条纹、竖线纹、折曲纹及刻划齿状
纹等。口径21.4、足径14.4、高9.2厘米（图四〇八，7；图版一，2）。

盘 25件。泥质酱黑陶。分二型。

A 型　10 件。2 件完整，余为残器。泥质黑陶。直敞口，矮圈足外撇。分二式。

Ⅰ式　4 件。圈足较矮。

标本 M904∶1，唇沿饰锯齿纹，腹及圈足根部饰由篦点纹组成的横条纹、勾连纹、折曲纹及刻划锯齿状纹，圈足素面。口径 19.4、足径 12.8、高 5.8 厘米（图四〇八，8）。

Ⅱ式　6 件。圈足较高。

标本 M905∶1，纹饰同 M904∶1。口径 22、足径 12.8、高 7.6 厘米（图四〇八，9；彩版四二，1）。

B 型　15 件。均为残器。泥质酱黑陶。折敛口，广圈足较高。

标本 T3024⑧∶1，残片，仅存盘口及上腹。口外饰两周指甲纹，上腹饰由篦点纹组成的斜、竖、横等条纹，中腹戳印一周圆圈纹。口径难以复原，残高 8 厘米（图四〇八，10）。标本 T3225⑭B∶3，仅存圈足部分。广圈足上饰篦点纹。足径 15、残高 5.5 厘米（图四〇八，11）。

盆　21 件。折腹，圜底。分二型。

A 型　12 件。敞口，折腹，圜底。分二式。

Ⅰ式　9 件。敞口，浅腹。

标本 T3122⑧∶4，口及上腹饰由篦点纹组成的横条纹、勾连纹及折曲纹等，间以绳索状压印纹，下腹及底饰密集的篦点纹。口径 22、复原高度 5 厘米（图四〇九，1）。

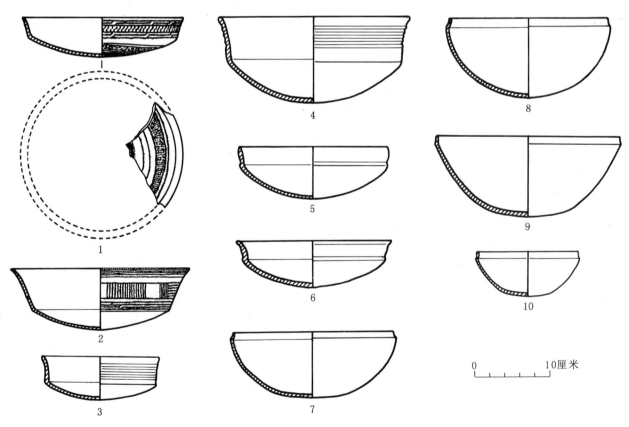

0　　　　　　　10厘米

图四〇九　汤家岗文化陶盆、钵

1. A 型Ⅰ式盆（T3122⑧∶4）　2. A 型Ⅱ式盆（T3272⑧∶2）　3. B 型Ⅰ式盆（T3224⑧∶1）　4. B 型Ⅱ式盆（T3123⑧∶3）　5. A 型Ⅰ式钵（T3225⑭B∶4）　6. A 型Ⅱ式钵（T3325⑭A∶3）　7. B 型Ⅰ式钵（T3022⑧∶7）　8. B 型Ⅱ式钵（T3073⑧∶3）　9、10. B 型Ⅲ式钵（T3022⑧∶8、T3022⑧∶9）

Ⅱ式　3件。敞口微侈，深腹。

标本 T3272⑧:2，唇面压印一周指甲状锯齿纹，口及上腹饰由篦点纹组成的横、竖条纹及勾连纹，下腹素面。口径 24、高 8 厘米（图四〇九，2；图版一，3）。

B 型　9件。微敞口，上腹较直，折腹较甚，圜底。分二式。

Ⅰ式　6件。个体较小。腹较浅，上腹微内弧。

标本 T3224⑧:1，上腹饰弦纹，较浅。口径 16、高 5.6 厘米（图四〇九，3）。

Ⅱ式　3件。个体较大。腹较深，上腹斜直。

标本 T3123⑧:3。上腹饰弦纹，较深。口径 26、高 11.2 厘米（图四〇九，4）。

钵　72件。泥质黑陶或酱黑陶。分二型。

A 型　22件。泥质酱黑陶。敞口，浅腹。分二式。

Ⅰ式　15件。微敞口，腹较深。

标本 T3225⑭B:4，口、腹转折处有突棱，素面。口径 20、高 6.8 厘米（图四〇九，5）。

Ⅱ式　7件。敞口微侈，腹较浅。

标本 T3325⑭A:3，素面。口径 21、高 6.2 厘米（图四〇九，6）。

B 型　50件。泥质黑陶。敛口，深腹。分三式。

Ⅰ式　30件。敛口较甚，腹较浅。

标本 T3022⑧:7，素面。口径 21.6、高 8.6 厘米（图四〇九，7）。

Ⅱ式　8件。敛口较甚，腹较深。

标本 T3073⑧:3，素面。口径 21.2、高 10.61 厘米（图四〇九，8；图版一，4）。

Ⅲ式　12件。直口微敛，腹较深。

标本 T3022⑧:8，素面。口径 24.8、高 10.6 厘米（图四〇九，9）。标本 T3022⑧:9，个体较小，素面。口径 13.6、高 5.9 厘米（图四〇八，10）。

支座　17件。分二型。

A 型　15件。夹砂红褐陶。哑铃形，平底。分三式。

Ⅰ式　6件。弧顶，亚腰，平底。

标本 H585:2，素面。顶径 10.8、底径 10.7、高 19.6 厘米（图四一〇，1；图版一，5）。

Ⅱ式　7件。顶均残，亚腰较甚，平底。

标本 T3122⑧:3，素面。底径 11.2、残高 9.4 厘米（图四一〇，2）。

Ⅲ式　2件。顶均残，亚腰更甚，平底内凹。

标本 T3073⑧:4，素面。底径 9.2、残高 6 厘米（图四一〇，3）。

B 型　2件。泥质红褐陶。圆柱形，底部起台棱，下接假圈足。

标本 T3122⑧:2。顶端残。素面。器身径约 7.8、台棱径约 10.7、假足径约 7 厘米（图四一〇，4）。

二　石器

城头山遗址属于汤家岗文化时期的石器种类和数量均较少，目前仅见两类。一类是磨制石斧，

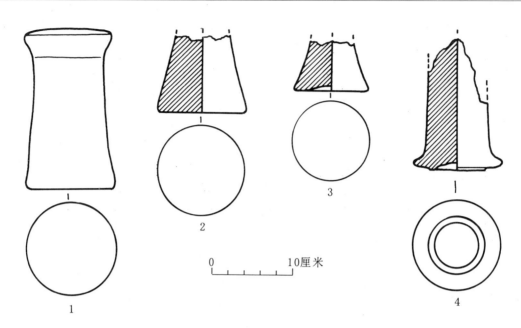

图四一〇　汤家岗文化陶支座

1. A型Ⅰ式（H585:2）　　2. A型Ⅱ式（T3122⑧:3）　　3. A型Ⅲ式（T3073⑧:4）　　4. B型（T3122⑧:2）

另一类则是打制石片。石料前者主要以砾石为主，后者则以黑色燧石为主。石斧的整体特征是磨制精致，器形较小较薄。

斧　21件。仅2件完整器，余均为残器。分二型。

A型　8件。均为残器。长方形，直边，纵截面呈凿形。分二式。

Ⅰ式　6件。较薄。

标本H594:1，斜刃。残长4.2、宽5.9、厚1.3厘米（图四一一，1）。标本T3123⑧:2，刃部崩裂。残长5.8、宽4.7、厚1.8厘米（图四一一，2）。

Ⅱ式　2件。较厚，边更直。

标本T3223⑧:1，斜刃。残长8.4、宽6.4、厚3.4厘米（图四一一，3）。

B型　13件。梯形，弧边，纵截面呈锛形。分二式。

Ⅰ式　5件。较薄，刃部较锐。

标本T3122⑧:1，刃部略残。长8.5、顶宽3.4、刃宽5.8、厚1.6厘米（图四一一，4）。

Ⅱ式　8件。弧顶，较厚，刃部较钝。

标本H574:1，长8.4、宽5、厚2厘米（图四一一，5）。

燧石片　13件。据平面形状不同，分为三型。

A型　5件。贝壳形（半圆形）。

标本H561:2，长约3.2、刃宽5、厚约0.9厘米（图四一一，6）。

B型　6件。平面梯形。

标本T3022⑧:10，长3.2、宽5.2厘米（图四一一，7）。

C型　2件。不规则长方形。

标本T3123⑧:1，长2.3、刃宽5.2、厚1厘米（图四一一，8）。

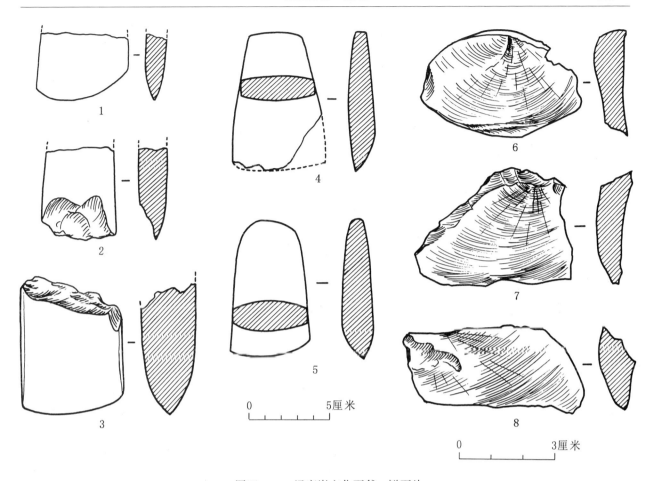

图四一一　汤家岗文化石斧、燧石片

1、2. A型Ⅰ式斧（H594:1、T3123⑧:2）　3. A型Ⅱ式斧（T3223⑧:1）　4. B型Ⅰ式斧（T3122⑧:1）　5. B型
Ⅱ式斧（H574:1）　6. A型燧石片（H561:2）　7. B型燧石片（T3022⑧:10）　8. C型燧石片（T3123⑧:1）

　　经过整理，我们对城头山遗址汤家岗文化特征有了一个总体把握，大致归纳如下：1. 遗迹仅灰坑和墓葬两类，一般直接打破生土。灰坑壁、底均十分规整，平面常见方形和椭圆形。墓葬为长方形土坑，一般随葬碗和釜两类器物。2. 陶器制造以手制为主，开始出现慢轮修整。后者常见于盘、碗两类器物。3. 拥有较多夹砂褐陶和泥质酱黑或黑皮陶。黑皮附着不匀，不如后续文化中的磨光黑皮陶匀称。4. 器表重点装饰部位是碗、盘类的盘壁及釜、罐类的口沿和颈部。整体装饰风格对比汤家岗文化其他遗址，似乎又显简单。5. 素面陶较多，纹饰比例明显偏低。6. 白陶和彩绘偏少。7. 器类以圜底为主，圈足次之，不见三足。典型器物组合有：筒形釜、鼓腹釜、折壁圈足碗、圜底钵、矮圈足盘等。8. 石器数量较少，个体普遍偏小。以磨制石斧为主，另有少量打制的细小燧石石器。

第二章　大溪文化遗物

城头山遗址大溪文化时期的文化遗物最为丰富，出土的完整及复原器物千余件。完整器物主要出土于墓葬当中，部分灰坑及地层亦有不少可复原器物。遗物以陶器为主，次为石器，另有少量玉、骨、角、木器、木构件和纺织物。下面按质料分类介绍如下。

一　陶器

（一）生活用器

陶器以手制为主，并经慢轮修整。早期夹炭和夹砂红陶及泥质酱黑陶比例较大，随后愈晚愈少，而泥质黑陶和灰陶比例则逐渐上升。此外，夹砂和夹炭褐陶及泥质橘红和橙黄陶比例亦较多，另有少量夹蚌红褐陶和细砂白陶（表三八～四一）。多数器表涂抹一层薄陶衣，烧制时经氧化而成红色（俗称红衣陶）。有的因氧化不充分，致使器表颜色斑驳不一。另外，外红内黑陶比例亦不少。此种陶器的成因，估计是人为渗碳工艺所致。

素面是城头山遗址大溪文化陶器的主要特征，其比例高达 90％ 左右，而纹饰装饰方法有拍印、刻划、戳印、模印、压印、附加和彩绘等。主要纹饰有绳纹、弦纹、瓦棱纹、篦点纹、镂孔、按窝纹、锯齿纹、器内刻槽及刻划符号等（图四一二，1～14；四一三，1～14；四一四，1～8）。其中，绳纹、瓦棱纹、篦点纹及锯齿纹等常见于早期阶段，而器内刻槽及刻划符号则常见于晚期阶段。

彩陶是城头山遗址大溪文化陶器的又一特征。种类有黑、红、赭三类，以黑彩最多。早期多施于罐、釜类的口沿及肩部，个别器物口沿内侧亦绘彩。随后，鼎、盆、三足和圈足杯也常见施彩，到晚期则以瓶、壶类器物为主要施彩对象。彩陶风格由早到晚，总体变化特征是由复杂抽象向简单明了发展演变。纹样主要有宽带纹、勾曲纹、波折纹、网格纹、圆圈纹、圈点纹、花瓣纹、

表三八　　　　　　　　　大溪文化一期典型单位出土陶器的陶质陶色统计表

单位	百分比	夹砂		夹炭		夹蚌	粗泥		泥质					小计
		红陶	褐陶	红陶	褐陶	褐陶	红陶	褐陶	红陶	黑陶	酱黑	橙黄	白陶	
H541	片	80	60	50	8	20	30	6	10	10	25	5	1	305
	%	26.2	19.7	16.4	2.6	6.6	9.8	2.0	3.3	3.3	8.2	1.6	0.3	100
H315	片	45	36	28	12	15	12	5	8	4	17	3	5	190
	%	23.7	18.9	14.7	6.3	7.9	6.3	2.6	4.2	2.1	8.9	1.6	2.6	100
H376	片	64	35	14	10	16	28	11	9	4	18	3	2	214
	%	33.7	16.4	6.5	4.7	7.5	13.1	5.1	4.2	1.9	8.4	1.4	0.9	100
H348	片	115	98	62	24	13	35	24	21	15	42		8	457
	%	25.2	21.4	13.6	5.3	2.8	7.7	5.3	4.6	3.3	9.2		1.8	100
H581	片	48	52	12	23	8	12	5	14	6	28	3		211
	%	22.7	24.6	5.7	10.9	3.8	5.7	2.4	6.6	2.8	13.3	1.4		100
H551	片	40	60	15			8		4	3	25			155
	%	25.8	38.7	9.7			5.2		2.6	1.9	16.1			100
H509	片	80	30	20		5	20		13		60	20	4	252
	%	31.7	11.9	7.9			7.9		5.2		23.8	7.9	1.6	100
T3274⑦	片	120	65	30	15	5	40		12	30	80		2	399
	%	30.1	16.3	7.5	3.8	1.3	10.0		3.0	7.5	20.1		0.5	100
T3123⑦	片	60	125	30	12		40		10	18	60	3	5	363
	%	16.5	34.4	8.3	3.3		11.0		2.8	5.0	16.5	0.8	1.4	100
T3277⑩	片	150	110	40	50		65		30	20	26	15	3	509
	%	29.5	21.6	7.9	9.8		12.8		5.9	3.9	5.1	2.9	0.6	100
T3225⑪	片	110	30	30	18	5	65	21	5	9	17			310
	%	35.5	9.7	9.7	5.8	1.6	21.0	6.8	1.6	2.9	5.5			100
T3080⑯	片	10	45	8		10	40		4		5			122
	%	8.2	36.9	6.6		8.2	32.8		3.3		4.1			100
小计	片	922	746	339	172	97	395	72	140	119	403	52	30	3487
	%	26.4	21.4	9.7	4.9	2.8	11.3	2.1	4.0	3.4	11.7	1.5	0.8	100
合计（%）		47.8		14.6		2.8	13.4		21.4					100

表三九　　　　大溪文化二期典型单位出土陶器的陶质陶色统计表

单位		夹砂		夹炭		夹蚌	粗泥		泥质						小计
百分比 / 陶质陶色		红陶	褐陶	红陶	褐陶	褐陶	红陶	褐陶	红陶	黑陶	酱黑	橙黄	橘红	白陶	
H428	片	9	7	7	7	2	35	15	64	1	5	7	6		165
	%	5.5	4.2	4.2	4.2	1.2	21.2	9.1	38.8	0.6	3.0	4.2	3.6		100
H391	片	59	165		32		37	7	20	14		19	3	2	358
	%	16.5	46.1		8.9		10.3	2.0	5.6	3.9		5.3	0.8	0.6	100
H564	片	30	45	10					15	12	5	6	5	2	130
	%	23.1	34.6	7.7					11.5	9.2	3.8	4.6	3.8	1.5	100
H508	片	90	20	25			35		8		5	2		4	189
	%	47.6	10.6	13.2			18.5		4.2		2.6	1.1		2.1	100
H307	片	45	20							5		8	7	3	88
	%	51.1	22.7							5.7		9.1	8.0	3.4	100
H326	片	65	14	35	17	16	30	27	95	39	12			1	351
	%	18.5	4.0	10.0	4.8	4.6	8.5	7.7	27.1	11.1	3.4			0.3	100
H207	片	20		35	65	10			8	4			2		144
	%	13.9		24.3	45.1	6.9			5.6	2.8			1.4		100
H557	片	40	40	20			8			2	6				116
	%	34.5	34.5	17.2			6.9			1.7	5.2				100
H304	片	130	50	20			110			14	18			3	345
	%	37.7	14.5	5.8			31.9			4.1	5.2			0.9	100
H349	片	32	34		12	5	21			5	14	6			129
	%	24.8	26.4		9.3	3.9	16.3			3.9	10.9	4.7			100
T3080 ⑩	片	68	20	112	50	85	315	270	140	34	60	10	15	25	1204
	%	5.6	1.7	9.3	4.2	7.1	26.2	22.4	11.6	2.8	5.0	0.8	1.2	2.1	100
T3325 ⑨	片	180	30		20		80			45	10	15	3		383
	%	47.0	7.8		5.2		20.9			11.7	2.6	3.9	0.8		100
T3326 ⑧C	片	120	20	20			20			20		10	7	2	219
	%	54.8	9.1	9.1			9.1			9.1		4.6	3.2	0.9	100
T3174 ⑥	片	120	60	50					15	5	30	5	5		290
	%	41.4	20.7	17.2					5.2	1.7	10.3	1.7	1.7		100
T3272 ⑥	片	70	20		2		50		5	7	10				164
	%	42.7	12.2		1.2		30.5		3.0	4.3	6.1				100
T1129 ⑧	片	17			17	14	30	55	88	3			8	3	235
	%	7.2			7.2	6.0	12.8	23.4	37.4	1.3			3.4	1.3	100
小计	片	1095	545	334	222	132	771	374	458	165	210	83	73	48	4510
	%	24.3	12.1	7.4	4.9	2.9	17.1	8.3	10.2	3.7	4.7	1.8	1.6	1.0	100
合计（%）		36.4		12.3		2.9	25.4		23.0						100

表四〇　　　　　大溪文化三期典型单位出土陶器的陶质陶色统计表

单位		夹砂			夹炭		夹蚌		粗泥	泥质						小计
		红陶	褐陶	白陶	红陶	褐陶	褐陶	灰陶	红陶	红陶	黑陶	橙黄	橘红	灰陶	白陶	
H419	片	79	18	3	58	39	31	12	507	210	69	12	35	29	2	1104
	%	7.2	1.6	0.3	5.3	3.5	2.8	1.1	45.9	19.0	6.3	1.1	3.2	2.6	0.2	100
H210	片	40	110		100	40	15		227	103	30			25		690
	%	5.8	15.9		14.5	5.8	2.2		32.9	14.9	4.3			3.6		100
H470	片	20	40		8				15	18	10			4	5	120
	%	16.7	33.3		6.7				12.5	15.0	8.3			3.3	4.2	100
H500	片	206	190	2	60				42	82	23	9		13		627
	%	32.9	30.3	0.3	9.6				6.7	13.1	3.7	1.4		2.1		100
H416	片	35			76	5	31	20		309	25			22	3	526
	%	6.7			14.4	1.0	5.9	3.8		387	4.8			4.2	0.6	00
H410	片	18	1		6	35	4	1		113	2		2	4		186
	%	1.0	0.5		3.2	18.8	2.2	0.5		60.8	1.1		1.1	2.2		100
H420	片	51	11		34	3	21	1		245				15		381
	%	13.4	2.9		8.9	0.8	5.5	0.3		64.3				3.9		100
H426	片	3								25	25	2		5		60
	%	5.0								41.7	41.7	3.3		8.3		100
H104	片	15	10	8			15		85	145	45	24	35	56	5	443
	%	3.4	2.3	1.8			3.4		19.2	32.7	10.2	5.4	7.9	12.6	1.1	100
Y10	片	46	12	5	34	21	15		205	98	46	8	24	42	4	560
	%	8.2	2.1	0.9	6.1	3.8	2.7		36.6	17.5	8.2	1.4	4.3	7.5	0.7	100
T112 7⑥B	片	10			9	23			100	102	78			30	110	462
	%	2.2			1.9	5.3			21.6	22.1	16.9			6.5	23.8	100
T318 0⑦	片	4				8	5		10	50				10		87
	%	4.6				9.2	5.7		11.5	57.5				11.5		100
T332 5⑦	片	25	17		3			2	10	25	11	4	5	35	2	139
	%	18.0	12.2		2.2			1.4	7.2	18.0	7.9	2.9	3.6	25.2	1.4	100
T317 3⑤	片	70	20		20					20	10			4	10	154
	%	45.4	13.0		13.0					13.0	6.5			2.6	6.5	100
T302 2⑤	片	38	20		30					10	22	4	7	5	10	146
	%	26.0	13.7		20.5					6.8	15.1	2.7	4.8	3.4	6.8	100
T307 2⑤	片	20	8	5	17			10	45	30	5	10		10	3	163
	%	12.3	4.9	3.1	10.4			6.1	27.6	18.4	3.1	6.1		6.1	1.8	100
小计	片	680	457	23	455	174	137	46	1256	1597	383	76	161	369	34	5848
	%	11.6	7.8	0.4	7.8	3.0	2.3	0.8	21.5	27.3	6.5	1.3	2.8	6.3	0.6	100
合计（%）		19.8			10.8		3.1		21.5	44.8						100

表四一　　　　　　　　　大溪文化四期典型单位出土陶器的陶质陶色统计表

单位	百分比	夹砂		夹炭		夹蚌	泥质					小计
	陶色	红陶	褐陶	红陶	褐陶	红陶	红陶	黑陶	灰陶	橙黄	橘红	
H460	片	100	40	40	20	60	90	80	10	20	20	480
	%	20.8	8.3	8.3	4.2	12.5	18.8	16.7	2.1	4.2	4.2	100
H461	片	20	7	5		10		4	3	3	5	57
	%	35.1	12.3	8.8		17.5		7.0	5.3	5.3	8.8	100
H299	片	15	9			35	60	16	14	15	11	175
	%	8.6	5.1			20.0	34.3	9.1	8.0	8.6	6.3	100
H291	片			9	4		5	6	11			35
	%			25.7			14.3	17.1	31.4			100
H280	片	25		36			85			25		171
	%	14.6		21.1			49.7			14.6		100
T3079 ④A	片	6		7			52	10	40			115
	%	5.2		6.1			45.2	8.7	34.8			100
T1177 ⑤B	片			9	2		7	4	20			42
	%			21.4	4.8		16.7	9.5	47.6			100
T1178 ⑤B	片	2	1				7	15	32			57
	%	3.5	1.8				12.3	26.3	56.1			100
T1625 ⑤B	片	5	10				30		7			52
	%	9.6	19.2				57.7		13.5			100
T7403 ④	片		4	15	10	5	20	7	10			71
	%		5.6	21.1	14.1	7	28.2	9.9	14.1			100
T7404 ③	片			10			20	15	20			65
	%		6	15.4			30.8	23.1	30.8			100
T7452 ④	片	5	7.9	13			20	12	20			76
	%	6.6	77	17.1			26.3	15.8	26.3			100
小计	片	178	5.5	144	36	110	396	169	187	63	36	1396
	%	12.8		10.3	2.6	7.9	28.4	12.1	13.3	4.5	2.6	100
合计（%）		18.3		12.9		7.9	60.9					100

绚索纹等（图四一五，1～14；四一六，1～4）。

器物造型早期多圜底和圈足，三足和平底较少。晚期则以圈足为主，三足和平底次之，圜底

0　　　　　　　5厘米

图四一二　大溪文化陶器刻划、模印、戳印纹饰（拓片）

1. T6403⑦B:22　2. T1674⑦:18　3. T1029⑧B:21　4. T6405⑩:18　5. T3129⑩:17　6. T3180:16　7. H462:

12　8. T3174⑤　9. T6454⑤:10　10. H307:11　11. T3129B:29　12. T3180:17　13. H462:14　14. T3325⑦:20

（1～3、5、6.刻划纹饰，4、7.模印纹饰，其他为戳印纹饰）

渐少。器类有釜、罐、钵、碗、盘、豆、缸、锅、盖、鼎、壶、簋、杯、瓶、甑、盆、碟、瓮、擂钵、器座、支垫等。

釜　3382件（以可辨器形的器物口沿计算个体，下同）。绝大多数为残器。以夹砂或夹炭红陶和褐陶为主，次为粗泥红陶，另有少量夹蚌红褐陶。依据口沿和腹部特征变化，分为十七型。

A型　410件。盘口较甚，深垂腹。分五式。

Ⅰ式　134件。盘口较甚，内敛，垂腹较深，最大腹径偏下，大圜底。

标本 H348：1，素面。器表颜色斑驳，上腹呈黑褐色，下腹为红褐色，器内为黑色，有烟炱痕迹。口径19、腹径26、高22厘米（图四一七，1；图版二，1）。标本 H348：7，底残。素面，口沿内侧呈黑色。口径24、腹径30、残高15.2厘米（图四一七，2）。标本 H348：2，个体较小，浅盘口略敞。素面。口沿及上腹部有黑色烟炱痕迹。口径16、腹径20.8、高17.6厘米（图四一七，3；图版二，2）。

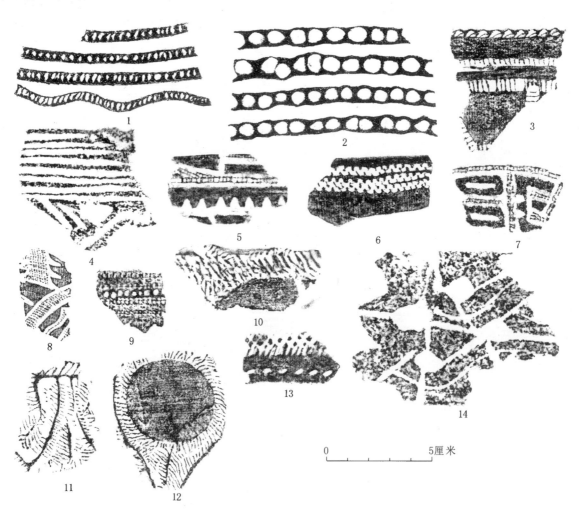

图四一三　大溪文化陶器附加堆纹，戳印、刻划、模印纹饰（拓片）

1. T3080：18　2. T1178⑧：14　3. T3275⑨：23　4. T3227⑨：19　5. T7005⑧　6. H521：7　7. T7005⑧：13　8. T3225⑧：16　9. H467：15　10. T3325⑨：24　11. T3325⑩：16　12. T3325⑩：22　13. T3223⑥：19　14. T3080⑧：27

（1、2.附加堆纹，3、4、13、14.刻划纹饰，6、9.戳印纹饰，其他为模印纹饰）

图四一四 大溪文化陶器刻划符号（拓片）

1. M878:4 2. M897:1 3. T7401:1 4. M903:2 5. M884:5 6. M878:1 7. M888:4 8. M806:2

Ⅱ式 76件。深盘口微内敛，垂腹较深，最大腹径略上移，圜底。

标本 M644:1，上腹饰红衣，下腹及底有烟炱痕迹。口径 22.6、腹径 30.2、高 24.8 厘米（图四一七，4；图版二，3）。

Ⅲ式 82件。深盘口微敞，垂腹，最人腹径上移。

标本 M698:1，器表红衣已脱落，外底有烟炱痕迹。口径 26.8、腹径 38、高 29 厘米（图四一七，5；图版二，4）。

Ⅳ式 64件。盘口微敞，垂腹变浅，最大腹径移至腹中部，尖圜底。

标本 M695:1，素面。口径 22.4、腹径 30、高 21.6 厘米（图四一七，6）。

Ⅴ式 54件。浅盘口，束颈，鼓腹。

标本 M686:1，素面。器表斑驳，红、黑相间。口径 25、腹径 30.4、高 21.8 厘米（图四一七，7）。

B型 158件。盘口较浅，垂腹较浅。分四式。

图四一五　大溪文化彩陶黑色彩绘花纹（摹本）

1、2. 彩带纹（T3275⑩:10、H304:3）　3. 弧线纹（H419:11）　4. 绚索纹（T1029⑧B:14）　5、6. 彩带纹、旋涡纹（T3129⑧B:10、T3129⑧B:11）　7、8. 彩带纹、卵点纹（T3079⑩5、T7054⑦:10）　9. 彩带纹、链条纹、水波纹（T3130⑩:11）　10~12、14. 彩带纹、网目纹（T7454⑥:12、T3079⑩:13、T6404⑧:15、T3129⑩:11）　13. 彩带纹、绳索纹（T6455⑥:10）

　　Ⅰ式　46件。盘口较深，垂腹较深，最大腹径偏下。

　　标本 M642:1，素面。口径 22.8、腹径 30.4、高 25.6 厘米（图四一七，8）。

　　Ⅱ式　28件。盘口较浅，垂鼓腹。

　　标本 M677:1，个体较小。通体饰红衣。口径 22.8、腹径 30、高 21.4 厘米（图四一七，9）。

　　Ⅲ式　42件。盘口，鼓腹，最大腹径略上移。

　　标本 H14:2，口沿及腹部饰红衣，底部红、黑斑驳。口径 30.8、腹径 41.8、高 28 厘米（图四

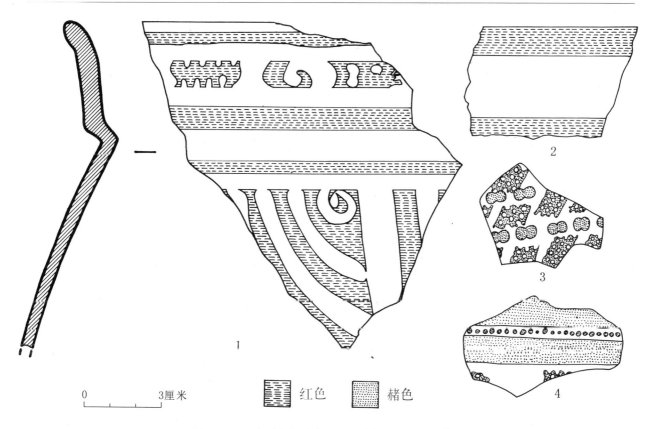

0　　　　3厘米

▨ 红色　　▨ 赭色

图四一六　大溪文化彩陶红色、赭色彩绘花纹（摹本）

1.彩带纹，漩涡纹（T6355⑥:8）　2.彩带纹（2.T3129⑧B:8）　3.卵点纹（T4351⑦C:14）　4.卵点彩带纹（T1079⑩:9）

一七，10）。

Ⅳ式　42件。盘口，浅鼓腹，大圜底。

标本 M38:2，个体较大，饰红衣，上绘黑彩，但都已脱落殆尽。口径35.2、腹径50、高31.6厘米（图四一七，11；图版三，1）。

C型　278件。盘口较浅，腹较深。分五式。

Ⅰ式　50件。仰盘口，斜肩，垂腹。

标本 T3322⑦:1，素面。个体较小，底略残。口径17、腹径22、残高12厘米（图四一八，1）。

Ⅱ式　78件。仰盘口，斜肩，垂腹。

标本 M73:3，素面。个体较小，底略残。口径13、腹径18、复原高14厘米（图四一八，2；图版三，2）。

Ⅲ式　90件。折盘口，球腹。

标本 T6454⑨:8，素面。器表有黑褐斑块，内底附有烟炱。口径22、腹径30.4、高26厘米（图四一八，3；图版三，3）。

Ⅳ式　42件，均为残器。折盘口，橄榄形腹。

标本 H416:4，底残。素面。口径18.4、腹径27.8、残高16.4厘米（图四一八，4）。

Ⅴ式　18件，均为残器。盘口似卷，橄榄形腹。

标本 H416:1。腹及底残，素面。口径20、残高12厘米（图四一八，5）。

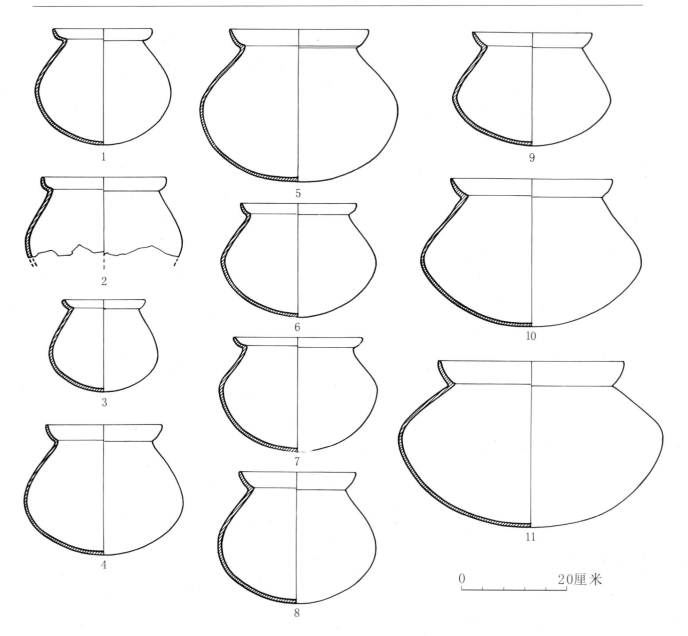

图四一七　大溪文化陶釜（A、B型）

1~3. A型Ⅰ式（H348:1、H348:7、H348:2）　4. A型Ⅱ式（M644:1）　5. A型Ⅲ式（M698:1）　6. A型Ⅳ式（M695:1）
7. A型Ⅴ式（M686:1）　8. B型Ⅰ式（M642:1）　9. B型Ⅱ式（M677:1）　10. B型Ⅲ式（H14:2）　11. B型Ⅳ式（M38:2）

　　D型　344件。仰折沿，盘口，浅鼓腹。分五式。

　　Ⅰ式　76件。斜肩，扁鼓腹。

　　标本 M63:2，素面。口径 13.6、腹径 15.2、高 10.2 厘米（图四一八，6；图版三，4）。

　　Ⅱ式　80件。广肩，鼓腹。

　　标本 M78:1，底略残。素面，外有黑斑，似烟炱。口径 17.2、腹径 22、复原高 18 厘米（图四一八，7）。

　　Ⅲ式　86件。溜肩，鼓腹微垂。

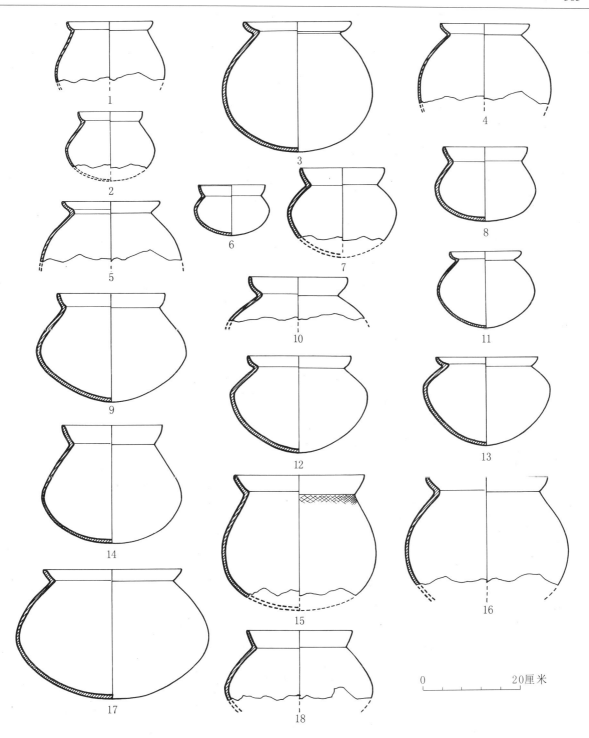

图四一八 大溪文化陶釜（C~F型）

1. C型Ⅰ式（T3322⑦:1） 2. C型Ⅱ式（M73:3） 3. C型Ⅲ式（T6454⑨:8） 4. C型Ⅳ式（M416:4） 5. C型Ⅴ式（H416:1） 6. D型Ⅰ式（M63:2） 7. D型Ⅱ式（M78:1） 8. D型Ⅲ式（M649:1） 9. D型Ⅳ式（M695:2） 10. D型Ⅴ式（H426:3） 11. E型Ⅰ式（H503:1） 12. E型Ⅱ式（H348:6） 13. E型Ⅲ式（H310:3） 14. F型Ⅰ式（H341:17） 15. F型Ⅱ式（M755:1） 16. F型Ⅲ式（T6454⑫:3） 17. F型Ⅳ式（M650:3） 18. F型Ⅴ式（H470:1）

标本 M649：1，素面，下腹有黑烟炱。口径 17.2、腹径 20.8、高 15.2 厘米（图四一八，8；图版四，1）。

Ⅳ式　78 件。盘口较甚，溜肩，深垂腹，尖圜底。

标本 M695：2，素面。口径 22、腹径 30.4、高 21.8 厘米（图四一八，9；图版四，2）。

Ⅴ式　24 件。均为残器。盘口更甚，束径，溜肩。

标本 H426：3，素面。腹及底残。口径 20、残高 9 厘米（图四一八，10）。

E 型　286 件。折沿，盘口，鼓腹。分三式。

Ⅰ式　108 件。溜肩，圆鼓腹较深。

标本 H503：1，素面。口径 14.8、腹径 20、高 15.2 厘米（图四一八，11；图版四，3）。

Ⅱ式　80 件。斜肩，鼓腹较深。

标本 H348：6，素面。上腹饰红衣，下腹及底颜色杂乱。口径 21、腹径 28、高 20 厘米（图四一八，12）。

Ⅲ式　98 件。斜肩，鼓腹较浅，最大腹径上移。

标本 H310：3，素面。器表黑、褐相间，似有火烧痕迹。口径 21、腹径 26、高 18 厘米（图四一八，13）。

F 型　186 件。仰折沿，垂腹。分五式。

Ⅰ式　40 件。折沿较宽，深垂腹较甚。

标本 H341：17，饰红衣，底有烟炱。口径 20.4、腹径 28.2、高 23.6 厘米（图四一八，14；图版四，4）。

Ⅱ式　48 件。折沿较宽，深垂腹。

标本 M755：1，底略残。饰红衣，颈部刻划网状纹。口径 27、腹径 31、复原高 27.2 厘米（图四一八，15；图版五，1）。

Ⅲ式　52 件。窄折沿，深鼓腹微垂，最大腹径上移。

标本 T6454⑫：3，底残。素面。口径 25、腹径 33、残高 21.2 厘米（图四一八，16）。

Ⅳ式　20 件。窄折沿，扁鼓腹，大圜底。

标本 M650：3，通体饰红衣，局部可辨彩绘，纹样不详。口径 28、腹径 38.8、高 26 厘米（图四一八，17；图版五，2）。

Ⅴ式　26 件。仰折沿，扁垂腹。

标本 H470：1，底残。素面，局部色斑驳。口径 21.6、腹径 29.6、残高 13.2 厘米（图四一八，18）。

G 型　118 件。粗泥红陶。仰折沿较宽，球腹，个体较小。分四式。

Ⅰ式　44 件。仰折沿微曲，球腹微垂。

标本 H375：4，底及下腹残。饰红衣。口径 15.2、腹径 19.2、残高 12.4 厘米（图四一九，1）。标本 T6402⑨：5，底残。器表有一层黑斑，沿外施一道凹弦纹。口径 18.6、腹径 24、残高 16.8 厘米（图四一九，2）。

Ⅱ式　32 件。宽折沿微内凹，腹部浑圆。

标本 H428：2，底略残。素面。口径 17.2、腹径 20、残高 17.6 厘米（图四一九，3）。

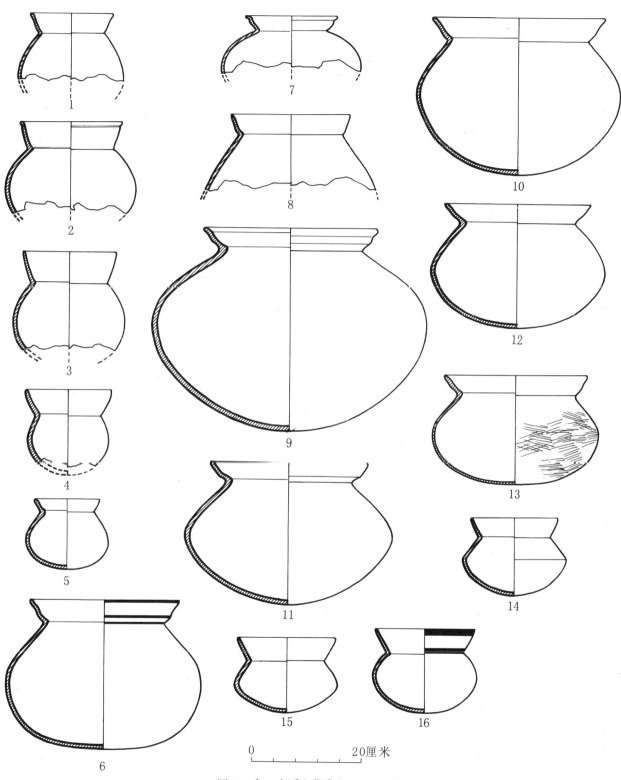

图四一九 大溪文化陶釜（G～I型）

1、2. G型Ⅰ式（H375：4、T6402⑨：5） 3. G型Ⅱ式（H428：2） 4. G型Ⅲ式（T3125⑥：6） 5. G型Ⅳ式（M888：2）

6～8. H型Ⅰ式（M41：1、T6354㉒：6、H551：3） 9、10. H型Ⅱ式（M753：1、M701：1） 11. H型Ⅲ式（M687：1） 12、

13. H型Ⅳ式（M694：1、M701：2） 14. Ⅰ型Ⅰ式（T1029⑩：7） 15. Ⅰ型Ⅱ式（M649：5） 16. Ⅰ型Ⅲ式（M760：2）

Ⅲ式　20件。宽折沿微内凹，大口，瘦小腹。

标本 T3125⑥∶6，底略残。饰暗红衣。口径16、腹径14.8、复原高15.6厘米（图四一九，4；图版五，3）。

Ⅳ式　22件。个体较小。仰折沿微曲，侈口，垂腹。

标本 M888∶2，素面，下腹及底有烟炱痕迹。口径12、腹径15、高12.6厘米（图四一九，5；图版五，4）。

H型　754件。曲折沿，鼓腹。分四式。

Ⅰ式　300件。仰折沿微内凹，深垂腹。

标本 M41∶1，通体饰红衣，沿外施三道黑彩。口径27.2、腹径35.6、高27.2厘米（图四一九，6；图版六，1）。标本 T6354㉒∶6，底残。饰红衣。口径17、腹径25.6、残高10.4厘米（图四一九，7）。标本 H551∶3，下腹及底残。素面。口径22、残高14厘米（图四一九，8）。

Ⅱ式　174件。仰折沿微曲，深鼓腹。

标本 M753∶1，个体较大。通体饰红衣，口沿内、外及上腹部有黑彩，因脱落较甚，纹样显得杂乱无序。口径32、腹径50、高37厘米（图四一九，9；图版六，2）。标本 M701∶1，素面。器表颜色红、黑相间，似有火烧痕迹。口径32、腹径37.6、高28.1厘米（图四一九，10；图版六，3）。

Ⅲ式　152件。曲折沿较甚，鼓腹变浅。

标本 M687∶1，通体饰红衣。口径28.8、腹径38、高26厘米（图四一九，11）。

Ⅳ式　128件。曲折沿更甚，扁鼓腹更浅。

标本 M694∶1，口及腹饰红衣，底部残留烟炱痕。口径27、腹径32.4、高22.6厘米（图四一九，12；图版六，4）。标本 M701∶2，腹及底饰浅细划痕。口径26.4、腹径30.8、高19.8厘米（图四一九，13；图版七，1）。

Ⅰ型　138件。个体较小。宽斜折沿，扁鼓腹。分三式。

Ⅰ式　54件。扁鼓腹成折棱。

标本 T1029⑩∶7，素面。下腹及底有黑褐色烟炱。口径16、腹径19.4、高14厘米（图四一九，14；图版七，2）。

Ⅱ式　52件。扁鼓腹变浅。

标本 M649∶5，素面。器表颜色斑驳，红、褐相间。口径18、腹径19、高13.6厘米（图四一九，15；图版七，3）。

Ⅲ式　32件。浅鼓腹成球状。

标本 M760∶2，通体饰红衣，沿外饰二宽道深红彩。口径18.4、腹径19.2、高15.2厘米（图四一九，16；彩版四二，3）。

J型　350件。仰折沿微卷，垂腹。分六式。

Ⅰ式　84件。仰折沿，垂腹。

标本 M641∶1，厚圆唇，沿面微凹。饰红衣，底有黑斑。口径22、腹径28.6、高23.4厘米（图四二〇，1；图版七，4）。

Ⅱ式　42件。扁鼓腹微折。

标本 M739∶2，素面。口径12.8、腹径13.6、高10.2厘米（图四二〇，2；图版八，1）。

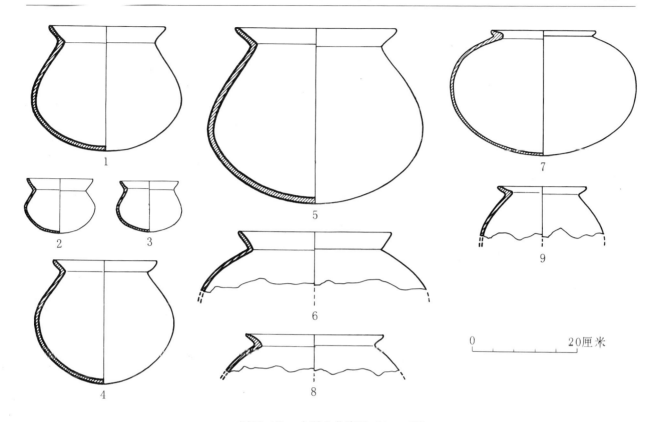

图四二〇　大溪文化陶釜（J、K型）

1. J型Ⅰ式（M641∶1）　2. J型Ⅱ式（M739∶2）　3. J型Ⅲ式（M689∶2）　4. J型Ⅳ式（T6455⑫∶3）　5. J型Ⅴ式（M683∶1）　6. J型Ⅵ式（H470∶3）　7. K型Ⅰ式（H391∶6）　8. K型Ⅱ式（H307∶4）　9. K型Ⅲ式（H419·4）

Ⅲ式　38件。斜折沿较窄，扁鼓腹微垂。

标本M689∶2，素面。口径11.2、腹径12.4、高9.4厘米（图四二〇，3；图版八，2）。

Ⅳ式　38件。斜折沿微卷，鼓腹，最大腹径移至腹中部。

标本T6455⑫∶3，素面，器表颜色杂乱不一。口径19.6、腹径26.4、高23.2厘米（图四二〇，4；图版八，3）。

Ⅴ式　66件。斜折沿，垂腹，最大腹径略上移。

标本M683∶1，个体较大。素面。口径30.8、腹径40.5、高33.2厘米（图四二〇，5）。

Ⅵ式　82件。均为残器。斜折沿，耸肩鼓腹，最大腹径移至上腹部。

标本H470∶3，腹及底残。饰红衣，脱落较甚。口径29、残高10.2厘米（图四二〇，6）。

K型　121件。卷折沿，鼓腹。分三式。

Ⅰ式　11件。折沿近平，扁鼓腹较浅。

标本H391∶6，肩及上腹似有深红彩带，脱落较甚。口径20、腹径35.6、高23.4厘米（图四二〇，7）。

Ⅱ式　50件。卷沿，广肩，鼓腹。

标本H307∶4，腹及底残。素面。口径26、残高7.2厘米（图四二〇，8）。

Ⅲ式　60件。卷折沿，溜肩，深鼓腹。

标本H419∶4，腹及底残。素面。口径16.8、残高9.6厘米（图四二〇，9）。

L型　37件。卷沿，垂腹。分五式。

Ⅰ式　11件，均为残器。夹蚌褐陶。卷沿近平，束颈，垂腹较深。

标本T6404⑯:8，肩部饰一周附加堆纹，堆纹上饰椭圆形按窝。口径24、腹径31.6、残高17.2厘米（图四二一，1）。

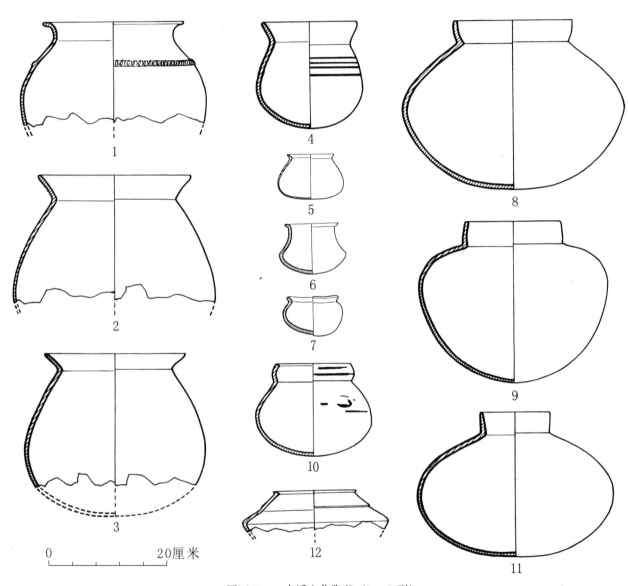

0 _____ 20厘米

图四二一　大溪文化陶釜（L~Q型）

1. L型Ⅰ式（T6404⑯:8）　2. L型Ⅱ式（M758:1）　3. L型Ⅲ式（M242:1）　4. L型Ⅳ式（M614:
1)　5. L型Ⅴ式（M472:1）　6. M型（M669:3）　7. N型（M739:3）　8. O型Ⅰ式（M36:1）
9. O型Ⅱ式（T6405⑬:3）　10. O型Ⅲ式（H460:2）　11. P型（M70:1）　12. Q型（T3172⑥:3）

Ⅱ式　8件，均为残器。仰卷沿，垂腹较深。

标本M758:1，素面。口径26、腹径34.5、残高21.2厘米（图四二一，2）。

Ⅲ式　9件。折沿微卷，垂腹。

标本M242:1，底残。素面。口径24、腹径30.6、复原高26.8厘米（图四二一，3）。

Ⅳ式　5件。粗泥红陶，一般个体较小。卷沿微敞口，垂腹较浅。

标本 M614:1，器表涂抹薄层浅红衣，上腹饰三道黑彩带，但已模糊不清。口径 16.4、腹径 18.2、高 17.8 厘米（图四二一，4；彩版四二，3）。

Ⅴ式　4件。窄折沿，垂腹，圜底近平。

标本 M472:1，素面。口径 8、腹径 11.2、高 7.8 厘米（图四二一，5）。

M 型　19件。夹砂褐陶。盂形，个体特小。折沿近平，束颈。

标本 M669:3，素面。口径 9、腹径 11.4、高 8.5 厘米（图四二一，6；图版八，4）。

N 型　5件。厚胎，卷沿，鼓腹。

标本 M739:3，素面。器形不规整，为随手捏制而成。口径 8.6、腹径 10、高 6.6 厘米（图四二一，7）。

O 型　111件。中口微敛，沿面微凹，鼓腹，大圜底。分三式。

Ⅰ式　41件。仰折沿微内凹，直口，鼓腹。

标本 M36:1，通体饰红衣。肩及下腹饰不对称小圆孔。口径 20、腹径 37.2、高 28 厘米（图四二一，8；图版九，1）。

Ⅱ式　38件。小直口，圆肩。

标本 T6405⑬:3，通体饰红衣，局部有黑斑。口径 16、腹径 32、高 26.6 厘米（图四二一，九；图版九，2）。

Ⅲ式　32件。敛口更甚，鼓腹微垂。

标本 H460:2，器表施红陶衣，沿外及上腹部似有黑彩，已脱落。口径 12.6、腹径 19.6、高 15.2 厘米（图四二一，10；图版九，3）。

P 型　17件。小直口，扁鼓腹，大圜底。

标本 M70:1，通体饰红衣。口径 11.6、腹径 33.6、高 23.8 厘米（图四二一，11；图版九，4）。

Q 型　50件。均为残器。窄折沿，敛口，折腹。

标本 T3172⑥:3，下腹及圈足残。器表施红陶衣。口径 14、腹径 24.8、残高 6.6 厘米（图四二一，12）。

罐　1563件。以粗泥红陶为主，次为泥质酱黑陶和夹砂、夹炭红陶，另有少量泥质黑陶和红陶。根据器物形态特征，分二十三型。

A 型　375件。小口微敞，曲领。分四式。

Ⅰ式　86件。均为残器。直口微敞，领较直，饰二周凸棱。

标本 T1029⑮:3，通体饰鲜红衣。口径 21、残高 15.4 厘米（图四二二，1）。

Ⅱ式　188件。均为残器。盘口微敞，斜弧颈。

标本 H376:2，器表施红衣，红衣上再绘黑彩。彩绘以条带纹和网格纹为组合单位，施于沿外及颈肩部。口沿外黑彩脱落较甚，图案不详。口径 17.6、残高 16.8 厘米（图四二二，2）。标本 T1029⑭:3，颈饰二周凸棱，器表饰酱红陶衣。口径 17、残高 19.6 厘米（图四二二，3）。标本 T1029⑭:5，颈饰二周凸棱，外饰鲜红陶衣。口径 19.2、残高 17 厘米（图四二二，4）。

Ⅲ式　67件。均为残器。盘口，内弧颈，上饰一周凸棱。

标本 M41:2，素面。口径 21.6、残高 21 厘米（图四二二，5）。

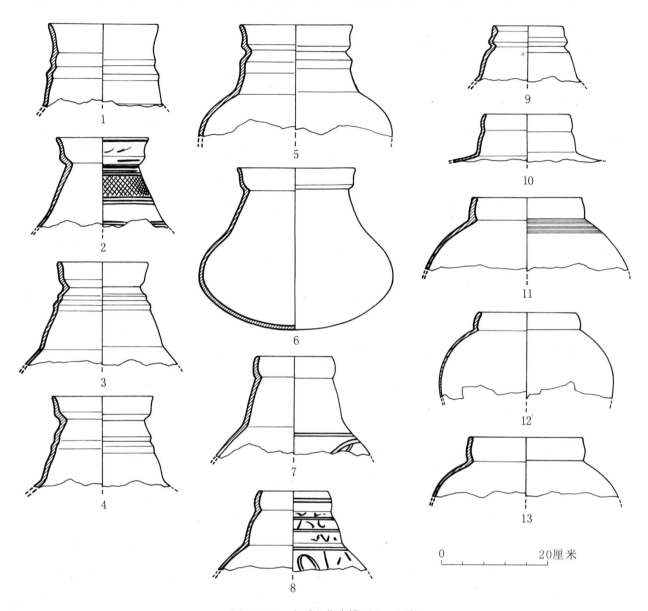

图四二二　大溪文化陶罐（A～C型）

1. A型Ⅰ式（T1029⑮:3）　2～4. A型Ⅱ式（H376:2、T1029⑭:3、T1029⑭:5）　5. A型Ⅲ式（M41:2）
6. A型Ⅳ式（M50:2）　7. B型Ⅰ式（H315:2）　8. B型Ⅱ式（H315:1）　9. B型Ⅲ式（M761:2）　10.
B型Ⅳ式（H326:3）　11. C型Ⅰ式（T6455⑪:2）　12. C型Ⅱ式（H419:6）　13. C型Ⅲ式（T6405⑭:1）

Ⅳ式　34件。盘口微侈，口径变大，斜曲颈变短，颈上无凸棱。

标本M50:2，扁鼓腹，大圈底。通体饰红衣。口径22.4、腹径36.8、高30.4厘米（图四二二，6；图版一〇，1）。

B型　211件。均为残器。小口微敛，曲颈。分四式。

Ⅰ式　64件。长曲颈，斜肩。

标本H315:2，器表施红衣，肩部饰黑彩，但脱落太甚。口径14、残高18.8厘米（图四二二，7）。

Ⅱ式　59件。曲颈变短，溜肩。

标本 H315:1，器表施红衣，颈、肩部饰黑彩。彩绘以双重黑带为分隔单元，每一单元内绘以不同形状的几何图案。口径 13、残高 15.2 厘米（图四二二，8）。

Ⅲ式 43 件。口内敛较甚，沿外起凸棱，曲颈较短。

标本 M761:2，施深红衣。口径 12.8、残高 9.8 厘米（图四二二，9）。

Ⅳ式 45 件。颈更短，且颈、口很难区分。

标本 H326:3，器表施深红衣。口径 16、残高 8.9 厘米（图四二二，10）。

C 型 102 件。釜形罐。大口，口微敛，鼓腹。分三式。

Ⅰ式 27 件。

标本 T6455⑪:2，肩部饰数道浅细弦纹。口径 20.4、残高 13.6 厘米（图四二二，11）。

Ⅱ式 24 件。内敛口，球腹。

标本 H419:6，素面。口径 18、腹径 32.6、残高 16 厘米（图四二二，12）。

Ⅲ式 51 件。均为残器。直口微内敛，深鼓腹。

标本 T6405⑭:1，口沿内、外可见施彩痕迹。口径 21.4、残高 11.3 厘米（图四二二，13）。

D 型 107 件。釜形罐。小口，余同 C 型。分三式。

Ⅰ式 28 件。折沿微敞，短颈。

标本 T3179⑫:5，饰浅红衣，颈及肩似有黑彩，但已脱落殆尽。口径 12、残高 11.6 厘米（图四二三，1）。

Ⅱ式 37 件。敞口，束颈，无领。

标本 M753:2，通体饰红陶衣，隐约可见黑彩。口径 12.4、残高 10.5 厘米（图四二三，2）。

Ⅲ式 42 件。小口微敞，束颈，溜肩。

标本 T6405⑬:1，素面。口径 17.4、腹径 36、残高 16.8 厘米（图四二三，3）。

E 型 19 件。圈足罐。分二式。

Ⅰ式 11 件。泥质黑陶。卷沿近平，小口，束颈，垂腹，矮圈足外撇较甚。

标本 M803:3，下腹饰一周凸棱，足饰圆镂孔，腹及足有朱绘痕迹。口径 9.6、腹径 17.6、足径 10.4、高 17.6 厘米（图四二三，4；图版一〇，2）。

Ⅱ式 8 件。泥质红陶。卷折沿，束颈，深鼓腹，矮小圈足。

标本 M821:9，通体饰浅红陶衣，颈部饰小圆孔，腹部施四道黑彩带。口径 15、腹径 25.6、足径 10.4、高 23 厘米（图四二三，5；图版一〇，3）。

F 型 169 件。泥质酱黑陶。敞口钵形罐。分五式。

Ⅰ式 24 件。小口，窄卷折沿，折腹，大圜底。

标本 H341:17，底略残。颈饰三组细弦纹。口径 13.2、腹径 20、残高 12.4、复原高 14.5 厘米（图四二三，6；图版一〇，4）。

Ⅱ式 38 件。大口，束颈，折腹，圜底。

标本 H315:9，底残。颈饰数道弦纹。口径 14、腹径 16.4、残高 9.8 厘米（图四二三，7）。

Ⅲ式 50 件。大口，折腹上移，圜底。

标本 T3225⑩:5，上腹饰弦纹。口径 16、腹径 17.6、高 14.6 厘米（图四二三，8）。标本 H370:1，底略残。素面。口径 16、腹径 18.2、残高 10.4、复原高 13 厘米（图四二三，9；图版一

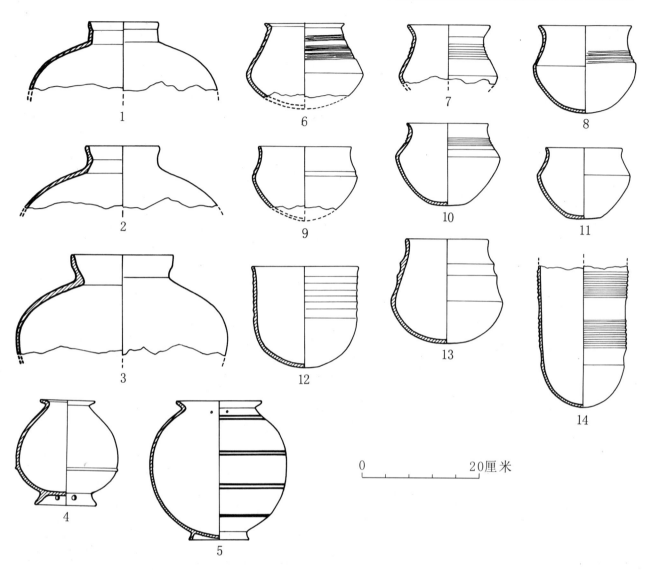

图四二三　大溪文化陶罐（D~G型）

1. D型Ⅰ式（T3179⑫:5）　2. D型Ⅱ式（M753:2）　3. D型Ⅲ式（T6405⑬:1）　4. E型Ⅰ式（M803:3）　5. E型Ⅱ式
（M821:9）　6. F型Ⅰ式（H341:17）　7. F型Ⅱ式（H315:9）　8、9. F型Ⅲ式（T3225⑩:5、H370:1）　10. F型Ⅳ式
（M775:1）　11. F型Ⅴ式（T3225⑨:9）　12. G型Ⅰ式（H376:7）　13. G型Ⅱ式（H15:2）　14. G型Ⅲ式（H460:4）

一，1）。

　　Ⅳ式　35件。大口，折肩，平底。

　　标本M775:1，颈饰弦纹。口径13.8、肩径17.6、底径4.8、高13.8厘米（图四二三，10；
图版一一，2）。

　　Ⅴ式　22件。大口，束颈略短，折肩，腹较深，平底。

　　标本T3225⑨:9，素面。口径13、肩径16、底径4.6、高12厘米（图四二三，11；图版一
一，3）。

　　G型　142件。泥质酱黑陶。直口筒腹罐。分三式。

　　Ⅰ式　53件。大口，口径大于腹径，筒腹较浅。

标本 H376：7，上腹饰细瓦棱纹。口径 18、高 17 厘米（图四二三，12；图版一一，4）。

Ⅱ式　71 件。小口，深垂腹。

标本 H15：2，腹饰数道凸棱，似粗瓦棱纹。口径 14.6、腹径 18.8、高 17.5 厘米（图四二三，13）。

Ⅲ式　18 件。口均残。深筒腹。

标本 H460：4，腹饰二组密集细弦纹。腹径 15.6、残高 24 厘米（图四二三，14）。

H 型　43 件。均残存口及领部。高领，束颈，领、肩分界不明显。

标本 T3129⑬：2，器表饰红陶衣，并饰刻划的索状纹、凹弦纹及压印长方格纹。口径 19、残高 7.2 厘米（图四二四，1）。标本 M763：3，器表饰红陶衣，刻划波折纹、斜线纹和凹弦纹。口径 24、残高 9.6 厘米（图四二四，2）。

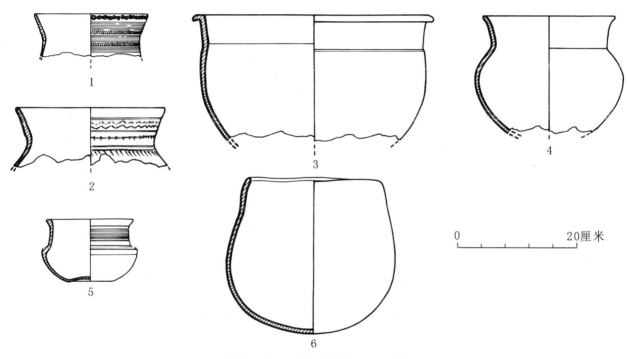

图四二四　大溪文化陶罐（H～J 型）

1、2. H 型（T3129⑬：2、M763：3）　3. Ⅰ型Ⅰ式（T6355⑮：8）　4. Ⅰ型Ⅱ式（T6454⑮：6）

5. Ⅰ型Ⅲ式（T7453⑤：5）　6. J 型（H391：5）

Ⅰ型　22 件。以火红陶为主。高领罐。分三式。

Ⅰ式　11 件。夹炭褐陶。高领盆形罐。卷贴沿，直领，盆形腹。

标本 T6355⑮：8，底残。素面。口径 40、残高 20.4 厘米（图四二四，3）。

Ⅱ式　5 件。圆肩，鼓腹。

标本 T6454⑮：6，底略残。素面。口径 22、腹径 24.8、残高 19.2 厘米（图四二四，4）。

Ⅲ式　6 件。个体较小。泥质灰陶。折肩，扁鼓腹，平底微凹。

标本 T7453⑤：5，领饰细弦纹。口径 14.2、肩径 15.6、底径 6.8、高 10.3 厘米（图四二四，5；图版一二，1）。

J 型　8 件。夹炭红陶。擂钵形罐。直口微敛，口部不平整，无沿，垂腹，圜底。

标本 H391:5,器表似有黑彩,器内可见黑烟炱。口径 22、腹径 28、高 25 厘米(图四二四,6)。

K 型　77 件。个体较小。以泥质灰陶和黑陶为主,少量泥质红陶。卷沿,高领,鼓腹,平底。分十一式。

Ⅰ式　5 件。卷贴沿,颈较直,深椭圆腹。

标本 M866:1,泥质黑陶。口径 4.4、腹径 9、底径 4、高 10.5 厘米(图四二五,1;图版一二,2)。

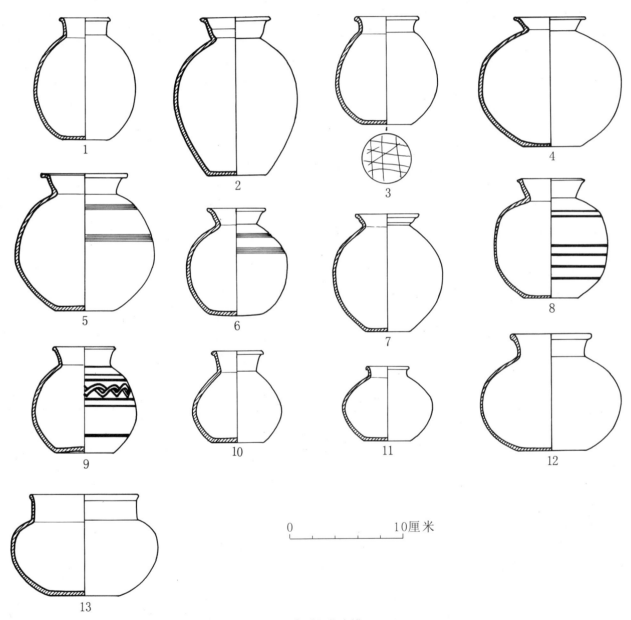

图四二五　大溪文化陶罐(K 型)

1. K 型Ⅰ式(M866:1)　2. K 型Ⅱ式(M447:2)　3. K 型Ⅲ式(M889:2)　4~6. K 型Ⅳ式(M849:1、M856:3、T7404③:6)　7. K 型Ⅴ式(M855:4)　8. K 型Ⅵ式(M871:13)　9. K 型Ⅶ式(M808:1)　10. K 型Ⅷ式(M444:5)　11. K 型Ⅸ式(M850:5)　12. K 型Ⅹ式(T7402③:3)　13. K 型Ⅺ式(M626:1)

Ⅱ式　10件。卷沿，微曲颈，余同Ⅰ式。

标本 M447：2，泥质黑陶。口径 6.4、腹径 11、底径 5.4、高 13.8 厘米（图四二五，2；图版一二，3）。

Ⅲ式　5件。大口，卷沿，矮束颈，腹较深。

标本 M889：2，泥质黑陶。器外底饰刻划网状纹。口径 5.6、腹径 9、底径 4.4、高 9.4 厘米（图四二五，3；图版一二，4）。

Ⅳ式　16件。大喇叭口，深鼓腹，平底。

标本 M849：1，泥质红陶。器表残见黑彩。口径 6.4、腹径 12.6、底径 5、高 11.2 厘米（图四二五，4）。标本 M856：3，泥质灰陶。上腹饰二组浅细弦纹。口径 7.6、腹径 12.2、底径 5、高 11.8 厘米（图四二五，5；图版一三，1）。标本 T7404③：6，泥质黑陶。上腹饰二组浅细弦纹。口径 5.2、腹径 9、底径 4.7、高 9.3 厘米（图四二五，6；图版一三，2）。

Ⅴ式　8件。口外饰凸棱，腹较鼓，余近Ⅲ式。

标本 M855：4，泥质黑陶。口径 5.6、腹径 9.6、底径 3.8、高 10.3 厘米（图四二五，7）。

Ⅵ式　9件。喇叭口，微曲颈，深腹。

标本 M871：13，腹饰黑彩带。口径 6、腹径 10、底径 4.8、高 10.4 厘米（图四二五，8；图版一三，3）。

Ⅶ式　6件。敞口微卷，垂鼓腹。

标本 M808：1，平底内凹。腹饰彩带及绹索纹。口径 5.6、腹径 9.2、底径 5.2、高 9.2 厘米（图四二五，9；图版一三，4）。

Ⅷ式　4件。颈较细长，垂腹较浅，平底较宽。

标本 M444：5，泥质橙黄陶。口径 4.2、腹径 8、底径 4.6、高 8 厘米（图四二五，10；图版一四，1）。

Ⅸ式　7件。卷沿较甚。

标本 M850：5，泥质黑陶。口径 3.8、腹径 8、底径 4.2、高 6.5 厘米（图四二五，11；图版一四，2）。

Ⅹ式　4件。敞口，束颈，腹较深。

标本 T7402③：3，泥质红陶，器表饰红衣，腹绘黑彩，已脱落。口径 7.1、腹径 12.2、底径 6、高 10.2 厘米（图四二五，12）。

Ⅺ式　3件。直颈粗矮，扁腹较浅。

标本 M626：1，泥质灰陶。素面。口径 9.6、腹径 13、底径 6、高 8.8 厘米（图四二五，13）。

L 型　53件。个体较小。以泥质红陶为主，次为泥质灰陶和黑陶。敞口，束颈，鼓腹，平底。分八式。

Ⅰ式　6件。

标本 T7404③：6，泥质黑陶。口径 5.7、腹径 10、底径 4.3、高 13 厘米（图四二六，1）。

Ⅱ式　6件。微卷沿，束颈，椭圆腹较浅。

标本 M860：6，泥质黑陶。口径 4.4、腹径 7.8、底径 3.4、高 9 厘米（图四二六，2；图版一四，3）。

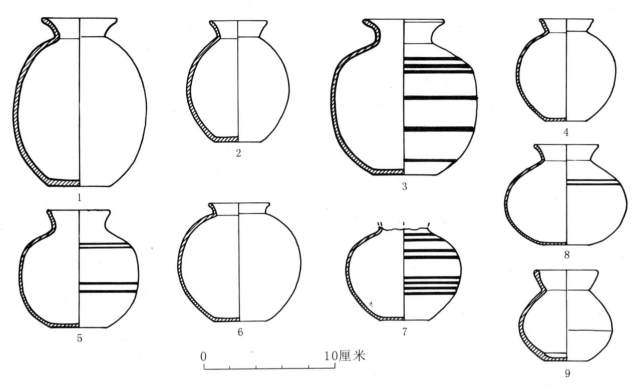

图四二六　大溪文化陶罐（L型）

1. L型Ⅰ式（T7404③:6）　2. L型Ⅱ式（M860:6）　3. L型Ⅲ式（M472:2）　4. L型Ⅳ式（M855:6）　5、6. L型
Ⅴ式（M871:4、M838:1）　7. L型Ⅵ式（M885:3）　8. L型Ⅶ式（M821:4）　9. L型Ⅷ式（M872:5）

Ⅲ式　4件。大喇叭口，束颈较甚，深腹，中腹较直。

标本 M472:2，腹饰黑彩带。口径6.2、腹径11、底径4.8、高11.6厘米（图四二六，3；图版一四，4）。

Ⅳ式　7件。

标本 M855:6，平底微内凹。腹部黑彩脱落殆尽。口径4.1、腹径7.5、底径3、高7.6厘米（图四二六，4）。

Ⅴ式　11件。束颈较短，腹较浅鼓。

标本 M871:4，腹饰黑彩带。口径4.8、腹径9、底径4.2、高8.8厘米（图四二六，5；图版一五，1）。标本 M838:1，泥质灰陶。束颈较短，腹更鼓更浅。口径4.6、腹径9.4、底径4、高8.8厘米（图四二六，6；图版一五，2）。

Ⅵ式　8件。口部均残。圆鼓腹较浅，平底。

标本 M885:3，腹饰黑彩带。腹径8.6、底径3.8、残高7厘米（图四二六，7）。

Ⅶ式　10件。束颈较短，浅扁鼓腹，平底。

标本 M821:4，上腹饰两道黑彩带。口径4.8、腹径9.2、底径3.7、高7.5厘米（图四二六，8；图版一五，3）。

Ⅷ式　1件。

标本 M872:5，泥质黑陶。敞口，沿微内凹，垂鼓腹，内凹底起棱，外平底。口径4.8、腹径

7、底径3.1、高6.8厘米（图四二六，9；图版一五，4）。

M型　12件。体小，卷折沿，高领，鼓腹，矮圈足。分三式。

Ⅰ式　3件。颈较细矮，束颈较甚，深椭圆腹，细圈足。

标本M873:3，泥质黑陶。口径4.1、腹径8.2、足径4.1、高9.8厘米（图四二七，1；图版一六，1）。

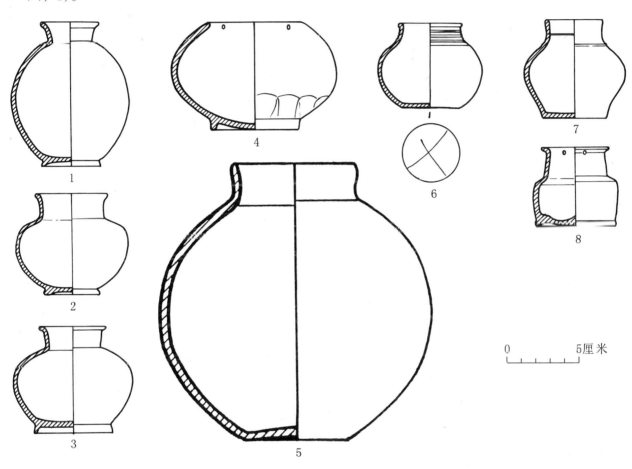

图四二七　大溪文化陶罐（M～Q型）

1. M型Ⅰ式（M873:3）　2. M型Ⅱ式（M879:6）　3. M型Ⅲ式（M805:1）　4. N型（M577:1）

5. O型（H210:5）　6. P型Ⅰ式（M816:1）　7. P型Ⅱ式（M891:6）　8. Q型（M807:3）

Ⅱ式　5件。粗颈微束，扁鼓腹较浅，细圈足。

标本M879:6，泥质灰陶。口径5、腹径7.6、足径3.8、高6.8厘米（图四二七，2）。

Ⅲ式　4件。卷沿较甚，粗圈足，余同Ⅱ式。

标本M805:1，泥质黑陶。器表残见朱绘痕迹。口径4.6、腹径8.2、足径5.4、高7.2厘米（图四二七，3；图版一六，2）。

N型　8件。泥质黑陶。瓮形小罐。

标本M577:1，敛口，鼓腹，矮圈足。口部有四圆孔。口径6.4、腹径11.2、足径6、高7.4厘米（图四二七，4；图版一六，3）。

O型　9件。深鼓腹，平底微内凹。

标本 H210∶5，素面。口径 8、腹径 18.4、底径 7.6、高 18.4 厘米（图四二七，5；图版一六，4）。

P 型　7 件。直口较大，扁鼓腹，宽平底。分二式。

Ⅰ式　4 件。颈较粗矮，腹较浅，底较宽。

标本 M816∶1，泥质黑陶。颈饰弦纹。口径 4.4、腹径 7.4、底径 4、高 5.8 厘米（图四二七，6；图版一七，1）。

Ⅱ式　3 件。颈较细高，腹较深，下腹内收较甚。

标本 M891∶6，泥质灰陶。肩饰一周凸棱。口径 4、腹径 7、底径 4.4、高 6.7 厘米（图四二七，7）。

Q 型　2 件。卷沿较甚，粗颈较直，折肩，浅直腹，底内凹起台面，粗圈足较矮。

标本 M807∶3，泥质黑陶。口外饰圆孔，器表残见朱绘痕迹。口径 4.7、腹径 5.8、足径 5.6、高 5.3 厘米（图四二七，8；图版一七，2）。

R 型　155 件。高领，鼓腹，圈足。分四式。

Ⅰ式　64 件。小口微敛，溜肩。

标本 T6405⑪∶7，器表饰红陶衣。口径 15.2、残高 16 厘米（图四二八，1）。

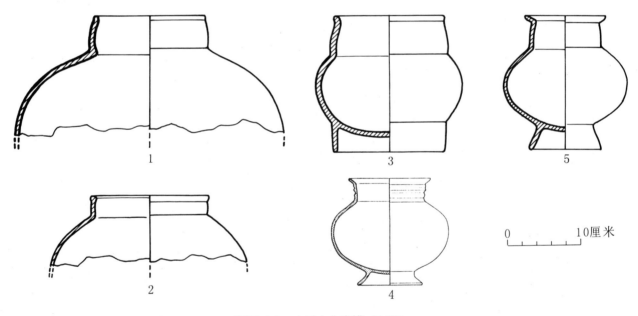

图四二八　大溪文化陶罐（R 型）

1. R 型Ⅰ式（T6405⑪∶7）　2. R 型Ⅱ式（H416∶3）　3. R 型Ⅲ式（H477∶2）　4、5. R 型Ⅳ式（M824∶1、T7402④∶2）

Ⅱ式　36 件。小口，矮领，溜肩。

标本 H416∶3，素面。口径 16、残高 9.6 厘米（图四二八，2）。

Ⅲ式　36 件。圆卷唇，高弧领，扁鼓腹，高直圈足。

标本 H477∶2，通体饰红衣。口径 14.8、腹径 20、足径 15.2、高 18.4 厘米（图四二八，3）。

Ⅳ式　19 件。大口，折沿，短粗颈，圆鼓腹，腹较深，圈足较小，外撇较甚。

标本 M824∶1，泥质红陶。器表饰红陶衣，颈施凸弦纹。口径 11、腹径 16、足径 8.8、高 14.3 厘米（图四二八，4；图版一七，3）。标本 T7402④∶2，通体饰鲜红陶衣。口径 11、腹径

16.8、足径 10.2、通高 18 厘米（图四二八，5；图版一七，4）。

S 型　14 件。夹砂褐陶。厚胎，喇叭口，平底，整体形状似杯。

标本 T3072⑤:2，素面。器表内、外均有黑烟炱。口径 15、底径 6、高 11 厘米（图四二九，1；图版一八，1）。

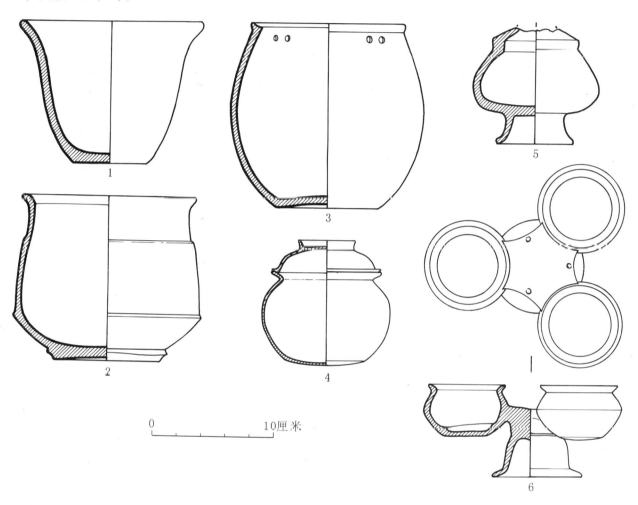

图四二九　大溪文化陶罐（S~W 型、异形）

1.S 型（T3072⑤:2）　2.T 型（M887:6）　3.U 型（M823:4）　4.V 型（M869:4）　5.W 型（M318:7）　6.异形（M802:4）

T 型　13 件。泥质黑陶。假圈足罐，形态似尊。

标本 M887:6，卷沿，高领，直腹。器表饰朱绘，脱落较甚，下腹及假圈足上各饰一周凸棱。口径 14.4、腹径 15.6、足径 8.9、高 13.4 厘米（图四二九，2；图版一八，2）。

U 型　7 件。泥质红陶。大口，深筒腹小平底罐。

标本 M823:4，子母口，筒腹微鼓，平底微内凹。口下饰四组双圆孔。口径 12.7、腹径 16、底径 8.4、高 15 厘米（图四二九，3；图版一八，3）。

V 型　5 件。泥质黑陶。带盖小罐。

标本 M869:4，卷沿，束颈，鼓腹，圜底近平。口径 9、通高 10.2 厘米（图四二九，4；图版一八，4）。

Ⅳ型　2件。弇口起折棱，扁鼓腹，细高圈足，足沿微外卷。素面。

标本 M318:7，泥质黑陶。口微残。腹径 10.4、足径 6.4、残高 9.4 厘米（图四二九，5）。

异形罐　1件。

标本 M802:4，泥质黑陶。三联罐。倒扣杯式圈足，上接三小盂形盘，成匀称三角形。足及盘上腹部饰朱绘。足径 7.4、通宽 16.6、通高 7.5 厘米（图四二九，6；图版一九，1）。

壶　193件。以泥质灰陶和黑陶为主，少量泥质红陶和橙黄陶。分十二型。

A 型　37件。长喇叭口，较粗，浅扁鼓腹，高圈足。器表均可见朱绘痕迹。分四式。

Ⅰ式　12件。敞口，圈足外撇，足饰凸棱。

标本 M816:4，泥质黑陶。腹内底微凹。口径 12.2、腹径 14、足径 10、高 16 厘米（图四三○，1；图版一九，2）。标本 M903:1，泥质黑陶。口部覆盖（图版缺盖）。口径 10.8、腹径 12.4、足径 9.3、通高 20 厘米（图四三○，2；图版一九，3）。

Ⅱ式　10件。微敞口，颈较直，圈足较高，微外撇，足沿外折。

标本 M893:1，泥质灰陶。口径 11.4、腹径 13.2、足径 9.8、高 17 厘米（图四三○，3；图版一九，4）。标本 M802:1，泥质灰陶。口径 11.2、腹径 14.2、足径 10.2、高 18.6 厘米（图四三○，4；图版二○，1）。

Ⅲ式　11件。大敞口，圈足较矮，外撇较甚。

标本 M898:1，泥质黑陶。口部覆盖（图版缺盖）。口径 11.2、腹径 12.4、足径 9.2、通高 17.8 厘米（图四三○，5；图版二○，2）。

Ⅳ式　4件。敞口，圈足外撇，足饰凸棱。

标本 M827:2，泥质灰陶。口径 11.6、腹径 13.6、足径 9.2、高 16.2 厘米（图四三○，6；图版二○，3）。

B 型　16件。腹饰棱，余似 A 型。分二式。

Ⅰ式　7件。扁圆腹，较深，中腹饰一圈宽凹带，圈足较高，足沿微外折。

标本 M822:4，泥质黑陶。器表残见朱绘痕迹。口径 10.4、腹径 11.6、足径 9.2、高 18.4 厘米（图四三○，7；图版二○，4）。

Ⅱ式　9件。扁折腹，较浅，中腹短直起棱，圈足较矮，足沿外折成棱。

标本 M861:1，泥质灰陶。口径 10.8、腹径 13、足径 8.8、高 16 厘米（图四三○，8；图版二一，1）。

C 型　23件。腹圆或扁鼓，较深，余近 A 型。分三式。

Ⅰ式　5件。个体较大。敞口，束颈，扁鼓腹，较浅，圈足较矮，足沿外卷较甚。

标本 M887:7，泥质灰陶。口径 11.2、腹径 15.2、足径 10.1、高 18.4 厘米（图四三○，9；图版二一，2）。

Ⅱ式　11件。卷沿，颈较直，扁鼓腹较深，圈足较高，足沿微外卷。

标本 M577:2，泥质黑陶。口径 7.2、腹径 10、足径 7.9、高 12.3 厘米（图四三○，10；图版二一，3）。

Ⅲ式　7件。均为残器。厚圆唇，窄折沿，斜直颈，深圆腹。

标本 M850:4，泥质黑陶。口径 7.2、腹径 12.4、残高 10 厘米（图四三○，11）。

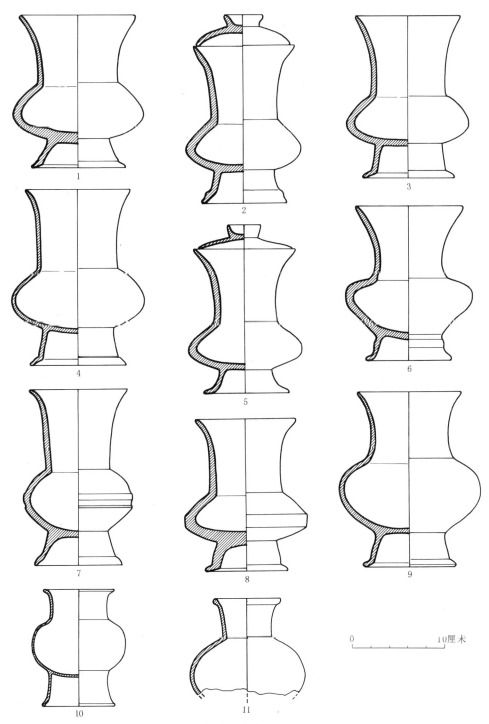

图四三〇　大溪文化陶壶（A～C型）

1、2. A型Ⅰ式（M816:4、M903:1）　　3、4. A型Ⅱ式（M893:1、M802:1）　　5. A型Ⅲ式

（M898:1）　　6. A型Ⅳ式（M827:2）　　7. B型Ⅰ式（M822:4）　　8. B型Ⅱ式（M861:1）

9. C型Ⅰ式（M887:7）　　10. C型Ⅱ式（M577:2）　　11. C型Ⅲ式（M850:4）

D型　7件。双扁鼓腹，似葫芦，余近 A 型。分二式。

I式　2件。双腹等大，粗矮圈足（假圈足）。

标本 T7403④:3，泥质灰陶。沿外及颈饰凹弦纹，足饰凸棱。口径 8.6、腹径 11.4、足径 7.4、高 16.8 厘米（图四三一，1；图版二一，4）。

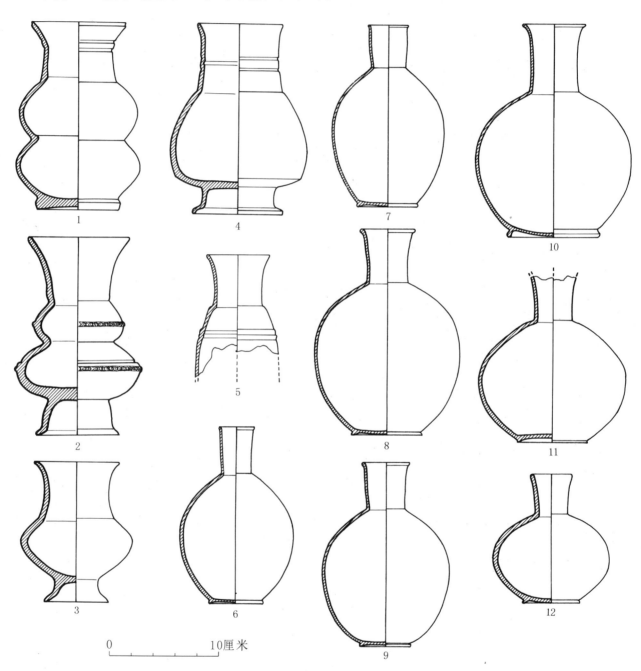

0　　　　　　　　10厘米

图四三一　大溪文化陶壶（D~H型）

1. D 型Ⅰ式（T7403④:3）　2. D 型Ⅱ式（M457:1）　3. E 型（M876:4）　4. F 型（M817:2）

5. G 型（M859:12）　6、7. H 型Ⅰ式（M445:8、M871:12）　8、9. H 型Ⅱ式（M616:2、M444:3）

10. H 型Ⅲ式（M869:5）　11. H 型Ⅳ式（M814:1）　12. H 型Ⅴ式（M623:1）

II式　5件。双腹似塔状，上小下大，高圈足，足沿微外折。

标本 M457：1，泥质灰陶。双腹饰附加堆纹及凹弦纹。口径 9.2、下腹径 11.6、足径 7.4、高 17.8 厘米（图四三一，2；图版二二，1）。

E 型　4件。扁鼓腹较深，下腹斜内收较甚，圈足较小，足沿微外折。

标本 M876：4，泥质灰陶。口径 7.8、腹径 10.2、足径 5.8、高 12.5 厘米（图四三一，3）。

F 型　5件。颈较粗，垂鼓腹较甚，下腹起折棱，圈足较直，足沿外折起台棱，沿面内凹。

标本 M817：2，泥质黑陶。颈饰凹弦纹。口径 8、腹径 12.6、足径 8.4、高 17.1 厘米（图四三一，4；图版二二，2）。

G 型　3件。下腹及足均残。颈较细，深腹微鼓较深。

标本 M859：12，上腹饰凸弦纹。口径 5.8、腹径 7.6、残高 11 厘米（图四三一，5）。

H 型　48件。长细直颈，深椭圆腹或扁鼓腹，矮粗圈足。分五式。

I式　13件。小口，窄卷沿，深椭圆腹微鼓。

标本 M445：8，泥质黑陶。口径 3.3、腹径 10.6、足径 5.2、高 15.9 厘米（图四三一，6；图版二二，3）。标本 M871：12，泥质黑陶。口径 3.8、腹径 10.3、足径 5.6、高 16.4 厘米（图四三一，7；图版二二，4）。

II式　19件。椭圆腹变浅，较鼓，余同 I 式。

标本 M616：2，泥质黑陶。口径 5、腹径 13.2、足径 6.4、高 18.4 厘米（图四三一，8）。标本 M444：3，泥质黑陶。口径 4.3、腹径 11.5、足径 4.6、高 16.6 厘米（图四三一，9）。

III式　8件。口略大，卷沿，椭圆腹更鼓，腹更浅，粗圈足起棱。

标本 M869：5，泥质黑陶。口径 5.7、腹径 14.1、足径 8.3、高 19.2 厘米（图四三一，10；图版二三，1）。

IV式　5件。口均残。扁鼓腹较深。

标本 M814：1，口沿略残。泥质黑陶。腹径 13.4、足径 6.4、残高 15 厘米（图四三一，11；图版二三，2）。

V式　3件。个体较小。直口微敞，扁鼓较浅。

标本 M623：1，泥质灰陶。口径 3.8、腹径 10.6、足径 5.2、高 11.6 厘米（图四三一，12）。

I 型　22件。短颈，腹较深，平底。分四式。

I式　4件。小直口，微束颈，扁鼓腹，小平底。

标本 M887：2，泥质灰陶。器表残见朱绘痕迹。口径 2.8、腹径 7.8、底径 3.6 厘米（图四三二，1）。

II式　8件。敞口微卷，束颈，圆鼓腹较浅，平底较宽。

标本 M468：3，泥质灰陶。口径 4.2、腹径 9.6、底径 4.6、高 9.6 厘米（图四三二，2；图版二三，3）。

III式　5件。卷沿较甚，束径，垂腹较浅，平底较宽。

标本 M886：6，泥质黑陶。肩及腹饰浅弦纹。口径 3.4、腹径 8.9、底径 4.4、高 8.7 厘米（图四三二，3）。

IV式　5件。口较大，沿微折，垂腹较深，宽平底。

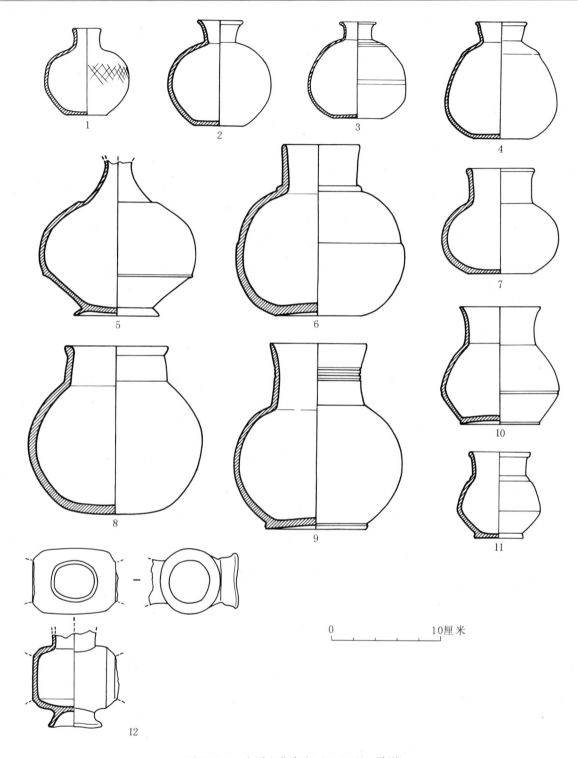

图四三二　大溪文化陶壶（I～L型、异形）

1. I型I式（M887:2）　2. I型II式（M468:3）　3. I型III式（M886:6）　4. I型IV式（M857:1）

5. J型（M846:4）　6. K型I式（M902:1）　7、8. K型II式（M844:1、M861:1）　9. L型I式

（M879:5）　10. L型II式（M820:5）　11. L型III式（M810:9）　12. 异形壶（T7454④:7）

标本 M857∶1，泥质黑陶。肩微凸。口径 4.9、腹径 10.2、底径 5、高 10.6 厘米（图四三二，4；图版二三，4）。

J 型　1 件。

M846∶4，口部残。泥质黑陶。细颈，肩起凹棱，扁鼓腹较深，下腹内收较甚，饰凸弦纹一周，矮圈足。腹径 14.4、足径 7.6、残高 14 厘米（图四三二，5；图版二四，1）。

K 型　16 件。直口或微卷口，短粗颈，扁鼓腹，宽平底。分二式。

Ⅰ式　5 件。个体较大，直口，扁鼓腹较浅，平底内凹。

标本 M902∶1，泥质黑陶。肩饰一箍凸棱，腹饰一圈凹棱。口径 7、腹径 15.6、底径 8、高 15.6 厘米（图四三二，6；图版二四，2）。

Ⅱ式　11 件。微卷口，粗颈较大，扁鼓腹较深，平底。

标本 M844∶1，泥质红陶，器表饰红衣，腹绘黑彩，已脱落。口径 6.2、腹径 10、底径 6、高 9.6 厘米（图四三二，7；图版二四，3）。标本 M861∶1，泥质灰陶。口径 9.4、腹径 16、底径 7.8、高 15.2 厘米（图四三二，8）。

L 型　10 件。敞口，粗长颈，浅圆腹或折腹，假圈足。分三式。

Ⅰ式　3 件。个体较大，颈较长，浅圆腹。

标本 M879∶5，泥质灰陶。颈饰凹弦纹。口径 9、腹径 15.8、足径 9.3、高 16 厘米（图四三二，9；图版二四，4）。

Ⅱ式　5 件。颈较粗矮，浅腹微折。

标本 M820∶5，泥质灰陶。折腹处饰一周凹弦纹。口径 7.4、腹径 10.6、足径 7.2、高 10.6 厘米（图四三二，10）。

Ⅲ式　2 件。卷沿，颈粗矮，浅折腹，平底出边，似圈足。

标本 M810∶9，泥质灰陶。器表残见朱绘痕迹。肩饰凹棱，腹起折棱。口径 5.6、腹径 7.6、底径 4.4、高 7.8 厘米（图四三二，11）。

异形壶　1 件。

标本 T7454④∶7，泥质黑陶。口残，腹部有二个对称的圈足式附件，均残，形制与底部圈足近似。长 8、宽 5.8、残高 8.6 厘米（图四三二，12）。

瓶　159 件。以泥质红陶为多，次为泥质黑陶和灰陶。分六型。

A 型　24 件。卷沿，敞口，颈较长，直筒腹，宽平底。分五式。

Ⅰ式　2 件。束颈较短，折肩，直筒腹较粗。

标本 M866∶4，泥质红陶，饰红陶衣。腹外表饰带状黑彩，内壁饰细凹棱。口径 4.6、底径 5.6、高 14.8 厘米（图四三三，1；图版二五，1）。

Ⅱ式　7 件。直颈较长，腹较细，余同Ⅰ式。

标本 M816∶7，泥质黑陶。素面。口径 3.4、底径 4.1、高 13.8 厘米（图四三三，2）。

Ⅲ式　5 件。束颈较短，溜肩，底较宽。

标本 M823∶1，泥质红陶，饰红陶衣。腹饰四组黑彩带。口径 3.6、底径 4.4、高 13.4 厘米（图四三三，3；图版二五，2）。

Ⅳ式　6 件。颈较直长，宽平底，余近Ⅲ式。

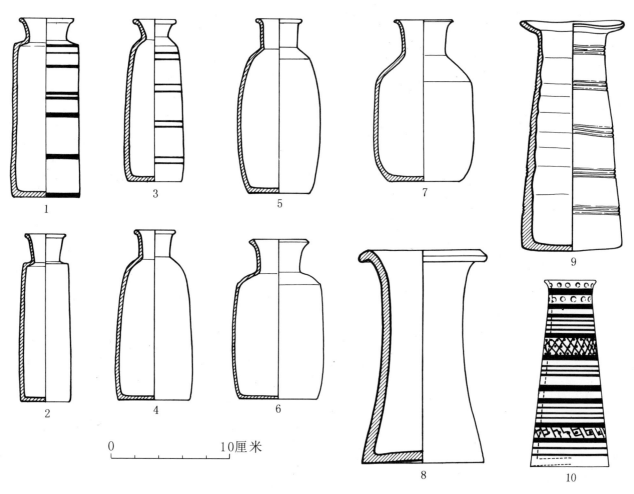

图四三三　大溪文化陶瓶（A~C型）

1. A型Ⅰ式（M866:4）　2. A型Ⅱ式（M816:7）　3. A型Ⅲ式（M823:1）　4. A型Ⅳ式（M868:3）　5. A型Ⅴ式（M819:2）

6. B型Ⅰ式（M869:3）　7. B型Ⅱ式（M843:6）　8. C型Ⅰ式（M903:3）　9. C型Ⅱ式（M896:1）　10. C型Ⅲ式（M871:14）

标本 M868:3，泥质黑陶。素面。口径 3.3、底径 6.8、高 14 厘米（图四三三，4）。

Ⅴ式　4件。腹微鼓，下腹内收，底变小，余同Ⅳ式。

标本 M819:2，泥质黑陶。肩微起折棱。口径 3.8、腹径 7、底径 5.2、高 14.3 厘米（图四三三，5；图版二五，3）。

B型　7件。直筒腹较粗，腹较浅，余近 A 型。分二式。

Ⅰ式　3件。方唇，敞口，束颈，微折肩，宽平底。

标本 M869:3，泥质黑陶。素面。口径 5、腹径 7.7、底径 6.7、高 13.2 厘米（图四三三，6；图版二五，4）。

Ⅱ式　4件。微卷沿，束颈较长，斜肩，下腹略内收，平底较窄。

标本 M843:6，泥质黑陶。素面。口径 5、腹径 8.4、底径 6、高 13.4 厘米（图四三三，7；图版二六，1）。

C型　18件。亚腰或斜直袋形腹。分三式。

Ⅰ式　5件。卷沿较甚，敞口，亚腰形腹，宽底微凹。

标本 M903：3，泥质红陶。器表饰红陶衣，绘黑彩，脱落。口径 10.8、底径 10、高 17.6 厘米（图四三三，8；图版二六，2）。

Ⅱ式　8件。折沿微凹，袋状腹，腹壁斜直，宽平底。

标本 M896：1，泥质红陶。口部不平整。腹外表饰五组凹弦纹，内壁饰凸棱。口径 8.6、底径 8.4、高 19 厘米（图四三三，9；图版二六，3）。

Ⅲ式　5件。敞口微卷，底微凹，余同Ⅱ式。

标本 M871：14，泥质红陶。器表饰红陶衣，绘黑彩。彩绘图案以条带、圆圈、圆点、网格、折曲等为基本构图纹样。口径 4.2、底径 6.6、高 15.5 厘米（图四三三，10；彩版四二，4）。

D型　36件。个体较大，泥质红陶。卷沿，喇叭状颈，直腹微鼓，小平底。器表饰红陶衣，绘黑彩。分六式。

Ⅰ式　4件。卷沿似折，斜直颈较短，圆肩，下腹内收较甚，小平底。

标本 M826：3，泥质黑陶。肩饰一圈凸棱。口径 4.5、腹径 7、底径 3.6、高 9.4 厘米（图四三四，1）。

Ⅱ式　4件。颈较长，圆肩较平，直腹较矮胖，底较宽。

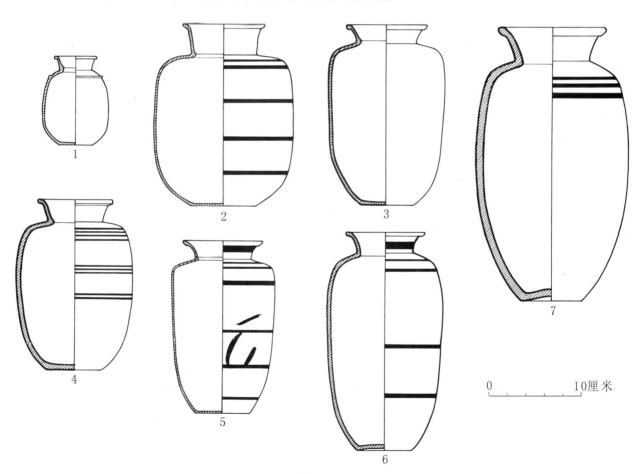

图四三四　大溪文化陶瓶（D型）

1. D型Ⅰ式（M826：3）　2. D型Ⅱ式（M871：10）　3. D型Ⅲ式（M872：1）　4. D型Ⅳ式（M818：4）　5. D型Ⅴ式（M837：3）　6、7. D型Ⅵ式（M846：2、M459：5）

标本 M871：10，肩及腹饰宽彩带。口径 8.8、腹径 15、底径 6.9、高 19.4 厘米（图四三四，2；图版二六，4）。

Ⅲ式　9件。厚唇，卷沿较甚，大敞口，束颈较短，圆肩微折，直腹趋瘦高，底较窄。

标本 M872：1，腹部黑彩脱落。口径 8.8、腹径 12.6、底径 5.8、高 19.1 厘米（图四三四，3；图版二七，1）。

Ⅳ式　6件。颈微曲，圆肩，腹微鼓，底较窄。

标本 M818：4，肩及腹饰窄彩条带。口径 7.8、腹径 7.9、底径 5.6、高 18 厘米（图四三四，4）。

Ⅴ式　3件。

标本 M837：3，宽肩，腹略斜内收。颈、肩饰黑彩带，腹饰彩带及弧线彩条。口径 8.6、肩径 11、底径 5.8、高 18.4 厘米（图四三四，5；图版二七，2）。

Ⅵ式　10件。个体较大。卷沿，束颈，溜肩，瘦深腹微鼓，小平底内凹。

标本 M846：2，颈、肩、腹均饰黑彩带。口径 8.6、腹径 12、底径 5.6、高 23 厘米（图四三四，6；图版二七，3）。

标本 M459：5，腹直微鼓。肩饰黑彩带。口径 11.6、腹径 16.4、腹径 16.4、底径 6.5、高 29 厘米（图四三四，7）。

E 型　40件。个体较小，余近 D 型。分四式。

Ⅰ式　10件。大喇叭口，束颈较甚，腹较鼓。

标本 M865：1，泥质灰陶。素面。口径 5.6、腹径 8.8、底径 4.8、高 13 厘米（图四三五，1；图版二七，4）。

Ⅱ式　9件。卷沿较甚，束颈，深腹微鼓，底较宽。

标本 M862：1，泥质红陶。器表饰红陶衣，绘黑彩，脱落殆尽。口径 5.8、腹径 9、底径 5、高 15.2 厘米（图四三五，2；图版二八，1）。

Ⅲ式　9件。卷沿，颈较直，直腹较胖，下腹内收较甚，小平底。

标本 M299：4，泥质黑陶。素面。口径 5.2、腹径 8.2、底径 3.8、高 11.8 厘米（图四三五，3；图版二八，2）。

Ⅳ式　12件。卷沿近平，微曲颈，肩微折，瘦直腹较深。

标本 T7453③：9，泥质黑陶。肩部折棱。口径 5.2、底径 4.8、高 13 厘米（图四三五，4；图版二八，3）。

F 型　34件。泥质红陶。器表饰红陶衣，绘黑彩，均脱落殆尽。卷沿，束颈较甚，颈较细矮，余同 E 型。分三式。

Ⅰ式　7件。口较小，直腹微鼓，较矮胖，平底较宽。

标本 M895：5，口径 4.6、腹径 8.2、底径 5、高 9.8 厘米（图四三五，5）。

Ⅱ式　11件。口较大，腹较深，平底较窄，余同 Ⅰ式。

标本 M499：1，口径 5.3、腹径 9、底径 4.3、高 11.5 厘米（图四三五，6；图版二八，4）。

Ⅲ式　16件。深腹微鼓，余同 Ⅱ式。

标本 M821：3，泥质红陶。器表饰红陶衣，口外及肩部饰黑彩带。口径 5.8、腹径 9.2、底径

图四三五　大溪文化陶瓶（E、F型）

1. E型Ⅰ式（M865:1）　2. E型Ⅱ式（M862:1）　3. E型Ⅲ式（M299:4）　4. E型Ⅳ式（T7453③:9）

5. F型Ⅰ式（M895:5）　6. F型Ⅱ式（M499:1）　7~9. F型Ⅲ式（M821:3、M846:8、T7402③:5）

5、高 12.5 厘米（图四三五，7；图版二九，1）。标本 M846:8，口径 5.2、腹径 8.3、底径 4.6、高 12 厘米（图四三五，8；图版二九，2）。标本 T7402③:5，口径 5.3、腹径 8、底径 4.6、高 11.6 厘米（图四三五，9）。

豆　1400 件。以粗泥红陶为主，次为泥质黑陶和灰陶，少量泥质白陶。分二十型。

A 型　142 件。粗泥红陶，器表通体饰红陶衣。喇叭形圈足。分三式。

Ⅰ式　59 件。微敛口，盘较深，粗喇叭足较矮，足顶部起凸棱。

标本 M678:14，盘上部及盘内呈黑色。口径 14.2、足径 13.3、高 15.2 厘米（图四三六，1；图版二九，3）。标本 M678:4，口外及盘内为黑色。口径 15、足径 14、高 21 厘米（图四三六，2；图版二九，4）。

Ⅱ式　45 件。盘口内折，盘较浅，瘦高喇叭足，足顶部起凸棱。

标本 M680:4，盘内有黑斑。口径 14.6、足径 14、高 20 厘米（图四三六，3）。标本 M678: 13，口外及盘内呈黑色。口径 15、足径 15.6、高 22.4 厘米（图四三六，4；图版三〇，1）。

Ⅲ式　38 件。盘口内折较甚，浅盘，高喇叭足外撇较甚，足顶部起凸棱。

标本 M670:1，器表内外均饰红陶衣。口径 17.2、足径 19.2、高 22.6 厘米（图四三六，5；彩版四二，5）。标本 T3027⑦:1，圈足残。泥质白陶。直口，内折沿，深内弧腹。口外饰一周压印弧线纹和长方块纹，盘饰二周压印弧线纹及弧线三角状纹，三角纹内戳印指甲纹。口径 18.5、残高 5 厘米（图四三六，6）。

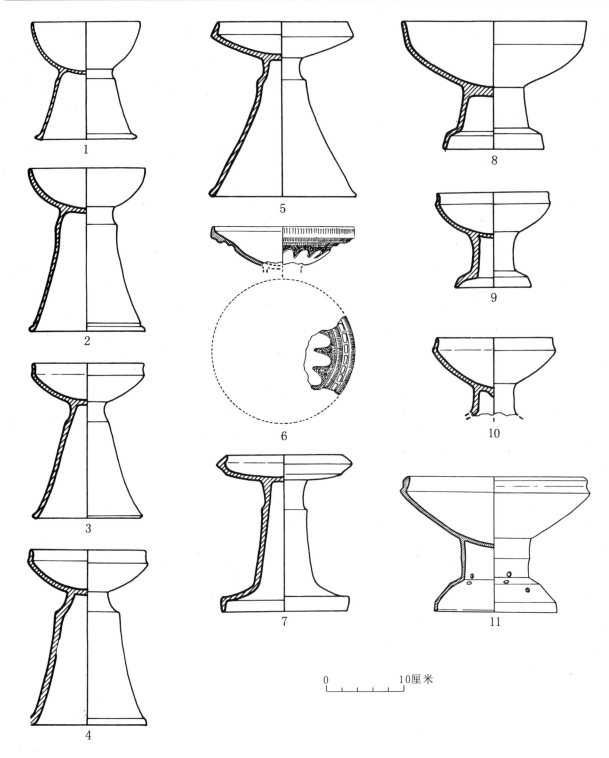

图四三六　大溪文化陶豆（A～C型）

1、2. A型Ⅰ式（M678：14、M678：4）　　3、4. A型Ⅱ式（M680：4、M678：13）　　5、6. A型Ⅲ式（M670：1、T3027⑦：1）

7. B型（M669：7）　　8. C型Ⅰ式（T1030⑧B：4）　　9、10. C型Ⅱ式（M678：7、M669：4）　　11. C型Ⅲ式（M906：10）

B型 36件。内折沿，浅盘，折腹，足柄细高，饰凸棱，圈足起台面。

标本M669：7，器表内外均饰红陶衣。口径15、足径16.1、高20厘米（图四三六，7；图版三〇，2）。

C型 105件。粗泥红陶。饰红陶衣。台式圈足。分三式。

Ⅰ式 19件。个体较大。直口微敞，台式圈足较粗矮。

标本T1030⑧B：4，盘内饰黑衣，器表饰深红衣。口径24、足径12.8、高16.5厘米（图四三六，8；彩版四三，1）。

Ⅱ式 49件。盘口内折，台式圈足变瘦高。

标本M678：7，盘内饰黑衣，器表饰红衣。口径14.2、足径9.6、高12.3厘米（图四三六，9）。标本M669：4，圈足残。口外及盘内呈黑色，余饰红衣。口径15.2、残高9.6厘米（图四三六，10）。

Ⅲ式 37件。个体较大。盘口内折更甚，盘腹变浅，足柄更为粗矮，饰凸棱，圈足台面变宽变高。

标本M906：10，器表内外均饰红陶衣，柄及足饰镂孔。口径25、足径16.5、高22.8厘米（图四三六，11）。

D型 106件。粗泥红陶。饰红陶衣。厚方唇下突，敞口，浅盘，细柄，台式圈足。分四式。

Ⅰ式 23件。盘壁微折，高细柄，矮台面足。

标本M680：2，柄饰凸弦纹。口径14、足径9.8、高10.4厘米（图四三七，1；图版三〇，3）。

Ⅱ式 55件。盘折壁较甚，短柄，高台面足。

标本M679：4，口径12.8、足径14.4、高14.4厘米（图四三七，2；彩版四三，2）。标本H428：7，仅存足。饰三组几何形镂孔。足径13.2、残高7.2厘米（图四三七，3）。

Ⅲ式 21件。柄及足均残。方唇下突较甚，微内勾，盘壁斜直，内底平坦。

标本T3027⑦：4，口径14.4、残高4厘米（图四三七，4）。

Ⅳ式 7件。尖唇内勾，细柄足起棱。

标本M906：19，足残。柄饰划纹及镂孔。口径14.4、残高8厘米（图四三七，5）。

E型 99件。粗泥红陶。碗形盘，盘口内敛或内折，盘腹较深，细柄足均残。分三式。

Ⅰ式 36件。

异口。标本H419：2，器表内外红、黑相间。圈足残。口径16.8、残高13.2厘米（图四三七，6）

Ⅱ式 21件。沿微内折近直。

标本M906：22，宽沿内折微鼓，沿下鼓出，腹深，足较细。口径14.3、残高10厘米（图四三七，7）。

标本T3075③B：1，口沿内折，盘腹较浅，器表红、黑斑驳。口径16、残高8.8厘米（图四三七，8）。

Ⅲ式 42件。直口微内弧，圆唇，斜弧腹较深，圈足较细。

标本T7404④：3，口外及盘内呈黑色，器表饰红衣。口径14、残高11厘米（图四三七，9）。

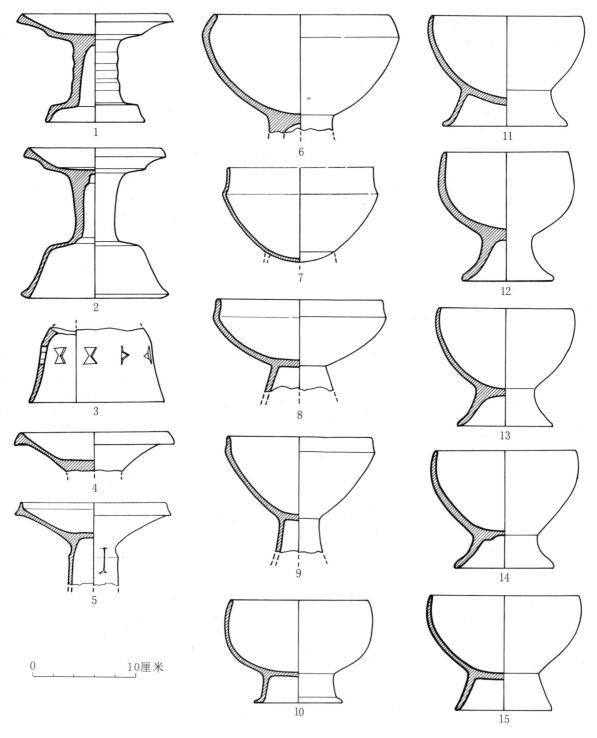

0　　　　　10厘米

图四三七　大溪文化陶豆（D～F型）

1. D型Ⅰ式（M680:2）　　2、3. D型Ⅱ式（M679:4、H428:7）　　4. D型Ⅲ式（T3027⑦:4）　　5. D型Ⅳ式（M906:19）
6. E型Ⅰ式（H419:2）　　7、8. E型Ⅱ式（M906:22、T3075③B:1）　　9. E型Ⅲ式（T7404④:3）　　10. F型Ⅰ式（H408:2）
11. F型Ⅱ式（H210:6）　　12. F型Ⅲ式（M664:1）　　13～15. F型Ⅳ式（T3080④B:4、M892:2、M822:2）

F 型　128件。粗泥红陶。碗形盘，微敛口，深弧腹，外撇足较矮。分四式。

Ⅰ式　11件。盘上腹较直，盘底平坦，矮粗圈足较直，足沿外折。

标本 H408：2，口径 13.4、足径 8.6、高 9.8 厘米（图四三七，10）。

Ⅱ式　34件。深弧腹盘，粗圈足外撇，较矮。

标本 H210：6，盘内有黑斑。口径 14.4、足径 12、高 10.4 厘米（图四三七，11；图版三〇，4）。

Ⅲ式　26件。盘上腹较直，细喇叭足。

标本 M664：1，器表饰红衣。口径 12、足径 9、高 12.2 厘米（图四三七，12，图版三一，1）。

Ⅳ式　57件。深弧腹盘，喇叭足较粗高。

标本 T3080④B：4，口径 13、足径 9.2、高 11.3 厘米（图四三七，13；图版三一，2）。标本 M892：2，器表内外均饰鲜红陶衣。口径 13.6、足径 9.6、高 11.4 厘米（图四三七，14；图版三一，3）。标本 M822：2，器表内外均饰鲜红陶衣。口径 14.4、足径 9.4、高 11 厘米（图四三七，15；图版三一，4）。

G 型　104件。泥质黑陶。内折沿，深盘，粗圈足饰镂孔。分五式。

Ⅰ式　7件。圆唇，内折沿较宽，深弧腹，粗圈足较矮，足沿外卷。

标本 M391：2，足沿饰一周圆孔。口径 15.6、足径 12、高 10.4 厘米（图四二八，1）。

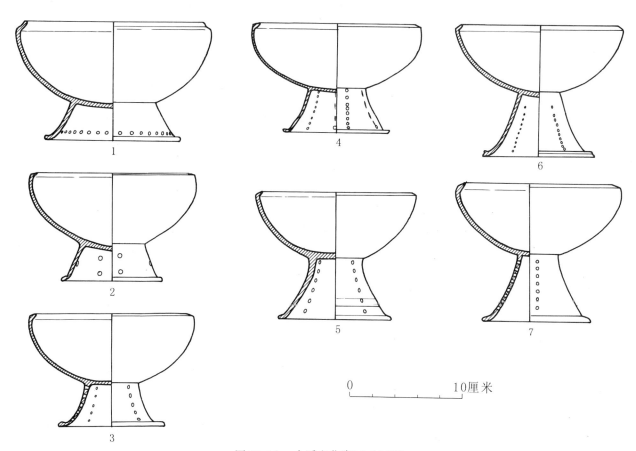

图四三八　大溪文化陶豆（G型）

1. G型Ⅰ式（M391：2）　2. G型Ⅱ式（M889：1）　3、4. G型Ⅲ式（M840：1、M815：5）

5. G型Ⅳ式（M881：5）　6、7. G型Ⅴ式（M846：3、M886：4）

Ⅱ式　23件。尖唇，窄内折沿，矮圈足较粗，足沿外卷。

标本M889:1，足饰二组双圆孔及二组单圆孔。口径13.5、足径8.8、高9.4厘米（图四三八，2；图版三二，1）。

Ⅲ式　27件。圈足变细变高，足沿外卷较宽，余同Ⅱ式。

标本M840:1，足饰三竖排圆镂孔，间以三竖排小圆孔，后者多数未穿透器壁。口径14.6、足径9.4、高9.8厘米（图四三八，3；图版三二，2）。标本M815:5，足饰三竖排镂孔，间以三竖划间断浅刻槽。口径15、足径9.4、高9.5厘米（图四三八，4）。

Ⅳ式　21件。细圈足较高，足沿微卷，余同Ⅲ式。

标本M881:5，足饰四组竖排镂孔。口径14.2、足径10、高11.1厘米（图四三八，5）。

Ⅴ式　26件。圈足更趋细高，镂孔细密，余同Ⅳ式。

标本M846:3，足沿起凸棱，饰四组竖排细镂孔。口径14、足径9.8、高11.4厘米（图四三八，6；图版三二，3）。标本M886:4，略高。足孔同前。口径13.6、足径9.4、高12厘米（图四三八，7）。

H型　56件。泥质灰陶。内折沿，浅盘，高柄足，柄起凸棱。分四式。

Ⅰ式　10件。折沿较甚，腹较深，下腹起棱，足沿内凹。

标本M827:1，素面。口径18、足径11.4、高16.8厘米（图四三九，1；图版三二，4）。

Ⅱ式　19件。折沿较甚，浅腹，中腹起棱，足沿微凹。

标本M859:10，素面。口径16.8、足径10、高16厘米（图四三九，2）。

Ⅲ式　13件。内折沿，浅腹，腹微起棱，足沿平折。

标本T7404④:6，足饰凹弦纹。口径18.8、足径13.2、高16.8厘米（图四三九，3；图版三三，1）。

Ⅳ式　14件。腹无棱，足沿微凹，余同Ⅲ式。

标本T7402③:2，足饰成组凹弦纹。口径21、足径15.6、高20厘米（图四三九，4）。

I型　15件。内折沿，浅盘，折腹，矮圈足。分二式。

Ⅰ式　9件。泥质黑陶。折腹，喇叭形足。

标本M820:1，器表残见朱绘痕迹。口径14.4、足径9.2、高10.8厘米（图四三九，5；图版三三，2）。

Ⅱ式　6件。泥质灰陶。弧腹微折，台式圈足。

标本T7403③:4，足饰五圆镂孔，间以三重竖划纹，上、下各饰一周凹弦纹。口径19、足径12、高12.8厘米（图四三九，6）。

J型　50件。内折沿，浅盘，高柄足，足饰镂孔。分三式。

Ⅰ式　13件。泥质黑陶。内折沿较窄，下腹起棱，细柄，台式足外撇较甚，足沿起凸棱。

标本M468:2，足饰六组竖排长椭圆孔或圆孔。口径16、足径12.3、高15.5厘米（图四三九，7；图版三三，3）。

Ⅱ式　16件。泥质黑陶。内折沿较宽，高细柄足，足沿起凹棱。

标本M809:8，足饰四组竖排细圆孔。口径12、足径11、高15.8厘米（图四三九，8）。

Ⅲ式　21件。泥质黑陶。豆盘较深，余同Ⅲ式。

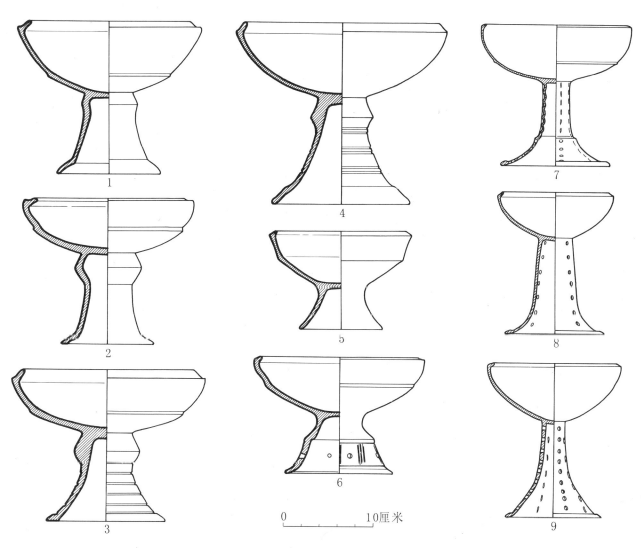

图四三九 大溪文化陶豆（H～J型）

1. H型Ⅰ式（M827:1）　2. H型Ⅱ式（M859:10）　3. H型Ⅲ式（T7404④:6）　4. H型Ⅳ式（T7402③:2）　5. Ⅰ型Ⅰ式
（M820:1）　6. Ⅰ型Ⅱ式（MT7403③:4）　7. J型Ⅰ式（M468:2）　8. J型Ⅱ式（M809:8）　9. J型Ⅲ式（M838:3）

　　标本 M838:3，足饰三组竖排圆孔，间以三组长椭圆镂孔。口径 14、足径 11、高 17 厘米（图
四三九，9）。

　　K型　8件。泥质灰陶。折沿，扁鼓腹盘，下腹施凸棱，细高柄足。

　　标本 M447:3，足饰三组竖排圆镂孔。口径 12.2、盘腹径 20、足径 12.6、高 20.8 厘米（图四
四〇，1；图版三三，4）。

　　L型　232件。以泥质灰陶和黑陶为主，少量泥质红陶。敛口，深腹碗形盘，矮粗圈足。分六
式。

　　Ⅰ式　20件。口较敛，深腹，足较粗矮，足沿外折。

　　标本 M820:2，器表残见朱绘。泥质灰陶。口内折微仰，粗圈足较矮，足沿外折内凹较甚。口
径 12.4、足径 9.2、高 11 厘米（图四四〇，2）。标本 H300:4，足饰圆镂孔。口径 19.6、盘腹径

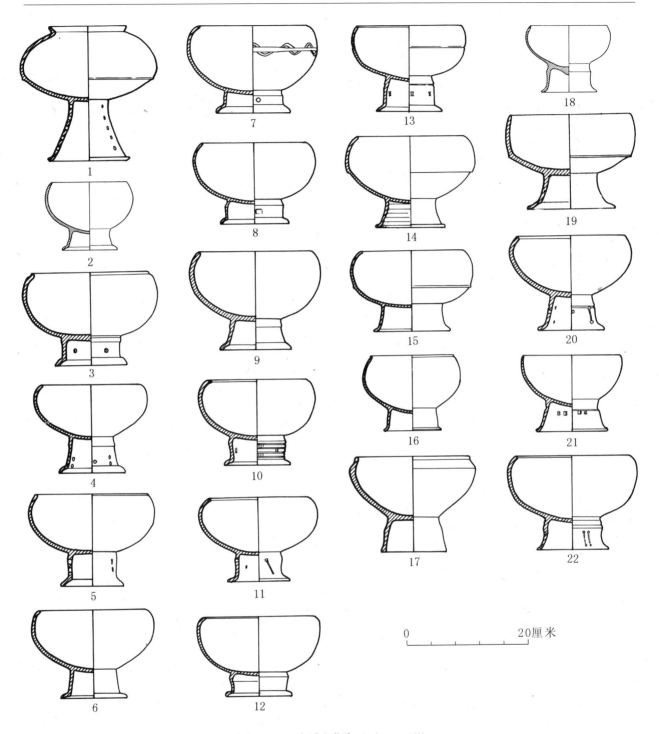

0　　　　　　　　　　　　20厘米

图四四〇　大溪文化陶豆（K、L型）

1. K型（M447:3）　2、3. L型Ⅰ式（M820:2、H300:4）　4～7. L型Ⅱ式（M891:3、M810:12、M898:2、M884:3）　8～13.
L型Ⅲ式（M894:2、M829:2、M900:1、M802:5、T7403④:6、M457:4）　14～16. L型Ⅳ式（M205:1、M318:8、M494:1）
17～19. L型Ⅴ式（T6401⑤:7、M870:1、M810:5）　20～22、L型Ⅵ式（M828:5、M852:1、T7404④:8）

21.6、足径10.4、高15.2厘米（图四四〇，3；图版三四，1）。

　　Ⅱ式　55件。泥质灰陶。敛口，圈足略高，足沿外折内凹较甚。

标本 M891:3，器表残见朱绘。足柄饰凹棱及不对称镂孔。口径 16、盘腹径 18.6、足径 10.8、高 14.6 厘米（图四四〇，4）。标本 M810:12，足柄微鼓，饰三组戳印指甲状纹。口径 19、腹盘径 21、足径 10.6、高 15 厘米（图四四〇，5；图版三四，2）。标本 M898:2，泥质黑陶。足沿外折微内凹，余同Ⅲ式。器表残见朱绘。口径 17.2、盘腹径 19.8、足径 11、高 14.4 厘米（图四四〇，6）。标本 M884:3，盘外饰刻划纹，足饰圆镂孔。口径 18.6、盘腹径 21.6、足径 12、高 14 厘米（图四四〇，7；图版三四，3）。

Ⅲ式　68 件。泥质黑陶。矮圈足起凸棱，足沿外折内凹更甚。

标本 M894:2，器表残见朱绘。足饰方形镂孔。口径 17、盘腹径 20.4、足径 11.4、高 13.4 厘米（图四四〇，8；图版三四，4）。标本 M829:2，泥质灰陶，胎较厚，方唇，足略矮。器表残见朱绘。口径 19、盘腹径 22、足径 12、高 16 厘米（图四四〇，9）。标本 M900:1，泥质黑陶。矮圈足略显凸棱，足沿外折较甚。器表残见朱绘。足饰四个方形镂孔及凹弦纹。口径 16.4、盘腹径 19.8、足径 11.2、高 14 厘米（图四四〇，10；图版三五，1）。标本 M802:5，圈足微起凸棱，足沿外撇更甚。器表残见朱绘。足饰镂孔及刻划纹。口径 16、盘腹径 19.6、足径 10.4、高 13.8 厘米（图四四〇，11；图版三五，2）。标本 T7403④:6，素面。口径 18、盘腹径 20.5、足径 11、高 13.2 厘米（图四四〇，12）。标本 M457:4，泥质灰陶。敛口，盘腹饰凹弦纹，足饰四角星状镂孔。口径 17、盘腹径 18.8、足径 11.2、高 14 厘米（图四四〇，13）。

Ⅳ式　38 件。泥质黑陶。敛口，盘腹饰凸棱，圈足外撇，足沿外卷。

标本 M205:1，圈足内壁凸凹不平。口径 17.4、盘腹径 21.4、足径 11.6、高 15 厘米（图四四〇，14）。标本 M318:8，泥质黑陶。盘腹较浅，足沿微卷。口径 16.6、盘腹径 20、足径 12.4、高 13.3 厘米（图四四〇，15；图版三五，3）。标本 M494:1，泥质灰陶。内敛口微仰，深弧腹盘，矮圈足较直，足沿外卷。口径 13.4、盘腹径 16、足径 9.4、高 12.4 厘米（图四四〇，16）。

Ⅴ式　30 件。泥质橙黄陶。口内折微仰，圈足较直。

标本 T6401⑤:7，口外及器内为黑色，器表饰红陶衣。口径 18.8、足径 10.6、高 15.6 厘米（图四四〇，17；图版三五，4）。标本 M870:1，器表残见朱绘。口径 12.6、足径 9.1、高 10.8 厘米（图四四〇，18；图版三六，1）。标本 M810:5，泥质黑陶。杯形盘，折腹起棱，细柄足外撇较甚。器表残见朱绘。口径 9.8、足径 6.2、高 7.6 厘米（图四四〇，19；图版三六，2）。

Ⅵ式　21 件。泥质灰陶。圈足较细高，足沿外撇。

标本 M828:5，器表残见朱绘。足饰凹棱及镂孔，上下孔之间有刻划纹相连。口径 18、盘腹径 20、足径 11.1、高 15.4 厘米（图四四〇，20；图版三六，3）。标本 M852:1，泥质，外红内黑。尖唇，口微敛，足柄内凹，微外撇。足饰方形镂孔。口径 16.2、足径 11.4、高 12.4 厘米（图四四〇，21；图版三六，4）。标本 T7404④:8，泥质灰陶，方唇，敛口较甚，足柄起凸棱，外撇，足饰圆镂孔及刻划纹。口径 18.6、足径 11.6、高 15.5 厘米（图四四〇，22）。

M 型　6 件。直口微敛，盘腹较浅，足柄略细高，足沿外折。

标本 M903:2，器表残见朱绘。盘外饰刻划符号，足饰六孔，不规则。口径 15.6、足径 10.4、高 12.6 厘米（图四四一，1；图版三七，1）。标本 M803:4，弇口，盘较深，圈足较矮，圈足上有三组共 12 个条状镂孔。口径 18、足径 11.2、高 14.8 厘米（图版三七，2）。

N 型　7 件。卷贴沿，弧腹较深，中腹饰凸棱，足较矮，足沿外卷。

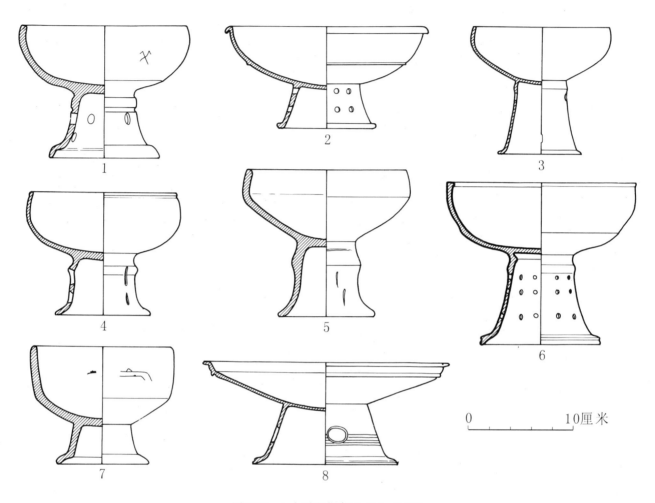

图四四一　大溪文化陶豆（M～Q型）

1. M型（M903:2）　2. N型（M299:2）　3. O型Ⅰ式（M879:2）　4. O型Ⅱ式（M807:1）　5. O型
Ⅲ式（T7404④:4）　6. O型Ⅳ式（M887:5）　7. P型（M878:1）　8. Q型（T7402③:8）

标本 M299:2，足饰三组镂孔。口径 18.4、足径 9.6、高 9.6 厘米（图四四一，2；图版三七，3）。

O型　30件。泥质灰陶。直口微敛，浅盘，细高圈足。分四式。

Ⅰ式　6件。细柄足较高，微起凸棱。

标本 M879:2，足饰长椭圆镂孔。口径 13、足径 8、高 12 厘米（图四四一，3）。

Ⅱ式　4件。盘底较平坦，足柄较矮，起凸棱。

标本 M807:1，口外饰一周凹棱，足饰三组长椭圆镂孔。口径 14、足径 10、高 11.6 厘米（图
四四一，4；图版三七，4）。

Ⅲ式　8件。口微内折，盘腹较深，余同Ⅱ式。

标本 T7404④:4，足饰三组戳印指甲状纹。口径 15、足径 9.2、高 13.8 厘米（图四四一，5）。

Ⅳ式　12件。泥质灰陶。窄内折沿，下腹微起棱，足柄较粗矮，足沿起台棱。

标本 M887:5，盘外饰朱绘，脱落太甚。足饰三组竖排镂孔，每组六个。口径 18、足径 11.4、高 15.2 厘米（图四四一，6；图版三八，1）。

P 型　9 件。直口，折腹，足较矮，足沿外折。

标本 M878:1，盘外饰刻划符号。口径 13.6、足径 9、高 11.2 厘米（图四四一，7）。

Q 型　9 件。折沿近平，浅斜腹，上腹饰凸棱，足略高，足沿外撇起棱。

标本 T7402③:8，足饰三大镂孔及浅弦纹。口径 23.8、足径 14、高 9.6 厘米（图四四一，8）。

R 型　213 件。以泥质灰陶为主，少量泥质黑陶。卷折沿，浅盘，折腹，高柄足。分六式。

Ⅰ式　13 件。窄折沿，盘底平坦，足较矮，微起凸棱，足沿外折内凹较甚。

标本 M861:3，素面。口径 12、足径 8.8、高 8 厘米（图四四二，1）。

Ⅱ式　46 件。多为泥质灰陶。口微外卷，足沿外折内凹，余同Ⅰ式。

标本 M900:4，器表残见朱绘。足饰三道凹弦纹，间以短划纹。口径 17、足径 11.2、高 9.2 厘米（图四四二，2；图版三八，2）。标本 M894:3，器表残见朱绘。足饰二周长方孔。口径 17.2、足径 11.2、高 12.2 厘米（图四四二，3；图版三八，3）。标本 M902:3，泥质黑陶。器表残见朱绘。足饰二周长方孔，每周四个。口径 15.6、足径 10、高 10 厘米（图四四二，4；图版三八，4）。

Ⅲ式　34 件。侈口微卷，足起凹棱，余同Ⅱ式。

标本 M903:4，泥质黑陶。器表残见朱绘。足饰四镂孔。口径 17.2、足径 10、高 9.4 厘米（图四四二，5）。标本 M816:2，泥质黑陶。足沿外折微内凹，器表残见朱绘。足饰二镂孔。口径 18、足径 10、高 9.4 厘米（图四四二，6）。标本 M806:2，足沿残。盘内饰刻划符号，足饰三镂孔。口径 16.8、残高 8.5 厘米（图四四二，7）。

Ⅳ式　49 件。折沿近平，足起凸棱，足沿外折微内凹。

标本 M810:4，泥质黑陶，器表残见朱绘。足饰三斜划刻槽。口径 16.2、足径 10、高 10.1 厘米（图四四二，8）。标本 M892:1，足饰三长椭圆镂孔及三圆孔。口径 16、足径 11.8、高 10.7 厘米（图四四二，9；彩版四三，3）。标本 M899:2，泥质灰陶。口微侈，足较矮，柄微起棱，足沿外折内凹较甚。足饰三个长方镂孔。口径 16.7、足径 9.6、高 9.2 厘米（图四四二，10；图版三九，1）。

Ⅴ式　35 件。侈口微卷，盘腹较深，足柄起凸棱，足沿外撇。

标本 T7454④:2，泥质灰陶。素面。口径 15.8、足径 9.4、高 10 厘米（图四四二，11）。标本 M897:1，泥质黑陶。大敞口，盘腹微折，足柄较高，起凸棱，足沿外撇。盘内饰刻划符号，足饰凹弦纹及长条形镂空。口径 18.2、足径 12.7、高 12 厘米（图四四二，12；图版三九，2）。标本 M888:4，泥质黑陶。盘内饰刻划符号，足饰竖刻划纹及圆镂孔。口径 16.7、足径 11、高 10.3 厘米（图四四二，13；图版三九，3）。

Ⅵ式　36 件。卷沿近平，足柄微起棱。

标本 T7403③:7，泥质黑陶。素面。口径 15.8、足径 9.2、高 9.2 厘米（图四四三，1）。标本 M878:4，泥质黑陶。盘内饰刻划符号。口径 15.8、足径 8、高 9.4 厘米（图四四三，3；图版三九，4）。标本 M597:1，泥质灰陶。大敞口，盘腹微折，足柄细高。足沿外起台棱。足饰三竖排圆镂孔。口径 20、足径 10.5、高 14.8 厘米（图四四三，2；图版四〇，1）。

图四四二　大溪文化陶豆（R型Ⅰ～Ⅴ式）

1. R型Ⅰ式（M861:3）　2～4. R型Ⅱ式（M900:4、M894:3、M902:3）　5～7. R型Ⅲ式（M903:4、M816:2、M806:2）

8～10. R型Ⅳ式（M810:4、M892:1、M899:2）　11～13. R型Ⅴ式（T7454④:2、M897:1、M888:4）

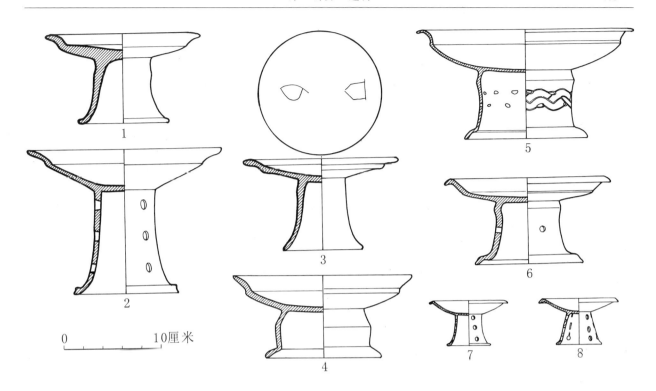

图四四三 大溪文化陶豆（R 型Ⅵ式，S、T 型）

1~3. R 型Ⅵ式（T7403③：7、M597：1、M878：4） 4. S 型Ⅰ式（M626：3） 5. S 型Ⅱ式（M891：2）

6. S 型Ⅲ式（T7404④：9） 7、8. T 型（M871：2、M866：3）

S 型 24 件。圈足较粗矮，折腹较甚，余同 R 型。分三式。

Ⅰ式 11 件。泥质黑陶。敞口微侈，粗圈足起凸棱，足沿外折内凹。

标本 M626：3，素面。口径 18.4、足径 11.8、高 8.4 厘米（图四四三，4）。

Ⅱ式 5 件。泥质灰陶。卷沿，盘上腹内收较甚，粗圈足略高，余同Ⅰ式。

标本 M891：2，足饰二周镂孔及波浪状刻划纹。口径 22.4、足径 12.8、高 11.2 厘米（图四四三，5；图版四〇，2）。

Ⅲ式 8 件。泥质黑陶。卷沿更甚，盘较浅，圈足趋细高，余同Ⅱ式。

标本 T7404④：9，足饰三圆镂孔。口径 17.2、足径 11.2、高 8.8 厘米（图四四三，6；图版四〇，3）。

T 型 21 件。个体较小。折沿下卷，浅弧腹，细高足，足沿外撇。

标本 M871：2，足饰三竖排镂孔。口径 8.2、足径 4.6、高 4.6 厘米（图四四三，7）。标本 M866：3，足各饰三竖排圆孔及长方孔。口径 7.6、足径 4.8、高 4.7 厘米（图四四三，8）。

盘 824 件。以粗泥红陶和泥质红陶为主，少量夹炭红陶及泥质灰陶和黑陶。分十七型。

A 型 58 件。泥质红陶，器表内外均饰红陶衣。内折沿，浅盘，高圈足较粗。分四式。

Ⅰ式 11 件。弧腹较深，粗圈足较矮。

标本 M739：12，口径 20、足径 20、高 15 厘米（图四四四，1；图版四〇，4）。

Ⅱ式 7 件。折腹，上腹内凹，余同Ⅰ式。

标本 M679：2，口径 23.8、足径 17.6、高 11.8 厘米（图四四四，2；图版四一，1）。标本

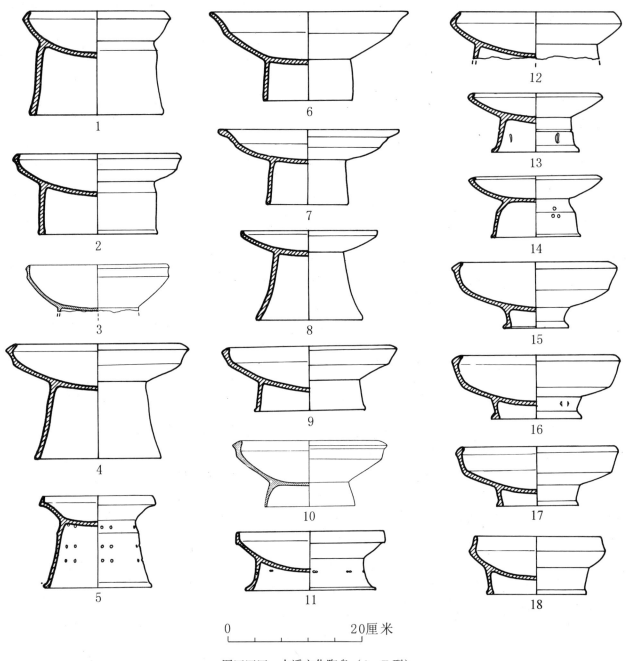

0   20厘米

图四四四　大溪文化陶盘（A～E型）

1. A型Ⅰ式（M739：12）　2、3. A型Ⅱ式（M679：2、M906：8）　4. A型Ⅲ式（M665：1）　5. A型Ⅳ式（M705：3）　6. B型Ⅰ式（T6402⑧：9）　7. B型Ⅱ式（T6351④A：7）　8. C型（M722：1）　9、10. D型Ⅰ式（T3124⑥：3、H615：2）　11. D型Ⅱ式（M678：15）　12. D型Ⅲ式（H30：2）　13. D型Ⅳ式（M861：2）　14. D型Ⅴ式（M822：1）　15. E型Ⅰ式（H517：1）　16、17. E型Ⅱ式（M678：25、M679：6）　18. E型Ⅲ式（M678：19）

M906：8，口径20、残高8.4厘米（图四四四，3；图版四一，2）。

　　Ⅲ式　9件。圈足较细高，微外撇，余同Ⅱ式。

　　标本 M665：1，口径24.4、足径19、高16.8厘米（图四四四，4；图版四一，3）。

　　Ⅳ式　31件。内弧腹，浅盘，粗圈足微起凸棱，足沿微卷。

标本 M705：3，足饰五组竖排圆镂孔，每组六个。口径 16.6、足径 16.2、高 13.6 厘米（图四四四，5；图版四一，4）。

B 型　15 件。粗泥红陶，部分夹炭。敞口微卷，盘腹较深，足较细高。分二式。

Ⅰ式　6 件。敞口，折腹较浅，足较矮。

标本 T6402⑧：9，夹炭，器表及盘内饰红陶衣。口径 29.6、足径 13.2、高 13 厘米（图四四四，6；图版四二，1）。

Ⅱ式　9 件。大敞口微卷，余同Ⅱ式。

标本 T6351④A：7，夹炭陶，器表及盘内饰红陶衣。口径 27、足径 12、高 11 厘米（图四四四，7；图版四二，2）。

C 型　11 件。粗泥红陶。短直口，浅盘，高圈足外撇。

标本 M722：1，素面。口径 20.4、足径 16、高 13.2 厘米（图四四四，8；图版四二，3）。

D 型　94 件。内折沿，浅盘，矮粗圈足。分五式。

Ⅰ式　34 件。粗泥红陶。窄内折沿，折腹，足微外撇，足沿微外折。

标本 T3124⑥：3，口径 24、足径 16.4、高 9.4 厘米（图四四四，9；图版四二，4）。标本 11615：2，窄折沿，折腹，足近直。口径 20、高 9.4 厘米（图四四四，10）。

Ⅱ式　21 件。直口微内折，深弧腹，粗圈足较矮，外撇较甚，足沿外折。

标本 M678：15，泥质酱黑陶。足饰七组圆孔，均未穿透器壁。口径 22、足径 19.4、高 8.8 厘米（图四四四，11；图版四三，1）。

Ⅲ式　13 件。足均残。泥质红陶。内折沿较宽，弧腹。

标本 H30：2，素面。口径 22.8、残高 6.8 厘米（图四四四，12）。

Ⅳ式　14 件。泥质灰陶。窄内折沿，浅盘，外撇足饰凹棱。

标本 M861：2，足饰三个不规则形镂孔。口径 18、足径 12.8、高 8.6 厘米（图四四四，13）。

Ⅴ式　12 件。泥质灰陶。足上部外撇，下部微内收，足沿折平，饰凸棱，余同Ⅳ式。

标本 M822：1，足饰四组圆镂孔，每组三个。口径 18、足径 13.2、高 9 厘米（图四四四，14；图版四三，2）。

E 型　87 件。泥质红陶。内折沿，盘腹较深，矮圈足微内收。分三式。

Ⅰ式　21 件。微折腹较浅，圈足更细，足沿外折。

标本 H517：1，素面。口径 21.6、足径 9.7、高 9.6 厘米（图四四四，15；图版四三，3）。

Ⅱ式　57 件。内折沿较窄，折腹，圈足变细。

标本 M678：25，器表饰红陶衣。口径 22.4、足径 12.8、高 9.4 厘米（图四四四，16；图版四三，4）。标本 M679：6，器表饰红陶衣。口径 22、足径 12、高 8.6 厘米（图四四四，17；图版四四，1）。

Ⅲ式　9 件。内折沿较宽，腹较深，圈足较粗。

标本 M678：19，器表饰红陶衣。口径 18.4、足径 15、高 8.4 厘米（图四四四，18；图版四四，2）。

F 型　91 件。粗泥红陶，器表饰红陶衣。直口微内折，盘腹较深。分五式。

Ⅰ式　10 件。微敞口，折腹较深，足较高，微外撇。

标本 T6454⑨:7，器表似有一层黑衣。口径 30、足径 20、高 21 厘米（图四四五，1；图版四四，3）。

Ⅱ式　39 件。尖唇，唇内侧似刀削，深弧腹，粗圈足起折棱。

标本 T3124⑥:6，足残。口径 23.6、残高 8.6 厘米（图四四五，2）。标本 M680:3，圆唇，直口微内弧，高粗圈足起折棱。口径 27.6、足径 20、高 11.4 厘米（图四四五，3；图版四五，1）。

Ⅲ式　14 件。内勾唇，深直口微敞，外撇足。

标本 M680:6，足残。口径 21.2、残高 9.8 厘米（图四四五，4；图版四五，2）。

Ⅳ式　14 件。直口微敛，外撇足。

标本 M46:1，足残。口径 28.8、残高 8.8 厘米（图四四五，5；图版四五，3）。

Ⅴ式　10 件。个体较大。深斜直腹，矮小圈足，余同Ⅳ式。

标本 T6405⑨:3，腹略残。口径 45.2、足径 16、复原高 14.5 厘米（图四四五，6）。

G 型　64 件。泥质红陶，通体饰红陶衣。敞口，浅盘，粗圈足内收，足起凸棱。分三式。

Ⅰ式　8 件。足较高，微起棱。

标本 M650:2，足饰圆镂孔。口径 15、足径 9.6、高 5.2 厘米（图四四五，7；图版四六，1）。标本 T4205⑬A:4，泥质红陶，饰红衣，口微敛，圈足上部有折，二排镂孔，每排三孔。口径 18、足径 13、高 6 厘米（图四四五，8）。

Ⅱ式　25 件。足起凸棱，足沿较尖，余同Ⅰ式。

标本 H507:4，口径 16、足径 10.8、高 5 厘米（图四四五，9）。

Ⅲ式　31 件。个体较大。大敞口，折腹，矮足起折棱。

标本 T6354⑧:2，口径 21.2、足径 16.4、高 6 厘米（图四四五，10）。

H 型　57 件。泥质红陶，器表饰红陶衣。大喇叭口，浅腹，盘底平坦，粗圈足。分三式。

Ⅰ式　24 件。方唇，斜腹内弧，圈足较高，微外撇。

标本 M680:7，口径 24.6、足径 21.6、高 12.4 厘米（图四四五，11；图版四六，2）。

Ⅱ式　19 件。圈足较矮，微内收。

标本 M705:1，盘内壁饰凹弦纹，足饰一周凸箍，上饰二周戳印圆窝纹。口径 22.8、足径 15.4、高 6.4 厘米（图四四五，12；彩版四三，4）。

Ⅲ式　14 件。圈足均残。圆唇，敞口微卷，弧腹起折棱。

标本 H470:2，口径 16.8、残高 4.1 厘米（图四四五，13）。

I 型　74 件。泥质红陶，部分夹炭陶。大敞口，深腹，尖圜底盘，圈足均残。分三式。

Ⅰ式　33 件。泥质红陶。折腹略浅，圈足较粗。

标本 M679:7，器表饰红陶衣。口径 23.4、残高 7.4 厘米（图四四五，14）。

Ⅱ式　17 件。泥质红陶。宽折沿，盘似双腹豆，小圈足。

标本 M786:1，器表饰红陶衣。口径 23、残高 7.8 厘米（图四四五，15）。

Ⅲ式　24 件。夹炭红陶。弧腹较深，圈足较小。

标本 T6405⑤:5，盘内呈黑色。口径 25.6、残高 7.6 厘米（图四四五，16）。

J 型　64 件。泥质红陶。内折沿较甚，浅盘，粗圈足，均残。分四式。

Ⅰ式　18 件。弧腹较浅。

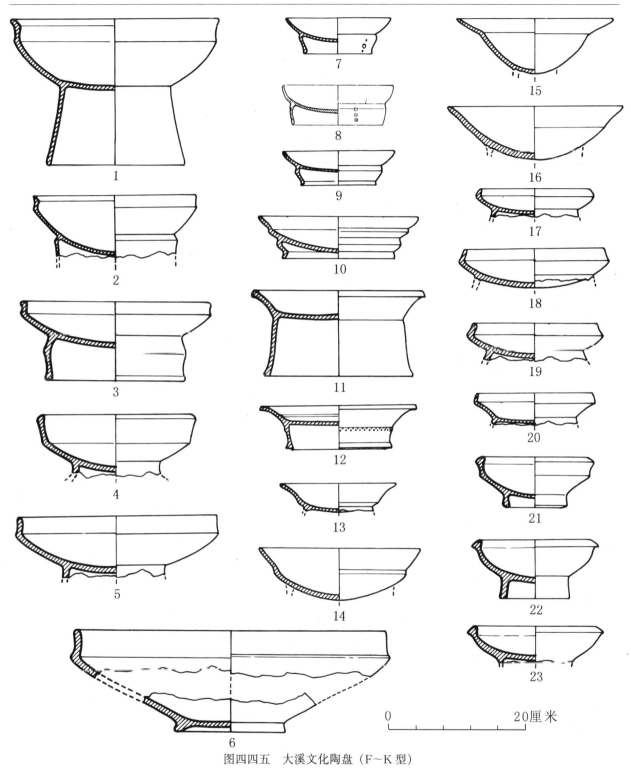

图四四五 大溪文化陶盘（F～K型）

1. F型Ⅰ式（T6454⑨：7）　　2、3. F型Ⅱ式（T3124⑥：6、M680：3）　　4. F型Ⅲ式（M680：6）　　5. F型Ⅳ式（M46：1）
6. F型Ⅴ式（T6405⑨：3）　　7、8. G型Ⅰ式（M650：2、T4205⑬A：4）　　9. G型Ⅱ式（H507：4）　　10. G型Ⅲ式（T6354⑧：
2）　　11. H型Ⅰ式（M680：7）　　12. H型Ⅱ式（M705：1）　　13. H型Ⅲ式（H470：2）　　14. Ⅰ型Ⅰ式（M679：7）　　15. Ⅰ
型Ⅱ式（M786：1）　　16. Ⅰ型Ⅲ式（T6405⑤：5）　　17. J型Ⅰ式（H37：4）　　18. J型Ⅱ式（H30：1）　　19. J型Ⅲ式（H21：2）
20. J型Ⅳ式（T3079⑩：8）　　21. K型Ⅰ式（T1128⑧：9）　　22. K型Ⅱ式（H429：7）　　23. K型Ⅲ式（H282：3）

标本 H37:4，器表饰红陶衣。口径 16、残高 4 厘米（图四四五，17）。

Ⅱ式　17 件。弧腹较深。

标本 H30:1，器表饰红陶衣。口径 20、残高 5.6 厘米（图四四五，18；图版四六，3）。

Ⅲ式　14 件。厚圆唇，弧腹更深。

标本 H21:2，素面。口径 18、残高 5.2 厘米（图四四五，19；图版四七，1）。

Ⅳ式　15 件。内弧腹，浅盘，平坦底。

标本 T3079⑩:8，器表饰暗红陶衣。口径 17、残高 4.2 厘米（图四四五，20）。

K 型　47 件。粗泥红陶。微敛口，尖唇内勾，沿外起凸棱，盘腹较深，圈足较矮。分三式。

Ⅰ式　21 件。折腹较深，足矮小。

标本 T1128⑧:9，器表饰红陶衣。口径 15.2、足径 7.6、高 7.2 厘米（图四四五，21；图版四七，2）。

Ⅱ式　14 件。弧腹变浅，圈足略粗高。

标本 H429:7，素面。口径 16、足径 10、高 8.4 厘米（图四四五，22）。

Ⅲ式　12 件。浅弧腹，足更粗，余同Ⅱ式。

标本 H282:3，足残。口径 17、残高 5.2 厘米（图四四五，23）。

L 型　52 件。泥质红陶。斜腹，浅盘，平坦底，高圈足。分三式。

Ⅰ式　24 件。口微内折，沿外起凸棱，足较粗。

标本 H466:7，器表饰红陶衣。口径 12、足径 8.8、高 6.1 厘米（图四四六，1；图版四七，3）。

Ⅱ式　12 件。口内折，足细高微内收。

标本 M691:1，足残。口径 17.5、残高 6.4 厘米（图四四六，2）。

Ⅲ式　16 件。方唇外起棱，盘、足成一内弧线，足微内收。

标本 T3026④:2，足残。口径 17、残高 7 厘米（图四四六，3；图版四八，1）。

M 型　26 件。泥质红陶。深直口，浅盘，矮圈足。分三式。

Ⅰ式　12 件。腹略深，广圈足微内敛。

标本 T3129⑩:8，器表饰红陶衣。口径 12.8、足径 8、高 4.4 厘米（图四四六，4；图版四八，2）。

Ⅱ式　9 件。直口微敞，腹较浅，足稍高，微外撇。

标本 T3080⑨B:4，器表饰红陶衣。口径 19、足径 9、高 6 厘米（图四四六，5）。

Ⅲ式　5 件。圈足均残。直口微内折，腹更浅，盘底近平。

标本 H276:4，口径 16.8、残高 4.1 厘米（图四四六，6）。

N 型　32 件。卷贴沿，折腹，圈足起凸棱。分二式。

Ⅰ式　19 件。圈足均残。泥质红陶。窄沿，腹较深，足微起棱。

标本 T3126⑥:3，足饰凹弦纹。口径 14.8、残高 6.4 厘米（图四四六，7）。

Ⅱ式　13 件。泥质灰陶。宽沿下卷较甚，腹较浅，足部凸棱明显，足沿外卷。

标本 H210:9，口径 16.8、足径 12.4、高 7 厘米（图四四六，8；图版四八，3）。

O 型　3 件。泥质黑陶。盆形。卷沿近平，深腹，上腹微鼓，下腹斜收，矮小圈足外撇。

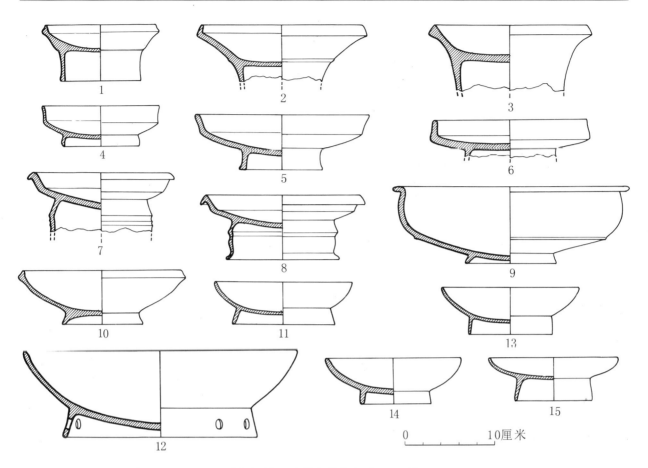

图四四八 大溪文化陶盘 (L~Q型)

1. L型Ⅰ式（H466:7） 2. L型Ⅱ式（M691:1） 3. L型Ⅲ式（T3026④:2） 4. M型Ⅰ式
（T3129⑩:8） 5. M型Ⅱ式（T3080⑨B:4） 6. M型Ⅲ式（H276:4） 7. N型Ⅰ式（T3126⑥:3）
8. N型Ⅱ式（H210:9） 9. ○型（M842:3） 10. P型（T3023⑤A:1） 11、12. Q型Ⅰ式
（M760:1、T3129⑩:5） 13、14. Q型Ⅱ式（H322:5、M649:2） 15. Q型Ⅲ式（T7403⑥:4）

标本 M842:3，下腹饰一周凸棱。口径 26、足径 10、高 8.2 厘米（图四四六，9；图版四九，1）。

P型 6件。粗泥红陶。覆置似盖。内折沿，沿外起凸棱，浅弧腹，矮圈足外撇。

标本 T3023⑤A:1，器表饰红陶衣。口径 17.2、足径 8.8、高 5.8 厘米（图四四六，10）。

Q型 43件。粗泥红陶，器表饰红陶衣。敞口微敛，浅盘，圈足外撇。分三式。

Ⅰ式 17件。盘腹较深，足外撇。

标本 M760:1，口径 15、足径 11.2、高 4.6 厘米（图四四六，11；图版四九，2）。标本 T3129
⑩:5，个体较大。足饰三组圆孔。口径 29.8、足径 21.2、高 9.4 厘米（图四四六，12；图版四
九，3）。

Ⅱ式 15件。足趋细高，较直，余同Ⅰ式。

标本 H322:5，口径 15.2、足径 9.2、高 5.1 厘米（图四四六，13；图版五○，1）。标本
M649:2，口径 15、足径 8、高 5 厘米（图四四六，14；图版五○，2）。

Ⅲ式 11件。盘腹较浅，足较高，微外撇。

标本 T7403⑥:4，口径 14.3、足径 8.5、高 4.7 厘米（图四四六，15；图版五〇，3）。

簋　231 件。以泥质黑陶和灰陶为主，少量泥质红陶和橙黄陶。分十二型。

A 型　41 件。折沿，深鼓腹，下腹饰凸棱，矮圈足。分四式。

Ⅰ式　3 件。折沿微凹，口较小，深腹。

标本 M843:2，泥质灰陶。口径 12、腹径 14、足径 8、高 10 厘米（图四四七，1）。

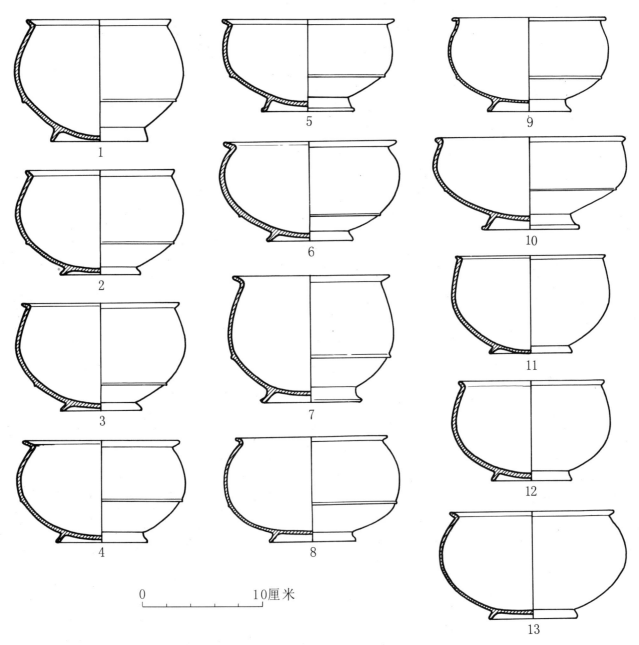

0　　　　　　　　10厘米

图四四七　大溪文化陶簋（A～C 型）

1. A 型Ⅰ式（M843:2）　2、3. A 型Ⅱ式（M818:5、M895:1）　4. A 型Ⅲ式（M808:3）　5、6. A 型Ⅳ式（M867:2、M880:2）　7. B 型Ⅰ式（M869:10）　8. B 型Ⅱ式（M884:4）　9. B 型Ⅲ式（M445:6）　10. B 型Ⅳ式（M157:3）　11. C 型Ⅰ式（M822:3）　12. C 型Ⅱ式（M881:4）　13. C 型Ⅲ式（M619:4）

Ⅱ式 12件。窄折沿，腹较深，足较小。

标本 M818:5，泥质黑陶。口径12.4、腹径14、足径6.8、高8.6厘米（图四四七，2；图版五一，1）。标本 M895:1，泥质黑陶。口径13.2、腹径14.2、足径6.8、高8.8厘米（图四四七，3）。

Ⅲ式 11件。折沿较甚，微内凹，鼓腹较甚，腹较浅，余同Ⅱ式。

标本 M808:3，泥质灰陶。口径13、腹径14、足径7.6、高8.4厘米（图四四七，4；图版五一，2）。

Ⅳ式 15件。折沿微卷，口偏大，上腹较直，下腹斜收，腹更浅，足较高微外卷。

标本 M867:2，泥质黑陶。口径14.4、腹径14.2、足径7.8、高8.2厘米（图四四七，5；图版五一，3）。标本 M880:2，泥质黑陶。上折沿，鼓腹，腹下起棱，矮圈足外撇。口径14、底径7.2、高8厘米，（图四四七，6，图版五二，1）。

B型 31件。卷沿，足外撇较甚，余同A型。分四式。

Ⅰ式 11件。宽卷沿，深垂腹。

标本 M869:10，泥质黑陶。口径13、腹径13.6、足径8.5、高10.4厘米（图四四七，7；图版五二，2）。

Ⅱ式 7件。卷沿，扁鼓腹较深。

标本 M884:4，泥质橙黄陶。口径12.6、腹径14.6、足径7.2、高8.6厘米（图四四七，8；图版五二，3）。

Ⅲ式 8件。卷沿近平，腹变浅，余同Ⅱ式。

标本 M445:6，泥质橙黄陶。口径12.8、腹径13.2、足径6.9、高7.7厘米（图四四七，9；图版五三，1）。

Ⅳ式 5件。窄卷沿，口偏大，腹较浅，上腹较直，下腹斜收，足沿外卷。

标本 M157:3，泥质灰陶。口径15.8、腹径16、足径8、高7.6厘米（图四四七，10；图版五三，2）。

C型 18件。下腹无凸棱，余近A、B两型。分三式。

Ⅰ式 3件。窄折沿，垂腹微鼓。

标本 M822:3，泥质黑陶。口及上腹饰红陶衣。口径12.4、腹径13、足径6.8、高8厘米（图四四七，11；图版五三，3）。

Ⅱ式 8件。卷沿，垂腹较鼓，足略高，余同Ⅰ式。

标本 M881:4，泥质灰陶。口径12、腹径13、足径6.6、高8.2厘米（图四四七，12；图版五三，4）。

Ⅲ式 7件。卷沿较甚，鼓腹较深。

标本 M619:4，泥质黑陶。口径13.6、腹径15.3、足径7.3、高8.8厘米（图四四七，13；图版五四，1）。

D型 23件。深垂腹，高圈足。分四式。

Ⅰ式 5件。卷沿，腹微鼓，足略外撇。

标本 M829:1，泥质灰陶。口径14.8、腹径16、足径9.4、高12厘米（图四四八，1；图版五四，2）。

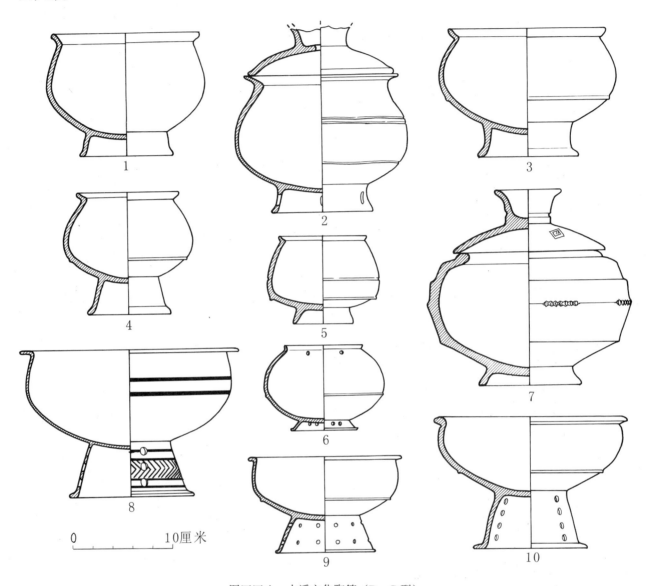

图四四八　大溪文化陶簋（D～G型）

1. D型I式（M829:1）　2. D型II式（M807:4）　3. D型III式（M318:4）　4. D型IV式（M577:4）　5. E型（M318:5）

6. F型I式（M877:1）　7. F型I式（M896:2）　8. G型I式（M819:1）　9. G型II式（M823:3）　10. G型III式（M866:5）

II式　7件。卷沿较甚，束颈，腹较鼓，余同I式。

标本 M807:4，泥质灰陶。口部覆盖，盖捉手略残（图版缺盖）。腹饰浅弦纹，足饰四个长椭圆形镂孔。口径15.3、腹径17、足径10、残高18厘米（图四四八，2；图版五四，3）。

III式　7件。折沿内凹，鼓腹较深，足较高，足沿外卷。

标本 M318:4，泥质黑陶。下腹饰一周凸棱。口径15.6、腹径18.6、足径10、高12.6厘米（图四四八，3）。

IV式　4件。折沿微内凹，垂鼓腹较浅，足细高，足沿外折。

标本 M577:4，泥质黑陶。下腹饰一周凸棱。口径10.2、腹径13、足径8.4、高12厘米（图四四八，4）。

E 型　5件。窄折沿微凹，垂折腹，折腹处饰一周凸棱，足外撇。

标本 M318：5，泥质灰陶。腹饰一圈凹弦纹。口径 8.8、腹径 12.2、足径 6、高 8.6 厘米（图四四八，5；图版五四，4）。

F 型　9件。敛口，深腹，矮圈足。分二式。

Ⅰ式　7件。窄卷沿，鼓腹，下腹饰一周凸棱，足外撇较甚，足沿外卷。

标本 M877：1，泥质黑陶。口部饰四圆孔，足饰四组双镂孔。口径 7.8、腹径 12、足径 6.6、高 8.4 厘米（图四四八，6；图版五五，1）。

Ⅱ式　2件。个体较大。小口，敛口较甚，腹起棱，矮小足。

标本 M896：2，口部覆盖。泥质灰陶。腹饰三道凸棱，棱上饰戳印指甲状纹；盖面饰菱形刻划图案。器表可见朱绘痕迹。口径 14、腹径 20、足径 10、通高 19.2 厘米（图四四八，7；图版五五，2）。

G 型　14件。卷沿，浅腹，高圈足。分三式。

Ⅰ式　6件。宽卷沿，深腹，细高足，足沿外折。

标本 M819：1，泥质红陶。器表饰红陶衣，绘黑彩。腹部黑彩多已脱落，残见黑带；足绘叶脉及条带黑彩，并饰三组镂孔。口径 22、足径 12.4、高 14.4 厘米（图四四八，8；图版五五，3）。

Ⅱ式　5件。卷沿较甚，浅腹，粗圈足较矮，足沿外卷。

标本 M823：3，泥质红陶。器表饰红陶衣，绘黑彩，已脱落，纹样不明。下腹饰一周凸棱，足饰六竖排镂孔。口径 15.5、足径 10、高 9.4 厘米（图四四八，9；图版五五，4）。

Ⅲ式　3件。窄卷沿，腹较浅，余同Ⅰ式。

标本 M866：5，泥质红陶。器表饰红陶衣，绘黑彩，脱落殆尽，纹样不详。下腹饰一周凸棱，足饰四组镂孔。口径 18、足径 11、高 13 厘米（图四四八，10）。

H 型　24件。折沿，浅腹，高圈足。分二式。

Ⅰ式　9件。个体较大，均为残器。泥质红陶。宽折沿，腹微鼓，较深，下腹饰凸棱。

标本 T7403③：1，泥质黑陶。圈足较粗矮，足沿外卷起台棱。口径 16、足径 10.6、高 8.4 厘米（图四四九，1）。标本 M809：2，底及足残。饰红陶衣。口径 20.6、残高 8 厘米（图四四九，2）。

Ⅱ式　15件。折沿较窄，微凹，腹无凸棱，足较细高。

标本 M837：2，泥质黑陶。口径 14.2、足径 8.8、高 8.4 厘米（图四四九，4；图版五六，1）。标本 M855：5，泥质橙黄陶。卷沿近平，腹更浅，圈足矮小，外撇较甚，足沿微外卷。素面。口径 15.2、足径 8、高 7.6 厘米（图四四九，3；图版五六，2）。

Ⅰ 型　20件。浅盆形簋。大口，卷贴沿，浅腹，矮圈足。分四式。

Ⅰ式　4件。厚卷沿，腹较浅，上腹较直，足矮小，外撇。素面。

标本 T7404④：2，泥质红陶。器表饰红陶衣。口径 19.2、足径 8、高 7 厘米（图四四九，5；图版五六，3）。

Ⅱ式　5件。卷沿较宽，足较粗高，余同Ⅰ式。

标本 T7403③：5，泥质红陶。器表饰红陶衣。口径 20.8、足径 11.8、高 9.4 厘米（图四四九，

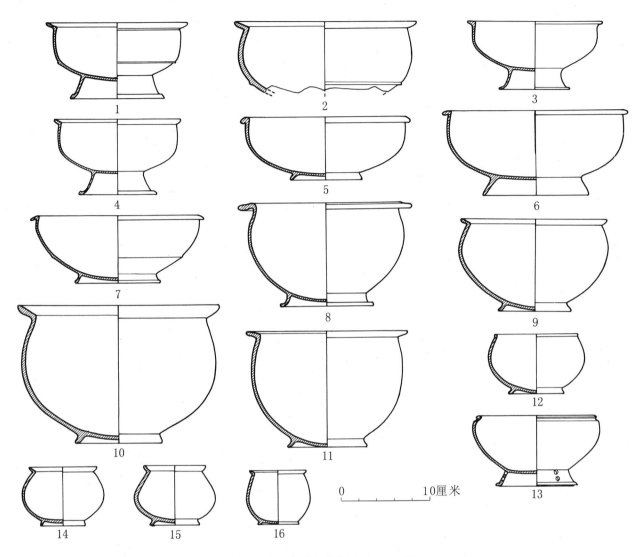

图四四九　大溪文化陶簋（H～L型）

1、2. H型Ⅰ式（T7403③:1、M809:2）　3、4. H型Ⅱ式（M855:5、M837:2）　5. Ⅰ型Ⅰ式（T7404④:2）

6. Ⅰ型Ⅱ式（T7403③:5）　7. Ⅰ型Ⅲ式（M860:4）　8. Ⅰ型Ⅳ式（M871:15）　9. J型Ⅰ式（M872:4）

10. J型Ⅱ式（M837:4）　11. J型Ⅲ式（T7452③:7）　12. K型Ⅰ式（M883:1）　13. K型Ⅱ式（M871:8）

14. L型Ⅰ式（M895:7）　15. L型Ⅱ式（M299:6）　16. L型Ⅲ式（M876:3）

6）。

　　Ⅲ式　6件。宽卷沿，深弧腹，下腹饰一周凸棱，足外撇，足沿外卷起棱。

　　标本M860:4，泥质黑陶。口径18、足径9.6、高7.5厘米（图四四九，7；图版五六，4）。

　　Ⅳ式　5件。宽卷沿下贴，浅腹微鼓，足较高，足沿外卷起棱。

　　标本M871:15，泥质红陶，饰红陶衣。口径19.4、足径10.4、高11.4厘米（图四四九，8；图版五七，1）。

　　J型　15件。深盆形簋。大口，折或卷沿，深腹，矮圈足较小。素面。分三式。

　　Ⅰ式　4件。折沿，深腹较鼓。

　　标本M872:4，泥质黑陶。口径16.4、足径8.2、高10.4厘米（图四四九，9）。

Ⅱ式　6件。折沿微凹，腹微鼓。

标本 M837：4，泥质黑陶，器内壁暗红。口径 22.8、足径 10、高 15.4 厘米（图四四九，10；图版五七，2）。

Ⅲ式　5件。折沿近平，腹较直，足外撇较甚。

标本 T7452③：7，泥质黑陶。口径 18.2、足径 9、高 12.8 厘米（图四四九，11）。

K 型　12件。窄卷沿，鼓腹，外撇足。分二式。

Ⅰ式　5件。个体较小。大口，窄沿，深腹微鼓，矮圈足外撇。素面。

标本 M883：1，泥质灰陶。口径 9.4、腹径 10.8、足径 6.2、高 6.6 厘米（图四四九，12；图版五七，3）。

Ⅱ式　7件。大口，口外饰宽凹棱，弧腹，足外撇，足沿外折。

标本 M871：8，泥质黑陶。足饰三组圆镂孔。口径 13.5、足径 9.2、高 7.9 厘米（图四四九，13；图版五七，4）。

L 型　19件。个体较小。折沿，深鼓腹，矮圈足。素面。分三式。

Ⅰ式　8件。折沿，鼓腹，足微内收。

标本 M895：7，泥质红陶，饰红陶衣。口径 7.6、腹径 9、足径 5、高 6.6 厘米（图四四九，14；图版五八，1）。

Ⅱ式　4件。折沿微凹，垂腹较鼓，足较高。

标本 M299：6，泥质红陶，饰红陶衣。口径 7、腹径 9.2、足径 5.6、高 6.6 厘米（图四四九，15；图版五八，2）。

Ⅲ式　7件。整体形态似 C 型甑。窄折沿微凹，深直腹微鼓，足较矮。

标本 M876：3，泥质黑陶。口径 6.4、足径 4.6、高 6 厘米（图四四九，16；图版五八，3）。

碗　1099件。以粗泥红陶为主，次为泥质红陶和黑陶，少量泥质灰陶。分二十一型。

A 型　105件。粗泥红陶，通体饰红陶衣。个体较大。敞口，宽口沿，鼓腹或折腹，广圈足。分三式。

Ⅰ式　45件。宽斜沿微凹，广圈足略外撇。

标本 M694：2，口径 24、腹径 18.4、足径 13.8、高 12 厘米（图四五〇，1；彩版四四，1）。

Ⅱ式　37件。宽斜沿，折腹，广圈足略内收。

标本 M650：4，口径 21.6、腹径 17.2、足径 11.4、高 11.2 厘米（图四五〇，2；图版五八，4）。

Ⅲ式　23件。斜沿较窄，深鼓腹，广圈足外撇。

标本 H564：7，足饰三组双圆孔，个别未穿透器壁。口径 21.2、腹径 19.6、足径 14、高 13 厘米（图四五〇，3；图版五九，1）。

B 型　136件。粗泥红陶。口外及器内呈黑色，余饰红陶衣。敞口，深斜腹，矮圈足外撇。分五式。

Ⅰ式　25件。腹较深，微内弧，足较高。

标本 T6351⑨：1，口径 14.7、足径 8.2、高 8.8 厘米（图四五〇，4）。

Ⅱ式　22件。腹较深，足较矮。

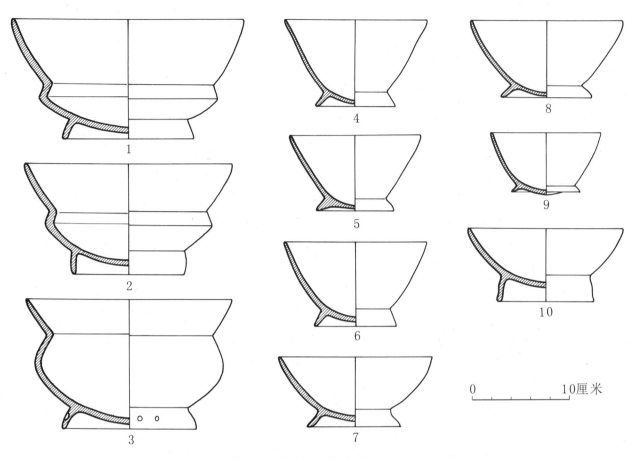

图四五〇　大溪文化陶碗（A～C型）

1. A型Ⅰ式（M694:2）　2. A型Ⅱ式（M650:4）　3. A型Ⅲ式（H564:7）　4. B型Ⅰ式（T6351⑨:1）　5. B型Ⅱ式（T3177
⑧:2）　6、7. B型Ⅲ式（M750:1、M705:2）　8. B型Ⅳ式（H420:1）　9. B型Ⅴ式（T7403⑥:1）　10. C型（T3128⑦:7）

标本 T3177⑧:2，口径13.6、足径8、高7.6厘米（图四五〇，5；图版五九，2）。

Ⅲ式　33件。腹较浅，碗底较坦，足较高。

标本 M750:1，口径14.6、足径8.4、高8.4厘米（图四五〇，6；图版五九，3）。标本 M705:2，外底可见轮制痕迹。口径15.8、足径9.6、高7厘米（图四五〇，7；彩版四四，2）。

Ⅳ式　43件。足更矮，余同Ⅲ式。

标本 H420:1，口径15.6、足径9.2、高7.8厘米（图四五〇，8；图版五九，4）。

Ⅴ式　13件。个体较小。假矮足，碗底贴地。

标本 T7403⑥:1，口径11.4、足径7、高6.3厘米（图四五〇，9；图版六〇，1）。

C型　16件。敞口，浅弧腹，足较高，微外撇。

标本 T3128⑦:7，粗泥红陶。口外及器内呈黑色。敞口，浅弧腹，外撇足。口径16、足径10、高7.4厘米（图四五〇，10；图版六〇，2）。

D型　78件。粗泥红陶。器表饰红陶衣。敞口，深斜直腹，微内弧，碗内底较平坦，矮圈足。分三式。

Ⅰ式　14件。口微内敛，腹较浅，腹、底转折成棱，粗矮圈足。

标本 M65：2，器内呈黑色。口径 15、足径 9、高 6.6 厘米（图四五一，1；图版六〇，3）。

Ⅱ式　39 件。敞口，腹内弧较甚，腹、底转折成棱，圈足趋小，足沿微内勾。

标本 T6454⑨：2，器表内外均饰红衣，口外饰二圆孔。口径 16.8、足径 7.6、高 11.6 厘米（图四五一，2；图版六〇，4）。标本 M678：18，器表内外均饰红衣。口径 16.8、足径 8.6、高 10.4 厘米（图四五一，3；图版六一，1）。

Ⅲ式　25 件。器形整体趋瘦高，余同Ⅱ式。

标本 T7801⑥C：1，器表内外均饰红衣。口径 16、足径 8、高 12.6 厘米（图四五一，4；图版六一，2）。

E 型　81 件。粗泥红陶。口外及器内呈黑色，腹及足饰红衣。口沿微内折，敛口，斜腹较深，矮圈足外撇。分五式。

Ⅰ式　21 件。口沿内折较甚，粗圈足较矮，足沿微内凹。

标本 T1031⑭：5，口径 15.2、足径 10.6、高 9.6 厘米（图四五一，5）。

Ⅱ式　14 件。口微直，足微外撇，较高，余同Ⅰ式。

标本 M692：1，口径 14.8、足径 11、高 10.6 厘米（图四五　，6；图版六　，3）。

Ⅲ式　11 件。口较深，似折腹，足沿斜直，余同Ⅱ式。

标本 M693：2，口径 15.2、足径 11.2、高 9.4 厘米（图四五一，7；图版六一，4）。

Ⅳ式　7 件。深直口微敛，腹微内张与足成一曲线，足外撇。

标本 M739：5，口径 14、足径 9、高 7.6 厘米（图四五一，8；图版六二，1）。

Ⅴ式　28 件。口内折，腹较深，外撇足趋小变高。

标本 H287：8，口径 14.8、足径 8、高 10.6 厘米（图四五一，9；图版六二，2）。标本 H420：6，口径 16、足径 10.4、高 10.2 厘米（图四五一，10）。

F 型　72 件。粗泥红陶。口外及器内呈黑色，腹及足饰红衣。斜腹较浅，矮粗圈足微外撇。分四式。

Ⅰ式　12 件。粗圈足较矮，微内收。

标本 T1031⑬：9，口径 16.4、足径 10、高 8 厘米（图四五一，11；图版六二，3）。标本 T4205⑬A：2，泥质红陶，饰红衣。口沿微内折，圈足上有未穿透的镂孔。口径 18、足径 12.2、高 7.6 厘米（图四五一，12；彩版四四，3）。

Ⅱ式　14 件。腹较深，粗圈足微外撇，余同Ⅰ式。

标本 M649：4，口径 16、足径 10、高 8.6 厘米（图四五一，13；图版六三，1）。

Ⅲ式　34 件。斜直腹，腹、底转折成棱，足外撇，余同Ⅱ式。

标本 M650：1，口径 16.4、足径 9.4、高 8 厘米（图四五一，14；彩版四四，4）。

Ⅳ式　12 件。泥质红陶。口微内折，足外撇，余同Ⅲ式。

标本 T7452⑥：7，器表饰红陶衣。足饰三组小圆孔，均未穿透器壁。口径 20、足径 10.8、高 8.6 厘米（图四五一，15；图版六三，2）。

G 型　68 件。泥质红陶和黑陶。窄折沿，浅弧腹，广圈足。分三式。

Ⅰ式　15 件。泥质红陶。沿内侧似刀削，鼓腹，圈足内收。

标本 M754：3，器内呈黑色，器表饰红陶衣。口径 12.2、足径 9.4、高 6.6 厘米（图四五一，

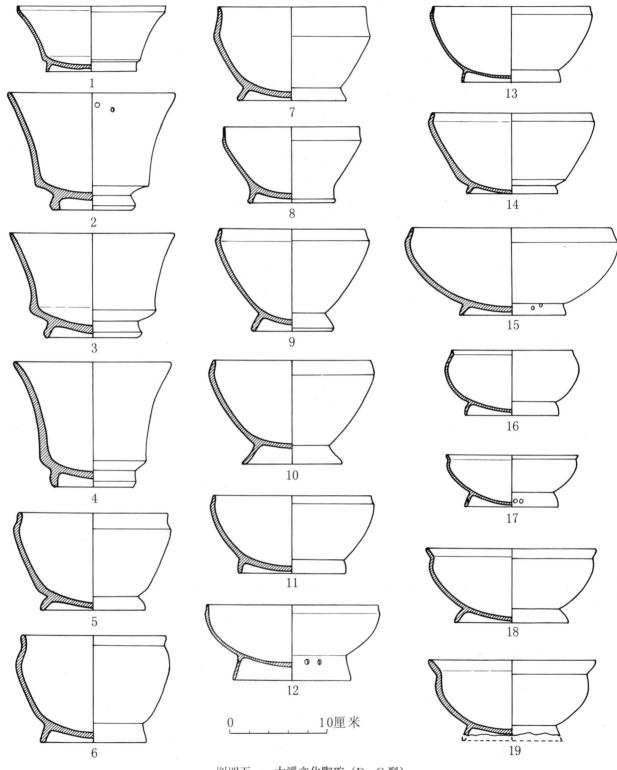

图四五一　大溪文化陶碗（D～G型）

1. D型Ⅰ式（M65:2）　2、3. D型Ⅱ式（T6454⑨:2、M678:18）　4. D型Ⅲ式（T7801⑥C:1）　5. E型Ⅰ式（T1031⑭:5）　6. E型Ⅱ式（M692:1）　7. E型Ⅲ式（M693:2）　8. E型Ⅳ式（M739:5）　9、10. E型Ⅴ式（H287:8、H420:6）　11、12. F型Ⅰ式（T1031⑬:9、T4205⑬A:2）　13. F型Ⅱ式（M649:4）　14. F型Ⅲ式（M650:1）　15. F型Ⅳ式（T7452⑥:7）　16. G型Ⅰ式（M754:3）　17. G型Ⅱ式（M759:1）　18、19. G型Ⅲ式（H575:3、M669:6）

16；图版六三，3）。

　　Ⅱ式　12件。泥质黑陶。折沿，斜弧腹，圈足外撇。

　　标本 M759:1，足饰圆镂孔。口径 13.4、足径 9.4、高 5.2 厘米（图四五一，17；图版六四，1）。

　　Ⅲ式　41件。泥质红陶。圈足外撇较甚，余同Ⅱ式。

　　标本 H575:3，器表饰红陶衣。口径 17.2、足径 11.6、高 7.4 厘米（图四五一，18；图版六四，2）。标本 M669:6，足残。沿外及器内呈黑色，余饰红陶衣。口径 17、残高 7.3 厘米（图四五一，19）。

　　H 型　32件。泥质红陶和黑陶。敛口，深弧腹，圈足内收。分二式。

　　Ⅰ式　17件。泥质红陶。矮圈足内收。

　　标本 M692:2，器表饰红陶衣。口径 19、足径 13、高 9.6 厘米（图四五二，1；图版六四，3）。

　　Ⅱ式　15件。泥质黑陶。圈足较高，内折起棱，余同Ⅰ式。

　　标本 T6404⑭:5，口外饰一周凹弦纹。口径 14、足径 9.3、高 8 厘米（图四五二，2；图版六五，1）。

　　I 型　90件。粗泥红陶。直口微敛或敞。分四式。

　　Ⅰ式　15件。直口微敛，较浅，曲腹，矮粗足外撇。

　　标本 T3227⑩:8，口径 13.8、足径 7.6、高 4.5 厘米（图四五二，3）。

　　Ⅱ式　25件。直口微敛，较深，弧腹，粗圈足较高，足内收。

　　标本 M694:3，口外及器内呈黑色，余饰红陶衣。足饰二组圆镂孔。口径 12、足径 9.2、高 7 厘米（图四五二，4；图版六五，2）。

　　Ⅲ式　19件。圈足均残。深直口微敛，弧腹，圈足较小。

　　标本 T7651⑥:2，口外饰凹棱。口径 16、残高 9.4 厘米（图四五二，5）。

　　Ⅳ式　31件。圈足均残。深直口微敞，余同Ⅲ式。

　　标本 H460:7，口外饰凸棱。口径 24、残高 10 厘米（图四五二，6）。

　　J 型　89件。泥质黑陶和红陶。敛口，弧腹，广圈足微内收，足饰圆孔。分四式。

　　Ⅰ式　12件。泥质黑陶。口外饰凹弦纹，腹较深，圈足细高内收。

　　标本 M73:2，足饰四组圆孔，三孔和四孔各两组，均未穿透器壁。口径 14.4、足径 8.6、高 8.8 厘米（图四五二，7；图版六五，3）。

　　Ⅱ式　21件。泥质黑陶。圈足较矮，微内收，余同Ⅰ式。

　　标本 T6355㉒:4，足饰四组圆孔，二孔和四孔各两组。口径 15.4、足径 9、高 8.6 厘米（图四五二，8；图版六六，1）。

　　Ⅲ式　32件。腹较浅，足粗矮，内收。

　　标本 T1029⑧B:7，泥质黑陶。足饰不对称四圆孔，均未穿透器壁。口径 15.6、足径 10.2、高 6.8 厘米（图四五二，9；图版六六，2）。标本 H508:5，泥质红陶。器表内黑，外饰红衣。足饰三组圆孔。口径 16.4、足径 12.4、高 6.6 厘米（图四五二，10；图版六六，3）。

　　Ⅳ式　24件。泥质红陶。粗圈足更矮，外撇较甚，余同Ⅲ式。

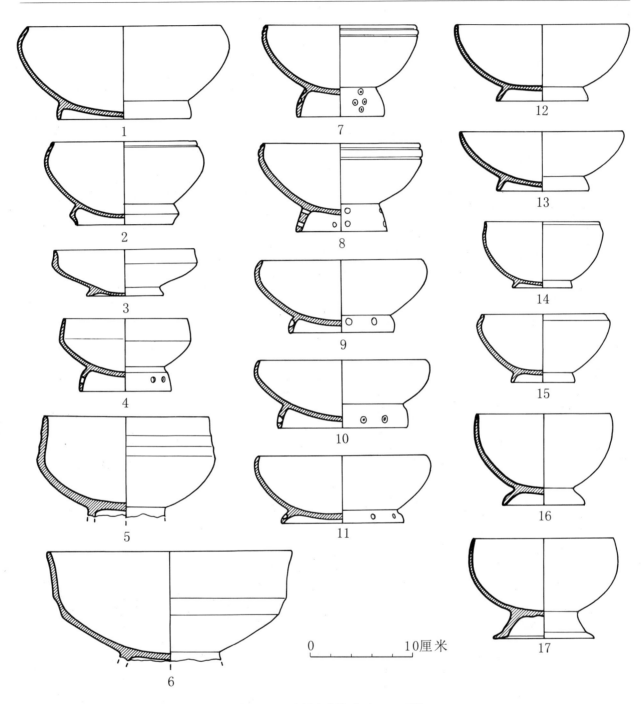

0　　　　　　10厘米

图四五二　大溪文化陶碗（H～M型）

1. H型Ⅰ式（M692:2）　2. H型Ⅱ式（T6404⑭:5）　3. Ⅰ型Ⅰ式（T3227⑩:8）　4. Ⅰ型Ⅱ式（M694:3）　5. Ⅰ型Ⅲ式（T7651⑥:2）　6. Ⅰ型Ⅳ式（H460:7）　7. J型Ⅰ式（M73:2）　8. J型Ⅱ式（T6355㉒:4）　9、10. J型Ⅲ式（T1029⑧B:7、M508:5）　11. J型Ⅳ式（T3082⑫A:3）　12. K型Ⅰ式（H421:1）　13. K型Ⅱ式（T7801⑥B:1）　14. L型Ⅰ式（M889:3）　15. L型Ⅱ式（M856:1）　16. M型Ⅰ式（M827:3）　17. M型Ⅱ式（M802:6）

标本 T3082⑫A:3，灰胎，外饰红衣。足饰三组圆孔，均未穿透器壁。口径16.4、足径12、高6.4厘米（图四五二，11；图版六七，1）。

K 型 27 件。泥质黑陶和红陶。微敛口，浅腹，外撇足。分二式。

Ⅰ式 12 件。泥质黑陶。腹较深，坦底。

标本 H421：1，素面。口径 16.4、足径 8.8、高 7.4 厘米（图四五二，12；图版六七，2）。

Ⅱ式 15 件。泥质红陶。腹较浅，外撇足微内收。

标本 T7801⑥B：1，器表饰鲜红陶衣。口径 16、足径 8.8、高 5.8 厘米（图四五二，13）。

L 型 9 件。泥质黑陶。直口，口外饰凹棱，深弧腹，矮圈足外撇。分二式。

Ⅰ式 3 件。腹较深，足外撇。

标本 M889：3，口径 11.2、足径 5.8、高 6.4 厘米（图四五二，14；图版六七，3）。

Ⅱ式 6 件。口微敛，腹较浅，足微内收。

标本 M856：1，口径 12、足径 6、高 6.6 厘米（图四五二，15；图版六八，1）。

M 型 25 件。以泥质红陶为主，少量泥质灰陶和黑陶。豆形碗。直口微敛，外撇足较细高。分二式。

Ⅰ式 12 件。泥质红陶。足较矮，外撇微内收。

标本 M827：3，器表内外均饰鲜红衣。口径 13、足径 8、高 8.8 厘米（图四五二，16；彩版四五，1）。

Ⅱ式 13 件。泥质灰陶。足较高，外撇较甚，足沿外折。

标本 M802：6，素面。口径 13.6、足径 9.8、高 9.6 厘米（图四五二，17）。

N 型 13 件。粗泥红陶。敛口较甚，腹较浅，足矮小。

标本 H557：3，素面。口径 17.6、足径 6.4、高 9.8 厘米（图四五三，1；图版六八，2）。

O 型 28 件。粗泥红陶，胎较厚。敞口，弧腹较深，矮小足。分二式。

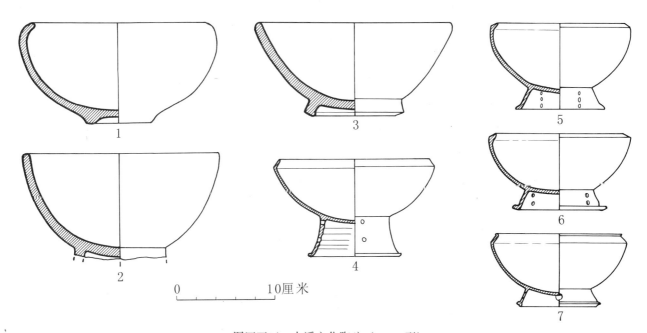

图四五三 大溪文化陶碗（N~P型）

1. N 型（H557：3） 2. O 型Ⅰ式（M66：2） 3. O 型Ⅱ式（H210：4） 4. P 型Ⅰ式（M816：8）

5. P 型Ⅱ式（M846：6） 6. P 型Ⅲ式（M831：1） 7. P 型Ⅳ式（M623：8）

Ⅰ式　11件。腹较深，足较直。

标本 M66:2，足残。素面。口径 20、残高 10.4 厘米（图四五三，2）。

Ⅱ式　17件。腹较浅，矮足外撇。

标本 H210:4，素面。口径 20、足径 10、高 9.6 厘米（图四五三，3；图版六八，3）。

P 型　55件。泥质黑陶。敛口，内折沿，深弧腹，外撇足，足沿外卷或外折。分四式。

Ⅰ式　22件。内折沿较宽，外撇足较细高，足沿外卷。

标本 M816:8，足饰三组竖排圆镂孔，足内壁饰凸棱。口径 15.2、足径 9.4、高 9.8 厘米（图四五三，4；图版六九，1）。

Ⅱ式　15件。内折沿较窄，足较粗矮，足沿微折。

标本 M846:6，足饰三组竖排长椭圆形镂孔。口径 13.2、足径 9、高 8.6 厘米（图四五三，5；图版六九，2）。

Ⅲ式　11件。足沿外折较甚，余同Ⅱ式。

标本 M831:1，足饰三组竖排圆孔。口径 13.6、足径 8.6、高 7.6 厘米（图四五三，6；图版六九，3）。

Ⅳ式　7件。卷唇，足沿外折起台棱。

标本 M623:8，足饰四个大镂孔。口径 12.8、足径 7.8、高 7.3 厘米（图四五三，7；图版七〇，1）。

Q 型　86件。个体较小，胎薄。泥质黑陶。直口微敞，弧腹较浅，足外撇。分七式。

Ⅰ式　7件。泥质灰陶，胎较厚。高圈足微外撇，饰凸棱。

标本 H470:5，足饰圆孔。口径 10.6、足径 7.8、高 7.3 厘米（图四五四，1；图版七〇，2）。

Ⅱ式　17件。深腹，足较高，微外撇，足沿略外卷。

标本 M869:8，足饰浅圆窝。口径 9.4、足径 5.6、高 7 厘米（图四五四，2；图版七〇，3）。标本 M808:5，泥质黑陶。敛口较甚，足沿微外卷。素面。口径 10.8、足径 6、高 6.5 厘米（图四五四，3；图版七一，1）。标本 M885:1，足外撇较甚，口外饰宽带红衣。口径 10.4、足径 5.6、高 5.8 厘米（图四五三，4；图版七一，2）。

Ⅲ式　5件。足较高。

标本 M472:3，素面。口径 11.8、足径 6.8、高 6.5 厘米（图四五四，5；图版七一，3）。

Ⅳ式　36件。腹较浅，足外撇。

标本 M868:1，口径 10.6、足径 5.6、高 6 厘米（图四五四，6；图版七二，1）。标本 M838:2，口径 11.4、足径 6.4、高 6.2 厘米（图四五四，7；图版七二，2）。标本 M871:6，矮足外撇微内收。口径 10.3、足径 6.2、高 6.2 厘米（图四五四，8；图版七二，3）。标本 M860:3，泥质灰陶，胎较薄。矮圈足外撇。素面。口径 10.4、足径 5.4、高 5.6 厘米（图四五四，9；图版七二，4）。

Ⅴ式　14件。腹较深，矮足外撇微内收。

标本 M823:9，口径 10.2、足径 6、高 6.7 厘米（图四五四，10；图版七三，1）。标本 M826:1，胎较厚。口径 10、足径 6、高 6.6 厘米（图四五四，11；图版七三，2）。

Ⅵ式　4件。上腹较直，腹饰一周凸棱，足外撇较甚。

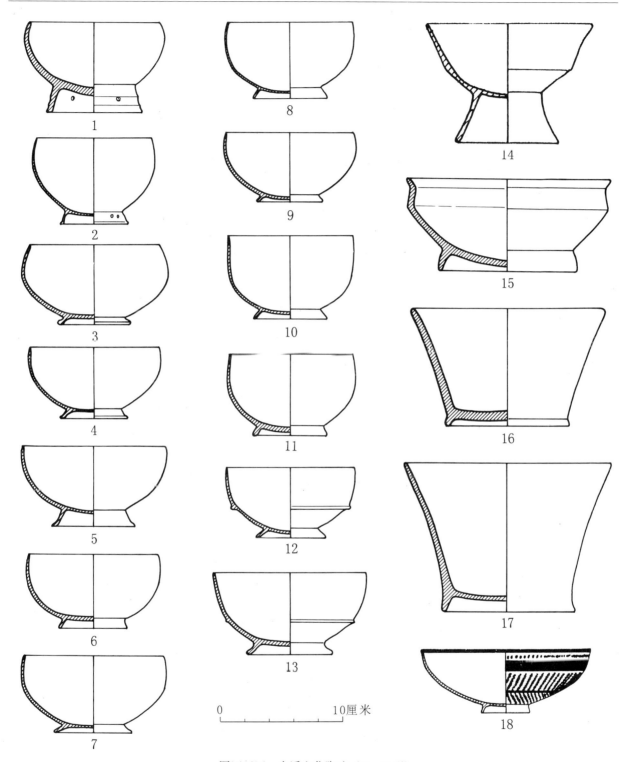

图四五四 大溪文化陶碗（Q~U型）

1. Q型I式（H470:5）　2~4. Q型II式（M869:8、M808:5、M885:1）　5. Q型III式（M472:3）　6~9. Q型IV式（M868:1、M838:2、M871:6、M860:3）　10、11. Q型V式（M823:9、M826:1）　12. Q型VI式（M821:8）　13. Q型VII式（M846:5）　14. R型（M678:21）　15. S型（T3131⑫B:4）　16、17. T型（T3027⑦:7、T6454⑨:1）　18. U型（F104:21）

标本 M821:8，口径 10.5、足径 5.7、高 5.7 厘米（图四五四，12；图版七三，3）。

Ⅷ式　3 件。口较敞，足略高。

标本 M846:5，口径 12.4、足径 6.8、高 6.6 厘米（图四五四，13；图版七三，4）。

R 型　24 件。大敞口，深盘，盘腹微折，矮喇叭足。

标本 M678:21，口径 13.4、足径 8.4、高 9.6 厘米（图四五四，14；图版七四，1）。

S 型　23 件。泥质红陶。上腹起折棱，足微内收。

标本 T3131⑫B:4，器内呈黑色，器表黑、褐斑驳。口径 16.8、足径 11、高 7.4 厘米（图四五四，15；图版七四，2）。

T 型　34 件。敞口，深斜直腹，平坦底，腹、足成一曲线，粗矮圈足。

标本 T3027⑦:7，器内呈灰色。口径 16、足径 10、高 9.4 厘米（图四五四，16）。标本 T6454⑨:1，器表内外均饰红衣。口径 17、足径 11、高 12 厘米（图四五四，17；图版七四，3）。

U 型　8 件。敞口，弧腹，矮小圈足。

标本 F104:21，泥质红陶，外饰黑彩，以宽、窄带纹及斜向雨线状点纹为组合，口部内、外均饰彩带。口径 14、底径 3.8、高 5 厘米（图四五四，18）。

盆　112 件。以泥质红陶和橙黄陶为主，少量泥质黑陶。分三型。

A 型　33 件。敛口，弧腹，平底。分三式。

Ⅰ式　8 件。泥质红陶。敛口，下腹内收较甚，小平底。

标本 H391:3，器表饰红陶衣。口径 16.2、底径 6、高 8.8 厘米（图四五五，1）。

Ⅱ式　11 件。泥质红陶。敛口较甚，弧腹较浅，平底内凹。

标本 H466:2，素面。口径 26.8、底径 10、高 10 厘米（图四五五，2）。

Ⅲ式　14 件。泥质橙黄陶。敛口，斜弧腹，平底内凹。

标本 H210:3，口及上腹饰弧连三角形（花瓣形）黑彩，并以窄条黑彩带镶边。口径 24.4、底径 8.8、高 9.8 厘米（图四五五，3；彩版四五，2）。

B 型　55 件。折沿，鼓腹。分三式。

Ⅰ式　15 件。泥质橙黄陶。鼓腹，小平底。

标本 T3019⑤:3，素面。口径 32、腹径 32.8、底径 12、高 16 厘米（图四五五，4；图版七四，4）。

Ⅱ式　19 件。泥质橙黄陶。垂鼓腹，圜底。

标本 M708:1，素面。口径 20.2、腹径 21.8、高 12.6 厘米（图四五五，5；图版七五，1）。

Ⅲ式　21 件。泥质黑陶。折腹，平底。

标本 M888:8，素面。口径 14.8、腹径 15.2、底径 8.4、高 8.2 厘米（图四五五，6；图版七五，2）。

C 型　24 件。泥质红陶。敛口，折腹。分二式。

Ⅰ式　13 件。尖唇，内折沿，上腹内弧，下腹斜收，圜底近平。

标本 H44:2，上腹饰二道凸棱。口径 18.8、高 8 厘米（图四五五，7；图版七五，3）。

Ⅱ式　11 件。厚唇，上腹内折，下腹斜收，平底微凹。

标本 M669:5，素面。口径 16、底径 6.8、高 8.2 厘米（图四五五，8）。

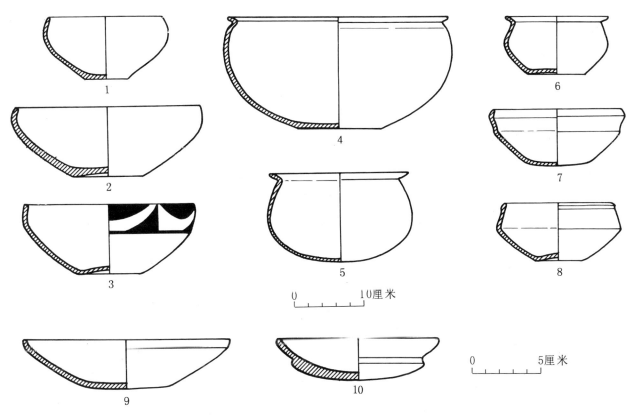

图四五五　大溪文化陶盆、碟

1. A 型 I 式盆（H391:3）　2. A 型 II 式盆（H466:2）　3. A 型 III 式盆（H210:3）　4. B 型 I
式盆（T3019⑤:3）　5. B 型 II 式盆（M708:1）　6. B 型 III 式盆（M888:8）　7. C 型 I 式盆
（H44:2）　8. C 型 II 式盆（M669:5）　9. A 型碟（T3073⑦:1）　10. B 型碟（T7453⑤:2）

碟　15 件。分二型。

A 型　10 件。泥质酱黑陶。口微内敛，斜直腹，平底。

标本 T3073⑦:1，素面。口径 15、底径 5.6、高 3.4 厘米（图四五五，9；图版七五，4）。

B 型　5 件。夹炭红陶。敞口，外折腹，内弧腹，圈底。

标本 T7453⑤:2，器表饰深红色陶衣。口径 11.8、高 3 厘米（图四五五，10；图版七六，1）。

钵　525 件。以泥质酱黑陶为主，少量泥质红陶和黑陶，部分器内饰红或灰陶衣。根据口沿
及腹部特征的变化，分八型。

A 型　122 件。敞口，腹较浅，圈底。分五式。

I 式　16 件。敞口，浅腹，圈底。

标本 H315:13，素面。口径 19.2、高 6.8 厘米（图四五六，1；图版七六，2）。标本 T3225⑪:4，
口、腹转折处饰一道凹弦纹。口径 17.2、高 6.2 厘米（图四五六，2；图版七六，3）。

II 式　72 件。敞口微内弧，腹变深，口、腹转折成棱。

标本 H315:12，腹略深。素面。口径 20、高 10.6 厘米（图四五六，3）。标本 H541:1，腹略
深，余同前者。口径 18.8、高 9.8 厘米（图四五六，4）。标本 T3275⑩:3，口、腹转折处饰一道
瓦棱纹。口径 20、高 9.2 厘米（图四五六，5）。标本 H315:11，器表素面，器内饰有灰色陶衣。

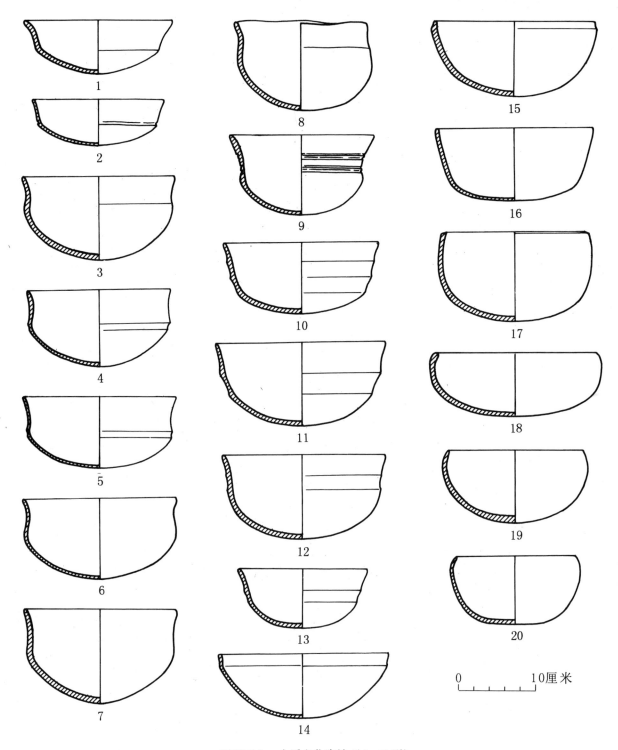

图四五六　大溪文化陶钵（A～D型）

1、2. A型Ⅰ式（H315：13、T3225⑪：4）　3～6. A型Ⅱ式（H315：12、H541：1、T3275⑩：3、H315：11）　7. A型Ⅲ式（M643：2）　8. A型Ⅳ式（M677：2）　9. A型Ⅴ式（H575：1）　10、11. B型Ⅰ式（M54：1、M68：1）　12. B型Ⅱ式（M50：1）　13. B型Ⅲ式（M22：2）　14. C型Ⅰ式（M38：1）　15. C型Ⅱ式（T7056⑦：4）　16. D型Ⅰ式（M735：1）　17. D型Ⅱ式（H349：1）　18. D型Ⅲ式（H304：3）　19. D型Ⅳ式（H168：1）　20. D型Ⅴ式（M823：6）

口径 20、高 10.4 厘米（图四五六，6；图版七六，4）。

Ⅲ式　16 件。敞口，深腹，尖圜底。

标本 M643:2，素面。口径 20、高 12 厘米（图四五六，7）。

Ⅳ式　10 件。敞口变短，深腹。

标本 M677:2，口沿不规整。器表为素面。器内饰红陶衣。口径 17.4、高 11.2 厘米（图四五六，8）。

Ⅴ式　8 件。大敞口，束腹。

标本 H575:1，腹饰浅细弦纹。口径 19、高 10.2 厘米（图四五六，9）。

B 型　87 件。饰瓦棱纹，余同 A 型。分三式。

Ⅰ式　41 件。大敞口，斜直腹较深，圜底近平。饰较显宽的瓦棱纹。

标本 M54:1，口径 20、高 9.2 厘米（图四五六，10；图版七七，1）。标本 M68:1，腹部瓦棱较宽。口径 22、高 10.6 厘米（图四五六，11）。

Ⅱ式　18 件。微敞口，深弧腹，圜底。

标本 M50:1，一道瓦棱较窄。口径 21.2、高 11 厘米（图四五六，12）。

Ⅲ式　28 件。敞口，弧腹较深，圜底。

标本 M22:2，个体较小，圜底近平。腹部瓦棱较窄。口径 17、高 7.8 厘米（图四五六，13；图版七七，2）。

C 型　34 件。内折沿，斜弧腹，圜底。分二式。

Ⅰ式　20 件。直口微敞，浅腹。

标本 M38:1，器表素面，器内饰红陶衣。口径 22、高 8.5 厘米（图四五六，14；图版七七，3）。

Ⅱ式　14 件。泥质黑陶，厚胎。直口微敛，深腹。

标本 T7056⑦:4，器表素面，器内饰灰陶衣。口径 20.7、高 9.6 厘米（图四五六，15）。

D 型　79 件。泥质红陶。直口，圜底。分五式。

Ⅰ式　12 件。直口微敞，浅斜直腹，大圜底近平。

标本 M735:1，素面。口径 20.4、高 9.2 厘米（图四五六，16；图版七七，4）。

Ⅱ式　26 件。直口微敛，腹较深，圜底。

标本 H349:1，器内饰红陶衣。口径 18、高 11.6 厘米（图四五六，17；图版七八，1）。

Ⅲ式　20 件。圆唇，敛口较甚，浅腹，大圜底。

标本 H304:3，器内饰红陶衣。口径 21、高 8.2 厘米（图四五六，18）。

Ⅳ式　14 件。尖唇，敛口，腹较深，圜底。

标本 H168:1，素面。口径 17.6、高 9.4 厘米（图四五六，19）。

Ⅴ式　7 件。方唇，微敛口，深腹，圜底近平。

标本 M823:6，素面。口径 15.2、高 8.8 厘米（图四五六，20；图版七八，2）。

E 型　112 件。泥质红陶或酱黑陶。厚胎，敛口，平底。分七式。

Ⅰ式　23 件。泥质酱黑陶。口微敛，大口，深弧腹，小平底。

标本 T3174⑦:1，素面。口径 22.8、底径 8.3、高 10.4 厘米（图四五七，1；图版七八，3）。

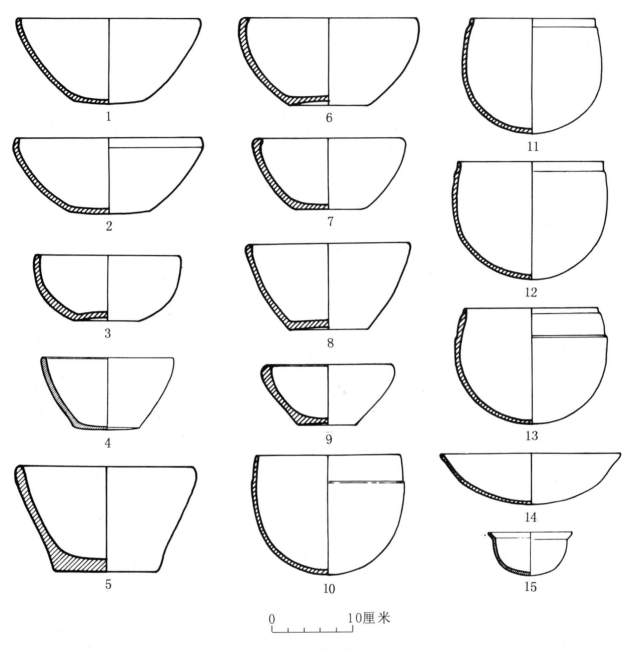

0 ————————— 10厘米

图四五七　大溪文化陶钵（E～H型）

1. E型Ⅰ式（T3174⑦：1）　2. E型Ⅱ式（H581：2）　3. E型Ⅲ式（M739：10）　4、5. E型Ⅳ式（M906：9、H210：8）
6、7. E型Ⅴ式（T1623⑥：1、H292：4）　8. E型Ⅵ式（H456：5）　9. E型Ⅶ式（T7452④：3）　10. F型Ⅰ式（T3072⑦：
3）　11、12. F型Ⅱ式（H509：1、H376：4）　13. F型Ⅲ式（M726：1）　14. G型（M641：2）　15. H型（T3124⑦：9）

　　Ⅱ式　8件。泥质酱黑陶。方唇，敛口，弧腹较浅，平底较宽。

　　标本 H581：2，素面。口径 23、底径 8.3、高 10.4 厘米（图四五七，2；图版七九，1）。

　　Ⅲ式　16件。粗泥红陶。口微敛，浅弧腹，平底微凹。

　　标本 M739：10，素面。口径 18、底径 8.4、高 8 厘米（图四五七，3；图版七九，2）。

　　Ⅳ式　17件。泥质红陶，胎较厚。大敞口，深腹较直，下腹略内收，平底。

标本 M906:9，素面。口径 16、底径 8.1、高 8.8 厘米（图四五七，4）。标本 H210:8，器表内外均饰红陶衣。口径 21.8、底径 12.7、高 13.7 厘米（图四五七，5；图版七九，3）。

Ⅴ式　25 件。泥质红陶。厚圆唇，口微敛，弧腹，平底。

标本 T1623⑥:1，素面，器表黑、褐斑驳。口径 21、底径 9.6、高 10.6 厘米（图四五七，6；图版八〇，1）。标本 H292:4，素面。口径 19、底径 8.2、高 8.8 厘米（图四五七，7）。

Ⅵ式　13 件。泥质红陶。厚圆唇，下腹微内收，平底微凹。

标本 H456:5，素面。口径 20、底径 9.6、高 10.4 厘米（图四五七，8；图版八〇，2）。

Ⅶ式　10 件。泥质红陶。厚圆唇，下腹内收较甚，平底微凹。

标本 T7452④:3，素面。口径 16.6、底径 7、高 7.5 厘米（图四五七，9）。

F 型　72 件。深腹罐形钵。泥质酱黑陶，个别器内饰灰陶衣。口微敛，腹微鼓，圜底。口部饰凹棱。分三式。

Ⅰ式　24 件。口径稍大。腹较深，口部凹棱偏下。

标本 T3072⑦:3，口径 18、腹径 19、高 14.6 厘米（图四五七，10）。

Ⅱ式　36 件。腹微垂，口部凹棱上移。

标本 H509:1，器表颜色斑驳。口径 15.2、腹径 17.2、高 14 厘米（图四五七，11；图版八〇，3）。标本 H376:4，口径稍大。器内呈黑褐色。口径 17.6、腹径 19、高 14.3 厘米（图四五七，12；图版八一，1）。

Ⅲ式　12 件。浅腹微鼓，口部凹棱偏上。

标本 M726:1，上腹饰一道凹棱，器内饰一薄层灰陶衣。口径 16.4、腹径 18.8、高 14 厘米（图四五七，13）。

G 型　9 件。浅腹碟形钵。粗泥红陶。大敞口，浅弧腹，圜底。

标本 M641:2，素面。口径 22.2、高 6.2 厘米（图四五七，14；图版八一，2）。

H 型　10 件。折沿，大敞口，浅腹，圜底。

标本 T3124⑦:9，素面。口径 10.4、高 5.2 厘米（图四五七，15；图版八一，3）。

擂钵　47 件。夹炭红陶。分二型。

A 型　8 件。宽流，深垂腹。圜底近平。

标本 H391:1，器表饰灰陶衣，器内未见刻槽。口径 19.4～26.6、高 26 厘米（图四五八，1；图版八二，1）。

B 型　39 件。窄流，浅腹，平底。

标本 H298:3，流残。器表素面，器内饰竖刻槽。残口径 20～26.5、底径 7.8、高 13 厘米（图四五八，2）。标本 H421:4，器内饰成组刻划竖槽。口径 26～28、底径 8.1、高 13.4 厘米（图四五八，3）。

曲腹杯　72 件。以泥质黑陶和灰陶为主，少量泥质橙黄陶。分六型。

A 型　3 件。个体较大。泥质灰陶。上腹外鼓，下腹内弧，深曲腹。

标本 M894:7，器表残见朱绘。口径 13.4、足径 11.8、高 14.2 厘米（图四五九，1；图版八二，2）。

B 型　34 件，泥质黑陶和灰陶。曲腹杯。敛口，曲腹，粗矮圈足。分七式。

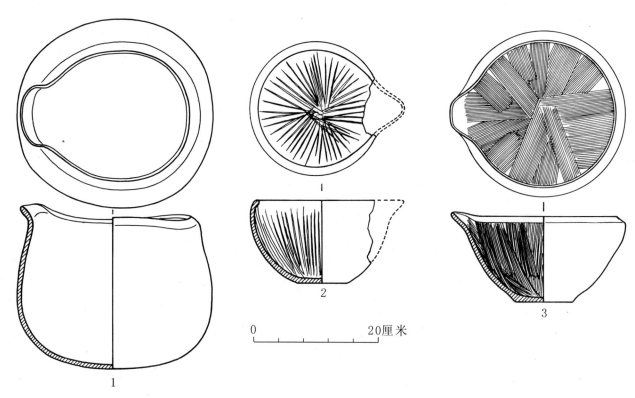

图四五八　大溪文化陶擂钵
1. A型（H391:1）　2、3. B型（H298:3、H421:4）

Ⅰ式　3件。个体较大。泥质灰陶。口微敛，腹较浅。

标本 M888:12，口径 17.2、足径 9.8、高 11.2 厘米（图四五九，2；图版八二，3）。

Ⅱ式　4件。泥质灰陶。敛口，下腹较粗，余同Ⅰ式。

标本 M822:7，素面。口径 11.4、足径 7.8、高 7.8 厘米（图四五九，3；图版八二，4）。

Ⅲ式　6件。泥质黑陶。敛口，腹较深。

标本 M803:1，器表残见朱绘。口径 13、足径 7.4、高 8.8 厘米（图四五九，4；图版八三，1）。

Ⅳ式　5件。泥质黑陶。敛口较甚，足略高，余同Ⅲ式。

标本 M817:5，素面。口径 12、足径 7.4、高 7.6 厘米（图四五九，5；图版八三，2）。

Ⅴ式　5件。个体较大。泥质黑陶。敛口，曲腹较甚，下腹较深。

标本 M427:1，口外饰一周凹棱，上腹饰三圈凹弦纹。口径 16.8、足径 11.2、高 13.2 厘米（图四五九，6；图版八三，3）。

Ⅵ式　7件。上腹变浅，折腹处饰一箍凸棱。

标本 M318:3，口径 12.8、足径 8.2、高 9.4 厘米（图四五九，7；图版八三，4）。

Ⅶ式　4件。上腹较深，饰一周凹棱。

标本 M389:1，口径 9、足径 6、高 7.4 厘米（图四五九，8；图版八四，1）。

C型　18件。泥质灰陶和黑陶。曲腹杯。窄沿微卷，口外饰一周凹棱，曲腹处饰凸棱。分三式。

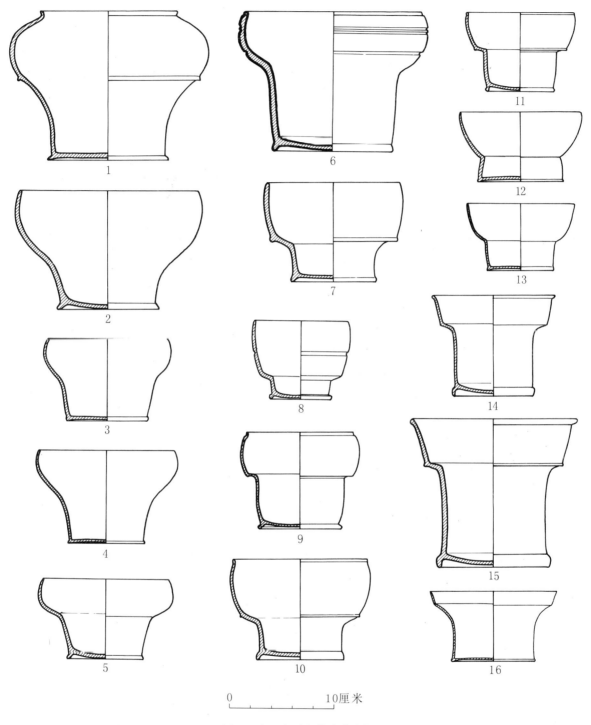

图四五九 大溪文化陶曲腹杯

1. A型（M894:7） 2. B型Ⅰ式（M888:12） 3. B型Ⅱ式（M822:7） 4. B型Ⅲ式（M803:1） 5. B型Ⅳ式（M817:5） 6. B型Ⅴ式（M427:1） 7. B型Ⅵ式（M318:7） 8. B型Ⅶ式（M389:1） 9. C型Ⅰ式（M869:7） 10. C型Ⅱ式（M318:6） 11. C型Ⅲ式（M843:5） 12. D型Ⅰ式（M809:6） 13. D型Ⅱ式（M855:1） 14、15. E型（M850:1、M850:7） 16. F型（M472:4）

Ⅰ式　6件。泥质灰陶。曲折腹，腹较深。

标本 M869：7，口径 10.2、足径 7.8、高 9.2 厘米（图四五九，9；图版八四，2）。

Ⅱ式　5件。泥质黑陶。曲折腹，口微侈，圈足略高。

标本 M318：6，口径 13、足径 8.6、高 9.8 厘米（图四五九，10；图版八四，3）。

Ⅲ式　7件。泥质黑陶。上腹较浅，余同Ⅲ式。

标本 M843：5，口径 10.4、足径 6.6、高 7.5 厘米（图四五九，11，图版八四，4）。

D型　10件。泥质黑陶。曲腹杯。敞口，曲折腹，矮粗圈足。素面。分二式。

Ⅰ式　4件。敞口微敛，上腹较深。

标本 M809：6，口径 11.6、足径 8.2、高 6.6 厘米（图四五九，12；图版八五，1）。

Ⅱ式　6件。敞口，上腹较浅。

标本 M855：1，口径 10.4、足径 6.3、高 6.4 厘米（图四五九，13；图版八五，2）。

E型　5件。泥质黑陶。曲腹杯。窄卷沿，上腹微敞，曲折腹较深，足沿内勾敛。素面。

标本 M850：1，口径 12、足径 8、高 9.5 厘米（图四五九，14；图版八五，3）。标本 M850：7，上腹转折处起凸棱，口径 16.2、足径 11、高 14 厘米（图四五九，15；图版八五，4）。

F型　2件。敞口较甚，上腹极浅，下腹内弧较深。

标本 M472：4，下腹近底部饰浅弦纹。口径 12.2、足径 8.1、高 6.6 厘米（图四五九，16；图版八六，1）。

杯　113件。以泥质橙黄陶和灰陶为主，少量泥质黑陶和夹砂红陶。分八型。

A型　4件。泥质黑陶。单耳圈足杯。

标本 M680：10，小口，束颈，直腹，粗圈足，腹部附一宽耳。口和腹饰四周圆圈纹，足饰一周圆镂孔。口径 8.2、足径 12、高 14.8、耳宽 4 厘米（图四六〇，1；图版八六，2）。

B型　7件。泥质红陶。实把手杯。敞口，杯身上腹内弧，下腹圆转，粗矮圈足外撇，实心小捏手单把。

标本 M679：1，把手残。器表饰红陶衣。口径 13.6、足径 11.2、高 13.6 厘米（图四六〇，2；图版八六，3）。

C型　48件。泥质橙黄陶。彩绘单耳杯。分三式。

Ⅰ式　17件。杯腹宽扁，较浅。敞口，束颈，短直腹，内凹底较甚，圈足外撇，宽桥形单耳。

标本 M680：5，口及腹饰宽带及网状黑彩，耳面涂黑彩。口径 10.2、足径 7.2、高 6.5、通宽 13 厘米（图四六〇，3；彩版四五，3）。

Ⅱ式　12件。杯腹较深。敞口，上腹内弧，下腹圆转，底微内凹，足微外撇，桥形耳较窄。

标本 M679：3，腹、耳及口内饰黑彩，包括宽带纹、圆点纹及网格纹。耳面黑彩脱落较甚，纹样不详。口径 9、足径 6.4、高 6.5、通宽 10.3 厘米（图四六〇，4；图版八六，4）。

Ⅲ式　19件。口微敛，斜直腹，圜底接三矮扁足，窄桥形耳。

标本 T4401④：5，器表饰黑彩，脱落太甚，纹样不清。口、足及下腹可见黑彩带。口径 8.4、高 6.8、通宽 11 厘米（图四六〇，5；图版八七，1）。

D型　12件。泥质橙黄陶。杯身似鼎，由盘和三长条形扁带组成，下接深圈足。盘口微敛，腹饰两道凸棱，深圜底，深圈足微内弧，足沿微外撇。

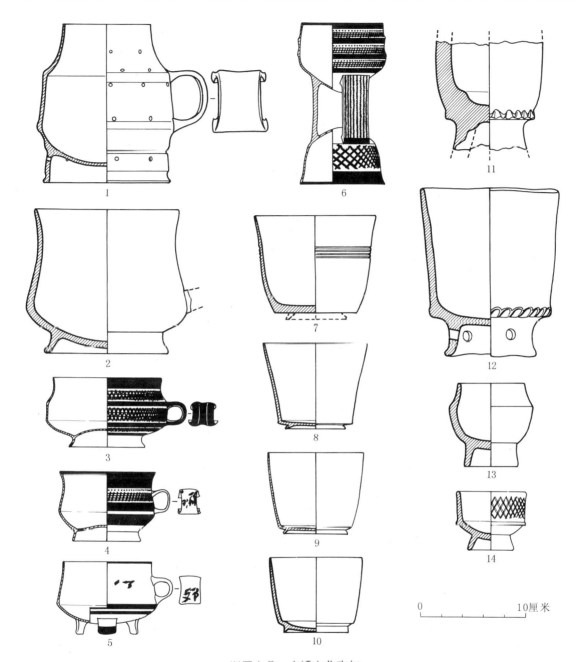

图四六〇　大溪文化陶杯

1. A 型（M680:10）　2. B 型（M679:1）　3. C 型 I 式（M680:5）　4. C 型 II 式（M679:3）　5. C 型 III 式（T4401④:5）　6. D 型（M739:4）　7、8. E 型 I 式（M897:2、M616:1）　9、10. E 型 II 式（M877:3、M814:4）　11. F 型 I 式（H470:8）　12. F 型 II 式（M887:4）　13. G 型（M739:6）　14. H 型（M299:3）

标本 M739:4，器表及盘足口沿内侧饰黑彩。其中，盘饰四周宽带纹，间以三周圆点及点线纹；长带饰竖向点线纹和宽带纹；足饰网纹和宽带纹。口径 7.6、足径 8、高 15 厘米（图四六〇，6；彩版四五，4）。

E 型　15 件。泥质黑陶和灰陶。直腹杯。杯身斜直，平底或凹底，矮圈足外撇。分二式。

I 式　8 件。口微敞，深腹微内弧。

标本 M897:2，泥质灰陶。中腹饰数道凹弦纹，器表残见朱绘。圈足残。口径 11.4、残高 9.1 厘米（图四六〇，7；图版八七，2）。标本 M616:1，泥质黑陶。素面。口径 9.8、足径 5.6、高 8 厘米（图四六〇，8；图版八七，3）。

Ⅱ式　7件。斜直腹较浅，余同Ⅰ式。

标本 M877:3，泥质灰陶。素面。口径 9、足径 6、高 7.6 厘米（图四六〇，9；图版八七，4）。标本 M814:4，泥质黑陶。腹更浅，内凹底。口径 8.8、足径 6、高 7 厘米（图四六〇，10；图版八八，1）。

F型　13件。夹砂褐陶。厚胎，杯底饰附加堆纹，堆纹上压印按窝。深筒腹，矮小圈足。分二式。

Ⅰ式　5件。均为残器。腹微弧，杯底内凹，起台棱。

标本 H470:8，残高 10 厘米（图四六〇，11）。

Ⅱ式　8件。微敞口，斜直腹，杯底较平坦，足微外卷。

标本 M887:4，圈足饰一周粗圆镂孔。口径 13.2、足径 8.8、高 13.2 厘米（图四六〇，12）。

G型　9件。泥质红陶。个体较小，折腹高足杯。敛口，上腹内折起棱，细高足较直。

标本 M739:6，口径 6.4、足径 5、高 7.8 厘米（图四六〇，13；图版八八，2）。

H型　5件。泥质红陶。个体较小，直腹高足杯。直口，下腹饰一周凸棱，足外撇。

标本 M299:3，杯身上腹饰刻划网格纹。口径 6.8、足径 4.4、高 5.5 厘米（图四六〇，14；图版八八，3）。

鼎，完整器物多出于晚期墓葬，多数鼎足则出于较早地层。为行文方便，本文将鼎分为鼎和鼎足两类器物予以叙述。

鼎　346件。分十二型。

A型　5件。彩绘单耳鼎。泥质橙黄陶，薄胎。小口，垂腹，弧圜底，高扁足。

标本 T6454⑨:4，通体饰黑彩。口及腹饰宽带和网状纹，耳及足则饰粗网状纹，底饰网状彩带间以曲线彩条，并将底平分为六份。口径 8.6、腹径 14.6、高 14.7 厘米（图四六一，1；彩版四六，1）。

B型　34件。泥质红陶。小口，折腹或垂腹微折，小乳突状足。分四式。

Ⅰ式　7件。敞口，唇微内勾，束颈，折腹较深，圜底较坦，乳突足残。

标本 M665:2，器表饰红陶衣，腹饰细弦纹。口径 12.6、腹径 16.4、复原通高 15 厘米（图四六一，2）。

Ⅱ式　12件。直口微敞，束颈，折腹较浅，圆锥足外撇。

标本 H470:10，器表饰深红陶衣，上腹饰粗弦纹。口径 13、腹径 19.4、高 12.9 厘米（图四六一，3；图版八八，4）。

Ⅲ式　6件。微敛口，垂腹微折，扁锥足外撇更甚。

标本 T3023⑤:7，口外饰一周凸棱，足根部饰圆按窝。口径 12.8、腹径 17.6、高 12 厘米（图四六一，4；图版八九，1）。

Ⅳ式　9件。微敛口，鼓腹，圆锥足较直。

标本 T6405⑧:1，器表饰红陶衣。口径 13.2、腹径 20.8、通高 16.2 厘米（图四六一，5；图

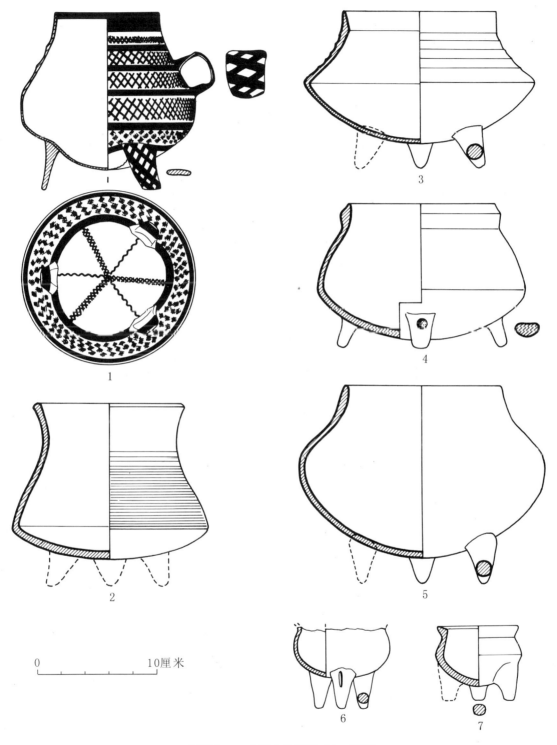

图四六一 大溪文化陶鼎（A～C型）

1. A型（T6454⑨:4）　2. B型Ⅰ式（M665:2）　3. B型Ⅱ式（H470:10）　4. B型Ⅲ式（T3023⑤:7）
5. B型Ⅳ式（T6405⑧:1）　6. C型Ⅰ式（M678:16）　7. C型Ⅱ式（M742:1）

版八九，2）。

C 型　17 件。夹砂褐陶。个体较小。窄折沿，深腹，粗大圆锥足。分二式。

Ⅰ式　4 件。口部均残。鼓腹，圆锥足较高。

标本 M678：16，残口径 7.6、腹径 8.2、残高 6.6 厘米（图四六一，6；图版八九，3）。

Ⅱ式　13 件。折腹，圆锥足较矮。

标本 M742：1，口径 6.8、腹径 7.3、高 6.2 厘米（图四六一，7；图版八九，4）。

D 型　44 件。夹砂红陶。宽沿，鼓腹，扁足。分五式。

Ⅰ式　5 件。宽卷沿，束颈，鼓腹微垂，宽扁足微弓。

标本 M649：6，残一足。素面。口径 11.2、腹径 13.6、高 12.8 厘米（图四六二，1；图版九〇，1）。

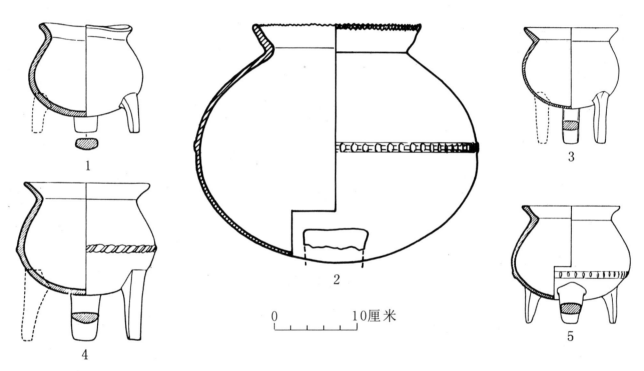

图四六二　大溪文化陶鼎（D 型）

1. D 型Ⅰ式（M649：6）　2. D 型Ⅱ式（M782：1）　3. D 型Ⅲ式（M844：2）　4. D 型Ⅳ式（M900：2）　5. D 型Ⅴ式（M894：1）

Ⅱ式　9 件。宽仰折沿，圆鼓腹。

标本 M782：1，个体较大，三足均残。锯齿状口沿，中腹饰一周附加堆纹。口径 20、腹径 34.4、高 28 厘米（图四六二，2）。

Ⅲ式　13 件。宽折沿，鼓腹，高扁足。

标本 M844：2，素面。口径 11.2、腹径 11.5、高 13.4 厘米（图四六二，3；图版九〇，2）。

Ⅳ式　6 件。个体较大。夹砂红陶。宽卷沿，深腹，高扁足。

标本 M900：2，堆纹上压印绳索纹。口径 15.2、腹径 16.8、高 18.6 厘米（图四六二，4；图版九〇，3）。

Ⅴ式　11 件。个体较大。夹砂褐陶。侈口，仰折沿微凹，腹较深，扁足较矮。

标本 M894：1，堆纹上饰戳印指甲纹。口径 11.6、腹径 14.2、高 13.6 厘米（图四六二，5；图版九〇，4）。

E 型　118 件。泥质黑陶。窄折沿，深垂腹，矮扁足。素面。分七式。

Ⅰ式　11 件。泥质灰陶。大口，折沿似卷，斜直垂腹，圜底近平，三足较高。

标本 M881：1，残一足。口径 7.6、腹径 9.6、高 9.5 厘米（图四六三，1；图版九一，1）。

Ⅱ式　14 件。大口，折沿，垂鼓腹，足较矮。

标本 M849：6，残一足。口径 8.6、腹径 11、高 9.2 厘米（图四六三，2；图版九一，2）。

Ⅲ式　15 件。垂腹较深，圜底。

标本 M866：8，残一足。口径 6.8、腹径 10.2、高 9.5 厘米（图四六三，3；图版九一，3）。

Ⅳ式　20 件。泥质灰陶。小口，卷沿较甚，垂腹较浅。

标本 M447：1，口部覆盖，残一足。鼎口径 7.2、腹径 10.4、通高 12.7 厘米（图四六三，4）。标本 M388：5，泥质黑陶。残一足。口径 7、腹径 10.2、高 8.8 厘米（图四六三，5；图版九一，4）。

Ⅴ式　29 件。泥质黑陶。斜折沿微凹，垂腹较深，三足略高。

标本 M867：3，口部覆盖，残一足。口径 7.6、腹径 10、通高 11.2 厘米（图四六三，6；图版九二，1）。标本 M619：5，三足较矮，口略小，残一足。口径 7、腹径 9.6、高 8.6 厘米（图四六三，7；图版九二，3）。

Ⅵ式　11 件。折沿微凹，上腹内收，垂腹较甚，圜底近平。

标本 M890：1，口部覆盖，残一足。口长 6.8、腹径 9.8、通高 10 厘米（图四六三，8；彩版四六，2）。

Ⅶ式　18 件。窄折沿微凹，袋形折腹，大圜底。

标本 M877：2，口部覆盖，足残（图版中未附盖）。口径 6.2、腹径 9.4、复原通高 10 厘米（图四六三，9；图版九二，4）。

F 型　39 件。泥质黑陶和灰陶。窄折沿，垂腹较浅，扁足较高。素面。分五式。

Ⅰ式　5 件。个体较小。夹砂褐陶。唇微内勾，仰折沿微凹，腹微鼓，圆锥足。

标本 T7454④：5，残一足。堆纹上压印按窝纹。口径 9.6、腹径 11、高 10.6 厘米（图四六三，10；图版九三，1）。

Ⅱ式　9 件。个体较小。泥质黑陶。斜折沿，圆鼓腹较浅。足残。

标本 M850：6，堆纹上饰按窝纹。口径 9、腹径 11.6、残高 8、复原高 9.6 厘米（图四六三，11；图版九二，2）。

Ⅲ式　11 件。大口，扁折腹，近平底。

标本 M850：2，残一足。口径 6.8、腹径 8.8、高 7.5 厘米（图四六三，12；图版九三，3）。

Ⅳ式　6 件。小口，深垂折腹。

标本 M833：1，残一足。口径 6、腹径 9、高 9 厘米（图四六三，13；图版九三，4）。

Ⅴ式　8 件。大口，垂折腹较深。

标本 M886：8，口部覆盖，残一足。口径 6.6、腹径 9.2、通高 10 厘米（图四六三，14；图版九二，2）。

G 型　34 件。泥质黑陶和灰陶。卷沿，垂腹较浅，扁足较高。素面。分三式。

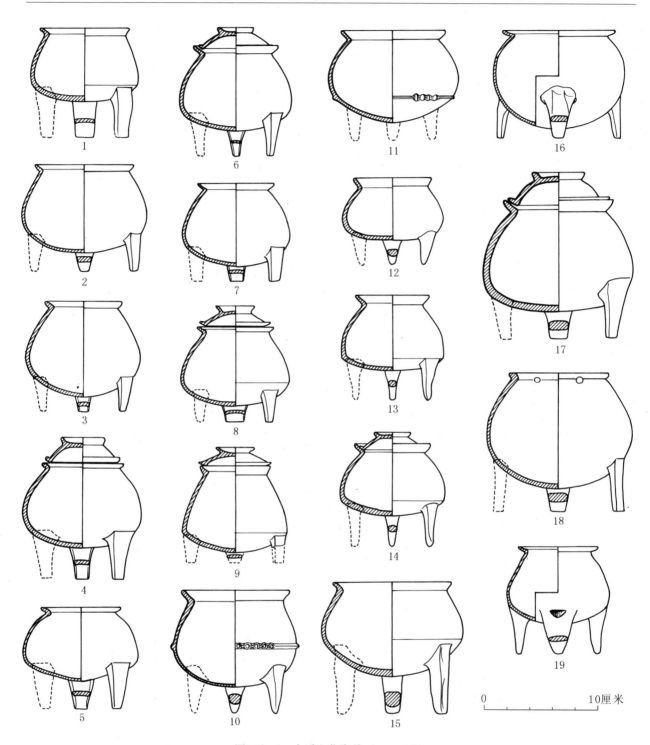

图四六三　大溪文化陶鼎（E~H型）

1. E型Ⅰ式（M881:1）　2. E型Ⅱ式（M849:6）　3. E型Ⅲ式（M866:8）　4、5. E型Ⅳ式（M447:1、M388:5）

6、7. E型Ⅴ式（M867:3、M619:5）　8. E型Ⅵ式（M890:1）　9. E型Ⅶ式（M877:2）　10. F型Ⅰ式（T7454④:5）

11. F型Ⅱ式（M850:6）　12. F型Ⅲ式（M850:2）　13. F型Ⅳ式（M833:1）　14. F型Ⅴ式（M886:8）　15. G型Ⅰ

式（M802:7）　16、17. G型Ⅱ式（M806:5、M858:3）　18. G型Ⅲ式（M879:4）　19. H型（M869:1）

Ⅰ式　6件。泥质灰陶。大口，卷沿，腹微鼓，较浅。

标本 M802:7，残一足。口径 10.4、腹径 12.4、高 11.4 厘米（图四六三，15；图版九四，1）。

Ⅱ式　24件。泥质黑陶。大口，宽折沿微内凹，腹略浅，三足微外撇。

标本 M806:5，足面饰按窝及浅划纹。口径 9.9、腹径 11.4、高 9.4 厘米（图四六三，16；图版九四，2）。标本 M858:3，微卷沿，垂腹较深，圜底近平。口部覆盖，残一足。口径 9.6、腹径 11.2、鼎高 12、通高 14.4 厘米（图四六三，17；图版九四，3）。

Ⅲ式　4件。泥质红陶。小口，窄卷沿，深腹。

标本 M879:4，残一足。口部饰圆镂孔。口径 8.8、腹径 12.6、高 12 厘米（图四六三，18；彩版四六，3）。

H 型　14件，斜折沿，腹下部鼓出，圜底，扁锥形足。

标本 M869:1，泥质灰陶，足上端有窝洞。口径 7、腹径 9、高 9.4 厘米（图四六三，19；图版九四，4）。

Ⅰ型　9件。有领，扁鼓腹，上部似高领罐，三个小锥形足。

标本 M810:8，泥质灰陶。口径 9、腹径 15、高 13.2 厘米（图四六四，1；图版九五，1）。

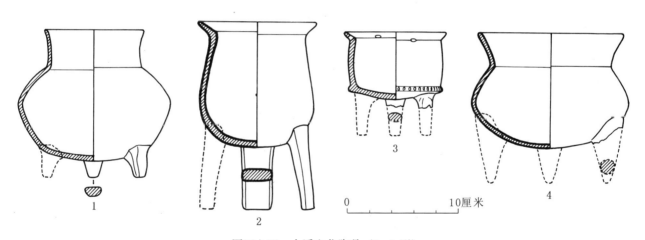

图四六四　大溪文化陶鼎（Ⅰ~L型）
1. Ⅰ型（M810:8）　2. J型（M878:2）　3. K型（M833:2）　4. L型（M457:3）

J 型　8件。粗泥红陶。折沿，筒腹圜底近平，高扁足。

标本 M878:2，残一足。宽折沿，深腹。口径 10.6、腹径 10.2、高 16.6 厘米（图四六四，2；图版九五，2）。

K 型　13件。窄折沿微凹，浅直腹。

标本 M833:2，足残。沿部饰六镂孔，腹、底转折处饰一周附加堆纹，上压指甲状纹。口径 9.2、腹径 8.5、残高 6.8、复原高约 9 厘米（图四六四，3；彩版四六，4）。

L 型　11件。夹炭红陶。大敞口，矮领，浅腹，圆锥足。

标本 M457:3，足残。口径 13、腹径 14.2、残高 10.2、复原高约 13.2 厘米（图四六四，4；图版九五，3）。

鼎足　579件。以夹砂或夹炭红陶为主，次为粗泥红陶，另有少量泥质红陶和白陶。分十型。

A 型　79 件。夹炭红陶。宽扁形，横截面一般呈"V"字形。分四式。

Ⅰ式　18 件。平面较宽，横截面微凹，足根部饰一深按窝。

标本 T1624⑧:10，按窝两侧饰指甲纹。宽约 10.4、残长 12 厘米（图四六五，1）。

Ⅱ式　16 件。

标本 T6455⑯:3，足根部饰三组指甲纹。宽约 7.4、残长 10.6 厘米（图四六五，2）。

Ⅲ式　24 件。平面较窄，凹截面，背面起棱。

标本 T3079⑩:5，宽约 7、残长 8.7 厘米（图四六五，3）。

Ⅳ式　21 件。平面较窄，横截面内凹较甚。

标本 T1624⑥:7，宽约 7.6、残长 10 厘米（图四六五，4）。

B 型　134 件。粗泥红陶。矮扁凿形，平面较宽。分三式。

Ⅰ式　22 件。穿孔，长方形截面。

标本 T3273⑥:4，一侧残。残宽约 4、残长 6.6 厘米（图四六五，5）。

Ⅱ式　48 件。较长，月牙形截面。

标本 H507:3，饰红陶衣。宽约 7.2、残长 9 厘米（图四六五，6）。

Ⅲ式　64 件。较短，长方形截面。

标本 T5054⑦:1，饰红陶衣。宽约 6、长 5.8 厘米（图四六五，7）。

C 型　47 件。夹炭红陶。长扁凿形，平面较窄。分三式。

Ⅰ式　20 件。长方形截面。

标本 T1080⑧:9，宽约 5.6、残长 11 厘米（图四六五，8）。

Ⅱ式　18 件。半月形截面。弓背。

标本 T7004⑦:6，饰红陶衣。宽约 5、残长 11 厘米（图四六五，9）。

Ⅲ式　9 件。半月形截面，弓背较甚，足根部饰三角刻槽。

标本 H467:3，饰红陶衣。宽约 5.2、残长 11.8 厘米（图四六五，10）。

D 型　37 件。夹砂红褐陶。窄长凿形。分三式。

Ⅰ式　14 件。背面微凹。

标本 T1079⑧:7，残长 9.6 厘米（图四六六，1）。

Ⅱ式　15 件。背面微弓，足下端较宽。

标本 T1030⑦:8，残长 7.2 厘米（图四六六，2）。

Ⅲ式　8 件。较薄，背面微凹，足根饰浅凹槽。

标本 T3032⑥:3，残长 11.2 厘米（图四六六，3）。

E 型　40 件。夹砂或夹炭红陶。扁锥足。分三式。

Ⅰ式　8 件。夹炭红陶。方形横截面。

标本 T3179⑫:4，足根部饰窄长条刻槽。残长 11 厘米（图四六六，4）。

Ⅱ式　14 件。夹砂红陶。不规则长方形截面，内侧面微凹。

标本 T5054⑦:4，足根部饰指甲状按窝。残长 15.6 厘米（图四六六，5）。

Ⅲ式　18 件。夹砂红陶。月牙形截面，较薄，内侧面平直，足根部较宽。

标本 T5055⑦:2，残长 15 厘米（图四六六，6）。

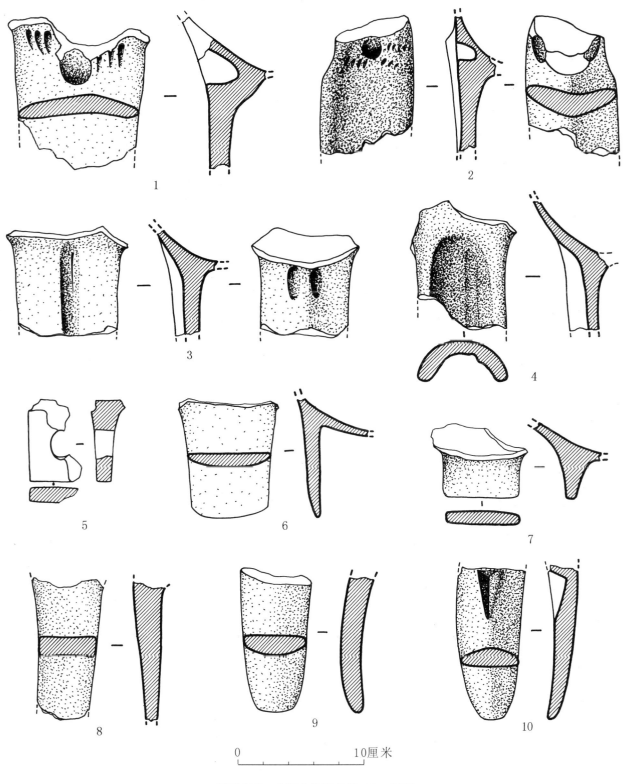

图四六五 大溪文化陶鼎足（A～C型）

1. A型Ⅰ式（T1624⑧:10） 2. A型Ⅱ式（T6455⑯:3） 3. A型Ⅲ式（T3079⑩:5） 4. A型Ⅳ式（T1624⑥:7） 5. B型Ⅰ式（T3273⑥:4） 6. B型Ⅱ式（H507:3） 7. B型Ⅲ式（T5054⑦:1）

8. C型Ⅰ式（T1080⑧:9） 9. C型Ⅱ式（T7004⑦:6） 10. C型Ⅲ式（H467:3）

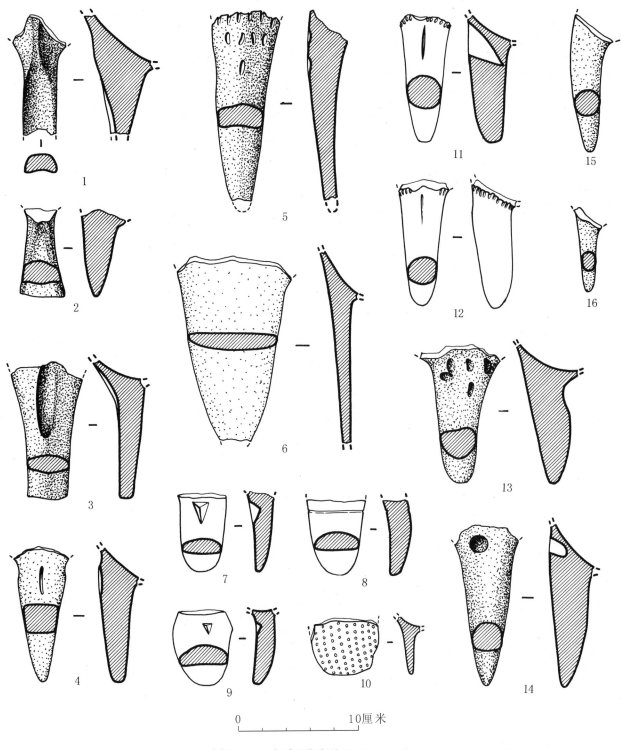

0 _____ 10厘米

图四六六　大溪文化陶鼎足（D～G型）

1. D型Ⅰ式（T1079⑧:7）　　2. D型Ⅱ式（T1030⑦:8）　　3. D型Ⅲ式（T3032⑥:3）　　4. E型Ⅰ式（T3179⑫:4）

5. E型Ⅱ式（T5054⑦:4）　　6. E型Ⅲ式（T5055⑦:2）　　7. F型Ⅰ式（T6402⑪:2）　　8. F型Ⅱ式（T3179⑨:4）

9. F型Ⅲ式（T6402⑧:7）　　10. F型Ⅳ式（T6454⑥:5）　　11、12. G型Ⅰ式（T6454⑫:7、T7404⑥:7）　　13. G

型Ⅱ式（T1673⑥:9）　　14. G型Ⅲ式（T6452⑤:8）　　15. G型Ⅳ式（T6505④:1）　　16. G型Ⅴ式（T1674⑤B:6）

F 型　22 件。粗泥红陶。舌形足，微弓背，短而薄，半月形截面。分四式。

Ⅰ式　7 件。较长，足根部饰三角按窝。

标本 T6402⑪:2，长 6.5 厘米（图四六六，7）。

Ⅱ式　5 件。足变短，根部饰一周浅刻槽。

标本 T3179⑨:4，长 6 厘米（图四六六，8）。

Ⅲ式　6 件。足变短而宽，足根部饰三角按窝。

标本 T6402⑧:7，长 6.1 厘米（图四六六，9）。

Ⅳ式　4 件。宽扁足，较短，足面满饰浅按窝。

标本 T6454⑥:5，长 4.8、宽 5.4 厘米（图四六六，10）。

G 型　105 件。夹砂羼炭红陶。圆锥足。分五式。

Ⅰ式　58 件。较短，圆截面。

标本 T6454⑫:7，根部饰一周戳印指甲纹及一竖刻槽。长 10.2 厘米（图四六六，11）。标本 T7404⑥:7，纹饰同前者。长 10.4 厘米（图四六六，12）。

Ⅱ式　21 件。足变长，截面为不规则圆形，内侧面内凹。

标本 T1673⑥:9，根部饰不规则按窝。长 11.2 厘米（图四六六，13）。

Ⅲ式　14 件。足较长，截面为不规则圆形，内侧面较平直。

标本 T6452⑤:8，根部饰一粗大深按窝。长 12.8 厘米（图四六六，14）。

Ⅳ式　5 件。泥质红陶。长圆柱形，微弓背。

标本 T6505④:1，长约 11 厘米（图四六六，15）。

Ⅴ式　7 件。泥质红陶。椭圆柱形，微外撇。

标本 T1674⑤B:6，长约 7 厘米（图四六六，16）。

H 型　32 件。粗泥红陶为主，少量泥质红陶。小乳突状，圆柱形。分三式。

Ⅰ式　9 件。粗泥红陶。矮乳突状。

标本 T1079⑦:5，长约 2.3 厘米（图四六七，1）。

Ⅱ式　12 件。粗泥红陶。矮乳突微外撇。

标本 T6402⑧:6，长约 3.9 厘米（图四六七，2）。

Ⅲ式　11 件。矮小，足面较平。

标本 T7404④:1，长约 3.8 厘米（图四六七，3）。

I 型　78 件。泥质红陶。小锥足。分三式。

Ⅰ式　23 件。矮小。弓背较甚，背饰三角刻槽。

标本 T3074⑥:8，长约 3 厘米（图四六七，4）。

Ⅱ式　17 件。较长，弓背。

标本 T1082⑥:5，长约 7.2 厘米（图四六七，5）。

Ⅲ式　27 件。足微内勾，背饰三角刻槽。

标本 T3032⑤:1，长约 5 厘米（图四六七，6）。

J 型　5 件。泥质白陶。圆锥足，矮胖。

标本 H419:17，长约 5.6 厘米（图四六七，7）。

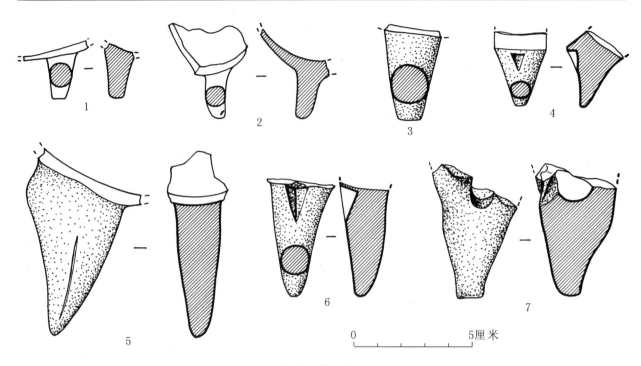

图四六七　大溪文化陶鼎足（H~J 型）

1. H 型Ⅰ式（T1079⑦:5）　2. H 型Ⅱ式（T6402⑧:6）　3. H 型Ⅲ式（T7404④:1）　4. Ⅰ型Ⅰ式
（T3074⑥:8）　5. Ⅰ型Ⅱ式（T1082⑥:5）　6. Ⅰ型Ⅲ式（T3032⑤:1）　7. J 型（H419:17）

甑　117 件。分五型。

A 型　56 件。釜形。折沿，圜底，下腹及底满布箅孔。分二式。

Ⅰ式　25 件。

标本 H557:1，个体稍大。夹炭红陶。垂腹。口径 22.2、腹径 26.6、高 20 厘米（图四六八，1；图版九五，4）。

Ⅱ式　31 件。

标本 H203:3，底残。粗泥红陶。鼓腹。口径 19、腹径 20、残高 7.6 厘米（图四六八，2）。

B 型　11 件。圈足罐形。分二式。

Ⅰ式　4 件。仰折沿，浅腹微折，圈足微外撇，腹底箅孔较稀。

标本 M903:5，夹砂褐陶。口径 12.6、腹径 12.6、足径 7.2、高 12.4 厘米（图四六八，3）。

Ⅱ式　7 件。卷沿，束颈，深圆鼓腹，圈足外撇，腹底箅孔较密。

标本 M810:2，粗泥红陶，器表饰黑衣。口径 8.8、腹径 12.8、足径 7.2、高 13 厘米（图四六八，4）。

C 型　38 件。泥质黑陶。大口，折沿或卷沿，深腹微鼓，矮小圈足。分四式。

Ⅰ式　6 件。折沿微内凹，瘦深腹，腹底内凹，足外撇。

标本 M809:4，底饰四个不规则箅孔。口径 5.4、腹径 5、足径 3.2、高 5.6 厘米（图四六九，1；图版九六，1）。

Ⅱ式　13 件。折沿近平，深腹微鼓，腹底微凹，足外撇。

标本 M895:4，底饰五圆箅孔。口径 7、腹径 8.1、足径 5.1、高 7.8 厘米（图四六九，2；图

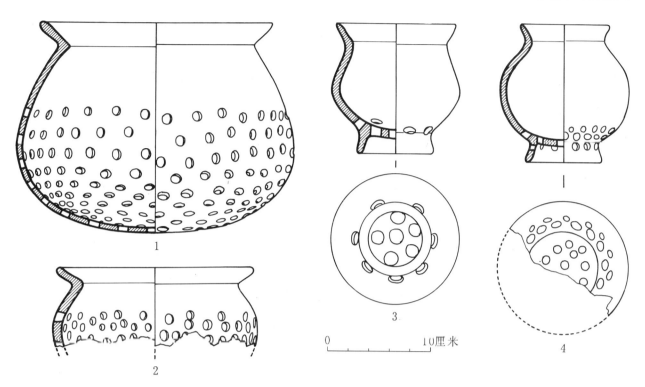

图四六八　大溪文化陶甑（A、B 型）

1. A 型 I 式（H557:1）　2. A 型 II 式（H203:3）　3. B 型 I 式（M903:5）　4. B 型 II 式（M810:2）

版九六，2）。

　　III 式　14 件。折沿，鼓腹较甚，腹变浅，圜底，足沿微内敛。

　　标本 M880:1，口覆盖。底饰四个不规则算孔。口径 7.8、腹径 9、足径 4.4、通高 8.8 厘米（图四六九，3；图版九六，3）。

　　IV 式　5 件。卷沿，底部算孔较密，余近 III 式。

　　标本 M866:7，口径 7.2、腹径 7.8、足径 4.2、高 6.5 厘米（图四六九，4；图版九七，1）。

　　D 型　7 件。泥质黑陶。折沿，浅腹微鼓，小平底。

　　标本 M886:5，口部覆盖。底饰七个圆形算孔。口径 5.8、腹径 6.2、底径 3.2、通高 6.8 厘米（图四六九，5，图版九七，2）。

　　E 型　5 件。泥质红陶。大口，折沿，浅腹，圜底。

　　标本 M821:6，器表饰红衣，底饰四小算孔。口径 13.8、高 5.6 厘米（图四六九，6；图版九七，3）。

　　锅　321 件。夹炭或粗泥红陶。据口部特征，分二型。

　　A 型　51 件。粗泥红陶。方唇，大敞口，浅腹，圜底。

　　标本 T6455⑫:6，上腹饰弦纹，间以竖条纹。口径 76、高 21.6 厘米（图四七〇，1）。

　　B 型　270 件。圆唇，内敛口，斜弧腹较深，小圜底。分三式。

　　I 式　105 件。夹炭红陶。圜底均残。敛口内卷，斜腹较浅。

　　标本 H507:1，器表饰红陶衣，上腹饰弦纹及压印短竖条纹。口径 65.6、残高 16、复原高

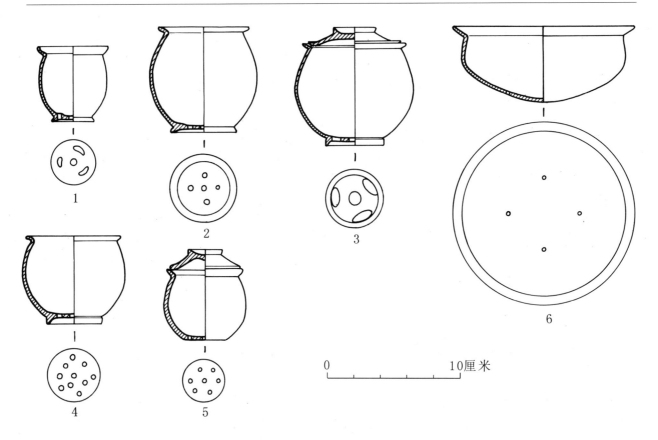

图四六九　大溪文化陶甑（C～E型）

1. C型Ⅰ式（M809:4）　2. C型Ⅱ式（M895:4）　3. C型Ⅲ式（M880:1）
4. C型Ⅳ式（M866:7）　5. D型（M886:5）　6. E型（M821:6）

27.5厘米（图四七〇，2）。

　　Ⅱ式　97件。夹炭红陶。圜底均残。敛口，斜腹略深。

　　标本T6355⑩:1，底略残。器表饰红陶衣，中腹饰弦纹及压印短竖条纹。口径62.4、残高22、复原高28.9厘米（图四七〇，3）。

　　标本H616:3，夹炭红陶。敛口，底略残，饰红衣，二道绳索状压印纹。口径54.8、高27.2厘米（图四七〇，4；图版九七，4）。

　　Ⅲ式　68件。粗泥红陶。口较小，厚圆唇，沿微内折，深腹，圜底较平坦。

　　标本M731:1，中腹饰细密凹弦纹。口径52、高30.8厘米（图四七〇，5）。

　　瓮　139件。以夹炭红陶为主，少量粗泥红陶。依口部特征的不同，分五型。

　　A型　81件。夹炭红陶。厚圆唇，敛口，深鼓腹，圜底。分三式。

　　Ⅰ式　19件。鼓腹微垂，大圜底。

　　标本T3080⑫C:1，器表饰红陶衣，中腹饰凹弦纹及刻划纹。口径28、腹径46.8、高38厘米（图四七一，1；图版九八，1）。

　　Ⅱ式　27件。口径较小，最大腹径上移，圜底较小。

　　标本H428:5，中腹饰浅细弦纹和刻划短竖条纹。口径23.6、腹径42、高37厘米（图四七一，2）。

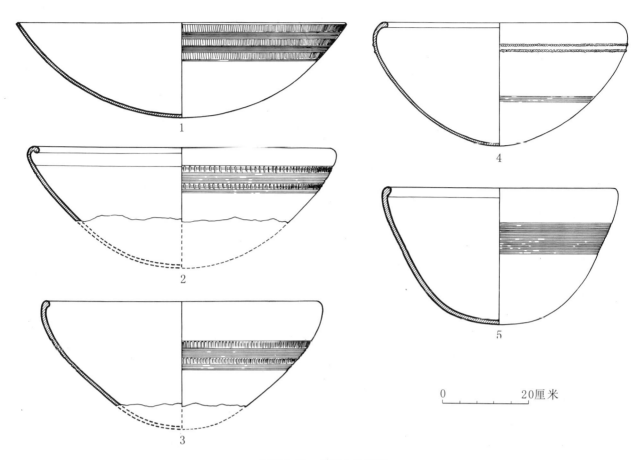

图四七〇 大溪文化陶锅

1. A型（T6455⑫:6） 2. B型Ⅰ式（H507:1） 3、4. B型Ⅱ式（T6355⑩:1、H616:3） 5. B型Ⅲ式（M731:1）

Ⅲ式 35件。口径较大，鼓腹，圜底。

标本M47:1，中腹饰三组凹弦纹。口径30.5、腹径43.2、高36厘米（图四七一，3；图版九八，2）。

B型 17件。均为残器。折沿似卷，深腹微鼓。

标本T6404⑧:1，下腹及底残。饰红陶衣。口径33、残高10.4厘米（图四七一，4）。

C型 23件。下腹及底均残。夹炭红陶，器表饰红衣。厚圆唇，弇口，曲腹。

标本T6403⑪:8，上腹饰成组弦纹，间以刻划网格纹或压印方格纹。口径23.6、残高18.4厘米（图四七一，5）。

D型 15件。粗泥红陶。弇口，沿面近平，耸肩，深腹，下腹斜收较甚，小平底。

标本M798:1，上腹残，口部覆有器盖。瓮身饰浅红陶衣，盖纽外底饰刻划网状纹。口径24.4、腹径48.8、底径14.8、复原通高56厘米（图四七一，6）。

E型 3件。粗泥红陶。平底，余近A型Ⅲ式。

标本M35:3，中腹饰三组凹弦纹。口径25、腹径40、底径14、高35.2厘米（图四七一，7）。

缸 311件。夹砂红陶。依口沿特征分六型。

A型 125件。个体较大。夹粗砂，胎厚，质重。卷沿似喇叭，深腹，尖底。分四式。

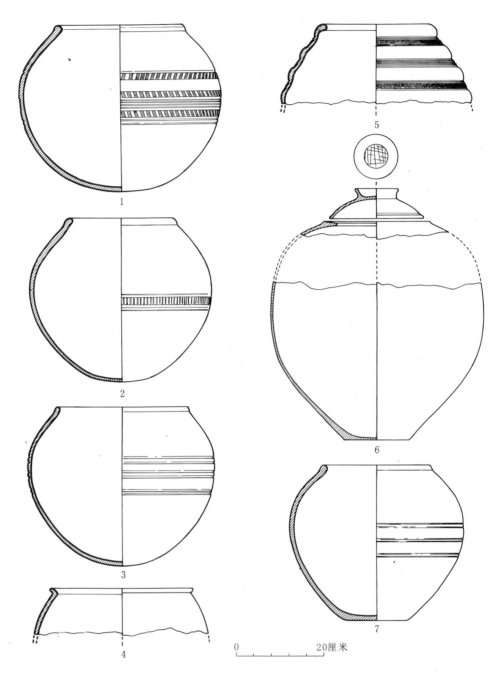

图四七一　大溪文化陶瓮

1. A型Ⅰ式（T3080⑫C:1）　2. A型Ⅱ式（H428:5）　3. A型Ⅲ式（M47:1）　4. B型
（T6404⑧:1）　5. C型（T6403⑪:8）　6. D型（M798:1）　7. E型（M35:3）

　　Ⅰ式　32件。卷沿，无颈，腹较浅，微鼓。

　　标本T6404⑲:5，沿外饰六道凹弦纹。口径31、腹径28、高40厘米（图四七二，1；图版九九，1）。

　　Ⅱ式　24件。均为残器。卷沿较甚，短颈，斜直腹内收。

　　标本T1674⑧:3，下腹及底残。沿外饰四道凹弦纹。口径36、腹径25、残高26厘米（图四七

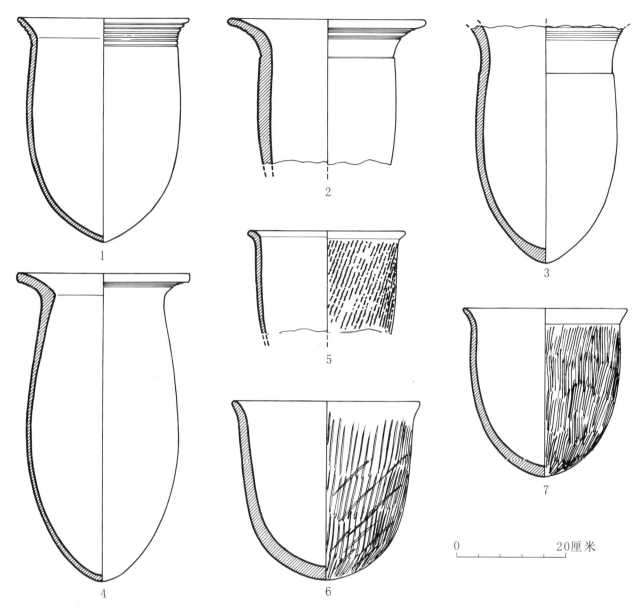

图四七二　大溪文化陶缸（A、B型）

1. A型Ⅰ式（T6404⑲:5）　2. A型Ⅱ式（T1674⑧:3）　3. A型Ⅲ式（H426:4）　4. A型Ⅳ式（Y10:2）
5. B型Ⅰ式（H564:4）　6. B型Ⅱ式（H500:1）7. B型Ⅲ式（H470:7）

二，2）。

Ⅲ式　41件。均为残器。口沿不清楚，长颈，腹较深，微鼓。

标本 H426:4，器表饰红陶衣。沿外饰弦纹。残口径28、腹径25.6、残高42厘米（图四七二，3）。

Ⅳ式　28件。厚方唇，卷沿较甚，深腹，下腹微鼓。

标本 Y10:2，器表饰红陶衣。沿下饰一组细密弦纹。口径31.2、腹径27.6、高55厘米（图四七二，4；图版九九，2）。

B型　67件。夹砂羼蚌陶，胎较薄。折沿，腹较浅，圜底。分三式。

Ⅰ式　22件。下腹及底均残。折沿似卷，较窄，斜直腹内收。

标本H564:4，腹饰斜划纹。口径28.2、残高18.1厘米（图四七二，5）。

Ⅱ式　32件。微敞口，斜腹较浅，圜底。

标本H500:1，腹饰竖划纹，间以数道斜划纹。口径34、高31.8厘米（图四七二，6）。

Ⅲ式　13件。敞口较甚，尖圜底。

标本H470:7，腹饰粗绳纹。口径30、高30.2厘米（图四七二，7；图版九八，3）。

C型　20件。夹砂羼蚌陶，胎较厚。敞口微卷，腹较浅，圜底。分二式。

Ⅰ式　11件。均为残器。口微敞。

标本T6355⑫:7，颈部饰一道凹弦纹，腹饰粗绳纹。口径31、残高20.4厘米（图四七三，1）。

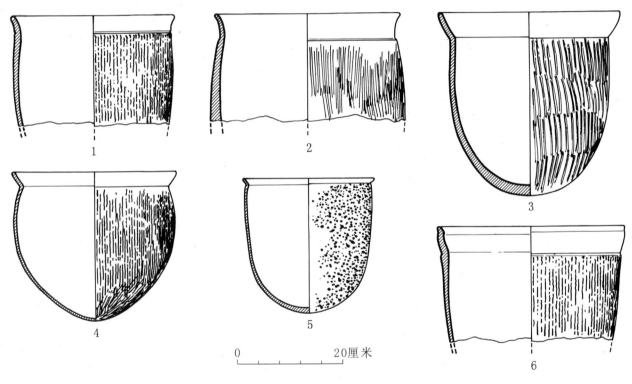

图四七三　大溪文化陶缸（C～F型）

1. C型Ⅰ式（T6355⑫:7）　2. C型Ⅱ式（T6404⑲:1）　3. D型Ⅰ式（H33:1）
4. D型Ⅱ式（H470:6）　5. E型（H508:2）　6. F型（H420:4）

Ⅱ式　9件。均为残器。卷沿，敞口，束颈。

标本T6404⑲:1，颈、腹相交处起凹棱，腹饰粗绳纹。口径35、残高19.8厘米（图四七三，2）。

D型　58件。仰折沿较宽，浅鼓腹，圜底。分二式。

Ⅰ式　15件。仰折沿，较宽，斜直腹内收。

标本H33:1，腹饰粗绳纹。口径34、高34厘米（图四七三，3）。

Ⅱ式　43件。仰折沿，浅腹微鼓，尖圜底。

标本 H470:6，腹及底饰粗绳纹，且底部较乱。口径 32.8、腹径 30、高 27.4 厘米（图四七三，4）。

E 型　27 件。窄折沿，近筒腹。

标本 H508:2，腹及底饰痂瘢纹。口径 24.8、高 24.8 厘米（图四七三，5；图版九八，4）。

F 型　14 件。均为残器。夹细砂红陶。直口，唇内勾，似子母口，曲领，斜直腹较深。

标本 H420:4，下腹及底残。领、腹相交处内凹，腹饰粗绳纹。口径 35、残高 21 厘米（图四七二，6）。

器座　367 件。以夹砂或夹炭红陶为主，少量粗泥红陶。分五型。

A 型　115 件。均为残器。夹砂羼炭红陶。敛口，鼓腹。分四式。

Ⅰ式　13 件。厚圆唇内勾，敛口较甚，最大腹径偏上。

标本 M906:13，器表饰红陶衣。中腹饰弦纹及刻划纹。口径 17.6、残高 17.2 厘米（图四七四，1）。

Ⅱ式　35 件。个体较小。敛口较甚，最大腹径偏上，口部饰一周凹棱。

标本 H307:7，器表饰红陶衣。上腹饰浅弦纹和几何形镂孔。口径 17.6、残高 6.8 厘米（图四七四，2）。

Ⅲ式　28 件。敛口，最大腹径下移。

标本 M731:2，口部饰深弦纹，腹饰菱形镂孔及浅弦纹。口径 22.4、腹径 32、残高 26.2 厘米（图四七四，3）。

Ⅳ式　39 件。个体较大。大口，微敛，最大腹径偏下。

标本 H277:3，口部饰弦纹、小三角形及菱形镂孔，腹饰成组细密浅弦纹。口径 28、残高 13 厘米（图四七四，4）。

B 型　141 件。均为残器。夹砂羼炭红陶。直口，上腹微束，下腹微鼓。分三式。

Ⅰ式　24 件。圆方唇，腹近直。

标本 H306:1，器表饰深弦纹、尖三角及圆形镂孔，圆孔之间以刻划纹相连。口径 30、残高 20.8 厘米（图四七四，5）。

Ⅱ式　34 件。方唇，腹微鼓。

标本 T6403⑪:5，上腹饰深弦纹，下腹饰细密浅弦纹及连对双三角镂孔。口径 38、腹径 40.8、残高 32 厘米（图四七四，6）。标本 M906:14，上腹饰弦纹，中腹饰圆孔，并以刻划纹相连。口径 32.8、残高 17.6 厘米（图四七四，7）。

Ⅲ式　83 件。方唇微侈，上腹内束较甚，下腹较鼓。

标本 M731:3，上腹饰深弦纹，下腹则饰以密集的浅细弦纹。口径 28、腹径约 31、残高 17.6 厘米（图四七四，8）。标本 H470:9，个体较小，器表饰红陶衣。上腹饰深弦纹，下腹饰三角及菱形镂孔。口径 20、腹径约 24、残高 10 厘米（图四七四，9）。

C 型　81 件。均为残器。夹砂羼炭红陶。卷折沿，微鼓腹。分三式。

Ⅰ式　14 件。卷折沿近平，厚方唇微内敛，鼓腹。

标本 M906:15，上腹饰弦纹，中腹饰圆孔及刻划纹。口径 28.4、残高 10.4 厘米（图四七四，10）。

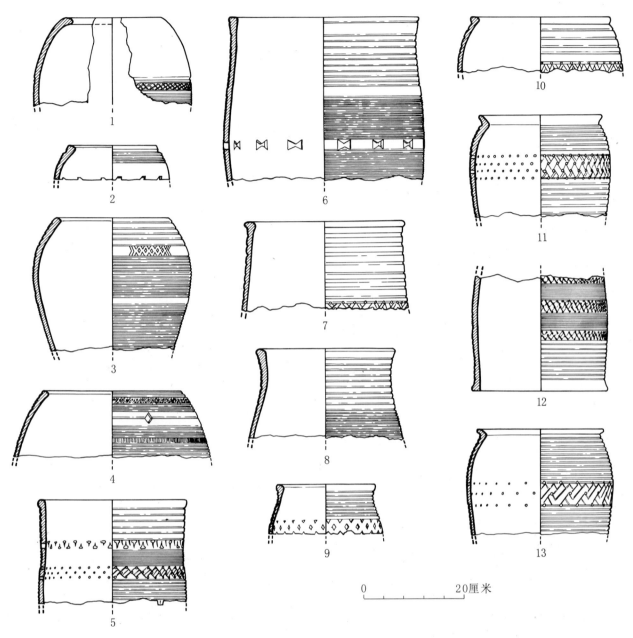

图四七四　大溪文化陶器座（A～C型）

1. A型Ⅰ式（M906：13）　2. A型Ⅱ式（H307：7）　3. A型Ⅲ式（M731：2）　4. A型Ⅳ式（H277：3）　5.
B型Ⅰ式（H306：1）　6、7. B型Ⅱ式（T6403⑪：5、M906：14）　8、9. A型Ⅲ式（M731：3、H470：9）　10.
C型Ⅰ式（M906：15）　11、12. C型Ⅱ式（H277：1、M716：1）　13. C型Ⅲ式（H277：4）

　　Ⅱ式　45件。折沿，最大腹径略偏上。

　　标本 H277：1，腹饰深弦纹及四排圆镂孔和浅划纹。口径 24.6、腹径 28、残高 19.8 厘米（图
四七四，11）。标本 M716：1，口部残。上腹饰三组圆镂孔和浅划纹，间以细密弦纹，下腹饰深弦
纹。腹径 27.2、底径 26.8、残高 22.8 厘米（图四七四，12）。

　　Ⅲ式　22件。卷折沿近平，最大腹径略偏下。

　　标本 H277：4，腹饰深弦纹及三排圆镂孔和浅划纹。口径 25.4、腹径 29.6、残高 20.6 厘米

（图四七四，13；图版一〇〇，1）。

D 型　19 件。粗泥红陶。倒扣器盖形，中空。分二式。

Ⅰ式　12 件。喇叭形座盘较深，广圈足式足较高。

标本 T7801⑥B:6，座底饰圆孔。口径 17、足径 10.4、高 5.9 厘米（图四七五，1）。

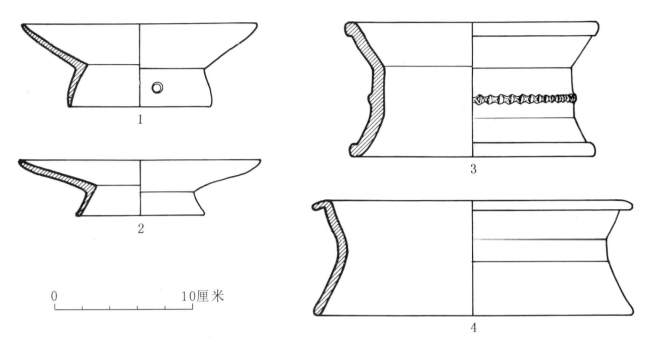

图四七五　大溪文化陶器座（D、E 型）

1. D 型Ⅰ式（T7801⑥B:6）　2. D 型Ⅱ式（M603:1）　3. E 型Ⅰ式（T1082⑥:3）　4. E 型Ⅱ式（T7402④:2）

Ⅱ式　7 件。座盘较浅，足外撇，较矮。

标本 M603:1，素面。口径 17、足径 9.4、高 4 厘米（图四七五，2）。

E 型　11 件。粗泥红陶。亚腰形。分二式。

Ⅰ式　4 件。厚圆唇，斜敞口，直腹，外撇足，足面外卷。

标本 T1082⑥:3，中腰饰一箍凸棱，棱上饰压印指甲状纹。口径 18.6、足径 18、高 9.7 厘米（图四七五，3）。

Ⅱ式　7 件。折沿下垂，短腰，高撇足。

标本 T7402④:2，素面。口径 23.4、足径 23.1、高 8.3 厘米（图四七五，4；图版一〇〇，2）。

器盖　1075 件。以粗泥和泥质红陶为主，次为泥质黑陶和灰陶，少量夹炭和夹砂红陶。分十六型。

A 型　158 件。粗泥红陶。杯形纽。分七式。

Ⅰ式　23 件。纽较深，纽口内敛，斜直盖面。

标本 M73:1，纽径 5.8、盖径 11.2、高 6 厘米（图四七六，1）。

Ⅱ式　34 件。纽较浅，盖腹较深，余同Ⅰ式。

标本 T6404⑯:8，纽径 5.4、盖径 12.4、高 4.8 厘米（图四七六，2；图版一〇〇，3）。

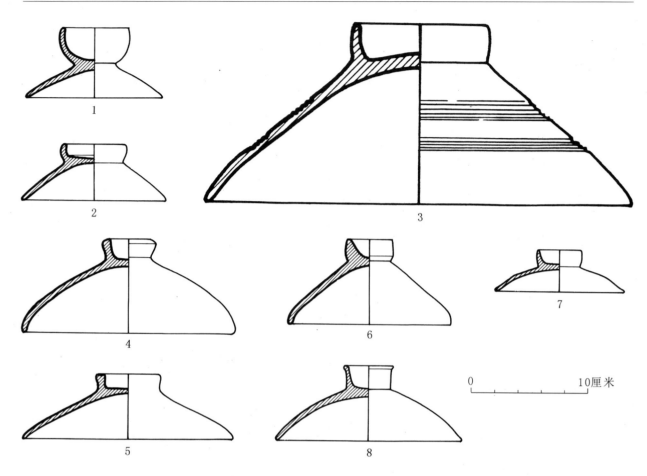

图四七六　大溪文化陶器盖（A型）

1. A型Ⅰ式（M73:1）　 2. A型Ⅱ式（T6404⑯:8）　 3. A型Ⅲ式（T3028④:3）　 4. A型Ⅳ式（H410:3）

5. A型Ⅴ式（M722:2）　 6、7. A型Ⅵ式（M894:8、M817:3）　 8. A型Ⅶ式（M823:2）

　　Ⅲ式　11件。个体较大。夹砂红陶。草帽形。小圈纽，斜直腹盖。

　　标本T3028④:3，盖面施两组凹弦纹。纽径11.2、盖径36.4、高15.2厘米（图四七六，3；图版一○一，1）。

　　Ⅳ式　21件。纽较细，纽口微内敛，盖面外弧，盖腹较深，盖沿微内敛。

　　标本H410:3，纽径4、盖径18、高8厘米（图四七六，4；图版一○一，2）。

　　Ⅴ式　37件。纽浅直，盖沿微内敛，余同Ⅱ式。

　　标本M722:2，器表饰红陶衣。纽径5.6、盖径18.2、高5.5厘米（图四七六，5；图版一○一，3）。

　　Ⅵ式　21件。细圈纽，盖面斜直。

　　标本M894:8，纽径4、盖径14、高7.2厘米（图四七六，6；图版一○二，1）。标本M817:3，纽径3.8、盖径11.2、高3.6厘米（图四七六，7；图版一○二，2）。

　　Ⅶ式　11件。纽缘外折，余同Ⅳ式。

　　标本M823:2，器表饰红衣，盖中腹露胎，形成宽带状灰带。纽径4.2、盖径16、高6.4厘米（图四七六，8；图版一○二，3）。

B型　71件。夹炭红陶。圈足式纽，多数饰镂孔。分四式。

Ⅰ式　17件。纽腹较浅，斜直较敞。

标本 M70:2，盖面残。纽饰四圆镂孔。纽径6.6、残高3.6厘米（图四七七，1；图版一〇三，1）。

Ⅱ式　19件。

标本 T3129⑫B:4，素面。纽径8.4、盖径16.4、高6.6厘米（图四七七，2；图版一〇三，2）。

Ⅲ式　20件。纽曲腹较深，盖面微内弧。

标本 H564:1，盖面残。纽似曲腹杯，饰三组大圆孔，每组三个，间以叶脉状刻划纹。纽径11.6、残高6厘米（图四七七，3）。

Ⅳ式　15件。纽腹较深，微曲，盖面内弧起折棱。

标本 H508:3，纽饰不规则镂孔。纽径10.6、盖径17.6、高8.6厘米（图四七七，4）。

C型　124件。以泥质红陶为主，少量泥质灰陶。个体较小。纽口微敞，斜直腹较深，盖腹较浅。分六式。

Ⅰ式　10件。泥质红陶。纽口较敞，盖面斜直，盖腹变浅。

标本 T3129⑫A:5，纽径6、盖径12、高4.2厘米（图四七七，5；图版一〇三，3）。

Ⅱ式　23件。泥质红陶。盖面内弧，盖腹较深，盖沿外撇。

标本 M689:4，器表似有黑衣。纽径5.2、盖径11.2、高5厘米（图四七七，6；图版一〇三，4）。

Ⅲ式　47件。泥质红陶。纽口较敞，盖面斜直，盖腹较浅，盖沿内敛。

标本 T3126⑤:5，纽径6.6、盖径18、高8.2厘米（图四七七，7；图版一〇四，1）。标本 M693:3，纽径6.8、盖径12.4、高5.9厘米（图四七七，8；图版一〇四，2）。

Ⅳ式　22件。纽内壁起凸棱，盖面外弧，余同Ⅱ式。

标本 T1029⑥:8，纽径6.4、盖径12.6、高5.7厘米（图四七七，9）。

Ⅴ式　18件。泥质灰陶。胎厚，个体更小。纽较粗，口微敞，盖面外弧。

标本 M900:5，纽径5.2、盖径10、高4厘米（图四七七，10；图版一〇四，3）。

Ⅵ式　4件。泥质灰陶。个体较小。捉手纽变粗短，不明显。

标本 M886:7，纽径2.7、盖径5.9、高1.8厘米（图四七七，11；图版一〇五，1）。

D型　90件。粗泥红陶和泥质黑陶。喇叭形纽。纽缘微敞或外卷。分五式。

Ⅰ式　7件。粗泥红陶。纽口较大，纽缘外卷，盖面内弧，盖腹较浅。

标本 T3131⑫C:6，纽径10.4、盖径19、高6厘米（图四七七，12；图版一〇五，2）。

Ⅱ式　22件。粗泥红陶。矮纽，敞口，盖面微内弧，盖腹较浅。

标本 H338:2，纽径6.4、盖径16.6、高3.8厘米（图四七七，13；图版一〇五，3）。

Ⅲ式　36件。粗泥红陶。纽较粗，缘外卷较甚，盖面外弧。

标本 T7404④:5，纽径7.5、盖径14.4、高4.4厘米（图四七七，14；图版一〇五，4）。

Ⅳ式　13件。泥质黑陶。细纽，纽缘外卷成折，盖面外弧，盖腹较深。

标本 M816:6，纽径5、盖径12、高4.1厘米（图四七七，15；图版一〇六，1）。

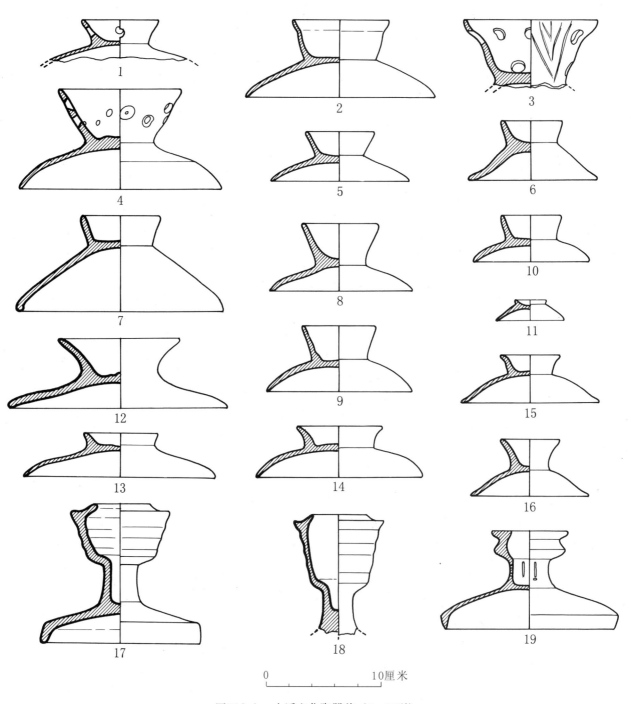

图四七七　大溪文化陶器盖（B～E型）

1. B型Ⅰ式（M70：2）　　2. B型Ⅱ式（T3129⑫B：4）　　3. B型Ⅲ式（H564：1）　　4. B型Ⅳ式（H508：3）　　5. C型Ⅰ式
（T3129⑫A：5）　6. C型Ⅱ式（M689：4）　7、8. C型Ⅲ式（T3126⑤：5、M693：3）　9. C型Ⅳ式（T1029⑥：8）　10. C型Ⅴ
式（M900：5）　11. C型Ⅵ式（M886：7）　12. D型Ⅰ式（T3131⑫C：6）　13. D型Ⅱ式（H338：2）　14. D型Ⅲ式（T7404④：
5）　15. D型Ⅳ式（M816：6）　16. D型Ⅴ式（M827：4）　17、18. E型Ⅰ式（M665：4、T3078⑥：4）　19. E型Ⅱ式（H470：4）

Ⅴ式　12件。泥质黑陶。纽更细高，敞口，盖面微内弧，盖腹较深。

标本 M827：4，纽径5.2、盖径10.2、高4.8厘米（图四七七，16；图版一〇六，2）。

E型 54件。泥质红陶，饰红陶衣。灯座式纽。纽缘成子母口状，纽身饰凸棱，细纽柄，盖沿内折。分二式。

Ⅰ式 31件。纽身较高，凸棱细浅，盖腹较浅。

标本M665:4，纽内口径4.9、外口径8.8、盖径14、高12厘米（图四七七，17；图版一〇六，3）。标本T3078⑥:4，盖面残。纽内口径4.8、外口径7.8、残高5.2厘米（图四七七，18）。

Ⅱ式 23件。纽身较矮，饰一箍粗凸棱，盖腹较深。

标本H470:4，纽柄饰长条形镂空。纽外口径6.6、盖径14.6、高8.4厘米（图四七七，19；图版一〇六，4）。

F型 150件。泥质红陶和橙黄陶。纽口内敛或内勾，纽缘起凸棱，纽柄较细，盖面斜直，盖沿内折。分五式。

Ⅰ式 56件。泥质红陶。高纽柄，盖腹较浅。

标本M678:29，泥质红陶，饰红陶衣。纽外口径6.2、盖径14.8、高8.2厘米（图四七八，1；图版一〇七，1）。

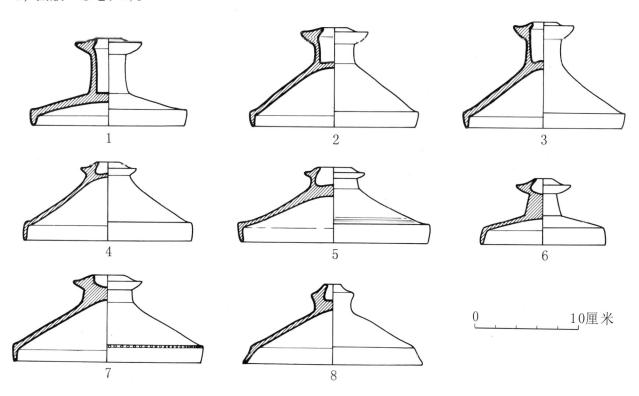

图四七八 大溪文化陶器盖（F型）

1~3. F型Ⅰ式（M678:29、M678:3、M678:22） 4、5. F型Ⅱ式（M906:6、M906:3）

6. F型Ⅲ式（M906:5） 7. F型Ⅳ式（T6404⑩:7） 8. F型Ⅴ式（T3223⑤A:5）

标本M678:3，饰红陶衣。纽外口径6.4、盖径15.6、高9.4厘米（图四七八，2）。标本M678:22，饰红陶衣。纽外口径5.8、盖径15、高10厘米（图四七八，3；图版一〇七，2）。

Ⅱ式 57件。纽柄较短，盖腹较深。

标本M906:6，素面。纽外口径5.4、盖径16.1、高6.4厘米（图四七八，4；图版一〇七，

3）。标本 M906：3，盖面饰浅弦纹。纽外口径 5.8、盖径 16.8、高 7.2 厘米（图四七八，5；图版一〇七，4）。

Ⅲ式　23 件。泥质橙黄陶。纽柄细高，盖面平缓，盖腹较浅。

标本 M906：5，素面。纽外口径 4.2、盖径 1.2、高 6.4 厘米（图四七八，6；图版一〇八，1）。

Ⅳ式　8 件。

标本 T6404⑩：7，泥质橙黄陶。纽内空较浅。纽及盖面似有黑彩条，盖沿与盖面转折处饰一周按涡。纽外径 6.6、盖径 18、高 8.2 厘米（图四七八，7；图版一〇八，2）。

Ⅴ式　6 件。泥质红陶，饰红陶衣。纽口较小，内敛较甚，纽柄已不明显，盖沿微内折。

标本 T3223⑤A：5，纽外口径 4、盖径 17.2、高 7.6 厘米（图四七八，8；图版一〇八，3）。

G 型　135 件。泥质红陶较多，少量泥质灰陶。纽粗矮，无柄，余近 F 型。分六式。

Ⅰ式　9 件。泥质红陶。矮粗纽，纽口微内敛起折棱，盖腹较浅，盖沿内折起凸棱。

标本 M678：24，器表饰红陶衣。纽口径 8.5、盖径 16.6、高 4.6 厘米（图四七九，1；图版一〇八，4）。

Ⅱ式　21 件。泥质红陶。纽缘为子母口状，纽较粗，盖面微内弧，盖腹较浅，盖沿内折。

标本 M678：26，饰红陶衣。纽内口径 4、盖径 15.4、高 5.4 厘米（图四七九，2；图版一〇九，1）。

Ⅲ式　28 件。泥质红陶。饰红陶衣。盖面微外弧，盖腹较深，余同 Ⅱ 式。

标本 M678：17，纽内口径 4.8、盖径 17.8、高 7.4 厘米（图四七九，3）。

Ⅳ式　32 件。泥质红陶。饰红陶衣。盖面斜直，盖腹变深。

标本 M680：8，个体较大。纽内口径 6.6、盖径 26、高 9.4 厘米（图四七九，4；图版一〇九，2）。

Ⅴ式　19 件。泥质红陶。盖纽偏小，盖沿微内折，余同Ⅳ式。

标本 H33：2，纽径 4.8、盖径 18.6、高 7.5 厘米（图四七九，5；图版一〇九，3）。

Ⅵ式　26 件。泥质灰陶。纽直口微敞，盖腹更深，余同Ⅴ式。

标本 M794：1，纽径 8.8、盖径 21、高 9.4 厘米（图四七九，6；图版一一〇，1）。

H 型　26 件。泥质酱黑陶和红陶。矮粗纽，纽缘内折或成子母口状，盖面外弧。分二式。

Ⅰ式　15 件。泥质酱黑陶，纽缘内折起棱。

标本 M679：5，纽径 6.3、盖径 17.6、高 5.6 厘米（图四七九，7；图版一一〇，2）。

Ⅱ式　11 件。泥质红陶。子母口纽，球状盖面。

标本 M906：7，纽外口径 5.8、盖径 20.6、高 6.2 厘米（图四七九，8；图版一一〇，3）。

Ⅰ型　69 件。粗泥红陶。矮粗纽，盖腹微折。分四式。

Ⅰ式　13 件。盖腹微折。

标本 H541：2，纽残。盖径 18、残高 5.4 厘米（图四七九，9）。

Ⅱ式　23 件。盖折腹起棱。

标本 H37：3，纽残。盖径 16.8、残高 5 厘米（图四七九，10）。

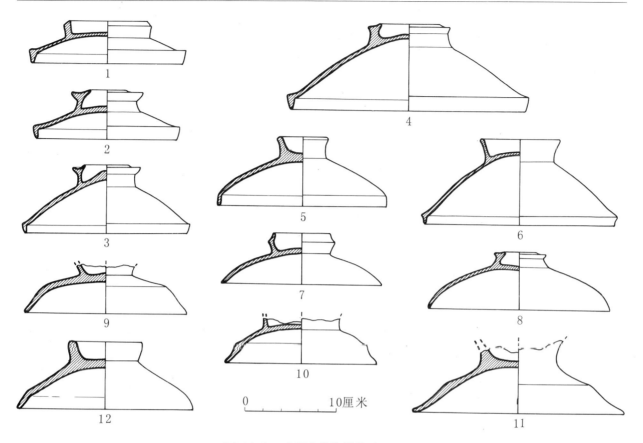

图四七九 大溪文化陶器盖（G～I型）

1. G型I式（M678：24） 2. G型II式（M678：26） 3. G型III式（M678：17） 4. G型IV式（M680：8） 5. G型V式（H33：2） 6. G型VI式（M794：1） 7. H型I式（M679：5） 8. H型II式（M906：7） 9. I型I式（H541：2） 10. I型II式（H37：3） 11. I型III式（T3126⑤：6） 12. I型IV式（H463：2）

III式 21件。盖腹微折，盖面内弧成曲线，盖沿微外撇。

标本T3126⑤：6，纽残。饰红陶衣。盖径23、残高8厘米（图四七九，11）。

IV式 12件。盖腹斜直，盖沿微内敛。

标本H463：2，纽径8、盖径19.4、高7.2厘米（图四七九，12）。

J型 69件。细圈纽。纽腹较深，盖面微弧，盖沿微内敛或外卷。分五式。

I式 12件。粗泥红陶。纽缘饰一周凹棱，盖腹变浅，盖沿外卷。

标本H424：3，器表饰红陶衣。纽径6.4、盖径14、高5.6厘米（图四八〇，1；图版一一一，1）。

II式 8件。泥质灰陶。纽较矮，纽口较敞，浅盖腹，盖面微弧，盖沿外卷。

标本M620：5，纽径4.3、盖径10.6、高3.5厘米（图四八〇，2；图版一一一，2）。

III式 20件。泥质灰陶。纽更矮，余同II式。

标本M619：1，纽径3.6、盖径6、高2厘米（图四八〇，3；图版一一一，3）。标本M869：11，纽径2.8、盖径5.4、高2.1厘米（图四八〇，4）。

IV式 17件。泥质黑陶。纽较高，纽缘起凸棱，盖腹较深，盖沿外卷。

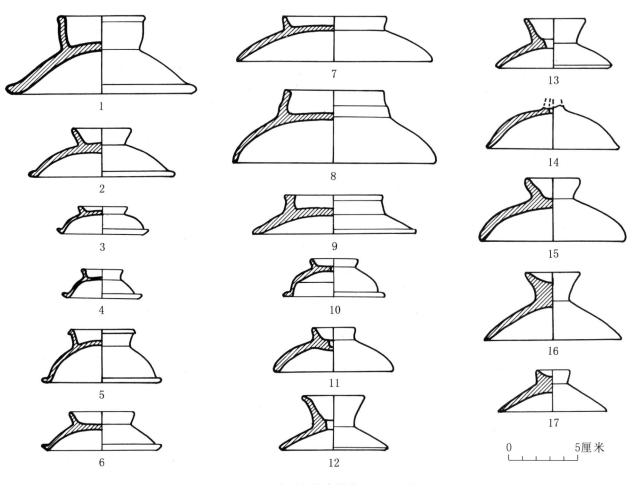

图四八〇　大溪文化陶器盖（J～M型）

1. J型Ⅰ式（H424:3）　2. J型Ⅱ式（M620:5）　3、4. J型Ⅲ式（M619:1、M869:11）　5. J型Ⅳ式（M843: 4）　6. J型Ⅴ式（M819:4）　7. K型Ⅰ式（T3129⑫B:7）　8. K型Ⅱ式（M721:2）　9. K型Ⅲ式（T3019⑤: 8）　10. L型Ⅰ式（M895:8）　11. L型Ⅱ式（M900:6）　12、13. L型Ⅲ式（M896:4、M902:2）　14. L型 Ⅳ式（M807:2）　15. M型Ⅰ式（M802:8）　16. M型Ⅱ式（M822:5）　17. M型Ⅲ式（M890:3）

标本 M843:4，纽径 4.6、盖径 8.8、高 3.8 厘米（图四八〇，5；图版一一一，4）。

Ⅴ式　12件。泥质黑陶，矮粗圈纽，盖腹较浅，盖沿外翻。

标本 M819:4，纽径 4.8、盖径 7.8、高 2.8 厘米（图四八〇，6）。

K型　21件。粗泥红陶。粗圈纽，倒置似盘。分三式。

Ⅰ式　8件。纽口敞，盖面外弧。

标本 T3129⑫B:7，纽径 7.7、盖径 14.2、高 3.2 厘米（图四八〇，7；图版一一二，1）。

Ⅱ式　4件。纽口内敛，纽起凸棱，盖腹较深，盖口微内敛。

标本 M721:2，纽径 7.3、盖径 14.8、高 5.2 厘米（图四八〇，8）。

Ⅲ式　9件。盖腹斜直，较浅，盖口微外撇，余同Ⅱ式。

标本 T3019⑤:8，纽径 7.2、盖径 12.2、高 2.8 厘米（图四八〇，9；图版一一二，2）。

L型　48件。圈纽，纽底中空。分四式。

Ⅰ式　5件。泥质红陶。圈纽较矮，盖腹微内折，较深，盖沿外折近平。

标本 M895：8，纽径 3.4、盖径 7.4、高 2.8 厘米（图四八〇，10；图版一一二，3）。

Ⅱ式　10件。泥质黑陶。圈纽较矮，盖腹较深。

标本 M900：6，纽径 3.2、盖径 8.8、高 3 厘米（图四八〇，11；图版一一三，1）。

Ⅲ式　27件。泥质红陶。圈纽细高，纽口外折起棱，盖腹较浅。

标本 M896：4，纽径 4.6、盖径 8、高 3.9 厘米（图四八〇，12；图版一一三，2）。标本 M902：2，泥质灰陶。纽径 4.4、盖径 8.6、高 3.6 厘米（图四八〇，13；图版一一二，3）。

Ⅳ式　6件。泥质黑陶。圈纽较细，均残，盖腹较深。

标本 M807：2，盖径 9.6、残高 3.1 厘米（图四八〇，14）。

M 型　20件。泥质黑陶和灰陶。捉手纽，纽腹较浅，盖面较斜直。分三式。

Ⅰ式　4件。泥质灰陶。纽腹较深。盖微外弧。

标本 M802：8，胎较厚，器表残见朱绘。纽径 4、盖径 10.6、高 4.6 厘米（图四八〇，15）。

Ⅱ式　9件。泥质黑陶。小捉手纽，盖面斜直，盖腹较深。

标本 M822：5，器表残见朱绘。纽径 4、盖径 10、高 4.8 厘米（图四八〇，16；图版　四，1）。

Ⅲ式　7件。泥质灰陶。捉手纽较矮小，余同Ⅱ式。

标本 M890：3，纽径 2.4、盖径 8、高 3 厘米（图四八〇，17）。

N 型　14件。个体较大。夹砂红陶。锅盖形。提梁式纽，盖面外弧。

标本 T6355⑧：1，纽残。盖顶饰二组凹弦纹，中间饰圆窝，并以浅刻划纹交错相连，构成网状纹。盖径 41、残高 13.2 厘米（图四八一，1；图版一一四，2）。

O 型　21件。纽缘成子母口状，盖沿略外卷。

标本 M669：9，饰红陶衣。纽外口径 6.4、盖径 20.4、高 6.3 厘米（图四八一，2；图版一一四，3）。

P 型　5件。盖面均残。粗泥红陶。纽为实心，扁薄，中穿一孔。

标本 H372：12，钺形纽。饰红陶衣。纽径 9.8、残高 7 厘米（图四八一，3）。

Q 型　1件。

M906：2，泥质红陶，浅杯形盖纽。盖盘似倒扣双腹。纽径 4.5、盖径 19.4、高 9.8 厘米（图四八一，4）

支座　37件。仅见于早期地层和墓葬。顶部均残。夹细砂粗泥红陶。圆柱形，微束腰，实心。

标本 T3174⑦：6，个体较大。底部为不规则圆形。素面。底径 12.6、残高 13.4 厘米（图四八二，1）。标本 T3122⑦：9，个体较小。底微内收，面较圆，并饰斜划纹。底径 7.6、残高 10 厘米（图四八二，2）。

（二）生产工具

生产工具有纺轮、球和饼三类。

纺轮　168件。绝大多数完整。均为粗泥或泥质圆饼状，中有小孔。按边的不同形状分七型。

A 型　20件。直边，较薄。分二式。

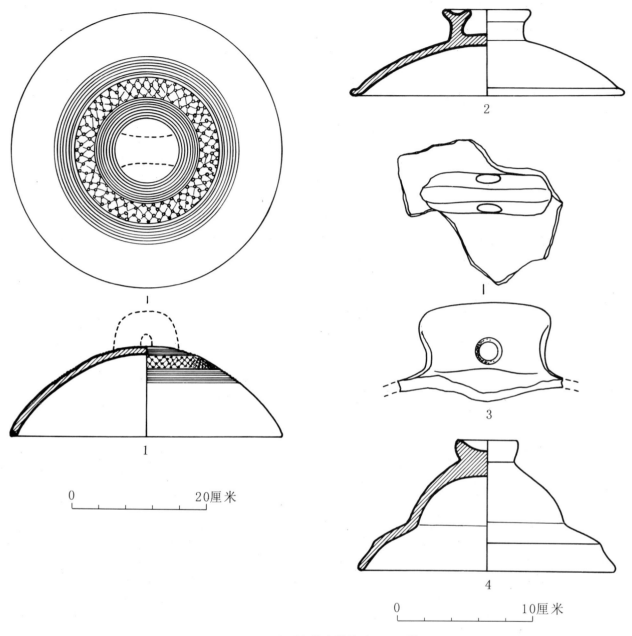

0　　　　　　　20厘米

0　　　　　　　10厘米

图四八一　大溪文化陶器盖（N～Q型）

1. N型（T6355⑧:1）　2. O型（M669:9）　3. P型（H372:12）　4. Q型（M906:2）

Ⅰ式　9件。胎较薄，弧边孔。

标本T3081⑫B:14，泥质橙黄陶。素面。直径5.7、厚1.35厘米（图四八三，1）。

Ⅱ式　11件。胎较厚，直边孔。

标本T3129④B:9，泥质黑陶。素面。直径4.7、厚1.85厘米（图四八三，2）。

B型　81件。弧边。分七式。

Ⅰ式　7件。径较大，胎较薄。顶面微弧，底面平直，弧边孔。

标本T3326⑧A:14，泥质红陶。素面。直径6、厚1.85厘米（图四八三，3）。

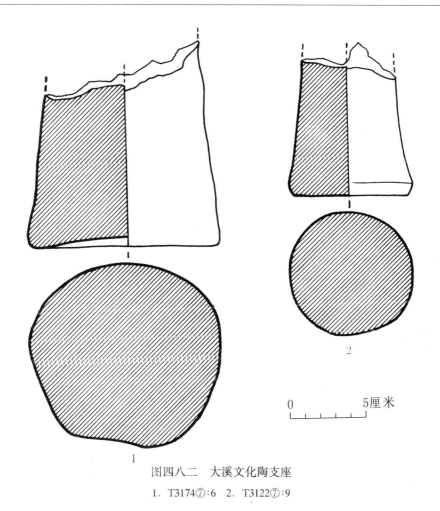

图四八二　大溪文化陶支座

1. T3174⑦:6　2. T3122⑦:9

Ⅱ式　13件。径变小，胎较厚。直边孔。

标本 T3275⑥A:10，泥质红陶。素面。直径 5.35、厚 2.2 厘米（图四八三，4）。

Ⅲ式　25件。径较小，胎较厚。直边孔。

标本 M469:1，泥质红陶。素面。直径 4.2、厚 1.7 厘米（图四八三，5）。标本 M871:1，泥质红陶。素面。直径 4.45、厚 1.95 厘米（图四八三，6）。

Ⅳ式　13件。厚胎。直边微弧。直边孔较大。

标本 M830:5，泥质黑陶。素面。直径 4.2、厚 2.4 厘米（图四八三，7；图版一一五，1左）。直边孔。标本 M886:2，泥质橙黄陶。素面。直径 3.8、厚 2 厘米（图四八三，8）。

Ⅴ式　12件。

标本 M890:6，泥质黑陶。素面。直径 3.4、厚 1.65 厘米（图四八三，9）。

Ⅵ式　7件。

标本 M871:11，泥质灰陶。顶面微凹。边饰网状压印方格纹。直径 4、厚 1.8 厘米（图四八三，10；图版一一五，1右）。

Ⅶ式　4件。径更小，胎较薄。弧边孔，孔口径较大。

标本 M827:5，泥质暗红陶。素面。直径 3.3、厚 1.35 厘米（图四八三，11）。

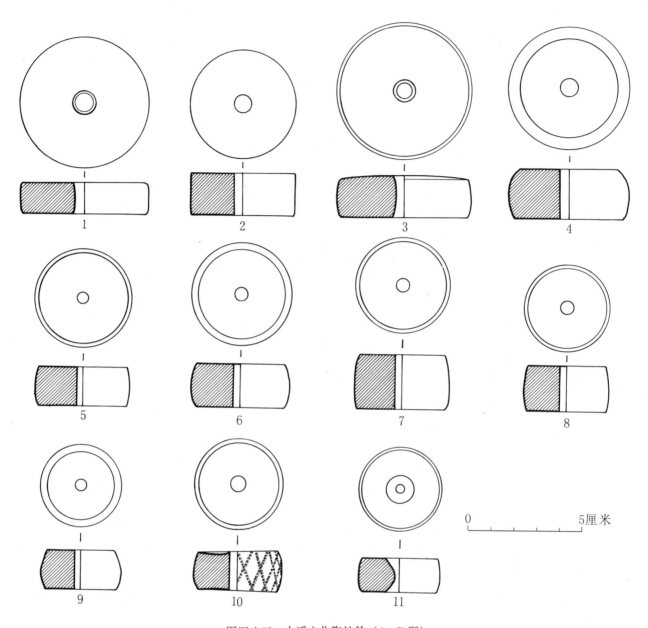

图四八三　大溪文化陶纺轮（A、B型）

1. A型Ⅰ式（T3081⑫B:14）　2. A型Ⅱ式（T3129④B:9）　3. B型Ⅰ式（T3326⑧A:14）　4. B型Ⅱ式（T3275⑥A:10）　5、6. B型Ⅲ式（M469:1、M871:1）　7、8. B型Ⅳ式（M830:5、M886:2）　9. B型Ⅴ式（M890:6）　10. B型Ⅵ式（M871:11）　11. B型Ⅶ式（M827:5）

C型　21件。斜边。分二式。

Ⅰ式　7件。胎较薄。斜直边，微弧边孔。

标本T1178⑧:10，粗泥红陶。素面。顶径4.8、底径5.8、厚1.5厘米（图四八四，1；图版一一五，2左）。

Ⅱ式　14件。胎较厚。斜边微弧，直边孔。

标本T1177⑥C:7，粗泥红陶。顶径5.2、底径5.9、厚2厘米（图四八四，2）。

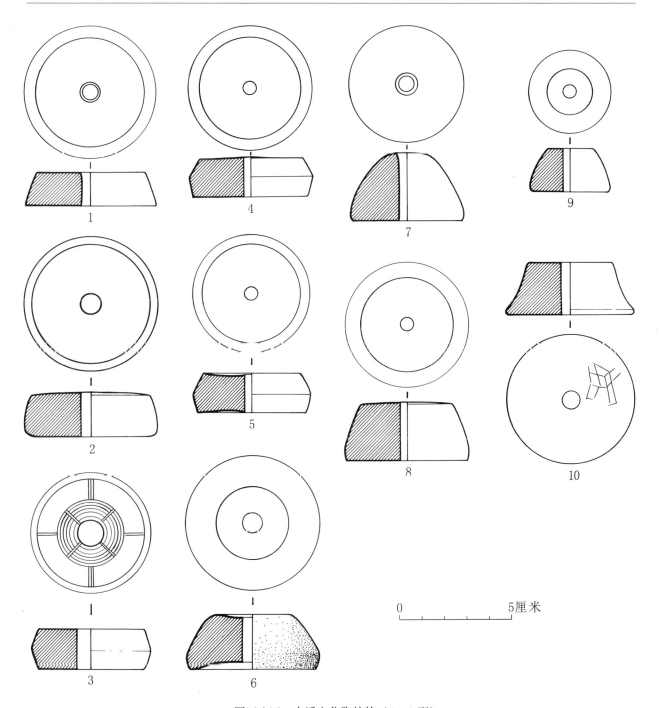

图四八四　大溪文化陶纺轮（C～G型）

1. C型Ⅰ式（T1178⑧:10）　2. C型Ⅱ式（T1177⑥C:7）　3. D型Ⅰ式（M739:1）　4. D型Ⅱ式（H419:10）　5. D型Ⅲ式（H416:6）　6. E型（T1178⑧:15）　7. F型Ⅰ式（T1177⑥B:10）　8. F型Ⅱ式（H165:3）　9. F型Ⅲ式（M821:1）　10. G型（T7401⑰:1）

D型　17件。折边起棱。分三式。

Ⅰ式　4件。顶面平直，直边孔较大。

标本 M739:1，泥质红陶。顶面周围饰同心圆圈纹，并以双线四分圆面；外围以三重线四分圆面。直径 5.3、厚 1.8 厘米（图四八四，3；图版——五，3）。

Ⅱ式　8 件。顶面微外弧或内凹，直边孔较小。

标本 H419：10，泥质红陶。角边，素面。顶面直径 4.5、中腰直径 5.5、厚 1.8 厘米（图四八四，4）。

Ⅲ式　5 件。

标本 H416：6，泥质橙黄陶。素面。顶面内凹。直径 5.2、厚 1.7 厘米（图四八四，5）。

E 型　8 件。胎较厚。弧边，近底边内弧较甚，上下底内凹。直边孔。

标本 T1178⑧：15，粗泥红陶。边缘较粗糙。直径 5.9、厚 2.4 厘米（图四八四，6）。

F 型　16 件。胎较厚。弧边，顶面较平。直边孔。分三式。

Ⅰ式　5 件。厚胎。顶面较窄，弧边。底边较宽。

标本 T1177⑥B：10，泥质红陶。素面。顶面直径 4.8、底径 5.1、中腰直径 5.3、厚 3 厘米（图四八四，7）。

Ⅱ式　7 件。顶面较宽，微弧边。

标本 H165：3，泥质红陶。素面。顶径 4.1、底径 5.5、厚 2.6 厘米（图四八四，8）。

Ⅲ式　4 件。个体较小，下边内折，余同Ⅱ式。

标本 M821：1，泥质红陶。素面。顶径 2、底径 3.65、厚 1.9 厘米（图四八四，9；图版——五，2 右）。

G 型　5 件。胎较厚。斜边内弧。直边孔。

标本 T7401⑰：1，泥质黑陶。底面饰刻划符号。顶径 3.8、底径 5.7、厚 2.3 厘米（图四八四，10）。

球　53 件。完整器较少。泥质或粗泥陶。分三型。

A 型　17 件。体积较大。实心。

标本 T3325⑧：9，粗泥红陶。椭圆形。球面有使用痕迹。直径 4.8～5 厘米（图四八五，1）。标本 T3180⑩B：11，泥质橙黄陶。圆形。球面有使用痕迹。直径 4 厘米（图四八五，2）。标本 H302：2，泥质橙黄陶。余同前者。直径 3.4 厘米（图四八五，3）。标本 T3080⑫B：7，泥质橙黄陶。圆形。球面有使用痕迹。直径 1.85 厘米（图四八五，4）。

B 型　25 件。体积较小。实心。

标本 H317：1，泥质红陶。圆形。球面饰深圆窝。直径 2.2 厘米（图四八五，5）。标本 H210：10，泥质红陶。圆形。球面饰弧线戳印指甲纹。直径 2.9 厘米（图四八五，6）。标本 T7404⑥：9，泥质红褐陶。圆形。球面饰浅印窝及四个深圆孔。直径 2.4 厘米（图四八五，7）。

C 型　11 件。体积较大。空心。

标本 T1181⑦：5，泥质橙黄陶。圆形。内空不规则。球面有使用痕迹。直径 3.5 厘米（图四八五，8）。标本 T1128⑥C：3，泥质红陶。余同前者。直径 3.8 厘米（图四八五，9）。

饼　31 件。均为夹炭红陶。大部分是用破碎器物的肩或腹部加工而成的。平面形状为不规则圆形，似未加工好的纺轮。

标本 T6402⑨：13，中轴饰刻划网状纹，并以凹弦纹镶边。直径约 5.8、厚 1 厘米（图四八六，1）。标本 T3022⑥：14，面饰弦纹及压印长方格纹。直径约 5.7、厚 1.05 厘米（图四八六，2）。标本 T3322⑥：10，素面。直径约 5.9、厚 0.45 厘米（图四八六，3）。

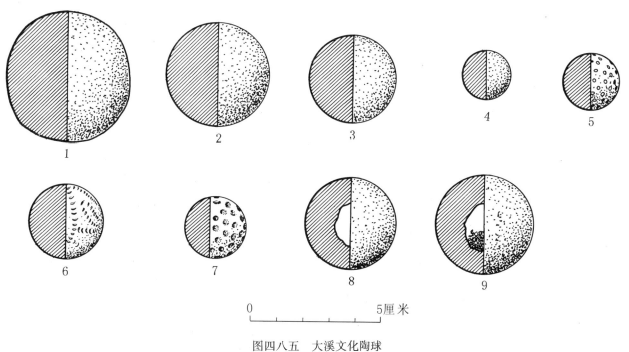

图四八五　大溪文化陶球

1～4型. A型（T3325⑧:9、T3180⑩B:11、H302:2、T3080⑬B:7）　5～7. B型

（H317:1、H210:10、T7404⑥:9）　8、9. C型（T1181⑦:5、T1128⑥C:3）

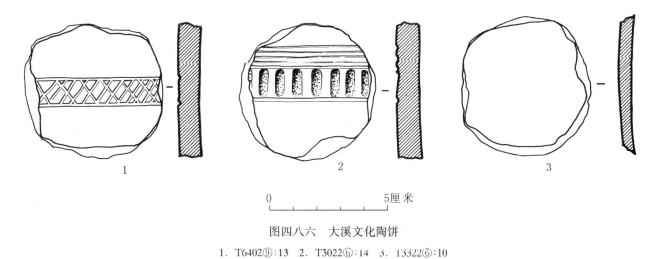

图四八六　大溪文化陶饼

1. T6402⑨:13　2. T3022⑥:14　3. T3322⑥:10

二　石器

石器一般经过打、琢、磨三道工序制成。分生产工具和其他两类。

（一）生产工具

数量较多，共777件。器类有斧、锛、凿、锄、铲、钺、镰、杵、条、砺石、盘状器、网坠、球、饼等，分别叙述如下。

斧　280件。数量最多。分七型。

A型　49件。长条或长梯形。长约13～15厘米。分五式。

Ⅰ式　7件。长条形。顶微弧，直侧边，弧刃口，刃面较矮。

标本T3073⑦:10，长14、宽6.4、厚3厘米（图四八七，1；图版一一六，1）。

Ⅱ式　13件。刃部均残。长梯形。弧顶，侧边斜直。

标本T3323⑥:14，残长12.4、宽6.8、厚3厘米（图四八七，2）。

Ⅲ式　15件。长梯形。圆弧顶，侧边较薄，斜直，刃口圆弧，刃面较高。

标本T6403⑪:8，残长15.8、宽8.8、厚3.2厘米（图四八七，3）。

Ⅳ式　9件。侧边微内弧，弧刃较宽，刃面斜直，余近Ⅲ式。

标本T1028⑥:13，长14、宽9、厚3.2厘米（图四八七，4；图版一一六，2）。

Ⅴ式　5件。窄长形。圆弧顶，斜直边，刃口微弧，较窄，刃面不明显。

标本M888:7，长15、宽7、厚2.6厘米（图四八七，5；图版一一六，3）。

B型　33件。长梯形较短。长约10～12厘米左右，余近A型。分三式。

Ⅰ式　11件。顶较宽平，斜直边，刃口残，刃面不清楚。

标本T3129⑨:10，刃口略残。复原长12.6、宽7.7、厚3厘米（图四八七，6）。

Ⅱ式　8件。圆弧顶，弧刃，刃面微残。

标本T1080⑧B:5，长10.5、宽6.3、厚2.8厘米（图四八七，7；图版一一六，4）。

Ⅲ式　14件。顶端较厚，刃面较短，圆弧，余近Ⅱ式。

标本M828:2，长12、宽7.2、厚3厘米（图四八七，8）。

C型　51件。短梯形。长约8～9厘米，余近A型。分五式。

Ⅰ式　12件。中段胎较厚。圆拱顶，弧边，弧刃较甚，刃面不明显。

标本H341:14，长8、宽6.3、厚2.2厘米（图四八七，9）。

Ⅱ式　5件。中段较厚。刃口斜弧，刃面不明显。

标本T3123⑦:11，长8.4、宽5.3、厚2.1厘米（图四八七，10）。

Ⅲ式　10件。顶端较厚。圆弧刃口，刃面较高。

标本T3129⑨:2，刃部残。残长8.5、宽6.1、厚2.3厘米（图四八七，11）。

Ⅳ式　12件。胎较厚，顶端较薄。平面较窄长，余近Ⅱ式。

标本T6404⑧:12，长9.7、宽5.6、厚2.5厘米（图四八七，12）。标本T3272⑥:15，长9.8、宽6.2、厚2.1厘米（图四八七，13）。

Ⅴ式　12件。胎较厚。边微内弧，刃面不明显，余近Ⅱ式。

标本T1673⑦:12，长10.4、宽8.4、厚3厘米（图四八七，14）。

D型　31件。顶端较窄，刃部较宽，斜直边微内弧。分二式。

Ⅰ式　17件。弧顶，斜边内弧，弧刃，刃面不明显。

标本T6402⑨:7，长10.4、宽7.6、厚3厘米（图四八七，15）。

Ⅱ式　14件。斜边内弧较甚，似亚腰，余近Ⅱ式。

标本T6404⑪:9，刃部残。残长12.4、宽8.3、厚3.4厘米（图四八七，16）。

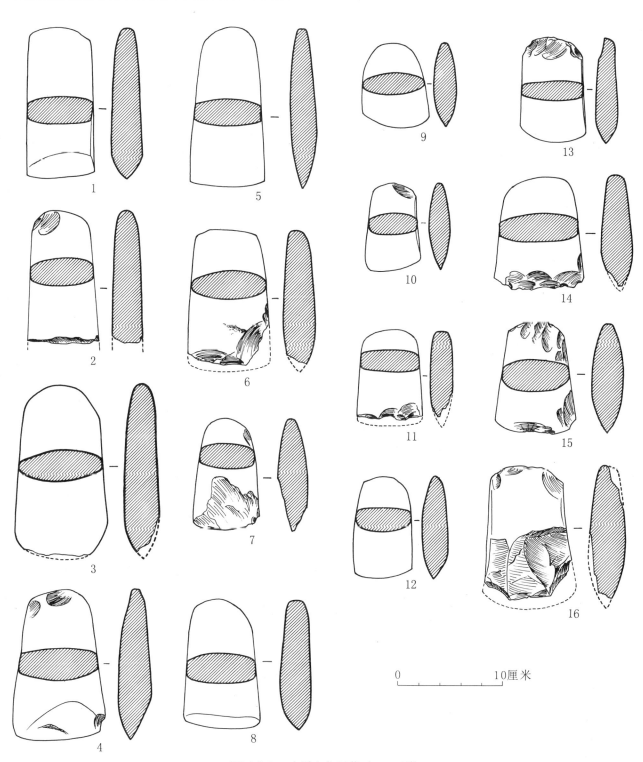

图四八七　大溪文化石斧（A～D型）

1. A型Ⅰ式（T3073⑦：10）　2. A型Ⅱ式（T3323⑥：14）　3. A型Ⅲ式（T6403⑪：8）　4. A型Ⅳ式（T1028⑥：13）
5. A型Ⅴ式（M888：7）　6. B型Ⅰ式（T3129⑨：10）　7. B型Ⅱ式（T1080⑧B：5）　8. B型Ⅲ式（M828：2）　9. C
型Ⅰ式（H341：14）　10. C型Ⅱ式（T3123⑦：11）　11. C型Ⅲ式（T3129⑨：2）　12、13. C型Ⅳ式（T6404⑧：12、
T3272⑥：15）　14. C型Ⅴ式（T1673⑦：12）　15. D型Ⅰ式（T6402⑨：7）　16. D型Ⅱ式（T6404⑪：9）

E 型　70 件。宽短型。顶端较薄，个体较大。分六式。

Ⅰ式　5 件。弧顶，圆弧刃。

标本 H348：5，长 6.9、宽 5.4、厚 1.5 厘米（图四八八，1；图版一一六，5）。

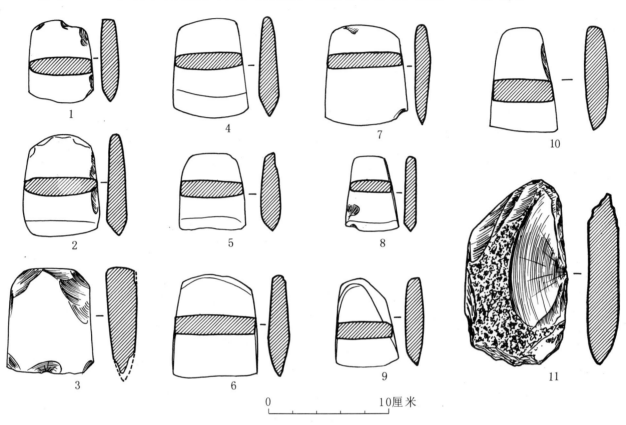

0　　　　　　　　　10厘米

图四八八　大溪文化石斧（E～G 型）

1. E 型Ⅰ式（H348：5）　　2. E 型Ⅱ式（T1673⑧：14）　　3. E 型Ⅲ式（H347：10）　　4. E 型Ⅳ式
（T1451⑲：1）　　5. E 型Ⅴ式（T3024⑤：9）　　6、7. E 型Ⅵ式（T7404④：12、T7453③：9）　　8. F 型Ⅰ
式（T3122⑦：1）　　9. F 型Ⅱ式（M891：5）　　10. F 型Ⅲ式（T7404④：7）　　11. G 型（T3022⑤：14）

Ⅱ式　19 件。弧顶，斜直边，刃较平，刃面明显，较矮。

标本 T1673⑧：14，长 8.5、宽 6.3、厚 1.7 厘米（图四八八，2）。

Ⅲ式　11 件。胎较厚。平顶较厚，斜直边微内弧，刃较平，刃面不明显。

标本 H347：10，长 8.7、宽 7.2、厚 2.6 厘米（图四八八，3）。

Ⅳ式　7 件。胎较薄。平面较宽短。刃口圆弧，刃面清楚，较矮。

标本 T1451⑲：1，长 8.3、宽 6.5、厚 1.7 厘米（图四八八，4）。

Ⅴ式　15 件。微弧顶，斜直边微外弧，刃口较平，刃部厚钝。

标本 T3024⑤：9，长 6.4、宽 5.6、厚 1.6 厘米（图四八八，5）。

Ⅵ式　13 件。边较直，刃较平，余近Ⅲ式。

标本 T7404④：12，长 8.7、宽 7、厚 1.8 厘米（图四八八，6）。标本 T7453③：9，胎较薄。边斜直，弧刃，余近Ⅳ式。长 8.3、宽 6.8、厚 1.25 厘米（图四八八，7）。

F 型　29 件。个体较小，顶端较厚，余同 E 型。分三式。

Ⅰ式 11件。胎较薄。宽平顶，斜边微内弧，弧刃口，斜直刃面较矮，似凿口。

标本 T3122⑦:1，长6.3、宽4.5、厚1.05厘米（图四八八，8）。

Ⅱ式 8件。胎较薄。平面似三角形，刃部似锛口。

标本 M891:5，长7.3、宽5.1、厚1.5厘米（图四八八，9）。

Ⅲ式 10件。弧顶较窄，斜直边，斜刃口较平，刃面不明显。

标本 T7404④:7，长8.6、宽5.6、厚2厘米（图四八八，10）。

G型 17件。个体较大。石斧初坯，打制。

标本 T3022⑤:14，器表可见打击点及台面。长15.2、宽8.4、厚2.7厘米（图四八八，11）。

锛 164件。分七型。

A型 37件。个体较大。梳形。顶面略弧，高刃面。分四式。

Ⅰ式 7件。弧顶，矮刃较厚，弧刃口，刃面微弧。

标本 T3226⑧:7，长5、宽4.3、厚1.7厘米（图四八九，1）。

Ⅱ式 8件。胎较厚。圆弧顶，刃口微弧。

标本 H305:3，长5、宽4.9、厚1.2厘米（图四八九，2）。

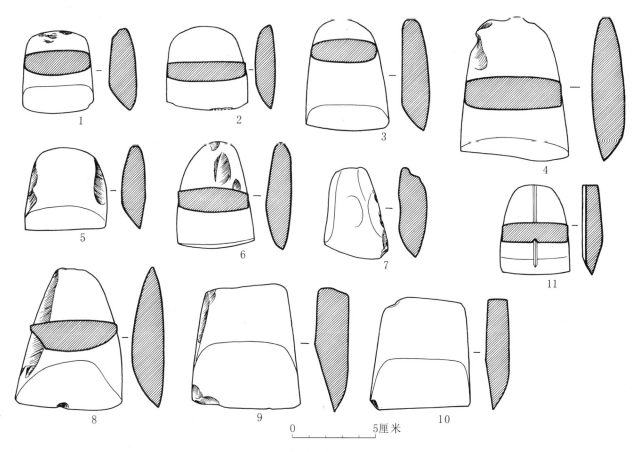

图四八九 大溪文化石锛（A～C型）

1. A型Ⅰ式（T3226⑧:7） 2. A型Ⅱ式（H305:3） 3. A型Ⅲ式（T3027⑥:8） 4、5. A型Ⅳ式
（M898:3、T7403④:9） 6. B型Ⅰ式（T6405⑩:3） 7. B型Ⅱ式（T1623⑦:5） 8. B型Ⅲ式
（H410:5） 9. C型Ⅰ式（H419:3） 10. C型Ⅱ式（T7403④:7） 11. C型Ⅲ式（T7454③:7）

Ⅲ式　8件。浑圆顶，刃面较矮，弧刃口。

标本 T3027⑥:8，长6.7、宽5、厚1.7厘米（图四八九，3）。

Ⅳ式　14件。胎更厚。圆弧顶，平直刃口。

标本 M898:3，个体较大。长8.6、宽6.6、厚2厘米（图四八九，4）。标本 T7403④:9，长5、宽5、厚1.5厘米（图四八九，5）。

B型　23件。个体较小。短梯形，长和宽近等。弧顶面，矮刃面。分三式。

Ⅰ式　8件。侧边不对称，刃口圆弧，刃面较矮。

标本 T6405⑩:3，长6.4、宽4.7、厚1.5厘米（图四八九，6）。

Ⅱ式　7件。面不平，刃口斜弧。

标本 T1623⑦:5，长5.5、宽3.8、厚1.7厘米（图四八九，7）。

Ⅲ式　8件。尖顶，两侧边不对称，刃面较高，刃口微弧。

标本 H410:5，长8.5、宽6.4、厚2厘米（图四八九，8）。

C型　23件。个体较大。顶微弧近平，高刃面，刃较宽。分三式。

Ⅰ式　9件。平顶，侧边较直，高刃较薄，平刃口，刃面斜直。

标本 H419:3，长7.5、宽6.5、厚2.1厘米（图四八九，9）。

Ⅱ式　5件。平顶，胎较薄。

标本 T7403④:7，长6.7、宽6.1、厚1.5厘米（图四八九，10）。

Ⅲ式　9件。刃面较矮，刃口平直。

标本 T7454③:7，纵轴有刻槽。长5.4、宽4.2、厚1.2厘米（图四八九，11）。

D型　22件，个体较小，矮刃面，余同C型。分四式。

Ⅰ式　6件。个体较大，较厚。弧刃面较矮，刃口圆弧。

标本 T3122⑤:10，长8、宽4.3、厚2.05厘米（图八九○，1）。

Ⅱ式　10件。刃面微弧较高，刃口微弧。

标本 T3275⑥:13，长4.5、宽2.2、厚1.1厘米（图四九○，2）。

Ⅲ式　4件。刃面斜直较高，刃口斜平。

标本 T7453③:5，长4.6、宽3、厚1.35厘米（图四九○，3）。

Ⅳ式　2件。残石钺改制。刃面较高，微弧，刃口平直。

标本 T7502③:9，长3.1、宽2.2、厚0.9厘米（图四九○，4）。

E型　21件。近长方形。平顶，侧边较直，刃面较高。分三式。

Ⅰ式　3件。胎较薄。顶、刃近宽，刃面不明显，刃口较平。

标本 T3074⑥:12，长3.5、宽2.3、厚0.6厘米（图四九○，5）。

Ⅱ式　13件。胎较薄。斜弧顶，两侧边不对称，弧刃较甚。

标本 T3276⑥A:11，长5.3、宽5.8、厚1.05厘米（图四九○，6）。

Ⅲ式　5件。弧顶，背面平直。刃面较矮，斜直，刃口微弧。

标本 T1178⑥C:14，长3.1、宽2.3、厚0.6厘米（图四九○，7）。

F型　13件。有肩石锛。分三式。

Ⅰ式　3件。胎较薄。短宽，平肩，刃面较矮。

图四九〇 大溪文化石锛（D~F型）

1. D型Ⅰ式（T3122⑤:10） 2. D型Ⅱ式（T3275⑥:13） 3. D型Ⅲ式（T7453③:5） 4. D型Ⅳ式（T7502③:9） 5. E型Ⅰ式（T3074⑥:12） 6. E型Ⅱ式（T3276⑥A:11） 7. E型Ⅲ式（T1178⑥C:14） 8. F型Ⅰ式（M869:2） 9、10. F型Ⅱ式（M805:4、M885:4） 11. F型Ⅲ式（M805:3）

标本 M869:2，平顶，微弧刃，长方形截面。长 5.6、宽 6.8、厚 0.95 厘米（图四九〇，8；图版一一七，1）。

Ⅱ式　7 件。窄长，溜肩，刃面较高。

标本 M805:4，斜平顶，刃较平直，长方形截面。长 7、宽 5.5、厚 1.3 厘米（图四九〇，9；彩版四七，1）。标本 M885:4，顶微弧，弧刃，长椭圆形截面。长 8.5、宽 5.6、厚 1.6 厘米（图四九〇，10；图版一一七，2 左）。

Ⅲ式　3 件。平面形状趋短宽，平肩，刃面较高。

标本 M805:3，平顶，弧刃，长方形截面。长 8.4、宽 7.1、厚 1.2 厘米（图四九〇，11；图版一一七，2 右）。

G 型　20 件，分三式。

Ⅰ式　7 件。胎较薄。微弧顶，斜直边，刃口平直，刃部尖锐。

标本 M811:2，长 6.3、宽 5.8、厚 1.1 厘米（图四九一，1；图版一一七，3）。

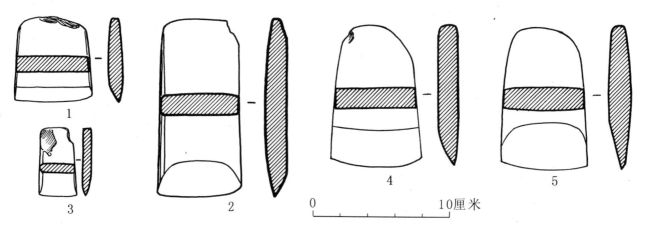

图四九一　大溪文化石锛（G、H 型）

1. G 型Ⅰ式（M811:2）　2. G 型Ⅱ式（M802:2）　3. G 型Ⅲ式（T7452③:8）　4、5. H 型（M828:2、M457:2）

Ⅱ式　8 件。胎较薄。平顶，直边，刃口较平，刃面斜直。

标本 M802:2，长 13、宽 6.2、厚 1.6 厘米（图四九一，2；图版一一七，4 左）。

Ⅲ式　5 件。残石钺改制。个体小，胎薄。长梯形。顶端微弧，较厚，斜直边，平刃口。

标本 T7452③:8，长 5、宽 2.8、厚 0.7 厘米（图四九一，3）。

H 型　5 件。顶圆弧，侧平直，刃微弧，刃面较高。

标本 M828:2，长 10.3、宽 6.6、厚 1.5 厘米（图四九一，4；图版一一七，4 右）。标本 M457:2，长 10.4、宽 6.3、厚 1.7 厘米（图四九一，5；图版一一七，5）。

凿　86 件。分六型。

A 型　17 件。个体较大。长条形。分四式。

Ⅰ式　3 件。平顶，不规则梯形截面，刃面较高。

标本 T3072⑦:9，长 13、宽 2.7、厚 2.2 厘米（图四九二，1）。

Ⅱ式　4 件。平面较宽。微弧顶，椭圆形截面，刃面不明显。

标本 T3325⑨:3，残石斧改制。长 10.8、宽 4.4、厚 2.5 厘米（图四九二，2）。

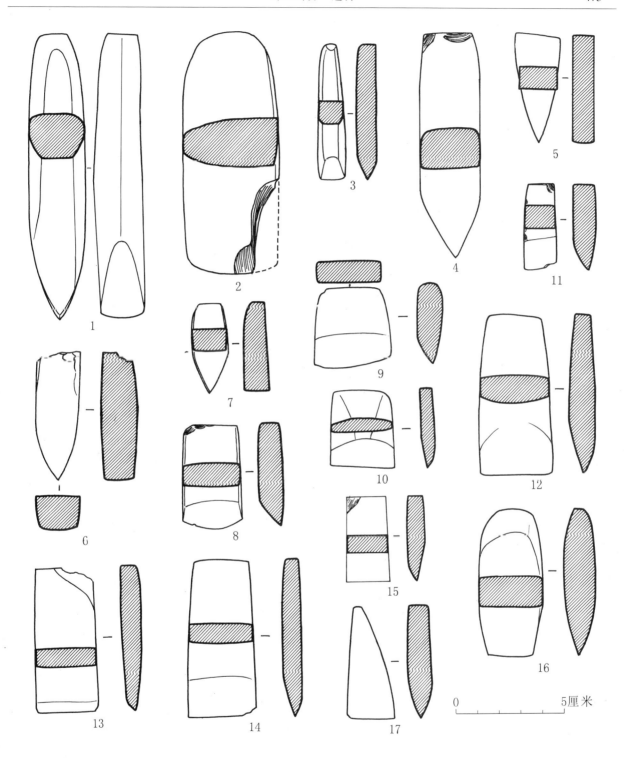

图四九二　大溪文化石凿

1. A 型 I 式（T3072⑦:9）　2. A 型 II 式（T3325⑨:3）　3. A 型 III 式（T3123⑤:2）　4. A 型 IV 式（T1079⑥:

5）　5. B 型 I 式（H462:8）　6. B 型 II 式（M802:3）　7. B 型 III 式（T7502③:6）　8. C 型 I 式（H202:1）

9. C 型 II 式（M810:7）　10. C 型 III 式（M815:2）　11. D 型 I 式（H419:14）　12. D 型 II 式（M888:9）　13

~15. D 型 III 式（M837:5、M852:3、M876:5）　16. E 型（M893:2）　17. F 型（M894:5）

Ⅲ式　4件。平顶，不规则梯形截面，刃面较矮。

标本 T3123⑤:2，长 6.1、宽 1.25、厚 0.95 厘米（图四九二，3）。

Ⅳ式　6件。平顶，长方形截面，刃面不明。

标本 T1079⑥:5，长 10.2、宽 2.8、厚 2 厘米（图四九二，4；图版一一八，1）。

B 型　20件。体积较短，平面近三角形。分三式。

Ⅰ式　9件。宽平顶，长方形截面，刃面不明显。

标本 H462:8，长 4.9、宽 2.1、厚 1 厘米（图四九二，5）。

Ⅱ式　6件。顶均略残。较长，胎较厚，方形截面，刃矮钝。

标本 M802:3，残长 5.7、宽 2、厚 1.65 厘米（图四九二，6）。

Ⅲ式　5件。平顶，长方形截面，刃尖锐，较高。

标本 T7502③:6，长 4、宽 1.6、厚 1.15 厘米（图四九二，7）。

C 型　16件。短宽型。单面刃，似锛。分三式。

Ⅰ式　6件。较窄长。平顶，长方形截面，弧刃。

标本 H202:1，长 4.7、宽 2.5、厚 1.15 厘米（图四九二，8）。

Ⅱ式　7件。短宽型。顶较平，长方形截面，微弧刃。

标本 M810:7，长 3.5、宽 3.6、厚 1.2 厘米（图四九二，9）。

Ⅲ式　3件。短宽型。胎较薄。平顶，平直刃。

标本 M815:2，长 3.6、宽 3、厚 0.7 厘米（图四九二，10）。

D 型　21件。窄长型。胎较薄。长方形截面。分三式。

Ⅰ式　3件。胎较厚。平顶，直边，斜刃。

标本 H419:14，长 3.9、宽 1.5、厚 1.1 厘米（图四九二，11）。

Ⅱ式　5件。个体较大。胎较薄。平顶，直边微弧，平刃。

标本 M888:9，长 7.2、宽 3.4、厚 1.3 厘米（图四九二，12；图版一一八，2左）。

Ⅲ式　13件。胎薄。平顶，直边，平刃。

标本 M837:5，刃面较矮。长 6.45、宽 2.9、厚 0.95 厘米（图四九二，13；图版一一八，2右）。

标本 M852:3，刃面较高。长 8.1、宽 3.1、厚 0.9 厘米（图四九二，14；图版一一八，3）。

标本 M876:5，个体较小。刃面不明显。长 3.8、宽 2、厚 0.9 厘米（图四九二，15）。

E 型　7件。圆拱顶，弧边，平刃。长方形截面。

标本 M893:2，长 6.7、宽 3、厚 1.4 厘米（图四九二，16）。

F 型　5件。平面呈三角形。平顶，斜边，平刃。梯形截面。

标本 M894:5，长 5.1、宽 2.3、厚 1.1 厘米（图四九二，17）。

锄　26件。分二型。

A 型　14件。形态似斧。顶端钻孔。分三式。

Ⅰ式　4件。弧顶，斜弧边，圆弧刃。单面钻孔。

标本 H391:8，单面钻孔未透，孔中心有小圆突。长 9.4、宽 6.1、厚 1.5 厘米（图四九三，1）。

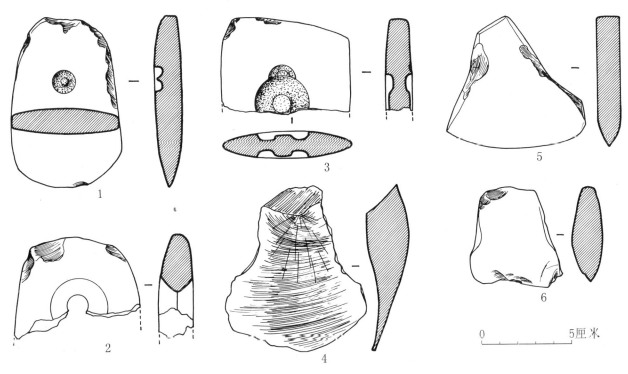

图四九三　大溪文化石锄

1. A型Ⅰ式（H391:8）　　2. A型Ⅱ式（T3079⑥:5）　　3. A型Ⅲ式（T3180④B:9）

4. B型Ⅰ式（H569:5）　　5. B型Ⅱ式（T3174⑥:10）　　6. B型Ⅲ式（T3277⑨:13）

Ⅱ式　7件。刃部均残。双面对钻孔。余同Ⅰ式。

标本T3079⑥:5，双面对钻孔穿透器壁。残长5.5、宽7、厚1.9厘米（图四九三，2）。

Ⅲ式　3件。刃部均残。平顶，直边。双面对钻双孔，一大一小。

标本T3180④B:9，大孔中心有圆突，较深；小孔部分被大孔打破，较浅。残长5.2、宽7.1、厚1.5厘米（图四九三，3）。

B型　12件。窄顶，宽刃，束腰或亚腰。分三式。

Ⅰ式　4件。黑色燧石。打制。亚腰较甚，肩部明显，刃较宽。

标本H569:5，长9、宽7.8、厚2.4厘米（图四九三，4）。

Ⅱ式　3件。斜平顶较窄，束腰，宽弧刃。

标本T3174⑥:10，长7.1、宽7、厚1.3厘米（图四九三，5）。

Ⅲ式　5件。顶微弧较宽，微束腰，刃较窄，不平整。

标本T3277⑨:13，长5.5、宽7.7、厚1.3厘米（图四九三，6）。

铲　28件。分二型。

A型　17件。胎较薄。弧顶，顶端钻孔。刃部均残。分三式。

Ⅰ式　8件。窄长。平顶微弧。

标本T1179⑧:14，刃部残。顶端对钻圆孔。残长7.1、宽2.8、厚0.6厘米（图四九四，1）。

Ⅱ式　7件。略宽。拱桥形顶。

标本T3324⑥:11，刃部及背面残。顶端对钻圆孔。残长7.2、宽3.55、残厚0.35厘米（图四

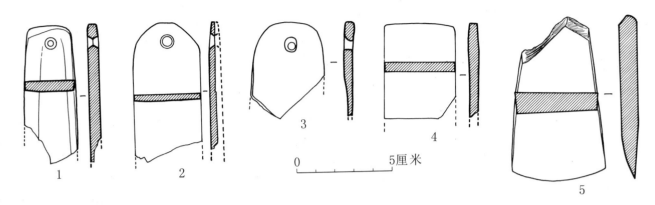

图四九四　大溪文化石铲

1. A型Ⅰ式（T1179⑧:14）　2. A型Ⅱ式（T3324⑥:11）　3. A型Ⅲ式（M897:3）

4. B型Ⅰ式（H410:1）　5. B型Ⅱ式（T7453③:10）

九四，2）。

　　Ⅲ式　2件。宽短，弧顶，弧边。顶部较厚，近刃部较薄。

　　标本 M897:3，刃部残。顶端对钻孔不规则，孔壁外弧。残长5、宽4、厚0.6厘米（图四九四，3）。

　　B型　11件。长方或长梯形。平顶，直边或斜直边，弧刃。分二式。

　　Ⅰ式　5件。胎较薄。长方形。直边。刃部均残。

　　标本 H410:1，残长5、宽3.75、厚0.6厘米（图四九四，4）。

　　Ⅱ式　6件。胎较厚。长梯形。斜直边，弧刃。

　　标本 T7453③:10，顶略残。残长8.5、宽4.8、厚1.1厘米（图四九四，5）。

　　钺　15件。分三型。

　　A型　2件。形体较宽短。

　　标本 M888:1，宽体，宽径大于长径。顶较斜，圆弧刃。对钻钺孔较大。长17.2、宽17.5、厚1.5厘米（图四九五，1；彩版四七，2）。

　　B型　10件。形体较窄长。分三式。

　　Ⅰ式　3件。

　　标本 M893:3，长体。顶微弧，弧刃。对钻钺孔较小。长15、宽13.3、厚1.3厘米（图四九五，2；彩版四七，3）。

　　Ⅱ式　3件。体较宽。微弧顶，直边内弧，弧刃较甚。

　　标本 M803:5，对钻钺孔不对称。长14、宽11.8、厚1.2厘米（图四九五，3；彩版四七，4）。

　　Ⅲ式　4件。体较长，弧刃，余近Ⅰ式。

　　标本 M894:4，面饰两孔，一孔对钻透壁，一孔浅钻未透壁。长14.3、宽11、厚1.5厘米（图四九五，4；彩版四七，5）。标本 T7404④:11，略残。面饰一对钻钺孔。残长14、宽11.1、厚1.2厘米（图四九五，5）。

　　C型　3件。体窄长。弧顶，斜弧边，微弧刃。

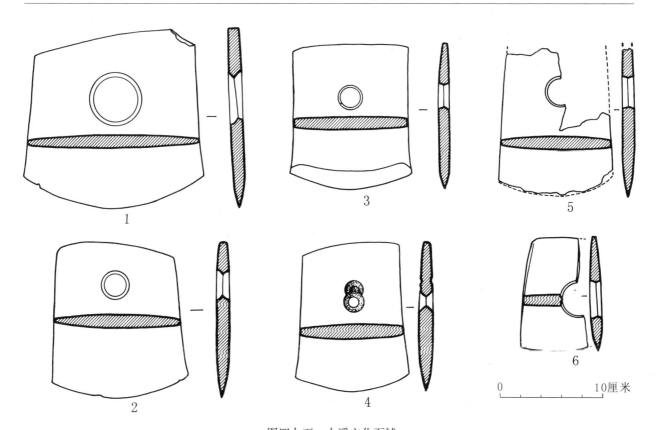

图四九五　大溪文化石钺

1．A 型（M888：1）　　2．B 型 I 式（M893：3）　　3．B 型 II 式（M803：5）

4、5．B 型 III 式（M894：4、T7404④：11）　　6．C 型（T7452③：14）

标本 T7452③：14，残少半边。钺孔较大，且位置居中。长 10.8、残宽 6.5、厚 1.15 厘米（图四九五，6）。

镰　3 件。

标本 H462：6，砾石，打制而成。顶面保留砾石原始面，刃部经过多次打制。微弧刃，前端较尖，后端较宽。长 15.5、宽 3.8、厚 1.3 厘米（图四九六，1）。

杵　9 件。分二型。

A 型　6 件。方柱形。截面为四方形。

标本 T3226⑨·13，杵身琢制。杵一端打制，一端保留砾石面，两端均有砸痕。长 12.5、宽 3.4、厚 3 厘米（图四九六，2）。

B 型　3 件。扁柱形。截面为长椭圆形。

标本 H466：3，杵身磨光。顶端残，底端一侧可见圆刃面，刃口残留砸痕。残长 17.7、宽 6.2、厚 2.4 厘米（图四九六，3）。

条　6 件。长方形。

标本 T3276⑦：10，磨制。长方形截面。一端为斜面，一端为断裂面。长 11.9、宽 2、厚 1.1 厘米（图四九六，4）。

砺石　45 件。分三型。

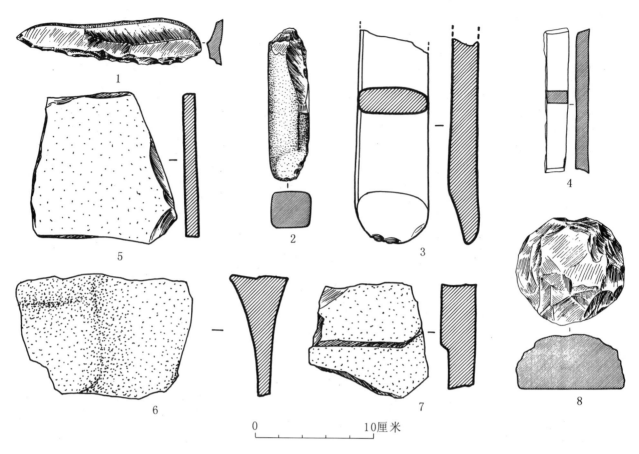

图四九六　大溪文化石镰、杵、条、盘状器，砺石

1. 镰（H462:6）　2. A 型杵（T3226⑨:13）　3. B 型杵（H466:3）　4. 条（T3276⑦:10）　5. A 型砺石
（T3276⑪:10）　6. B 型砺石（T3227⑨:8）　7. C 型砺石（T3227⑦:9）　8. 盘状器（F104:5）

A 型　18 件。琢制。梯形。两面平坦。

标本 T3276⑪:10，长 12.5、宽 7.3～12.3、厚 1 厘米（图四九六，5）。

B 型　23 件。琢制。宽体。顶端较厚，底端较薄，两面内弧成凹。

标本 T3227⑨:8，长 10、宽 14.8、厚 1～5 厘米（图四九六，6）。

C 型　4 件。局部磨制。一面平直，一面部分下凹成双面。

标本 T3227⑦:9，长 10、宽 9.6、厚 2.2～2.9 厘米（图四九六，7）。

盘状器　13 件。打制。近圆形。

标本 F104:5，底面平直，为砾石自然面；顶面及侧面满布打击剥片痕迹。直径 8.8～9、厚
4.5 厘米（图四九六，8；图版一一八，4）。

网坠　15 件。琢制。分三型。

A 型　6 件。双凹面。

标本 H462:9，长条形，凹面较浅。凹面各钻二浅圆孔。长 10.7、宽 3.4、厚 2.3 厘米（图四
九七，1；图版一一九，1 左）。

B 型　5 件。

标本 T4501⑤:7，宽短形，凹面较深。长 6.5、宽 4.1、厚 2.5 厘米（图四九七，2；图版一一

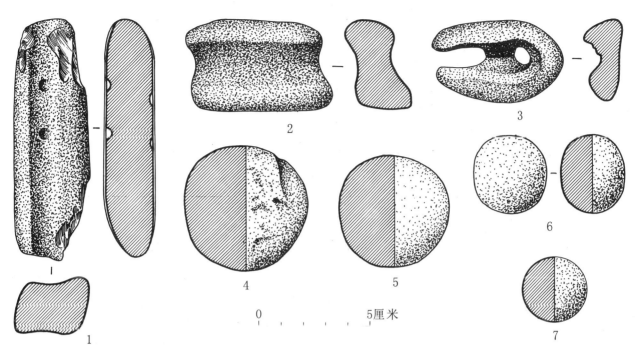

图四九七 大溪文化石网坠、球

1. A型网坠（H462:9） 2. B型网坠（T4501⑤:7） 3. C型网坠（M869:6）

4、5. A型球（T3073⑥:11、T3325⑧:7） 6、7. B型球（T3274⑥:9、T1130⑦:14）

九，2右）。

C型 4件。单凹面，背面较平。凹面内钻孔。

标本M869:6，长椭圆形。长6、宽3.7、厚1.7厘米（图四九七，3；图版一一九，2）。

球 35件。分二型。

A型 11件。体积较大。直径5厘米左右。

标本T3073⑥:11，不规则圆形。燧石料。器表满布砸痕。直径约5.6厘米（图四九七，4）。标本T3325⑧:7，红色砂岩，余同前者。直径约5厘米（图四九七，5）。

B型 24件。体积较小。直径3厘米左右。

标本T3274⑥:9，椭圆形。砂岩料。器表满布砸痕。直径2.9~3.5厘米（图四九七，6）。标本T1130⑦:14，圆形。砂岩料。器表可见使用痕迹。直径2.9厘米（图四九七，7）。

饼 52件。分四型。

A型 16件。较厚，斜弧边。截面似梯形。分二式。

Ⅰ式 5件。个体较大。斜边微弧。

标本T1178⑧:15，灰色砂岩。两面均有放射状划痕。顶径6.2、底径7.2、厚3.6厘米（图四九八，1；图版一一九，3左）。

Ⅱ式 11件。体小。弧边较甚。

标本H419:7，紫红色砂岩。顶径2、底径4、厚2.7厘米（图四九八，2）。

B型 19件。弧边。分三式。

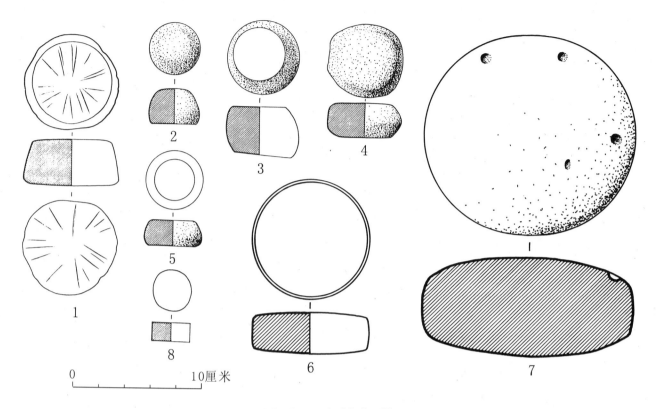

图四九八　大溪文化石饼

1. A型 I 式（T1178⑧:15）　2. A型 II 式（H419:7）　3. B型 I 式（T1079⑦:11）　4. B型 II 式（T6404⑤:13）

5. B型 III 式（H462:5）　6. C型 I 式（T6404⑯:14）　7. C型 II 式（H507:6）　8. D型（T1128⑥A:12）

I 式　6件。近圆形。较厚。边不匀称，厚度不等。

标本 T1079⑦:11，砂岩。直径5.6、厚3.5~3.9厘米（图四九八，3；图版一一九，3右）。

II 式　5件。椭圆形。边两侧不对称，一侧较直，另侧较弧。

标本 T6404⑤:13，砂岩。直径5.6~5.8、厚2.7厘米（图四九八，4）。

III 式　8件。圆形。较薄。弧边匀称。

标本 H462:5，紫红色砂岩。直径4.45、厚1.95厘米（图四九八，5）。

C型　14件。椭圆形。弧面，弧边。分二式。

I 式　9件。饼面微弧，边较直。

标本 T6404⑯:14，砂岩料。直径8.9~9.2、厚3.2厘米（图四九八，6）。

II 式　5件。个体较大。弧面，弧边。

标本 H507:6，砾石料。饼面有浅窝孔。直径15.3~16.3、厚7.5厘米（图四九八，7）。

D型　3件。体小。椭圆形。平面，直边。

标本 T1128⑥A:12，墨石料。直径3~3.15、厚1.45厘米（图四九八，8）。

（二）其他

包括环、哨、簪、塞等，共21件。

环　17件。分六型。

A 型　4 件。细泥，墨绿色。方形或梯形截面。

标本 M859:8，方形截面。外径 7.6、厚 1 厘米（图四九九，1；彩版四八，1；图版一一九，4）。标本 M859:7，梯形截面。外径 7.8、厚 0.6～0.9 厘米（图四九九，2；彩版四八，1）。标本 M859:6，梯形截面。外径 7.5、厚 0.6～0.9 厘米（图四九九，3；彩版四八，1）。标本 M859:9，梯形截面。外径 7.4、厚 0.5～0.8 厘米（图四九九，4）。

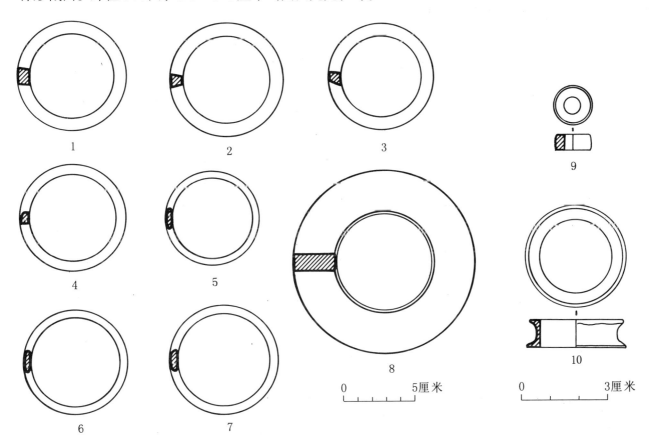

图四九九　大溪文化石环

1～4. A 型（M859:8、M859:7、M859:6、M859:9）　5. B 型（M859:1）　6、7. C 型（M851:6、M851:7）　8. D 型（M851:1）　9. E 型（T3179⑨B:11）　10. F 型（T6351⑤:3）

B 型　4 件。个体较小。细泥，灰色。椭圆形截面。

标本 M859:1，外径 6.8、厚 0.5～1.4 厘米（图四九九，5）。

C 型　6 件。泥质灰陶。月牙形截面，侧边外弧，较厚。

标本 M851:6，外径 7.2、厚 1.5 厘米（图四九九，6）。标本 M851:7，外径 7.4、厚 1.5 厘米（图四九九，7）。

D 型　1 件。

M851:1，黄白玉色。体较大。宽直边，长方形截面。外径 12.5、内径 6.6、厚 1.25 厘米（图四九九，8；图版一二○，1）。

E 型　1 件。

T3179⑨B:11，黑色。体小。厚弧边，长方形截面。外径 1.3、内径 0.5、厚 0.55 厘米（图四

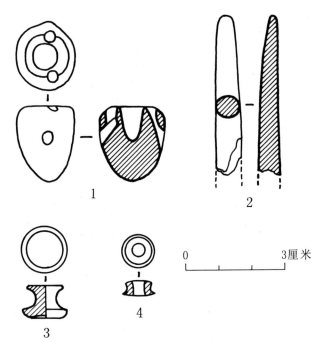

图五○○ 大溪文化石哨、簪、塞
1. 哨（T4401⑱：1） 2 簪（T3224⑥：8）
3、4. 塞（M689：1、T3130⑱A：11）

九九，9）。

F型 1件。

T6351⑤：3，黑色。滑轮形，亚腰。顶径3.3、腰径3、底径3.5、内径2.45、厚0.95厘米（图四九九，10；图版一二○，2）。

哨 1件。

T4401⑱：1，心形。顶面三孔，一大两小，侧面钻二孔，并与顶面二小孔相通。顶端径1.75～2、长2.2厘米（图五○○，1；图版一二○，3）。

簪 1件。均残。

T3224⑥：8，圆锥形。粗端残。残长4.7、径0.8厘米（图五○○，2）。

塞 2件。俗称鼻塞，似圆扣。

M689：1，黑色。亚腰形，实心。径1.05～1.35、长0.95厘米（图五○○，3）。T3130⑱A：11，墨绿色。亚腰形，空心。外径0.8～1、内径0.45、长0.45厘米（图五○○，4）。

三 玉、绿松石器

玉玦 4件。

T5054⑥：1，黄色。中孔较大。外径5.4、内径3.2、厚0.75厘米（图五○一，1；彩版四八，2）。T3076⑥：9，乳黄色。外径3、内径1.2、厚0.65厘米（图五○一，2；彩版四八，3左）。M680：9，乳黄色。不规则圆形。外径2.4～2.75、内径0.65～0.5、厚0.6厘米（图五○一，3；彩版四八，3中）。T3174⑤：1，豆绿色。残存一半。复原外径3.1、内径1.15、厚0.6厘米（图五○一，4）。

玉璜 2件。

M678：1，乳黄色。长9.85、径1.1～1.25厘米（图五○一，5；彩版四八，4上）。M678：2，乳黄色。长9.35、径1.25～1.4厘米（图五○一，6；彩版四八，4下）。

玉簪 1件。

T3325⑨：1 绿色。宽扁形。簪端残。残长2.7、厚0.3厘米（图五○一，7）。

玉坠 1件。

H283：10。残存半边。绿色。侧边饰凹槽。残长2.2、厚0.4厘米（图五○一，8）。

绿松石坠 1件。

T3125④：3，体扁圆，两面平。顶端较薄，对钻一孔。长2.2、宽0.9、厚0.5厘米（图五○

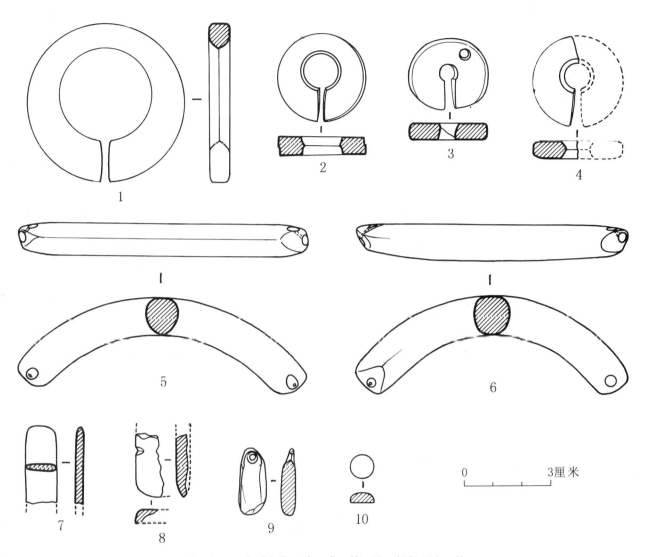

图五〇一　大溪文化玉玦、璜、簪、坠，绿松石坠、粒

1～4. 玉玦（T5054⑥:1、T3076⑥:9、M680:9、T3174⑤:1）　5、6. 玉璜（M678:1、M678:2）　7. 玉簪
（T3325⑨:1）　8. 玉坠（H283:10）　9. 绿松石坠（T3125④:3）　10. 绿松石粒（M740:1）

一，9；彩版四八，3右）。

　　绿松石粒　1件。

　　M740:1，半圆体。径0.8、厚0.35厘米（图五〇一，10）。

四　木器、木构件

　　城头山遗址出土的木器、木构件比较多，几乎全出自第一发掘区原编塘1（后编定为二期环壕）、塘2（后确认为一期环壕的一段）、塘3（后确定为二期环壕的一段，与塘1以通道相隔）、塘4（后确认为一期环壕）的静水沉积、淤泥和护坡中。在表述时，仍使用探方层位号，必要时注明属于环壕（或塘）最后编定的层位或部位。

（一）木器

出土有艄、桨、凳面、刀、矛等。另有一些类似木器，但或因残缺，或因制作不规整，无法确认究系何物品的器件。

艄

T6451⑰:28，由具树皮和树疤的圆木棒砍削琢磨而成，各处粗细不一，头端和中间较长一段略细，着水的部位较粗，艄尾砍削打磨成叶片状。在较粗的部分保留有树皮，细处有刀削痕迹，杆上有人工磨削的纵向宽3~5厘米的条纹，艄尾有细绳捆扎的痕迹。此件器物出土时断为九节。长191厘米（图五〇二，1）。

桨　1件。

T6451⑰:15，系用整块木料加工制成，呈长柳叶形。一面可见细线条状木纹，断面呈梭形。柄端呈盝顶形，柄部长18、厚2.7厘米，断面呈椭圆形。柄侧面可见勒痕，疑为捆扎在桨桩上使用留下的痕迹。柄整体打磨极为光洁，与桨叶长度比为1:3.75。从叶柄断面年轮来看，树木年龄在15年以上。长85.5厘米，桨叶长67.5、宽7.6、厚2.8厘米（图五〇二，2；图版一二〇，4）。

凳面

T6451⑰:19，系用整块木料加工制作而成。断面为圆角长条形，两面平整，两头和一侧平整，另一侧中间稍外弧，一角残缺。四角有椭圆形穿孔，长径3.2、短径2.4厘米，一孔残缺，推测是安装凳腿的榫眼。虽推断此件木制品为凳面，但也有可能是船上的部件。长36.6、宽16.6、厚2厘米（图五〇二，3）。

以上三件木器，均出自二期环壕静水沉积层中，时代为大溪文化二期。

刀　1件。

T4401⑰:15，整块木料制成，打磨光净。断成二节，柄部长扁椭圆形。刀叶部分断面为极薄的梭形。背、刃均平直。背部有极细密且均匀的刻度，在20.4厘米长度内共刻162道。推测此件刀为制作陶坯时所用，背部刻度用作量度陶坯的尺寸，刃部用于刮削。残长54、宽5厘米，柄最大径3厘米（图五〇二，4）。

刀形器　3件。

标本T6401⑰:20。木片似刀，有背、刃之分，但无法确定是木材干裂分离自然形成还是人为制作。残长22、刀背厚4厘米（图五〇二，5）。

板状器　1件。

T6451⑰:37，四面加工光滑，截面为梯形，较薄一面似有子口。板面上布满尖似指甲纹的痕迹，长约1厘米左右，应为凿锥类敲打所致。板面长49、宽14厘米（图五〇二，6）。

燕尾榫板状器　两件拼为一件。

T6451⑰:36，背面平坦，大部分烧焦。正面上沿斜削。两面上端均凿有燕尾形凹槽。两块木板中部厚2.2厘米，四边减薄。一侧及下边有残缺。长50、宽40厘米（图五〇二，7）。

以上四件器物，均出自二期环壕静水沉积，时代属大溪文化二期。

矛　3件。

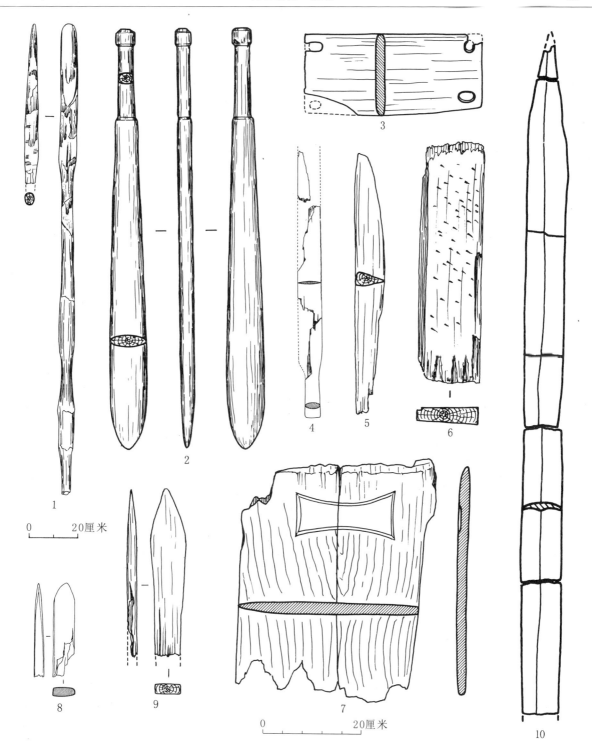

图五〇二 大溪文化木艄、桨、凳面、刀、刀形器、板状器、燕尾榫板状器、矛

1. 艄（T6451⑰:28） 2. 桨（T6451⑰:15） 3. 凳面（T6451⑰:19） 4. 刀（T4401⑰:15） 5. 刀形器（T6401⑰:20） 6. 板状器（T6451⑰:37） 7. 燕尾榫板状器（T6451⑰:36） 8~10. 矛（T6405⑲:12、T6451⑰:17、T6404⑱:8）

T6405⑲:12，柄部残。平面呈柳叶形，断面近长椭圆形。残长19、最大径4、最短径2厘米（图五〇二，8）。T6404⑱:8，出土时断为七节。柄端残，一面微弧，一面中脊尖拱并向两侧凹弧。

残长 165 厘米（图五〇二，10）。以上二件均出自塘 2（二期环壕的一段），属大溪文化一期。T6451⑰：17，柄部断面为薄长方形，锋部呈柳叶形，削薄削尖。残长 34、最厚 2 厘米（图五〇二，9）。此件出自二期环壕静水沉积层中，属大溪文化二期。

锤形器　1 件。

T6451⑱：20，一端残，残存部分一面平，其余各面圆弧，下端似有榫头。沿一侧凿有二个长约 10 厘米的搭口。残长 15 厘米，直径 7～9 厘米（图五〇三，1；图版一二一，1）。

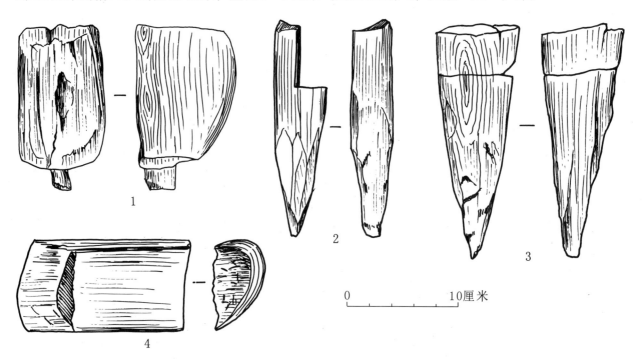

图五〇三　大溪文化木锤形器、楔、瓦形器
1. 锤形器（T6451⑱：20）　2、3. 楔（T6351⑱：4、T6451⑱：21）　4. 瓦形器（T6451⑱：22）

楔　2 件。

T6351⑱：4，一端削尖，另一端为木材半劈。长 19.6、直径约 4.8 厘米（图五〇三，2）。T6451⑱：21，五边形。长 21 厘米，一端断面为五边形，另一端削尖（图五〇三，3；图版一二一，2）。

瓦形器　1 件。

T6451⑱：22，原木为圆形，一端沿半径处下劈，距另一端 10 厘米处截出半圆形的截面。长 16、直径 8 厘米（图五〇三，4；图版一二一，3）。

以上四件出自塘 2（二期环壕）外坡一期护坡，属大溪文化一期末。

（二）护坡设施木构件

桩　共收集 19 件。

T6451⑱：28，整体为削、砍加工而成。一端残，一端砍削成尖，截面为大半个圆形。残长 56 厘米（图五〇四，1）。T6451⑱：29，木桩表面有刀砍痕迹，一端残，一端成尖，截面为半椭圆形。残长 47、最大直径 10 厘米（图五〇四，2）。T6451⑱：30，一端残，略尖，一端完整，并有凹槽加工。残长 32、最大直径 7 厘米（图五〇四，3）。T6451⑱:31，一端残，一端削尖，木质干裂，截面近圆形。残长 46、直径 6.4 厘米（图五〇四，4）T6451⑱:32，器物为圆棍，无皮，表面光滑，一端残否不明，截面为圆形。另一端劈削成尖状，为利器所为，削痕表明利器不大，如手斧之类。器物的五分之二面为原木状。现长 102、直径 4.8 厘米（图五〇四，5）。T6451⑱:33，一端残断。器物表面有使用磨损痕迹，木质通体近黑，截面呈不规则形。残长 34 厘米（图五〇四，6）。

以上六件出白二期环壕外坡一期护坡，属大溪文化一期。

T6451⑰:30，木材截面呈椭圆形，保留部分树皮，两端残。残长 96 厘米，最大直径 6.8 厘米（图五〇四，7）。T6451⑰:29，两端均残。圆木经过刮削去皮等表面处理，另一端四面劈削成桩。尚保留有部分表皮。残长 80、直径 9 厘米（图五〇四，8）。T6451⑰:3，木料大部分保留树皮，两端皆残。一端略细，推测应是竖桩。残长 72 厘米，截面直径 11.8 厘米（图五〇四，9）。T6451⑰:31，木材人工劈削，仅见部分表皮，一端残，一端尖。残长 40、直径 4.8 厘米（图五〇四，10）。T6451⑰:16，木块两端残，一端裂散。两侧有厚薄之分，不见人为的加工痕迹。残长 37 厘米（图五〇四，11）。T6451⑰:2，扁圆木材，一端平切为搭口，已残，另一端削成木丁铅笔状，尖端稍残，器物一面有皮，另一面无皮，有三角切口。残长 62.5、最大直径 7.2 厘米（图五〇五，1）。

以上六件均出自二期环壕外坡二期护坡，属大溪文化二期。

T6401⑰:23，截面近椭圆形，原木去皮光滑，一端砍削成圆滑的楔形，并有火烧痕迹。残长 52、最大直径 6.4 厘米（图五〇五，2）。T6401⑰:25，截面近圆形。一端残，木桩保留大部分树皮，尖端削面宽 5.5 厘米。残长 70 厘米，直径 6.8 厘米（图五〇五，3）。T6401⑰:28，木棍断成三节，截面呈椭圆形，中部有一横斜向切割痕，深度不知。保留少量树皮。残长 54.8 厘米，最大直径 6 厘米（图五〇五，4）。T6401⑰:29，断成三节，截面呈椭圆形。细端难以判断是否人为，保留部分树皮。残长 57.2 厘米，最大直径 6.8 厘米（图五〇五，5）。T6401⑰:30，束腰状，两端有砍削痕迹，去皮，截面为水滴形，通体近黑色。长 77 厘米、最大宽度 9 厘米（图五〇五，6）。T6401⑰:21，截面为椭圆形，一端残，局部已烧焦，一端砍削成尖状。长 134、最大直径 10.4 厘米（图五〇六，1）。T6401⑰:26，截面为椭圆形，尖端已烧焦，人工痕迹不明显，表面光，无树皮。残长 144 厘米、最大直径 10 厘米（图五〇六，2）。

以上七件出自二期环壕内坡二期护坡，属大溪文化二期。

横扎 共收集 5 件。

T6451⑰:36，木棒，两端略尖，圆木半劈，背面烧焦。残长 48、直径 4 厘米（图五〇七，1）。

此件出自二期环壕外坡一期护坡，属大溪文化一期。

T6451⑰:35，两端切割有搭头，搭头较光滑，一端搭头残，一端较完整，搭头长 8.8、宽 6.4、厚 2.4 厘米。一面保留有树皮。残长 56、宽 6.7 厘米（图五〇七，2）。

T6451⑰:33，为原木半剖材料，一端尚留有树皮，并有砍削痕迹。另一端残，半剖面可见极少的切割痕迹。通体近黑色，用途不明。残长 94、直径 6.6 厘米（图五〇七，3）。

以上二件出自二期环壕外坡二期护坡，属大溪文化二期。

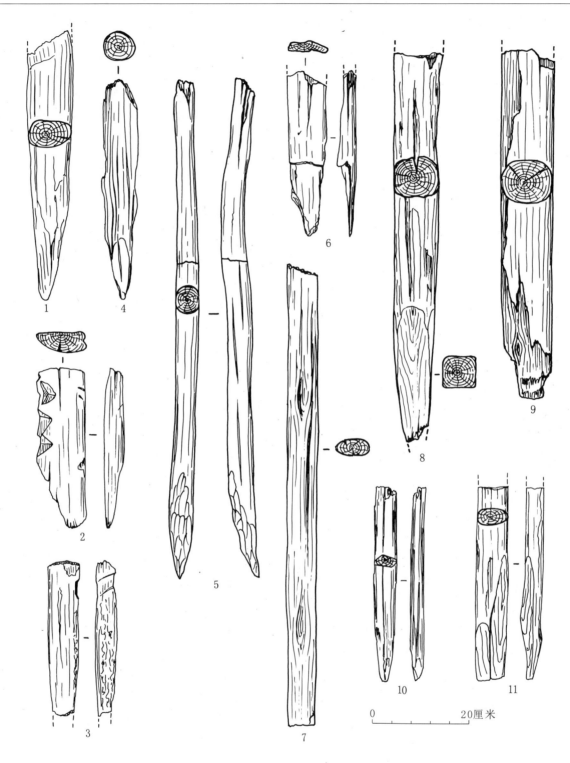

图五〇四 大溪文化木桩 (一)

1. T6451⑱:28 2. T6451⑱:29 3. T6451⑱:30 4. T6451⑱:31 5. T6451⑱:32 6. T6451⑱:33
7. T6451⑰:30 8. T6451⑰:29 9. T6451⑰:3 10. T6451⑰:31 11. T6451⑰:16

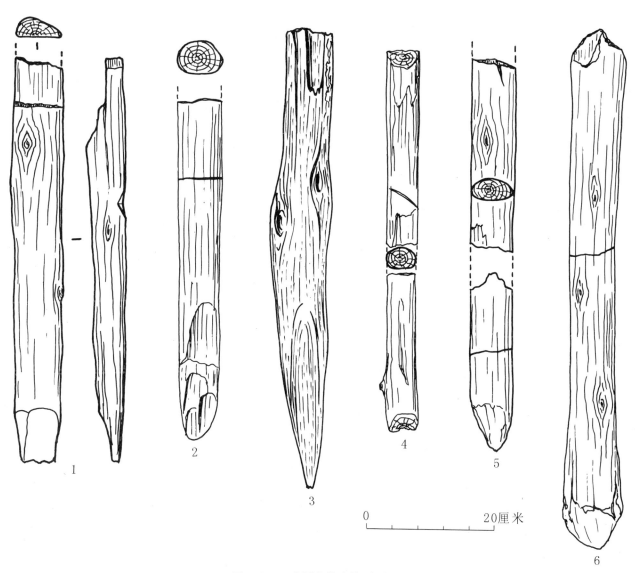

图五〇五　大溪文化木桩（二）

1. T6451⑰:2　2. T6401⑰:23　3. T6401⑰:25　4. T6401⑰:28　5. T6401⑰:29　6. T6401⑰:30

T6401⑰:32　两端残，断面呈椭圆形，表面残有树皮且有烧痕。长 68 厘米、直径 3.6 厘米（图五〇七，4）。

T6401⑰:6，两端残，截面呈梭形，一面有凿刻痕。原木去皮。残长 78、宽 88 厘米（图五〇七，5）。

以上二件出自二期环壕内坡二期护坡，属大溪文化二期。

支掌　为加固二期环壕（塘1）和塘2、塘3之间通道壁使用。

T6451 西壁:1，像一端渐变细的长木棍。长 352 厘米，粗端直径 14 厘米，细端直径 5.5 厘米（图五〇八，1）。

T6401 西壁:2，像一端渐变细的长木棍，窄端处有一长、宽均约 10 厘米的搭头。长 323 厘米，粗端直径 16 厘米，细端直径 6 厘米（图五〇八，2）。

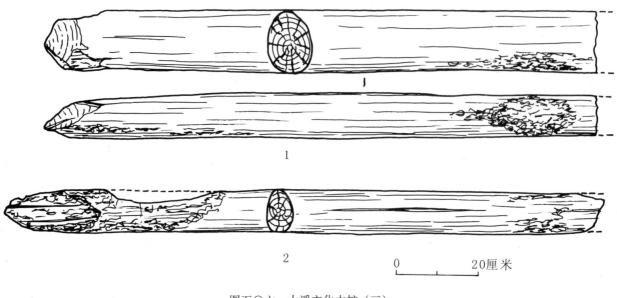

0 ⸺⸺ 20厘米

图五〇六　大溪文化木桩（三）

1. T6401⑰:21　2. T6401⑰:26

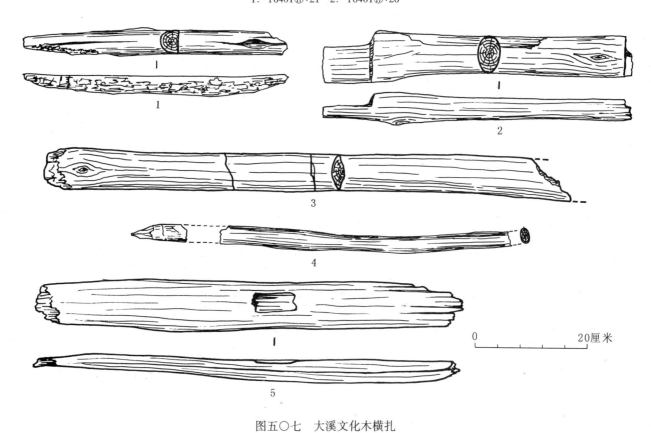

0 ⸺⸺ 20厘米

图五〇七　大溪文化木横扎

1. T6451⑰:36　2. T6451⑰:35　3. T6451⑰:33　4. T6401⑰:32　5. T6401⑰:6

T6401 西壁:3，像两端变尖的木棍。长 262 厘米，直径约 8～10 厘米（图五〇八，3）。

T6401 西壁:4，像木棍，一端砍削成楔形。长 340、直径 8～12 厘米（图五〇八，4）。

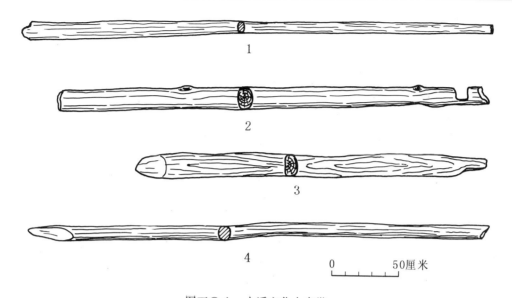

图五○八　大溪文化木支撑

1.T6451 西壁:1　2.T6401 西壁:2　3.T6401 西壁:3　4.T6401 西壁·4

（三）建筑构件

共收集 7 件。

T6451⑱:40，原为长木棒，一端残，沿一侧凿有七个长约 10 厘米、宽约 6 厘米的搭口。搭口间距 10～12 厘米。残长 275、直径 14～16 厘米（图五○九，1）。T6451⑱:38，截面为椭圆形，去皮较光滑。一端削尖成杙，削面光滑。较大的两个削面宽度均为 2.7 厘米，尖已残。另一端削成柱状，用途不明。现仅存两端，而中间部分未见。所存两端共长 65 厘米，最大直径 5.2 厘米（图五○九，2）。T6451⑱:39，一端完整，另一端残似榫头，截面呈椭圆形，应是挤压所致，局部有火烧痕迹。残长 57、最大直径 6.8 厘米（图五○九，3）。

以上三件出自二期环壕外坡一期护坡，属大溪文化一期。

T6401⑰:33，两端残，细端似为人工榫头，局部有火烧痕迹。残长 36、宽 6 厘米（图五○九，4）。T6401⑰:34，截面呈椭圆形，器物一面去皮光滑，另一面烧焦，凿二大二小搭口，大槽规整，小槽随意。长 92.5、最大直径 9.6 厘米（图五○九，5）。T6401⑰:35，截面呈椭圆形，器物一面去皮光滑，另一面烧焦，凿搭口二大二小，大槽规整，小槽随意。长 112.5、最大直径 9.6 厘米（图五一○，1）。T6401⑰:36，两端残，截面呈椭圆形，部分表皮烧焦，相背搭口二个，做工较规整。残长 140、最大直径 10 厘米（图五一○，2）。

以上四件出自二期环壕静水沉积层，属大溪文化二期。

五　骨器

共 10 件。按类型叙述如下：

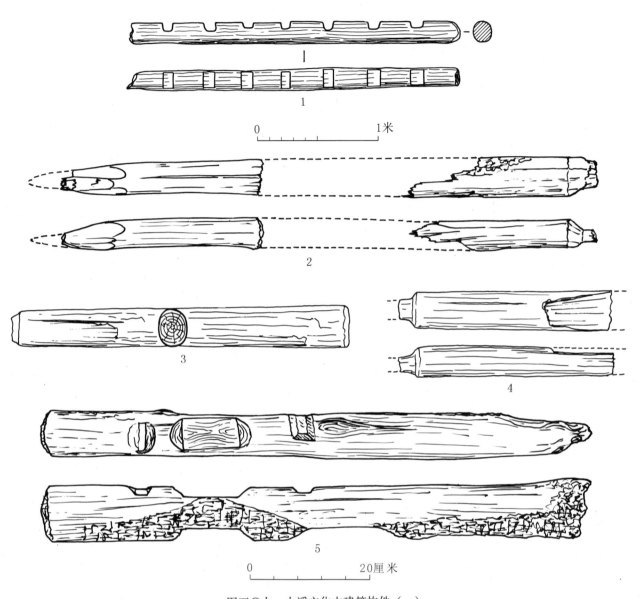

图五〇九　大溪文化木建筑构件（一）

1. T6451⑱:40　2. T6451⑱:38　3. T6451⑱:39　4. T6401⑰:33　5. T6401⑰:34

铲　3件。

T6401⑱:26，取材于哺乳动物偶蹄目牛的肩胛骨。外形为不规整的三角形，背缘较为平直，肩胛骨及两侧面有磨擦的痕迹，远端残。长 17.5 厘米，近端面宽 7.5 厘米（图版一二一，4）。T6355⑳:11，取材于哺乳动物偶蹄目牛的肩胛骨，基本保留原外形，近端面宽 19 厘米，背缘形态不规整。总长 37 厘米（图版一二二，1）。另一件出自 97 南门堰塘坍塌清理物。取材于哺乳动物偶蹄目牛股骨的大部分，底部两侧人为削平为尖状，表面光滑。长 15.5 厘米，顶部最大宽度 7.5 厘米（图版一二二，2）。

耜　1件。

T6451⑰:18　取材于哺乳动物偶蹄目牛的肩胛骨，骨质厚，外形基本保留着肩胛骨的自然形

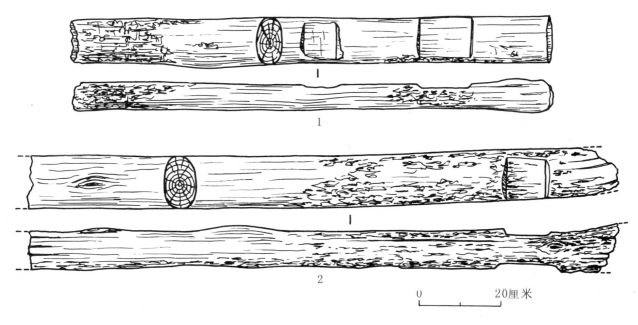

图五一〇　大溪文化木建筑构件（二）

1. T6401⑰:35　2. T6401⑰:36

态，顶部破损，刃有磨损痕迹。长 27、刃宽 22 厘米（图五一〇，1；图版一二二，3）。

锥　3 件。

一件出自 97 南门堰塘坍塌土。取材于哺乳动物偶蹄目鹿的股骨。外观基本保留股骨的外形，表面光滑，下部窄，类似锥，锥缘具擦痕。长 14 厘米，骨干直径 3.5 厘米（图版一二二，4）。T4401⑫:9，取材于哺乳动物偶蹄目鹿的股骨，保留股骨的原始形态。骨干人为打击呈锥形，明显上宽下窄，表面光滑，锥尖具擦痕。总长 20 厘米，股头宽 7.5 厘米，骨干直径 4 厘米（图版一二三，1）。另一件出自 97 南门堰塘坍塌清理物。取材于哺乳动物偶蹄目牛的桡骨，远端宽，骨干窄，下部加工成椭圆形断面。总长 16 厘米，直径 6 厘米（图版一二三，2）。

耒　3 件。

T4401⑫:5，一次分叉，一支顶部截断，根部完整。现长 19 厘米（图五一一，2）。T4401⑬:11，顶端残断，两次分叉。现长 33.2 厘米（图五一一，3）。T4351⑬:12，取材于哺乳动物偶蹄目鹿角。两次分叉，外形呈树枝状，表面纹饰大部分被磨平，较光滑，一支分叉上有绳索捆绑痕迹，鹿角的端部具明显的摩擦痕迹。残长 28 厘米（图五一一，4；图版一二三，3）。

六　纺织品

在 T6401⑰:38 中共出土纺织品 5 件，均为碎布。其特征综述如下：

黑色，大小不一，形状不规整，均为平纹织物，纤维粗细和密度不均匀。粗线直径为 0.5～0.7 毫米，细线直径为 0.2～0.3 毫米，密度为 9～24 根/厘米，原料未经分析，可能为麻纤维（图版一二三，4）。

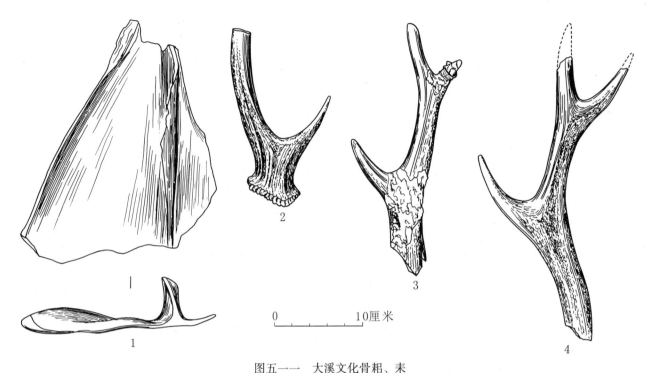

图五一一　大溪文化骨耜、耒

1. 耜 T6451⑰:18　2~4. 耒 T4401⑫:5、T4401⑬:11、T4351⑬:12

七　大溪文化陶器分期

（一）分期依据

大溪文化的发展演变经历了一个漫长岁月，文化因素的递变又极其频繁，早晚之间的差异更是极为明显，因而将其进行适当的分期是完全必要的。对于一支考古学文化而言，文化期的变化应当是一种突变，这种突变可能比发展阶段的变化更为明显。我们的分期研究最主要的一点，就是通过对陶器特征的深入分析和观察来找出文化面貌突变的临界点，以作为分期的界标或依据。

根据地层的叠压关系和陶器特征与型式组合的变化，本文将城头山遗址大溪文化部分划分为四期。依据有五：

首先，从陶器制作工艺来讲，一期以手制为主，一般为一次成型，器表稍加修整；二期开始出现慢轮制陶，且多数陶器器表都经过一道打磨和涂衣工序，器表显得特别光滑；三期陶器胎质细腻，质感厚重，外红内黑陶和黑陶的大量出现，表明在陶器烧制过程中，又出现了一种新的窑外渗碳技术；四期慢轮制陶已经相当普遍。制陶工艺的进步反映了人类社会的进步和社会的发展变化，这应是文化因素变化的突变因素之一。

其次，从陶系统计结果分析，第一期陶系的显著特征是夹砂陶较多，泥质陶较少，比例分别为 47.8% 和 21.4%；陶色虽以红色为主，但褐色比例亦不少，两者分别为 51.4% 和 31.2%；此外，一期的泥质酱黑陶也占有一定比例。二期夹砂陶有所下降，泥质陶略有上升，粗泥陶已跃居其次，三者所占的比例分别为 36.4%、23% 和 25.4%；红陶继续攀升，占据主导地位，褐陶略有下降，两者所占的比例分别为 59% 和 28.2%；本期新出现的少量泥质橙黄陶是一期所不见的。三期泥质陶跻身第一，夹砂陶已降为第三，两者所占的比例分别为 44.8% 和 19.8%；红、褐陶色对比悬殊更大，比例分别为 68.2% 和 13.9%；见于一、二期的粗泥褐陶和泥质酱黑陶已不存在，而新出现了一定数量的泥质灰陶。四期同三期相比，显著变化是泥质陶急剧增加，尤以黑陶和灰陶增幅最大；此外，夹蚌陶和白陶本期已不存在（表四○～四三）。陶系的变化，反映了人们在选择陶土、陶土加工以及陶窑的改进方面，都有不同程度的需求，这应是文化因素变化的突变点之二。

其三，从陶器器表特征来看，一期器表施纹者较多，比例为 18.9%，常见绳纹、瓦棱纹、篦点纹、刻划纹及锯齿纹等；彩陶较多，比例可达 10% 左右。二期施纹比例有所下降，比例为 11.8%，篦点纹和锯齿纹几乎绝迹，弦纹、戳印纹和附加堆纹数量较多，新出现按窝纹；本期另外一个显著特征就是大量流行红陶衣，比例高达 30%。三期同二期相比，弦纹、附加堆纹、镂孔及按窝比例增加，并新出现少量器内刻划纹；素面磨光陶大幅增长，红衣陶剧烈下跌，比例分别为 74.1% 和 12.7%。四期素面磨光陶更是占据了主导地位，比例高达 84.5%；纹饰中以弦纹和镂孔为主，并有少量刻划符号和磨光朱绘陶（详情参见表四○～四三）。陶器装饰手法的变化，表明人们在意识形态领域内的审美情趣发生了较大变化。这应是文化因素变化的突变点之三。

其四，从器物造型和器类的变化分析，一期器物多圜底，器物种类比较单调，主要器类有釜、罐、钵三类，另有少量碗、瓮、盆、器盖、支座等；二期器物圜底、圈足并重，新出现了三足器，器类丰富，除一期器类继续沿用外，新出现了大量的盘、鼎、豆、缸、锅等，另有少量的杯、甑、器座、擂钵等；三期圈足和三足器跃居首位，圜底降居其次，平底数量较多，器类的变化同二期相比无大的变化，多为器物型式及数量上的变化；四期圜底少见，平底数量继续上升，新出现了壶、簋、曲腹杯、瓶等。旧的文化因素的衰落和新的文化因素的出现，应是文化因素变化的突变点之四。

其五，典型器物形式的变化往往是作为分期最重要的依据。为了更形象地提供分期依据，在前文器物描述的基础上，本文挑选了部分具有代表意义的器型，大致可反映各类器型的基本发展演变规律（图五一二～五一六）。从器物分期图表看，二、四期还可划分出早、晚两段。

（二）文化特征

1. 大溪一期文化特征

陶器分夹砂、夹炭、夹蚌、粗泥和泥质五大类，以夹砂陶为主，次为泥质、粗泥和夹炭陶，夹蚌陶最少。泥质陶中，酱黑陶比例最大，其次是红陶和黑陶，有少量橙黄陶和白陶。其他质地的陶器主要以红陶为主，次为褐陶。器表以素面陶为主，次为红衣陶和彩陶，施纹陶占 18.9% 左右。素面陶少数经过磨光，彩陶一般是在红衣上绘彩，也有少数直接绘彩者。彩绘种类有黑彩和深红（紫红）彩两种，一般施于罐、釜颈部或肩部，纹样以粗宽带和勾曲纹为主。

纹饰种类有绳纹、弦纹、瓦棱纹、篦点纹、刻划纹、戳印纹、压印纹、锯齿纹、附加堆纹、镂孔等十大类。其中，绳纹、瓦棱纹、篦点纹和刻划纹比例较大，弦纹、戳印纹、锯齿纹次之，压印纹、附加堆纹及镂孔数量较少。很显然，一期纹饰的主流仍然是该遗址前一文化（汤家岗文化）

表四二　　　　　　　　大溪文化一期典型单位出土陶器纹饰统计表

单位	数量与百分比	纹饰										其他			小计
		绳纹	弦纹	瓦棱纹	篦点纹	刻划纹	戳印纹	压印纹	锯齿纹	附加堆纹	镂孔	红衣	彩绘	素面	
H541	片	1	4	7	10	5	4	6	8	3	2	45	80	130	305
	%	0.3	1.3	2.3	3.3	1.6	1.3	2.0	2.6	1.0	0.7	14.8	26.2	42.6	100
H315	片	4		12	15	8	5	2	11	4		32	18	79	190
	%	2.1		6.3	7.9	4.2	2.6	1.1	5.8	2.1		16.8	9.5	41.6	100
H376	片	5	2	6	8	10	4	4	8	2		35	42	88	214
	%	2.3	0.9	2.8	3.7	4.7	1.9	1.9	3.7	0.9		16.4	19.6	41.1	100
H348	片	12	4	22	18	12	5		8		4	62	34	276	457
	%	2.6	0.9	4.8	3.9	2.6	1.1		1.8		0.9	13.6	7.4	60.4	100
H581	片		2	6	4	3		4	6	3		20	16	147	211
	%		0.9	2.8	1.9	1.4		1.9	2.8	1.4		9.5	7.6	69.7	100
H551	片	5		8	4	6	5	2		5	2	8	15	95	155
	%	3.2		5.2	2.6	3.9	3.2	1.3		3.2	1.3	5.2	9.7	61.3	100
H509	片	6	2	10	4				3			12	10	205	252
	%	2.4	0.8	4.0	1.6				1.2			4.7	4	81.3	100
R3274 ⑦	片	15	30	10	12	6	4			5		70	35	212	399
	%	3.8	7.5	2.5	3.0	1.5	1.0			1.3		17.5	8.8	53.1	100
T3123 ⑦	片	23	4	8	18	10	6	8	12			15	20	239	363
	%	6.3	1.1	2.2	5.0	2.8	1.7	2.2	3.3			4.1	5.5	65.8	100
T3277 ⑩	片	2	8	17	6	24	3	4		5	4	80	65	291	509
	%	0.4	1.6	3.3	1.2	4.7	0.6	0.8		1.0	0.8	15.7	12.8	57.2	100
T3225 ⑪	片	12	2	6	12	10			5			32	12	219	310
	%	3.9	0.6	1.9	3.9	3.2			1.6			10.3	3.9	70.6	100
T3080 ⑯	片	2	3	6		3	4					30	6	52	106
	%	1.6	2.5	4.9		2.5	3.3					24.6	4.9	42.6	100
小计	片	87	61	118	111	97	40	30	61	27	12	441	353	2033	3471
	%	2.6	1.7	3.5	3.3	3.0	1.1	0.9	1.7	0.8	0.3	12.7	10.1	58.3	100
合计（%）		18.9										81.1			100

表四三　　　　　　　　　　大溪文化二期典型单位出土陶器纹饰统计表

单位\数量与百分比\纹饰		纹饰										其他			小计
		绳纹	弦纹	瓦棱纹	篦点纹	刻划纹	戳印纹	压印纹	附加堆纹	按窝	镂孔	红衣	彩绘	素面	
H428	片		6				4		2	3		44	3	103	165
	%		3.6				2.4		1.2	1.8		26.7	1.8	62.4	100
H391	片	6				3			2			94	1	252	358
	%	1.7				0.8			0.6			26.3	0.3	70.4	100
H564	片	8	6	3	1	6			5		5	50	2	45	131
	%	6.2	4.6	2.3	0.8	4.6			3.8		3.8	38.5	1.5	34.6	100
H508	片	7										78		104	189
	%	3.7										41.3		55.0	100
H307	片	12	2		1		1					33		39	88
	%	13.6	2.3		1.1		1.1					37.5		44.3	100
H326	片		2		1				3		1	170	14	160	351
	%		0.6		0.3				0.9		0.3	48.4	4.0	45.6	100
H207	片		12				2		3			55		72	144
	%		8.3				1.4		2.1			38.2		50.0	100
H557	片		5								1	45		65	116
	%		4.3								0.9	38.8		56.0	100
H304	片	1	3	1	3		3	7			1	126	10	190	345
	%	0.3	0.9	0.3	0.9		0.3	2.0			0.3	36.5	2.9	55.1	100
H349	片		2	5								25		97	129
	%		1.6	3.9								19.4		75.2	100
T3080 ⑩	片	23	81	24	5	23	68	32	16		17	356	45	509	1199
	%	1.9	6.7	2.0	0.4	1.9	5.6	2.7	1.3		1.4	30.0	3.7	42.3	100
T3325 ⑨	片		3	6		3	3	3	5	5		80	23	257	388
	%		0.8	1.6		0.8	0.8	0.8	1.3	0.4		20.9	6.0	67.1	100
T3326 ⑧C	片		4			4	2	3				30	8	168	219
	%		1.8			1.8	0.9	1.4				13.7	3.7	76.7	100
T3174 ⑥	片		9	10		2			6			50	15	198	290
	%		3.1	3.4		0.7			2.1			17.2	5.2	68.3	100
T3272 ⑥	片	4	9				4				3	30	3	111	164
	%	2.4	5.5				2.4				1.8	18.3	1.8	67.7	100
T1129 ⑧	片	1	9			1			7		1	85	6	125	235
	%	0.4	3.8			0.4			3.0		0.4	36.2	2.6	53.2	100
小计	片	61	151	51	8	46	82	43	53	11	29	1351	130	2495	4511
	%	1.4	3.3	1.1	0.2	1.0	1.8	1.0	1.2	0.2	0.6	30.0	2.9	55.3	100
合计（%）		11.8										88.2			100

表四四　　　　　　　　　　大溪文化三期典型单位出土陶器纹饰统计表

单位	数量与百分比	纹饰										其他			小计
		绳纹	弦纹	戳印纹	压印纹	模印纹	刻划纹	附加堆纹	镂孔	按窝	内刻纹	红衣	彩绘	素面	
H419	片	3	26	5	24	15	6	23	11	2	5	170	2	813	1105
	%	0.3	2.4	0.5	2.2	1.4	0.5	2.1	1.0	0.2	0.5	15.4	0.2	73.6	100
H210	片	7	34	12	10			12	4	1		76	8	527	691
	%	1.0	4.9	1.7	1.4			1.7	0.6	0.1		11.0	1.2	76.4	100
H470	片		2	2			1	3	'			5	3	96	112
	%		1.7	1.7			0.8	2.5				4.2	2.5	80.0	100
H500	片	7	27			7	1	10	1			59	7	509	628
	%	1.1	4.3			1.1	0.2	1.6	0.2			9.4	1.1	81.2	100
H416	片		24	8	1			6	3	1		30		453	526
	%		4.6	1.5	0.2			1.1	0.6	0.2		5.7		86.1	100
H410	片		3						1			30		152	186
	%		1.6						0.5			16.1		81.7	100
H420	片	2	5	1	4		2	4		1		48		314	381
	%	0.5	1.3	0.3	1.0		0.5	1.0		0.3		12.6		82.4	100
H426	片		1					1		3		13	3	39	60
	%		1.7					1.7		5.0		21.7	5.0	65.0	100
F104	片	2	34	12	15	10	8	26	21	18	10	56	19	212	443
	%	0.5	7.7	2.7	3.4	2.3	1.8	5.9	4.7	4.1	2.3	12.6	4.3	47.9	100
Y10	片	2	22	4			5	13	5	4	8	80	12	405	560
	%	0.4	3.9	0.7			0.9	2.3	0.9	0.7	1.4	14.3	2.1	72.3	100
T1127 ⑥B	片		8	4			4	6	4	5	3	78	12	338	462
	%		1.7	0.9			0.9	1.3	0.9	1.1	0.6	16.9	2.6	73.2	100
T3180 ⑦	片	1	3	2	1	4	2			3		11	3	57	87
	%	1.1	3.4	2.3	1.1	4.6	2.3			3.4		12.6	3.4	65.5	100
T3325 ⑦	片		8	3	2		5	3	3			14	5	96	139
	%		5.8	2.2	1.4		3.6	2.2	2.2			10.1	3.6	69.1	100
T3173 ⑤	片	3	4		5		3		1			30		108	154
	%	1.9	2.6		3.2		1.9		0.6			19.5		70.1	100
T3022 ⑤	片	4	5		4		4			4		15	3	107	146
	%	2.7	3.4		2.7		2.7			2.7		10.3	2.1	73.3	100
T3072 ⑤	片		14	3	2	3		2		2		27	5	105	163
	%		8.6	1.8	1.2	1.8		1.2		1.2		16.6	3.1	64.4	100
小计	片	31	220	56	68	39	41	109	54	41	26	742	82	43.31	5848
	%	0.5	3.8	1.0	1.2	0.7	0.7	1.9	0.9	0.7	0.4	12.7	1.4	74.1	100
合计（%）		11.8										88.2			100

表四五　　大溪文化四期典型单位出土陶器纹饰统计表

单位	数量与百分比	纹饰									其他				小计
		绳纹	弦纹	戳印纹	刻划纹	附加堆纹	镂孔	按窝	内刻纹	刻符	红衣	朱绘	彩绘	素面	
H460	片	1	12		5	2	2	3			12			442	479
	%	0.2	2.5		1.0	0.4	0.4	0.6			2.5			92.1	100
H461	片		4	2	1			1			3			46	57
	%		7.0	3.5	1.8			1.8			5.3			80.7	100
H299	片	1	5		1		1						2	165	175
	%	0.6	2.9		0.6		0.6						1.1	94.3	100
H291	片		4	1			1							29	35
	%		11.4	2.9			2.9							82.8	100
H280	片		6	3			3		2		4		2	150	170
	%		3.5	1.8			1.8		1.2		2.3		1.2	87.7	100
H3079 ④A	片		3						3					108	115
	%		2.6						2.6					93.8	100
T1177 ⑤B	片		3		1		2	1						37	44
	%		6.8		2.3		4.5	2.3						84.1	100
T1178 ⑤B	片		4				1				1		1	50	57
	%		7.0				1.8				1.8		1.8	87.6	100
T1625 ⑤B	片	1	2		1						5			41	50
	%	2	4		2						10			82	100
T7403 ④	片	1	2	3			2		2	1	7	3	6	44	71
	%	1.4	2.8	4.2			2.8		2.8	1.4	10.0	4.2	8.5	62.0	100
T7404 ③	片		9		4		3		2	2	2	5	4	34	65
	%		13.8		6.2		4.6		3.1	3.1	3.1	7.7	6.2	52.3	100
T7452 ④	片		10	3			2			2	13	6	7	33	76
	%		13.2	3.9			2.6			2.6	17.1	7.9	9.2	43.4	100
小计	片	4	64	12	11	4	15	6	10	5	47	14	22	1181	1394
	%	0.3	4.6	0.9	0.8	0.3	1.1	0.4	0.7	0.4	3.4	1.0	1.6	84.5	100
合计（%）		9.5									90.5				100

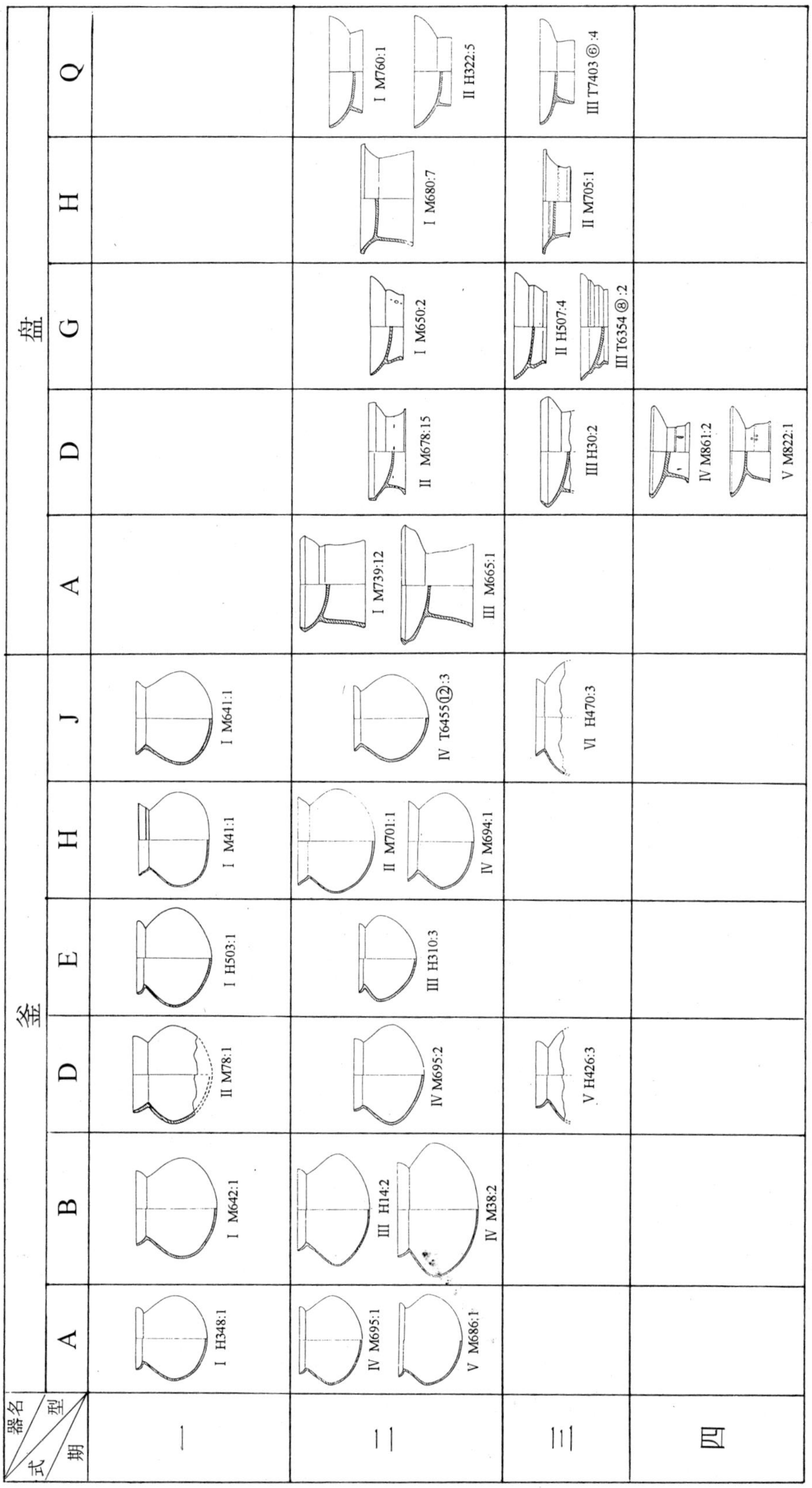

图五一二　大溪文化陶器分期图（一）

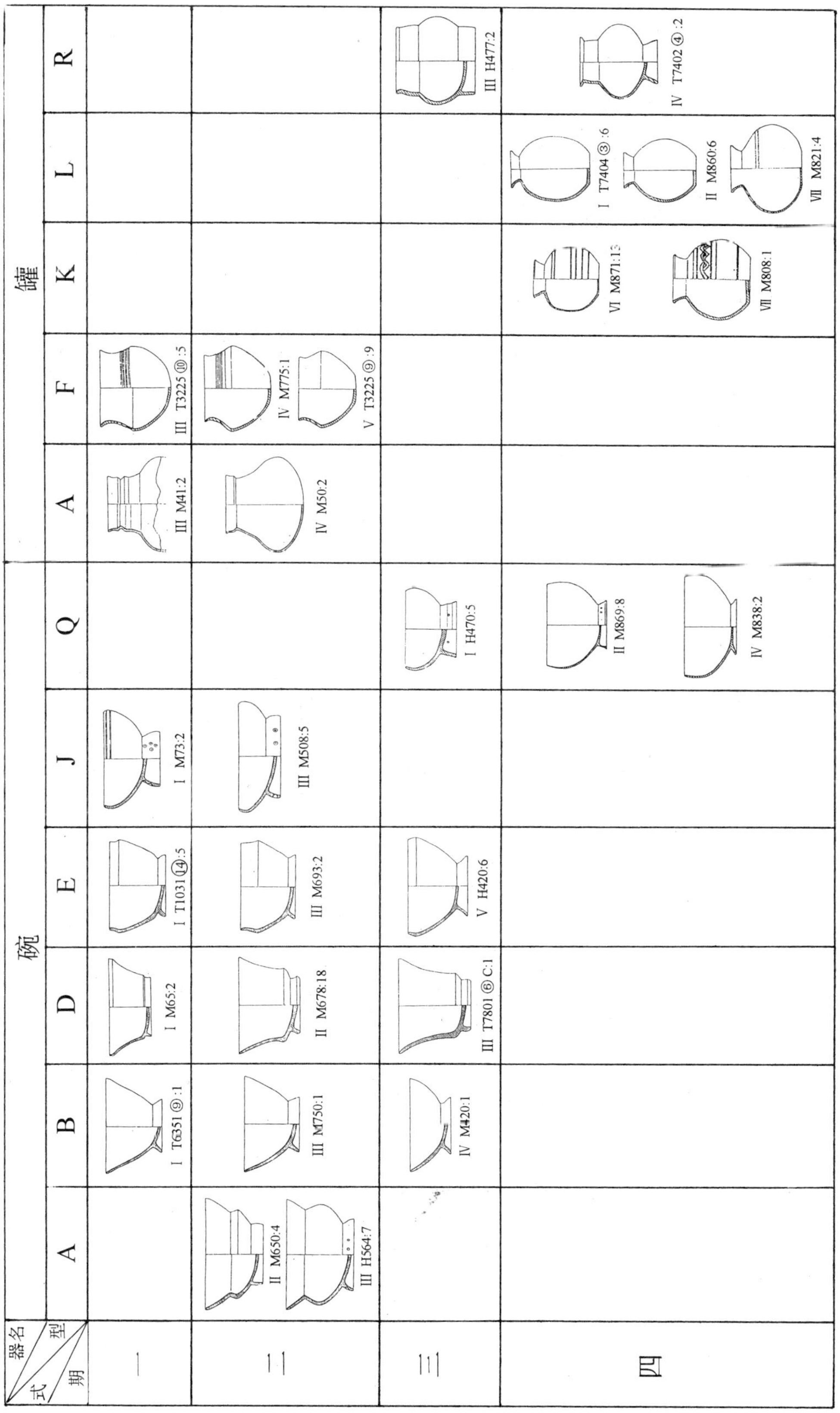

图五一三　大溪文化陶器分期图（二）

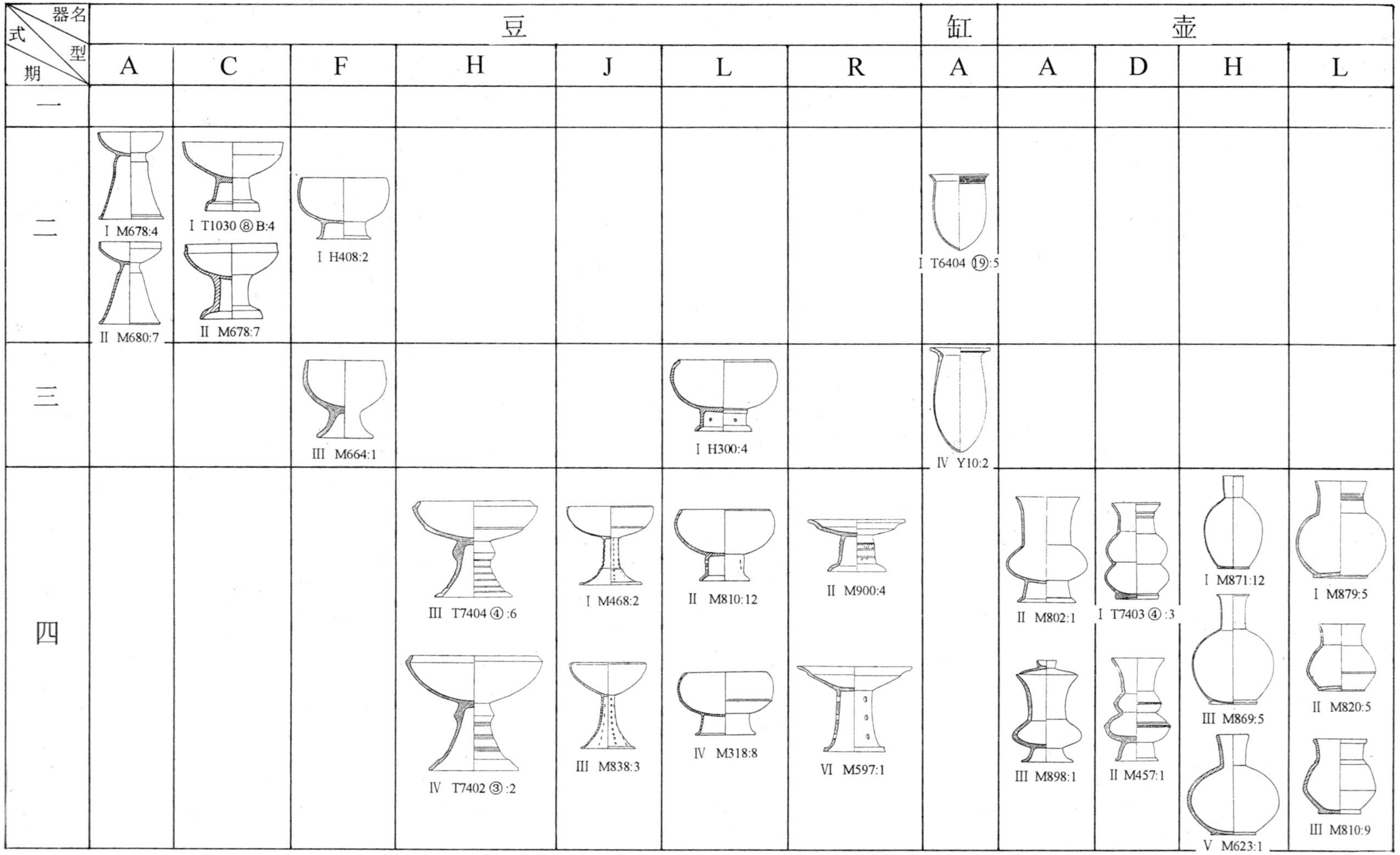

器名 期＼型	豆 A	豆 C	豆 F	豆 H	豆 J	豆 L	豆 R	缸 A	壶 A	壶 D	壶 H	壶 L
一								I T6404⑲:5				
二	I M678:4 II M680:7	I T1030⑧B:4 II M678:7	I H408:2			I H300:4						
三			III M664:1					IV Y10:2				
四				III T7404④:6 IV T7402③:2	I M468:2 III M838:3	II M810:12 IV M318:8	II M900:4 VI M597:1		II M802:1 III M898:1	I T7403④:3 II M457:1	I M871:12 III M869:5 V M623:1	I M879:5 II M820:5 III M810:9

图五一四　大溪文化陶器分期图（三）

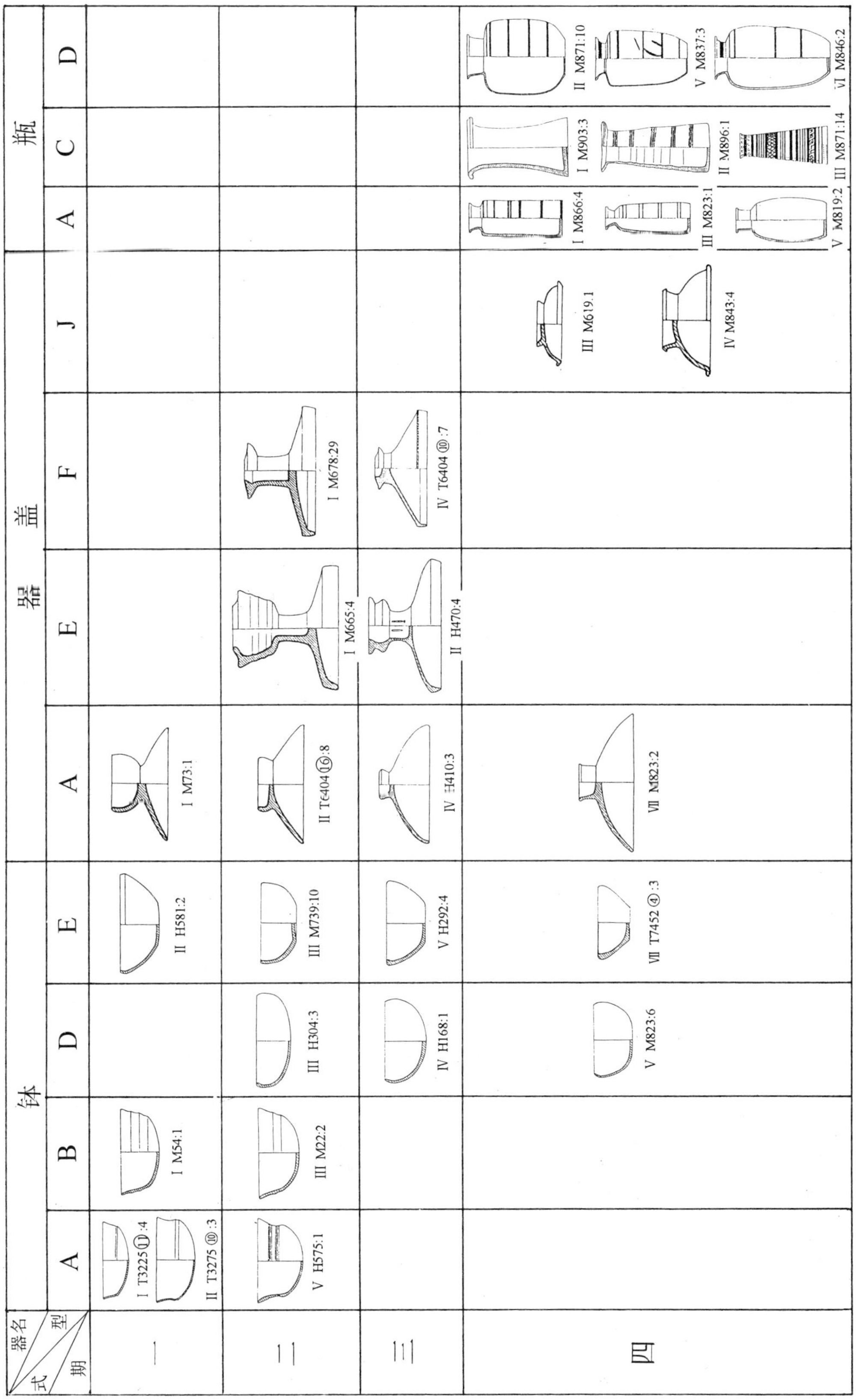

图五一五　大溪文化陶器分期图（四）

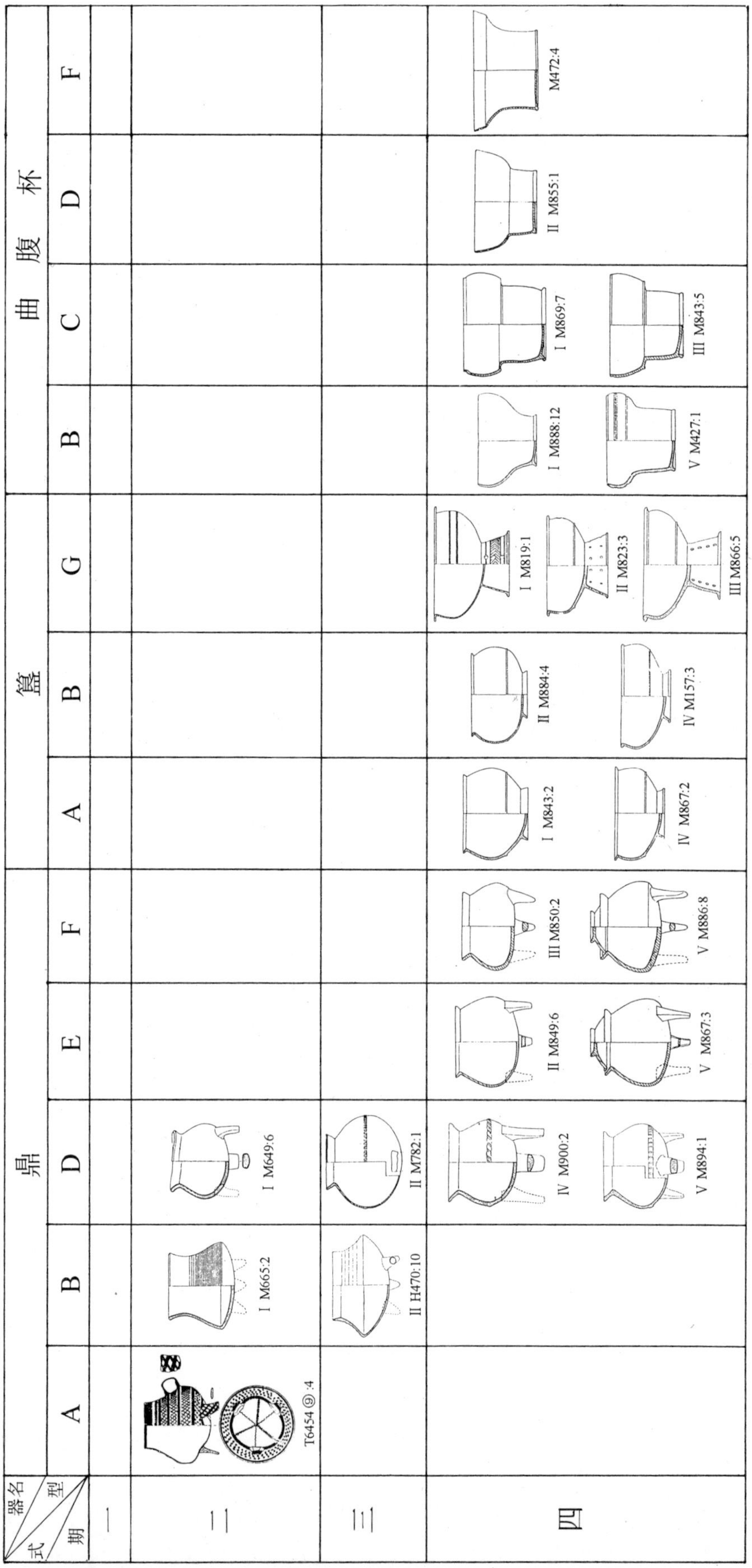

器名\型\期	鼎						簋			曲 腹 杯				
	A	B	D	E	F		A	B	G	B	C	D	F
一													
二	T6454⑧:4	I M665:2	I M649:6										
三		II H470:10	II M782:1										
四			IV M900:2 V M894:1	II M849:6 V M867:3	III M850:2 V M886:8		I M843:2 IV M867:2	II M884:4 IV M157:3	I M819:1 II M823:3 III M866:5	I M888:12 V M427:1	I M869:7 III M843:5	II M855:1	M472:4

图五一六　大溪文化陶器分期图（五）

器名	搏缽		杯		盆		盆	钵	器座		甑
型 期 式	A	B	C	D	A	B	A	B	B	E	C
一	H391:1										
二		H421:4	I M680:5 Ⅱ M679:3	M739:4	Ⅱ H466:2 Ⅲ H210:3		I T30800⑫C:3 Ⅱ H428:5	Ⅱ T6355⑩:1	Ⅱ T6403①:5	I T1082⑥:3	
三			Ⅲ T4401⑥:5			I T3019⑤:3		Ⅲ M731:1	Ⅲ M731:3		
四						Ⅲ M888:8				Ⅱ T7402④:2	Ⅱ M895:4 Ⅲ M880:1 Ⅳ M866:7

图五—七 大溪文化陶器分期图（六）

的继续和发展，如绳纹、篦点纹、瓦棱纹、锯齿纹、刻划纹等同汤家岗文化相比，简直是如出一辙，毫无二致。

器物造型除少量碗和支座外，圜底占有绝对优势。本期出土数量最多的典型陶器群主要是釜、缸、碗、钵四类。典型器形有：A 型 I 式、B 型 I 式、D 型 II 式、E 型 I 式、H 型 I 式、J 型 I 式釜，A 型 III 式、F 型 III 式罐，B 型 I 式、D 型 I 式、E 型 I 式、J 型 I 式碗，A 型 I 式、A 型 II 式、B 型 I 式、E 型 II 式钵和 A 型 I 式器盖等（表四六～五九，图五一二～五一七）。

2. 大溪二期文化特征

陶质大体同一期，仍分五大类，但夹砂和夹炭陶比例有所下降，而粗泥和泥质陶比例却有明显上升。泥质陶中，红陶增幅较大，而酱黑陶比例却明显趋小，新出现了橘红陶。器表仍以素面为主，且多数经过打磨，器表光滑；红衣陶比例较大，是本期一大特色，约占陶片总数的 30% 左右。彩陶比例明显减少，种类除黑、红彩外，还新出现了赫色彩。施彩器类除罐、釜类外，圈足或三足杯是其重要的施彩对象，另有少量的扁足鼎、盆等器类绘彩。前者一般施黑、红彩，线条较为潦草，施彩部位多为颈或肩部，少数绘于口沿内侧；后者常见通体绘彩，多为黑、赭色彩，线条细致有序，图案较为复杂。值得一提的是，本期少量彩陶图案明显具有中原仰韶文化特征，如标本 A 型 I 式盆所绘的花瓣式图案就是其中一例。

纹饰基本承袭了一期所有纹饰，新出现少量按窝纹。相比一期而言，纹饰比例结构已发生了较大变化。弦纹和戳印纹已位居榜首，而占一期主导地位的绳纹、瓦棱纹、刻划纹等却降居其次，篦点纹及锯齿纹更是强弩之末了。此外，本期纹饰还有两大特点，一是戳印和压印纹很有特色，不但制作精致，而且图案极其复杂；二是附加堆纹上的组合纹特别繁复，往往是多种纹饰重重叠压。本期白陶数量较多，故压印纹亦较发达。

器物造型除圜底外，圈足已居其次，三足亦不少，并有少量平底器。器类除一期常见的釜、罐、碗、钵四类器物外，盘、豆、盖三类数量是最多的了，鼎、缸、锅、器座等数量亦不少，它们共同构成了本期陶器组合群。本期最富特征性的器物还是薄胎彩陶杯和扁薄足鼎两类器物。典型器类及器物形式有：A 型 IV 式、B 型 III 式、B 型 IV 式、H 型 II 式、H 型 IV 式、J 型 IV 式釜，A 型 IV 式、F 型 IV 式、F 型 V 式罐，A 型 II 式、A 型 III 式、B 型 III 式、D 型 II 式、E 型 III 式、J 型 III 式碗，A 型 V 式、B 型 III 式、D 型 III 式、E 型 III 式钵，A 型 I 式、A 型 III 式、D 型 II 式、G 型 I 式、H 型 I 式、Q 型 I 式、Q 型 II 式盘，A 型 I 式、A 型 II 式、C 型 I 式、C 型 II 式、F 型 I 式豆，A 型 II 式、E 型 I 式、F 型 I 式器盖，A 型、B 型 I 式、D 型 I 式鼎，C 型 I 式、C 型 II 式、D 型杯，A 型 II 式、A 型 III 式盆，A 型 I 式缸，A 型 II 式、A 型 III 式瓮，B 型 II 式锅，B 型 II 式器座，A 型擂钵等（表四六～五九，图五一二～五一七）。

3. 大溪三期文化特征

本期陶质的一个显著变化是，泥质陶开始跃居首位（比例超过 40%），粗泥陶居其次，而夹砂陶已降为其三，这种格局完全打破了一、二期陶器质地的比例结构。泥质陶中，除红陶仍为主流外，黑陶和灰陶所占比例较大，白陶已是微乎其微了。粗泥陶中已不见褐陶，夹砂陶中有极少量的白陶。器表仍以素面为主要特征，但比例上升较快，约占 70% 左右；红衣陶和彩陶相比二期而言，均缩减了大约一半。彩陶常见黑、赭二色彩，施彩对象不再是罐和釜，而是以杯为主要对象；图案简单明了，线条具体切实，表明彩陶艺术已开始走入衰退阶段。

表四六　　　　　　　　　　　　大溪文化各期陶釜主要型式

式\期 \ 型	A	B	C	D	E	F	G	H	I	J	K	L	M	N	O
一	I II III	I	I II	I II	I II	I	I	I		I					
二	III IV V	II III IV	III	III IV	III	II III IV	II III	II III IV	I II III	II III IV V	I II	I II III	＊	＊	I
三			IV V	V		V				VI	III				II
四							IV					IV V			III

注：＊表示含有该型器类。表四七至表五九同此。

表四七　　　　　　　　　　　　大溪文化各期陶罐主要型式

式\期 \ 型	A	B	C	D	E	F	G	H	I	J	K	L	M	O	P	R	S
一	I II III IV	I II III		I		I II III	I	＊	I								
二	IV	IV	I	II		IV V		II		＊				＊			
三			II IV	III			II		III							I II III	＊
四					I II						I、II III、IV V、VI VII VIII IX X XI	I II III IV V VI VII VIII	I II III		I II	IV	

表四八　　大溪文化各期陶钵、盆、碟主要型式

期＼型	钵A	钵B	钵C	钵D	钵E	钵F	钵G	钵H	盆A	盆B	盆C	碟A	碟B
一	I II III	I			I II	I II	*	*				*	
二	IV V	II III	I	I II III	III IV	III			I III		I II		
三			II	IV	IV V						I		*
四				V	VI VII						II III		

表四九　　大溪文化各期陶缸、瓮、锅、擂钵、器座、支座主要型式

期＼型	缸A	缸B	缸C	缸D	缸E	缸F	瓮A	瓮B	瓮C	瓮D	瓮E	锅A	锅B	擂钵A	擂钵B	器座A	器座B	器座C	器座D	器座E	支座
一							I														*
二	I II	I	I II		*		II III		*		*	*	I II	*		I II III	I II	I			
三	III IV	II III		I II		*		*		*			III		*	III IV	III	II III	I	I	
四																			II	II	

表五〇　　大溪文化各期陶鼎、鼎足主要型式

期＼型	鼎A	鼎B	鼎C	鼎D	鼎E	鼎F	鼎G	鼎H	鼎I	鼎J	鼎K	鼎L	鼎足A	鼎足B	鼎足C	鼎足D	鼎足E	鼎足F	鼎足G	鼎足H	鼎足I	鼎足J
一													I			I						
二	*	I	I II	I									II III	I II	I	I II		I		I	I II	I
三	II III IV			II									IV	III	II III	III	II III	III	I II III	II III		*
四				III IV V	I II III IV V VI VII	I II III IV V	I II III	*	*	*	*	*							IV V	III		

表五一 大溪文化各期陶豆主要形式

期\型	A	B	C	D	E	F	G	H	I	J	K	L	M	N	O	P	Q	R	S	T
二	I II III	*	I II III	I II III IV	I	I														
三					II III	II III														
四				III		IV	I II III IV V	I II III IV	I II	I II III	*	I II III IV V VI	*	*	I II III IV	*	*	I II III IV V VI	I II III	*

表五二 大溪文化各期陶碗主要型式

期\型	A	B	C	D	E	F	G	H	I	J	K	L	M	N	O	P	Q	R	S
一		I II		I	I	I		I	I	I II					I				*
二	I II III	III	*	II	II III IV	II III	II III	I	II	III IV			*					*	
三		IV V		III	V	IV		II	III	I II					II		I		
四								IV				I II		I II		I II III IV	II III IV V VI VII		

表五三 大溪文化各期陶盘主要型式

期\型	A	B	C	D	E	F	G	H	I	J	K	L	M	N	O	P	Q
一					I												
二	I II III IV			I II III	II III	I II III	I II	I II III	I	I II III	I	I II	I II	I			I II
三		I	*			IV V	II III	II III	II	IV	II	III	III			*	III
四		II		IV V					III		III				*		

表五四　　　　　　　　大溪文化各期陶器盖主要型式

式\型\期	A	B	C	D	E	F	G	H	I	J	K	L	M	N	O	P
一	I	I II	I	I					I		I					*
二	II	III IV	II III	II	I	I II III	I II III	I II	II III		II				*	
三	III IV V		IV		II	IV V	IV V VI		IV	I	II III			*		
四	VI VII		V VI	III IV V						II III IV V		I II III IV	I II III			

表五五　　　　　　大溪文化各期陶杯、曲腹杯、甑主要型式

式\型\期	杯								曲腹杯						甑				
	A	B	C	D	E	F	G	H	A	B	C	D	E	F	A	B	C	D	E
二	*	*	I II	*			*								I				
三			III			I		*	*						II				
四					I II	II			I II III IV V VI VII	I II III	I II		*	*	I II	I II III IV	*	*	

表五六　　　　　　　大溪文化各期陶壶主要型式

式\型\期	A	B	C	D	E	F	G	H	I	J	K	L
四期	I II III IV	I II	I II III	I II	*	*	*	I II III IV V	I II III IV	*	I II	I II III

表五七　　　　　　　　大溪文化各期陶簋、瓶主要型式

式 型 期	簋												瓶					
	A	B	C	D	E	F	G	H	I	J	K	L	A	B	C	D	E	F
四期	I II III IV	I II III IV	I II III	I II III IV	*	I II	I II III	I II	I II III IV	I II III	I	I II III	I II III IV V	I II	I II III	I II III IV V VI	I II III IV	I II III

表五八　　　　　　　大溪文化各期陶纺轮、球，石斧主要型式

式 型 期	陶纺轮							陶球			石斧						
	A	B	C	D	E	F	G	A	B	C	A	B	C	D	E	F	G
一		I									I		I II		I	I	
二		I II	I	I	*			*	*	*	II III	I II	III IV	I	II III IV	II	
三			II	II III		I II		*	*	*			V	II	V		*
四	II	III IV V VI VII				III	*				IV V	III			V VI	III	

表五九　　　　　　　大溪文化各期石锛、凿、锄、铲、钺主要型式

式 型 期	锛								凿						锄		铲		钺		
	A	B	C	D	E	F	G	H	A	B	C	D	E	F	A	B	A	B	A	B	C
一									I												
二	I II III				I II				II						I II	I II III	I II				
三			I II	I	I II			III	III IV		I	I					I				
四	IV	III	II III	III IV	IV	I II III	I II III	*	I II III	III III	II III	*	*	III	III		III	II	*	I II III	*

纹饰方面，总的施纹比例与二期相当，但纹饰结构发生了较大变化。弦纹和附加堆纹的比例继续上升，流行于一、二期的瓦棱纹和篦点纹此期已荡然无存，新出现了模印纹和器内刻划纹。绳纹所占比例已极少，施纹方式比较粗放随意，开始趋于没落；镂孔比例有所增加，且形状多样。本期的戳印纹、模印纹及附加堆纹比较富有特色。

器物造型以圈足为主，次为三足，圜底已降为其三，平底数量亦不少。器类同二期相比，大致相若，但数量对比及形式差异较为显著。数量较多的主要器类有碗、盘、豆、鼎、器盖等类，而大量流行于一、二期的釜、罐、钵则已降居其次。此外，缸和器座的数量亦不少，它们共同构成了本期陶器组合群。典型器物形式有：B 型 IV 式、D 型 III 式、E 型 V 式、Q 型 I 式碗，D 型 III 式、G 型 II 式、G 型 III 式、H 型 III 式、Q 型 III 式盘，F 型 III 式、L 型 I 式豆、B 型 II 式、D 型 II 式鼎、D 型 V 式、J 型 VI 式釜，R 型 III 式罐，D 型 IV 式、E 型 V 式钵，B 型 I 式盆，A 型 IV 式缸，B 型 III 式锅，B 型 III 式、E 型 I 式器座，C 型 III 式杯，A 型 IV 式、E 型 II 式、F 型 IV 式器盖等（表四六～五九，图五一二～五一七）。

4. 大溪四期文化特征

该期主要是一批墓葬材料，许多方面截然不同于前三期，却更为临近屈家岭文化，因而特征十分明显。

陶器制作方面一改手制为主的传统，轮制成为陶器制作的主要方式，但部分小型器物仍然是手制捏塑成型。大量黑陶的出现，表明地下窑烧制陶器已成为时尚，窑外渗碳技术可能得到了进一步提高。技术的改进和创新是此期生产力水平和社会发展的集中体现。

陶器中已不见夹蚌陶，夹砂、夹炭和粗泥陶比例均不如前三期，泥质陶首次占据主导地位，比例已超过 60％。泥质陶中，红、黑、灰陶为主，另有少量橙黄和橘红陶，不见白陶。素面成为此期陶器器表的主要特征，比例超过 80％，素面陶大多经过磨光处理。此期陶器装饰的另一显著特征是，除仍有少量彩绘陶器外，还出现了数量不少的朱绘陶器。彩陶更为简单，一般以条带纹为主，主要施于瓶、壶两类器物上；朱绘几乎脱落殆尽，仅存斑块，主要涂于豆和扁腹壶两类器物上，多见于灰陶或饰有灰衣的陶器器表。

纹饰总的来讲是趋于衰败，不但比例明显下降，而且种类也极为单调。统计结果表明，此期纹饰已不足 10％，弦纹和镂孔成为本期最常见的两类纹饰，另有少量刻划纹、戳印纹、附加堆纹等。刻划符号是本期新出现的一种装饰方法，常见于豆和纺轮两类器物。前者多施于豆盘内面，后者常见于纺轮顶面。这种刻符究竟仅为装饰而已，还是另有寓意（如刻文），目前尚不清楚。

器物造型仍以圈足为主，三足和平底为其次，圜底已所剩无几。器类中新出现了壶、瓶、簋、曲腹杯、小甑等一大批器类，常见器物群有鼎、豆、壶、碗、簋、瓶、曲腹杯、小罐、盖等。典型器物形式有：D 型 IV 式、D 型 V 式、E 型 II 式、E 型 V 式、F 型 III 式、F 型 V 式鼎，H 型 III 式、H 型 IV 式、J 型 I 式、J 型 III 式、L 型 II 式、L 型 IV 式、R 型 II 式、R 型 VI 式豆，A 型 II 式、A 型 III 式、D 型 I 式、D 型 II 式、H 型 I 式、H 型 III 式、H 型 V 式、L 型 I 式、L 型 II 式、L 型 III 式壶，Q 型 II 式、Q 型 IV 式碗，A 型 I 式、A 型 IV 式、B 型 II 式、B 型 IV 式、G 型 I 式、G 型 II 式、G 型 III 式簋，A 型 I 式、A 型 III 式、A 型 V 式、C 型 I 式、C 型 II 式、C 型 III 式、D 型 II 式、D 型 V 式、D 型 VI 式瓶，B 型 I 式、B 型 V 式、C 型 I 式、C 型 III 式、D 型 II 式、F 型曲腹杯，K 型 VI 式、K 型 VII 式、L 型 I 式、L 型 II 式、L 型

VII式、R型IV式罐，D型IV式、D型V式盘，D型V式、E型Ⅶ式钵，B型III式盆，E型II式器座，C型I式、C型Ⅱ式、C型III式、C型IV式甑，A型Ⅶ式、J型III式、J型IV式器盖等（表四六～五九，图五一二～五一七）。

第三章　屈家岭文化遗物

城头山遗址屈家岭文化遗物以墓葬出土的最为丰富，地层和其他遗迹所出遗物较少。故在器物的形态分析中主要以墓葬的器物为主，同时结合地层和其他遗迹所出器物。屈家岭文化遗物最集中的区域是在第四区，因为该区所出的屈家岭文化墓葬最多。另外出土遗物较多的是在第二区和第三区。其他几个区因屈家岭文化的地层堆积较薄，能复原的器形非常少，在器物的型式分析中考虑到地层及其他遗迹所出的器物较少，故将其与墓葬所出器物一起分析。总的说来，屈家岭文化遗物主要为陶器，石器数量不多，也有几件玉器，而木器、骨器和其他遗物则发现很少。现按质料分类介绍。

一　陶器

共3528件，其中完整和经过修复可以复原的有1738件，还有少数只知器类而不辨器型者，仅作为器类统计。绝大多数完整器物出土于墓葬，也有少部分出土于地层和其他遗迹。陶质有夹砂和泥质两大类。泥质陶中还有一种细泥陶，这种陶土大多数经过淘洗，质地细腻，杂质较少，器物表面乌黑光亮，其器形大多为墓葬中作为明器的鼎、豆、壶、簋、罐、曲腹杯、碗等。夹砂陶则一般用来制作实用生活器的缸、钵等。

陶色分为黑、灰、褐、红、橙黄等几种，以黑、灰色为主。黑陶绝大多数为墓葬所出的明器，多数质地细腻。灰陶则有深灰、中灰、浅灰几种颜色，且多以实用器为主。褐陶有深褐色和浅褐色两种，有的褐陶因烧制时氧化不足，局部呈灰褐色。红陶数量不多，用来制作瓶、罐等器物。橙黄陶很少，仅见极少量的豆、杯、罐。

在制作工艺方面，器物多数为手制，其中磨光黑陶多有轮修，并经打磨。有一部分磨光黑陶，如鼎的足还留有切割与粘贴痕迹。一部分器物为手制轮修，在器物的颈部、口沿内侧及器物内壁都不同程度留下了轮修痕迹。真正轮制的器物很少。某些器物的耳、把手或少量明器为手捏成型。

屈家岭文化陶器的种类繁多。分为实用生活器与墓葬明器两大类。实用生活器主要有釜、罐、豆、杯、钵、缸、鼎、碗、盆、器盖等，其中以釜、缸、罐、碗、杯为主，是当时人们日常生活中使用的主要器皿。墓葬中既出实用生活器，也出明器。明器多以实用生活器为模型，仿照其形态，主要有鼎、豆、壶、簋、罐、瓶、曲腹杯、碗、钵、甑、器盖等。综合考察这批陶器的造型特点，以圈足器为最多，如豆、碗、簋、杯。三足器与平底器次之，三足器主要为鼎；平底器有钵、缸、罐、盆等。圜底器的比例与三足器和平底器大致相等，主要为釜。

器表以素面为主，常见的纹饰有弦纹、镂孔、附加堆纹、篮纹（图五一八，1～4），另外在部分器物的表面还发现了刻划符号（图五一九，1～12）。泥质红陶的器表往往有红衣，极个别的还有黑彩。

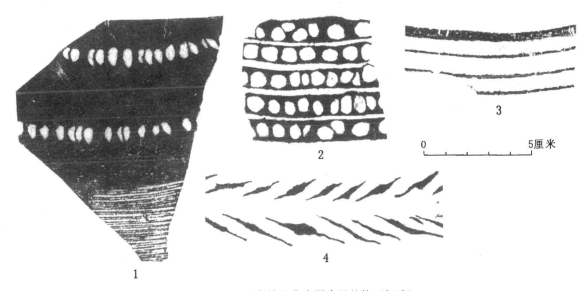

图五一八　屈家岭文化陶器常见纹饰（拓片）

1. 戳印卵点纹、弦纹（H108）　2. 戳印卵点纹、弦纹（G86）　3. 瓦棱状弦纹（F86）　4. 绚索状附加堆纹（H382）

（一）生活用器

鼎　133件。可分为八型。全部为墓葬出土的小型明器。

A型　69件。圆锥足或扁圆锥足釜形鼎。分十式。

Ⅰ式　5件。折沿，圆弧腹，圜底较深。

标本M356:1，泥质灰陶。圆唇，斜折沿，圆弧腹，圜底。素面。口径5.7、腹径8、高7.8厘米（图五二〇，1）。

Ⅱ式　7件。腹部圆弧不如Ⅰ式明显。

标本M854:1，泥质黑陶。圆唇，垂腹，腹壁斜弧。素面。口径6、腹径8.2、高8厘米（图五二〇，2）

Ⅲ式　4件。垂弧腹。

标本M394:2，泥质黑陶。圆唇，微圜底。素面。口径7.2、腹径10、高10厘米（图五二〇，3；图版一二四，1）。

图五一九　屈家岭文化陶器刻划符号（拓片）

1. 鱼形纹（M339:2）　2. 蟹爪形纹（M161:7）　3、6. 涡状纹、三角纹（M161:12、M161:5）　5. 叶脉纹
（M393:1）　5. 交叉划纹（437:2）　7~9. "五"字形刻划纹（M578:6、M578:2、M578:12）　10. "四"字
形刻划纹（M480:3）　11. 双曲尺形纹（M161:4）　12. 网状刻划纹（M610:7）

Ⅳ式　5件。垂腹。

标本 M554:3，泥质黑陶。圆唇，斜折沿，斜直壁，底近平。素面。口径4.3、腹径5.6、高5
厘米（图五二〇，4；图版一二四，2）。

Ⅴ式　2件。垂腹较Ⅳ式明显。

标本 M482:1，泥质黑陶。尖唇，大垂腹，圜底。素面。口径5.4、腹径8.8、高7厘米（图

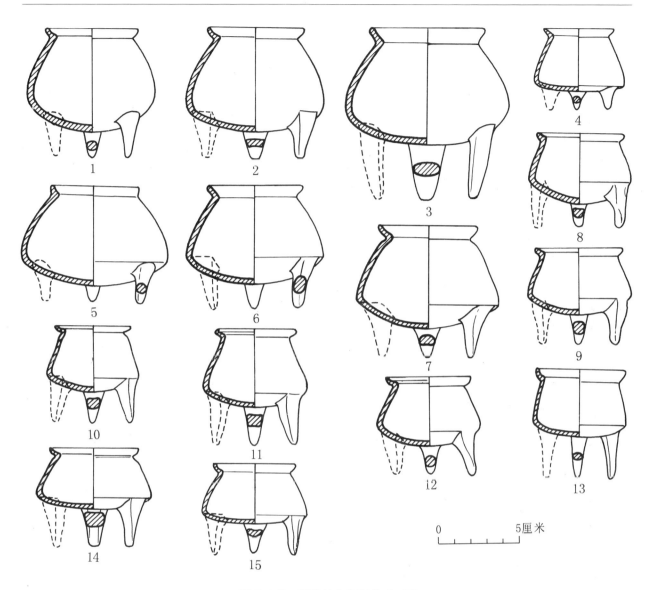

图五二〇　屈家岭文化陶鼎（A型）

1. A型Ⅰ式（M356:1）　2. A型Ⅱ式（M854:1）　3. A型Ⅲ式（M394:2）　4. A型Ⅳ式（M554:3）　5. A型Ⅴ
式（M482:1）　6、7. A型Ⅵ式（M535:3、M606:5）　8～10. A型Ⅶ式（M480:19、M475:20、M467:7）　11、
12. A型Ⅷ式（M474:9、M425:69）　13. A型Ⅸ式（M448:22）　14、15. A型Ⅹ式（M477:3、M484:20）

五二〇，5；图版一二四，3）。

　　Ⅵ式　5件。垂腹近折。

　　标本 M535:3，泥质灰陶。圆唇，斜折沿，圜底。素面。口径 5.6、腹径 8.4、高 7.5 厘米
（图五二〇，6；图版一二四，4）。标本 M606:5，泥质灰陶。尖唇，折沿，沿面略内凹，垂腹微
折，圜底。素面。口径 6.1、腹径 8.8、高 8 厘米（图五二〇，7；彩版四九，1）。

　　Ⅶ式　4件。上腹壁斜直，下腹壁近折。

　　标本 M480:19，泥质灰陶。圆唇，圜底。素面。口径 5.2、腹径 6.3、高 5.7 厘米（图五二
〇，8）。标本 M475:20，泥质黑陶。圆唇，斜折腹，圜底。素面。口径 5.4、腹径 6.3、高 5.8 厘

米（图五二〇，9；图版一二五，1）。标本 M467:7，泥质黑陶。尖唇，沿内缘上翘明显，斜直腹近折。素面。口径 4.6、腹径 5.4、高 5.8 厘米（图五二〇，10；图版一二五，2）。

Ⅷ式　23 件。斜直壁。

标本 M474:9，泥质黑陶。尖唇，斜直壁。素面。口径 5、腹径 6、高 7 厘米（图五二〇，11；图版一二五，3）。标本 M425:69，泥质灰陶。尖唇，斜直壁，折腹。素面。口径 5.2、腹径 6、高 5.8 厘米（图五二〇，12）。

Ⅸ式　5 件。小盘口，垂腹。

标本 M448:22，泥质黑陶。小盘口，斜弧壁近直，底近平，锥状足。素面。口径 5.6、腹径 5.8、高 6.6 厘米（图五二〇，13）。

Ⅹ式　9 件。斜壁，浅腹，圜底近平。

标本 M477:3，泥质黑陶。圆唇，折沿，沿面微内凹，斜直壁近折，底近平。素面。口径 5.2、腹径 6.8、高 6 厘米（图五二〇，14；图版一二五，4）。标本 M484:20，泥质黑陶。尖唇，斜折沿，沿面微内凹，斜直壁，平底。素面。口径 4.8、腹径 6.4、高 5.6 厘米（图五二〇，15；图版一二六，1）。

B 型　38 件。扁锥足釜形鼎。分七式。

Ⅰ式　9 件。折沿，圆弧腹。

标本 M497:2，泥质灰褐陶。尖唇，斜折沿，沿较窄，圆弧腹近斜，圜底近尖。口径 6.4、腹径 9、高 8.2 厘米（图五二一，1；彩版四九，2）。标本 M845:6，泥质黑陶。圆唇，斜折沿。素面。口径 6、腹径 8.4、高 8 厘米（图五二一，2）。标本 M158:1，泥质灰陶。尖唇，束颈，腹壁圆弧，圜底。足残。素面。口径 6、腹径 9.2、残高 8 厘米（图五二一，3）。标本 M863:5，泥质黑陶。尖唇，斜折沿，腹壁圆弧。器表饰细小划纹。口径 5.8、腹径 8.4、高 7.3 厘米（图五二一，4；图版一二六，2）。

Ⅱ式　5 件。折沿，盘口，近垂腹。

标本 M160:5，泥质黑陶。尖唇。抑折沿，腹微垂近折，器内壁有轮刮痕迹。素面。口径 6.8、腹径 8.2、高 7.6 厘米（图五二一，5；图版一二六，3）。

Ⅲ式　4 件。折沿，垂腹近折。

标本 M390:1，泥质灰陶。尖唇，圜底。素面。口径 5.2、腹径 8.2、高 7.6 厘米（图五二一，6；图版一二六，4）。

Ⅳ式　3 件。折沿，沿面略内凹，垂折腹。

标本 M496:2，泥质灰陶。尖唇。素面。口径 5.1、腹径 7.1、高 6.7 厘米（图五二一，7；图版一二七，1）。

Ⅴ式　8 件。沿面内凹，垂腹。

标本 M460:2，泥质黑陶。圆唇，仰折沿，沿面略内凹，有轮刮痕迹，圆弧腹近垂。素面。口径 5.8、腹径 8.4、高 7.6 厘米（图五二一，8；图版一二七，2）。标本 M602:3，泥质黑陶。尖唇，宽折沿，沿面略内凹，斜直壁近折。素面。口径 5、腹径 7.2、高 7.8 厘米（图五二一，9）。

Ⅵ式　4 件。折沿，底微圜近平。

标本 M478:6，泥质黑陶。尖唇，斜直壁近折。素面。口径 5、腹径 6.6、高 6.4 厘米（图五

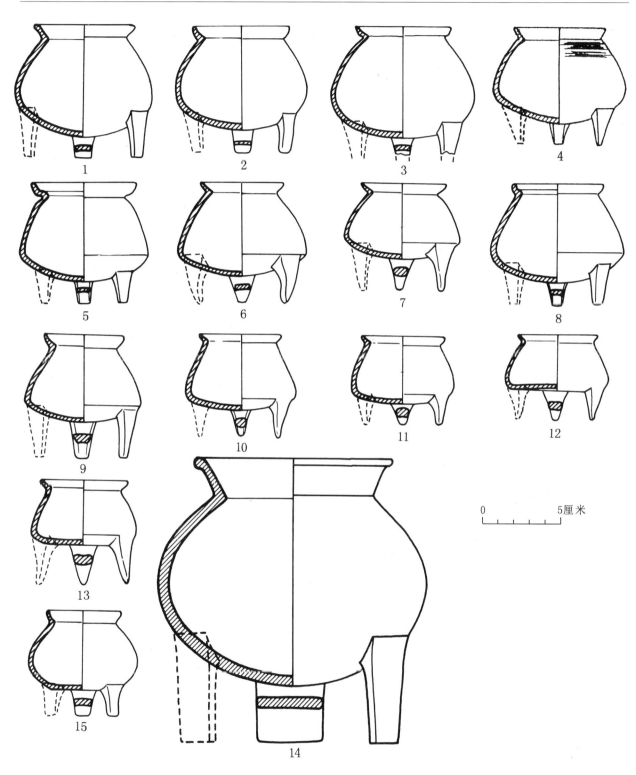

图五二一 屈家岭文化陶鼎（B、C型）

1~4. B型Ⅰ式（M497:2、M845:6、M158:1、M863:5） 5. B型Ⅱ式（M160:5） 6. B型Ⅲ式（M390:1）
7. B型Ⅳ式（M496:2） 8、9. B型Ⅴ式（M460:2、M602:3） 10、11. B型Ⅵ式（M478:6、M634:5）
12、13. B型Ⅶ式（M495:3、M404:5） 14. C型Ⅰ式（M863:2） 15. C型Ⅱ式（M456:2）

二一，10；图版一二七，3）。标本 M634：5，泥质黑陶。尖唇，斜直壁近折。素面。口径 5.1、腹径 6.4、高 5.6 厘米（图五二一，11）。

Ⅶ式　5件。折沿，斜弧腹，底近平。

标本 M495：3，泥质黑陶。尖唇，平底。素面。口径 5、腹径 6.6、高 5.4 厘米（图五二一，12；图版一二七，4）。标本 M404：5，泥质黑陶。尖唇，斜折沿，底微凹近平。素面。口径 5.6、腹径 6.4、高 6.5 厘米（图五二一，13）。

C型　8件。长方扁平足釜形鼎。分二式。

Ⅰ式　4件。高斜折沿，束颈，圆鼓腹，圜底。

标本 M863：2，灰炭褐陶。圆唇，一足残。素面。口径 12.6、腹径 17.2、高 17.3 厘米。应为实用器（图五二一，14；图版一二八，1）。

Ⅱ式　4件。斜折沿，沿面略内凹，圆鼓腹，平底。

标本 M456：2，泥质黑陶。尖唇，扁凿形足。素面。口径 4.8、腹径 6.8、高 6.6 厘米（图五二一，15；图版一二八，2）。

D型　5件。盆形鼎。

标本 M545：7，泥质灰陶。圆唇，斜折沿，弧腹，圜底，两足残，应为锥状足。素面。口径 7.6、腹径 7.2、高 6.6 厘米（图五二二，1；图版一二八，3）。标本 M635：1，泥质灰陶。尖唇，折沿，沿面微内凹，直腹，圜底近平，扁圜锥足。素面。口径 5.4、腹径 5.2、高 5 厘米（图五二二，2；图版一二八，4）。

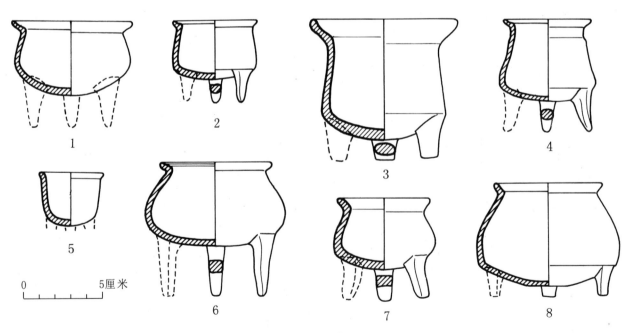

图五二二　屈家岭文化陶鼎（D～H 型）

1、2. D型（M545：7、M635：1）　3、4. E型（M454：3、M480：18）　5. F型（M424：3）

6. G型Ⅰ式（M491：2）　7. G型Ⅱ式（M633：11）　8. H型（M813：11）

E型　4件。深腹罐形鼎。

标本 M454：3，泥质灰陶。圆唇，斜沿，腹壁斜直，圜底，扁锥状足。素面。口径 9、腹径

7.8、高 8.7 厘米（图五二二，3；图版一二九，1）。标本 M480:18，泥质黑陶。仰折沿，沿面内凹，斜直壁，圜底近平，圆锥足。素面。口径 5.6、腹径 5.8、高 6.6 厘米（图五二二，4；图版一二九，2）。

F 型　2 件。深腹钵形鼎。

标本 M424:3，泥质黑陶。圆唇，斜收腹，圜底。足残。素面。口径 4、残高 3.4 厘米（图五二二，5；图版一二九，3）。

G 型　5 件。截面方形足釜形鼎。分二式。

Ⅰ 式　2 件。折沿，沿面内凹，圆鼓腹。

标本 M491:2，泥质黑陶。圆唇，沿面内凹，有轮修痕迹，扁圆腹，圜底，长方断面凿形足。素面。口径 7、腹径 8.8、高 8.2 厘米（图五二二，6；图版一二九，4）。

Ⅱ 式　3 件。折沿，沿面较平，圆鼓腹，圜底。

标本 M633:11，泥质黑陶。圆唇，柱状足。素面。口径 5.8、腹径 6.4、高 6.4 厘米（图五二二，7）。

H 型　2 件。

标本 M813:11，泥质黑陶。圆唇，斜折沿，腹壁圆弧，腹部与底连接处起折。扁凿形足。素面。口径 6.8、腹径 9、高 7 厘米（图五二二，8）。

豆　233 件。一部分为实用器，多为泥质灰陶；明器则多为泥质黑陶。分为十九型。

A 型　25 件。弇口钵形豆。分六式。

Ⅰ 式　9 件。内折沿，盘腹斜收，圈足起小台面。

标本 M836:4，泥质黑陶。尖唇，口径 14、底径 9.6、高 12 厘米（图五二三，1）。标本 M847:6，泥质黑陶。尖唇，浅弧盘。口径 15、底径 9.2、高 11.2 厘米（图五二三，2；图版一三〇，1）。标本 M397:1，泥质黑陶。圆唇，深弧盘，圈足内壁有轮修痕迹，足底外翘。口径 14.8、底径 9.6、高 11 厘米（图五二三，3；图版一三〇，2）。标本 M390:7，泥质黑陶。尖唇，盘下部有一道折棱。口径 13.4、底径 8.8、高 10.4 厘米（图五二三，4；图版一三〇，3）。

Ⅱ 式　2 件。内折沿较 Ⅰ 式明显，盘腹有一道折棱。

标本 M395:1，泥质黑陶。尖唇，内折沿较宽，腹盘下部有一道折棱。口径 14、底径 10.4、高 12.7 厘米（图五二三，5；图版一三一，1）。

Ⅲ 式　4 件。内折沿，足底内凹。

标本 M160:3，泥质黑陶。圆唇，腹壁弧收。口径 15.8、底径 9.8、高 12.6 厘米（图五二三，6）。

Ⅳ 式　2 件。内折沿，圈足较 Ⅲ 式高。

标本 M521:1，泥质黑陶。圆唇，盘壁斜弧收，足底近台座处有二排圆形小镂孔。口径 14、底径 10.6、高 13.6 厘米（图五二三，7；图版一三一，2）。

Ⅴ 式　3 件。内折沿，盘腹近斜直，足底台面明显。

标本 M569:3，泥质灰陶。足饰三组纵向圆形镂孔。口径 16、底径 10、高 16 厘米（图五二三，8）。

Ⅵ 式　5 件。圈足较高。

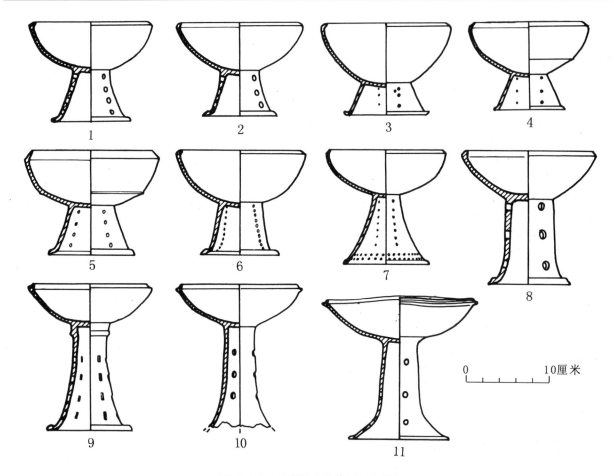

图五二三　屈家岭文化陶豆（A 型）

1~4. A 型 I 式（M836:4、M847:6、M397:1、M390:7）　5. A 型 II 式（M395:1）　6. A 型 III 式（M160:3）
7. A 型 IV 式（M521:1）　8. A 型 V 式（M569:3）　9~11. A 型 VI 式（M477:14、M425:72、M425:64）

标本 M477:14，泥质黑陶。尖唇，敛口，内折沿。圈足上部有一道凸棱，其下有六组椭圆形镂孔。口径 14、底径 10.4、高 17.6 厘米（图五二三，9；图版一三一，3）。标本 M425:72，泥质黑陶。尖唇。圈足饰四组圆形镂孔。足残。口径 14.4、残高 17 厘米（图五二三，10）。标本 M425:64，泥质黑陶。尖唇。圈足饰三组圆形小镂孔。口径 17、底径 11.8、高 17.2 厘米（图五二三，11；图版一三一，4）。

B 型　11 件。折沿盆形豆，分三式。

I 式　1 件。斜折沿外翻，坦腹。

标本 M600:22，泥质灰陶。圈足饰三个三角形镂孔。口径 17.6、底径 14、高 18 厘米（图五二四，1；图版一三二，1）。

II 式　8 件。折沿，沿面略内凹，斜收腹。足较 I 式高。

标本 M425:28，泥质黑陶。盘下部有一道凸弦纹，圈足饰三角形小镂孔。口径 17.2、底径 8.6、高 21.4 厘米（图五二四，2）。

III 式　2 件。沿下折，弧腹。

标本 M542:15，泥质黑陶。矮喇叭形圈足。盘下部有一道凸棱。口径 20.8、底径 13.8、高 18

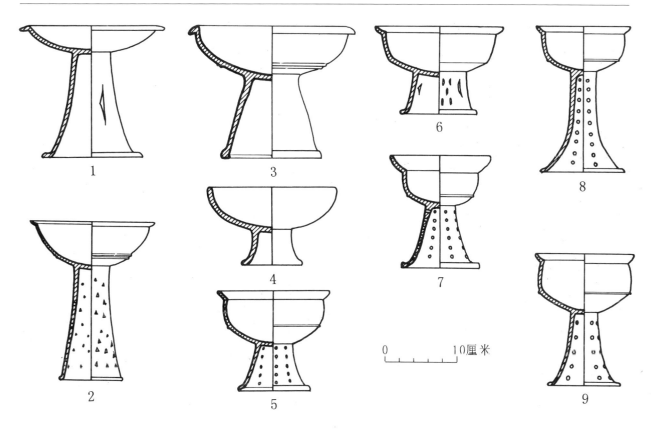

图五二四　屈家岭文化陶豆（B～D型）

1. B型Ⅰ式（M600：22）　2. B型Ⅱ式（M425：28）　3. B型Ⅲ式（M542：15）　4. C型（M542：19）　5. D型Ⅰ式
（M456：5）　6. D型Ⅱ式（M595：1）　7、8. D型Ⅲ式（M461：5、M471：2）　9. D型Ⅳ式（M467：5）

厘米（图五二四，3；图版一三二，2）。

C型　3件。敛口钵形豆。

标本M542：19，泥质红胎黑皮陶。圆唇。素面。口径18、底径8.4、高10.8厘米（图五二四，4；图版一三二，3）。

D型　16件。深腹簋形豆。分四式。

Ⅰ式　2件。斜折沿，圈足略矮。

标本M456：5，泥质黑陶。圆唇，足底有小台面，足根内凹。足部饰五组纵向小圆形镂孔。口径15.4、底径10、高13.6厘米（图五二四，5；图版一三二，4）。

Ⅱ式　2件。折沿，腹壁直，与底部转折明显。

标本M595：1，泥质灰陶。足饰三组近小三角形镂孔。口径18.6、底径10.8、高12厘米（图五二四，6）。

Ⅲ式　8件。仰折沿，形似双腹，圈足较高。

标本M461：5，泥质灰陶。腹盘下部有一道凸棱，足饰六组圆形小镂孔。口径14、底径10、高15.4厘米（图五二四，7；图版一三三，1）。标本M471：2，泥质黑陶。尖唇，盘壁有一道小凸棱。高细圈足饰四组圆形小镂孔。口径13、底径11.8、高20厘米（图五二四，8；图版一三三，2）。

Ⅳ式　4件。折沿，腹壁有折棱。

标本 M467:5，泥质黑陶。尖唇，腹盘部有一道凸棱。圈足饰五组圆形小镂孔。口径 13.6、底径 10、高 17 厘米（图五二四，9）。

E 型　7 件。盂形豆。分二式。

Ⅰ式　3 件。圈足略矮。

标本 M473:22，泥质灰陶。折沿，尖唇。圈足饰满菱形镂孔。口径 7.8、底径 8.4、高 10 厘米（图五二五，1；图版一三三，3）。

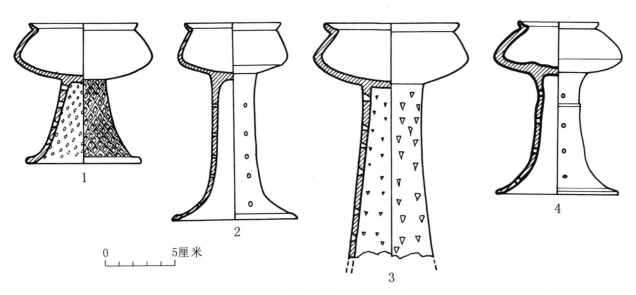

图五二五　屈家岭文化陶豆（E 型）

1. E 型Ⅰ式（M473:22）　2~4. E 型Ⅱ式（M425:9、M425:62、M425:11）

Ⅱ式　4 件。圈足较Ⅰ式高。

标本 M425:9，泥质黑陶。小盘口。足饰三组圆形镂孔。口径 7、底径 9.2、高 14 厘米（图五二五，2）。标本 M425:62，泥质黑陶。沿内微凹。足饰三角形小镂孔，已残。口径 9.6、残高 16.8 厘米（图五二五，3）。标本 M425:11，泥质黑陶。圈足高，尖唇。足饰三组圆形镂孔。口径 12、底径 5.3、高 8.7 厘米（图五二五，4；图版一三三，4）。

F 型　21 件。高喇叭形足双腹盆形豆。分六式。

Ⅰ式　5 件。折沿，沿面内凹。

标本 M583:4，泥质灰陶。盘壁有一道凸棱。圈足饰三组圆形镂孔。口径 18.4、底径 13.2、高 21.8 厘米（图五二六，1；图版一三四，1）。标本 M584:3，泥质黑陶。盘壁有一道小凸棱。圈足饰三组圆形小镂孔。口径 16.8、底径 12.8、高 20.4 厘米（图五二六，2；图版一三四，2）。

Ⅱ式　4 件。仰折沿，沿面内凹。

标本 M292:10，泥质灰黑陶。口残，盘壁有一道圆棱。圈足饰二个三角形镂孔。底径 14.6、残高 22.4 厘米（图五二六，3）。标本 M474:2，泥质黑陶。盘壁有一道圆棱。圈足饰三组三角形镂孔。口径 20、底径 13.2、高 21.6 厘米（图五二六，4；图版一三四，3）。

Ⅲ式　4 件。双腹明显。

标本 M493:1，泥质黑陶。尖唇，盘壁下部有数道凸棱。口径 21.2、底径 12.8、高 25 厘米

图五二六 屈家岭文化陶豆（F～H型）

1、2. F型Ⅰ式（M583:4、M584:3） 3、4. F型Ⅱ式（M292:10、M474:2） 5. F型Ⅲ式（M493:1）

6. F型Ⅳ式（M633:23） 7. F型Ⅴ式（M473:29） 8. F型Ⅵ式（M477:2） 9. G型Ⅰ式（M622:3）

10、11. G型Ⅱ式（M558:3、M162:1） 12～14. G型Ⅲ式（M484:26、M622:8、M422:2） 15、16.

G型Ⅳ式（M422:1、M368:1） 17. H型Ⅰ式（M609:5） 18. H型Ⅱ式（M148:2） 19、20. H型Ⅲ

式（M542:13、M542:17） 21. H型Ⅳ式（M338:6）

（图五二六，5）。

Ⅳ式　2件。双腹明显，上腹壁略直。

标本 M633:23，腹盘有二道凸棱。圈足上部有二个方形镂孔，下部有六个三角形镂孔。口径 19.2、底径 13.2、高 22 厘米（图五二六，6）。

Ⅴ式　4件。双腹。

标本 M473:29，泥质黑陶。尖唇，腹盘有二道凸棱。圈足饰三组圆形镂孔。口径 22.4、底径 13.4、高 23.4 厘米（图五二六，7）。

Ⅵ式　2件。双腹不明显。

标本 M477:2，泥质黑陶。尖唇。圈足饰六组圆形小镂孔。口径 20.4、底径 12.4、高 20.6 厘米（图五二六，8）。

G型　26件。粗喇叭形足双腹盆形豆。分四式。

Ⅰ式　2件。双腹，圈足底座台面明显。

标本 M622:3，泥质黑陶。圆唇，盘口微敛，台座略高。座内有同凹槽。圈足饰圆形镂孔。口径 20、底径 13.6、高 18.8 厘米（图五二六，9）。

Ⅱ式　15件。双腹，上腹略直。

标本 M558:3，夹砂灰陶。方唇，圈足底部有小台座。足上部饰二个半圆形镂孔，中部饰三个三角形镂孔。口径 18、底径 12、高 18.6 厘米（图五二六，10）。标本 M162:1，泥质灰陶。方唇，上腹斜收，下腹壁圆弧。圈足饰三组圆形镂孔，座内有凹槽。口径 19.2、底径 14、高 18.2 厘米（图五二六，11；图版一三四，4）。

Ⅲ式　7件。双腹不明显。

标本 M484:26，泥质黑陶。圆唇，腹盘下部有一折棱，台足底侧缘外翘。素面。口径 19.2、底径 10.4、高 18.6 厘米（图五二六，12）。标本 M622:8，泥质灰陶。尖唇。圈足上部饰二个半圆形镂孔，足内壁呈瓦棱状。口径 18、底径 11.7、高 18.6 厘米（图五二六，13；图一三五，1）。标本 M422:2，泥质灰陶。圆唇，腹盘有一道凸棱。圈足上部饰二个半圆形镂孔，其下饰四组圆形镂孔。口径 18.6、底径 13、高 17.6 厘米（图五二六，14）。

Ⅳ式　2件。双腹近直，较Ⅲ式更不明显。

标本 M422:1，泥质灰陶。圆唇。圈足上部饰二个半圆形镂孔。其下饰三组圆形小镂孔。口径 18.6、底径 13、高 18.4 厘米（图五二六，15）。标本 M368:1，泥质灰陶。圆唇。圈足上部饰二个半圆形镂孔，中部饰三个三角形镂孔。口径 19.6、底径 11.2、高 19.4 厘米（图五二六，16；图版一三五，2）。

H型　9件。矮喇叭形足双腹盆形豆。分四式。

Ⅰ式　1件。下腹盘较浅，圈足台面略矮。

标本 M609:5，泥质黑陶。圆唇。足饰八个圆形镂孔。口径 17.2、底径 13、高 12.2 厘米（图五二六，17；图版一三五，3）。

Ⅱ式　2件。下腹盘较深。

标本 M148:2，泥质灰陶。圆唇，足底有台面。圈足饰三组圆形镂孔。口径 21.6、底径 14、高 13.8 厘米（图五二六，18）。

Ⅲ式 4件。腹盘下部有折棱，圈足台面略高。

标本 M542:13，泥质灰陶。尖唇，腹盘下部微折。圈足饰三角形镂孔。口径 19.2、底径 10.6、高 13 厘米（图五二六，19；图版一三五，4）。标本 M542:17，泥质灰陶。方唇，腹盘下部微折。足饰三角形镂孔。口径 19.2、底径 11、高 13.4 厘米（图五二六，20）。

Ⅳ式 2件。双腹略不明显，圈足台面较明显。

标本 M338:6，泥质灰陶。圆唇。圈足饰三组圆形镂孔。口径 18、底径 13.2、高 15.2 厘米（图五二六，21）。

I 型 15件。折沿双腹盆形豆。分三式。

Ⅰ式 2件。尖唇，折沿，敞口，双腹略显。

标本 M606:4，泥质褐陶。圈足上部有三道凹弦纹，其下有二个圆形镂孔。口径 19.2、底径 11、高 13.2 厘米（图五二七，1）。标本 M302:3，泥质灰陶。圈足上部饰三道凸棱，其下有三组圆形镂孔。口径 20、底径 13.6、高 13.6 厘米（图五二七，2；图版一三六，1）。

Ⅱ式 11件。腹盘较Ⅰ式浅。

标本 M343:8，泥质灰陶。圆唇。圈足上部二道凸棱，其下四组圆形镂孔。口径 17、底径 12.8、高 13.8 厘米（图五二七，3；图版一三六，2）。

Ⅲ式 2件。垂唇，折腹，圈足台面较高。

标本 M342:2，泥质灰陶。沿微下折，喇叭形圈足较高。足上部有数道凹弦纹，其下有二组圆形镂孔。口径 8.6、底径 10、高 11.2 厘米（图五二七，4；图版一三六，3。）

J 型 18件。筒形足双腹盆形豆。分二式。

Ⅰ式 3件。腹盘较深。

标本 M161:4，泥质黑陶。圆唇，腹盘有一道凸棱。足上部有二个半圆形镂孔，其他部位饰三角形和月牙形镂孔。口径 19.6、底径 12、高 15.6 厘米（图五二七，5；图版一三六，4）。标本 M424:2，泥质灰陶。腹盘有一道凸棱。足上部饰二个半圆形镂孔，中部饰三角形及条状镂孔。口径 10、底径 6、高 7.6 厘米（图五二七，6；图版一三七，1）。

Ⅱ式 15件。腹盘略浅。

标本 M475:14，泥质灰陶。尖唇。圈足上部饰二个半圆形镂孔，其下饰月牙形及三角形镂孔。口径 19、底径 11、高 17.2 厘米（图五二七，7）。标本 M475:11，泥质黑陶。圈足饰放射状月牙形及半圆形、三角形镂孔。口径 17.6、底径 12.4、高 17.6 厘米（图五二七，8；图版一三七，2）。标本 M448:10，泥质灰陶。上小下大筒形足，盘和足部各有一道凸棱，足上部一二角形镂孔，下部有圆形和放射形镂孔。盘径 18、足径 12、高 16 厘米（图五二七，9；彩版四九，3）。

K 型 11件。高大喇叭形足双腹碟形豆。分三式。

Ⅰ式 2件。双腹，仰折沿，腹壁有一道折棱。

标本 M542:16，泥质灰黑陶。盘下部有一道垂棱。圈足饰圆形镂孔及三角形镂孔。口径 9.4、底径 8.8、高 12.6 厘米（图五二八，1）。

Ⅱ式 5件。圈足较Ⅰ式高。

标本 M287:3，泥质灰陶。腹盘一道折棱下垂。圈足饰三组圆形镂孔。口径 8、底径 8.6、高 14.2 厘米（图五二八，2；图版一三八，1）。标本 M289:1，泥质黑陶。圆唇。圈足饰三组圆形镂

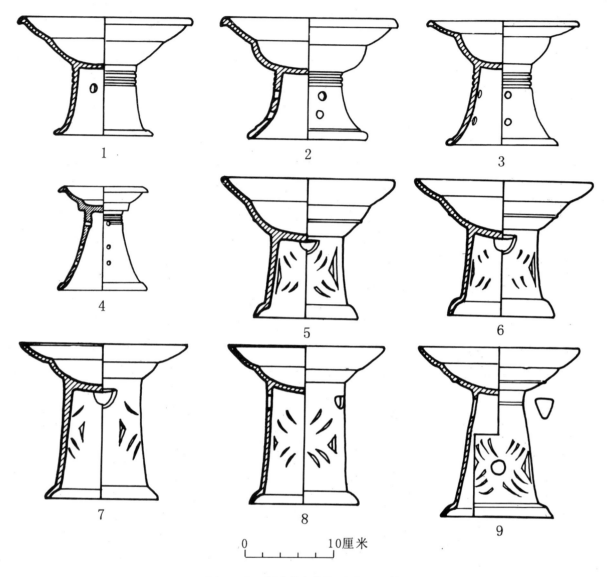

图五二七　屈家岭文化陶豆（Ⅰ、Ⅰ型）

1、2. Ⅰ型Ⅰ式（M606:4、M302:3）　　3. Ⅰ型Ⅱ式（M343:8）　　4. Ⅰ型Ⅲ式（M342:2）

5、6. Ⅰ型Ⅰ式（M161:4、M424:2）　　7~9. Ⅰ型Ⅱ式（M475:14、M475:11、M448:10）

孔并有三道凹弦纹。口径8.4、底径8.8、高12厘米（图五二八，3）。标本M289:3，泥质黑陶。圆唇。圈足饰三道圆形镂孔，中间部位饰由二道凹弦纹及三角形镂孔组成的复合纹饰。口径8.2、底径8.6、高10.6厘米（图五二八，4，图版一三八，2）。标本M609:3，泥质灰陶。尖唇，腹盘下部折成一道凸棱。圈足饰三组圆形镂孔。口径11.6、底径12.4、高12.6厘米（图五二八，5；图版一三七，4）。标本M464:4，泥质灰陶。方唇。圈足饰三组圆形镂孔。口径10.2、底径8.8、高10.8厘米（图五二八，6；图版一三九，1）。

Ⅲ式　5件。折腹，圈足台面明显。

标本M336:35，泥质黑陶。尖唇。圈足饰四组斜三角形镂孔。口径8、底径8.2、高12厘米（图五二八，7）。

图五二八　屈家岭文化陶豆（K、L型）

1. K型Ⅰ式（M542:16）　2～6. K型Ⅱ式（M287:3、M289:1、M289:3、M609:3、M464:4）　7. K型Ⅲ式（M336:35）　8～11. L型Ⅰ式（M541:3、M335:20、M448:26、M593:5）　12. L型Ⅱ式（M448:18）　13. L型Ⅲ式（M578:21）　14～16. L型Ⅳ式（M465:1、M541:14、M622:1）

L 型　20 件。高喇叭圈足直壁杯形豆。分四式。

Ⅰ式　5 件。折沿，盘口，折腹。

标本 M541:3，泥质黑陶。圆唇。盘内壁显瓦棱纹，圈足上刻划一方形符号。口径 7.8、底径 7.6、高 11.6 厘米（图五二八，8；图版一三七，3）。标本 M335:20，泥质黑陶。素面。口径 6.8、底径 6.6、高 9.8 厘米（图五二八，9）。标本 M448:26，泥质黑陶。腹盘略浅。圈足饰对称的四组三角形镂孔。口径 7.6、底径 7.2、高 10.8 厘米（图五二八，10）。标本 M593:5，泥质灰陶。圈足饰三个三角形镂孔。口径 7.7、底径 6.6、高 9.9 厘米（图五二八，11；图版一三八，3）。

Ⅱ式　4 件。折沿斜折腹。

标本 M448:18，泥质灰褐陶。沿内有浅凹槽，圈足饰四组三角形镂孔。口径 9.6、底径 6.6、高 12.4 厘米（图五二八，12）。

Ⅲ式　4 件。斜折腹，圈足较高。

标本 M578:21，泥质黑陶。圈足饰一三角形镂孔，并刻划一"Z"形符号。口径 7.2、底径 7.4、高 11.6 厘米（图五二八，13；图版一三八，4）。

Ⅳ式　7 件。圈足较Ⅲ式高，足外撇。

标本 M465:1，泥质黑陶。圈足饰四组圆形镂孔。口径 6.8、底径 8、高 12.4 厘米（图五二八，14）。标本 M541:14，泥质黑陶。圈足饰九个圆形镂孔，内壁有数道凹弦纹。口径 6.6、底径 7.2、高 11.8 厘米（图五二八，15；图版一三九，2）。标本 M622:1，泥质黑陶。圈足饰数组不规则圆形镂孔。口径 6、底径 6.8、高 11.4 厘米（图五二八，16）。

M 型　4 件。高喇叭圈足杯形豆。分二式。

Ⅰ式　3 件。折沿。沿面略内凹。

标本 M485:8，泥质灰陶。圈足饰三角形及菱形镂孔。口径 4.6、底径 7.6、高 11.2 厘米（图五二九，1；图版一三九，3）。

Ⅱ式　1 件。沿面内凹较Ⅰ式明显，形似盘口。

标本 M545:9，泥质灰陶。尖唇。圈足饰四个三角形镂孔。口径 5.6、底径 7.6、高 12 厘米（图五二九，2；图版一三九，4）。

N 型　5 件。折壁碟形豆。分二式。

Ⅰ式　2 件。坦腹，圈足略粗矮。

标本 M595:4，泥质黑陶。圆唇。圈足饰四组圆形镂孔。口径 20.2、底径 11.8、高 14.6 厘米（图五二九，3；图版一四〇，1）。标本 M569:2，泥质灰陶。圆唇。圈足饰圆形镂孔。口径 21.6、底径 11.4、高 14.2 厘米（图五二九，4）。

Ⅱ式　3 件。坦腹，圈足略细高。

标本 M425:47，泥质黑陶。圈足饰四组圆形镂孔。口径 17.4、底径 11.8、高 16 厘米（图五二九，5）。标本 M425:86，泥质黑陶。圈足饰四组圆形镂孔。口径 16.8、底径 11.4、高 16.2 厘米（图五二九，6；图版一四〇，2）。

O 型　15 件。高喇叭形圈足折沿浅盘形豆。沿下折。分四式。

Ⅰ式　4 件。

标本 M589:1，泥质黑陶。足饰四组圆形小镂孔。口径 19.2、底径 13.4、高 18.4 厘米（图五

图五二九　屈家岭文化陶豆（M～P型）

1. M型Ⅰ式（M485∶8）　2. M型Ⅱ式（M545∶9）　3、4. N型Ⅰ式（M595∶4、M569∶2）　5、6. N型Ⅱ式（M425∶47、M425∶
86）　7. O型Ⅰ式（M589∶1）　8、9. O型Ⅱ式（M404∶2、M475∶2）　10. O型Ⅲ式（M484∶25）　11. O型Ⅳ式（M474∶3）
12. P型Ⅰ式（M485∶15）　13. P型Ⅱ式（M558∶1）　14、15. P型Ⅲ式（M480∶6、M632∶6）　16. P型Ⅳ式（M627∶1）

二九，7)。

　　Ⅱ式　3件。沿下折明显。

　　标本 M404∶2，泥质黑陶。圈足饰二组圆形镂孔。口径 18.4、底径 13.6、高 23.6 厘米（图五二九，8；图版一四〇，3）。标本 M475∶2，泥质灰陶。垂唇。足饰三角形小镂孔。口径 18.8、底径 13.7、高 19.7 厘米（图五二九，9；图版一四〇，4）。

　　Ⅲ式　4件。沿外翻。

　　标本 M484∶25，泥质黑陶。足饰三组三角形小镂孔。口径 19.2、底径 12.4、高 18.6 厘米（图五二九，10）。

　　Ⅳ式　4件。垂唇外翻，圈足高。

　　标本 M474∶3，泥质黑陶。足饰三组圆形小镂孔。口径 20、底径 14、高 20.8 厘米（图五二九，11）。

　　P 型　10件。筒形圈足折沿盘形豆。分四式。

　　Ⅰ式　2件。沿外翻。

　　标本 M485∶15，泥质灰陶。圈足上部饰半椭圆形镂孔，其下饰条形及三角形镂孔。口径 18、底径 12.1、高 16 厘米（图五二九，12；图版一四一，1）。

　　Ⅱ式　3件。折沿下勾。

　　标本 M558∶1，泥质黑陶。圈足上部饰二个半圆形镂孔，下饰二个三角形镂孔。口径 16、底径 10.8、高 15.2 厘米（图五二九，13）。

　　Ⅲ式　3件。沿略下折，圈足台面较明显。

　　标本 M480∶6，泥质灰陶。圈足上部饰半圆形镂孔，其下饰圆形月牙形及三角形镂孔。口径 16.8、底径 13、高 19 厘米（图五二九，14）。标本 M632∶6，泥质黑陶。圈足饰圆形、三角形、条形组合镂孔各二组。口径 17.6、底径 10.8、高 13.8 厘米（图五二九，15；图版一四一，2）。

　　Ⅳ式　2件。沿下折直垂，圈足台面略高。

　　标本 M627∶1，泥质灰陶。足上部饰二个半圆形镂孔，下饰放射状三角形镂孔。口径 18.8、底径 12.4、高 15.2 厘米（图五二九，16）。

　　Q 型　16件。子口平底盆形豆。分四式。

　　Ⅰ式　3件。子口明显。

　　标本 M478∶9，泥质灰陶。尖唇，圈足略高。足饰四组圆形镂孔。口径 5、底径 4.6、高 10.6 厘米（图五三〇，1；图版一四一，3）。标本 M487∶7，泥质灰陶，子口，盘壁内弧，深、高细喇叭形圈足，足饰竖向三排小镂孔，每排 18 个，下部有一圈近 30 个细镂孔，出土时有盖。口径 5.5、足径 7、高 23.4 厘米（图五三〇，2；彩版四九，4）。

　　Ⅱ式　2件。子口内弇。

　　标本 M600∶15，泥质黑陶。尖唇，盘下部有一道凸棱。圈足饰三组条形镂孔和四组圆形及三角形镂孔。口径 8.4、底径 9、高 9.4 厘米（图五三〇，3；图版一四一，4）。

　　Ⅲ式　3件。子口内弇明显。

　　标本 M559∶4，泥质黑陶。尖唇，斜折盘。足饰三角形镂孔。口径 8.8、底径 7.8、高 10.4 厘米（图五三〇，4）。

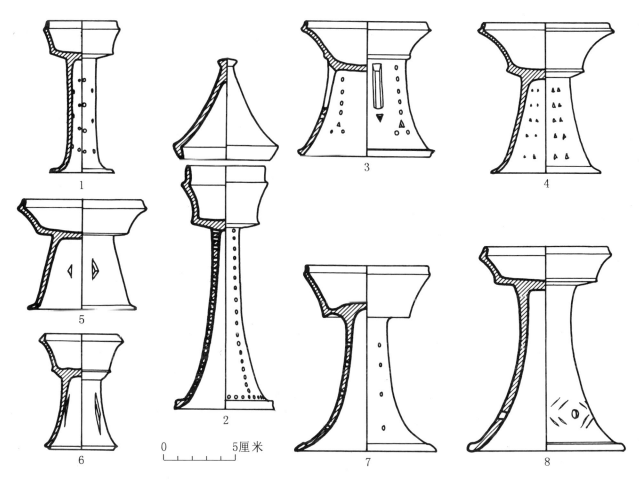

图五三〇　屈家岭文化陶豆（Q型）

1、2. Q型Ⅰ式（M478:9、M487:7）　3. Q型Ⅱ式（M600:15）　4. Q型Ⅲ式（M559:4）

5~8. Q型Ⅳ式（M632:16、M424:6、M425:10、M475:3）

Ⅳ式　8件。子口内折。

标本 M632:16，泥质黑陶。尖唇。圈足饰四组三角形镂孔。口径8.4、底径7.6、高7.7厘米（图五三〇，5；彩版四九，5）。标本 M424:6，泥质黄灰陶。尖唇。圈足饰四个梭形镂孔。口径5、底径4.6、高8厘米（图五三〇，6；图版一四二，1）。标本 M425:10，泥质黑陶。尖唇，盘壁下部平折。圈足饰四组圆形镂孔。口径8.6、底径10、高12.8厘米（图五二〇，7）。标本 M475:3，泥质黑陶。尖唇。圈足饰三组圆形及戳印条状镂孔。口径8.4、底径11、高14厘米（图五三〇，8）。

R型　1件。高鼓形座折沿双腹盆形豆。

标本 M707:1，泥质灰陶。圆唇。圈足饰三角形及菱形镂孔。口径25、底径30、高52厘米（图五三一，1；彩版五〇，1）。

S型　2件。鼓形座簋形豆。

标本 M480:1，泥质灰褐陶。侈口，尖唇，腹下部有二周凸弦纹。圈足饰放射状镂孔。口径26.8、底径16.8、高19.6厘米（图五三一，3；图版一四二，2）。标本 M591:21，泥质黑陶。盘

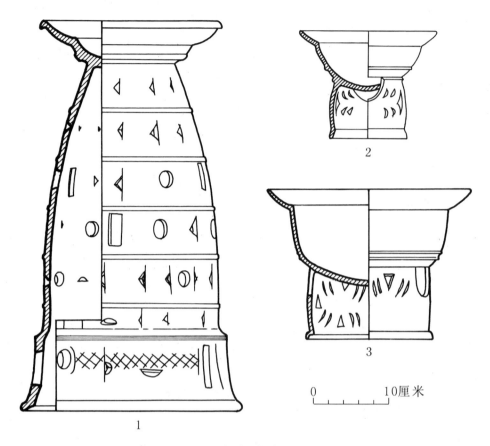

图五三一　屈家岭文化陶豆（R、S 型）

1. R 型（M707:1）　2. S 型（M591:21）　3. S 型（H480:1）

口，较高圈足中间外鼓。口径 18.4、底径 10.4、高 14 厘米（图五三一，2；图版一四二，3）。

罐　209 件。有小型明器和实用器两种。分为十五型。

A 型　21 件。斜领鼓腹平底小罐。分六式。

Ⅰ式　3 件。侈口，斜领，鼓腹。

标本 M458:1，泥质红陶。圆唇。素面。口径 4.6、底径 3.2、高 6.5 厘米（图五三二，1）。

Ⅱ式　2 件。侈口，斜领。

标本 M535:13，泥质红陶。圆唇。素面。口径 4.4、底径 3.8、高 7.2 厘米（图五三二，2）。

Ⅲ式　5 件。斜领，扁鼓腹，底凹近平。

标本 M460:1，泥质灰陶。圆唇。素面。口径 5、底径 4.6、高 7.6 厘米（图五三二，3）。

Ⅳ式　4 件。侈口，斜领，扁鼓腹，略显垂腹。

标本 M584:7，泥质灰陶。素面。口径 4.3、底径 3.6、高 6.8 厘米（图五三二，4；图版一四二，4）。标本 M449:2，泥质黑陶。素面。口径 4.4、底径 3.8、高 7.5 厘米（图五三二，5）。

Ⅴ式　5 件。斜直矮领，遍鼓腹。

标本 M630:4，泥质黑陶。圆唇。素面。口径 4、底径 3.4、高 5.2 厘米（图五三二，7；图版一四三，1）。

Ⅵ式　2 件。高斜领微内张。腹中部有折棱。

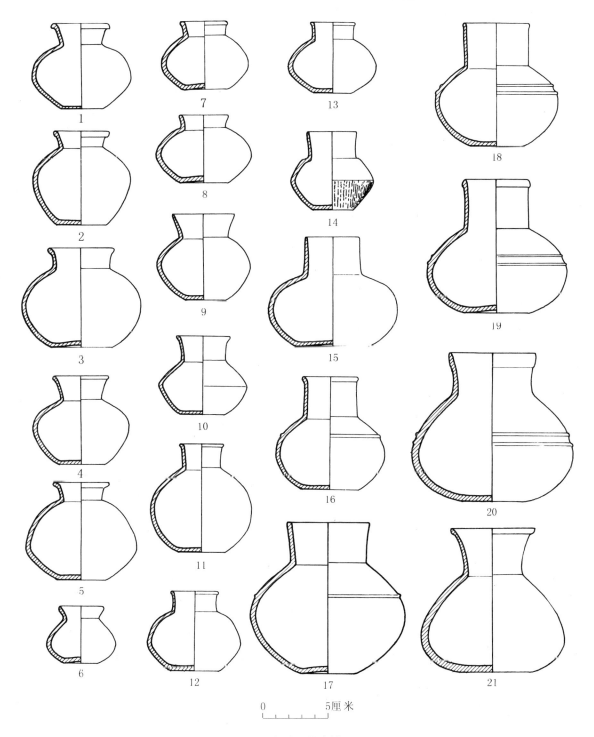

图五三二　屈家岭文化陶罐（A～C型）

1. A型Ⅰ式（M458:1）　2. A型Ⅱ式（M535:13）　3. A型Ⅲ式（M460:1）　4、5. A型Ⅳ式（M584:7、
M449:2）　6. B型Ⅰ式（M292:3）　7. A型Ⅴ式（M630:4）　8、9. B型Ⅱ式（M425:34、M448:13）
10. A型Ⅵ式（M474:21）　11. C型Ⅰ式（M589:3）　12、13. C型Ⅱ式（M425:6、M425:24）　14. C型
Ⅲ式（M404:3）　15. C型Ⅳ式（M342:9）　16. C型Ⅵ式（M367:1）　17、18. C型Ⅴ式（M541:8、M465
:11）　19. C型Ⅵ式（M335:5）　20. C型Ⅵ式（M542:21）　21. C型Ⅶ式（M474:5）

标本 M474:21,泥质黑陶。口径 4.2、底径 3.4、高 6 厘米(图五三二,10;图版一四三,2)。

B 型　7 件。折沿扁腹小罐,分二式。

Ⅰ式　2 件。扁圆腹,底微凹。

标本 M292:3,泥质黑陶。尖唇。素面。口径 3.4、底径 2.6、高 4.4 厘米(图五三二,6;图版一四三,3)。

Ⅱ式　5 件。扁圆腹,底平。

标本 M425:34,泥质黑陶。素面。尖唇。口径 3.8、底径 3.6、高 5.2 厘米(图五三二,8)。

标本 M448:13,泥质黑陶。素面。尖唇。口径 4.8、底径 3、高 6.6 厘米(图五三二,9)。

C 型　20 件。直领鼓腹平底罐。分七式。

Ⅰ式　3 件。

标本 M589:3,泥质黑陶。圆唇。素面。长张腹,平底。口径 3.5、底径 3.8、高 8.1 厘米(图五三二,11)。

Ⅱ式　4 件。圆唇,直领,扁圆腹。

标本 M425:24,泥质黑陶。素面。口径 3.6、底径 3.8、高 6.1 厘米(图五三二,13;图版一四三,4)。

Ⅲ式　2 件。直口微侈。扁鼓腹近折,下腹斜收。

标本 M404:3,泥质黑陶。尖唇。下腹饰压印竖行绳纹。口径 3.8、底径 3.2、高 6 厘米(图五三二,14)。

Ⅳ式　1 件。直领大扁腹。

标本 M342:9,泥质褐陶。素面。口径 4、底径 5.6、高 8.2 厘米(图五三二,15)。

Ⅴ式　3 件。圆唇。腹部一道凹槽。

标本 M541:8,泥质黑陶。方唇。肩部有一道凸棱。口径 6.4、底径 4.2、高 11.5 厘米(图五三二,17)。

标本 M465:11,泥质灰陶。圆唇。肩部一道瓦棱纹。口径 5.2、底径 4、高 9.4 厘米(图五三二,18)。

Ⅵ式　4 件。直领,圆鼓腹。

标本 M367:1,泥质黑陶。圆唇。腹肩部一道凸棱。口径 4.4、底径 4.2、高 8.6 厘米(图五三二,16;图版一四四,1)。

标本 M335:5,泥质黑陶。圆唇。底微内凹,肩部二周凸弦纹。口径 6.8、底径 6.2、高 11.4 厘米(图五三二,19;图版一四四,2)。

标本 M542:21,泥质黑陶。尖唇。腹部饰二道凸弦纹。口径 6.8、底径 6.2、高 11.4 厘米(图五三二,20;图版一四四,3)。

Ⅶ式　3 件。圆唇。长喇叭口,溜肩,扁腹,大平底。

标本 M474:5,泥质黑陶。素面。口径 6.5、底径 5、高 10.9 厘米(图五三二,21;图版一四四,4)。

D 型　9 件。直领鼓腹凹底罐。分四式。

Ⅰ式　2件。直领，盘口。

标本 M507:6，泥质灰陶。尖唇。肩部饰一道凸棱。口径8.8、底径6、高12.5厘米（图五三三，1；图版一四五，1）。

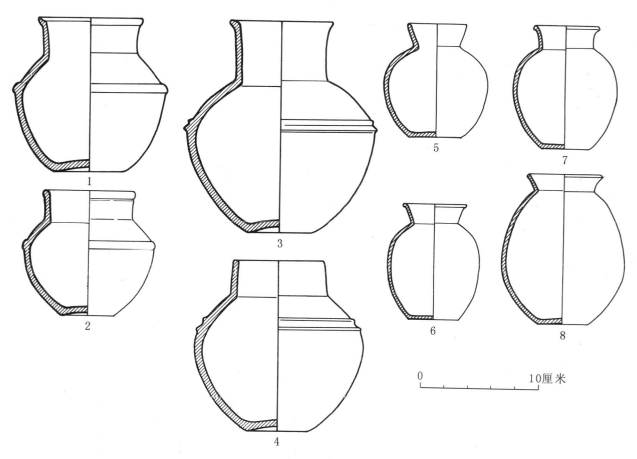

图五三三　屈家岭文化陶罐（D、E 型）

1. D 型Ⅰ式（M507:6）　　2. D 型Ⅱ式（M453:7）　　3. D 型Ⅲ式（M454:1）　　4. D 型Ⅳ式（M473:4）

5. E 型Ⅰ式（M456:1）　　6、7. E 型Ⅱ式（M517:2、M392:1）　　8. E 型Ⅲ式（M606:2）

Ⅱ式　1件。直领，最大腹径偏上。

标本 M453:7，泥质灰陶。圆唇。肩部有一道凸棱。口径7.8、底径4.4、高10.4厘米（图五三三，2；图版一四五，2）。

Ⅲ式　2件。直领，侈口。

标本 M454:1，泥质灰陶。尖唇。肩部饰二周凸弦纹。口径8.4、底径5.2、高17.4厘米（图五三三，3）。

Ⅳ式　4件。直领微侈，最大腹径在肩部。

标本 M473:4，泥质灰陶。圆唇。肩饰二周凸弦纹。口径7.6、底径5.2、高14厘米（图五三三，4）。

E 型　7件。斜领长弧腹平底小罐。分三式。

Ⅰ式　2件。侈口，斜领，圆弧腹。

标本 M456：1，泥质黑陶。圆唇。素面。口径 5、底径 4.2、高 9.4 厘米（图五三三，5；图版一四五，3）。

Ⅱ式　3件。侈口，斜领，长弧腹。

标本 M517：2，泥质黑陶。素面。口径 4.6、底径 4、高 9.2 厘米（图五三三，6；图版一四五，4）。标本 M392：1，泥质灰陶。方唇。素面。口径 5.6、底径 4、高 10.2 厘米（图五三三，7；图版一四六，1）。

Ⅲ式　2件。侈口，最大腹径下移。

标本 M606：2，泥质灰陶。圆唇。素面。口径 6、底径 4.2、高 12.4 厘米（图五三三，8；图版一四六，2）。

F 型　89件。高领罐。分十四式。

Ⅰ式　4件。侈口，斜领，最大腹径在中腹部。

标本 T7451⑯：1，泥质灰陶。口微侈。方唇以下残。口径 14、残高 4 厘米（图五三四，1）。标本 T5264⑥A：3，泥质灰陶。侈口。颈以下残。口径 16、残高 4.6 厘米（图五三四，2）。标本 T5005⑤：5，泥质灰陶。双唇，侈口，束颈，肩部饰数道细弦纹。腹残。口径 14.8、残高 7.2 厘米（图五三四，3）。标本 F23－1：3，泥质红陶。侈口，方唇，束颈，长弧腹，平底。肩腹部饰数道细弦纹。口径 13、底径 9.2、高 28.4 厘米（图五三四，4；图版一四六，3）。

Ⅱ式　22件。侈口，斜领，最大腹径略上移。

标本 M574：1，泥质红陶。圆唇，弧腹，平底。素面。口径 11.6、底径 7.6、高 30.2 厘米（图五三四，5）。标本 M478：10，泥质红陶。尖唇，平底。素面。口径 11.2、底径 6.6、高 25.2 厘米（图五三四，6）。

Ⅲ式　4件。最大腹径较Ⅱ式上移。

标本 M452：3，泥质红陶。尖唇，弧收腹，底微内凹。肩饰四条黑彩。口径 11.2、底径 8、高 32 厘米（图五三四，7）。

Ⅳ式　2件。侈口，斜领。

标本 M452：4，泥质红陶。圆唇，弧收腹，底微内凹。领饰数道凹弦纹，肩饰四组黑彩。口径 11.2、底径 7、高 27 厘米（图五三四，8；图版一四六，4）。

Ⅴ式　5件。高领略斜，最大腹径偏上。

标本 M474：7，泥质红陶。圆唇，领部微曲，斜收腹，平底。素面。口径 10、底径 8.8、高 30 厘米（图五三四，9）。标本 M480：13，泥质灰陶。圆唇。肩腹部饰三组凸弦纹。口径 12、底径 8、高 26 厘米（图五三四，10）。

Ⅵ式　4件。斜领，底内凹。

标本 M475：9，泥质灰陶。圆唇，肩腹部饰三组凸弦纹。口径 11.6、底径 6.8、高 23 厘米（图五三四，11）。

Ⅶ式　17件。高直领，圈底内凹明显。

标本 M477：10，泥质橙黄陶。圆唇。器表饰红色陶衣。口径 11.4、底径 9、高 31 厘米（图五三五，1）。标本 M474：6，泥质灰陶。圆唇，肩微鼓。素面。口径 10、底径 7.2、高 20.8 厘米（图五三五，2）。标本 M632：26，泥质灰陶。圆唇。肩部饰二组凸弦纹。口径 13、底径 9.2、高 34

图五三四　屈家岭文化陶罐（F 型Ⅰ～Ⅵ式）

1~4. F 型Ⅰ式（T7451⑯:1、T5264⑥A:3、T5005⑤:5、F23-1:3）　　5、6. F 型Ⅱ式（M574:1、M478:10）　7. F 型
Ⅲ式（M452:3）　8. F 型Ⅳ式（M452:4）　9、10. F 型Ⅴ式（M474:7、M480:13）　11. F 型Ⅵ式（M475:9）

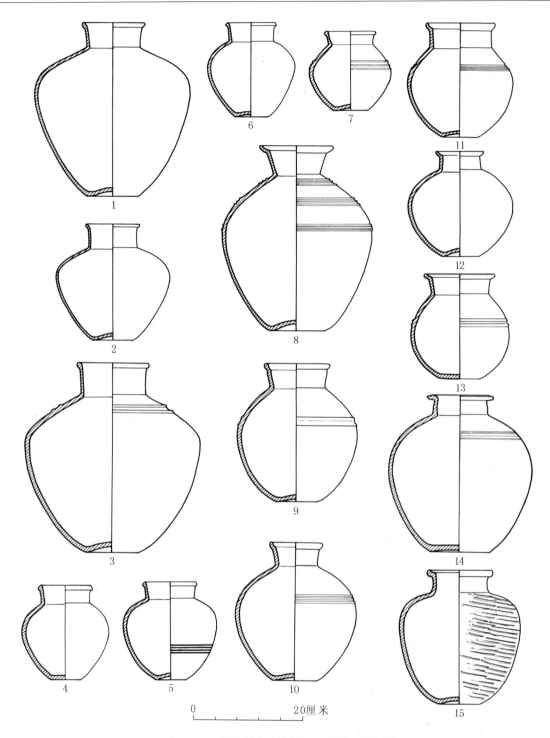

图五三五　屈家岭文化陶罐（F 型 Ⅶ～ ⅪⅤ式）

1～4. F 型Ⅶ式（M477:10、M474:6、M632:26、M448:2）　5、6. F 型Ⅷ式（M522:3、M522:2）　7.
F 型Ⅸ式（M480:14）　8. F 型Ⅹ式（M507:1）　9～11. F 型Ⅺ式（M465:5、M558:7、M453:1）　12.
F 型Ⅻ式（M545:1）　13. F 型Ⅷ式（M341:3）　14、15. F 型 ⅪⅤ式（M342:6、M342:5）

厘米（图五三五，3）。标本 M448:2，泥质红陶。圆唇，弧收腹，平底。素面。口径 9.2、底径
5.6、高 17 厘米（图五三五，4）。

Ⅷ式　4件。侈口，圆肩。

标本 M522:3，泥质红陶。圆唇。器表饰黑彩。口径 9.6、底径 5.6、高 17.6 厘米（图五三五，5；图版一四七，1）。标本 M522:2，泥质红陶。圆唇，弧收腹，底微内凹。素面。口径 8.8、底径 6、高 17 厘米（图五三五，6；图版一四七，2）。

Ⅸ式　2件。斜直领。

标本 M480:14，泥质灰陶。圆唇。肩腹部饰三组凸弦纹。口径 12、底径 8、高 14 厘米（图五三五，7）。

Ⅹ式　10件。盘口，圜底内凹。

标本 M507:1，泥质灰陶。尖唇。肩腹部饰三组凸弦纹。口径 13.6、底径 10、高 33.2 厘米（图五三五，8）。

Ⅺ式　9件。盘口不明显，高斜领，底内凹。

标本 M465:5，泥质灰陶。圆唇。肩部饰一道瓦棱纹。口径 12、底径 7.2、高 24 厘米（图五三五，9）。标本 M558:7，泥质灰陶。尖唇。腹部饰三道凹弦纹。口径 9.6、底径 8、高 24 厘米（图五三五，10）。标本 M453:1，泥质灰陶。尖唇。肩部饰三道凹弦纹。口径 12、底径 6.4、高 20.4 厘米（图五三五，11；图版一四七，3）。

Ⅻ式　2件。盘口，圆鼓腹，底内凹。

标本 M545:1，泥质灰陶，素面。口径 8、底径 7.2、高 18.8 厘米（图五三五，12）。

ⅩⅢ式　1件。最大腹径较Ⅻ式下移。

标本 M341:3，泥质红陶。圆鼓腹，平底。腹部饰二组凸弦纹。口径 13、底径 6.8、高 18.8 厘米（图五三五，13；图版一四七，4）。

ⅩⅣ式　3件。直领，平沿。

标本 M342:6，泥质橙红陶。平沿，斜收腹，底微内凹。肩部饰数道细弦纹。口径 12、底径 11、高 28 厘米（图五三五，14；图版一四八，1）。标本 M342:5，泥质黑灰陶。器表饰篮纹。口径 11.5、底径 7.4、高 24 厘米（图五三五，15）。

G型　7件。折沿圈足罐。分三式。

Ⅰ式　2件。长弧腹。

标本 F23-1:1，泥质红陶。上部残。腹部饰数道细弦纹。矮圈足。腹径 28、底径 12、残高 23 厘米（图五三六，1）。标本 M433:1，泥质灰陶。口残。腹部饰数道细弦纹。矮圈足。底径 14.4、残高 17.2 厘米（图五二六，2）。

Ⅱ式　3件。蛋形腹，矮圈足。

标本 M501:1，泥质灰陶。圆唇。颈部有一小孔。口径 28、底径 15.2、高 42 厘米（图五三六，3）。

Ⅲ式　2件。大鼓腹，矮圈足。

标本 M128:1，泥质黑陶。素面。口径 31、底径 16、高 41 厘米（图五三六，4）。

H型　9件。折沿平底罐。分三式。

Ⅰ式　2件。侈口，圆肩，长弧腹。

标本 M124:1，泥质黑皮红褐陶。圆唇，沿面微内凹，底微内凹。腹部饰三周凸弦纹。口径

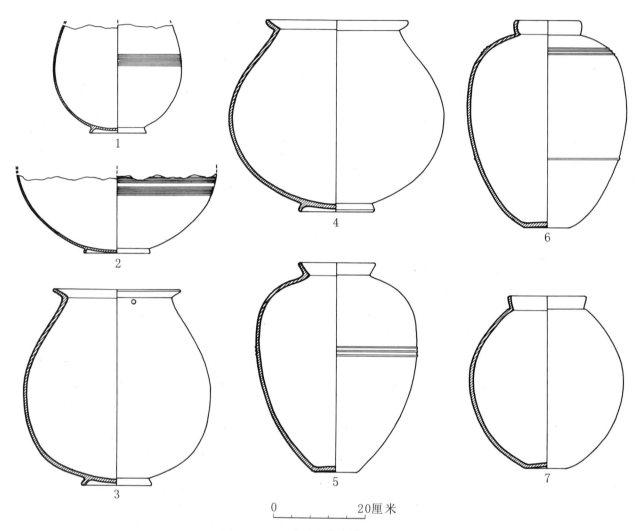

图五三六　屈家岭文化陶罐（G、H 型）

1、2. G 型 I 式（F23-1:1、M433:1）　　3. G 型 II 式（M501:1）　　4. G 型 III 式（M128:1）

5. H 型 I 式（M124:1）　　6. H 型 II 式（M326:1）　　7. H 型 III 式（M150:1）

16.8、底径 8.8、高 45 厘米（图五三六，5；图版一四八，2）。

　　II 式　3 件。盘口。

　　标本 M326:1，泥质灰陶。底微内凹。肩部饰三周、下腹部饰一周凸弦纹。口径 14、底径 9.6、高 44.6 厘米（图五三六，6）。

　　III 式　4 件。侈口，溜肩，长弧腹。

　　标本 M150:1，泥质红陶，底微内凹。素面。口径 16.8、底径 8.8、高 37 厘米（图五三六，7；图版一四八，3）。

　　I 型　31 件。折沿扁腹罐。分九式。

　　I 式　1 件。矮折沿，沿面内凹，扁腹近垂。

　　M362:2，泥质黑陶。尖唇，圜底微凹。素面。口径 6.6、底径 4、高 7.5 厘米（图五三七，1；图版一四八，4）。

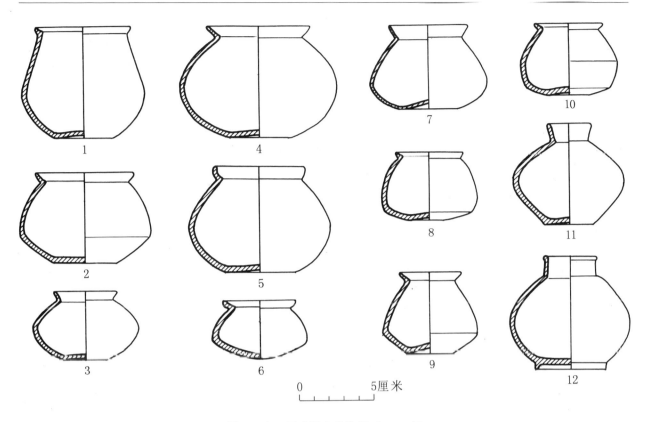

图五三七 屈家岭文化陶罐（I～K型）

1. I 型 I 式（M362:2） 2. I 型 II 式（M471:6） 3、4. I 型 III 式（M518:4、M578:19） 5. I 型
IV式（M632:22） 6. I 型 V 式（M633:5） 7. I 型 VI 式（M485:6） 8. I 型 VII 式（M336:11） 9.
I 型 VIII 式（M335:16） 10. I 型 IX 式（M336:12） 11. J 型（M600:2） 12. K 型（M425:52）

II式 2件。侈口，扁腹近折。

标本 M471:6，泥质灰陶。平底。素面。口径 6.6、底径 4.2、高 6.1 厘米（图五三七，2）。

III式 7件。扁鼓腹。

标本 M518:4，泥质黑陶。圆唇，底微内凹。素面。口径 4.2、底径 3、高 4.6 厘米（图五三七，3）。标本 M578:19，泥质黑陶。尖唇，底微内凹。素面。口径 7、底径 4、高 7.3 厘米（图五三七，4）。

IV式 6件。沿面内凹。

标本 M632:22，泥质黑陶。束颈，底微内凹。素面。口径 6.2、底径 4.8、高 7.1 厘米（图五三七，5；图版一四九，1）。

V式 1件。扁折腹。

M633:5，泥质黑陶。圜底。口径 5、腹径 6.5、高 4 厘米（图五三七，6）。

VI式 3件。扁垂腹，底内凹。

标本 M485:6，泥质黑陶。素面。口径 5.4、底径 4、高 5.6 厘米（图五三七，7）。

VII式 5件。腹弧壁下折。

标本 M336:11，泥质黑灰陶。底内凹。素面。口径 4.6、底径 3、高 4.6 厘米（图五三七，8）。

Ⅷ式　4件。腹斜壁下折。底内凹。

标本 M335∶16，泥质灰陶。素面。口径4.2、底径3.2、高5.5厘米（图五三七，9）。

Ⅸ式　2件。腹壁两道转折。

标本 M336∶12，泥质黑灰陶。底内凹。素面。口径4.6、底径2.6、高4.8厘米（图五三七，10）。

J型　3件。斜直领长弧腹平底小罐。

标本 M600∶2，泥质灰陶。圆唇。素面。口径3、底径3.2、高6.8厘米（图五三七，11）。

K型　1件。直领长弧腹圈足罐。

M425∶52，泥质灰陶。圆唇，极矮圈足。素面。口径6、底径4.2、高3.8厘米（图五三七，12；图版一四九，2）。

L型　1件。瓶形罐。

M305∶1，泥质灰陶，肩部有三个桥形系。饰弦纹。口径20.4、腹径37、高28厘米（图五三八，1；图版一四九，3）。

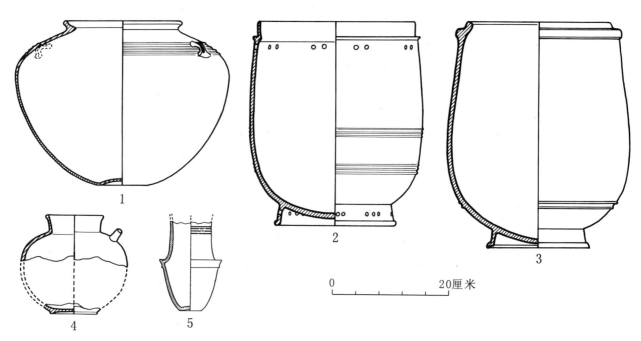

图五三八　屈家岭文化陶罐（L～O型）

1. L型（M305∶1）　2、3. M型（M236∶1、M571∶1）　4. N型（M613∶3）　5. O型（T1178③B∶2）

M型　2件。子口长弧腹圈足罐。

M236∶1，泥质红胎灰陶。方唇，直口。口沿下有八组圆形镂孔，下腹部饰二组凸弦纹，圈足有六组圆形镂孔。口径27.2、底径21、高34.8厘米（图五三八，2；图版一五〇，1）。M571∶1，夹砂灰陶。圆唇，敛口。下腹部饰二周凸弦纹。口径24、底径17.6、高38.4厘米（图五三八，3）。

N型　1件。带流鼓腹罐。

M613:3，泥质红陶。圆唇，肩侧部有一管状流，极矮圈足，腹部残。口径9.6、底径8、残高16.8厘米（图五三八，4；图版一五〇，2）。

O型　1件。侈口长颈尊形罐。

T1178③B:2，泥质灰陶。口残。折肩起翘，斜收腹，底微内凹。颈部有凹痕。底径4、残高14.8厘米（图五三八，5）。

壶　118件。除少数几件为实用器外，其余为明器。分为十二型。

A型　5件。小口长颈扁圆腹平底壶。分二式。

Ⅰ式　3件。近似小喇叭口，鼓腹近平底。

标本M812:8，泥质磨光黑陶。圆唇。素面。口径4.8、底径5.4、高13.4厘米（图五三九，1）。标本M863:4，泥质灰陶。圆唇。素面。口径4.8、底径6.4、高13.3厘米（图五三九，2；图版一五〇，3）。

Ⅱ式　2件。小口，鼓腹近球形。

标本M271:1，泥质黑陶。圆唇。素面。口径4.4、底径6、高15厘米（图五三九，3）。标本M390:3，泥质黑陶。圆唇。素面。口径4.6、底径5.4、高13.6厘米（图五三九，4；彩版五〇，2）。

B型　5件。小口长颈鼓腹矮圈足壶。分三式。

Ⅰ式　2件。小口微侈，鼓腹近球形，最大腹径在腹中部。

标本M606:6，泥质黑陶。素面。口径3.6、底径5、高13.6厘米（图五三九，5；图版一五〇，4）。

Ⅱ式　2件。小直口，最大腹径在腹上部。

标本M600:9，泥质黑陶。尖唇。素面。口径2.8、底径6.6、高12.4厘米（图五三九，6）。

Ⅲ式　1件。长弧腹。

标本M632:10，泥质黑陶。圆唇。素面。口径3.6、底径6.4、高14厘米（图五三九，7，图版一五一，1）。

C型　25件。小口长颈折腹矮圈足壶。分五式。

Ⅰ式　5件。腹部有折棱，下腹斜收。

M813:10，泥质黑陶。尖唇。素面。口径4.8、底径6、高13厘米（图五三九，8；图版一五一，2）。M637:4，泥质黑陶。素面。口径4.4、底径7.2、高15厘米（图五三九，9；图版一五一，3）。M160:9，泥质黑陶。尖唇。素面。口径4、底径7、高13.5厘米（图五三九，10）。M356:9，泥质黑陶。尖唇。素面。口径4.8、底径6.3、高12.8厘米（图五三九，11）。M594:7，泥质黑陶。素面。口径4.9、底径6.8、高14厘米（图五三九，12）。

Ⅱ式　7件。下腹微内弧。

标本M521:1，泥质黑陶。口残。素面。底径8、残高14.4厘米（图五四〇，1）。M450:1，泥质黑陶。圆唇。素面。口径4.4、底径6.4、高14.6厘米（图五四〇，2；图版一五一，4）。标本M836:6，泥质磨光黑陶。尖唇。素面。口径4.8、底径6.6、高14厘米（图五四〇，3）。

Ⅲ式　6件。折腹，下腹内收，呈敞口斜壁矮圈足杯形。

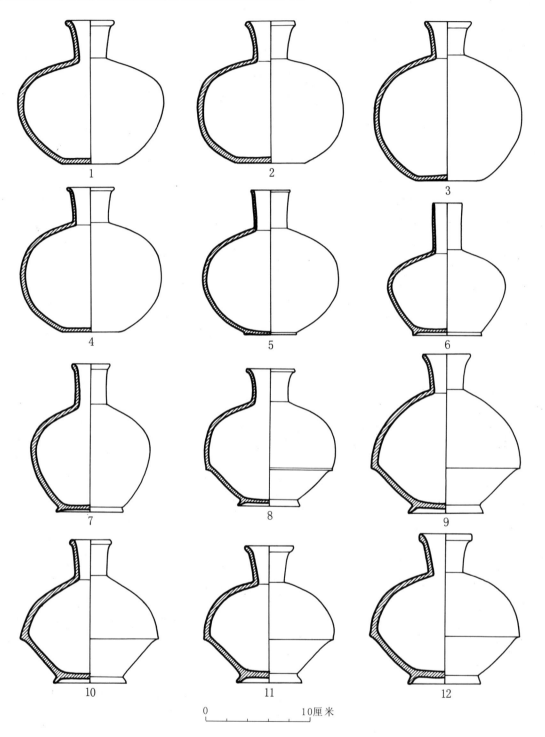

0   10厘米

图五三九　屈家岭文化陶壶（A型～C型Ⅰ式）

1、2．A型Ⅰ式（M812∶8、M863∶4）　3、4．A型Ⅱ式（M271∶1、M390∶3）　5．B型Ⅰ式（M606∶6）　6．B型Ⅱ式（M600∶9）　7．B型Ⅲ式（M632∶10）　8～12．C型Ⅰ式（M813∶10、M637∶4、M160∶9、M356∶9、M594∶7）

标本 M628∶1，泥质黑陶。尖唇。素面。口径 3.6、底径 6.4、高 14.4 厘米（图五四○，4）。

标本 M589∶4，泥质黑陶。尖唇，底微内凹。素面。口径 3.6、底径 7.2、高 13.8 厘米（图五四

图五四〇　屈家岭文化陶壶（C型Ⅱ～Ⅴ式）

1~3. C型Ⅱ式（M521:1、M450:1、M836:6）　　4~6. C型Ⅲ式（M628:1、M589:4、M595:12）

7~10. C型Ⅳ式（M452:8、M556:2、M600:19、M631:1）　　11. C型Ⅴ式（M574:3）

〇，5；图版一五二，1）。标本 M595:12，泥质黑陶。圆唇。素面。口径 3.8、底径 6.2、高 15 厘
米（图五四〇，6；图版一五二，2）。

Ⅳ式 6件。斜折腹矮圈足。

标本 M452:8，泥质黑陶。尖唇，底微内凹。素面。口径 3.5、底径 6.8、高 14 厘米（图五四○，7；图版一五二，3）。标本 M556:2，泥质黑陶。尖唇，底微内凹。素面。口径 3.8、底径 6.7、高 12.5 厘米（图五四○，8）。标本 M600:19，泥质黑陶。尖唇。素面。口径 2.6、底径 6、高 13 厘米（图五四○，9；图版一五二，4）。标本 M631:1，泥质黑陶。圆唇，口残。素面。底径 6.4、残高 11.4 厘米（图五四○，10）。

Ⅴ式 1件。斜折腹，平底。

M574:3，泥质黑陶。尖唇。素面。口径 3.2、底径 7.8、高 13 厘米（图五四○，11；图版一五三，1）。

D 型 12件。小口长颈鼓腹圈足壶。分四式。

Ⅰ式 1件。扁鼓腹。

M600:14，泥质黑陶。圆唇。圈足饰三圆形镂孔。口径 3.6、底径 8.4、高 12.6 厘米（图五四一，1；图版一五三，2）。

Ⅱ式 3件。圆鼓腹。

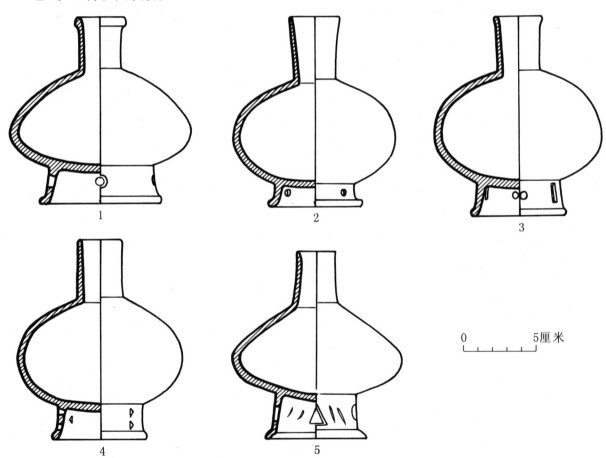

图五四一 屈家岭文化陶壶（D 型）

1. D 型Ⅰ式（M600:14）   2、3. D 型Ⅱ式（M583:5、M600:8）   4. D 型Ⅲ式（M404:4）   5. D 型Ⅳ式（M485:9）

标本 M583∶5，泥质黑陶。尖唇。圈足饰四个圆形镂孔。口径 3.6、底径 6、高 13 厘米（图五四一，2；图版一五三，3）。标本 M600∶8，泥质黑陶。尖唇。圈足饰四个条形镂孔及二个圆形镂孔。口径 3.2、底径 6.3、高 13.6 厘米（图五四一，3）。

Ⅲ式 4 件。圆弧腹。

标本 M404∶4，泥质黑陶。尖唇。圈足饰三组三角形镂孔。口径 3、底径 6.3、高 13.6 厘米（图五四一，4；图版一五三，4）。

Ⅳ式 4 件。扁折腹。

标本 M485∶9，泥质黑陶。方唇。圈足饰三角形及斜条形镂孔。口径 2.4、底径 7、高 12.6 厘米（图五四一，5；图版一五四，1）。

E 型 28 件。小口长颈折腹圈足壶。分七式。

Ⅰ式 2 件。扁折腹，下腹壁平直。

标本 M467∶1，圆唇，腹部有一道垂棱。圈足饰三组圆形镂孔，足内壁饰瓦棱纹。口径 2.6、底径 6.6、高 15.6 厘米（图五四二，1）。

Ⅱ式 7 件。扁折腹，下腹壁弧。

标本 M425∶21，泥质黑陶。尖唇。足饰二组圆形镂孔。口径 2.5、底径 7.2、高 15.4 厘米（图五四二，2）。标本 M425∶60，泥质黑陶。尖唇。足饰三组圆形镂孔。口径 2.6、底径 6.6、高 14.3 厘米（图五四二，3）。

Ⅲ式 4 件。扁折腹，圈足较矮。

标本 M473∶31，泥质黑陶。圆唇。圈足饰八组圆形镂孔。口径 3、底径 6、高 13.3 厘米（图五四二，4）。

Ⅳ式 8 件。长颈，侈口，扁折肩。

标本 M632∶24，泥质黑陶。尖唇。圈足饰数组不规则圆形镂孔。口径 2.2、底径 8.2、高 16.4 厘米（图五四二，5；图版一五四，2）。标本 M578∶10，泥质黑陶。尖唇。圈足饰三组圆形镂孔。口径 2、底径 9、高 17 厘米（图五四二，6；图版一五四，3）。标本 M480∶25，泥质黑陶。方唇，腹部有一折棱。圈足饰六组圆形镂孔。口径 2、底径 8、高 17.6 厘米（图五四二，7）。标本 M453∶6，泥质灰陶。圆唇。折腹成垂棱。圈足饰四个三角形镂孔。口径 2、底径 8.8、高 22.4 厘米（图五四二，8；图版一五四，4）。

Ⅴ式 1 件。高颈侈口扁折腹。

M424∶5，泥质黑陶。尖唇。圈足饰四组三角形镂孔。口径 3.6、底径 7.6、高 14 厘米（图五四二，9；彩版五〇，3）。

Ⅵ式 4 件。折腹，矮领，侈口。

标本 M545∶3，泥质黑陶。尖唇。圈足饰四个三角形镂孔。口径 2、底径 8.8、高 22.4 厘米（图五四二，10）。

Ⅶ式 2 件。矮领，扁折腹。

标本 M383∶9，泥质灰陶。尖唇。圈足饰三组圆形镂孔。口径 2.9、底径 9.6、高 19.4 厘米（图五四二，11）。

F 型 7 件。侈口内弧圈足壶。分三式。

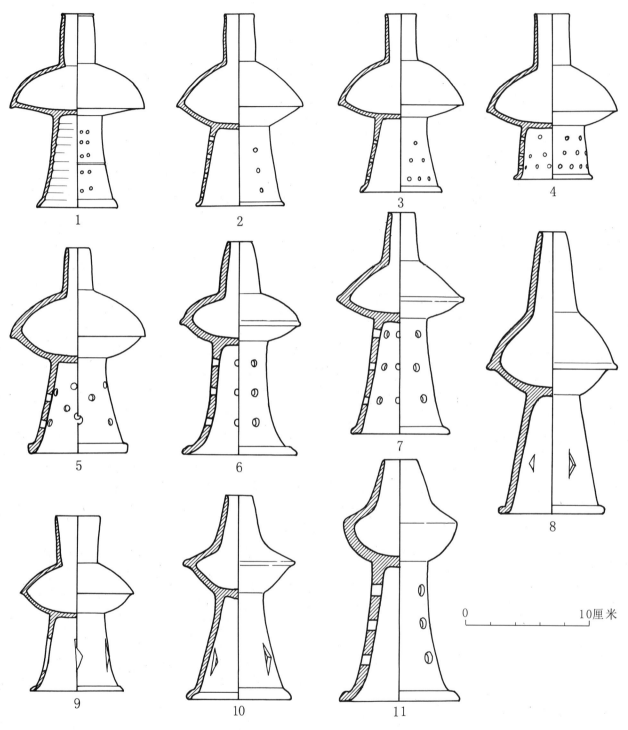

图五四二　屈家岭文化陶壶（E型）

1. E型 I 式（M467:1）　2、3. E型 II 式（M425:21、M425:60）　4. E型 III 式（M473:31）　5～8. E型 IV 式（M632:24、M578:10、M480:25、M453:6）　9. E型 V 式（M424:5）　10. E型 VI 式（M545:3）　11. E型 VII 式（M383:9）

I 式　1件。长内弧形领与腹之间突出一坎。

M287:1，泥质黑陶。颈内壁有轮修痕迹。口径5.6、底径6.4、高16厘米（图五四三，1；图版一五五，1）。

Ⅱ式 4件。扁腹，长内弧领，领与腹转折明显，圈足较矮。

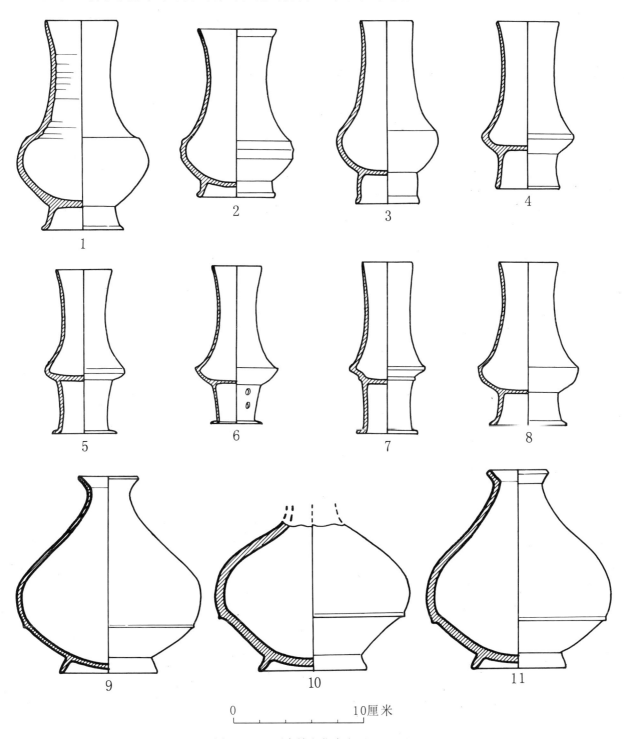

0   10厘米

图五四三 屈家岭文化陶壶（F～H型）

1. F型Ⅰ式（M287：1）　2. F型Ⅱ式（M609：1）　3. F型Ⅲ式（M336：23）　4. G型Ⅰ式（M432：2）　5. G型Ⅱ式
（M365：1）　6、7. G型Ⅲ式（M148：3、M464：3）　8. G型Ⅳ式（M454：9）　9～11. H型（M463：3、M482：4、M847：4）

标本 M609:1，泥质黑陶。尖唇。腹部饰二道瓦棱纹。口径 6、底径 6、高 13 厘米（图五四三，2；图版一五五，2）。

Ⅲ式　2件。圈足略高。

标本 M336:23，泥质黑灰陶。尖唇。颈内壁有轮刮痕迹。口径 4.2、底径 5、高 14 厘米（图五四三，3）。

G 型　14件。侈口内弧颈折腹高圈足壶。分四式。

Ⅰ式　2件。扁腹，折腹不明显。

标本 M432:2，泥质黑陶。尖唇。腹部有一道瓦棱纹。口径 4.8、底径 4.8、高 12.8 厘米（图五四三，4；图版一五五，3）。

Ⅱ式　4件。极矮的扁腹，折腹明显。

标本 M365:1，泥质黑陶。尖唇。颈及圈足内壁饰瓦棱纹。口径 4.4、底径 5、高 12.5 厘米（图五四三，5；图版一五五，4）。

Ⅲ式　6件。折腹起翘。

标本 M148:3，尖唇。圈足有二组圆形镂孔。口径 3.8、底径 4、高 12 厘米（图五四三，6；图版一五六，1）。标本 M464:3，泥质灰陶。尖唇。折腹处有一道瓦棱。口径 4、底径 4.8、高 13.2 厘米（图五四三，7；彩版五〇，4）。

Ⅳ式　2件。折腹明显，圈足较高。

标本 M454:9，泥质黑陶。尖唇。素面。口径 4.6、底径 6.2、高 12.4 厘米（图五四三，8；图版一五六，2）。

H 型　4件。侈口束颈大鼓腹圈足壶。

标本 M463:3，泥质黑陶。尖唇，束颈。下腹部有一周凸棱，矮圈足。口径 4.6、底径 7.5、高 15 厘米（图五四三，9；图版一五六，3）。标本 M482:4，泥质黑陶。口残。素面。底径 8.4、残高 11.2 厘米（图五四三，10）。标本 M847:4，泥质磨光黑陶。圆唇。素面。口径 4.8、底径 7.4、高 15 厘米（图五四三，11；图版一五六，4）。

I 型　6件。小口，长颈，圈足。分三式。

Ⅰ式　1件。圈足略矮。

M574:5，泥质黑陶。尖唇，圈足下部有台座。素面。口径 3.6、底径 6、高 14.4 厘米（图五四四，1；图版一五七，1）。

Ⅱ式　4件。圈足较矮。

标本 M336:34，泥质黑陶。尖唇。素面。口径 3.4、底径 7.6、高 13 厘米（图五四四，2；图版一五七，2）。

Ⅲ式　1件。短颈。圈足高直。

标本 M144:8，泥质灰陶。尖唇。足饰二排圆形镂孔。口径 1.8、底径 6.4、高 12.3 厘米（图五四四，3；图版一五七，3）。

J 型　3件。侈口内弧颈平底壶。分二式。

Ⅰ式　1件。扁腹，平底微凹。

M464:5，泥质灰陶。尖唇。颈部饰数道凹弦纹。口径 4.2、底径 4.4、高 11.7 厘米（图五四

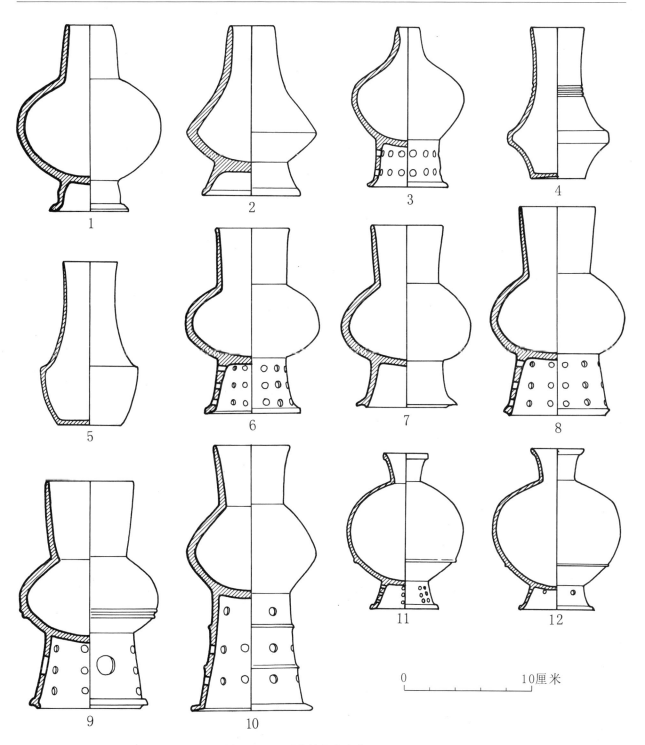

图五四四 屈家岭文化陶壶（I～L型）

1. I 型 I 式 (M574:5) 2. I 型 II 式 (M336:34) 3. I 型 III 式 (M144:8) 4. J 型 I 式 (M464:5) 5. J 型 II 式 (M383:1) 6. K 型 I 式 (M473:12) 7～9. K 型 II 式 (M542:10、M622:4、M541:5) 10. K 型 III 式 (M541:4) 11、12. L 型 (M449:1、M511:3)

四，4；图版一五七，4）。

　　II 式　2 件。下腹斜收，平底。

标本 M383∶1，泥质灰陶。尖唇。素面。口径 4.3、底径 5、高 12.6 厘米（图五四四，5；图版一五八，1）。

K 型　7 件。筒形颈鼓腹圈足壶。分三式。

Ⅰ式　3 件。圆鼓腹，圈足略矮。

标本 M473∶12，泥质黑陶。尖唇。圈足饰圆形镂孔。口径 6、底径 7.4、高 14.2 厘米（图五四四，6）。

Ⅱ式　3 件。圆鼓腹，圈足略高，足根形似子口。

M542∶10，泥质黑陶。尖唇。素面。口径 5.6、底径 8、高 14 厘米（图五四四，7）。M622∶4，泥质黑陶。尖唇。圈足饰八组圆形镂孔。口径 6、底径 8.2、高 16 厘米（图五四四，8；图版一五八，2）。M541∶5，泥质黑陶。尖唇。腹部饰一道凹弦纹。圈足饰六组圆形镂孔。口径 6.8、底径 8、高 17.2 厘米（图五四四，9；图版一五八，3）。

Ⅲ式　1 件。腹壁下部斜弧，圈足高。

标本 M541∶4，泥质黑陶。尖唇。圈足饰八组圆形镂孔及二组凸弦纹。口径 5.8、底径 9.2、高 20 厘米（图五四四，10）。

L 型　2 件。小口，高领，球腹，圈足。

M449∶1，泥质黑陶。尖唇。圈足饰六组圆形镂孔。口径 3.6、底径 5.4、高 12 厘米（图五四四，11；图版一五八，4）。M511∶3，泥质灰陶。尖唇。下腹饰一道凸弦纹。足饰四圆形镂孔。口径 4.4、底径 6、高 12.6 厘米（图五四四，12；图版一五九，1）。

瓶　60 件。以泥质黑陶为主，有少量的泥质红陶。全部为墓葬中出土。分为七型。

A 型　11 件。喇叭口，长弧腹，折肩，平底。分四式。

Ⅰ式　5 件。束颈，折肩。

标本 M813∶2，泥质黑陶。圆唇，折肩。素面。口径 5、底径 4、高 11 厘米（图五四五，1；图版一五九，2）。

Ⅱ式　2 件。微折肩。

标本 M489∶3，泥质黑陶。尖唇，长弧壁近直。素面。口径 5.8、底径 4.2、高 14.4 厘米（图五四五，2；图版一五九，3）。

Ⅲ式　2 件。大喇叭口，折肩，腹壁下部收缩明显。

标本 M395∶6，泥质黑陶。尖唇，微折肩。素面。口径 4.6、底径 2.4、高 9.6 厘米（图五四五，3）。标本 M583∶13，泥质红陶。尖唇，微折肩。素面。口径 5、底径 3.4、高 12.4 厘米（图五四五，4；图版一五九，4）。

Ⅳ式　2 件。喇叭口更外长，斜折肩。

标本 M545∶9，泥质红陶。尖唇。颈部有一道凹痕，微折肩。口径 10.4、底径 5.4、高 23.6 厘米（图五四五，5；图版一六〇，1）。

B 型　15 件。喇叭口，斜肩或平肩，长弧腹，小平底。分三式。

Ⅰ式　9 件。广肩。

标本 M451∶1，泥质红陶。尖唇。底残。素面。口径 8、残高 20.8 厘米（图五四五，6）。

Ⅱ式　2 件。平肩。

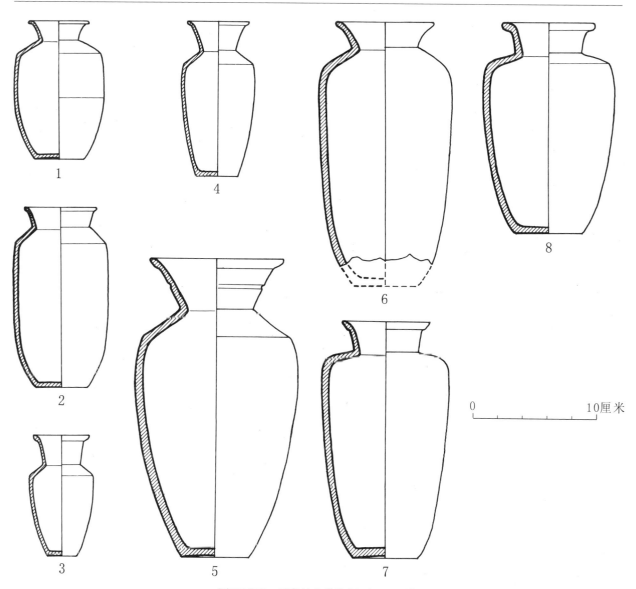

图五四五 屈家岭文化陶瓶（A、B型）

1. A型Ⅰ式（M813:2） 2. A型Ⅱ式（M489:3） 3、4. A型Ⅲ式（M395:6、M583:13） 5. A型Ⅳ式
（M545:9） 6. B型Ⅰ式（M451:1） 7. B型Ⅱ式（M463:4） 8. B型Ⅲ式（M588:2）

标本 M463:4，泥质红陶。尖唇，平底微内凹。素面。口径 7.2、底径 5.4、高 18.6 厘米（图
五四五，7；图版一六〇，2）。

Ⅲ式 4件。平肩近折。

标本 M588:2，泥质红陶。圆唇。素面。口径 7.6、底径 5.2、高 16.8 厘米（图五四五，8；
彩版五一，1）。

C型 8件。肩部起棱，长弧腹。分三式。

Ⅰ式 4件。折肩。

标本 M356:4，泥质黑陶。圆唇。素面。口径 5、底径 4.4、高 14.8 厘米（图五四六，1）。标
本 M462:5，泥质黑陶。圆唇。素面。口径 5.2、底径 4.6、高 13.2 厘米（图五四六，2；图版一

六〇，3）。标本 M836：2，泥质黑陶。尖唇。素面。口径 5.2、底径 4.6、高 13.2 厘米（图五四六，3）。

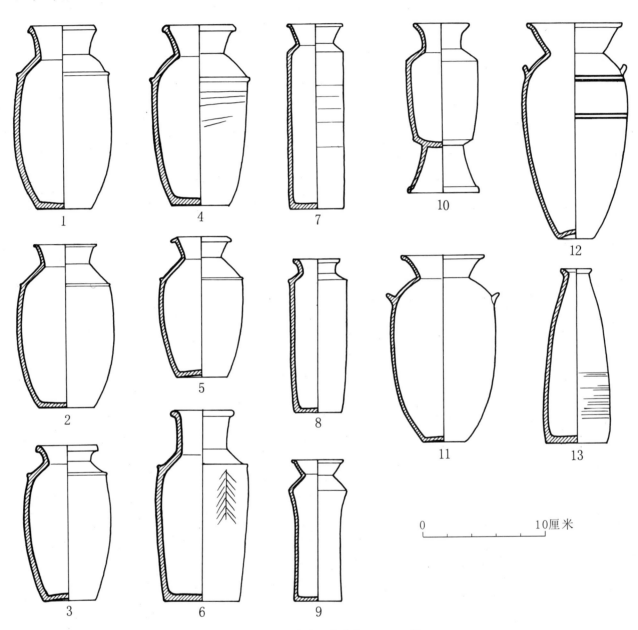

图五四六　屈家岭文化陶瓶（C～G 型）

1～3　C 型 I 式（M356：4、M462：5、M836：2）　　4、5. C 型 II 式（M554：2、M460：5）　　6. C 型 III 式（M393：1）

7. D 型 I 式（M489：2）　　8. D 型 II 式（M576：1）　　9. D 型 III 式（M442：1）　　10. E 型（M471：8）　　11. F 型

I 式（M588：1）　　12. F 型 II 式（M478：17）　　13. G 型（M356：11）

II 式　3 件。喇叭口外张。

标本 M554：2，泥质黑陶。圆唇。肩下有轮刮痕迹。口径 6、底径 4.8、高 14.6 厘米（图五四六，4；图版一六〇，4）。标本 M460：5，泥质黑陶。尖唇外翻，底微内凹。素面。口径 4.2、底径 4.2、高 11.4 厘米（图五四六，5）。

Ⅲ式　1件。侈口近直，高领。

M393:1，泥质黑陶。圆唇。腹部阴刻二组叶脉纹。口径5.2、底径6.2、高15.4厘米（图五四六，6；图版一六一，1）。

D型　21件。喇叭口，折肩，直壁，平底。分三式。

Ⅰ式　17件。长直壁。

标本M489:2，泥质灰陶。圆唇，微折肩。素面。口径4.4、底径4.4、高15.1厘米（图五四六，7；图版一六一，2）。

Ⅱ式　2件。直壁，折肩明显并起棱。

标本M576:1，泥质黑陶。圆唇。素面。口径3.8、底径3.9、高12.4厘米（图五四六，8；图版一六二，1）。

Ⅲ式　2件。折肩，壁微内弧。

标本M442:1，泥质灰陶。尖唇。素面。口径4.4、底径4、高11.5厘米（图五四六，9；图版一六二，2）。

E型　1件。侈口，折肩，喇叭形高圈足。

M471:8，泥质黑陶。圆唇。口径4.4、底径5.8、高13.8厘米（图五四六，10；图版 六一，3）。

F型　3件。喇叭口，束颈，溜肩，长弧腹，肩部有錾。分二式。

Ⅰ式　2件。平底。

标本M588:1，泥质红陶。底微内凹。口径6.3、底径3.3、高15厘米（图五四六，11）。

Ⅱ式　1件。圜底内凹。

M478:17，泥质红陶。尖唇，底内凹。肩腹部饰二周黑彩。口径7.8、底径2.7、高17.4厘米（图五四六，12；彩版五一，2）。

G型　1件。小口，长斜壁，平底。

M356:11，泥质灰陶。圆唇。下腹部有刮痕。口径2.4、底径5.2、高14厘米（图五四六，13；图版一六二，4）。

簋　58件。分为十型。

A型　10件。卷沿，鼓腹。分四式。

Ⅰ式　3件。折沿略窄，腹壁圆弧。

标本M395:9，泥质灰陶。尖唇。素面。口径14、底径8、高10.6厘米（图五四七，1；图版一六三，1）。

Ⅱ式　1件。沿面略宽，圆鼓腹。

标本F23-1:2，泥质橙红陶。尖唇。素面。口径13、底径7.2、高9厘米（图五四七，2）。

Ⅲ式　3件。窄折沿，弧鼓腹。

标本M402:7，泥质橙黄陶。尖唇。素面。口径13.6、底径7.2、高8.8厘米（图五四七，3；图版一六三，2）。标本M813:7，泥质黑陶。尖唇。下腹部饰一周凸弦纹。口径12.8、底径7.2、高8厘米（图五四七，4）。

Ⅳ式　3件。卷沿，斜弧腹。

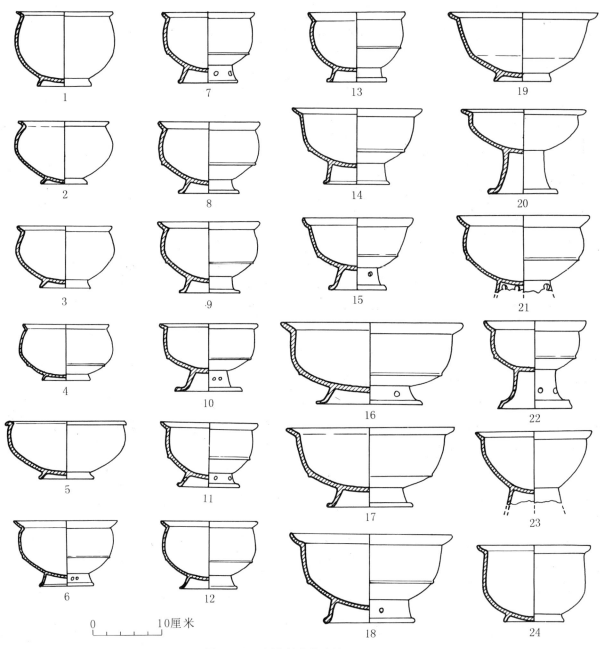

图五四七　屈家岭文化陶簋（A～E型）

1. A型Ⅰ式（M395：9）　2. A型Ⅱ式（F23-1：2）　3、4. A型Ⅲ式（M402：7、M813：7）　5. A型Ⅳ式
（M836：3）　6. B型Ⅰ式（M356：12）　7～9. B型Ⅱ式（M554：1、M836：1、M854：3）　10、11. B型Ⅲ式
（M812：6、M402：1）　12、13. B型Ⅳ式（M392：2、M536：1）　14、15. B型Ⅴ式（M574：4、M442：2）
16. C型Ⅰ式（M637：3）　17、18. C型Ⅱ式（M594：1、M594：8）　19. C型Ⅲ式（M600：18）　20. D型Ⅰ
式（M487：6）　21、22. D型Ⅱ式（M357：6、M511：2）　23. D型Ⅲ式（M481：3）　24. E型（M587：4）

　　标本 M836：3，泥质磨光黑陶。圆唇。素面。口径 17、底径 8、高 8.2 厘米（图五四七，5；
图版一六三，3）。

　　B型　27件。折沿，鼓腹。分五式。

Ⅰ式　3件。斜弧腹。14件。

标本 M356：12，泥质灰陶。尖唇。下腹部饰一周凸弦纹，圈足有四个圆形镂孔。口径 15.2、底径 8、高 9.4 厘米（图五四七，6）。

Ⅱ式　10件。圆弧腹。

标本 M554：1，泥质黑陶。尖唇。下腹部饰一周凸弦纹，圈足饰二组圆形镂孔。口径 13.6、底径 8.8、高 10.2 厘米（图五四七，7；图版一六三，4）。标本 M836：1，泥质黑陶。圆唇。下腹部饰一周凸弦纹。口径 15、底径 8.8、高 10.2 厘米（图五四七，8）。标本 M854：3，泥质黑陶。尖唇。下腹部饰一周凸弦纹。口径 14.8、底径 9、高 10.2 厘米（图五四七，9）。

Ⅲ式　3件。圈足略矮，上腹近直。

标本 M812：6，泥质磨光黑陶。圆唇，下腹部饰一道凸棱，底饰三组镂孔，每组二孔。口径 14.6、底径 9.8、高 9.6 厘米（图五四七，10；图版一六四，1）。标本 M402：1，泥质黑陶。下腹有一周凸棱，圈足饰四个圆形镂孔。口径 14.4、底径 9.2、高 9.2 厘米（图五四七，11；图版一六四，2）。

Ⅳ式　4件。圆弧腹，圈足略高。

标本 M392：2，泥质黑陶。尖唇。下腹部饰一周凸弦纹。口径 14.4、底径 8.4、高 9.6 厘米（图五四七，12；图版一六四，3）。标本 M536：1，泥质灰陶。尖唇。下腹部饰一周凸弦纹。口径 14、底径 8.6、高 10 厘米（图五四七，13）。

Ⅴ式　7件。腹壁直，下部收缩。

标本 M574：4，泥质黑陶。圆唇。下腹部饰一道凸棱，圈足饰四个圆形镂孔。口径 18.8、底径 9.6、高 10.8 厘米（图五四七，14；图版一六四，4）。标本 M442：2，泥质灰陶。尖唇，圈足饰二圆形镂孔。口径 16、底径 8.4、高 10.4 厘米（图五四七，15；图版一六五，1）。

C 型　4件。宽折沿，腹壁斜弧，腹径较大。分三式。

Ⅰ式　1件。弧腹。

标本 M637：3，泥质红陶。尖唇。下腹部有一周凸棱，圈足饰二圆形镂孔。口径 26.4、底径 15.6、高 11.6 厘米（图五四七，16；图版一六五，2）。

Ⅱ式　2件。腹壁斜收。

M594：1，泥质黑陶。尖唇，盘口下腹饰一周凸弦纹，圈足饰四个圆形镂孔。口径 24、底径 13.2、高 12.6 厘米（图五四七，17；图版一六五，3）。M594：8，泥质红陶。尖唇，下腹饰一周凸弦纹。口径 24.4、底径 12.4、高 11.4 厘米（图五四七，18）。

Ⅲ式　1件。腹壁斜折，矮圈足。

标本 M600：18，泥质橙黄陶。尖唇。素面。口径 21.6、底径 8.2、高 9.8 厘米（图五四七，19）。

D 型　6件。折沿，高圈足。分三式。

Ⅰ式　1件。盘较浅。

M487：6，泥质红陶。圆唇。素面。口径 18、底径 10、高 12 厘米（图五四七，20；图版一六五，4）。

Ⅱ式　3件。盘略深。

标本 M357：6，泥质黑陶。圆唇，下腹部饰一周凸弦纹。圈足残。口径 19.2、残高 11 厘米（图五四七，21）。标本 M511：2，泥质黑陶。尖唇。下腹部饰一道凸棱，足饰三组圆形镂孔，每组二孔。口径 15、底径 10.8、高 12.6 厘米（图五四七，22；图版一六六，1）。

Ⅲ式　2件。折沿内凹，斜收腹，盘较深。

标本 M481：3，泥质赤陶。尖唇。圈足残。口径 16.8、残高 10.4 厘米（图五四七，23）。

E 型　1件。小盘口，长弧壁近直，腹深。

M587：4，泥质黑陶。尖唇。素面。口径 16.4、底径 8.8、高 11 厘米（图五四七，24；图版一六六，2）。

F 型　3件。折沿，束颈，垂腹。分二式。

Ⅰ式　2件。圆垂腹。

标本 M812：3，泥质磨光黑陶。下腹部饰一周凸棱。口径 6.2、底径 5.4、高 7.5 厘米（图五四八，1）。

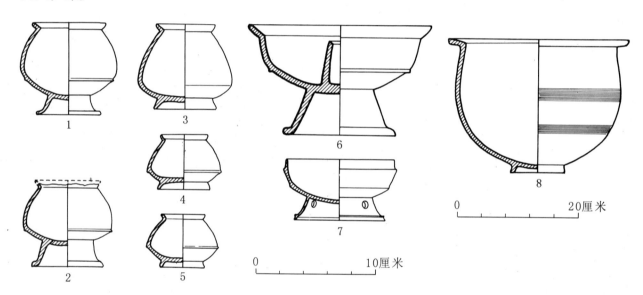

图五四八　屈家岭文化陶簋（F～J 型）

1. F 型Ⅰ式（M812：3）　2. F 型Ⅱ式（M461：4）　3. G 型Ⅰ式（M478：2）　4、5. G 型Ⅱ式
（M362：1、M487：1）　6. H 型（M339：2）　7. Ⅰ型（M390：8）　8. J 型（F23－1：4）

Ⅱ式　1件。弧垂腹。

M461：4，泥质黑陶。口残。圈足饰四组圆形镂孔。底径 6、残高 7 厘米（图五四八，2）。

G 型　4件。折沿，坠腹，盂形簋。分二式。

Ⅰ式　1件。坠弧腹。

M478：2，泥质灰陶。尖唇。素面。口径 5、底径 5.2、高 7 厘米（图五四八，3）。

Ⅱ式　3件。坠折腹。

标本 M362：1，泥质黑陶。圆唇。口径 4.2、底径 4.4、高 4.6 厘米（图五四八，4）。标本 M487：1，泥质灰陶。尖唇。素面。口径 3.6、底径 3.8、高 4.4 厘米（图五四八，5）。

H 型　1件。

M339:2，泥质黑陶。仰折沿，斜弧腹，盆形簋。腹盘中央有一中空圆管。尖唇，下腹部有一周凸弦纹。口径15.2、底径9.4、高9厘米（图五四八，6；图版一六六，3）。

I型 1件。

M390:8，泥质黑陶。子口，腹下部有折棱。圈足有三组圆形镂孔。口径9、底径7.6、高5厘米（图五四八，7）。

J型 1件。

F23-1:4，泥质红陶。折沿，方唇，深腹，矮小圈足。腹部饰数道细凹弦纹。口径30、底径5、高22厘米（图五四八，8；图版一六六，4）。

碗 92件。出土于土坑墓与瓮棺葬。土坑墓中所出的碗分明器与实用器两种，瓮棺葬所出的碗以实用器为主。分为九型。

A型 13件。斜弧壁，坦腹较浅。分四式。

I式 3件。斜弧腹，形体较小。

标本M813:8，泥质灰陶。尖唇。素面。口径9.2、底径5.2、高3.8厘米（图五四九，1）。

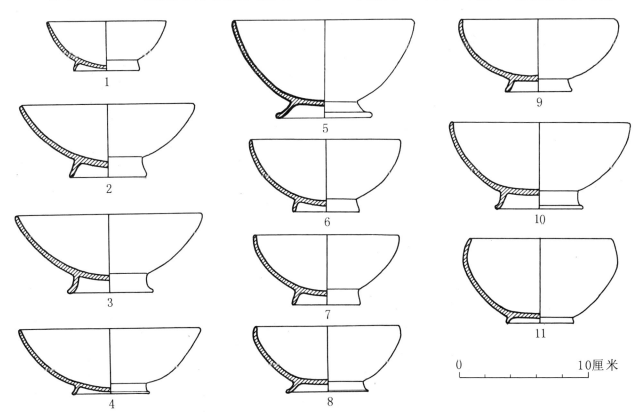

图五四九　屈家岭文化陶碗（A、B型）

1. A型I式（M813:8）　2. A型II式（M578:18）　3、4. A型III式（M480:4、M578:22）　5. A型IV式（M475:6）　6、7. B型I式（M582:5、M600:16）　8. B型II式（M591:17）　9、10. B型III式（M473:39、M480:7）　11. B型IV式（M586:2）

II式 3件。斜弧腹较浅，形体略大。

标本M578:18，泥质灰陶。圆唇。素面。口径13.4、底径6、高5.5厘米（图五四九，2）。

III式 3件。盘较II式深，圈足略高。

标本 M480∶4，泥质灰陶。圆唇。素面。口径 14.4、底径 6.6、高 6 厘米（图五四九，3）。标本 M578∶22，泥质灰陶。尖唇。下腹有刮痕。口径 14、底径 6、高 5 厘米（图五四九，4；图版一六七，1）。

Ⅳ式　4 件。盘较Ⅲ式深，圈足外撇。

标本 M475∶6，泥质灰陶。尖圆唇。素面。口径 14.3、底径 6.9、高 7 厘米（图五四九，5；图版一六七，2）。

B 型　12 件。敛口，弧腹。分四式。

Ⅰ式　3 件。斜弧腹。

标本 M582∶5，泥质灰陶。圆唇。素面。口径 11.6、底径 5.2、高 5.5 厘米（图五四九，6；图版一六七，3）。标本 M600∶16，泥质灰陶。圆唇。素面。口径 11.2、底径 5.2、高 5.3 厘米（图五四九，7）。

Ⅱ式　2 件。弧腹，敛口明显。

标本 M591∶17，泥质灰陶。尖唇。素面。口径 11、底径 6、高 5 厘米（图五四九，8）。

Ⅲ式　3 件。弧腹，盘略深。

标本 M473∶39，泥质黑陶。尖唇。素面。口径 12、底径 5.2、高 5.5 厘米（图五四九，9）。标本 M480∶7，泥质灰陶。尖唇。素面。口径 14、底径 6.8、高 6.6 厘米（图五四九，10）。

Ⅳ式　4 件。盘深，敛口，圈足矮。

标本 M586∶2，泥质黑陶。尖唇。素面。口径 10、底径 5.1、高 6 厘米（图五四九，11；图版一六七，4）。

C 型　7 件。敛口，内折沿。分二式。

Ⅰ式　4 件。圈足略高，盘略浅。

标本 M613∶2，泥质黑陶。尖唇。圈足饰三道条形镂孔。口径 15.2、底径 9.6、高 9.2 厘米（图五五〇，1）。标本 M158∶5，泥质黑陶。圆唇。素面。口径 15、底径 8.6、高 8.6 厘米（图五五〇，2；图版一六八，1）。

Ⅱ式　3 件。圈足略矮，盘略深。

标本 M397∶2，泥质黑陶。尖唇。圈足饰四组圆形镂孔。口径 13.4、底径 9.2、高 9 厘米（图五五〇，3）。标本 M853∶2，泥质红陶。尖唇。素面。口径 15、底径 11.2、高 8.6 厘米（图五五〇，4）。

D 型　19 件。异口，斜弧腹，浅盘。分四式。

Ⅰ式　1 件。沿面略凹。

M488∶1，泥质灰黑陶。尖唇。素面。口径 20、底径 10.3、高 7.4 厘米（图五五〇，5；图版一六八，2）。

Ⅱ式　10 件。沿内折，盘浅。

标本 M475∶12，泥质黑陶。尖唇。素面。口径 20、底径 10.4、高 9.2 厘米（图五五〇，6；图版一六八，3）。标本 M334∶1，泥质褐陶。圆唇。素面。口径 20.6、底径 8.8、高 9.2 厘米（图五五〇，7）。标本 M120∶1，泥质灰陶。尖唇。素面。口径 18.8、底径 10、高 9.4 厘米（图五五〇，8；图版一六八，4）。标本 M544∶3，泥质灰陶。尖唇。素面。口径 20、底径 9.6、高 7.2 厘米（图五五〇，9）。

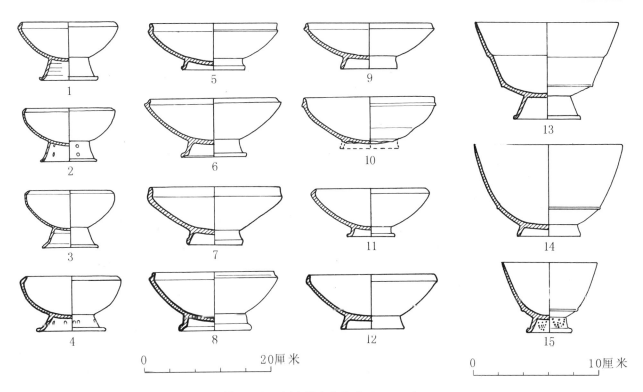

图五五〇　屈家岭文化陶碗（C～E 型）

1、2. C 型 I 式（M613:2、M158:5）　3、4. C 型 II 式（M397:2、M853:2）　5. D 型 I 式（M488:1）
6～9. D 型 II 式（M475:12、M334:1、M120:1、M544:3）　10. D 型 III 式（M253:4）　11、12. D 型 IV 式
（M561:2、M279:1）　13. E 型 I 式（M395:3）　14. E 型 II 式（M847:3）　15. E 型 III 式（M449:3）

III 式　4 件。沿外缘有一道凸棱，盘略深。

标本 M253:4，泥质红陶。尖唇。圈足残。素面。口径 20.8、残高 8 厘米（图五五〇，10）。

IV 式　4 件。内折沿，腹盘略深。

标本 M561:2，泥质灰陶。尖唇。素面。口径 17.6、底径 7.8、高 7.6 厘米（图五五〇，11；
图版一六九，1）。标本 M279:1，泥质灰陶。尖唇。素面。口径 20.2、底径 10.2、高 8.6 厘米
（图五五〇，12）。

E 型　5 件。侈口，斜直壁。分三式。

I 式　2 件。双折壁腹。

标本 M395:3，泥质灰陶。尖唇。下腹壁饰一周凸棱。口径 11.4、底径 5.4、高 7.5 厘米（图
五五〇，13；图版一六九，2）。

II 式　2 件。直壁微弧，下折。形体略大。

标本 M847:3，泥质黑陶。尖唇。下腹部有一周凸棱。口径 11.8、底径 5、高 7.2 厘米（图五
五〇，14）。

III 式　1 件。直壁下折。形体略小。

M449:3，泥质灰陶。尖唇。下腹部有一周凸棱，圈足饰小圆形镂孔。口径 7.6、底径 3.6、
高 5.5 厘米（图五五〇，15；图版一六九，3）。

F 型　18 件。折沿，斜弧腹。分六式。

Ⅰ式　1件。折沿近平，形体略小。

M395:10，泥质黑陶。尖唇。素面。口径13、底径6.6、高5.5厘米（图五五一，1；图版一六九，4）。

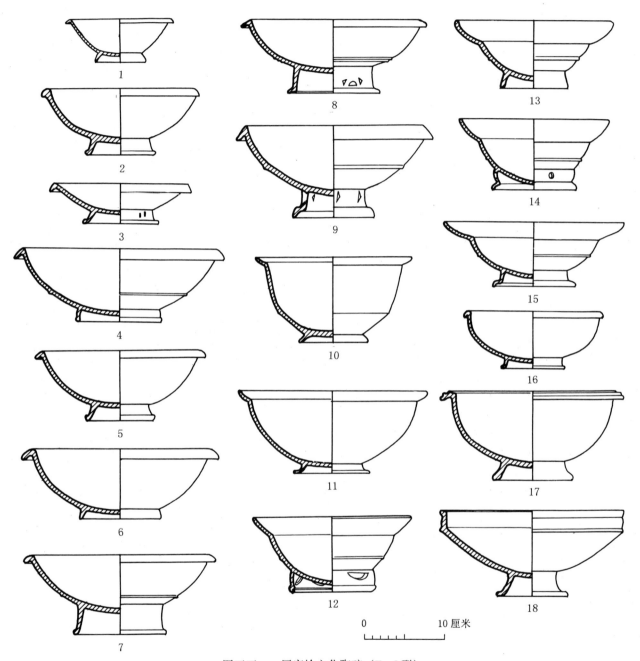

图五五一　屈家岭文化陶碗（F～Ⅰ型）

1. F型Ⅰ式（M395:10）　2、3. F型Ⅱ式（M465:7、M536:4）　4～6. F型Ⅲ式（M236:2、M239:2、M476:3）
7. F型Ⅳ式（M475:10）　8. F型Ⅴ式（M578:1）　9. F型Ⅵ式（M448:6）　10. G型Ⅰ式（M154:1）　11.
G型Ⅱ式（M151:1）　12. G型Ⅲ式（M591:13）　13. G型Ⅳ式（M258:2）　14. G型Ⅴ式（M319:1）　15.
G型Ⅵ式（M141:1）　16. H型Ⅰ式（M863:6）　17. H型Ⅱ式（M525:1）　18. Ⅰ型（M305:1）

Ⅱ式　3件。圈足略高。

标本 M465:7，斜弧腹。素面。口径 20、底径 9.2、高 8.4 厘米（图五五一，2；图版一七〇，1）。标本 M536:4，泥质黑陶。敞口，坦底。圈足饰四组条形镂孔。口径 16.8、底径 9.5、高 5 厘米（图五五一，3；图版一七〇，2）。

Ⅲ式　4件。沿外卷，圈足较Ⅱ式高。

标本 M236:2，泥质黑陶。尖唇。下腹部饰一周凸弦纹。口径 24.4、底径 10.2、高 9.2 厘米（图五五一，4；图版一七〇，3）。标本 M239:2，泥质灰陶。圆唇。素面。口径 20、底径 8.8、高 8.2 厘米（图五五一，5）。标本 M476:3，泥质黑陶。圆唇。素面。口径 23、底径 10.4、高 8.8 厘米（图五五一，6）。

Ⅳ式　3件。圈足较Ⅲ式高。

标本 M475:10，泥质黑陶。圆唇。下腹部饰一道凸弦纹。口径 22、底径 11.6、高 10 厘米（图五五一，7）。

Ⅴ式　4件。斜沿外折，盘略浅。

标本 M578:1，泥质灰陶。尖唇。下腹部饰二道凸弦纹，圈足有三组三角形镂孔。口径 22、底径 12、高 9.2 厘米（图五五一，8；图版一七〇，4）。

Ⅵ式　3件。斜沿外折，盘较深。

标本 M448:6，泥质灰陶。尖唇。下腹部饰一道凸弦纹，圈足有三组三角形镂孔。足座内凹槽深。口径 24、底径 11、高 12 厘米（图五五一，9）。

G 型　13件。盘口或双腹。分六式。

Ⅰ式　1件。仰折沿，斜收腹，腹下部有折痕。

标本 M154:.1，泥质灰陶。尖唇。腹下部饰一周凸弦纹。口径 21、底径 8.8、高 11 厘米（图五五一，10；图版一七一，1）。

Ⅱ式　3件。宽折沿，沿面内凹，斜收腹。

标本 M151:1，泥质灰陶。圆唇。素面。口径 12、底径 4.8、高 5.2 厘米（图五五一，11；图版一七一，2）。

Ⅲ式　3件。沿面宽，双腹。

标本 M591:13，泥质黑陶。尖唇。圈足饰四组半圆形镂孔。口径 21、底径 11、高 10 厘米（图五五一，12；图版一七一，3）。

Ⅳ式　2件。双腹。

标本 M258:2，泥质灰陶。圆唇。素面。口径 20、底径 8.4、高 8.5 厘米（图五五一，13；图版一七一，4）。

Ⅴ式　2件。双腹，盘较深。

标本 M319:1，泥质灰陶。尖唇。腹部有一道凸棱，圈足饰三个圆形镂孔。口径 20、底径 11、高 9 厘米（图五五一，14；彩版五二，1）。

Ⅵ式　2件。双腹，大敞口。

标本 M141:1，泥质灰陶。圆唇。素面。口径 23.2、底径 11、高 8 厘米（图五五一，15；图版一七二，1）。

H型　3件。卷沿。分二式。

Ⅰ式　2件。直口，卷沿。

标本 M863：6，泥质灰陶。圆唇。素面。口径 18、底径 9、高 7.5 厘米（图五五一，16；图版一七二，2）。

Ⅱ式　1件。宽卷沿，沿面饰弦纹。

标本 M525：1，泥质黑陶。尖唇。口微侈，斜弧腹。素面。口径 22.5、底径 10、高 11.2 厘米（图五五一，17；图版一七二，3）。

I型　2件。直口，折沿，斜直壁。

标本 M305：1，泥质黑陶。方唇。素面。口径 24、底径 9.5、高 11 厘米（图五五一，18；图版一七二，4）。

盆　37件。多为实用器。分为四型。

A型　22件。卷沿或斜折沿，弧腹，平底或凹底。分七式。

Ⅰ式　4件。平折沿。

标本 M416：1，泥质橙黄陶。圆唇，平底。素面。口径 24.4、底径 7.2、高 10 厘米（图五五二，1）。

Ⅱ式　2件。卷沿。

标本 T7053⑥：2，泥质灰陶。圆唇，底微内凹。素面。口径 27.8、底径 8、高 11 厘米（图五五二，2）。

Ⅲ式　2件。平沿略卷，腹略深，沿面饰数道凹弦纹。

标本 M246：1，泥质红褐陶。尖唇，底内凹。口径 31、底径 10.4、高 16 厘米（图五五一，3；图版一七三，1）。

Ⅳ式　2件。斜折沿。

标本 M587：6，泥质灰陶。尖唇，平底。素面。口径 24、底径 6.6、高 9.2 厘米（图五五二，4；图版一七三，2）。标本 M152：2，泥质灰陶。斜折沿较宽，弧壁深，底微凹。腹部饰二道凹弦纹。口径 25.4、底径 5.4、高 10.9 厘米（图五五二，5；图版一七三，3）。

Ⅴ式　5件。卷沿，斜弧腹。

标本 M578：28，泥质黑陶。尖唇，平底。腹部刻划"Ⅹ"字刻符。口径 23.6、底径 8、高 10.4 厘米（图五五二，6；图版一七四，1）。

Ⅵ式　2件。卷沿，弧腹。

标本 M547：2，泥质灰陶。圆唇，底微内凹。素面。口径 21.4、底径 8.8、高 9.8 厘米（图五五二，7）。

Ⅶ式　5件。卷沿，底内凹，腹较浅。

M417：1，泥质黑陶。尖唇，底内凹。素面。口径 21、底径 7.2、高 9.6 厘米（图五五二，8；图版一七四，2）。M364：2，泥质灰陶。圆唇。素面。口径 20.6、底径 8、高 9.2 厘米（图五五二，9；图版一七四，3）。M413：1，泥质灰陶。圆唇，底内凹。素面。口径 24.8、底径 10、高 9.4 厘米（图五五二，10）。M484：16，泥质灰陶。尖唇，底微内凹。素面。口径 23.2、底径 4.6、高 8.6 厘米（图五五二，11）。M586：3，泥质灰陶。尖唇。素面。口径 23.2、高 8.6 厘米（图五五

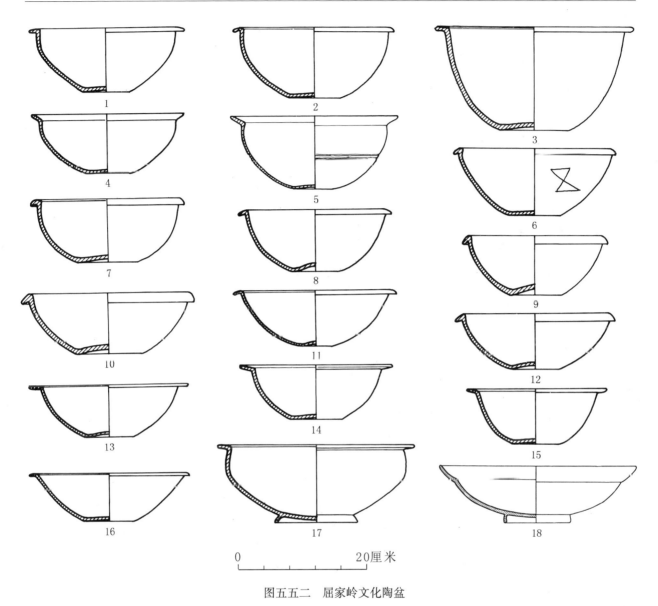

图五五二　屈家岭文化陶盆

1. A型Ⅰ式（M416:1）　2. A型Ⅱ式（T7053⑥:2）　3. A型Ⅲ式（M246:1）　4、5. A型Ⅳ式（M587:6、M152:2）　6. A型Ⅴ式（M578:28）　7. A型Ⅵ式（M547:2）　8~12. A型Ⅶ式（M417:1、M364:2、M413:1、M484:16、M586:3）　13. B型Ⅰ式（M496:1）　14. B型Ⅱ式（M463:1）　15. B型Ⅲ式（M581:4）　16. B型Ⅳ式（M635:4）　17. C型（M443:3）　18. D型（M518:1）

二，12；图版一七五，1）。

　　B型　11件。平折沿，斜弧腹或斜腹，盘较浅，平底或凹底。分四式。

　　Ⅰ式　2件。平折沿。

　　标本 M496:1，泥质灰陶。圆唇，底内凹。素面。口径 24.8、底径 7.2、高 8 厘米（图五五二，13；图版一七五，2）。

　　Ⅱ式　2件。沿略斜。

　　标本 M463:1，泥质红陶。圆唇，底略内凹。素面。口径 24、底径 8、高 8.4 厘米（图五五二，14，彩版五二，2）。

Ⅲ式　2件。斜沿近平。

标本 M581：4，泥质红陶。圆唇，底微内凹。素面。口径 22、底径 7、高 8.6 厘米（图五五二，15）。

Ⅳ式　5件。折沿，沿面略外弧。

标本 M635：4，泥质橙黄陶。圆唇，平底。素面。口径 25.2、底径 7.6、高 7.4 厘米（五五二，16；图版一七五，3）。

C型　1件。平卷沿，弧腹，圈足。

M443：3，泥质灰褐陶。素面。口径 30.4、底径 12.8、高 12 厘米（图五五二，17；图版一七五，4）。

D型　3件。双腹，圈足。

标本 M518：1，泥质黑陶。尖唇。素面。口径 30、底径 10、高 8.6 厘米（图五五二，18）。

钵　33件。主要为实用器。分为六型。

A型　10件。敛口，斜弧腹，平底或凹底。分三式。

Ⅰ式　2件。内折沿。

标本 M367：3，泥质灰陶。尖唇，底内凹。素面。口径 18.8、底径 4.8、高 10 厘米（图五五三，1；图版一七六，1）。

Ⅱ式　4件。斜弧腹，盘较浅。

标本 M480：3，泥质黑陶。圆唇，底微凹。近底处刻划"Ⅲ"形刻符。口径 22、底径 7.4、高 9 厘米（图五五三，2）。

Ⅲ式　4件。斜弧腹，平底。

标本 M371：1，泥质灰陶。圆唇，平底。素面。口径 19、高 7.6 厘米（图五五三，3；图版一七六，2）。标本 M558：3，泥质灰陶。圆唇，底近平。素面。口径 18、底径 5.9、高 8.3 厘米（图五五三，4）。标本 M336：7，泥质红褐陶。圆唇，底微凹。素面。口径 19.2、底径 7、高 8 厘米（图五五三，5）。

B型　6件。重沿，敛口，深弧腹，平底或凹底。分二式。

Ⅰ式　3件。盘较深。

标本 M285：2，夹砂黑褐陶。圆唇，平底。器表饰篮纹。口径 22.8、底径 10.5、高 14 厘米（图五五三，6；图版一七六，3）。

Ⅱ式　3件。盘略浅。

标本 M102：1，夹砂黑陶。圆唇。底微内凹。器表饰篮纹。口径 20.6、底径 8.8、高 13.2 厘米（图五五三，7）。

C型　12件。小盘口。分四式。

Ⅰ式　4件。上腹壁一道宽带，高出腹壁，外形似盘口。

标本 M253：5，泥质红褐陶。圆唇。底残。素面。口径 20.8、残高 8.5 厘米（图五五三，8；图版一七七，1）。标本 M373：2，泥质红褐陶。圆唇，底微凹。素面。口径 20、底径 6、高 8 厘米（图五五三，9）。

Ⅱ式　2件。口微侈，斜弧腹。

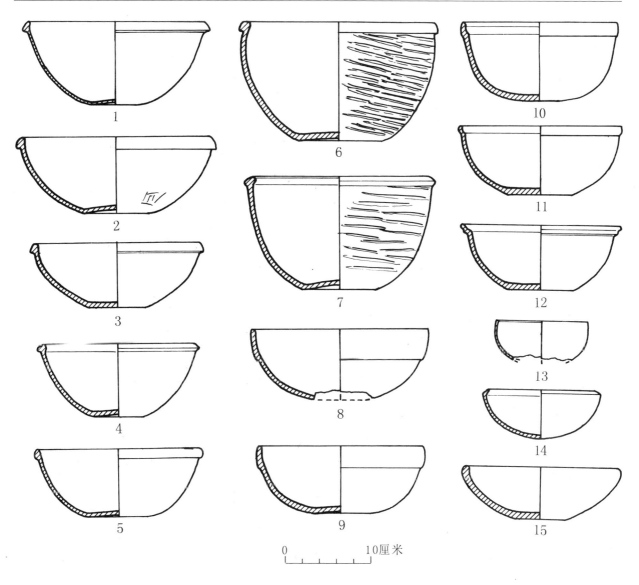

图五五三　屈家岭文化陶钵

1. A 型 I 式（M367:3）　2. A 型 II 式（M480:3）　3～5. A 型 III 式（M371:1、M558:3、M336:7）　6. B 型 I 式（M285:2）　7. B 型 II 式（M102:1）　8、9. C 型 I 式（M253:5、M373:2）　10. C 型 II 式（M524:2）　11. C 型 III 式（M129:1）　12. C 型 IV 式（M352:2）　13. D 型（M570:2）　14. E 型（M301:7）　15. F 型（M609:6）

标本 M524:2，泥质灰陶。尖唇，圜底。素面。口径 18.4、底径 7、高 9.2 厘米（图五五三，10；图版一七七，2）。

III 式　3 件。腹略浅。

标本 M129:1，泥质黄褐陶。圆唇，平底。素面。口径 19.6、底径 7.6、高 8 厘米（图五五三，11；图版一七七，3）。

IV 式　3 件。沿内凹。

标本 M352:2，泥质黑陶。圆唇，平底。素面。口径 20.2、底径 8、高 7.6 厘米（五五三，12）。

D 型　1 件。敛口，弧腹。

M570：2，泥质黑陶。尖唇。底残。素面。口径 10.8、残高 4.3 厘米（图五五三，13）。

E 型　2 件。弇口，圜底。

标本 M301：7，泥质黑陶。尖唇，素面。口径 13.2、高 5.8 厘米（图五五三，14；图版一七八，1）。

F 型　2 件。敛口，斜弧腹，平底。

标本 M609：6，泥质黑陶。圆唇，平底。素面。口径 19、底径 6.4、高 6.2 厘米（图五五三，15；图版一七八，2）。

盘　22 件。大多为实用器。分为六型。

A 型　5 件。直壁，口微侈，圜底，圈足。

标本 M602：1，泥质红陶。圆唇。圈足饰四组圆形镂孔。口径 28、底径 15.6、高 9.6 厘米（图五五四，1；彩版五二，3）。

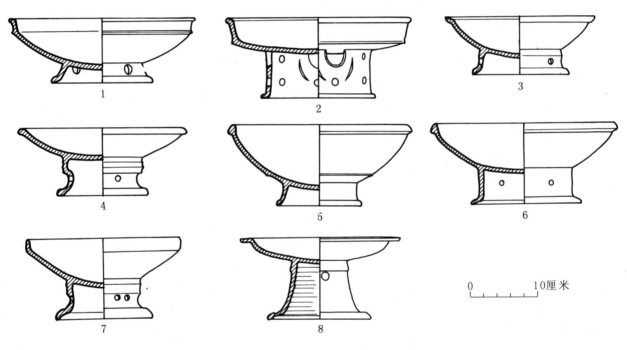

图五五四　屈家岭文化陶盘

1. A 型（M602：1）　2. B 型（M579：3）　3. C 型 I 式（M464：9）　4. C 型 II 式（M259：2）
5. D 型 I 式（M578：8）　6. D 型 II 式（M531：2）　7. E 型（M339：5）　8. F 型（M383：6）

B 型　1 件。直壁，平底，圈足。

M579：3，泥质褐陶。圈足饰四组圆形及月牙形镂孔。口径 28、底径 17.2、高 12 厘米（图五五四，2；图版一七八，3）。

C 型　6 件。窄沿，敞口，坦底，圈足。分二式。

I 式　3 件。斜收腹，圈足略高。

标本 M464：9，泥质灰陶。尖唇。圈足饰三个圆形镂孔。口径 22.4、底径 14.4、高 8.6 厘米（图五五四，3）。

Ⅱ式 3件。浅盘。

标本 M259:2，泥质黑陶。圆唇。圈足饰三组圆形镂孔。口径 25.6、底径 13.5、高 10 厘米（图五五四，4）。

D 型 3件。窄折沿，斜弧腹，圈足。分二式。

Ⅰ式 1件。圈足略矮。

M578:8，泥质灰陶。圆唇。腹下部饰一周凸弦纹。口径 26.4、底径 12.8、高 12 厘米（图五五四，5；图版一七九，1）。

Ⅱ式 2件。圈足略高。

标本 M531:2，泥质灰陶。圆唇。圈足饰四组圆形镂孔。口径 28、底径 16.5、高 12 厘米（图五五四，6；图版一七九，2）。

E 型 4件。直口，斜弧壁，圈足。

标本 M339:5，泥质灰陶。圆唇。圈足饰三组圆形镂孔。口径 23.2、底径 14.4、高 12 厘米（图五五四，7）。

F 型 3件。平折沿，浅盘，圈足较高。

标本 M383:6，泥质黑陶。方唇，盘较浅。圈足饰二个圆形镂孔，足内壁饰数道瓦棱纹。口径 13.6、高 12.2 厘米（图五五四，8；图版一七九，3）。

曲腹杯 7件。分为二型。

A 型 2件。敛口，上腹壁斜弧，下腹直。

标本 M271:4，泥质黑陶。尖唇。素面。口径 12.2、底径 7.6、高 6.5 厘米（图五五五，1；图版一八〇，1）。标本 M812:5，泥质黑陶。尖唇。素面。口径 12.2、底径 8.5、高 6 厘米（图五五五，2）。

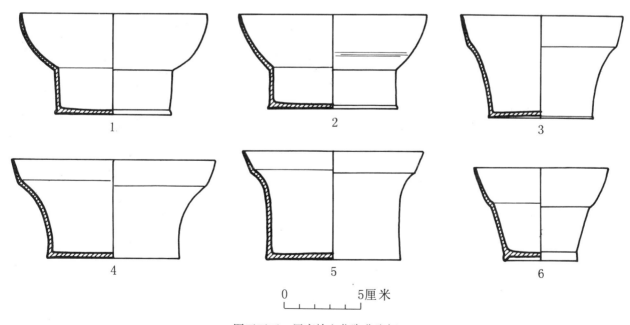

0   5厘米

图五五五 屈家岭文化陶曲腹杯

1、2. A型（M271:4、M812:5） 3. B型Ⅰ式（M356:13） 4、5. B型Ⅱ式（M482:5、M461:1） 6. B型Ⅲ式（M511:4）

B型　5件。侈口，上壁斜直，下壁直或斜直。分三式。

Ⅰ式　1件。上壁斜直，较短。

标本 M356:13，泥质黑陶。尖唇。素面。口径 10.6、底径 6.8、高 6.6 厘米（图五五五，3）。

Ⅱ式　3件。上壁更短，下壁内弧。

标本 M482:5，泥质黑陶。尖唇。素面。口径 13、底径 8.5、高 6.3 厘米（图五五五，4；图版一八〇，2）。标本 M461:1，泥质黑陶。尖唇。素面。口径 11.8、底径 8.8、高 7 厘米（图五五五，5）。

Ⅲ式　1件。腹壁斜直。

M511:4，泥质灰陶。尖唇。素面。口径 8.8、底径 4.8、高 6 厘米（图五五五，6；图版一八〇，3）。

杯　76件。分为十三型。

A型　25件。内弧壁，圈足。分三式。

Ⅰ式　12件。圈足极矮。

标本 M480:24，泥质灰陶。尖唇。素面。口径 8.4、底径 4.8、高 7.8 厘米（图五五六，1；图版一八一，1）。标本 T1402⑮:1，泥质灰陶。尖唇。素面。口径 8.8、底径 5.1、高 7.8 厘米（图五五六，2）。标本 M161:17，泥质黑陶。圆唇。器内壁饰数道瓦棱纹。口径 8.4、底径 5.2、高 6.7 厘米（图五五六，3；图版一八一，2）。

Ⅱ式　7件。圈足略高。

标本 M144:1，泥质灰陶。圆唇。素面。口径 7.4、底径 3.4、高 7.2 厘米（图五五六，4；图版一八一，3）。标本 M630:6，泥质褐陶。圆唇。素面。口径 8、底径 4.2、高 6.4 厘米（图五五六，5）。标本 M453:5，泥质灰陶。尖唇。素面。口径 10、底径 6、高 10.8 厘米（图五五六，6；图版一八一，4）。标本 M578:1，泥质灰陶。圆唇。器内壁饰数道凹弦纹。口径 8.4、底径 5、高 7.2 厘米（图五五六，7；图版一八二，1）。

Ⅲ式　6件。圈足较Ⅱ式高。

标本 M383:9，泥质灰陶。圆唇。素面。口径 9、底径 6.4、高 10.1 厘米（图五五六，8）。标本 M545:4，泥质黑陶。圆唇。器内有数道凹弦纹。口径 9、底径 6.4、高 9.6 厘米（图五五六，9；图版一八二，2）。标本 M542:8，泥质灰陶。尖唇。素面。口径 8.8、底径 4.8、高 9 厘米（图五五六，10；图版一八二，3）。

B型　3件。侈口，斜壁，圈足。

标本 M420:6，泥质灰陶。素面。口径 7、底径 5.4、高 8.4 厘米（图五五六，11；图版一八二，4）。标本 M420:7，泥质灰陶。素面。口径 7、底径 6.6、高 8.4 厘米（图五五六，12）。

C型　9件。喇叭形，斜壁，平底。分四式。

Ⅰ式　2件。形体略矮。

标本 M582:3，泥质红陶，胎薄。尖唇。口径 6.5、底径 3.4、高 4.8 厘米（图五五六，13；图版一八三，1）。

Ⅱ式　4件。腹略深。

标本 M630:1，泥质橙黄陶。尖唇。器内饰数道凹弦纹。口径 7.5、底径 3、高 6 厘米（图五

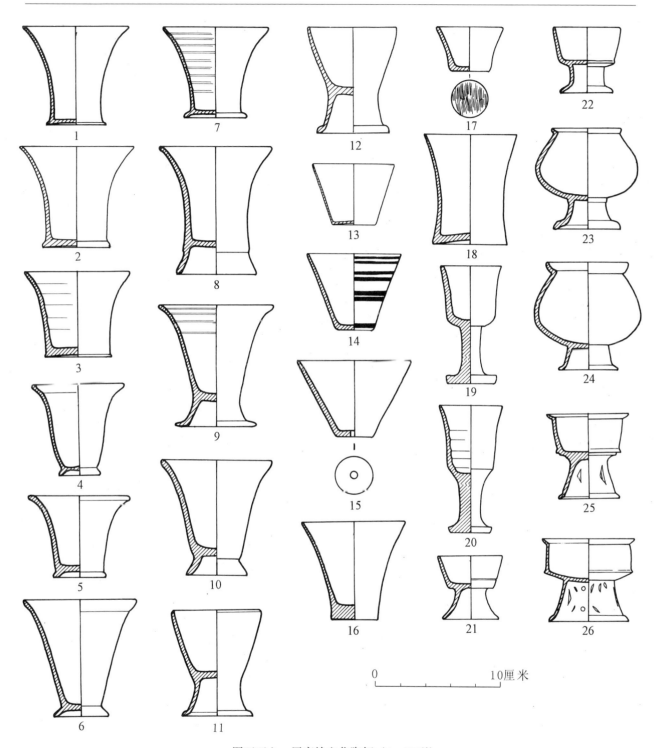

图五五六 屈家岭文化陶杯（A～H 型）

1～3. A 型 I 式（M480:24、T1402⑮:1、M161:17） 4～7. A 型 II 式（M144:1、M630:6、M453:5、M578:1） 8～10. A 型 III
式（M383:9、M545:4、M542:8） 11、12. B 型（M420:6、M420:7） 13. C 型 I 式（M582:3） 14、15. C 型 II 式（M630:
1、M337:3） 16. C 型 III 式（M448:4） 17. C 型 IV 式（M338:2） 18. D 型（M335:8） 19、20. E 型（M342:3、M365:2）
21、22. F 型（M336:14、M336:18） 23、24. G 型（M335:1、M335:19） 25、26. H 型（M585:2、M485:2）

五六，14；图版一八三，2）。标本 M337:3，泥质橙红陶。尖唇，底部有一圆孔。器壁有数周黑色彩带。口径 9、底径 3.3、高 6 厘米。（图五五六，15）。

Ⅲ式　2件。腹较Ⅱ式更深，壁微内弧。

标本 M448:4，泥质黑陶。尖唇。素面。口径 8.2、底径 3.7、高 7.7 厘米（图五五六，16）。

Ⅳ式　1件。小侈口，浅腹。

M338:2，泥质灰陶。尖唇。素面。口径 5.2、底径 3、高 3.5 厘米（图五五六，17；图版一八三，3）。

D型　3件。侈口，内弧壁，底内凹。

标本 M335:8，泥质黑陶。尖唇。素面。口径 7.4、底径 6、高 8.7 厘米（图五五六，18；图版一八三，4）。

E型　11件。实心高柄。

标本 M342:3，泥质红陶。素面。底径 3.8、高 9.2 厘米（图五五六，19）。标本 M365:2，泥质红陶。尖唇。器内饰数道瓦棱纹。口径 5、底径 3.1、高 10 厘米（图五五六，20；图版一八四，1）。

F型　3件。侈口，斜直壁，平底，喇叭形圈足。

标本 M336:14，泥质黑灰陶。尖唇。素面。口径 5.2、底径 4.5、高 5 厘米（图五五六，21；图版一八四，2）。标本 M336:18，泥质黑灰陶。圆唇，下腹壁一道凸棱。口径 5.2、底径 4.2、高 5.2 厘米（图五五六，22）。

G型　3件。盘口，圆鼓腹，圈足较高。

标本 M335:1，泥质黑陶。尖唇。素面。口径 5.6、底径 5.4、高 8 厘米（图五五六，23；图版一八四，3）。标本 M335:19，泥质橙黄陶。圆唇。素面。口径 6.6、底径 4.8、高 8.5 厘米（图五五六，24，图版一八四，4）。

H型　2件。折沿，直壁，圈足。

标本 M585:2，泥质灰陶。尖唇。圈足饰三角形镂孔。口径 6.6、底径 4.8、高 6.6 厘米（图五五六，25；图版一八五，1）。标本 M485:2，泥质灰陶。圈足饰圆形和三角形镂孔。口径 7.4、足径 6、高 6.6 厘米（图五五六，26；图版一八五，2）。

I型　4件。直壁，高圈足。分三式。

Ⅰ式　2件。盘口。

标本 M478:5，泥质橙黄陶。圆唇。柄、足残。素面。口径 7.2、残高 8 厘米（图五五七，1）。

Ⅱ式　2件。小盘口，直壁微内弧。

标本 T5055⑤:1，泥质橙黄陶。尖唇。腹部饰纵向细线纹。柄、足残。口径 7.8、残高 9.5 厘米（图五五七，2）。标本 M115:1，泥质橙黄陶。已残。残高 3.8 厘米（图五五七，3）。

Ⅲ式　1件。斜直壁。

T5806⑤:3，泥质灰陶。尖唇。圈足残。圈足上饰三角形镂孔和斜线划纹。口径 6.4、残高 13.6 厘米（图五五七，4）。

J型　2件。口微敛，长弧腹，圈足。

标本 M522:5，泥质黑陶。圆唇。素面。口径 8.4、底径 5、高 10 厘米（图五五七，5；图版

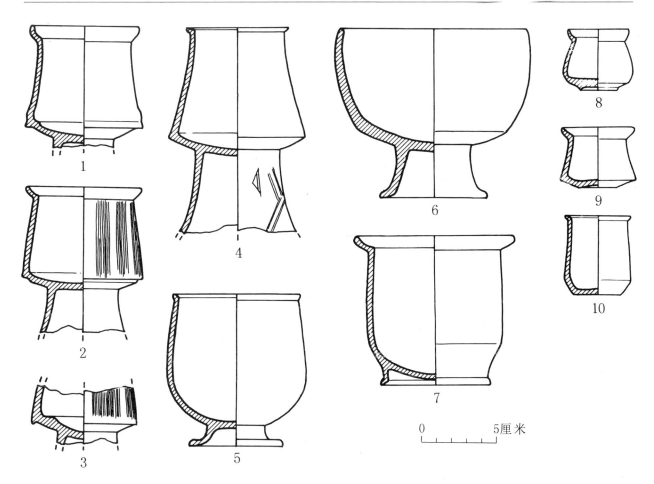

图五五七　屈家岭文化陶杯（Ⅰ~M型）

1. Ⅰ型Ⅰ式（M478:5）　2、3. Ⅰ型Ⅱ式（T5055⑤:1、M115:1）　4. Ⅰ型Ⅲ式（T5806⑤:3）　5. J型（M522:5）　6. K型
（M540:1）　7. L型（M498:1）　8. M型Ⅰ式（M425:82）　9. M型Ⅱ式（M384:3）　10. M型Ⅲ式（M338:4）

一八五，3）。

K型　3件。碗形，圈足较高。

标本 M540:1，泥质橙黄陶。圆唇。素面。口径 12.6、底径 7、高 10.8 厘米（图五五七，6）。

L型　1件。盘口，直壁，深腹，矮圈足。

M498:1，泥质灰陶。圆唇。素面。口径 10.8、底径 7.4、高 9.9 厘米（图五五七，7；图版一
八五，4）。

M型　7件。折沿，直壁或斜壁，平底或矮圈足。分三式。

Ⅰ式　4件。折沿，垂腹，矮圈足。

标本 M425:82，泥质灰陶。尖唇。素面。口径 4、底径 2.6、高 4 厘米（图五五七，8）。

Ⅱ式　2件。折腹，平底微凹。

标本 M384:3，泥质黑陶。圆唇。素面。口径 4.8、底径 2.6、高 4 厘米（图五五七，9；图版
一八六，1）。

Ⅲ式　1件。腹略深，平底。

标本 M338:4，泥质黑灰陶。尖唇。器内饰瓦棱纹。口径 4.4、底径 3、高 5.2 厘米（图五五

七，10；图版一八六，2）。

盂　7件。分为二型。

A型　4件。沿斜外折，折腹，高圈足。分二式。

I式　2件。折沿，折腹，沿面窄小。

标本M583：6，泥质黑陶。尖唇。圈足饰三个三角形镂孔。口径8、底径8.2、高9.2厘米（图五五八，1；图版一八六，3）。

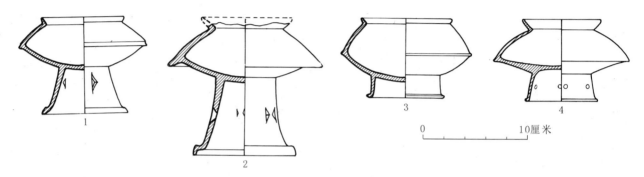

图五五八　屈家岭文化陶盂

1. A型I式（M583：6）　2. A型II式（M425：84）　3. B型I式（M630：17）　4. B型II式（M474：17）

II式　2件。上腹壁明显伸出下腹壁。

标本M425：84，泥质黑陶。口沿已残。足饰四组三角形镂孔。底径10、残高12厘米（图五五八，2；图版一八六，4）。

B型　3件。侈口，折沿，折腹，矮圈足。分二式。

I式　2件。折沿，折腹处有凸棱。

标本M630：17，泥质灰陶。尖唇。素面。口径8.8、底径7.4、高7.6厘米（图五五八，3）。

II式　1件。折沿，折腹下垂，沿面略宽。

M474：17，泥质黑陶。圆唇。素面。足饰四个圆形镂孔。口径7.6、底径7、高7.8厘米（图五五八，4；图版一八七，1）。

甑　47件。全部为明器。分为五型。

A型　17件。侈口，折沿，长弧腹，平底，罐形甑。分五式。

I式　5件。折沿长弧腹。

标本M160：1，泥质黑陶。尖唇。素面。底部密布小甑孔。口径6.6、底径3.2、高5.5厘米（图五五九，1）。标本M813：11，泥质黑陶。圆唇。素面。底部有八个甑孔。口径5.4、底径2.8、高5.6厘米（图五五九，2）。标本M356：2，泥质黑陶。圆唇。素面。底部有四个甑孔。口径4、底径2、高3.6厘米（图五五九，3）。

II式　5件。折沿，沿内微凹，长弧腹。

标本M478：1，泥质黑陶。圆唇。底部有七个甑孔。素面。口径4.4、底径2.8。高4.6厘米（图五五九，4）。标本M624：2，泥质黑陶。尖唇。底部有七个甑孔。素面。口径5.2、底径3.2、高5.2厘米（图五五九，5；图版一八七，2）。标本M595：8，泥质黑陶。尖唇。素面底部有九个甑孔。口径5.3、底径3.2、高5厘米（图五五九，6）。

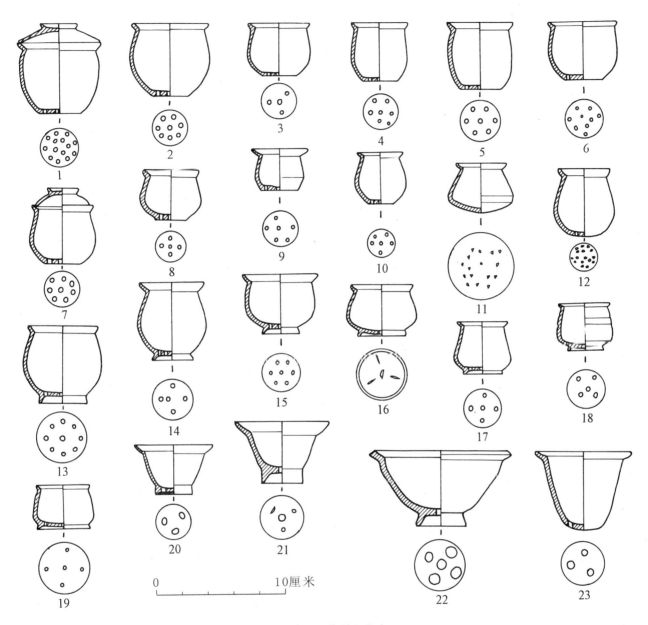

图五五九 屈家岭文化陶甑

1~3. A型I式（M160:1、M813:11、M356:2） 4~6. A型II式（M478:1、M624:2、M595:8） 7、8. A型III式（M569:6、M491:4） 9. A型IV式（M589:6） 10. A型V式（M610:2） 11. B型I式（M4//:4） 12. B型II式（M581:1） 13. C型I式（M812:1） 14. C型II式（M301:4） 15. C型III式（M511:1） 16. C型IV式（M600:5） 17、18. C型V式（M404:6、M467:7） 19. C型VI式（M495:4） 20、21. D型I式（M448:27、M633:10） 22. D型II式（M334:2） 23. E型（M545:5）

III式 3件。折沿，腹下部鼓出。

标本 M569:6，泥质灰陶。尖唇。素面。底部有八个甑孔。有盖。口径4.8、底径2.8、通高5.8厘米（图五五九，7）。标本 M491:4，泥质灰陶。尖唇。底部有五个甑孔。素面。口径4.4、底径2.4、高3.9厘米（图五五九，8；图版一八七，3）。

IV式 2件。折沿，折腹。

标本 M589:6，泥质灰陶。宽折沿，尖唇，折腹。底部有六个甑孔。素面。口径4.3、底径

2.8、高3.2厘米（图五五九，9）。

V式　2件。折沿，腹中部鼓出。

标本M610:2，泥质黑陶。尖唇。底部有六个甑孔。素面。口径3.6、底径2、高4厘米（图五五九，10）。

B型　4件。折沿，弧腹，圜底。分二式。

I式　2件。弧垂腹。

标本M477:4，泥质黑陶。圆唇。底部有十三个三角形甑孔。素面。口径4、高4厘米（图五五九，11）。

II式　2件。弧腹。

标本M581:1，泥质黑陶。尖唇，近圜底。甑底有十六个三角形甑孔。素面。口径3.8、高5.2厘米（图五五九，12）。

C型　18件。折沿，弧腹，圈足。分六式。

I式　2件。长弧腹。

标本M812:1，泥质磨光黑陶。尖唇。甑底有八个甑孔。素面。口径5.4、底径3.8、高6厘米（图五五九，13）。

II式　4件。宽折沿，长弧腹较深。

标本M301:4，泥质灰陶。圆唇。甑底有五个甑孔。素面。口径5、底径3.4、高6厘米（图五五九，14；图版一八七，4）。

III式　3件。弧腹略浅。

标本M511:1，泥质黑陶。尖唇。素面。甑底有七个甑孔，似深腹篡形。口径6、底径3、高4.6厘米（图五五九，15）。

IV式　3件。弧腹矮扁。

标本M600:5，泥质黑陶。尖唇。底部有条形镂孔。甑底有四个梭形甑孔。口径5、底径3.8、高3.9厘米（图五五九，16）。

V式　4件。腹斜直。

标本M404:6，泥质黑陶。尖唇。甑底有五个甑孔。素面。口径4、底径2.9、高4厘米（图五五九，17）。标本M467:7，泥质黑陶。尖唇。腹部饰一道宽带纹。甑底有五个甑孔。口径4、底径2.6、高3厘米（图五五九，18）。

VI式　2件。垂腹。

标本M495:4，泥质黑陶。尖唇。甑底有五个甑孔。素面。口径4.2、底径4.2、高3.4厘米（图五五九，19）。

D型　5件。折沿或浅盘口，斜壁，圈足。分二式。

I式　2件。浅盘口。

M448:27，泥质黑陶。圆唇。折沿内缘微翘。甑底有三个甑孔。素面。口径6.2、底径2.9、高3.8厘米（图五五九，20）。M633:10，泥质黑陶。尖唇。素面。口径7.4、底径7.2、高4.6厘米（图五五九，21；图版一八八，1）。

II式　3件。折沿。

标本 M334:2，泥质黑灰陶。方唇，折沿。素面。口径 10.4、底径 4、高 5.8 厘米（图五五九，22）。

E 型 3 件。臼形甑。

标本 M545:5，泥质灰褐陶。圆唇。器表有划纹。口径 7.6、高 6.1 厘米（图五五九，23；图版一八八，2）。

釜 145 件。全部为实用器，绝大多数作为瓮棺葬的葬具。分为三型。

A 型 36 件。盘口，鼓腹，圜底。

标本 M256:1，夹炭红褐陶。圆唇，圜底。素面。口径 22、高 20.6 厘米（图五六〇，1）。

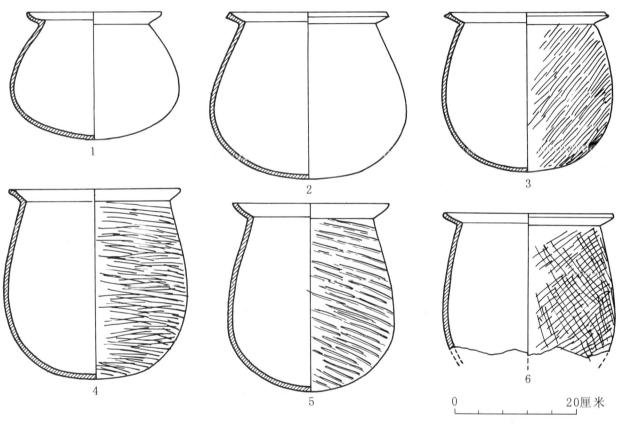

图五六〇 屈家岭文化陶釜

1. A 型（M256:1） 2. B 型（M441:1） 3. C 型Ⅰ式（M226:1） 4～6. C 型Ⅱ式（M326:1、M324:1、M285:1）

B 型 65 件。折沿，盘口，鼓腹，下腹鼓出。

标本 M441:1，夹砂黑陶。方唇，圜底。素面。口径 25.6、高 27.2 厘米（图五六〇，2；图版一八八，3）。

C 型 44 件。折沿，长弧腹。分二式。

Ⅰ式 16 件。腹壁略鼓。

标本 M226:1，夹砂褐陶。方唇微勾，圜底。器表饰篮纹。口径 25.6、高 25.6 厘米（图五六〇，3；图版一八八，4）。

Ⅱ式 28 件。腹壁微弧。

标本 M326:1，夹砂黑陶。方唇，圜底。器表饰错乱篮纹。口径28、高30.8厘米（图五六〇，4；图版一八九，1）。标本 M324:1，夹砂褐陶。尖唇，圜底。器表饰粗篮纹。口径25.6、高30.4厘米（图五六〇，5；图版一八九，2）。标本 M285:1，泥质红陶。圆唇。底残。器表饰篮纹。口径28、残高22厘米（图五六〇，6；图版一八九，3）。

瓮　94件。分为三型。

A型　72件。盘口，长弧腹。分三式。

Ⅰ式　25件。宽折沿，沿面内凹。最大腹径偏下。

标本 M563:1，泥质红褐陶。圆唇，底内凹。腹部饰一周绳索状附加堆纹。口径24.2、底径10、高26厘米（图五六一，1；图版一八九，4）。

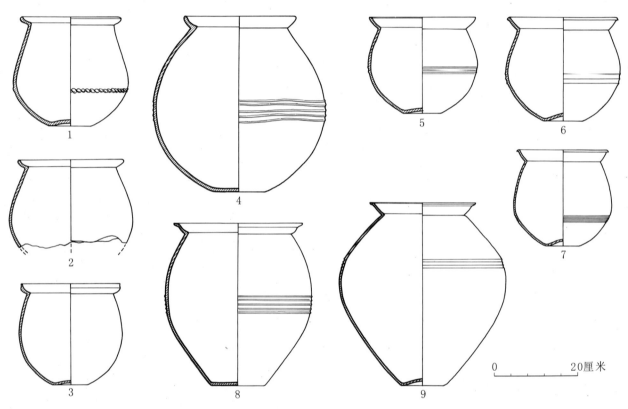

图五六一　屈家岭文化陶瓮

1. A型Ⅰ式（M563:1）　2. A型Ⅱ式（M244:1）　3. A型Ⅲ式（M294:2）　4. B型Ⅰ式（M596:1）　5. B型Ⅱ式（M140:1）　6、7. B型Ⅲ式（M331:2、M364:1）　8. C型Ⅰ式（M503:1）　9. C型Ⅱ式（M436:1）

Ⅱ式　25件。

标本 M244:1，夹炭红褐陶。圆唇。底残。素面。口径26、残高21.2厘米（图五六一，2）。

Ⅲ式　22件。最大腹径略往上移。

标本 M294:2，泥质灰陶。尖唇，沿面内凹，底微内凹。素面。口径24、底径8、高24厘米（图五六一，3）。

B型　15件。宽折沿，弧腹，凹底。分三式。

Ⅰ式　4件。盘口，最大腹径偏下。

标本 M596:1，泥质灰陶，平底。腹部饰五周凸弦纹。口径 27.2、底径 12、高 41.8 厘米（图五六一，4；图版一九〇，1）。

Ⅱ式　3 件。盘口，最大腹径略上移。

标本 M140:1，泥质灰陶。方唇，底内凹。腹部饰一道凹弦纹。口径 25.6、底径 8.8、高 22.8 厘米（图五六一，5；图版一九〇，2）。

Ⅲ式　8 件。

标本 M331:2，泥质红褐陶。方唇，底内凹。腹部饰二道凹弦纹。口径 26、底径 9.2、高 24.4 厘米（图五六一，6；图版一九〇，3）。标本 M364:1，泥质灰陶。盘口，圆唇，底内凹。下腹部饰数组凹弦纹。口径 21.6、底径 8、高 22.8 厘米（图五六一，7；图版一九〇，4）。

C 型　7 件。宽折沿，长弧腹。分二式。

Ⅰ式　4 件。弧腹壁。

标本 M503:1，泥质灰陶。尖唇，平底。腹部饰五周凸弦纹。口径 31.6、底径 12.8、高 38.8 厘米（图五六一，8；图版一九一，1）。

Ⅱ式　3 件。腹壁外鼓。

标本 M436:1，泥质灰陶。尖唇，肩部饰凹弦纹。口径 25.6、底径 8.8、高 43.6 厘米（图五六一，9）。

缸　111 件。全部为实用器，用作瓮棺葬的葬具。分为八型。

A 型　14 件。敞口，平底。分二式。

Ⅰ式　5 件。斜弧壁。

标本 M382:1，夹炭红陶。方唇，平底。腹部饰二道附加堆纹。口径 53、底径 16、高 34.2 厘米（图五六二，1；图版一九一，2）。

Ⅱ式　9 件。斜直壁。

标本 M505:1，夹粗砂褐陶。方唇。器表饰附加堆纹和篮纹。口径 50、高 35 厘米（图五六二，2）。

B 型　60 件。敞口，圜底。分四式。

Ⅰ式　15 件。大敞口，弧收腹。

标本 M415:1，夹砂红褐陶。器表饰粗篮纹。口径 62、高 46 厘米（图五六二，3）。标本 M105:1，夹粗砂褐陶。方唇。底残。器表饰附加堆纹及篮纹。口径 42、残高 30.8 厘米（图五六二，4；图版一九一，3）。

Ⅱ式　28 件。敞口，弧收腹。

标本 M235:1，夹砂红褐陶。方唇，圜底。器表饰粗篮纹。口径 57.5、高 50 厘米（图五六二，5）。标本 M382:2，夹砂红褐陶，平沿，深腹圜底。上腹一周扁平附加堆纹，周身饰篮纹。口径 45、高 40 厘米（图五六二，6）。

Ⅲ式　9 件。近盘口。

标本 M546:1，夹砂褐陶。方唇，平底。通体饰篮纹并三道附加堆纹。口径 42、高 33.6 厘米（图五六二，7；图版一九一，4）。

Ⅳ式　8 件。近侈口，斜直壁。

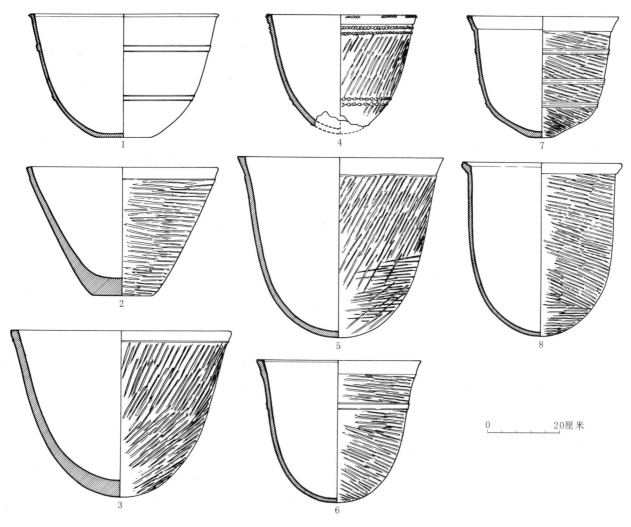

图五六二　屈家岭文化陶缸（A、B型）

1. A型Ⅰ式（M382:1）　2. A型Ⅱ式（M505:1）　3、4. B型Ⅰ式（M415:1、M105:1）

5、6. B型Ⅱ式（M235:1、M382:2）　7. B型Ⅲ式（M546:1）　8. B型Ⅳ式（M249:1）

标本M249:1，夹砂褐陶。圆唇。圜底。通体饰篮纹。口径44.5、高48厘米（图五六二，8）。

C型　15件。折沿，长弧腹，圜底。

标本M106:2，泥质黑皮灰陶。方唇，颈及腹部各饰二道堆纹。口径37.6、高38.2厘米（图五六三，1；图版一九二，1）。标本M415:2，夹砂褐陶。方唇。通体饰篮纹，颈及腹部各饰二道绚索状附加堆纹。口径37.2、高38厘米（图五六三，2；图版一九二，2）。

D型　15件。折沿，直腹，平底。分三式。

Ⅰ式　4件。侈口。

标本M240:3，夹砂红褐陶。圆唇，平底。通体饰篮纹。口径40、底径14、高45厘米（图五六三，3；图版一九二，3）。

Ⅱ式　7件。盘口。

标本M385:2，夹砂红陶。方唇，尖底。通体饰篮纹，腹部饰二道堆索纹。口径38、高48.5

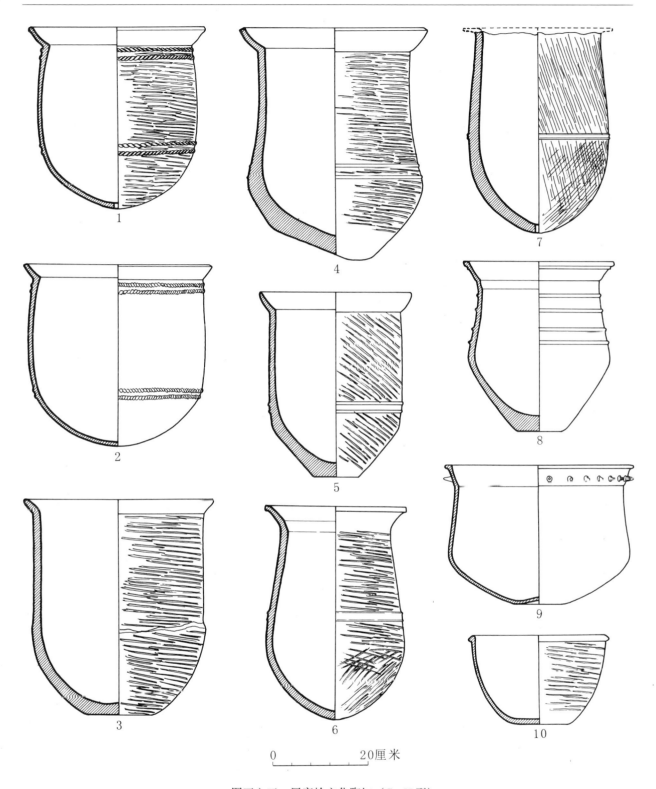

0 _____ 20厘米

图五六三　屈家岭文化陶缸（C～H型）

1、2. C 型（M106:2、M415:2）　3. D 型Ⅰ式（M240:3）　4. D 型Ⅱ式（M385:2）　5. D 型Ⅲ式（M506:1）

6、7. E 型（M284:1、M286:1）　8. F 型（M378:1）　9. G 型（M585:1）　10. H 型（M296:1）

厘米（图五六三，4）。

Ⅲ式　4件。侈口，形体略小。

标本 M506:1，夹砂褐陶。折沿，尖唇，平底。通体饰篮纹。口径 32、底径 9.6、高 38.8 厘米（图五六三，5；图版一九二，4）。

E 型　4件。卷沿，敞口，直腹。

标本 M284:1，夹砂红褐陶。圆唇，尖底。通体粗篮纹。口径 30、高 44.8 厘米（图五六三，6；图版一九三，1）。标本 M286:1，夹砂红陶，口残，圜底近尖。通体饰篮纹。残高 42 厘米（图五六三，7）。

F 型　1件。斜折沿，上腹直，下腹弧，小平底。

M378:1，夹砂红褐陶。腹部饰四道凸弦纹。口径 32、底径 8、高 36 厘米（图五六三，8；图版一九三，2）。

G 型　1件。斜折沿，侈口，斜直壁，圜底内凹。

M585:1，泥质灰陶。沿外饰一周乳钉纹。口径 40、底径 10.4、高 29.2 厘米（图五六三，9）。

H 型　1件。窄折沿，弧腹，平底。

M296:1　夹砂红褐陶。圆唇。腹饰篮纹。口径 28、底径 12、高 19.2 厘米（图五六三，10；图版一九四，1）。

器盖　206件。有实用器和明器两种。分为十一型。

A 型　26件。圈足形纽，盘口外折，似倒扣的折沿圈足碟。分二式。

Ⅰ式　15件。盘口外折。

标本 M489:6，泥质黑陶。素面。口径 5.7、纽径 2.8、高 2 厘米（图五六四，1）。标本 M813:11，泥质黑陶。口径 4.5、纽径 3、高 2 厘米（图五六四，2）。标本 M554:3，泥质黑陶。素面。口径 3.6、纽径 2、高 1 厘米（图五六四，3）。

Ⅱ式　11件。盘口外折较Ⅰ式明显。

标本 M535:18，泥质黑陶。尖唇。素面。口径 4.7、纽径 2.4、高 1.5 厘米（图五六四，4）。标本 M487:4，泥质黑陶。尖唇。素面。口径 5.7、纽径 3.3、高 1.8 厘米（图五六四，5）。

B 型　66件。小圈足形纽，似倒扣的侈口斜弧腹圈足碟。分五式。

Ⅰ式　19件。圈足纽略矮。

标本 M397:4，泥质灰陶。尖唇。素面。口径 7.7、纽径 3、高 2 厘米（图五六四，6）。

Ⅱ式　22件。盘口较浅。

标本 M478:1，泥质黑陶。尖唇。素面。口径 4.3、纽径 2、高 1 厘米（图五六四，7）。标本 M569:5，泥质黑陶。尖唇。素面。口径 4.7、纽径 2.7、高 1.4 厘米（图五六四，8）。

Ⅲ式　9件。圈足纽略高。

标本 M595:3，泥质黑陶。尖唇。素面。口径 6.9、纽径 2.1、高 2 厘米（图五六四，9）。

Ⅳ式　9件。纽径较大。

标本 M633:5，泥质黑陶。尖唇。素面。口径 5、纽径 2.3、高 1.4 厘米（图五六四，10）。

Ⅴ式　7件。纽径较小，壁略厚。

标本 M474:20，泥质黑陶。尖唇。素面。口径 3.6、纽径 1、高 1.3 厘米（图五六四，11）。

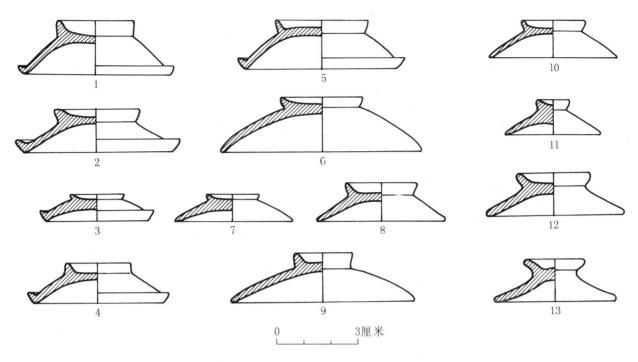

图五六四　屈家岭文化陶器盖（A～C型）

1～3. A型Ⅰ式（M489:6、M813:11、M554:3）　　4、5. A型Ⅱ式（M535:18、M487:4）　　6. B型
Ⅰ式（M397:4）　　7、8. B型Ⅱ式（M478:1、M569:5）　　9. B型Ⅲ式（M595:3）　　10. B型Ⅳ式
（M633:5）　　11. B型Ⅴ式（M474:20）　　12. C型Ⅰ式（M535:16）　　13. C型Ⅱ式（M475:21）

C型　10件。小圈足形纽，似倒扣的敞口坦腹圈足碟。分二式。

Ⅰ式　7件。形体略大，斜直腹。

标本M535:16，泥质黑陶。圆唇。素面。口径5.2、纽径2.8、高1.6厘米（图五六四，12）。

Ⅱ式　3件。形体略小，斜弧腹。

标本M475:21，泥质黑陶。圆唇。素面。口径4.5、纽径3、高1.5厘米（图五六四，13）。

D型　16件。实柱形上承平盘式纽。分四式。

Ⅰ式　3件。柱形纽较高，内折沿。

标本M600:11，泥质黑陶。腹部饰三道凸棱。口径9.4、纽径3、高12.6厘米（图五六五，1）。

Ⅱ式　7件。柱形纽略矮，侈口。

标本M425:18，泥质黑陶。纽下一周凸棱。腹部饰一圆形镂孔。口径9、纽径5.4、高9.3厘米（图五六五，2）。

Ⅲ式　2件。柱形纽柄，小圈足。

标本M632:9，泥质黑陶。柄部有一道凸棱。口径8.4、高11.2厘米（图五六五，3）。

Ⅳ式　4件。似倒扣的实心柄敞口碟形豆。

标本M144:6，泥质灰陶。平折沿盘形纽，柄部有一道凸棱。口径10、高10.8厘米（图五六五，4；图版一九四，2）。

E型　8件。蒜头形纽，带子口。

标本M452:7，泥质黑陶。腹部饰一圆形镂孔。口径7.4、高5.4厘米（图五六五，5）。标本

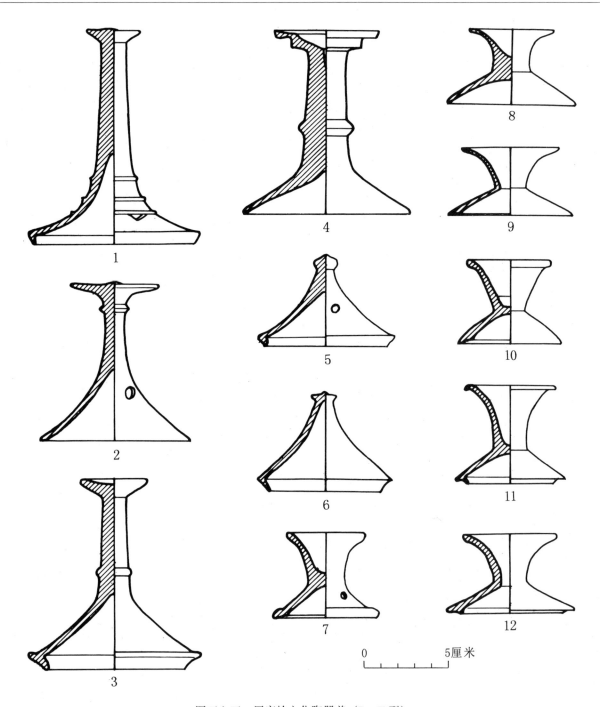

图五六五　屈家岭文化陶器盖（D～F型）

1. D型Ⅰ式（M600：11）　　2. D型Ⅱ式（M425：18）　　3. D型Ⅲ式（M632：9）　　4. D型Ⅳ式
（M144：6）　　5、6. E型（M452：7、M624：1）　　7. F型Ⅰ式（M365：4）　　8. F型Ⅱ式（M473：10）
9. F型Ⅲ式（M475：16）　　10. F型Ⅳ式（M622：7）　　11、12. F型Ⅴ式（M541：10、M542：7）

M624：1，泥质黑陶。素面。口径6.4、高5.8厘米（图五六五，6；图版一九四，3）。

F型　22件。喇叭形圈足纽或带子口。分五式。

Ⅰ式　3件。喇叭形侈口。

标本 M365:4，泥质黑陶。素面。口径 5.9、纽径 4.8、高 4.8 厘米，盖盘上一孔（图五六五，7）。

Ⅱ式　4 件。大喇叭形纽。

标本 M473:10，泥质黑陶。尖唇。素面。口径 7.6、纽径 5、高 4.4 厘米（图五六五，8）。

Ⅲ式　5 件。大喇叭形纽。

标本 M475:16，泥质黑陶。尖唇。素面。口径 7.8、纽径 6、高 5 厘米（图五六五，9）。

Ⅳ式　5 件。喇叭形纽略高，子口。

标本 M622:7，泥质黑陶。尖唇。素面。口径 6、纽径 4.5、高 4.9 厘米（图五六五，10；图版一九四，4）。

Ⅴ式　5 件。喇叭形空心纽，子口。

标本 M541:10，泥质黑陶。尖唇。素面。口径 5.2、纽径 5.2、高 5.8 厘米（图五六五，11）。
标本 M542:7，泥质黑陶，口径 6、纽径 5.8、高 4.6 厘米（图五六五，12；图版一九五，1）。

G 型　40 件。小圆饼形纽。分四式。

Ⅰ式　3 件。纽顶微凹。

标本 M631:6，泥质黑陶。尖唇。素面。口径 5、高 1 厘米（图五六六，1）。标本 M478:20，泥质黑陶。圆唇。素面。口径 3.6、高 1 厘米（图五六六，2）。

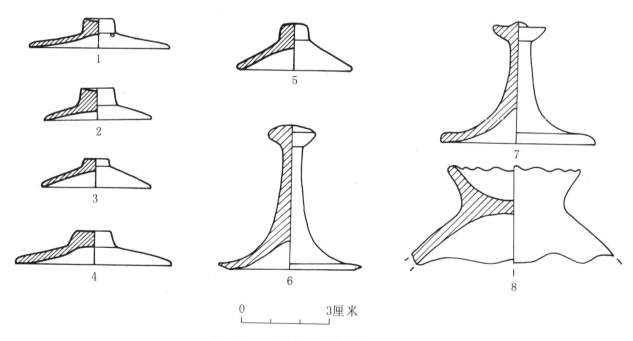

图五六六　屈家岭文化陶器盖（G～Ⅰ型）

1、2. G 型Ⅰ式（M631:6、M478:20）　3. G 型Ⅱ式（M584:1）　4. G 型Ⅲ式（M425:93）　5. G 型Ⅳ式（M473:18）　6. H 型Ⅰ式（M478:8）　7. H 型Ⅱ式（M302:8）　8. Ⅰ型（H162:1）

Ⅱ式　3 件。饼形纽，敞口。

标本 M584:1，泥质黑陶，圆唇。素面。口径 3.8、高 1 厘米（图五六六，3）。

Ⅲ式　23 件。实心纽，盘为敞口，坦腹。

标本 M425:93，泥质黑陶。圆唇。素面。口径 5.8、高 1.2 厘米（图五六六，4）。

Ⅳ式　18件。实纽略高。

标本 M473:18，泥质黑陶。圆唇。素面。口径 3.7、高 1.5 厘米（图五六六，5）。

H 型　8件。实心柱，上承算珠式纽。分二式。

Ⅰ式　2件。纽为算珠形。

标本 M478:8，泥质黑陶。尖唇。口径 5、高 4.6 厘米（图五六六，6；图版一九五，2）。

Ⅱ式　6件。算珠形纽上凸起。

标本 M302:8，泥质红陶。圆唇。口径 5.5、高 4.2 厘米（图五六六，7；图版一九五，3）。

Ⅰ型　1件。锯齿边圈足形纽。

H162:1，夹砂灰褐陶。口残。纽径 4.6、残高 3.4 厘米（图五六六，8）。

J 型　1件。似倒扣的侈口斜壁圈足盘式盖。

标本 M400:1，泥质黑陶。尖唇。纽部饰四组三角形镂孔。口径 22.5、纽径 10.2、高 6 厘米（图五六七，1；图版一九五，4）。

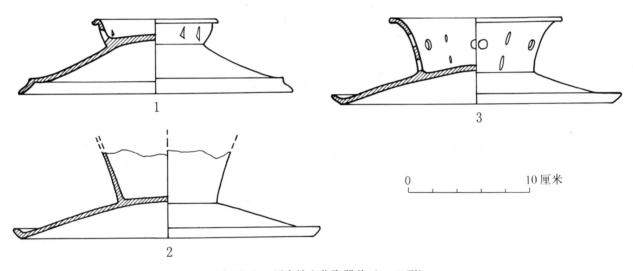

图五六七　屈家岭文化陶器盖（J、K型）

1. J 型（M400:1）　2. K 型Ⅰ式（M222:2）　3. K 型Ⅱ式（M134:1）

K 型　8件。倒扣的折沿坦腹圈足盘形盖。分二式。

Ⅰ式　3件。沿外翻。

标本 M222:2，泥质黑陶。尖唇。纽高但已残，较细。素面。口径 23.7、残高 7 厘米（图五六七，2）。

Ⅱ式　5件。沿外翻明显。圈足形纽稍矮。

标本 M134:1，泥质灰陶。圆唇。纽部饰圆形及条形镂孔。口径 21.6、纽径 14.2、高 7 厘米（图五六七，3；图版一九六，1）。

（二）生产工具和其他

纺轮　24件。均为实用器。墓葬和地层中都有出土。分三型。

A 型　6件。器身截面似梯形。

标本 M395∶7，夹砂褐陶。直径 5.6、厚 1.8 厘米（图五六八，1；图版一九六，2）。

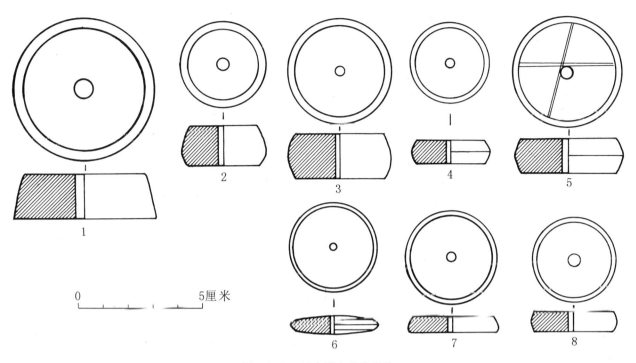

图五六八　屈家岭文化陶纺轮

1. A 型（M395∶7）　2、3. B 型 I 式（M478∶15、M482∶2）　4、5. B 型 II 式
（M473∶30、M622∶10）　6～8. C 型（M448∶29、M464∶7、M474∶22）

B 型　11 件。器身似算珠形。分二式。

I 式　5 件。边圆弧。

标本 M478∶15，泥质红褐陶。直径 3.4、厚 1.6 厘米（图五六八，2）。标本 M482·2，泥质红陶。直径 4.2、厚 1.8 厘米（图五六八，3）。

II 式　6 件。外壁斜折。

标本 M473∶30，泥质黑陶。直径 3.2、厚 0.9 厘米（图五六八，4）。标本 M622∶10，泥质黑陶。表面饰二道交叉划纹。直径 4.5、厚 1.4 厘米（图五六八，5；图版一九六，3）。

C 型　7 件。器身似圆饼形，较薄。

标本 M448∶29，泥质红陶。直径 3.6、厚 0.8 厘米（图五六八，6）。标本 M464∶7，泥质红陶。直径 3.7、厚 0.7 厘米（图五六八，7；图版一九六，4）。标本 M474∶22，泥质红陶。直径 3.2、厚 0.8 厘米（图五六八，8）。

球　13 件。分二型。

A 型　7 件。素面。

标本 T1127⑤A∶6，泥质灰陶。实心。直径 3.5 厘米（图五六九，1）。

B 型　6 件。表面有锥刺纹。

标本 T1059⑥A∶3，泥质灰陶。表面锥刺有盲孔及线槽。直径 3.2 厘米（图五六九，2；彩版五三，1）。标本 T7050③∶1，泥质红陶。表面饰锥刺纹。空心。直径 3.2 厘米（图五六九，3；彩

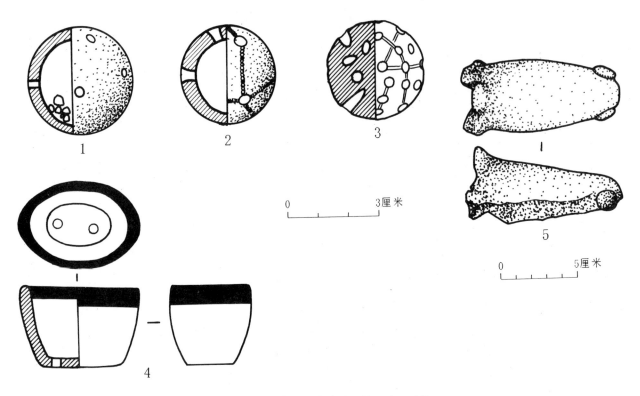

图五六九　屈家岭文化陶球、铃，陶塑动物

1. A型球（T1127⑤A:6）　2、3. B型陶球（T1059⑥A:3、T7050③:1）　4. 陶铃（T1351⑯:3）　5. 陶塑动物（采:1）

版五三，2）。

铃　1件。

标本 T1351⑯:3，泥质橙黄陶。口内外饰红衣，顶部有 2 个圆形小孔。口径 4～2.75、高 2.6 厘米（图五六八，4）。

陶塑动物　1件。

采:1，泥质灰陶。狗形，贴耳，屈腿，翘尾。下腹残。长 9 厘米（图五六九，5；彩版五三，3）。

二　石器

共发现石器 112 件，主要是生产工具。包括斧、锛、凿、钺、钻、砺石、柱形器、球、打磨器、哨。

斧　46 件。分二型。

A型　38 件。形体较大，平面呈梯形。分三式。

Ⅰ式　9 件。形体较大。

标本 H190:1，灰色砂岩。弧顶，正锋。双面刃。长 17、宽 8.8、厚 2 厘米（图五七〇，1；图版一九七，1）。

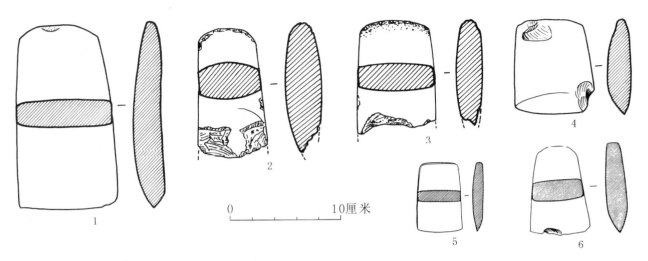

图五七〇 屈家岭文化石斧

1. A型Ⅰ式（M190:1） 2、3. A型Ⅱ式（H412:1、T5054⑤:3）

4. A型Ⅲ式（T1127③C:4） 5、6. B型（F23-1:6、M863:7）

Ⅱ式 21件。形体较Ⅰ式小。

标本H412:1，磨制粗糙。顶近平，刃残。长11.6、宽6.2、厚3.5厘米（图五七〇，2；图版一九七，2）。标本T5054⑤:3，灰色砂岩。弧顶，正锋，刃部已残。长10、宽7.3、厚2.6厘米（图五七〇，3）。

Ⅲ式 8件。形体较Ⅱ式更小。

标本T1127③C:4，深灰色砂岩。顶近平，弧刃刃部有损痕。长8.6、宽7.2、厚2.4厘米（图五七〇，4；图版一九七，3）。

B型 8件。相对A型，形体较小。

标本F23-1:6。平顶，弧刃。长6.2、宽4.1、厚1厘米（图五七〇，5）。标本M863:7，灰色砂岩。平顶，弧刃，斜锋，刃部有使用痕迹。长8.1、宽5.4、厚2厘米（图五七〇，6）。

锛 14件。分二型。

A型 3件。有肩。

标本T3023④:3，弧顶，弧刃。长6.5、宽6.6、厚1.3厘米（图五七一，1）。标本H131:5，平顶，斜刃，肩不明显。长5.3、宽3.2、厚0.9厘米（图五七一，2）。

B型 11件。无肩。

标本H138:2，平顶，单面平刃。长4.1、宽2.5、厚0.8厘米（图五七一，3）。标本T3172④:1，平顶，单面刃，斜锋。长4、宽2.3、厚0.75厘米（图五七一，4；图版一九七，4）。

凿 11件。分三型。

A型 3件。截面近方形。

标本M443:2，斜顶，双面刃。长13.1、宽2.4、厚1.9厘米（图五七二，1；彩版五三，4）。标本T7004⑤:3，弧顶，刃部圆弧。长7.8、宽2.6、厚2.4厘米（图版一九八，1）。

B型 5件。截面为宽扁形。

标本G87:2，平顶，刃部已残。长7.2、宽2.7、厚1.4厘米（图五七二，2）。

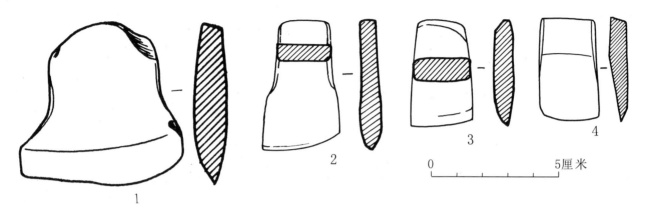

图五七一　屈家岭文化石锛

1、2. A 型（T3023④:3、H131:5）　　3、4. B 型（H138:2、T3172④:1）

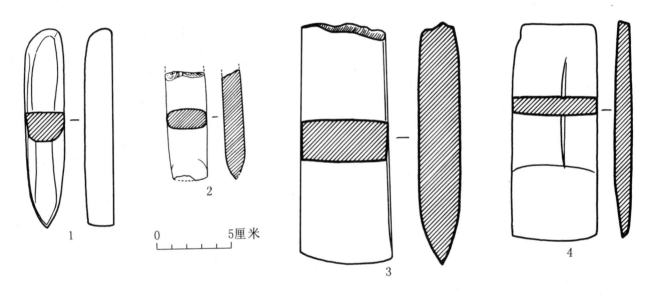

图五七二　屈家岭文化石凿

1. A 型（M443:2）　2. B 型（G87:2）　3、4. C 型（M600:22、T3079④A:3）

C 型　3 件。截面为扁凿形。

标本 M600:22。顶部残，双面刃。长 15.6、宽 6.2、厚 2.8 厘米（图五七二，3；图版一九八，2）。标本 T3079④A:3，平顶，弧刃。长 14.4、宽 5.7、厚 1.2 厘米（图五七二，4；图版一九八，3）。

钺　6 件。

标本 M394:5，平顶，弧刃，刃部有使用痕迹。略靠顶有一穿孔，系对钻法制成，孔径 2 厘米。钺长 19、宽 15.7、厚 0.9 厘米（图五七三，1；图版一九九，1）。标本 M637:1，弧顶，弧刃，刃部有使用痕迹。截面为梭形，略靠顶有一穿孔，系对钻法制成。孔径 1 厘米。钺长 17.5、宽 9、厚 1.65 厘米（图五七三，2；彩版五三，5）。标本 M462:5，斜顶，弧刃，刃部有使用痕迹。截面梭形，略靠顶有一穿孔，系对钻法制成，直径 2.4 厘米。钺长 15.5、宽 11.2、厚 1.15 厘米（图五七三，3，图版一九九，2）。标本 M420:4，斜顶，弧刃，顶部有使用痕迹。截面梭形，略靠顶有一穿孔，系对钻法制成，直径 1.4 厘米。钺长 10、宽 9.2、厚 1.15 厘米（图五七三，4；彩版五三，6）。

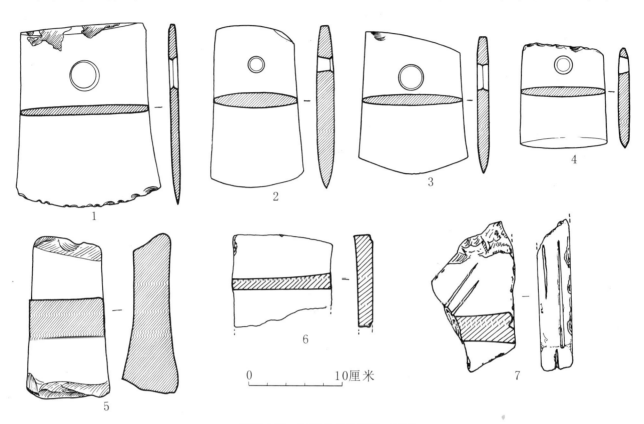

图五七三　屈家岭文化石钺、砺石

1~4. 钺（M394:5、M637:1、M462:5、M420:4）　5、6. A 型砺石（F86:3、T3222④:4）　7. B 型砺石（F86:5）

钻　1 件。

T1625④D:17，笔形。顶平，下部钻形，为六面体。长 6.5 厘米（图五七四，4）。

砺石　17 件。分二型。

A 型　13 件。表面平磨。

标本 F86:3，两端残，双面磨光。残长 17、宽 4 厘米（图五七三，5；图版一九九，3）。标本 T3222④:4，略呈梯形，边棱不规则，双面磨光。残长 10、宽 10、厚 1.6 厘米（图五七三，6）。

B 型　4 件。表面有凹槽。

标本 F86:5，形状不规则。表面有六道凹槽。长 15.3、宽 9.2、厚 3.4 厘米（图五七三，7）。

柱形器　5 件。分二型。

A 型　3 件。截面为扁圆形。

标本 T5309⑥:2，两端均残，通体磨光。残长 14.8、宽 5.5、厚 3 厘米（图五七四，1）。

B 型　2 件。截面近圆形。

标本 T3023③:1，顶残，通体磨光。残长 12.1、直径 5 厘米（图五七四，2）。

球　3 件。通体琢打后再磨光。

标本 T7153⑤:2，直径 4.5 厘米（图五七四，5）。

打磨器　8 件。

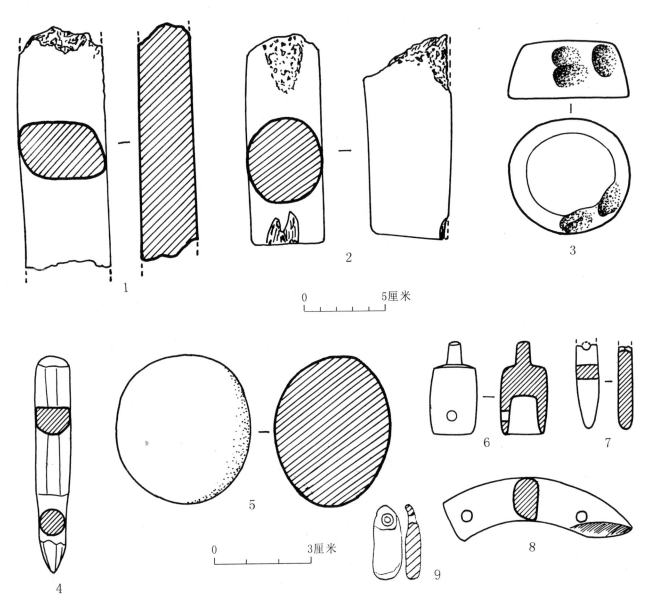

图五七四 屈家岭文化石柱、打磨器、钻、球、哨，玉坠、璜，绿松石坠

1. A型石柱（T5309⑥:2） 2. B型石柱（T3023③:1） 3. 石打磨器（T5210③:1） 4. 石钻（T1625④D:17） 5. 石球（T7153⑤:2） 6. 石哨（F60:1） 7. 玉坠（T5313⑥A:2） 8. 玉璜（T1130⑤:1） 9. 绿松石坠（T3125④:3）

标本 T5210③:1，圆饼形。直径7、厚3.7厘米（图五七四，3；图版一九八，4）。

哨 1件。

F60:1，内空。高2.8、直径1.45厘米（图五七四，6；图版一九九，4）。

三 玉、绿松石器

屈家岭文化的玉器和绿松石器发现很少，仅6件。包括环、坠、璜等。

玉环　1件。

标本 M591：1，系白色透闪石制成。表面磨光。直径 7、宽 0.7、厚 5 厘米（图版二○○，1）。

玉坠　2件。

标本 T5313⑥A：2，绿色。已残。残长 2.5 厘米（图五七四，7，图版二○○，2）。

玉璜　1件。

T1130⑤：1，已残。有钻孔。残长 5.8 厘米（图五七四，8；图版二○○，3）。

绿松石　2件。

M740：1，顶微拱圆形，形似后世围棋子。直径 0.8、厚 0.35 厘米。T3125③：5，长椭圆形，近顶部有一穿孔。长 2.3、宽 0.9、厚 0.4 厘米（图五七四，9）。

四　屈家岭文化陶器分期

城头山遗址屈家岭文化遗存非常丰富，有很多重要遗迹，也出土了大量的遗物。城头山屈家岭文化遗存可分三期，这三期之间存在紧密的联系，中间没有缺环。该遗址的分期与洞庭湖地区屈家岭文化划城岗类型的分期是相一致的。绝大多数器物在长江中游屈家岭文化遗存中都存在，但那些遗存往往有缺环，单个遗址本身难以贯穿整个屈家岭文化的全过程。城头山屈家岭文化遗存却包含了从屈家岭文化第一期到第三期的全部遗物，特别是复原了数以千计的陶器，器物形态以及组合的变化都自成序列。可以认为，城头山遗址为本地区屈家岭文化的分期提供了一杆标尺。

（一）分期依据

城头山遗址屈家岭文化堆积中比较典型的地层有 1994 年、1999 年、2000 年第二区的第 6B、6A、5C、5B、5A 层，1994 年第三区的第 5C、5B 层，1994 年、1995 年第四区的第 16、15 层，1994 年第五区的第 6A、5B、4B、4A、3 层，1992 年第六区的第 3 层，1999 年第七区的第 5、4、3 层，2000 年第九区的第 4、3C 层。这些地层提供了一定的遗物。此外，还有灰坑、房屋、墓葬等遗迹单位，特别是墓葬提供的遗物最多。综观这些单位，发现各区的地层虽然提供了一定的遗物，但能够进行形态学分析的并不多，而灰坑所出的完整器物都较少，与其上下地层的遗物难以进行纵向对比。墓葬主要集中在四区，也有一些存在打破关系，但这些有打破关系的墓葬对于分期来说都不是很理想：一是器物在形态上缺乏可比性，这反映了有打破关系墓葬的随葬品组合及其变化要么不明显，要么无对应性；二是墓葬本身就缺乏可比性，这反映了很多有打破关系的墓葬是瓮棺葬打破土坑墓。这些特点表明了屈家岭文化的分期有一定的难度。

不过，第四区数百座墓葬提供了多组不同层位开口的墓葬，它们往往有间接的叠压关系，而且这些墓葬都有较多的随葬品，大部分器物都已经复原，其形态及组合能反映时代的变化关系，这为分期创造了条件。为这批墓葬分期所提供的有利条件还包括：1. 墓区各墓葬的地层关系清楚。2. 各墓葬的器物形态组合清楚。3. 同一地层单位不同位置的墓葬器物组合形态变化明显。4. 同一位置不同层位墓葬器物组合形态变化明显。

屈家岭文化墓地的原生地面是第 16、15 层，第 17 层的时代属大溪文化。根据这种地层关系，可以推测埋在第 17 层面上的墓应该是年代较早者。检索几个探方该一层面上的墓葬，发现这样一种有趣的现象：在同一层面上，墓区西边探方的墓葬所出随葬品的器物形态组合与东边有明显的不同，这似乎暗示分属不同探方的墓葬存在早晚的不同，具体的情况可从不同组别的墓葬中找到依据。

墓区内屈家岭文化墓葬较为集中的探方有九个。T7451、T7401、T7351，这三个探方分布在西边，为便于分析，将其编为Ⅰ组。由此往东，是 T1451、T1401、T1351 三个探方，为Ⅱ组。再往东是 T1452、T1402、T1352，为Ⅲ组。现以探方为单位加以检索。

Ⅰ组

T7451　该探方第 17 层面上的墓葬有 M396、M397、M402、M456、M458、M460、M511、M517、M604 等。在以上诸墓葬中，M396 的随葬品有 B 型Ⅱ式簋，A 型Ⅰ式、B 型Ⅰ式瓶；M397 的随葬品有 A 型Ⅰ式鼎，A 型Ⅰ式豆，C 型Ⅱ式碗，B 型Ⅰ式器盖；M402 的随葬品有 A 型Ⅰ式鼎，A 型Ⅲ式、B 型Ⅲ式簋；M456 的随葬品有 C 型Ⅱ式鼎，D 型Ⅰ式豆，F 型Ⅱ式碗，C 型Ⅱ式壶，E 型Ⅰ式罐，B 型Ⅰ式器盖；M517 的随葬品有 A 型Ⅰ式豆，A 型Ⅰ式壶，E 型Ⅱ式罐；M604 的随葬品有 B 型Ⅰ式瓶。

T7401　该探方第 17 层面上的墓葬有 M271、M300、M301、M390、M394、M496、M497、M521、M554、M613 等。我们可以选取一些有代表性的墓葬来加以分析。M390 的随葬品有 B 型Ⅰ式、B 型Ⅲ式鼎，A 型Ⅱ式壶，A 型Ⅰ式豆，B 型Ⅰ式瓶，Ⅰ型簋，A 型Ⅰ式器盖。M521 的随葬品有 A 型Ⅳ式豆，A 型Ⅰ式罐、C 型Ⅱ式壶。

T7351　该探方第 17 层面上的墓葬有 M392、M461、M462、M471、M489、M491、M570、M600 等。这些墓中以 M160 最具代表性，因 T7351 在 1993 年所编第 3B、4 层分别相当于 1994 年发掘所编 16、17 层，因此 M160 与上述各墓地层相同，且极具代表性。M160 出土随葬品有 A 型Ⅳ式、B 型Ⅱ式鼎，A 型Ⅲ式豆，C 型Ⅰ式壶，A 型Ⅱ式簋，B 型Ⅰ式器盖，A 型Ⅰ式甑。

Ⅱ组

T1451、T1401、T1351 三个探方，也有一批第 17 层面上的墓葬，但是这批开口于第 16 层下，打破第 17 层的墓葬的器物形态及组合与其西边三个探方同一层位的墓葬有明显不同。现具体分析如下：

T1451　该探方第 17 层面上的墓葬有 M356、M357、M362、M395、M419、M452、M487、M555、M583、M584、M587、M589、M594 等。其中有代表性的墓葬有 M452、M487、M583、M587 等。M452 的随葬品有 C 型Ⅳ式壶，F 型Ⅲ式罐，F 型Ⅳ式器盖。M487 的随葬品有 B 型Ⅴ式鼎，Q 型Ⅰ式豆，D 型Ⅰ式、G 型Ⅱ式簋，B 型Ⅲ式瓶，A 型Ⅱ式器盖。M583 的随葬品有 F 型Ⅰ式豆，D 型Ⅱ式壶，A 型Ⅰ式盂形器，A 型Ⅲ式瓶，F 型Ⅱ式罐，B 型Ⅱ式器盖。M587 的随葬品有 B 型Ⅴ式鼎，B 型Ⅴ式、E 型簋，B 型Ⅱ式器盖，A 型Ⅳ式盆。另有三座墓 M395、M594、M356 与以上墓葬处于同一层位，但所出器物的形态组合却与西边探方相同，查这三墓所处位置，均在探方的西部，可以与西边的同类墓葬归并。

T1401　该探方第 17 层面上的墓葬有 M450、M451、M478、M482、M569、M582、M595、

M628 等。其中有代表性的墓葬有 M478、M569、M595。M478 的随葬品有 B 型Ⅵ式鼎，Q 型Ⅰ式豆，C 型Ⅲ式壶，A 型Ⅳ式、F 型Ⅱ式罐，B 型Ⅱ式器盖，F 型瓶，B 型Ⅱ式纺轮。M569 的随葬品有 A 型Ⅵ式、B 型Ⅵ式鼎，A 型Ⅴ式、N 型Ⅰ式豆，A 型Ⅲ式罐，B 型Ⅴ式簋，A 型Ⅱ式器盖，A 型Ⅲ式甗。M595 的随葬品有 B 型Ⅴ式、A 型Ⅵ式鼎，D 型Ⅱ式、N 型Ⅰ式豆，C 型Ⅲ式壶，A 型Ⅲ式罐，B 型Ⅲ式器盖，E 型甗。

T1351 该探方第 17 层面上的墓葬有 M535、M588、M591、M602、M608、M637 等。其中有代表性的墓葬为 M591，其所出随葬品有 F 型Ⅳ式、O 型Ⅰ式豆，A 型Ⅳ式罐，B 型Ⅱ式、G 型Ⅲ式碗，B 型Ⅲ式器盖。

以上都是处于同一层位但位置不同的墓葬。在这批墓葬中存在这样一个现象，即西边Ⅰ组探方墓葬所出器物与东边Ⅱ组探方墓葬所出器物在形态与组合上有明显差异。据此，可以将这批墓葬分为两群。其具体分组如下：

A 群 以 M271、M390、M394、M496、M497、M521、M554、M613（以上在 T7401），M160、M461、M462、M489、M491、M570（以上在 T7351），M396、M397、M402、M456、M458、M517、M604（以上在 T7451）等墓葬为代表。

B 群 以 M357、M362、M452、M487、M583、M584、M587、M589（以上在 T1451），M478、M569、M582、M595、M628（以上在 T1401），M588、M591、M602、M608（以上在 T1351）等墓葬为代表。

开口于第 15 层下，打破第 16 层的墓葬基本集中在东边的几个探方，在Ⅱ组有一批，在这三个探方内这批墓葬都叠压在 B 群墓葬之上，有的还存在打破关系。而这三个探方东边的 T1452、T1402、T1352 即Ⅲ组三个探方绝大多数墓葬都开口于第 15 层的面上，与其西边紧邻的Ⅱ组三个探方第 16 层面上的墓葬所出器物在形态及组合上有很大程度的一致性。试作如下具体分析。

T1451 开口于第 15 层下，打破第 16 层的墓葬不多见，不具典型性。

T1401 该探方第 16 层面上的墓葬有 M343、M368、M477、M480、M481、M534、M545、M609、M622、M627。M448 虽压住 15 层，但被同时压住 15 层的 M474 打破，故也可置于此群。其中有代表性的墓葬有 M448、M480、M545、M622、M627 等。M480 的随葬品有 A 型Ⅶ式、E 型鼎，E 型Ⅱ式、J 型Ⅱ式、P 型Ⅲ式、S 型豆，D 型Ⅲ式、E 型Ⅳ式壶，F 型Ⅴ式、F 型Ⅸ式罐，B 型Ⅲ式碗，B 型Ⅴ式、G 型Ⅲ式器盖，A 型Ⅱ式钵，A 型Ⅰ式杯。M545 的随葬品有 D 型鼎，J 型Ⅱ式、M 型Ⅱ式豆，E 型Ⅵ式壶，A 型Ⅲ式杯，A 型Ⅴ式盆，B 型Ⅳ式瓶，F 型ⅩⅢ式罐。M622 的随葬品有 G 型Ⅰ式、G 型Ⅲ式、L 型Ⅳ式豆，K 型Ⅱ式壶，F 型Ⅳ式器盖，C 型Ⅰ式纺轮。M448 的随葬品有 A 型Ⅸ式鼎，G 型Ⅰ式、O 型Ⅲ式、O 型Ⅳ式、L 型Ⅰ式、L 型Ⅱ式豆，A 型Ⅵ式、B 型Ⅲ式、F 型Ⅶ式罐，A 型Ⅱ式、F 型Ⅶ式碗，C 型Ⅲ式杯，D 型Ⅱ式器盖，D 型Ⅰ式甗，C 型纺轮。

T1351 该探方第 16 层面上的墓葬有 M467、M475、M585、M593、M610、M404 等。其中有代表性的墓葬有 M467、M475 等。M467 的随葬品有 A 型Ⅵ式鼎，D 型Ⅳ式豆，E 型Ⅰ式壶，B 型Ⅰ式盂形器，E 型器盖，C 型Ⅴ式甗。M475 的随葬器有 A 型Ⅶ式鼎，J 型Ⅱ式、F 型Ⅲ式、O 型Ⅱ式、Q 型Ⅳ式豆，C 型Ⅱ式、B 型Ⅱ式、F 型Ⅴ式、F 型Ⅵ式罐，D 型Ⅱ式、A 型Ⅳ式、F 型Ⅳ式碗，C 型Ⅱ式、D 型Ⅱ式、F 型Ⅲ式器盖，A 型Ⅴ式盆。

以上墓葬所出随葬品与 A、B 两群有差异，列为 C 群。

Ⅲ组

T1452、T1402、T1352 探方中的一小部分墓葬开口于第 15 层下，打破第 16 层。绝大多数则是开口于第 14 层下，打破第 15 层。其墓葬所出随葬品与 C 群形态组合基本一致，现作如下具体分析。

T1452　该探方有代表性的墓葬有 M473、M630 等。M473 的随葬品有 A 型Ⅷ式鼎，D 型Ⅴ式、F 型Ⅴ式、G 型Ⅲ式、L 型Ⅰ式豆，K 型Ⅰ式、E 型Ⅲ式壶，B 型Ⅳ式、A 型Ⅵ式、I 型Ⅲ式、F 型Ⅶ式、D 型Ⅳ式罐，B 型Ⅲ式碗，G 型Ⅳ式、F 型Ⅲ式器盖，C 型Ⅱ式纺轮，C 型Ⅴ式甑。

T1402　该探方开口于第 16 层面上的墓葬有 M343、M428、M464、M559、M578、M629、M632、M634，其余则开口于第 15 层的面上。其中有代表性的墓葬有 M343、M559、M632 等。M632 的随葬品有 A 型Ⅷ式鼎，J 型Ⅱ式、P 型Ⅲ式、Q 型Ⅳ式豆，B 型Ⅲ式、E 型Ⅳ式、F 型Ⅵ式壶，F 型Ⅶ式、I 型Ⅳ式罐，A 型Ⅳ式瓶，D 型Ⅲ式、G 型、F 型器盖。

T1352　该探方开口于第 15 层下，打破第 16 层的墓葬有 M484、M635、M636、M337、M454，另有一座开口于第 12 层下，打破第 16 层。其余均为开口于第 14 层下，打破第 15 层的墓葬。其中有代表性的墓葬有 M425、M453、M542 等。M425 的随葬品有 A 型Ⅷ式鼎，A 型Ⅵ式、B 型Ⅱ式、E 型Ⅱ式、N 型Ⅱ式、Q 型Ⅳ式豆，E 型Ⅱ式、Ⅳ式壶，B 型Ⅲ式、K 型、F 型Ⅴ式罐，A 型Ⅱ式盂形器，D 型Ⅱ式、G 型Ⅲ式器盖，C 型Ⅱ式甑，C 型纺轮。

以上墓葬的随葬品形态组合与 C 群器物一致。而在Ⅲ组探方中，除个别如 M367、M631、M634 所出器物同于 B 群外，其余墓葬的器物均可列入 C 群。

这批列为 C 群的墓葬以 M473、M630、M342、M343、M465、M544、M558、M559、M632、M633、M383、M384、M420、M464、M484、M635、M636、M292、M334、M335、M336、M337、M424、M425、M453、M454、M485、M522、M541、M542 等为代表。

瓮棺葬的葬具及随葬品均可以纳入以上三群墓葬的器物形态组合之中。除少数可归入 A 群、B 群外，大多数瓮棺葬的开口在第 15、16 层的面上，并打破 C 群墓葬，故其绝大部分可以并入 C 群墓葬器物形态。

A、B、C 三群墓葬的器物形态组合分别代表了屈家岭文化三个不同的发展阶段。很明显，从这三群器物形态组合可看出其既有联系，又有发展，构成了城头山遗址屈家岭文化演进的三个阶段，据此可以将屈家岭文化分为三期。

A 群：屈家岭文化第一期。

B 群：屈家岭文化第二期。

C 群：屈家岭文化第三期。

具体的器物形态组合在各期的演变情况见图五七五、五七六和表七二、七三。

（二）各期陶器的特征

1. 屈家岭文化一期陶器特征

屈家岭文化第一期陶器分泥质、夹砂两大类。以泥质陶为主，夹砂陶次之。泥质陶中，黑陶所占的比例最大，其次为灰陶，红陶最少，有一部分泥质黑陶实为泥质红褐胎黑皮陶。夹砂陶中，以灰褐陶为主，次为红褐陶，单一的红、褐、灰陶很少。器表以素面为主，一部分泥质黑陶的器表经磨光，少数泥质红陶表面有红色陶衣。大多数的圈足器在圈足部分有较细的镂孔，一部分器形如簋、壶等的腹部有一道凸弦纹（表六〇～六三）。

表六〇　　　　　　　屈家岭文化一期典型土坑墓出土陶器的陶质陶色统计表

陶质、陶色 数量与百分比 单位		泥质陶			合计
		黑	灰	红	
M160	件　数	9			9
	百分比	100			100
M356	件　数	12		1	13
	百分比	92.3		7.7	100
M390	件　数	7	1		8
	百分比	87.5	12.5		100
M395	件　数	10			10
	百分比	100			100
M456	件　数	7			7
	百分比	100			100
M812	件　数	7	1		8
	百分比	87.5	12.5		100
M813	件　数	9	1	2	12
	百分比	75	8.3	16.7	100
M836	件　数	7	1		8
	百分比	87.5	12.5		100

陶器的制法以手制轮修为主，因而大多数器物都较规整。有的如三足器鼎的足是分别成形后再粘接上去的，器上有两次成形的痕迹。陶器种类以三足器和圈足器最多，并有一部分平底器和极少数圜底器。主要器物形态有 A 型Ⅰ式、A 型Ⅱ式、A 型Ⅲ式、A 型Ⅳ式、A 型Ⅴ式、B 型Ⅰ式、B 型Ⅱ式、B 型Ⅲ式、B 型Ⅳ式、C 型Ⅰ式鼎，A 型Ⅰ式、A 型Ⅱ式、A 型Ⅲ式、A 型Ⅳ式、D 型Ⅰ式豆，A 型Ⅰ式、A 型Ⅱ式、C 型Ⅰ式、C 型Ⅱ式、H 型壶，A 型Ⅰ式、E 型Ⅰ式、E 型Ⅱ式、F 型Ⅰ式、G 型Ⅰ式、N 型罐，A 型Ⅰ式、A 型Ⅱ式、A 型Ⅲ式、A 型Ⅳ式、B 型Ⅰ式、B 型Ⅱ式、B 型Ⅲ式、C 型Ⅰ式、F 型Ⅰ式、L 型、Ⅰ型、J 型簋，A 型Ⅰ式、A 型Ⅱ式、A 型Ⅲ式、B 型Ⅰ式、B 型Ⅱ式、C 型Ⅰ式、C 型Ⅱ式、D 型Ⅰ式、G 型瓶，A 型Ⅰ式、C 型Ⅰ式、C 型Ⅱ式、E 型Ⅰ式、E 型Ⅱ式、F 型Ⅰ式、F 型Ⅱ式、G 型Ⅰ式、H 型Ⅰ式碗，A 型、B 型Ⅰ式、B 型Ⅱ式曲腹杯，A 型Ⅰ式、B 型Ⅰ式器盖，A 型Ⅰ式、B 型Ⅰ式、B 型Ⅱ式盆，A 型Ⅰ式、C 型Ⅰ式甑，A 型釜，B 型Ⅰ式瓮等（表六一）。

表六一　　　　　　　　屈家岭文化一期典型土坑墓出土陶器纹饰统计表

单位	数量与百分比	素面	弦纹	镂孔	红衣	合计
M160	件　数	4	4	2		10
	百分比	40	40	20		100
M356	件　数	6	4	2	1	13
	百分比	46.2	30.7	5.4	7.7	100
M390	件　数	5	1	1	1	8
	百分比	62.5	12.5	12.5	12.5	100
M395	件　数	3	4	3		10
	百分比	30	40	30		100
M456	件　数	4	1	2		7
	百分比	57.1	14.3	28.6		100
M812	件　数	6	2			8
	百分比	75	25			100
M813	件　数	7	3		2	12
	百分比	58.3	25		16.7	100
M836	件　数	5	2	1		8
	百分比	62.5	25	12.5		100

表六二　　　　屈家岭文化一期典型地层出土陶片纹饰统计表　　　　单位：T3028③

纹饰	陶质／陶色 夹砂 灰	褐	黑	红	泥质 灰	红	黑	合计	百分比
素面	10	10	10	30	20	15	60	155 片	90
篮纹	1							1 片	0.58
附加堆纹				1				1（片）	0.58
刻划纹				1				1 片	0.58
戳印纹				2				2 片	1.17

续表六二

纹饰	夹砂				泥质			合计	百分比
陶色\陶质	灰	褐	黑	红	灰	红	黑		
弦纹				2			2	4 片	2.34
镂孔					2			2 片	1.17
红衣						5		5 片	2.92
总计	11	10	10	36	22	20	62	171 片	100
百分比	6.4	5.8	5.8	21.1	12.9	11.7	36.3	100	

表六三　　　　　屈家岭文化一期典型遗迹出土陶器器形统计表　　　　　单位：H484

器形\数量	夹砂		泥质				合计	百分比
陶色\陶质	红	灰	黑	灰	红	黑褐		
罐				1	3	1	5 件	18.5
鼎	1	2	2				5 件	18.5
豆			4				4 件	14.8
曲腹杯			1				1 件	3.7
器盖			3			1	4 件	14.8
簋			2		1		3 件	11.1
瓶			3		2		5 件	18.5
合计	1	2	15	1	6	2	27 件	100
百分比	3.7	7.4	55.6	3.7	22.2	7.4	100	

2. 屈家岭文化二期陶器特征

屈家岭文化第二期陶器分为泥质陶和夹砂陶两种，以泥质陶占绝大多数，夹砂陶仅见于地层中的少数生活用器。泥质陶中，墓葬所出以黑陶为主，次为灰陶。地层所出以灰陶为主，黑陶为次，红陶和橙黄陶最少。器物以素面为主，常见的纹饰有镂孔、弦纹、附加堆纹、篮纹，也有极少数的刻划纹（表六四~六七）。

陶器的制作工艺以手制轮修为主，有的表面还经打磨光亮，极个别的如鼎腿是手捏成形后再粘接上去的。

陶器种类以三足器和圈足器最多，有一定数量的平底器和圜底器。主要的器物形态有 A 型Ⅵ式、B 型Ⅴ式、B 型Ⅵ式、C 型Ⅱ式、G 型Ⅰ式鼎，A 型Ⅴ式、B 型Ⅰ式、D 型Ⅱ式、D 型Ⅲ式、

F型Ⅰ式、I型Ⅰ式、N型Ⅰ式、O型Ⅰ式、Q型Ⅰ式、Q型Ⅱ式豆，B型Ⅰ式、B型Ⅱ式、C型Ⅲ式、C型Ⅳ式、C型Ⅴ式、D型Ⅰ式、D型Ⅱ式、I型Ⅰ式、L型壶，A型Ⅱ式、A型Ⅲ式、A型Ⅳ式、B型Ⅰ式、C型Ⅰ式、E型Ⅱ式、E型Ⅲ式、F型Ⅱ式、F型Ⅲ式、F型Ⅳ式、F型Ⅴ式、G型Ⅰ式、G型Ⅱ式罐，A型Ⅳ式、B型Ⅳ式、B型Ⅴ式、C型Ⅱ式、C型Ⅲ式、D型Ⅰ式、D型Ⅱ式、E型、F型Ⅱ式、G型Ⅰ式、G型Ⅱ式簋，A型Ⅲ式、B型Ⅲ式、C型Ⅱ式、C型Ⅲ式、D型Ⅱ式、D型Ⅲ式、E型、F型Ⅰ式、F型Ⅱ式瓶，B型Ⅰ式、B型Ⅱ式、D型Ⅰ式、E型Ⅲ式、F型Ⅱ式、G型Ⅱ式、G型Ⅲ式、G型Ⅳ式、H型Ⅱ式碗，B型Ⅱ式、B型Ⅲ式曲腹杯，C型Ⅰ式、I型Ⅰ式杯，A型Ⅱ式、B型Ⅱ式、B型Ⅲ式、C型Ⅰ式、D型Ⅰ式、E型、G型Ⅰ式、G型Ⅱ式、H型器盖，A型Ⅱ式、A型Ⅲ式、A型Ⅳ式、C型、D型盆，A型Ⅰ式、E型钵，A型盘，A型Ⅱ式、A型Ⅲ式、A型Ⅳ式、C型Ⅱ式、C型Ⅲ式、C型Ⅳ式甑，A型Ⅰ式、A型Ⅱ式、B型Ⅱ式瓮等。

表六四　　　　　　　　屈家岭文化二期典型土坑墓出土陶器的陶质陶色统计表

陶质陶色 数量与百分比 单位		泥　质			合　计
		黑	灰	红	
M569	件　数	5	4		9
	百分比	55.6	44.4		100
M584	件　数	3	2	2	7
	百分比	42.8	28.6	28.6	100
M591	件　数	9	6		15
	百分比	60	40		100
M600	件　数	15	4		19
	百分比	78.9	21.1		100

表六五　　　　　　　　屈家岭文化二期典型土坑墓出土陶器纹饰统计表

纹饰 数量与百分比 单位		素面	镂孔	弦纹	红衣	刻划纹	合计
M569	件　数	5	4				9
	百分比	55.6	44.4				100
M584	件　数	3	1	1	2		7
	百分比	42.8	14.3	14.3	28.6		100
M591	件　数	4	5	5		1	15
	百分比	26.7	33.3	33.3		6.7	100
M600	件　数	8	7	4			19
	百分比	42.1	36.8	21.1			100

表六六　　　　屈家岭文化二期典型地层出土陶片的陶质陶色统计表　　　单位：YT01④B

纹饰　数量 陶质 陶色	夹　砂				泥　质			合计（片）	百分比
	红	黑	灰褐	灰黑	灰	红	黑		
素面	20	20	25	15	30	10	25	145	77.96
凸弦纹					5		3	8	4.3
附加堆纹				6				6	3.23
镂孔			5		2		7	14	7.53
刻划纹		3			4		6	13	6.99
合计	20	23	30	21	41	10	41	186	100
百分比	10.75	12.37	16.13	11.29	22.04	5.38	22.04	100	

表六七　　　　屈家岭文化二期典型遗迹出土陶器器形统计表　　　单位：H108

器形　数量 陶质 陶色	夹　砂			泥　质			合计（件）	百分比
	灰	褐	灰褐	灰	黑	红		
鼎	3		2	1	1		7	18.42
釜	2	1					3	7.89
罐				2	1	1	4	12.5
碗				2	3	1	6	15.79
钵	2			1	2		5	13.16
盆					1	1	2	5.26
豆				5	6		11	28.95
合计	7	1	2	10	14	4	38	100
百分比	18.42	2.63	5.26	26.32	36.84	12.5	100	

3. 屈家岭文化三期陶器特征

屈家岭文化第三期陶器分泥质陶和夹砂陶两类。泥质陶为主，夹砂陶次之。泥质陶中，黑陶和灰陶大致相等，都占了主要部分，还有很少量的红陶和橙黄陶。器物以素面为主，纹饰有弦纹、附加堆纹、篮纹、大小镂孔、刻划纹和刻划符号（表六八～七一）。

表六八 屈家岭文化三期典型土坑墓出土陶器的陶质陶色统计表

单位 \ 陶质陶色 数量与百分比		泥 质				合计
		黑	灰	橙黄	红	
M335	件 数	15	2	1		18
	百分比	83.3	11.1	5.6	5.6	100
M425	件 数	89	12	2		103
	百分比	86.4	11.6	2		100
M453	件 数	9	8		2	19
	百分比	47.4	42.1		10.5	100
M473	件 数	22	5	1	3	31
	百分比	71	16	3.2	9.8	100
M480	件 数	14	10	1		25
	百分比	56	40	4		100
M542	件 数	16	4			20
	百分比	80	20			100

表六九 屈家岭文化三期典型土坑墓出土陶器纹饰统计表

单位 \ 纹饰 数量与百分比		素面	镂孔	弦纹	附加堆纹	刻划纹	合计
M335	件 数	10	4	4			18
	百分比	55.6	22.2	22.2			100
M425	件 数	58	30	10	3	2	103
	百分比	56.3	29.1	9.7	2.9	2	100
M453	件 数	8	6	3		1	19
	百分比	44.4	33.3	16.7		5.6	100
M473	件 数	19	5	5	1	1	31
	百分比	61.3	16	16	3.3	3.3	100
M480	件 数	10	5	9		1	25
	百分比	40	20	36		4	100
M542	件 数	11	6	3			20
	百分比	55	30	15			100

表七〇　　　屈家岭文化三期典型地层出土陶片纹饰统计表　　　单位：T5160⑤A

纹饰 数量 陶质 陶色	夹　砂			泥　质			合计	百分比
	灰	黑褐	灰褐	黑	灰	橙黄		
素面	5	6	2	59	101	9	182	78.45
凸弦纹				4	6		10	4.31
凹弦纹					4		4	1.72
绳纹		2	1				3	1.29
篮	2	4	6				12	5.17
附加堆纹	2		4				6	2.59
镂孔				5	6		11	4.74
刻划纹				2	2		4	1.72
合计	9	12	13	70	119	9	232	100
百分比	3.88	5.17	5.6	30.17	51.29	3.89	100	

表七一　　　屈家岭文化三期典型遗迹出土陶器器形统计表　　　单位：H162

器形 数量 陶质 陶色	夹　砂			泥　质			合计	百分比
	灰褐	灰	黑褐	灰	黑	橙黄		
鼎	2	1					3	13.64
釜	2		2				4	18.18
缸		2	4				6	27.27
豆				4	2	1	7	31.82
盘						2	2	9.09
合计	4	3	6	4	2	3	22	100
百分比	18.18	13.64	27.27	18.18	9.09	13.64	100	

陶器的制作工艺以手制轮修为主，有可能出现了快轮制作。有一小部分器物如鼎足、器盖等是手捏成形后再粘接上去的。

陶器种类仍以圈足器和三足器为主，也有　定数量的平底器与圜底器。主要的器物形态有A型Ⅶ式、A型Ⅷ式、A型Ⅸ式、A型Ⅹ式、B型Ⅶ式、D型、E型、F型、G型Ⅱ式鼎，A型Ⅵ式、B型Ⅱ式、B型Ⅲ式、C型、D型Ⅲ式、D型Ⅳ式、E型Ⅰ式、E型Ⅱ式、F型Ⅱ式、F型Ⅲ式、F型Ⅳ式、F型Ⅴ式、G型Ⅰ式、G型Ⅱ式、G型Ⅲ式、G型Ⅳ式、H型Ⅰ式、H型Ⅱ式、H型Ⅲ式、H型Ⅳ式、I型Ⅰ式、I型Ⅱ式、I型Ⅲ式、J型Ⅰ式、J型Ⅱ式、K型Ⅰ式、K型Ⅱ式、K型Ⅲ式、L型Ⅰ式、L型Ⅱ式、L型Ⅲ式、L型Ⅳ式、M型Ⅰ式、M型Ⅱ式、N型Ⅰ式、N型Ⅱ式、O型Ⅰ式、O型Ⅱ式、O型Ⅲ式、P型Ⅰ式～P型Ⅳ式、Q型Ⅲ式、Q型Ⅳ式、R型、S型豆，B型Ⅲ式、D型Ⅲ式、D型Ⅳ式、E型Ⅰ式～E型Ⅶ式、F型Ⅰ式～F型Ⅳ式、G型Ⅰ式～G型Ⅲ式、I型Ⅱ式、I型Ⅲ式、J型Ⅰ式、J型Ⅱ式、K型Ⅰ式～K型Ⅲ式壶，A型Ⅴ式、A型Ⅵ式、A型Ⅶ

式、B型Ⅰ式、B型Ⅱ式、B型Ⅲ式、C型Ⅱ式、C型Ⅲ式、C型Ⅳ式、C型Ⅴ式、D型Ⅰ式～D型Ⅳ式、F型Ⅴ式～F型Ⅺ式、F型ⅩⅣ式、H型Ⅰ式～H型Ⅲ式、Ⅰ型Ⅲ式、Ⅰ型Ⅳ式、Ⅰ型Ⅴ式、Ⅰ型Ⅵ式、Ⅰ型Ⅶ式、Ⅰ型Ⅷ式、Ⅰ型Ⅸ式、K型、L型、M型、O型罐，D型Ⅲ式、H型簋，A型Ⅳ式瓶，A型Ⅱ式、A型Ⅲ式、A型Ⅳ式、B型Ⅲ式、B型Ⅳ式、D型Ⅱ式、D型Ⅲ式、D型Ⅳ式、F型Ⅱ式、F型Ⅲ式、F型Ⅳ式、F型Ⅴ式、F型Ⅵ式、G型Ⅴ式、G型Ⅵ式碗，A型Ⅱ式、A型Ⅲ式、B型、C型Ⅱ式～C型Ⅳ型、D型、E型、F型、G型、H型、Ⅰ型Ⅰ式、Ⅰ型Ⅱ式、J型、K型、L型、M型杯，B型Ⅳ式、B型Ⅴ式、C型Ⅱ式、D型Ⅱ式、D型Ⅲ式、D型Ⅳ式、F型Ⅰ式～F型Ⅴ式、G型Ⅲ式、G型Ⅳ式、H型Ⅱ式、Ⅰ型、J型、K型Ⅰ式、K型Ⅱ式器盖，A型Ⅴ式、A型Ⅵ式、A型Ⅶ式、B型Ⅲ式、B型Ⅳ式盆，A型、B型、C型钵，B型、C型、D型盘，A型Ⅴ式、B型Ⅰ式、B型Ⅱ式、C型Ⅴ式、C型Ⅵ式、D型Ⅰ式、D型Ⅱ式甑，B型、C型釜，A型Ⅲ式、B型Ⅲ式瓮，A型、B型、D型缸等。

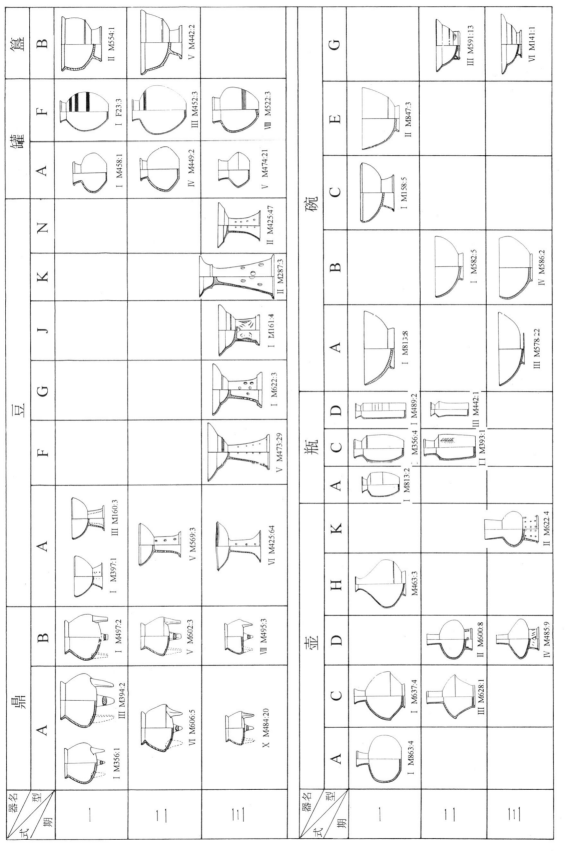

图五七五　屈家岭文化陶器分期图（一）

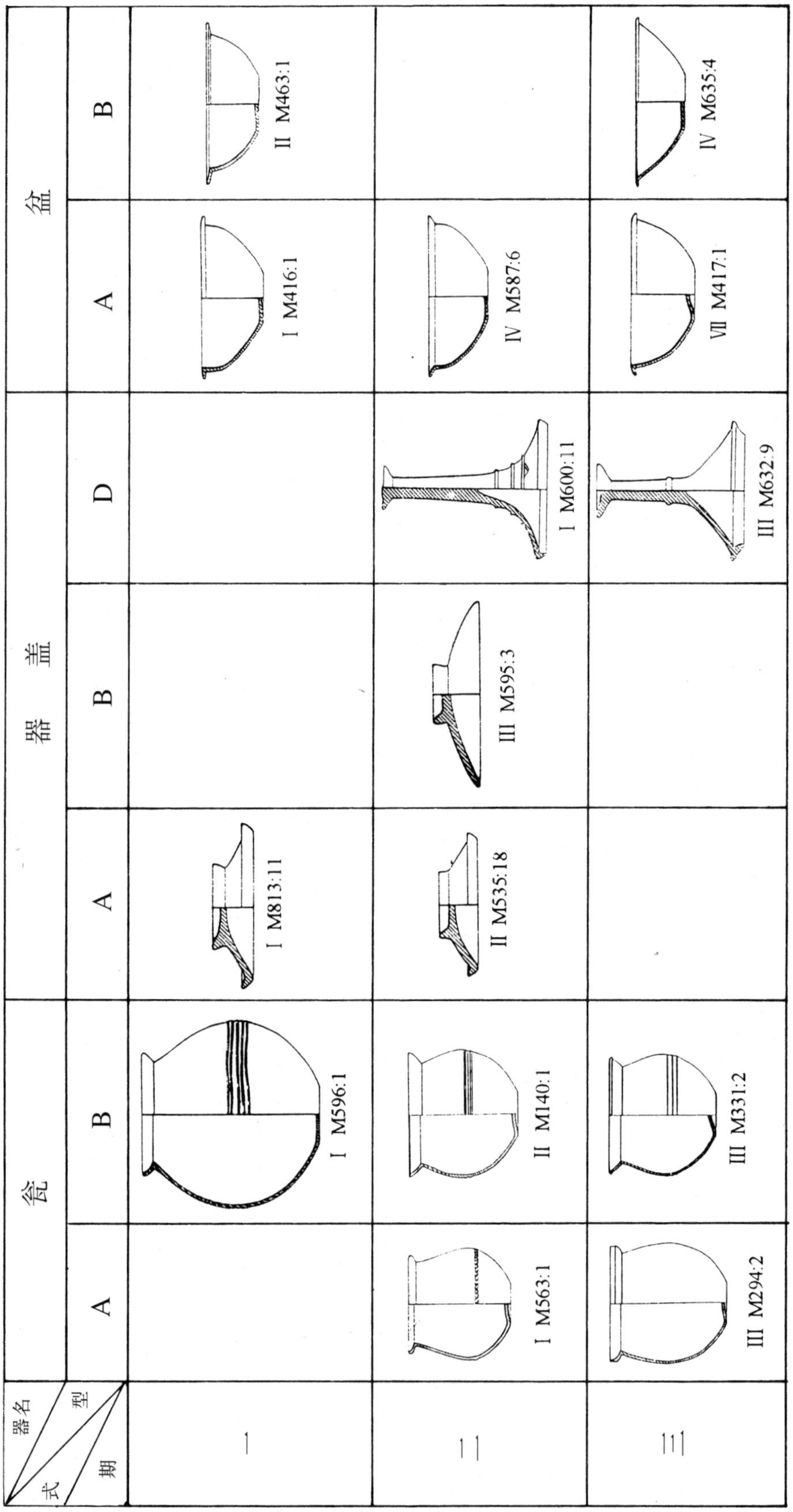

图五七六　屈家岭文化陶器分期图(二)

表七二　屈家岭文化各期陶罐、壶、盆、鼎、豆、碗主要型式

罐、壶、盆

器名	罐														壶												盆			
型	A	B	C	D	E	F	G	H	I	J	K	L	M	N	A	B	C	D	E	F	G	H	I	J	K	L	A	B	C	D
一期	I	I	I	I	I II	I	I							*	I II	I II	I II				*						I	I II		
二期	II III IV	II III	III IV V	I II III IV	III	II III IV V	II III		I II	*					III	II III	III IV V	I II				I	I			*	II III IV	III IV		
三期	V VI VII	II III IV V VI VII	I II III IV	I II III IV		V VI VII VIII IX X XI XII XIII XIV	III	I II III	I III IV V VI VII VIII IX		*	*	*		III	III		III IV	I II III IV V VI VII	I II III IV	I II III	III	II III	I II III	I II III		IV V VI VII	III IV	*	*

鼎、豆、碗

器名	鼎							豆																	碗									
型	A	B	C	D	E	F	G	A	B	C	D	E	F	G	H	I	J	K	L	M	N	O	P	Q	R	S	A	B	C	D	E	F	G	H	I
一期	I II III IV V	I II III IV	I II	I				I II III IV	I	I II	I				I	I											I	I II	I II	I II	I II	I II	I II III IV	II	
二期	VI	V VI	II				I	IV	I	II	II III	I	I	I	II	I					I	I	I II	I II				III	I	I	II	II	III IV	II	
三期	VII VIII IX X	VII		III IV	*	*	VI	I II III IV	II III	I II III	III IV	I II	III IV V	I II III IV	I II III	I II III	I II	I II III	I II III IV	I II	I II III	I II III	III IV	III IV	*	*	II III IV	I II III IV	I II III	II III IV	II III IV V VI	V VI	VII		*

注：* 表示含有该型器类。

表七三　屈家岭文化各期陶盂、甑、瓶、釜、瓮、缸、瓶、曲腹杯、簋、杯、钵、盘、器盖主要形式

器名	盂		瓶				釜			瓮			缸								瓶			曲腹杯							簋									
型式	A	B	A	B	C	D	A	B	C	A	B	C	A	B	C	D	E	F	G	H	A	B	C	A	B	C	D	E	F	G	A	B	C	D	E	F	G	H	I	J
一期	I				I					I											I II III		I	I II III	I II	I	*		I	*	I II III IV	I II	I I I			I	*	*	*	*
二期	II III IV	I II		II III	II III IV			*		I II		I II									III		I II	IV V	II III	II III	I II		I II	*	IV V	III	II III	I II	II	II III	*			
三期	II		IV	I II	IV VI	I II	I II		I II	III	III III	III	I II III IV	*	I II III	I II III	*	*	*	*	IV			III									III	III	*	*				

器名	杯													钵						盘						器盖										
型式	A	B	C	D	E	F	G	H	I	J	K	L	M	A	B	C	D	E	F	A	B	C	D	E	F	A	B	C	D	E	F	G	H	I	J	K
一期	I II III		I						I					I			*		*	*						I		*				I I	I II	*		I II
二期	II III IV		II III IV						II III				*	II III		I II III IV		I I			*	I II	I I	I I		II III III	II III	I		I II	I I I	II III IV	II III IV	*	*	
三期																										IV V	IV	I II III IV V	II III IV	I II						

注：＊表示含有该型器类。

第四章　石家河文化遗物

城头山遗址中石家河文化堆积不普遍而且较薄，因此较之大溪文化和屈家岭文化，遗物显得不够丰富。质地有陶器和石器两类，以陶器为主。

一　陶器

可以看出器形的个体有 2751 件，但修复的很少。以下均依可看出器形的个体统计。

陶质可分为泥质、夹砂和夹炭三大类，以泥质陶为主，夹砂陶次之，夹炭陶仅见少量。陶色按数量多少依次为灰、红、黑、褐陶。灰陶占大多数，褐陶很少，黑陶中也包括了少量黑皮陶。如果将石家河文化分为早、晚两个阶段（即一、二期），从整个陶色的变化情况看，灰陶从早到晚略显增多，泥质红陶到晚期增多，泥质褐陶、泥质黑陶至晚期减少，夹砂红陶、泥质褐陶数量稳定，夹砂褐陶晚期已大量减少，夹炭陶由早期的较纯红陶变为晚期陶色不正的红陶（表七四）。

纹饰：从早到晚以素面为主。常见纹饰有窝点纹、戳印纹、绳纹、方格纹、刻划纹、篮纹、弦纹、附加堆纹、镂孔等，另外还有少量的辫索状器耳和彩陶（图五七七，1～7；五七八，1～6；五七九，1～7；五八〇，1～5；五八一，1～5；五八二，1～8；五八三，1～5）。

从早期到晚期，纹饰的变化不大。在有纹饰的陶片中，装饰绳纹的最多，其次是方格纹，再次是戳印纹和弦纹。其他纹饰仅占很少部分。此外，从早到晚有纹饰的器物趋向增加。

一般大型器物如大口缸、尊饰绳纹和刻划纹，罐类饰方格纹最多，戳印纹一般施于鼎足，弦纹则往往饰于器物的肩、腹交接处或上腹部。

早期绳纹一般较深且清晰，晚期绳纹较浅而且较乱。早期弦纹凌乱但是较深，晚期弦纹较浅，一般也较模糊。

彩陶的数量极少，仅见于石家河文化较早阶段。纹样主要有网格纹、晕染等，多饰于斜腹杯、壶形器上（表七五）。

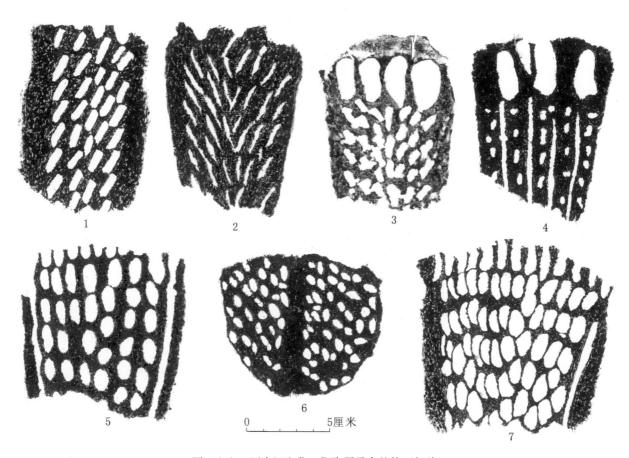

图五七七　石家河文化一期陶器戳印纹饰（拓片）

1.H123　2.T5213④A　3.H124　4.T1675④D　5.T5056④C　6.T5308④A　7.T1675④C（以上均为出土的地层单位）

表七四		2000 年八区出土石家河文化陶片的陶质陶色统计表									单位：片
期	陶质 陶色 数量与百分比	泥质				夹砂				夹炭		小计
		灰陶	红陶	黑陶	褐陶	灰陶	红陶	黑陶	褐陶	红陶	褐陶	
一期	片	310	135	151	52		142	137	179	37		1143
	%	27.1	11.8	13.2	4.5		12.4	12	15.7	3.3		100
	合计（%）	56.6				40.1				3.3		100
二期	片	422	243	106	49	42	175	259	60		42	1398
	%	30.1	17.4	7.6	3.5	3	12.5	18.5	4.3		3.1	100
	合计（%）	58.6				38.3				3.1		100
总计（%）		57.6				39.2				3.2		100

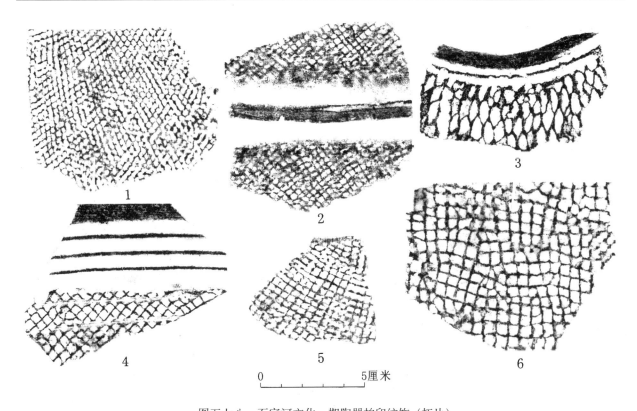

图五七八 石家河文化一期陶器拍印纹饰（拓片）

1、5、6. 方格纹（T7005⑤A、T7006⑤A、T1623④D） 2～4. 方格纹、弦纹（T5361④A、T5410④、H478）
（以上均仅标示出土的地层单位）

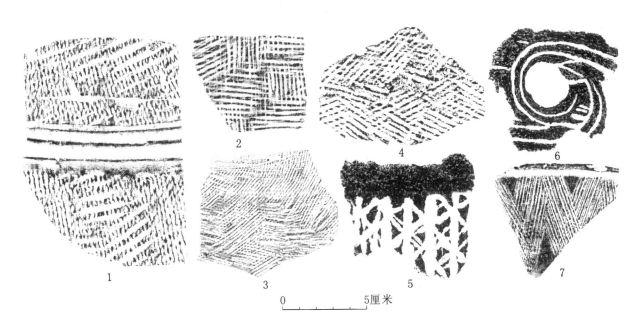

图五七九 石家河文化一期陶器拍印、刻划纹饰（拓片）

1. 绳纹间篮纹、弦纹（T5057④D） 2. 交叉刻划纹（T1675④C） 3、4. 篮纹（T5260④B、T5005⑤A） 5. 栅栏状刻划纹
（T5057④D） 6. 镂孔、刻划涡纹（T1675④C） 7. 三角形篦划纹、弦纹（H122） （以上均仅标示出土的地层单位）

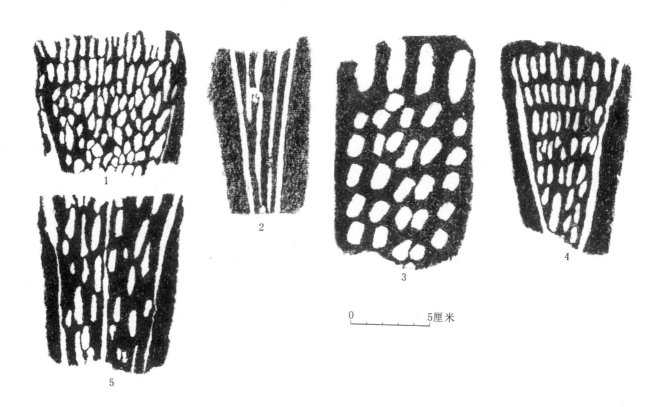

图五八〇　石家河文化二期陶器戳印、刻划纹饰（拓片）

1.T1402③　2.H113　3.T7351③A　4.T5259③A　5.T1674④B　（以上均仅标示出土的地层单位）

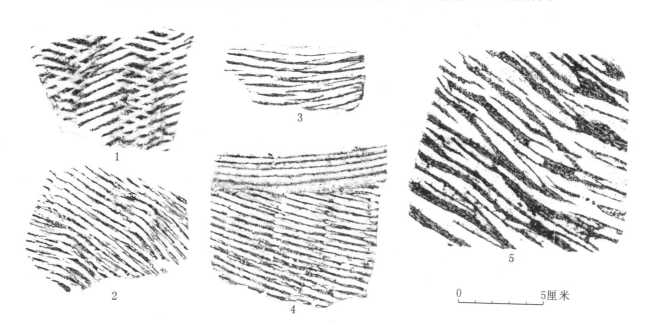

图五八一　石家河文化二期陶器拍印篮纹（拓片）

1.H438　2.T3024③　3.T5209③B　4.T7604②C　5.H150　（以上均仅标示出土的地层单位）

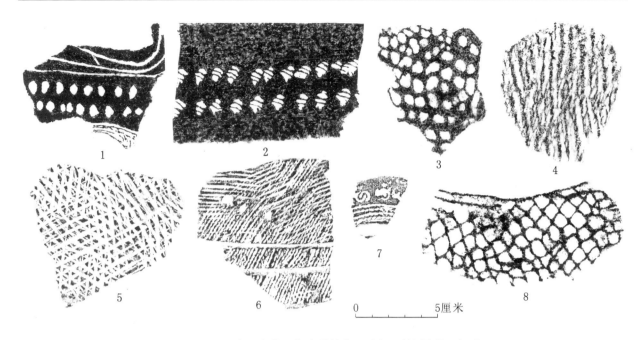

图五八二　石家河文化二期陶器拍印、戳印、刻划纹饰（拓片）

1. 戳印卵点纹、刻划纹（T5358③A）　2. 戳印纹（T5211③B）　3. 卵点纹（T5359③A）　4. 绳纹（T3322③）　5. 交叉刻划纹（T5057④D）　6. 刻划纹、弦断绳纹（T1402③）　7. 刻划纹、戳印纹（T3179②）　8. 方格纹、弦纹（T7258③B）　（以上均仅标示出土的地层单位）

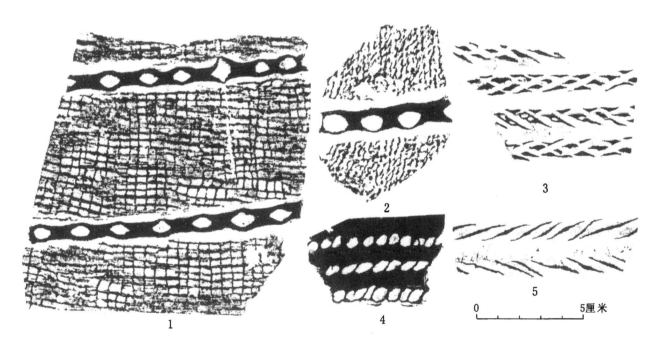

图五八三　石家河文化二期陶器拍印、戳印、附加堆纹纹饰（拓片）

1. 附加堆纹、方格纹（T5360③A）　2. 附加堆纹间绳纹（T1353④A）　3. 交叉刻划附加堆纹（T5359③A）　4. 卵点状按窝（H427）　5. 绳索状附加堆纹（T5359③B）　（以上均仅标示出土的地层单位）

表七五　　　　　2000 年八区出土石家河文化陶片纹饰统计表　　　　　单位：片

期 \ 纹饰 数量与百分比	素面	绳纹	方格纹	戳印纹	弦纹	刻划纹	篮纹	附加堆纹	窝点纹	镂孔	小计
一期 片	746	154	106	60	31	14	9	5	11	7	1143
一期 %	65.3	13.5	9.3	5.2	2.7	1.2	0.8	0.4	1	0.6	100
二期 片	1043	135	116	53	16	14	10	6	2	3	1398
二期 %	746	9.7	8.3	3.8	1.1	1	0.7	0.4	2	0.2	100

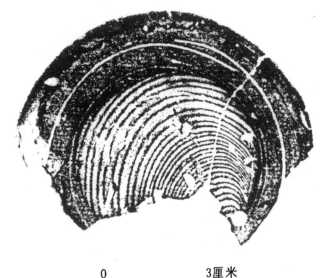

0　　　　　　3厘米

图五八四　G35 出土石家河文化陶碗底部轮制痕迹

陶器的制作以轮制为主，特别是在较晚的器物内壁或底部可以见到清晰的轮制痕迹（图五八四），而像陶塑动物等则明显可见到手工捏制痕迹。

陶器的器形有罐、瓮、盆、钵、擂钵、碗、碟、豆、盘、鼎、釜、甑、鬶、杯、壶、壶形器、缸、尊、臼、器盖、器座、滑轮、管状器、筒形器、陶塑动物、纺轮等 26 种，其中以罐、瓮、盆、钵、碗、豆、盘、鼎、釜、杯、缸、纺轮数量最多，是当时居民生活的常用器具。另出有三件无法归属某一器物的器耳。

罐　共 231 件。

数量和种类均很多。可分为高领罐、广肩罐、折沿罐、圜底罐、长腹罐、双錾罐、异形罐等几类。

高领罐　92 件。依口沿的差别可分二型。

A 型　58 件。圆唇。分二式。

Ⅰ式　36 件。直领，圆唇，内凹底。

标本 H478:1，泥质褐陶。腹部满饰交错绳纹。口径 9.6、底径 7.6、高 20.2 厘米（图五八五，1；图版二〇一，1）。

Ⅱ式　22 件。直领，圆唇，口微敛，腹鼓，内凹底。

标本 H124②:1，泥质褐陶。全身饰篮纹。口径 11.2、腹径 26、底径 6、高 22 厘米（图五八五，2；图版二〇一，2）。

B 型　34 件。尖唇。分三式。

Ⅰ式　19 件。领微内弧，尖唇斜沿，凹底。

标本 H478:2，泥质褐陶。沿上有浅凹槽，腹部满饰方格纹。口径 9.2、底径 7.2、高 18.8 厘米（图五八五，3；图版二〇一，3）。

Ⅱ式　5 件。无完整器。

标本 T5363②:1，泥质黑陶。折沿，尖唇。下部残。饰方格纹。口径 12、残高 8 厘米（图五

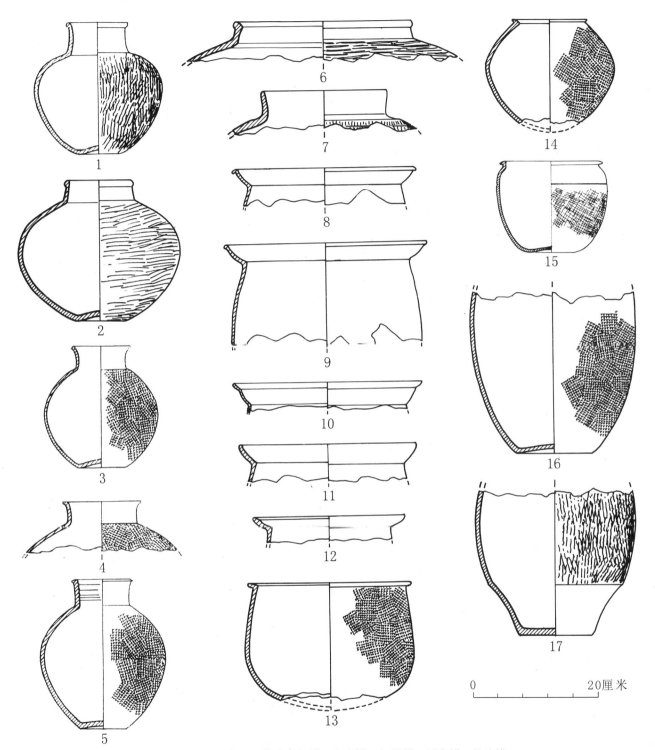

图五八五　石家河文化陶高领罐、广肩罐、折沿罐、圜底罐、长腹罐

1. A 型 I 式高领罐（H478:1）　2. A 型 II 式高领罐（H124②:1）　3. B 型 I 式高领罐（H478:2）　4. B 型 II 式高领罐（T5363②:1）　5. B 型 III 式高领罐（T5410④:1）　6. A 型广肩罐（T5310③B:1）　7. B 型广肩罐（T1353⑦:1）　8. A 型 I 式折沿罐（T5311④B:1）　9. A 型 II 式折沿罐（H482:2）　10. A 型 III 式折沿罐（T3322③:1）　11. B 型折沿罐（T1674④C:1）　12. C 型折沿罐（T5261④B:1）　13. A 型圜底罐（H122:1）　14. B 型圜底罐（H122:2）　15. C 型圜底罐（T7403②B:3）　16. A 型长腹罐（T3123③:1）　17. B 型长腹罐（H493:1）

八五，4)。

Ⅲ式　10件。

标本T5410④:1，泥质红陶。尖唇，斜折沿，口微外侈，沿内有凹槽。腹部布满方格纹。口径8.4、底径7.2、高23.2厘米（图五八五，5）。

广肩罐　31件。依口沿的差别可分为二型。

A型　17件。无完整器。矮领微内敛，圆唇。

标本T5310③B:1，泥质红陶。残存的上腹部分为浅篮纹。口径28、残高6厘米（图五八五，6）。

B型　14件。无完整器。领较高，直口。

标本T1353⑦:1，泥质灰陶。残存的上腹部饰方格纹和篮纹。口径20、残高6.6厘米（图五八五，7）。

折沿罐　89件。依口沿的不同分为三型。

A型　32件。盘口。分三式。

Ⅰ式　12件。盘口，折沿。

标本T5311④B:1，泥质黑陶。素面。口径28、残高5.8厘米（图五八五，8）。

Ⅱ式　16件。沿微外折，盘口，弧腹。

标本H482:2，泥质褐陶。素面。口径32、残高15.6厘米（图五八五，9）。

Ⅲ式　4件。仰折盘形口。

标本T3322③:1，泥质灰陶。素面。口径30、残高4.2厘米（图五八五，10）。

B型　45件。盘口，沿内敛。

标本T1674④C:1，泥质灰陶。素面。口径28、残高5.8厘米（图五八五，11）。

C型　12件。折沿，沿面微凹。

标本T5261④B:1，泥质橙黄陶。浅盘口，弧腹。素面。口径24、残高4厘米（图五八五，12）。

圜底罐　6件。分三型。

A型　4件。折沿近平，直腹，圜底。

标本H122:1，底略残。泥质红陶。器表通身饰方格纹。口径26、高10.2厘米（图五八五，13；图版二〇一，4）。

B型　1件。尖唇，鼓腹。

标本H122:2，底略残。泥质红陶。器表满饰方格纹。口径12、高17.6厘米（图五八五，14；图版二〇二，1）。

C型　1件。平沿，长弧腹，凹底。

标本T7403②B:3，泥质灰陶。饰方格纹。口沿15、底径8、高14厘米（图五八五，15；图版二〇二，2）

长腹罐　7件。依底部的不同分为二型。

A型　4件。长弧腹，底内凹。

标本T3123③:1，夹砂红陶。上部残。腹瘦长，底微凹。通身满饰方格纹。底径12、残高

25.2厘米（图五八五，16）。

B型 3件。长弧腹，下部内弧形收缩，平底。

标本H493:1，夹砂红陶。上部残。饰交错深绳纹。底径11.6、残高22.6厘米（图五八五，17）。

双鋬罐 1件。

T3025③:1，泥质红陶。上腹有二个鸡冠形鋬。饰三道凹弦纹。口径21、腹径26.8、底径13.6、高26.4厘米（图五八六，1；图版二○二，3）。

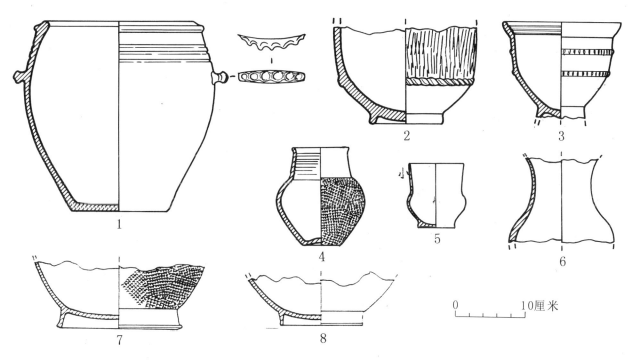

图五八六 石家河文化陶双鋬罐、异形罐、小罐、罐底

1. 双鋬罐（T3025③:1） 2、3. 异形罐（T5410④A:1、T5005③:1） 4～6. 小罐

（T3011③:1、H394:1、YT01③B:1） 7、8. 罐底（G35:1、H150:1）

异形罐 2件。

T5410④A:1，夹砂灰陶。上部残。腹壁较直。腹部饰满交错粗篮纹，并有一道附加堆纹。圈足径10.4、残高13.4厘米（图五八六，2）。T5005③:1，夹砂红陶。圈足下部残。斜折沿，上部罐身呈深腹盆形。圈足径较小，外撇。腹部饰二道附加堆纹。口径16.8、残高13.4厘米（图五八六，3）。

小罐 3件。

T3011③:1，泥质红陶。直领稍内敛，圆唇，凹底，内壁可见明显的轮制痕迹。腹部饰方格纹。口径8、腹径12、底径5、高13.6厘米（图五八六，4；图版二○二，4）。H394:1，泥质橙黄陶。直筒形领，假圈足。口径8、腹径8.8、底径5.4、高9厘米（图五八六，5；图版二○三，1）。YT01③B:1，泥质灰陶。敞口，长颈内弧。上、下均残。素面。残高11.6厘米（图五八六，6）。

另有罐底11件，均有圈足，圈足或直或稍外撇（图五八六，7、8）。

瓮 73件。依口沿的不同可分九型。

A型　22件。分四式。

Ⅰ式　8件。敛口，近口沿处上卷。

标本 T5211④B:1，夹砂褐陶，饰方格纹。口径16、残高7厘米（图五八七，1）。

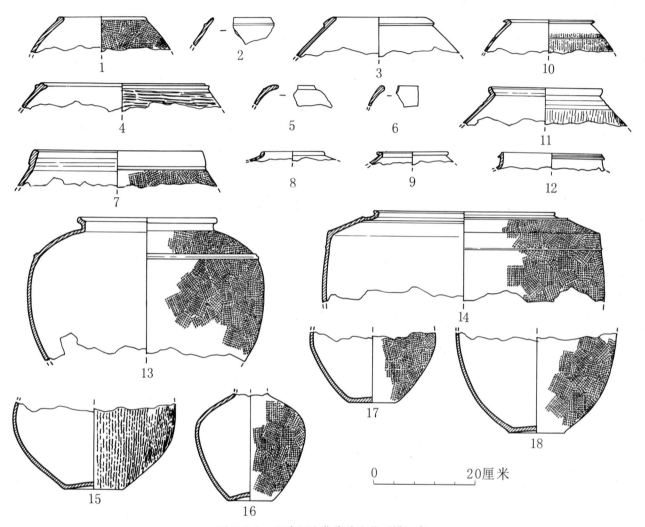

图五八七　石家河文化陶瓮和瓮（罐）底

1. A型Ⅰ式瓮（T5211④B:1）　2. A型Ⅱ式瓮（T5260④B:1）　3. A型Ⅲ式瓮（T5210③A:1）　4. A型Ⅳ式瓮（T5209③A:1）　5. B型Ⅰ式瓮（G27:1）　6. B型Ⅱ式瓮（T5261③A:1）　7. C型瓮（T5159④A:1）　8. D型瓮（T5359④A:1）　9. E型Ⅰ式瓮（T5361④B:1）　10. E型Ⅱ式瓮（T5310③A:1）　11. F型瓮（T5209③A:2）　12. G型瓮（H109:1）　13. H型瓮（M216:1）　14. I型瓮（T1674④D:1）　15、16. A型瓮（罐）底（T5164③B:1、H122:3）　17. B型瓮（罐）底（H124③:1）　18. C型瓮（罐）底（M213:1）

Ⅱ式　5件。敛口，近口沿处凹进。

标本 T5260④B:1，泥质灰陶。素面。口径18、残高6.6厘米（图五八七，2）。

Ⅲ式　2件。敛口，厚唇。

标本 T5210③A:1，泥质灰陶。素面。口径18、残高7.8厘米（图五八七，3）。

Ⅳ式　7件。敛口，沿上有二道凹弦纹。

标本 T5209③A:1，外饰篮纹。口径32、残高5厘米（图五八七，4）。

B 型　14 件。分二式。

Ⅰ式　2 件。敛口，近口处内卷。

标本 G27:1，泥质褐陶。外饰方格纹。残高 4 厘米（图五八七，5）。

Ⅱ式　12 件。敛口，圆唇。

标本 T5261③A:1，泥质红陶。素面。口径不明。残高 4 厘米（图五八七，6）。

C 型　3 件。敛口，近口处上折。

标本 T5159④A:1，泥质褐陶。饰方格纹。口径 34、残高 7.2 厘米（图五八七，7）。

D 型　3 件。厚圆唇，微敛口。

标本 T5359④A:1，泥质红陶。素面。口径 12、残高 1.8 厘米（图五八七，8）。

E 型　16 件。平折沿，束颈。分二式。

Ⅰ式　5 件。圆唇。

标本 T5361④B:1，泥质红陶。素面。口径 14、残高 2.6 厘米（图五八七，9）。

Ⅱ式　11 件。尖唇。

标本 T5310③A:1，泥质褐陶。外饰间断绳纹。口径 16、残高 6.4 厘米（图五八七，10）。

F 型　6 件。盘口。

标本 T5209③A:2，泥质褐陶。外饰篮纹。口径 22、残高 7.4 厘米（图五八七，11）。

G 型　1 件。

H109:1，短折沿。沿上饰数道凹弦纹。口径 20、残高 4 厘米（图五八七，12）。

H 型　6 件。体型大，广肩，凹沿，矮领。

标本 M216:1，泥质灰陶。外饰方格纹和附加堆纹。口径 28、腹径 47、残高 28 厘米（图五八七，13）。

Ⅰ型　2 件。短折沿，矮领，斜平折肩，腹近直，体型大。

标本 T1674④D:1，泥质灰陶。全身饰方格纹。口径 36、残高 18 厘米（图五八七，14）。

另有罐或瓮底 81 件。在整理中极少见到罐、瓮的完整器，所以器底以"罐（瓮）底"称之。据形式的不同，可分三型。

A 型　23 件。底内凹。

标本 T5164③B:1，泥质褐陶。腹饰绳纹。底径 12、残高 16.8 厘米（图五八七，15）。标本 H122:3，泥质红陶。饰方格纹。腹径 22、底径 8.8、残高 21 厘米（图五八七，16）。

B 型　20 件。平底。

标本 H124③:1，泥质红陶。上部残。器表饰方格纹。底径 9.6、残高 13.6 厘米（图五八七，17）。

C 型　38 件。平底出边。

标本 M213:1，泥质红陶。器表饰方格纹。底径 11、残高 21.6 厘米（图五八七，18）。

盆　188 件。依口部与腹部的不同可分为五型。

A 型　32 件。敛口，厚圆唇，浅腹，底微凹。

标本 T5164③B:2，夹砂红陶。器表饰篮纹。口径 36、底径 18、高 9 厘米（图五八八，1；彩版五四，1）。

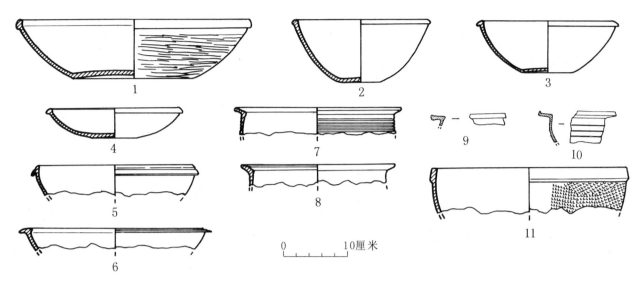

图五八八　石家河文化陶盆

1. A型（T5164③B:2）　2、3. B型Ⅰ式（T5409③C:5、G31:1）　4. B型Ⅱ式（T5361③B:1）　5. C型Ⅰ式
（T5360④A:1）　6. C型Ⅱ式（T5261③A:1）　7. D型Ⅰ式（T5359④A:2）　8. D型Ⅱ式（T5410③A:1）
9. E型Ⅰ式（T5311③A:1）　10. E型Ⅱ式（T5209③A:3）　11. F型（T5160④A:1）

B型　65件。短折沿。分二式。

Ⅰ式　64件。短折沿，深腹，凹底。

标本T5409③C:5，泥质褐陶。方形叠唇。素面。口径20.8、底径6、高9.6厘米（图五八八，2）。标本G31:1，泥质灰陶。尖唇，底微凹。素面。口径20、底径7.2、高8厘米（图五八八，3；图版二〇三，2）。

Ⅱ式　1件。圆唇，浅腹，短折沿，底微凹。

T5361③B:1，泥质红陶。素面。口径20、底径6.8、高4.6厘米（图五八八，4；图版二〇三，3）。

C型　48件。宽折沿。分二式。

Ⅰ式　6件。宽折沿，尖或圆唇，深腹，口微敛。

标本T5360④A:1，泥质灰陶。下残。沿上有一周凹槽。素面。口径24、残高4.6厘米（图五八八，5）。

Ⅱ式　42件。宽折沿，沿面微鼓，尖或圆唇。

标本T5261③A:1，泥质黑陶。沿上有二道浅凹槽。素面。口径26、残高3.2厘米（图五八八，6）。

D型　19件。可分二式。

Ⅰ式　15件。宽折沿，方唇。

标本T5359④A:2，泥质褐陶。腹部饰数道弦纹。口径26、残高4厘米（图五八八，7）。

Ⅱ式　4件。宽上折沿，尖或圆唇。

标本T5410③A:1，泥质黑陶。沿上有数道浅凹槽。口径24、残高3.2厘米（图五八八，8）。

E型　15件。分二式。

Ⅰ式 8件。宽平折沿，圆唇，鼓腹。

标本 T5311③A:1，泥质灰陶。素面。口径不明，残高 1.6 厘米（图五八八，9）。

Ⅱ式 7件。宽上折沿，沿尾上翘。

标本 T5209③A:3，泥质褐陶。腹部饰数道凸棱。口径不明，残高 4.8 厘米（图五八八，10）。

F 型 9件。方唇，叠沿，深弧腹。

标本 T5160④A:1，泥质橙黄陶。沿上有一周凹槽，器表饰方格纹。口径 30、残高 6.8 厘米（图五八八，11）。

钵 128件。依口沿、腹、底的形态可分为七型。

A 型 19件。厚圆唇，深腹。可分二式。

Ⅰ式 7件。侈口。

标本 T5310④B:1，泥质灰陶。素面。口径 24、残高 4 厘米（图五八九，1）。

Ⅱ式 12件。厚圆唇，敞口。

标本 T5951⑤:1，泥质黑陶。口径 20、残高 7.6 厘米（图五八九，2）。

B 型 4件。上折沿，沿内明显转折，腹微内收。

标本 T5210③B:2，泥质灰陶。素面。口径 28、残高 3.6 厘米（图五八九，3）。标本 T5208③B:1，泥质黑陶。浅腹，平底。素面。口径 26、底径 10、高 6 厘米（图五八九，4；图版二〇三，4）。

C 型 41件。

Ⅰ式 18件。窄鼓唇，深腹。

标本 T5310④A:1，泥质灰陶。底微凹。素面。口径 18、底径 7、高 8 厘米（图五八九，5；图版二〇四，1）。

Ⅱ式 23件。厚圆叠唇，口微敛，底微凹近平。

标本 H452:1，泥质灰陶。浅腹。素面。口径 21.6、底径 7.6、高 6.2 厘米（图五八九，6；图版二〇四，2）。

D 型 9件。敛口，斜弧腹。分四式。

Ⅰ式 6件。口微敛。

标本 T5260④C:1，底残。泥质灰陶。沿下有一周凹弦纹。口径 22、残高 6 厘米（图五八九，7）。

Ⅱ式 1件。口微敛。

T3011④A:1，泥质褐陶。平底。素面。口径 24.4、底径 8、高 8 厘米（图五八九，8；图版二〇四，3）。

Ⅲ式 1件。体型小，口微敛。

G69:1，泥质褐陶。平沿，底微凹。素面。口径 14、底径 8.2、高 6 厘米（图五八九，9；图版二〇五，1）。

Ⅳ式 1件。口微敛，长弧壁，深腹，平底。

标本 T5261③B:1，泥质黑陶。圆唇，深腹，平底。素面。口径 11.6、底径 8.8、高 8.4 厘米

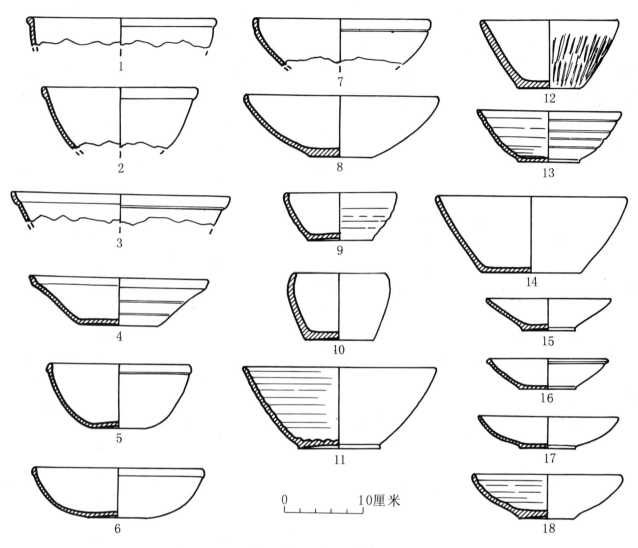

图五八九　石家河文化陶钵

1. A型Ⅰ式（T5310④B：1）　2. A型Ⅱ式（T5951⑤：1）　3、4. B型（T5210③B：2、T5208③B：1）　5. C型Ⅰ式（T5310④A：1）　6. C型Ⅱ式（H452：1）　7. D型Ⅰ式（T5260④C：1）　8. D型Ⅱ式（T3011④A：1）　9. D型Ⅲ式（G69：1）　10. D型Ⅳ式（T5261③B：1）　11、12. E型Ⅰ式（H122：4、T3011④A：2）　13、14. E型Ⅱ式（T1177②：1、T7451⑤：1）　15. F型Ⅰ式（H109：2）　16. F型Ⅱ式（T1351④：1）　17、18. G型（T5160③B：3、H485：1）

（图五八九，10；图版二〇六，1）。

E型　18件。敞口，斜壁，深腹。分二式。

Ⅰ式　16件。

标本H122：4，泥质褐陶。圈足极矮。器内壁可见轮制痕迹。口径24.4、底径10.4、高10.3厘米（图五八九，11；图版二〇五，2、3）。标本T3011④A：2，泥质褐陶。壁内呈多道弧曲，应为泥条盘筑留下的痕迹。口径18.4、底径10.5、高10厘米（图五八九，12）。

Ⅱ式　2件。敞口，圆唇，深腹，平底。

T1177②：1，夹粗砂红陶。外饰粗篮纹。口径18、底径8.4、高8.6厘米（图五八九，13；图版二〇六，2）。T7451⑤：1，泥质灰陶。口径24、底径12.8、高9.6厘米（图五八九，14；图版二〇六，3）。

F 型　24 件。敞口，斜壁，浅腹，平底出边。分二式。

Ⅰ式　15 件。

标本 H109:2，泥质红陶。圆唇，斜直浅腹。口径 16、底径 6.8、高 4 厘米（图五八九，15；图版二〇七，1）。

Ⅱ式　9 件。

标本 T1351④:1，泥质褐陶。窄折沿，尖唇。口径 14.8、底径 7.2、高 3.8 厘米（图五八九，16；图版二〇七，2）。

G 型　13 件。斜弧腹，平底，出边。

标本 T5160③B:3，泥质褐陶。口微侈。口径 18、底径 7.2、高 4 厘米（图五八九，17）。标本 H485:1，泥质褐陶。口微敛。口径 18.8、底径 6.8、高 5.6 厘米（图五八九，18；图版二〇七，3）。

擂钵　或称澄滤器。夹砂灰陶。23 件。分三型。

A 型　19 件。弧腹平底盆形。分二式。

Ⅰ式　15 件。敞口，宽厚圆唇。

标本 Ⅱ150·2，带流。外饰交错篮纹，器内有竖向刻槽。口径 31.6～35.6、底径 12、高 15.8 厘米（图五九〇，1；图版二〇八，1）。

Ⅱ式　4 件。窄折沿，方唇。

标本 T5260③A:2，泥质黑陶。外饰竖向篮纹，器内有网状刻槽。口径 28、残高 8.8 厘米（图五九〇，2）。

B 型　1 件。厚沿，尖唇，口沿倾斜呈簸箕状。

T1127②:1，夹砂红陶。底略凹。口沿倾斜，整体呈簸箕形。器表饰粗篮纹。口径 25、底径 10.4、高 16 厘米（图五九〇，3；图版二〇八，2）。

C 型　3 件。上部为盆形，下部为筒形。依器内有无刻槽分二式。

Ⅰ式　2 件。器内无刻槽。

标本 T3019④:1，夹砂褐陶。上部残。平底。素面。底径 7、残高 16 厘米（图五九〇，4）。

Ⅱ式　1 件。器内壁在盆与筒交接处有刻槽。

T5310③A:1，夹砂红陶。上部残。平底。器表饰方格纹。底径 14.4、残高 18.6 厘米（图五九〇，5）。

碗　40 件。主要为碗底。可以确认为碗的口沿很少。在整理中依圈足分为四型。

A 型　13 件。高圈足外撇，足底外卷。

标本 T5361④A:3，泥质灰陶。素面。圈足径 10、残高 4.2 厘米（图五九一，1）。标本 T5261③B:2，泥质灰陶。圈足径 10、残高 3.9 厘米（图五九一，2）。

B 型　3 件。高圈足外撇，足底内有凹槽。

标本 T5358③A:2，泥质灰陶。底径 12、残高 3.2 厘米（图五九一，3）。

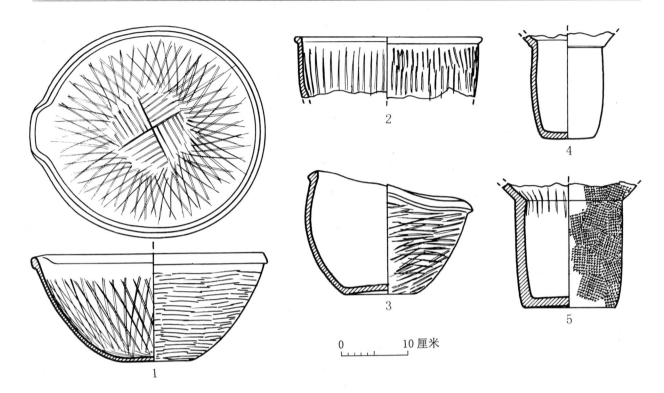

图五九〇　石家河文化陶擂钵

1. A型Ⅰ式（H150:2）　2. A型Ⅱ式（T5260③A:2）　3. B型（T1127②:1）

4. C型Ⅰ式（T3019④:1）　5. C型Ⅱ式（T5310③A:1）

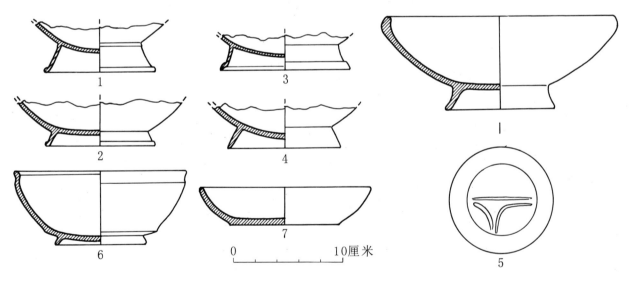

图五九一　石家河文化陶碗、碟

1、2. A型碗（T5361④A:3、T5261③B:2）　3. B型碗（T5358③A:2）　4、5. C型碗

（T5260④A:1、T5260④C:2）　6. D型碗（T5005④:1）　7. 碟（T1352⑦:1）

C型　10件。高圈足外撇。

标本T5260④A:1，泥质灰陶。敛口，圆唇，圈足底部有"八"形刻划符号。口径21、圈足径

9.8、高 4.1 厘米（图五九一，5；图版二〇八，3）。标本 T5260④C：2，泥质灰陶。素面。口径 21、圈足径 10、残高 3.8 厘米（图五九一，5）。

D 型　14 件。矮圈足斜直。

标本 T5005④：1，泥质褐陶。斜外卷沿，腹近底部略显转折。口径 16、底径 8.4　高 6.4 厘米（图五九一，6；图版二〇九，1）。

碟　1 件。敞口，浅腹，大平底。

T1352⑦：1，泥质橙黄陶。口径 15.6、底径 10、高 3.4 厘米（图五九一，7）。

豆　依盘口沿计算，共 118 件，是最常见的器物。但器形完整的仅 2 件，其余柄部均残。依豆盘形式，可分为四型。

A 型　4 件。敛口。分二式。

Ⅰ式　3 件。微敛口，圆唇，粗柄。

标本 H113：1，泥质黑陶。足座微内凹。口径 20、柄底径 15.2、高 12 厘米（图五九二，1；图版二〇九，2）。标本 T5359②C：1，泥质灰陶。口径 22、残高 6 厘米（图五九二，2）。

Ⅱ式　1 件。口微敛，浅盘，细柄。

T5360③A：1，泥质灰陶。柄残。口径 20、残高 6 厘米（图五九二，3）。

B 型　32 件。沿微内折，豆盘斜壁。

标本 T5409④B：1，泥质灰陶。尖唇。柄残。盘口径 22、残高 5.4 厘米（图五九二，4）。标本 T5260④B：2，泥质黑陶。口近直，圆唇。柄残。盘口径 20、残高 3.7 厘米（图五九二，5）。

C 型　72 件。外折沿。分三式。

Ⅰ式　17 件。窄沿平折，圆唇。

标本 T5261④B：2，泥质灰陶。仅剩盘上部，斜弧腹。盘口径 20、残高 6 厘米（图五九二，6）。

Ⅱ式　31 件。斜下折沿，柄较粗。

标本 T3011④A：3，泥质褐陶。柄下部残。盘口径 30、残高 6.4 厘米（图五九二，7）。

Ⅲ式　24 件。平折沿，沿面上起凸棱，盘壁斜弧。

标本 T1351④：1，泥质灰陶。柄残。盘口径 25.2、盘深 7 厘米（图五九二，8）。

D 型　10 件。敞口，厚圆唇。

标本 T3022③：1，粗泥红陶。盘较深，柄粗，下部外张成喇叭形，柄上有镂孔。盘径 19.6、柄底径 12.4、高 12.2 厘米（图五九二，9；图版二〇九，3）。

另有 68 件豆柄，未见豆盘。可分二型。

A 型　26 件。细喇叭状柄，下部残。

标本 T5211③B：1，泥质灰陶。柄上端有宽平箍形凸出。残高 10.8 厘米（图五九二，10）。标本 T1675④B：1，泥质灰陶。柄上部有一周凸棱。残高 15 厘米（图五九二，11）。标本 T1352⑦：2，泥质灰陶。柄细斜直，上有一排纵向镂孔。残高 8 厘米（图五九二，12）。

B 型　12 件。柄上部直，下部呈喇叭口形外张。

标本 T5213④A：1，泥质灰陶。上有凸棱一周。底径 16、残高 13 厘米（图五九二，13）。

C 型　30 件。矮大外撇式柄。

标本 G83：1，泥质灰陶。底径 14.8、残高 7.4 厘米（图五九二，14）。标本 T5309④A：1，泥

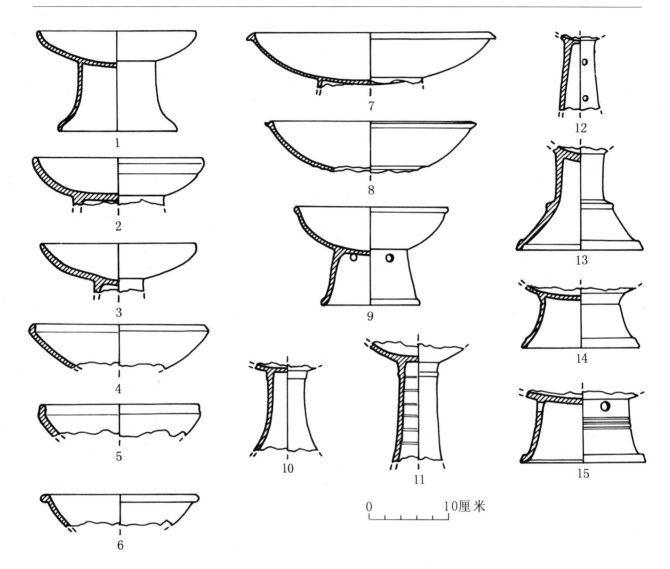

图五九二　石家河文化陶豆、豆柄

1、2. A型Ⅰ式豆（H113:1、T5359②C:1）　3. A型Ⅱ式豆（T5360③A:1）　4、5. B型豆（T5409④B:1、T5260④B:2）　6. C型Ⅰ式豆（T5261④B:2）　7. C型Ⅱ式豆（T3011④A:3）　8. C型Ⅲ式豆（T1351④:1）　9. D型豆（T3022③:1）　10～12. A型豆柄（T5211③B:1、T1675④B:1、T1352⑦:2）　13. B型豆柄（T5213④A:1）　14、15. C型豆柄（G83:1、T5309④A:1）

质灰陶。下部外折，柄上有数道凹弦纹和镂孔。底径16、残高8.8厘米（图五九二，15）。

盘　39件。分四型。

A型　8件。折沿，高大圈足。分三式。

Ⅰ式　1件。体型大，浅折腹，折沿，沿面上鼓，高圈足。

标本 T3011④A:12，泥质灰陶。素面。口径40、底径32.8、高9.4厘米（图五九三，1；彩版五四，2）。

Ⅱ式　1件。体型大，浅腹，折沿，沿面上鼓，圈足上部折。

标本 T5361④A:4，泥质橙黄陶。素面。口径30、残高4.6厘米（图五九三，2）。

Ⅲ式　6件。体型大，浅腹，平折沿，圈足上部折。

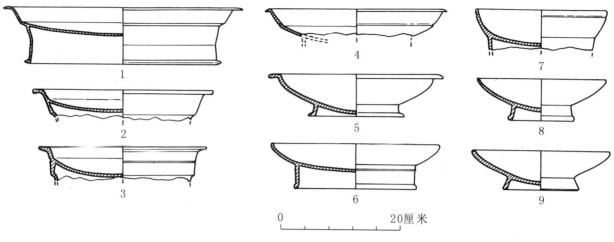

图五九三 石家河文化陶盘

1. A 型 I 式（T3011④A：12） 2. A 型 II 式（T5361④A：4） 3. A 型 III 式（T5261③C：4） 4. B 型 I 式（H122：5） 5. B 型 II 式（T5212⑤A：1） 6. C 型 I 式（T1625④C：1） 7. C 型 II 式（T5261③B：3） 8、9. D 型（H394：2、T1402⑥：4）

标本 T5261③C：4，泥质黑陶。腹饰一周浅凹弦纹。口径 28、残高 5 厘米（图五九三，3）。

B 型 18 件。扒沿，斜壁，粗圈足。分二式。

I 式 17 件。斜折沿，折腹。粗大圈足，下部残。

H122：5，泥质灰陶。腹中部饰一周凹弦纹。口径 30、残高 4.4 厘米（图五九三，4）。

II 式 1 件。

T5212⑤A：1，泥质灰陶。体型大，浅腹，平折沿，粗矮圈足，圈足底外平折。口径 29.2、底径 16、高 7 厘米（图五九三，5；图版二一〇，1）。

C 型 11 件。敛口，筒形圈足。分二式。

I 式 9 件。体形大，浅腹，足底外折。

标本 T1625④C：1，泥质灰陶。圈足上部饰一周凸弦纹。口径 28、底径 20.4、高 7.4 厘米（图五九三，6；图版二一〇，2）。

II 式 2 件。体形大，深腹。

标本 T5261③B：3，泥质褐陶。上腹近口处饰一道凹弦纹。口径 20、残高 6.6 厘米（图五九三，7）。

D 型 2 件。浅腹，圈足外撇。

H394：2，泥质褐陶。足底外卷。素面。口径 21.6、底径 10.6、高 6.8 厘米（图五九三，8；图版二一〇，3）。T1402⑥：4，泥质灰陶。口径 23.2、底径 12.8、高 6.8 厘米（图五九三，9；图版二一一，1）。

鼎、釜

鼎和釜均是遗址中最常见的器物，但除鼎另附三足外，其上部形态两者并无区别，因此无法依口沿分辨出哪件是鼎、哪件是釜，而在地层中多见的除与器身分离的鼎足外，绝大多数为口沿。因此，除鼎足另行分型、式外，口沿则统称"鼎、釜口沿"，合在一起进行分型分式。

鼎、釜口沿 共 321 件。可分为三型。

A型　92件。折沿，沿内有凹槽，盘口。分三式。

Ⅰ式　13件。折沿，沿内浅凹槽，沿、腹转折明显。

标本T5210④B:2，夹炭红陶。体形较大，下部残。素面。口径26、残高5.2厘米（图五九四，1）。标本M214:1，夹砂褐陶。足横断面圆形，上部有二个捺窝，足下部残断。上下腹似有转折。器表满饰粗篮纹，腹部有一道附加堆纹。口径22.4、残高11厘米（图五九四，2；图版二一一，2）。

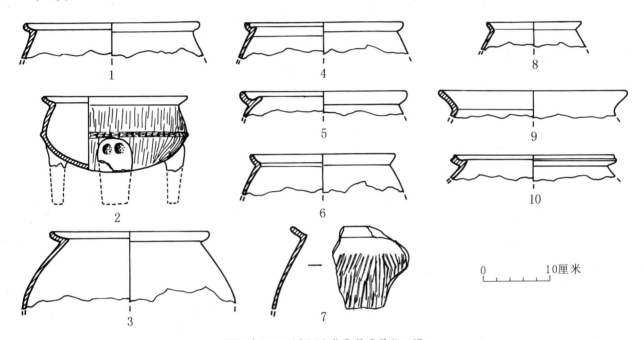

图五九四　石家河文化陶鼎或鼎釜口沿

1、2. A型Ⅰ式（T5210④B:2、M214:1）　3. A型Ⅱ式（T5359③B:2）　4、5. A型Ⅲ式（T5408③A:1、T5359③B:1）　6、7. B型Ⅰ式（T5210④B:1、T5261④A:1）　8. B型Ⅱ式（T5009③A:4）　9. B型Ⅲ式（T5360③B:1）　10. C型（T5410④B:2）

Ⅱ式　53件。浅盘口，圆唇，圆鼓腹。

标本T5359③B:2，泥质褐陶。口径24、残高10.6厘米（图五九四，3）。

Ⅲ式　26件。口沿内与腹相接处上翘，形似檐口。

标本T5408③A:1，泥质橙黄陶。个体较大。素面。口径24、残高5厘米（图五九四，4）。标本T5359③B:1，粗泥红陶。素面。口径26、残高3.6厘米（图五九四，5）。

B型　220件。仰折沿。分三式。

Ⅰ式　160件。沿内微凹，形成极浅的盘口。

标本T5210④B:1，泥质褐陶。素面。口径22、残高5.8厘米（图五九四，6）。标本T5261④A:1，夹砂褐陶。腹饰篮纹。因残片太小，口径不明（图五九四，7）。

Ⅱ式　18件。平折沿。

标本T5009③A:4，夹炭红陶。体型较小。口径14、残高3.3厘米（图五九四，8）。

Ⅲ式　42件。宽折沿，沿面略显弧凸，转角圆缓。

标本T5360③B:1，夹砂红陶。体型较大。口径24、残高4厘米（图五九四，9）。

C型　9件。浅盘口，方唇，唇外有凸棱。

标本 T5410④B：2，泥质红陶。口径 24、残高 3.6 厘米（图五九四，10）。

鼎足   193 件。数量多，但多残断，可分十一型，另有一件无法归属，定为异形。

A 型   28 件。扁平起棱脊。分三式。

Ⅰ式   13 件。正中起一条棱脊。

标本 T5261③D：5，粗泥红陶。上端有两个捺窝。残高 14.8 厘米（图五九五，1）。

Ⅱ式   12 件。扁平，正中起二道至多道纵向棱脊，棱脊上饰附加堆纹。

标本 T5360④A：7，夹砂褐陶。正面两侧有二道脊棱，上饰附加堆纹。残高 12.8 厘米（图五九五，2）。标本 T5210③B：5，夹砂红陶。正面有四道纵向棱脊上饰附加堆纹。残高 9 厘米（图五九五，3）。标本 T5260④B：3，夹砂红陶。正面二道带附加堆纹棱脊外，上端有横向附加堆纹，上刻横人字纹。残高 9 厘米（图五九五，4）。标本 T1354⑦：2，夹砂灰陶。有五道竖向索状附加堆纹。残高 15.5 厘米（图五九五，5）。

Ⅲ式   3 件。正面有 2 至 3 条棱脊。

标本 T5311③A：2，泥质红陶。残高 6 厘米（图五九五，6）。

B 型   12 件。正面除有纵向脊棱外，还有纵向戳印。分二式。

Ⅰ式   6 件。戳印稀疏。

标本 T5209④B：2，夹炭红陶。上有一条纵向脊棱。残高 7.6 厘米（图五九五，7）。标本 T5408③：8，夹炭红陶。上有二条纵向棱脊，戳印稀疏，下端残。残高 14 厘米（图五九五，8）。

Ⅱ式   6 件。

标本 T1353⑦：2，夹炭红陶。正中有一道脊棱，两侧各有四排密集纵向排列的戳印窝点。残高 14 厘米（图五九五，9）。标本 T5210③B：4，正面有二道脊棱，足上端有一排圆捺窝，纵向排列六行戳印窝点。残高 18 厘米（图五九五，10）。

C 型   45 件。正面有刻槽，有的刻槽还加戳印窝点。分四式。

Ⅰ式   16 件。

标本 T5260③B：1，夹炭红陶。正面有三道刻槽，中间一道竖直，两侧两条外撇。背面有多道刻槽。残高 8.2 厘米（图五九五，11）。标本 H124③：2，夹炭红陶。正面有四道纵向刻槽。足上端有四个捺窝与刻槽相连。残高 16.4 厘米（图五九五，12）。

Ⅱ式   4 件。正面刻槽并夹以戳印窝点。

标本 T1452⑫：1，夹炭红陶。正面扁平并有二道纵向粗刻槽，上连两个捺窝。刻槽之间为四排纵向的戳印窝点。残高 14 厘米（图五九五，13）。

Ⅲ式   5 件。正面有三道纵向刻槽，其间夹以纵向戳印窝点。

标本 T1403④：2，夹砂褐陶。残高 15 厘米（图五九五，14）。

Ⅳ式   20 件。正面有二道斜行刻槽至下部相交，中间为戳印窝点纹。

标本 T1674④C：1，夹炭红陶。残高 23 厘米（图五九五，15）。

D 型   16 件。正面满布戳印窝点和断续刻槽，俗称麻面鼎足。

标本 T5211③B：1，夹炭褐陶。平面三角形。残高 12 厘米（图五九六，1）。标本 T5360③A：8，夹炭褐陶。平面呈三角形，戳印密集。下部残。残高 7.6 厘米（图五九六，2）。

E 型   28 件。扁平。素面。分二式。

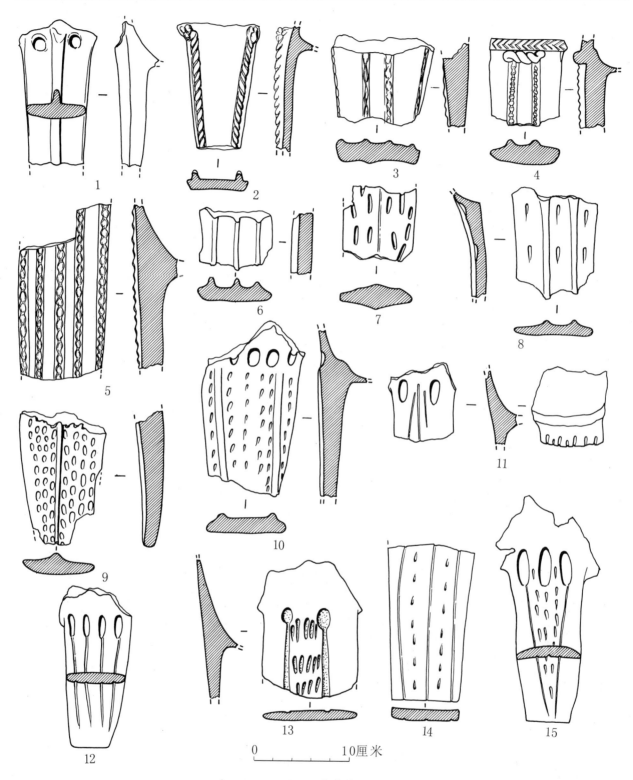

图五九五 石家河文化陶鼎足（A~C型）

1. A型Ⅰ式（T5261③D:5） 2~5. A型Ⅱ式（T5360④A:7、T5210③B:5、T5260④B:3、T1354⑦:2） 6. A型Ⅲ式（T5311③A:2） 7、8. B型Ⅰ式（T5209④B:2、T5408③:8） 9、10. B型Ⅱ式（T1353⑦:2、T5210③B:4） 11、12. C型Ⅰ式（T5260③B:1、H124③:2） 13. C型Ⅱ式（T1452⑫:1） 14. C型Ⅲ式（T1403④:2） 15. C型Ⅳ式（T1674④C:1）

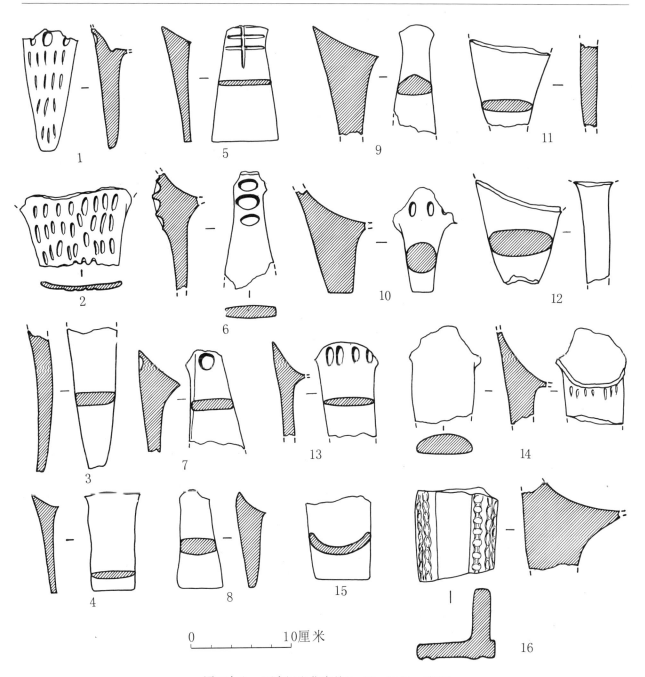

图五九六　石家河文化陶鼎足（D～K 型、异形）

1、2. D 型（T5211③B:1、T5360③A:8）　3. E 型 I 式（T5361④A:5）　4. E 型 II 式（T5210③B:3）　5、6.
F 型 I 式（T5309④A:1、T1623④D:1）　7、8. F 型 II 式（T5260④C:3、T3272③:1）　9. F 型 III 式（T5311③B:4）
10. G 型（T5410④B:3）　11. H 型 I 式（T5163⑤A:1）　12. H 型 II 式（T5408③A:3）　13. I 型（T5408③A:
2）　14. J 型（T1353⑤:1）　15. K 型（T5410③A:2）　16. 异形（T1451⑭:1）

I 式　17 件。梯形，下部稍外撇。

标本 T5361④A:5，泥质红陶。残高 14 厘米（图五九六，3）。

II 式　11 件。平面为长方形。

标本 T5210③B:3，夹砂褐陶。残高 9.8 厘米（图五九六，4）。

F 型　13 件。镢形。分三式。

Ⅰ式　4 件。横断面扁平。

标本 T5309④A:1，夹砂褐陶。正面有三道横刻划纹和一道纵刻划纹。残高 11.4 厘米。（图五九六，5）。标本 T1623④D:1，泥质黑陶。正面上端有三个窝洞。残高 11.5 厘米（图五九六，6）。

Ⅱ式　5 件。横断面椭圆形。

标本 T5260④C:3，粗泥红陶。较厚。残高 9.6 厘米（图五九六，7）。标本 T3272③:1，夹砂红陶。较薄，上端有一窝洞。残高 10 厘米（图五九六，8）。

Ⅲ式　4 件，横断面呈圆角三角形。

标本 T5311③B:4，夹砂褐陶。残高 11.4 厘米（图五九六，9）。

G 型　8 件。圆柱形。

标本 T5410④B:3，夹砂红陶。上端有二个捺窝。残高 10.2 厘米（图五九六，10）。

H 型　12 件。侧装式足。分二式。

Ⅰ式　7 件。横断面为扁圆。

标本 T5163⑤A:1，夹砂红陶。侧视为三角形。残高 8 厘米（图五九六，11）。

Ⅱ式　5 件。横断面为椭圆形，侧视为三角形。

标本 T5408③A:3，夹砂褐陶。残高 9.3 厘米（图五九六，12）。

I 型　8 件。横断面呈棱形，正视为长方形。

标本 T5408③A:2，夹炭红陶。正面上端有横排戳印纹。残高 9.2 厘米（图五九六，13）。

J 型　17 件。横断面为半椭圆形。

标本 T1353⑤:1，夹砂红陶。背面上端饰一排戳印纹。残高 9.6 厘米（图五九六，14）。

K 型　5 件。正视为长方形。

标本 T5410③A:2，夹砂红陶。残高 8 厘米（图五九六，15）。

异形鼎足　1 件。

T1451⑭:1，夹炭红陶。横断面为直角矩形，正视和一面侧视均为长方形。正面有二道纵向棱脊，棱脊较扁平，上饰二至三道纵向附加堆纹。残高 7.4 厘米（图五九六，16）。

釜　3 件。依口沿可分三型。

A 型　1 件。盘口，圆唇，最大腹径在下部。

标本 M874:1，夹炭褐陶。素面。口径 28、高 26.8 厘米（图五九七，1；彩版五四，3；图版二一一，3）。标本 T5362④A:5，夹砂灰褐陶。盘口，鼓腹。素面。口径 22、高 21 厘米（图版二一二，1）。

B 型　1 件。宽折沿，圆唇，沿尾微上卷，沿面有凹槽。

标本 M792:1，夹砂褐陶。素面。口径 28.4、高 30 厘米（图五九七，2；图版二一二，2）。

C 型　1 件。折沿，圆唇。

标本 T5159③B:1，夹砂褐陶。器表饰方格纹。口径 19.2、高 20.4 厘米（图五九七，3；图版二一二，3）。

鬶

可分别依颈部和足部进行分型。

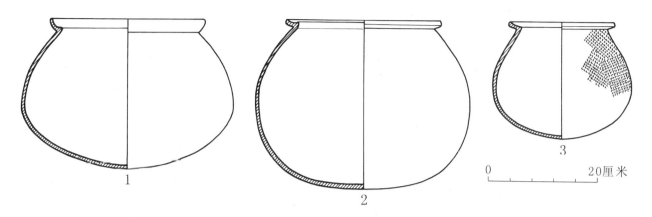

图五九七　石家河文化陶釜

1. A型（M874:1）　2. B型（M792:1）　3. C型（T5159③B:1）

鬶颈　29件。据颈之长短和径可分三型。

A型　18件。瘦长颈。

标本T5360④A:2，泥质红陶。上下均残。颈部残长14厘米（图五九八，1）。

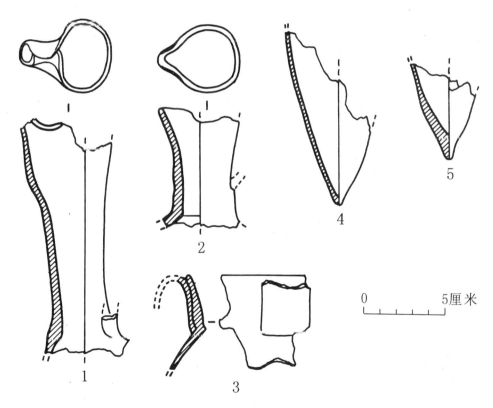

图五九八　石家河文化陶鬶颈、鬶足

1. A型鬶颈（T5360④A:2）　2. B型鬶颈（T5311③B:4）　3. C型鬶颈

（T5210③B:2）　4. A型鬶足（T5260④B:4）　5. B型鬶足（T5311③B:5）

B型　8件。瘦短颈。

标本T5311③B:4，泥质红陶。上下均残。颈部残长7厘米（图五九八，2）。

C 型　3 件。粗短颈。

标本 T5210③B:2，泥质灰陶。下部残。颈部残长 5.4 厘米（图五九八，3）。

鬶足　28 件。据袋足足底是否为实心分为二型。

A 型　11 件。空心袋足，足底无实心。

标本 T5260④B:4，泥质红陶。足上部残。残高 11.4 厘米（图五九八，4）。

B 型　17 件。空心袋足，足底实心较厚。

标本 T5311③B:5，泥质红陶。足上部残。残高 6.1 厘米（图五九八，5）。

杯

数量和种类均很多，现分为直壁高圈足杯、喇叭形高圈足杯、斜壁杯、实足小杯四类。每类各分数型。

直壁高圈足杯　30 件。分二型。

A 型　16 件。直壁，壁和底交接处转折明显。分二式。

Ⅰ式　6 件。壁、底交接处有一周凸棱，与屈家岭文化晚期杯相当接近。

标本 T5309④A:3，泥质灰陶。上下均残。残高 3.8 厘米（图五九九，1）。标本 T5360④A:3，泥质红陶。上下均残。残高 3.2 厘米（图五九九，2）。

Ⅱ式　10 件。斜直壁，壁底转折明显，底平，无凸棱。

标本 T5261③B:6，泥质灰陶。直壁转折明显，但无凸棱，上下均残。残高 3 厘米（图五九九，3）。T5358④B:1，泥质灰陶。腹底平，上下均残。残高 3.7 厘米（图五九九，4）。

B 型　14 件。直壁，壁底转折圆缓。分二式。

1 式　2 件。

标本 T5260③A:3，泥质黑陶。上下均残。残高 4.6 厘米（图五九九，5）。

Ⅱ式　12 件。

标本 T5211③B:5，泥质灰陶。杯深径小，仅略大于圈足径，上下残。残高 5 厘米（图五九九，6）。

喇叭形高圈足杯　7 件。体型小，圈足呈喇叭形。依杯上部形态分为三型。

A 型　5 件。粗圈足呈喇叭形外撇。

标本 T5310④A:2，泥质红陶。上下均残。整体残高 5 厘米，圈足残高 2.2 厘米（图五九九，7）。

B 型　1 件。凹折沿，长弧壁，圈足近底处外折。

T3009⑤:3，泥质红陶。口径 6.4、通高 9、圈足高 4 厘米（图五九九，8；图版二一三，1）。

C 型　1 件。口微侈。圈足较高，近底处呈喇叭形外撇。

G31:2，泥质红陶。口径 5、通高 11、圈足高 6 厘米（图五九九，9；图版二一三，2）。

内弧壁高圈足杯　24 件。均残破过甚，无法进一步划分型式。

标本 T5361④A:6，泥质红陶。上下均残，内弧壁，圈足较粗。残高 6 厘米（图五九九，10）。

实足小杯　25 件。依足底的不同可分为二型。

A 型　9 件。足底内凹。分二式。

Ⅰ式　3 件。足底中心内凹较深。

标本 T5311④B:2，泥质橙黄陶。足上部残。残高 5.2 厘米（图五九九，11）。

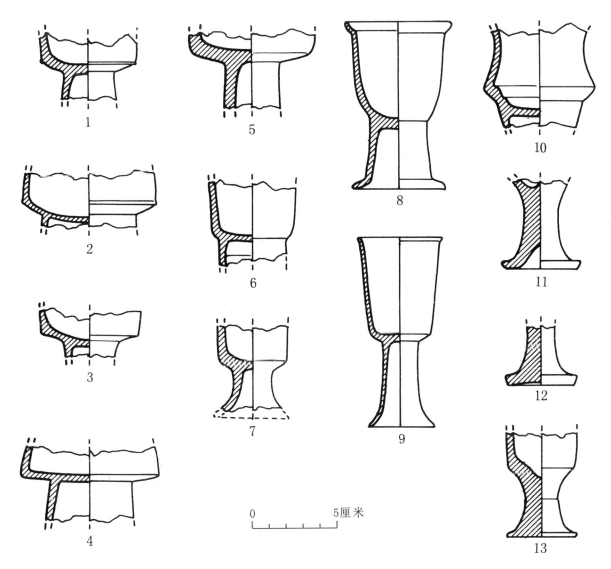

图五九九 石家河文化陶直壁高圈足杯、喇叭形高圈足杯、内弧壁高圈足杯、实足小杯

1、2. A型Ⅰ式直壁高圈足杯（T5309④A∶3、T5360④A∶3） 3、4. A型Ⅱ式直壁高圈足杯（T5261③B∶6、T5358④B∶1） 5. B型Ⅰ式直壁高圈足杯（T5260③A∶3） 6. B型Ⅱ式直壁高圈足杯（T5211③B∶5） 7. A型喇叭形高圈足杯（T5310④A∶2） 8. B型喇叭形高圈足杯（T3009⑤∶3） 9. C型喇叭形高圈足杯（G31∶2） 10. 内弧壁高圈足杯（T5361④A∶6） 11. A型Ⅰ式实足小杯（T5311④B∶2） 12. A型Ⅱ式实足小杯（T5359③B∶3） 13. B型实足小杯（T5260④C∶4）

Ⅱ式 6件。足底浅凹。

标本 T5359③B∶3，泥质红陶。足上部残。残高3.4厘米（图五九九，12）。

B型 16件。足底径较大，扁平，边微卷。

标本 T5260④C∶4，泥质橙黄陶。杯腹上部残。底径4.2、残高6厘米（图五九九，13）。

壶 27件。无完整器，依底部不同可分二型。

A型 23件。平底略内凹。

标本 T5016③∶1，泥质灰陶。上部残。长颈，颈、腹交接处凸起。底径4.8、残高8厘米（图六〇〇，1）。标本 T7801③∶1，泥质褐陶。上部残。长颈，颈、腹交接处折，颈内部可见轮制痕迹。底径 6、残高 10.8 厘米（图六〇〇，2）。

　　B 型　4 件。有圈足。

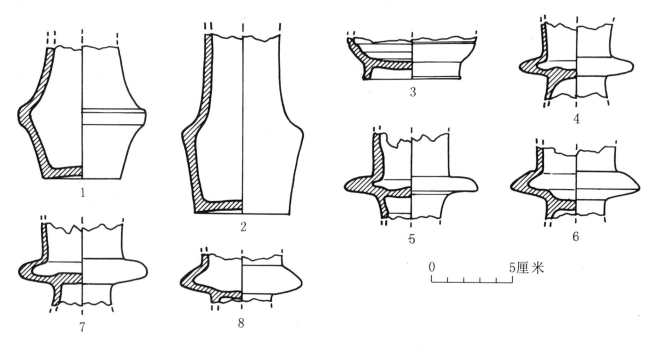

图六〇〇　石家河文化陶壶、壶形器

1、2. A 型壶（T5016③:1、T7801③:1）　3. B 型壶（T5309④A:4）　4. A 型 I 式壶形器（T5361④A:7）　5. A 型 II 式
壶形器（T3322③:2）　6. B 型壶形器（T5361④C:1）　7. C 型壶形器（T5358④B:2）　8. D 型壶形器（T5258④A:1）

　　标本 T5309④A:4，泥质橙黄陶。上部残。壶内可见轮制痕迹。底径 6、残高 2.5 厘米（图六〇〇，3）。

　　壶形器　28 件。无完整器，均为筒形领、高直圈足。依上、下腔之间的变化分为四型。

　　A 型　10 件。腔很小。分二式。

　　I 式　5 件。上、下腔两面鼓。

　　标本 T5361④A:7，泥质橙黄陶。上下均残。残高 4.8 厘米（图六〇〇，4）。

　　II 式　5 件。上腔鼓，下腹近平。

　　标本 T3322③:2，泥质红陶。上下均残。残高 5.2 厘米（图六〇〇，5）。

　　B 型　7 件。腔较大，上腔鼓，下腔斜直，上、下腔交接处有明显转折。

　　标本 T5361④C:1，泥质橙黄陶。上下均残。残高 4.4 厘米（图六〇〇，6）。

　　C 型　8 件。腔较大，扁平。

　　标本 T5358④B:2，泥质灰陶。上下均残。残高 5.2 厘米（图六〇〇，7）。

　　D 型　3 件。腔较大，上腔鼓，下腔斜直，上、下腔交接处无明显转折。

　　标本 T5258④A:1，泥质红陶。上下均残。残高 3 厘米（图六〇〇，8）。

　　甑　22 件。据口沿可分为四型。

　　A 型　1 件。折沿，沿尾起尖。

　　H441:1　泥质褐陶。外饰间断方格纹。口径 26、残高 10 厘米（图六〇一，1）。

　　B 型　4 件。盘口，深弧腹。

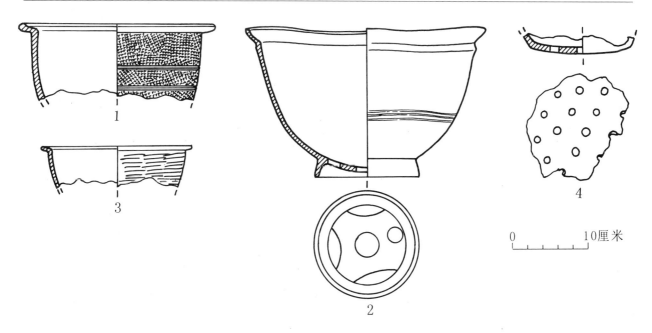

图六〇一 石家河文化陶甑

1. A型（H441:1） 2. B型（T5264④A:2） 3. C型（T1354⑦:1） 4. D型（G41:1）

标本 T5264④A:2，夹砂黑陶。甑底有二圆孔和三个梭形孔，腹部饰数道粗浅的弦纹。口径32、底径 13.6、高 19.2 厘米（图六〇一，2；图版二一三，3）。

C型 16 件。上折沿，圆或尖唇。

标本 T1354⑦:1，夹砂黑陶。圆唇。上饰粗篮纹。口径 20、残高 5.4 厘米（图六〇一，3）。

D型 1 件。上部残。

G41:1，泥质橙黄陶。底部微圜，布满小圆甑孔。甑径 8 厘米（图六〇一，4）。

缸 52 件。依口沿的不同可分五型。

A型 11 件。上折沿。分三式。

Ⅰ式 4 件。沿尾起尖。

标本 T5309④A:5，夹砂褐陶。沿上有连续锯齿纹，沿内饰数道凹弦纹，上腹饰一道附加堆纹。口径 26、残高 5.2 厘米（图六〇二，1）。

Ⅱ式 3 件。宽上折沿。

标本 T5214④A:1，夹砂黑陶。沿内外饰多道凹弦纹，上腹饰二道绳索状附加堆纹。口径 36、残高 6.2 厘米（图六〇二，2）。

Ⅲ式 4 件。圆唇。

标本 T5261③B:7，夹砂红陶。沿内饰数道凹弦纹，上腹饰数道附加堆纹。口径 34、残高 11.5 厘米（图六〇二，3）。

B型 18 件。上折凹沿。可分三式。

Ⅰ式 5 件。圆唇，折沿较宽，折角较大。

标本 T5670⑥:1，夹砂灰陶。口径不明，残高 6.4 厘米（图六〇二，4）。

Ⅱ式 8 件。唇圆鼓，沿尾直立起尖。

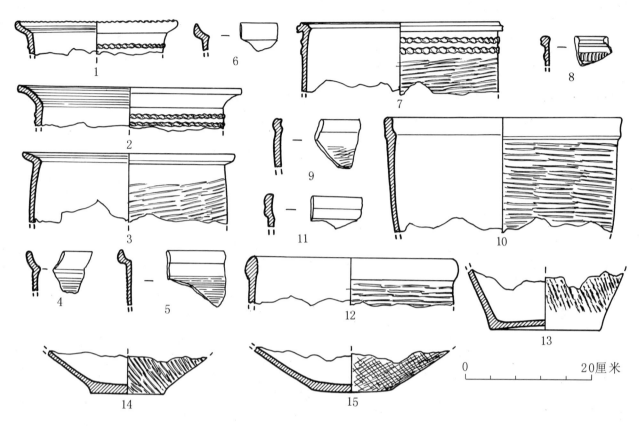

图六〇二 石家河文化陶缸、缸底

1. A型Ⅰ式缸（T5309④A:5） 2. A型Ⅱ式缸（T5214④A:1） 3. A型Ⅲ式缸（T5261③B:7） 4. B型Ⅰ式缸（T5670⑥:1）
5. B型Ⅱ式缸（T5362④A:1） 6. B型Ⅲ式缸（T5410③A:3） 7. C型Ⅰ式缸（T5214④A:1） 8. C型Ⅱ式缸（T5358③
B:2） 9. D型Ⅰ式缸（T5311④B:4） 10. D型Ⅱ式缸（T5009③:1） 11. D型Ⅲ式缸（T5309③A:2） 12. E型缸
（T3211③B:1） 13. A型缸底（T5361③A:2） 14. B型缸底（T5261③B:8） 15. C型缸底（T5211③B:6）

标本T5362④A:1，夹砂粗褐陶。外饰篮纹。口径不明，残高8.6厘米（图六〇二，5）。

Ⅲ式 5件。尖唇，敞口。

标本T5410③A:3，夹砂褐陶。口径不明，残高4.4厘米（图六〇二，6）。

C型 5件。短折沿，直口。据沿上纹饰变化可分二式。

Ⅰ式 2件。沿上、沿外均有凹弦纹。

标本T5214④A:1，夹砂褐陶。上腹饰二道联珠状附加堆纹和篮纹。口径32、残高10.8厘米
（图六〇二，7）。

Ⅱ式 3件。沿外有凹弦纹。

标本T5358③B:2，夹砂褐陶。上腹饰一周附加堆纹。口径不明，残高4.6厘米（图六〇二，8）。

D型 7件。直口。可分三式。

Ⅰ式 2件。厚圆唇，口内有凹槽。

标本T5311④B:4，夹砂褐陶。外饰交叉篮纹。口径不明，残高7.6厘米（图六〇二，9）。

Ⅱ式 3件。直口，厚方宽直沿，圆唇。

标本T5009③:1，夹砂褐陶。腹部满饰篮纹。口径38、残高18厘米（图六〇二，10）。

Ⅲ式　2件，直口，圆唇，重沿。

标本 T5309③A:2，夹砂褐陶。残高 5 厘米（图六〇二，11）。

E 型　11件。厚圆唇，直口。

标本 T3211③B:1，夹砂灰陶。腹部饰粗篮纹。口径 32、残高 7 厘米（图六〇二，12）。

另外有缸底 40件，因无法和上述缸的口沿部分对应，只能另分型式。分为三型。

A 型　19件。底微凹。

标本 T5361③A:2，粗泥红陶。其上保留的腹部近筒形。外饰粗绳纹。底径 18、残高 9 厘米（图六〇二，13）。

B 型　11件。小平底。

标本 T5261③B:8，夹砂红陶。近底处急剧内收，实心饼状底。饰粗篮纹。底径 12.3、残高 6.5 厘米（图六〇二，14）。

C 型　10件。底平，微显凸弧。

标本 T5211③B:6，夹砂红陶。近底处急剧内收。饰方格纹。底径 12、残高 7 厘米（图六〇一，15）。

尊　13件。依口沿不同分四型。

A 型　4件。敞口，平沿，方唇。

标本 T5361④A:10，粗泥褐陶。下部残。沿下饰一道绳索状附加堆纹。口径 30、残高 9.4 厘米（图六〇三，1）。

B 型　4件。敞口，双唇。

标本 T5310③B:2，泥质褐陶。下部残。沿下饰一道辫状附加堆纹。口径不明，残高 7 厘米（图六〇三，2）。

C 型　4件。敞口，近方唇。

标本 T5209③B:2，夹砂灰陶。下部残。沿上饰二道联珠状附加堆纹。口径 22、残高 4.7 厘米（图六〇三，3）。

D 型　1件。双唇，盘口。

标本 T5009③:2，粗泥黑衣陶。下部残。沿下饰联珠状附加堆纹。口径 33、残高 11 厘米（图六〇三，4）。

臼　16件。据口沿的不同可分二型。

A 型　13件。折沿。分四式。

1式　4件。折沿尖唇，壁较直。

标本 T5261④B:4，夹砂褐陶。下部残。素面。口径 20、残高 9.8 厘米（图六〇三，5）。

Ⅱ式　5件。折沿，圆唇。

标本 T5360④B:1，夹砂褐陶。下腹残。长弧壁，在颈、腹交接处饰戳印纹。口径 22、残高 6 厘米（图六〇三，6）。

Ⅲ式　3件。折沿，尖唇，沿外有一周凹槽。

标本 T5359③B:5，夹砂红陶。下部残。素面。口径 22、残高 6.5 厘米（图六〇三，7）。

Ⅳ式　1件。上折沿，尖唇，有盘口作风。

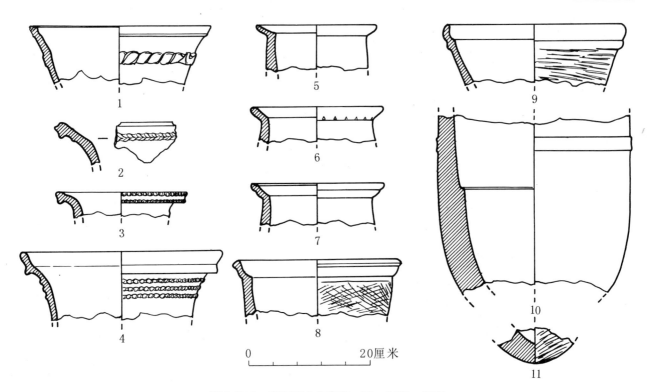

图六〇三　石家河文化陶尊、臼、臼腹、臼底

1. A 型尊（T5361④A:10）　2. B 型尊（T5310③B:2）　3. C 型尊（T5209③B:2）　4. D 型尊（T5009③:2）　5.
A 型 I 式臼（T5261④B:4）　6. A 型 II 式臼（T5360④B:1）　7. A 型 III 式臼（T5359③B:5）　8. A 型 IV 式臼
（T5410③A:4）　9. B 型臼（T5860④:1）　10. 臼腹（T5361④B:2）　11. 臼底（T5358③B:4）

标本 T5410③A:4，夹砂红陶。下部残。外饰交错刻划纹。口径 26、残高 9 厘米（图六〇三，8）。

B 型　3 件。盘口，腹壁斜弧。

标本 T5860④:1，夹砂黑陶。下部残。外饰粗篮纹。口径 28.4、残高 10 厘米（图六〇三，9）。

另有一件臼腹。

T5361④B:2，夹砂红陶。长弧腹，底残。腹中部有一道宽贴弦纹（图六〇三，10）。

另有臼底一件。标本 T5358③B:4，夹砂红陶。圜底。壁厚 4.2 厘米（图六〇三，11）。

器盖　50 件。据纽的形态不同可分为九型。

A 型　6 件。外撇矮圈足形纽。分二式。

I 式　4 件。纽径大。

标本 T5360④A:4，夹砂褐陶。纽边缘成锯齿状。纽径 5.2、残高 3.3 厘米（图六〇四，1）。

II 式　2 件。纽径小。

标本 T5209③C:1，泥质黑陶。纽外撇较甚。纽径 6、残高 3 厘米（图六〇四，2）。标本
T5311③B:5，泥质黑陶。纽沿略近外折。纽径 4.4、残高 1.5 厘米（图六〇四，3）。标本 T5409③
C:1，纽径小。饰一道弦纹。纽径 2.2、残高 2 厘米（图六〇四，4）。

B 型　6 件。外撇式高圈足纽。分三式。

I 式　2 件，纽似斜壁杯形。

标本 T5210④C:1，泥质红陶。纽径 4.4、残高 3 厘米（图六〇四，5）。

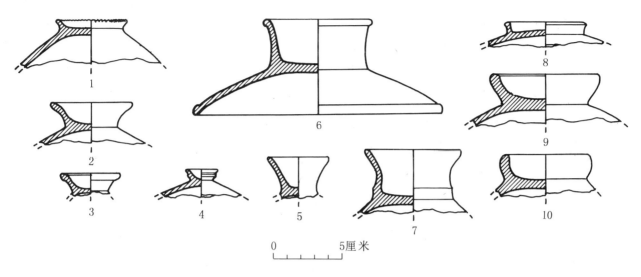

图六〇四 石家河文化陶器盖（A~D型）

1. A型I式（T5360④A:4）　2~4. A型II式（T5209③C:1、T5311③B:5、T5409③C:1）　5. B型I式（T5210④C:1）　6. B型II式（T1674④C:3）　7. B型III式（T5409③B:2）　8. C型（T5211①B:3）　9. D型I式（T5211④B:2）　10. D型II式（T5408③A:4）

II式　3件，纽沿外卷。

标本T1674④C:3，泥质褐陶。器形完整。器盖敞口，厚圆唇，整器似倒扣盘形。盖盘径18、纽径7.4、高6厘米（图六〇四，6）。

III式　1件。纽与I式近似，但下部鼓出。

T5409③B:2，夹砂红陶。纽径7、残高4.6厘米（图六〇四，7）。

C型　3件。

标本T5211④B:3，泥质红陶。纽矮，短沿外折。纽径5.2、残高1.8厘米（图六〇四，8）。

D型　11件。敛口式纽。分二式。

I式　8件。纽壁斜弧。

标本T5211④B:2，夹炭红陶。纽径7.8、残高3.8厘米（图六〇四，9）。

II式　3件。纽壁圆弧。

标本T5408③A:4，泥质橙黄陶。纽径6.2、残高3厘米（图六〇四，10）。

E型　8件。杯形纽。分三式。

I式　1件。直口，直壁杯形纽，较矮。

H125:1，泥质褐陶。器形完整。盖盘径14、纽口径4.4、高4厘米（图六〇五，1）。

II式　5件。敞口浅杯形纽。

标本H412:3，泥质灰陶。器形完整，纽中央凸起。盖盘敞口。盖盘径7.2、纽口径2.7、高3.8厘米（图六〇五，2）。

III式　2件。斜壁杯形纽。

标本T5361③B:2，泥质黑陶。纽口径2.2、残高4.7厘米（图六〇五，3）。

F型　6件。平顶实心纽。分二式。

I式　4件。似倒扣的实足杯。

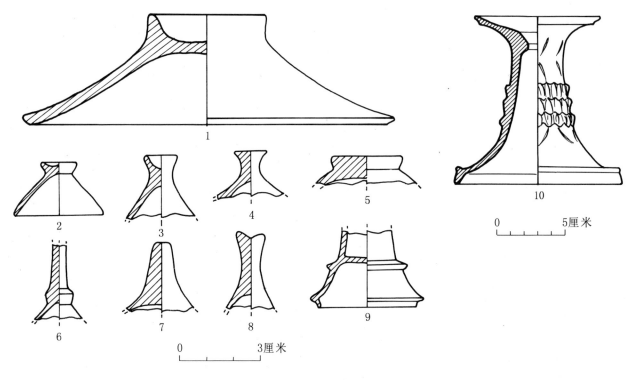

图六〇五　石家河文化陶器盖（E～I型）

1. E型Ⅰ式（H125:1）　2. E型Ⅱ式（H412:3）　3. E型Ⅲ式（T5361③B:2）　4. F型Ⅰ式
（T5359④B:1）　5. F型Ⅱ式（T5209③B:1）　6. G型Ⅰ式（T5261④B:3）　7. G型Ⅱ式（T5210
④B:3）　8. G型Ⅲ式（T5209③A:5）　9. H型（T5361④A:8）　10. I型（T5006④D:3）

标本 T5359④B:1，泥质橙黄陶。纽口径 2.2、残高 3 厘米（图六〇五，4）。

Ⅱ式　2件。饼形纽。

标本 T5209③B:1，泥质红陶。纽口径 5.3、残高 2.2 厘米（图六〇五，5）。

G型　8件。实心锥状纽。分三式。

Ⅰ式　2件。高锥状纽，顶部残。近盘处凸起。

标本 T5261④B:3，泥质黑陶。残高 5.5 厘米（图六〇五，6）。

Ⅱ式　3件。圆顶锥状纽。

标本 T5210④B:3，泥质橙黄陶。残高 5 厘米（图六〇五，7）。

Ⅲ式　3件。锥状纽顶分为两个触角。

标本 T5209③A:5，泥质红陶。残高 5.5 厘米（图六〇五，8）。

H型　1件。

T5361④A:8，泥质灰陶。纽上部残，现存为直筒形。盘盖为子口，现存部分似倒扣的高圈足
子母口豆，在同期其他遗址中曾见过两相似器形相扣的豆。盖径 7、残高 5.5 厘米（图六〇五，9）。

I型　1件。

T5006④D:3。泥质红陶。外形似口小底大的亚腰形高器座，腰部有三周齿状附加堆纹，其上
下有刻划纹。纽口径 9.2、盘径 12.5、高 12.5 厘米（图六〇五，10；图版二一三，4）。

器座　10件。亚腰形。可分三型。

A 型　8 件。据器座中部的纹饰组合可分为二式。

Ⅰ式　4 件。器座中部饰镂孔和二道凸棱。

标本 T5261④B:9，夹粗砂橙黄陶。下部残。敞口，尖唇。口径 17.6、残高 14.3 厘米（图六〇六，1）。

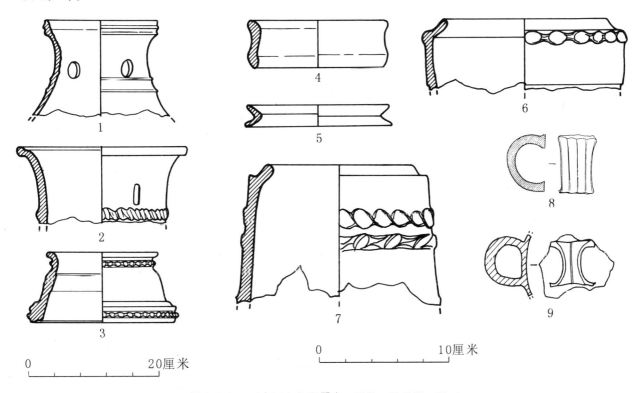

图六〇六　石家河文化陶器座、滑轮、管状器、器耳

1. A 型Ⅰ式器座（T5261④B:9）　2. A 型Ⅱ式器座（T5016②:1）　3. B 型器座（T5261④B:7）　4. C 型器座（T1345④:3）
5. 滑轮（T5310③B:1）　6、7. 管状器（T5210④B:3、T5260④B:5）　8、9. 器耳（T5311④B:3、T1403④:3）

Ⅱ式　4 件。器座中部饰镂孔和附加堆纹。

标本 T5016②:1，夹砂褐陶。下部残。敞口，圆唇。口径 25.7、残高 11.5 厘米（图六〇六，2）。

B 型　1 件，可修复。器形上小下大，器座上、下分别饰附加的一道联珠纹。

T5261④B:7，夹砂褐陶。卷沿，圆唇。口径 17.1、底径 22.8、高 10.6 厘米（图六〇六，3）。

C 型　1 件。上下等大，中腰内弧，可修复。素面。

标本 T1345④:3，泥质黑陶。侈口，圆唇。口径 10.4、底径 10、高 3.6 厘米（图六〇六，4）。

滑轮　1 件。

T5310③B:1，泥质灰陶。口径 11、高 1.6 厘米（图六〇六，5）。

管状器　2 件。均仅存上部。

标本 T5210④B:3，泥质红陶。口弇，形似子口，往下稍内收。圆唇。上部一道附加堆纹。口径 12.8、残高 5.4 厘米（图六〇六，6）。标本 T5260④B:5，粗泥橙黄陶。口弇，形似子口，上部饰二道附加堆纹，壁斜张。口径 11.4、残高 10 厘米（图六〇六，7）。

器耳　2 件。

标本 T5311④B：3，泥质黑陶。上有三道凹弦纹。耳长 4.2、宽 3 厘米（图六〇六，8）。标本 T1403④：3，泥质灰陶。上有一道凹弦纹。耳长 3.1、宽 3.4 厘米（图六〇六，9）。

陶塑动物　2 件。

标本 G35：2，泥质红陶。鸟。可辨认出翅膀和尾部，头及尾稍残。残长 4.7、高 4.1 厘米（图六〇七，1）。标本 T1674④D：1，泥质红陶。因残，无法确认为何种动物。可辨认出完整的短尾，以及头部、耳朵，腿部残。长 5、残高 3.2 厘米（图六〇七，2）。

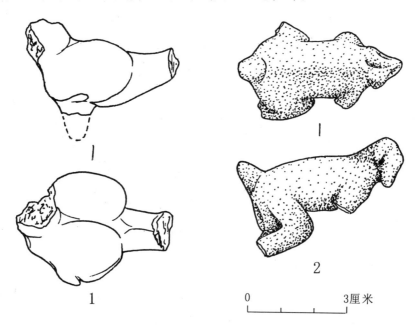

图六〇七　石家河文化陶塑动物

1. 鸟（G35：2）　2. 兽（T1674④D：1）

纺轮　69 件。依纵剖面和边的形式可分为九型。

A 型　50 件。纵剖面梯形。分二式。

Ⅰ式　32 件。梯形较高，边斜直，底部略鼓出一线。

标本 T5260④C：5，泥质红陶。上径 2.3、下径 3.4、厚 1 厘米（图六〇八，1）。标本 T5212⑤A：2，泥质黑陶。上径 3.3、下径 3.6、厚 0.9 厘米（图六〇八，2）。标本 T5163⑤A：2，泥质黑陶。斜边上饰刻划和篦点纹。上径 3.1、下径 3.5、厚 0.8 厘米（图六〇八，3）。

Ⅱ式　18 件。为纵剖面较矮的梯形，边稍有弧度。

标本 T7801②：1，泥质红陶。周边饰篦点纹。上径 3.7、下径 4.2、厚 0.6 厘米（图六〇八，4）。标本 T5259③B：1，泥质红陶。台面稍凹。上径 2.8、下径 3.3、厚 0.6 厘米（图六〇八，5）。

B 型　3 件。弧边圆饼形。

标本 T5409③A：1，泥质红陶。径 4.6、厚 1.6 厘米（图六〇八，6）。

C 型　2 件。下底略大于上面，弧边圆饼形。

标本 T5358③B：5，粗泥红陶。上、下径分别为 3.8 和 4.4、厚 2.4 厘米（图六〇八，7）。

D 型　1 件。薄圆饼形。

T5362③A：1，泥质红陶。弧边。径 3.3、厚 0.2 厘米（图六〇八，8）。

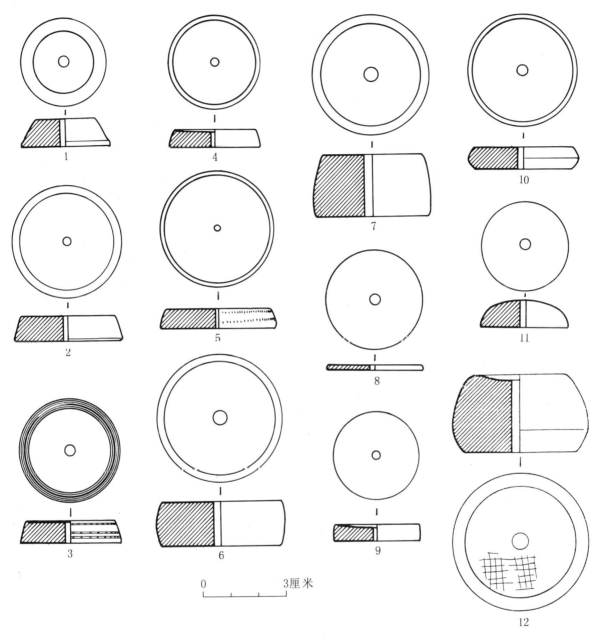

图六〇八 石家河文化陶纺轮

1~3. A型Ⅰ式（15260④C:5、T5212⑤A:2、T5163⑤A:2） 4、5. A型Ⅱ式（T7801②:1、T5259
③B:1） 6. B型（T5409③A:1） 7. C型（T5358③B:5） 8. D型（T5362③A:1） 9. E型
（H493:2） 10. F型（T5360④A:6） 11. G型（T5312⑤A:1） 12. H型（H122:4）

E型 2件。直边，平底，台面中间微凹。

标本H493:2，泥质褐陶。径3.2、厚0.6厘米（图六〇八，9）。

F型 9件。角边。

标本T5360④A:6，泥质红陶。径4.1、厚0.8厘米（图六〇八，10）。

G型 1件。底平，顶拱弧。

T5312⑤A：1，泥质灰陶。底径 3.2、厚 0.95 厘米（图六〇八，11）。

H 型　1 件。

H122：4，泥质红陶。顶面内凹，底平，孔径较小，弧边。顶面刻划网格状纹。最大径 4.9、厚 2.8 厘米（图六〇八，12；图版二一四，1）。

二　石器

98 件。分磨制石器、打制石器和其他三类。

（一）磨制石器

95 件。有斧、锛、铲、镞、凿、刀、矛、杵、环、钻、研磨器、砺石等。

斧　17 件。双面刃，分五型。

A 型　7 件。近竖长条形。

标本 T1723④C：1，大部磨光，上面遗留打制痕迹，刃微弧。长 7.3、宽 3.7、厚 1.5 厘米（图六〇九，1）。

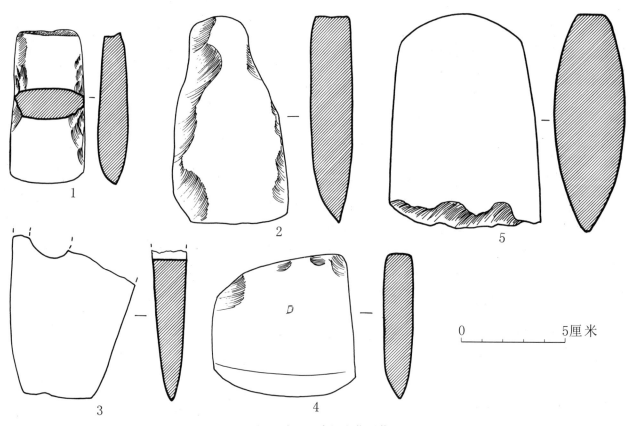

图六〇九　石家河文化石斧

1. A 型（T1723④C：1）　2. B 型（T5213④B：1）　3. C 型（T5213⑤A：1）　4. D 型（T5262⑤C：1）　5. E 型（T5258②C：1）

B 型 2 件。体型大，下部两侧平直，上部收缩，平刃，弧端。

标本 T5213④B:1，局部磨光。长 9.8、宽 5.7、厚 2 厘米（图六〇九，2；图版二一四，2）。

C 型 1 件。体型大，上有穿孔。

标本 T5213⑤A:1，通体磨光。平刃。残长 7.8、残宽 6.2、厚 1.7 厘米（图六〇九，3）。

D 型 5 件。体型小，弧刃。

标本 T5262⑤C:1，大部磨光。长 6.8、宽 7、厚 1.6 厘米（图六〇九，4）。

E 型 2 件。上端圆弧，刃近平。纵剖面中间弧凸。

标本 T5258②C:1，通体磨光。刃部略残。长 10.4、宽 7.8、厚 3.5 厘米（图六〇九，5）。

锛 31 件。单面刃。分五型。

A 型 8 件。两面和两侧平。分三式。

Ⅰ 式 3 件。平薄，顶微弧，弧刃微残。

标本 T1724④C:1，通体磨光。长 5.5、刃宽 5.2、厚 1 厘米（图六一〇，1）。

Ⅱ 式 4 件。两面平，顶平，断面为圆角长方形。

标本 T1675④B:2，通体磨光。残长 7.7、刃宽 7.1、厚 2 厘米（图六一〇，2）。

Ⅲ 式 1 件。

标本 T3222③:1，通体磨光。顶、刃近平，两侧平，两面微弧。长 4.7、刃宽 3.6、厚 1.2 厘米（图六一〇，3）。

B 型 4 件。平面为梳形，两侧平，两面微弧。分二式。

Ⅰ 式 3 件。

标本 T3173③:1，通体磨光。弧顶，弧刃，较薄。长 6.3、宽 5.7、厚 1.2 厘米（图六一〇，4）。

Ⅱ 式 1 件。

T3222③:2，两面弧，较厚。长 5.7、刃宽 5.4、厚 1.7 厘米（图六一〇，5）。

C 型 13 件。平面近长方形。分三式。

Ⅰ 式 9 件。体型大，顶、刃微显弧度，刃稍宽于顶部。

标本 T3072③:3，局部磨光，上有打制痕迹。长 8.1、刃宽 4.8、厚 2 厘米（图六一〇，6）。

Ⅱ 式 2 件。体型较小，顶微弧近平，刃残，两侧平直。

标本 T5009③:3，通体磨光。残长 4.4、刃宽 3.1、厚 1 厘米（图六一〇，7）。

Ⅲ 式 2 件。平顶，平刃，两面近平。

标本 T3274③:1，通体磨光。长 3.4、刃宽 2.1、厚 0.7 厘米（图六一〇，8）。

D 型 5 件。平顶，斜刃，两面和两侧平，体型小。

标本 T3275②:1，两面磨光。长 3.6、刃宽 3.3、厚 0.85 厘米（图六一〇，9）。

E 型 1 件。体厚，两面不等宽。

标本 T5164④B:1，横断面呈梯形，弧刃，两面磨光。上部残。残长 6、较宽的一面宽 3.9、厚 3.2 厘米（图六一〇，10）。

铲 1 件。

T1625④D:1，通体磨光。横断面呈长方形。顶平，刃微弧，刃稍宽于顶，略近长方形，两侧平。近正中有一、两面对钻穿孔。长 10.9、刃宽 5、厚 1.3 厘米（图六一一，1；图版二一四，3）。

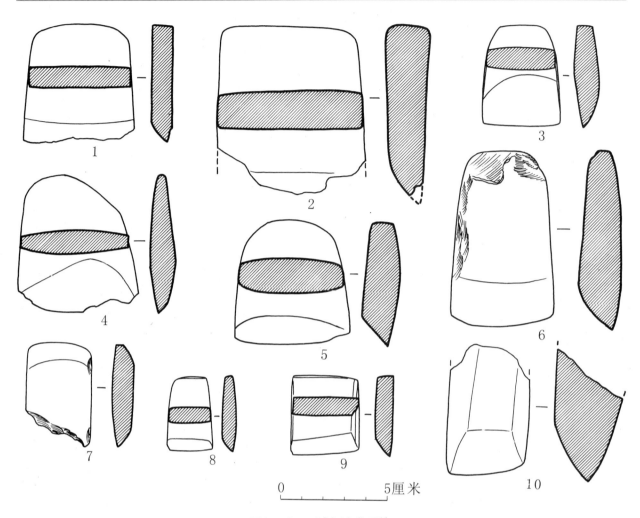

0　　　　　　　5厘米

图六一〇　石家河文化石锛

1. A型Ⅰ式（T1724④C:1）　2. A型Ⅱ式（T1675④B:2）　3. A型Ⅲ式（T3222③:1）　4. B
型Ⅰ式（T3173③:1）　5. B型Ⅱ式（T3222③:2）　6. C型Ⅰ式（T3072③:3）　7. C型Ⅱ式
（T5009③:3）　8. C型Ⅲ式（T3274③:1）　9. D型（T3275②:1）　10. E型（T5164④B:1）

镞　2件。分二型。

A型　1件。镞身横断面呈圆形，锋部为三棱形。

T5413④B:1，通体磨光。镞身后部残。残长9.5厘米（图六一一，2）。

B型　1件。

T3173③:2，通体磨光，锋长。横断面为三棱形，略残。镞身后部横断面呈圆形，铤部呈圆锥形。铤与身分界明显。长6厘米（图六一一，3；图版二一五，1）。

凿　4件。器身狭长，一端有双面刃。分三型。

A型　2件。体形较大，上端仍为原始砾石面。弧形。

标本 T3173③:3，仅刃部磨光。长7.85、宽2.5、厚1.65厘米（图六一一，4；图版二一五，2）。

B型　1件。

T3272③:1，体型大，通体磨光。长8.4、宽2.5、厚1.2厘米（图六一一，5；图版二一五，3）。

图六一一　石家河文化石铲、镞、凿、杵、刀、矛、钻、环

1. 铲（T1625④D:1）　2. A型镞（T5413④B:1）　3. B型镞（T3173③:2）　4. A型凿（T3173③:3）
5. B型凿（T3272③:1）　6. C型凿（T3123③:3）　7. 杵（T3173③:4）　8. A型刀（T3324③:1）　9. B型刀（T3222③:3）　10. 矛（T5362④B:1）　11. 钻（T5413④B:2）　12. 环（T3173③:5）

C型　1件。

T3123③:3，通体磨光。长4.6、宽1.6、厚1.1厘米（图六一一，6）。

杵　2件。

标本T3173③:4，局部磨光。横断面为不规整圆形。长7.5、径2厘米（图六一一，7）。

刀　2件。体型薄，双面宽刃。分二型。

A型　1件。

T3324③:1，一端有亚腰。高4.5、刃宽4.8、厚0.95厘米（图六一一，8）。

B型　1件。无亚腰。

T3222③:3，高4.7、刃宽6.1、厚1厘米（图六一一，9；图版二一五，4）。

矛　1件。

T5362④B:1，系打磨结合制作，锋部呈菱形。长12.6、最大宽4.3、厚1.3厘米（图六一一，10；彩版五四，4）。

钻　1件。

T5413④B:2，通体磨光。上、下均残。残长4.5厘米（图六一一，11）。

环　1件。

T3173③:5，残。直径7.4厘米（图六一一，12）。

研磨器　7件。系利用砾石的一端用来研磨，该面往往被磨得异常光滑，有的磨面上残留有颜料。分四型。

A型　2件。利用圆饼形砾石一面研磨。

标本T5359③B:6，下端已被磨平。直径8、厚2.5厘米（图六一二，1）。

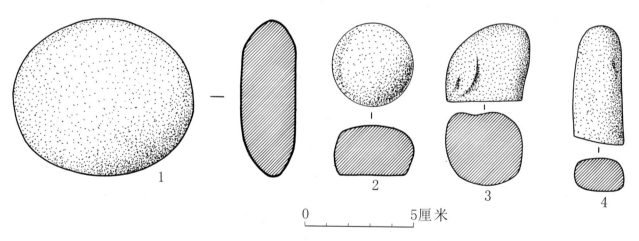

图六一二　石家河文化石研磨器
1. A型（T5359③B:6）　2. B型（T5360③A:6）　3. C型（T5214③A:1）　4. D型（T5412④A:1）

B型　3件。厚圆饼形。

标本T5360③A:6，下端已被磨平。直径3.6、厚2.3厘米（图六一二，2）。

C型　1件。

T5214③A:1，短石棒形，下端已被磨平，磨面上残留少量赭石粉末。磨面直径3.5、器高3.5厘米（图六一二，3）。

D 型　1 件。长石棒形。

标本 T5412④A:1，下端已被磨平。磨面径 1.6、器高 5.4 厘米（图六一二，4）。

砺石　26 件。分三型。

A 型　4 件。不规则形。

标本 T3222③:4，一面有因磨制石器刃部而形成的三道深槽。残长 5.6、宽 5.1、厚 1.3 厘米（图六一三，1）。

B 型　21 件。两面平的方形或近方形。

标本 T5308③B:1，较厚，两面均可见使用痕迹。长 5.1、宽 4、厚 2.8 厘米（图六一三，2）。

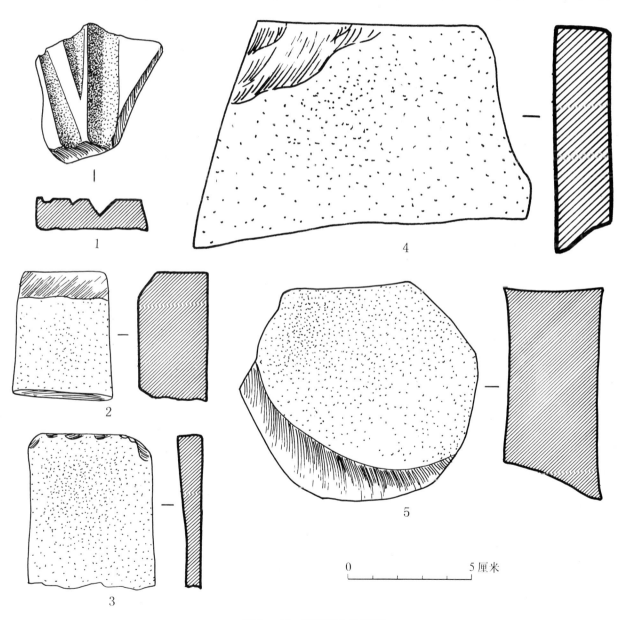

图六一三　石家河文化砺石

1. A 型（T3222③:4）　　2～4. B 型（T5308③B:1、T5211③A:2、H381:1）　　5. C 型（T1353⑦:3）

标本 T5211③A:2，较薄，长方形。一面有使用痕迹。残长 6.1、宽 5.1、厚 1 厘米（图六一三，3）。标本 H381:1，近梯形，两面均可见使用痕迹。残长 9、宽 14、厚 2.2 厘米（图六一三，4）。

C 型　1 件。近厚圆饼形。

T1353⑦:3，两面均可见使用痕迹。直径约 8.2、厚 4 厘米（图六一三，5）。

（二）打制石器

2 件。均为刮削器。

T1673④C:1，一面保存部分砾石石面。长 7.7、宽 5、厚 1.8 厘米（图六一四，1；彩版五四，5）。T3073③:1，不规则形，用砾石石片制作，单面打制而成，一面保存砾石面。长 9.7、宽 8、厚 2.3 厘米（图六一四，2）。

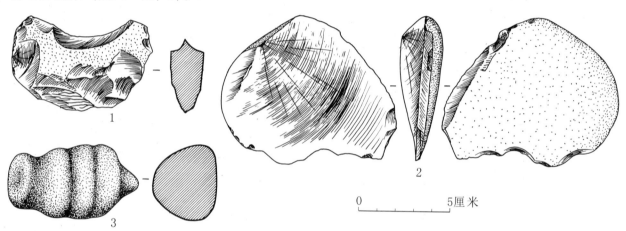

图六一四　石家河文化石刮削器、网坠
1. 刮削器（T1673④C:1）　2. 刮削器（T3073③:1）　3. 网坠（T1724④A:1）

（三）其他

1 件。网坠。

T1724④A:1，陀螺形，系利用砾石稍加修整而成。长 7.2、最大径 4 厘米（图六一四，3）。

三　石家河文化陶器的分期

分期的依据主要是地层叠压和打破关系。从地层关系推定在有随葬器物的墓葬中，M214、M216、M217、M710、M787、M792、M796、M800、M834、M835、M874、M875 等十二座墓属于一期，M213、M795 二座墓属二期。在有出土器物的灰坑中，H122～H125、H151、H154、H156、H188、H430、H433、H441、H442、H443、H447～H449、H452、H478、H480、H482 等二十个灰坑属一期，H54、H107、H109～H111、H113、H115、H139、H147、H150、H153、

H388、H389、H394、H436、H438～H440、H485、H490、H491、H493、H494 等二十三个灰坑属二期（H102、H103、H289、H491 有器物，但不能确定期别）。

从文化的整体面貌来看，城头山古城址的石家河文化与同处洞庭湖西北岸的临澧太山庙，安乡度家岗、划城岗，澧县宋家台、孙家岗，松滋桂花树等遗址的同时期遗存同属石家河文化划城岗晚期类型。因此这些遗址石家河文化的分期可以作为城头山石家河文化分期的参照。

但是，城头山城址内石家河文化堆积并不普遍，文化层不厚，墓葬少而分散，且绝大多数为瓮棺葬，仅有的一座土坑墓的随葬物也极少。这些墓葬开口即在耕土层或扰乱层下，破坏极严重，很少有完整器物。灰坑数量虽不少，但包含物不多，而地层中所出更是破碎，可修复的器物较少，从而给分期带来了困难。因此，本报告仅能将石家河文化遗存粗略地分为一、二两期。属于同一类型的临澧太山庙遗址石家河文化遗存的器物显示出与屈家岭文化晚期遗存非常紧密的联系，个别器物甚至难以将其准确区别，它显然应属石家河文化的早期。城头山石家河文化遗存不排除可能有这一期遗存，但因可作分期标准的器形太少，实在无法将其单独列出，也许有相当于太山庙石家河文化早期的器物被误认为屈家岭文化晚期的器物了。这样，本报告所分的一、二期，实际上有可能分别相当于石家河文化的中期和晚期。

陶器纹饰的变化在前文中已经简单叙述，并有统计数字显示。

器形变化的大体情况是：

一期多见的器型有各型高领罐，折沿罐，A 型 I 式、A 型 II 式、B 型 I 式、C 型、D 型、E 型 I 式、H 型、I 型瓮，B 型 I 式盆，E 型 I 式钵，A 型 I 式豆，A 型 I 式、B 型 I 式、B 型 II 式盘，A 型、B 型釜，A 型 I 式鼎，A 型 I 式、B 型 I 式、C 型 I 式、F 型 I 式、II 式、G 型、H 型 I 式鼎足，A 型鬶（颈和足），A 型 I 式直壁高圈足杯，A 型、B 型喇叭形高足杯，A 型 I 式实足杯，B 型、C 型、D 型壶和 A 型 I 式壶形器，A 型 I 式、B 型 I 式、II 式、C 型、D 型 I 式、E 型 I 式、E 型 II 式、G 型 I 式器盖，B 型器座，A 型 I 式、F 型、G 型、H 型纺轮等。二期极少见高领罐、圜底罐和折沿罐，少见壶、壶形器和瓮，而常见长腹罐、双錾罐、尊、各种形式小罐，另外新见到的器型有广肩罐、C 型釜，B 型 II 式盆，B 型 II 式、E 型 II 式、F 型 II 式钵，A 型 III 式、D 型豆，C 型盘，A 型 III 式鼎，A 型 II 式、A 型 III 式、B 型 II 式、C 型 III 式鼎足，B 型鬶（颈、足）、C 型器座，A 型 II 式、D 型、E 型 II 式纺轮。

在以上各类器物的不同型式中，有些在形式特征上变化比较明显，常被用作分期的典型。如多种型式的盆、B 型钵，表现出由深腹变化为浅腹的趋势，一期钵底多显微凹，而二期底平，且常见平底出边。豆，一期尚可见圈足底内显凹槽的余风，而二期多为外折。豆柄一期多粗大，而二期多细高。盘，一期的各种型式几乎都为卷沿，而二期除极少卷沿的孑遗外，几乎全为敛口无沿。釜、鼎的口沿，一期仅略显浅凹槽，而二期多显盘口，甚至檐口。鼎足，虽然一、二期均以长方扁平形式最多，但一期正面多有纵向棱脊，或正面纵向刻槽，并出现少量在棱脊和刻槽之间刻稀疏纵向戳印纹的个体；而二期以密集的纵向戳印纹为其特点。因此有人形象地称其为麻面鼎足。鬶，由细长颈、袋足无实心变化为粗短颈、袋足底有实心，最后颈几乎消失。錾的上沿由颈中部逐渐移至口沿。纺轮整体是由厚到较薄（图六一五、六一六）。

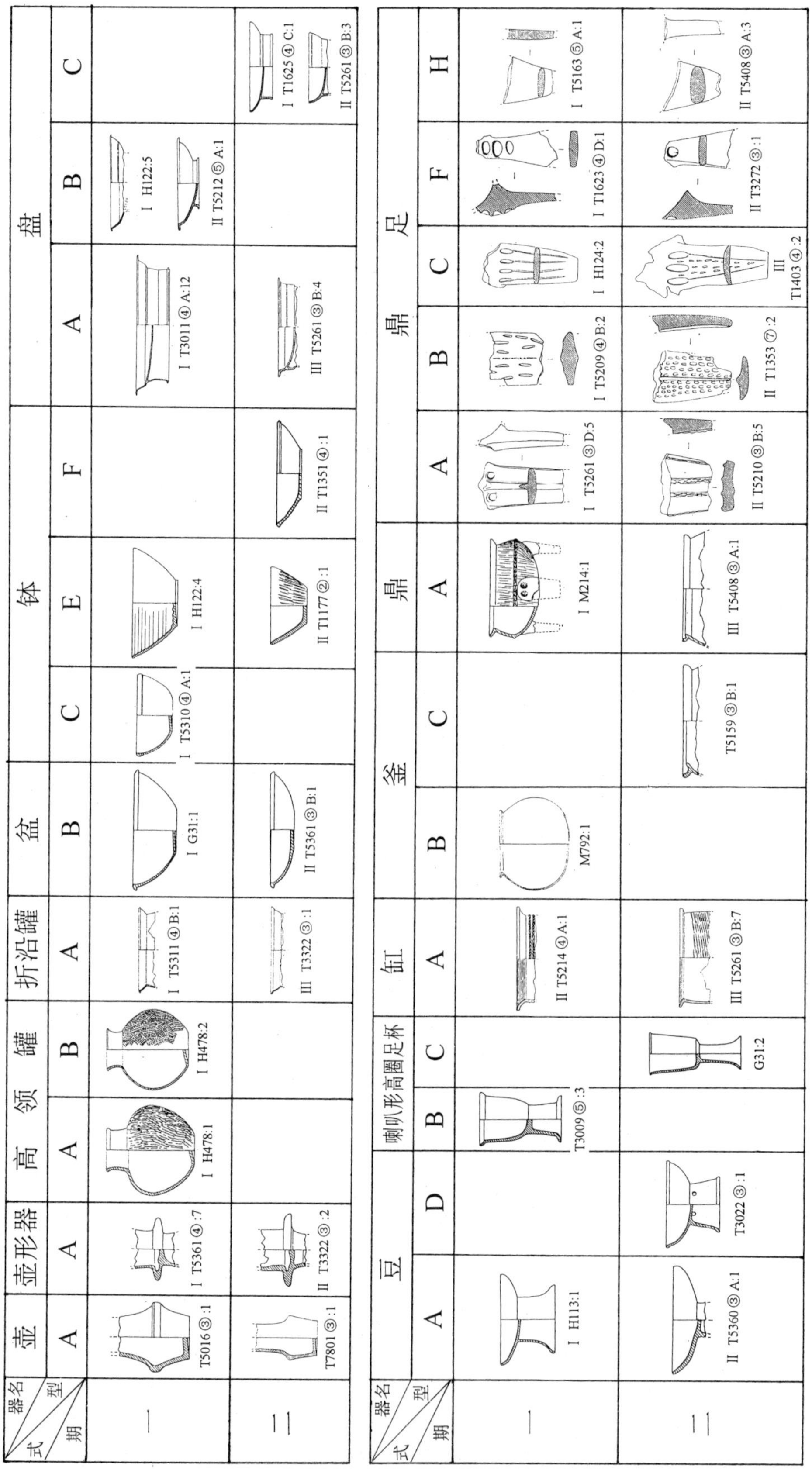

上表

器名 / 型 \ 期	壶 A	壶形器 A	高领罐 A	高领罐 B	折沿罐 A	盆 B	盆 C	钵 E	钵 F	盘 A	盘 B	盘 C
一	T5016③:1	I T5361④:7	I H478:1	I H478:2	I T5311④B:1	I G31:1	I T5310④A:1	I H122:4		I T3011④A:12	I H122:5	I T1625④C:1
二	T7801③:1	II T3322③:2			III T3322③:1	II T5361③B:1		II T1177②:1	II T1351④:1	III T5261③B:4	II T5212⑤A:1	II T5261③B:3

下表

器名 / 型 \ 期	豆 A	豆 D	喇叭形高圈足杯 B	喇叭形高圈足杯 C	缸 A	釜 B	釜 C	鼎 A	鼎足 A	鼎足 B	鼎足 C	鼎足 F	鼎足 H
一	I H113:1		T3009⑤:3			M792:1		I M214:1	I T5261③D:5	I T5209④B:2	I H124:2	I T1623④D:1	I T5163⑤A:1
二	II T5360③A:1	T3022③:1		G31:2	II T5214④A:1		T5159③B:1	III T5408③A:1	II T5210③B:5	II T1353⑦:2	III T1403④:2	II T3272③:1	II T5408③A:3
三					III T5261③B:7								

图六一五　石家河文化陶器分期图(一)

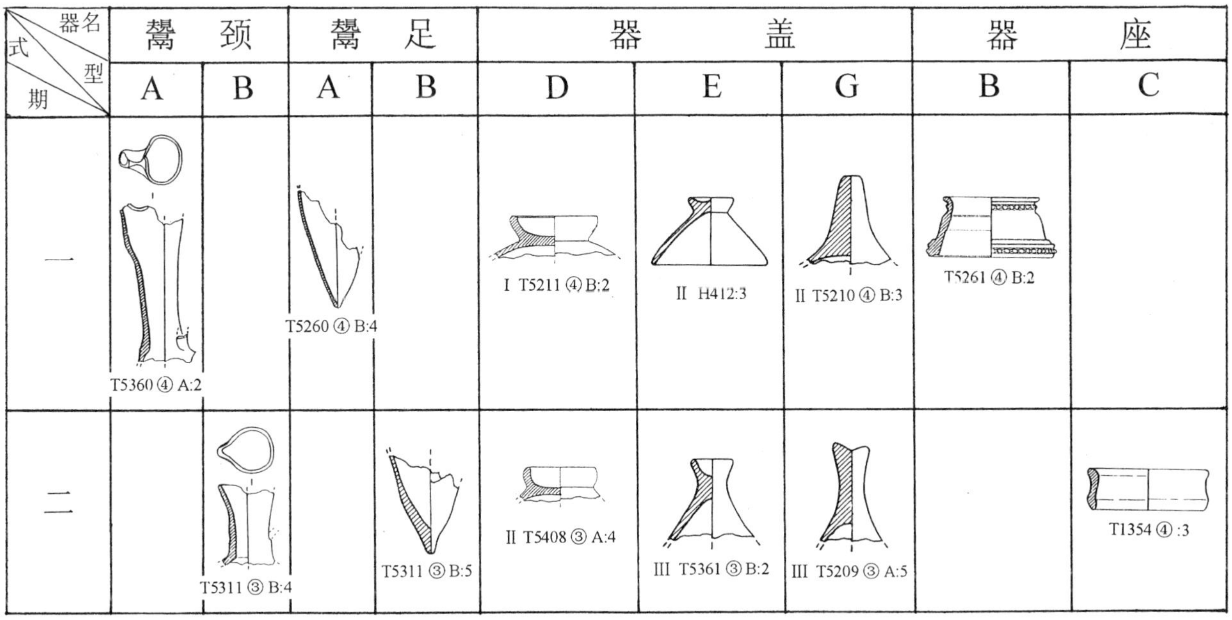

器名 式 型 期	鬶 颈		鬶 足		器 盖			器 座	
	A	B	A	B	D	E	G	B	C
一	T5360 ④ A:2		T5260 ④ B:4		I T5211 ④ B:2	II H412:3	II T5210 ④ B:3	T5261 ④ B:2	
二		T5311 ③ B:4		T5311 ③ B:5	II T5408 ③ A:4	III T5361 ③ B:2	III T5209 ③ A:5		T1354 ④ :3

图六一六　石家河文化陶器分期图（一）

附表一　　　　　　　　　　　　　新石器时代房址一览表

编号	发掘时间	所在区域	所在探方	时代
1	1992	六	3027、3028、3077、3078	大溪文化三期
3	1993	三	5009	石家河文化二期
4	1993	七	3029	屈家岭文化二期
5	1993	探沟	3015	屈家岭文化三期
6	1993	探沟	3015	屈家岭文化一期
7	1993	探沟	3002	石家河文化一期
8	1994	五	1010、1011、3010、3011	屈家岭文化二期
9	1993	探沟	7651	大溪文化四期
10	1994	二	5309、5310	石家河文化一期
11	1993	探沟	5201	石家河文化二期
21	1994	一	6454、6455	大溪文化三期
22	1994	三	5055	石家河文化一期
23	1994	三	5258、5259、5260、5308、5309、5310	屈家岭文化一期
24	1994	三	7005	石家河文化一期
25	1994	三	5004、5005、5055、5054	石家河文化一期
27	1994	三	5005、5004、5055、5054	大溪文化三期
28	1994	三	7005、7055	大溪文化三期
29	1994	五	1011、3011	屈家岭文化一期
30	1994	三	5056、5057	石家河文化一期
31	1994	三	5057、5007、5056、5006	石家河文化一期
32	1994	四	1452	石家河文化二期
33	1994	四	1403、1404	石家河文化一期
34	1994	四	1353、1354	石家河文化一期
35	1994	四	1354	石家河文化一期
36	1994	四	1354	石家河文化一期
37	1994	四	1404	石家河文化一期
38	1994	四	7351	大溪文化四期

续附表一

编号	发掘时间	所在区域	所在探方	时代
49	1994	三	5057、5007、5056、5006	石家河文化一期
51	1994	三	7053	石家河文化一期
53	1994	五	3011、3061	屈家岭文化二期
54	1994	一	6406	大溪文化三期
55	1994	二	5258、5259、5208、5209	石家河文化一期
56	1994	三	5004、7004	大溪文化三期
57	1994	二	5358~5360 5408~5410	屈家岭文化一期
58	1994	五	1060、1061	屈家岭文化一期
59	1994	五	1061	屈家岭文化一期
60	1994	五	1060、1061、1011	屈家岭文化二期
61	1994	五	1060、1061、1010	屈家岭文化二期
62	1994	五	1011	屈家岭文化二期
64	1994	三	7005、7006	大溪文化三期
66	1997	七	1079、1080	大溪文化二期
67	1997	一	4401	屈家岭文化一期
68	1997	七	1078、1079	大溪文化二期
69	1997	七	1078、1079	大溪文化一期
70	1998	六	3276、3277、3226、3227	石家河文化一期
71	1998	六	3325	大溪文化三期
72	1998	六	3276、3277、3226、3327	石家河文化一期
73	1998	七	3079、3129	大溪文化三期
74	1998	六	3325	大溪文化二期
75	1998	七	3079、3129、3179	大溪文化二期
77	1998	六	3325~3327、3226、3227、3276、3277	大溪文化一期
78	1998	七	3180	大溪文化二期
79	1999	七	1127	屈家岭文化一期
80	1999	七	1179	大溪文化三期

续附表一

编号	发掘时间	所在区域	所在探方	时代
81	1999	一	6404、6405、6454、6455	大溪文化四期
82	1999	七	1127、1128	大溪文化三期
83	1998	七	1178～1180、1128～1130	大溪文化二期
84	1999	七	1177	大溪文化三期
85	1999	一	6355	大溪文化二期
86	1999	二	5212、5213、5263、5362、5312、5313	屈家岭文化三期
87	1999	二	5212～5214、5261～5263、5311～5314、5362～5364	屈家岭文化一期
88	2000	二	5258～5261、5308～5311、5358～5361	屈家岭文化一期
89	2000	八	1725、1774、1775	石家河文化二期
90	2000	六	3022	石家河文化一期
91	2000	六	3072	石家河文化一期
92	2000	六	3074	石家河文化一期
93	2000	六	3322～3324	石家河文化二期
94	2000	探沟	3002	屈家岭文化三期
95	2000	六	3124、3074、3023、3024	大溪文化三期
96	2000	六	3324	大溪文化三期
99	2000	六	3223、3224、3273、3274、3323、3324	大溪文化三期
101	2000	八	1773	石家河文化二期
102	2000	八	1623、1624	石家河文化一期
103	2000	二	5159、5160、5161	石家河文化一期
104	2000	八	1673、1674、1623～1625、1773、1774、1723、1724	大溪文化三期

注：2001年冬补充发掘，在八区T1620、T1621④C层下发现大量红烧土堆积，有大溪文化四期陶片，当时定为F110，但因仅极小面积，无法确认是房屋遗迹，故未列入一览表。

附表二　　　　　　　　　　　　大溪文化房址登记表　　　　　　　　单位：米

编号	期别	所在探方	层上	位下	形制	尺寸	方向	灶	居住面	柱洞	备注
69	一	1078 1079	10	11	椭圆形	4×3			黄黏土夹红烧土粒	3	
77	一	3226 3227 3276 3277 3325 3326 3327	12	13	长方形多间	残15.75×5.75	30°		黑灰色土	22	
66	二	1079 1080	6	7	长方形	残7.6×残2.6			红烧土面	1	
68	二	1078 1079	6	7		残2.9×4.25			红烧土面	3	
73	二	3079 3129	4B	6	长方形	残4.4×3.2			黄土	21	
74	二	3325	8B	8C	长方形		18°			3	仅发现墙基槽
75	二	3079 3129 3179	9A	9B	椭圆形	径约9.95×4.55	90°		灰褐色夹红绕土、炭木	37	
78	二	3180	11	12A	长方形	残4.8×2.6	南北		浅红褐色土夹红烧土粒	10	
83	二	1178 1128 1129 1179 1180 1130	7B	8A	长方形	残9×9.5	25°	2	红烧土面	62	
85	二	6355	11	12		残长3.7	东西向		黄土	7	
1	三	3027 3028 3077 3078	3	4	方形双间	8×6	南北向		红烧土面较硬	22	
21	三	6454 6455	4	6					黄土、局部红烧土	4	

续附表二

编号	期别	所在探方	层上	位下	形制	尺寸	方向	灶	居住面	柱洞	备注
27	三	5055 5054 5004 5005	6	7	长方形	6.15×5.60	6°		灰白土	21	
28	三	7005 7055	6	8		残3.8×4			红烧土面	15	出土红陶三足盘、钵
54	三	6406	7	8		残3.2×残4			深褐色土含红烧土粒	17	
56	三	5004 7004	7	8	近椭圆形	4×3	南北向		红烧土面夹黄黏土	45	
64	三	7005 7006	6	未做	长条形	残4×残1.8	南北		红烧土面	8	
71	三	3325	6	7	方形	3.3×3.	南北向		黄色土	12	
80	三	1179	6B	7		残4×残3.6			红烧土	3	
82	三	1127 1128	6B	6C	长条形	残4×残3	南北		棕褐黏土夹红烧土粒	8	
84	三	1177	6C	6D	近方形	3.75×3.3	南北		红烧土面	12	
95	三	3074 3023 3024 3124	4A	6A	不规则形	残5×残2.8			深黄土夹红烧土粒	18	
96	三	3324	4	5		残6×残4	南北		红烧土夹灰白色土	4	
99	三	3223 3224 3273 3274 3323 3324	5	6A	方形	10×7.5	120°		局部红烧土面	13	
104	三	1773 1774 1723 1724 1673 1674 1623 1624 1625	5B	6	长方形	残12×残16.9	南北	2	红烧土面	11	打破G89、G92

续附表二

编号	期别	所在探方	层上	位下	形制	尺寸	方向	灶	居住面	柱洞	备注
9	四	7651	3	5	近圆形	直径2			红烧土面	1	原T7651④
38	四	7351	17	18		残2.6×残1.6			红烧土面	1	
81	四	6404 6405 6454 6455	4	5A	长方形	8×3.65	42°		红烧土面		

附表三　　　　　　　　屈家岭文化房址登记表　　　　　　　　单位：米

编号	期别	所在探方	层上	位下	形制	尺寸	方向	灶	居住面	柱洞	备注
6	一	3015	5	6	不规则	残7×残2			红烧土面 不平整	1	出土黑陶 圈足盘
23	一	5260 5259 5258 5310 5309 5308	6A	7 F88	长方形双间	11.8×5.6	4°	4	浅黄土夹 红烧土粒	46	
29	一	1011 3011	6	7		残6×残2	南北向		红烧土面		
57	一	5358 5359 5360 5408 5409 5410	6A	7 F88	长方形多间	9.7×7.9	5°		黄黏土夹 红烧土粒	72	打破H487、 H531
58	一	1060 1061	5B	6	方形	残5×残0.8	南北		红烧土面	1	
59	一	1061	5B	6	椭圆形	直径1.3			红烧土面	1	
67	一	4401	10	11		残4.2×3.8	4°		红褐色土	11	
79	一	1127	5	6A	长方形	3.4×2.4	3°		棕褐色土 夹红烧土	9	

续附表三

编号	期别	所在探方	层上	位下	形制	尺寸	方向	灶	居住面	柱洞	备注
87	一	5212 5213 5262 5312 5313 5362 5363 5364 5314 5261 5311	F86 6A	6B F88	方形	9.5×9	4°		红褐色土	88	
88	一	5358 5259 5260 5261 5308 5309 5310 5311 5358 5359 5360 5361	F23 F57 F87 6B	未挖	长方形多间	残21×14	4°		红烧土面	90	被 H486、 H487、H531 打破
4	二	3029	4B	5		残2×1.4			红烧土面， 表面不平整	2	
8	二	1010 1011 3010 3011	4B	5B	规整方形	3.3×残3.3	15°		黄灰土局部 为红烧土	6	清理出南、 北、东三方 基槽
53	二	3061 3011	4B	6		基槽长4宽 0.2-0.25	南北向			1	仅见一条基 槽
60	二	1060 1061 1011	4B	5B	方形	残6.4×6.4	20°		局部红 烧土面		可见西、东、 南基槽
61	二	1060 1061 1010	4B	5B	方形	4×残2.6	15°		局部红 烧土面	1	可见西、南 基槽及东基 槽一段
62	二	1011	4B	F29	方形	残3.7×残1.4	14°			1	可见西边基槽 和西北拐角

续附表三

编号	期别	所在探方	层上	位下	形制	尺寸（米）	方向	灶	居住面	柱洞	备注
5	三	3015	3	4	不规则	残2.8×残2			红烧土面		
86	三	5261 5262 5213 5212 5263 5313 5314 5312 5362 5363 5364	5A	6A F87	方形多间	残12.8×12	4°		浅黄白色土	31	柱洞数段统计基槽内和室内部分被H412、H432、G69打破
94	三	3002	4	6	圆形	直径约2			纯黄土	4	

附表四　　　　　　　　石家河文化房址登记表　　　　　　　　单位：米

编号	期别	所在探方	层上	位下	形制	尺寸	方向	灶	居住面	柱洞	备注
7	一	3002	4	5	方形	残6×残3.2	南北		酱黄色土含红烧土粒，较硬	13	原T3002柱洞A1～A8、B1～B5
10	一	5309 5310	4B	5		残5.6×残1.8			红烧土面	3	原T5309④表面遗迹
22	一	5055	4	5A	椭圆	直径约3.5			灰黄土	3	
24	一	7005	5	6		残3.4×残1.4			局部红烧土	4	
25	一	5055 5054 5004 5005	5	6	长方形	4.6×4.25	南北向		灰黑色土	10	
30	一	5056 5057	5	6	长方形	残5.2×残2.8	8°		灰白色土夹红烧土粒		打破H141
31	一	5007 5057 5006 5056	5	6	长方形	残6.5×5.2	南北向		深灰色黏土、夹红烧土粒	29	
33	一	1403 1404	10	16	椭圆形	直径2.15×2.5			红烧土面	8	被H156打破

续附表四

编号	期别	所在探方	层上	位下	形制	尺寸	方向	灶	居住面	柱洞	备注
34	一	1353 1354	10	15	正方形	3.35×3.35	南北向		红烧土面		被 H154 打破
35	一	1354	10	15	方形	残4×残2.4			红烧土面	7	被 H157 打破
36	一	1354	10	15	长条形	残3.35×0.5					红烧土基槽
37	一	1404	10	15	近方形	残1.15×残1.25			黄褐色土夹红烧土粒	1	
49	一	5007 5057 5006 5056	5	6	长方形	5.7×5	南北向			2	有土墙、墙基槽，居住面被 F47 扰乱
51	一	7053	5	7	长方形多间	残4.5×残3	8°		黄褐色土夹红烧土粒	12	打破 G42
55	一	5208 5209 5258 5259	4C	L	长方形	3.8×残3.3			红烧土面	5	
70	一	3226 3227 3276 3277	5A	6	长方形	6×4.4	110°		黄色黏土	12	
72	一	3226 3227 3276 3277	4	5A	长方形	5.3×3.9	15°		深褐色土夹红烧土粒	4	
90	一	3022	3B	4A	长条形	残长4.6	3°		褐色土	1	
91	一	3072	3B	4	长方形	2.05×1.70			红烧土		
92	一	3074	3A	4	长方形	残4.45×残3.40	南北		深灰色夹红烧土粒	3	
102	一	1623 1624	4D	F104	长方形	12.5×残2.6	90°		红烧土面	17	
103	一	5161 5160 5159	4C	5A	长方形多间	12.5×残2	90°		浅灰色土夹红烧土	13	
3	二	5009	3	4	长方形	残5×残2	南北		红烧土面		

续附表四

编号	期别	所在探方	层上	位下	形制	尺寸	方向	灶	居住面	柱洞	备注
11	二	5201	3	4	方形	残5×残2			红烧土面		原编号T5201表面遗迹
32	二	1452	1	15	长方形	残3.6×残1.8	18°	1	红烧土面	19	被H155打破
89	二	1774 1775 1725	4B	5A		残8.3×残5.5		1	灰黑色土	19	
93	二	3322 3323 3324	2A	4	长方形	残7×残1.5	105°		灰褐色含少量红烧土粒	3	
101	二	1773	3C	3D	长方形	6×4			红烧土面	12	

附表五　　　　　　　　　　新石器时代灰坑一览表

编号	发掘时间	所在区域	所在探方	时代
2	1992	六	3075	石家河文化二期
5	1992	六	3028	大溪文化三期
6	1992	六	3127	大溪文化三期
7	1992	六	3125	大溪文化三期
10	1992	六	3176	大溪文化三期
13	1992	六	3127	大溪文化二期
14	1992	六	3075	大溪文化二期
15	1992	六	3025	大溪文化三期
16	1992	六	3127	大溪文化二期
17	1992	六	3026	大溪文化二期
19	1992	六	3026	大溪文化二期
20	1992	六	3076	大溪文化二期
21	1992	六	3026	大溪文化二期
22	1992	六	3126	大溪文化二期
24	1992	六	3076	大溪文化三期
25	1992	六	3076	大溪文化二期
26	1992	六	3076	大溪文化二期
27	1992	六	3176	大溪文化二期
29	1992	六	3176	大溪文化二期
30	1992	六	3176	大溪文化二期
31	1992	六	3075	大溪文化一期

续附表五

编号	发掘时间	所在区域	所在探方	时代
32	1992	六	3076	大溪文化二期
33	1992	六	3125	大溪文化三期
34	1992	六	3127	大溪文化二期
36	1992	六	3177	大溪文化二期
37	1992	六	3175	大溪文化二期
38	1992	六	3125	大溪文化二期
39	1992	六	3128	大溪文化二期
40	1992	六	3176	大溪文化一期
41	1992	六	3027	大溪文化一期
43	1992	六	3175	大溪文化一期
44	1992	六	3125	大溪文化一期
46	1992	六	3125	大溪文化二期
48	1992	六	3176	大溪文化二期
49	1992	六	3126	大溪文化二期
51	1992	六	3126	大溪文化二期
52	1992	六	3126	大溪文化一期
53	1992	六	3126	大溪文化一期
54	1993	四	7351	石家河文化二期
55	1993	四	1351	石家河文化二期
60	1994	二	5309	屈家岭文化三期
67	1994	探沟	7801	屈家岭文化二期
74	1994	五	3008	屈家岭文化三期
102	1994	一	6454	石家河文化
103	1994	一	6454	石家河文化
104	1994	一	6403	屈家岭文化二期
107	1994	二	5360	石家河文化二期
108	1994	二	5259	屈家岭文化二期
109	1994	二	5209	石家河文化二期
110	1994	二	5361	石家河文化二期
111	1994	二	1354	石家河文化二期
112	1994	二	5360	石家河文化二期
113	1994	四	7402	石家河文化二期
114	1994	四	7402	石家河文化二期

续附表五

编号	发掘时间	所在区域	所在探方	时代
115	1994	四	7402	石家河文化二期
116	1994	二	5309	石家河文化二期
117	1994	二	5309	石家河文化二期
118	1994	四	7402	石家河文化二期
120	1994	三	7055	石家河文化二期
122	1994	二	5360	石家河文化一期
123	1994	二	5259	石家河文化一期
124	1994	二	5360	石家河文化一期
125	1994	二	5310、5311、5360、5361	石家河文化一期
126	1994	三	7005	大溪文化四期
127	1994	二	5360	石家河文化二期
128	1994	三	5056	石家河文化一期
129	1994	二	5311	石家河文化二期
131	1994	三	5007	屈家岭文化一期
133	1994	二	5049	石家河文化二期
135	1994	三	5007	屈家岭文化一期
138	1994	五	1009	屈家岭文化三期
139	1994	二	5358	石家河文化二期
141	1994	三	5057	屈家岭文化二期
142	1994	三	5005	大溪文化三期
144	1994	三	5057	屈家岭文化二期
145	1994	三	7055	大溪文化三期
146	1994	三	7055	大溪文化三期
147	1994	二	5359	石家河文化二期
148	1994	二	5409	石家河文化一期
149	1994	二	5360	石家河文化一期
150	1994	四	1451	石家河文化二期
151	1994	四	7401	石家河文化一期
152	1994	四	1354	石家河文化二期
153	1994	四	1354	石家河文化二期
154	1994	四	1353	石家河文化一期
155	1994	四	1452	石家河文化二期

续附表五

编号	发掘时间	所在区域	所在探方	时代
156	1994	四	1403	石家河文化一期
157	1994	四	1403	石家河文化一期
158	1994	四	7351	石家河文化一期
159	1994	四	1402	石家河文化一期
161	1994	三	5057	屈家岭文化一期
162	1994	三	7003	屈家岭文化三期
163	1994	二	5408	石家河文化二期
164	1994	二	5408	石家河文化一期
165	1994	三	7005	大溪文化三期
168	1994	三	5054	大溪文化三期
171	1994	三	7003	大溪文化三期
172	1994	三	7054	大溪文化三期
173	1994	三	7054	大溪文化三期
174	1994	一	6351	大溪文化三期
187	1997	七	1080	屈家岭文化二期
188	1997	七	3029	石家河文化一期
189	1997	七	1078	屈家岭文化一期
190	1997	七	1080	屈家岭文化一期
191	1997	七	1030	大溪文化三期
193	1997	七	1030	大溪文化三期
194	1997	七	1080	大溪文化三期
195	1997	七	3029	大溪文化三期
196	1997	七	1078	大溪文化三期
197	1997	七	1080	大溪文化三期
198	1997	七	3030	大溪文化三期
199	1997	七	1080	大溪文化一期
200	1997	七	1078	大溪文化三期
201	1997	七	1078	大溪文化三期
202	1997	七	1079	大溪文化三期
203	1997	七	1080	大溪文化三期
204	1997	七	1078	大溪文化四期
205	1997	七	1078	大溪文化四期
206	1997	七	1078	大溪文化四期

续附表五

编号	发掘时间	所在区域	所在探方	时代
207	1997	七	1080	大溪文化二期
208	1997	七	1078	大溪文化三期
209	1997	七	1078	大溪文化一期
210	1997	七	1079	大溪文化二期
211	1997	七	1080	大溪文化一期
212	1997	七	1080	大溪文化一期
243	1997	七	1078	大溪文化三期
273	1998	七	3179	大溪文化四期
274	1998	六	3225	大溪文化三期
275	1998	六	3275	大溪文化三期
276	1998	六	3225	大溪文化三期
277	1998	七	3129	大溪文化三期
278	1998	六	3327	大溪文化三期
279	1998	六	3225	大溪文化三期
280	1998	七	3080	大溪文化四期
281	1998	七	3179	大溪文化四期
282	1998	七	3179	大溪文化四期
283	1998	六	3275	大溪文化三期
284	1998	六	3327	大溪文化三期
286	1998	六	3225、3326	大溪文化三期
287	1998	六	3325	大溪文化三期
288	1998	七	3080	大溪文化三期
289	1998	七	3179	石家河文化一期
290	1998	六	3225	大溪文化三期
291	1998	七	3179	大溪文化四期
292	1998	六	3327	大溪文化三期
293	1998	七	3079	大溪文化三期
294	1998	六	3275	大溪文化三期
295	1998	六	3275	大溪文化三期
296	1998	七	3080	大溪文化三期
297	1998	七	3080	大溪文化三期
298	1998	七	3079	大溪文化三期
299	1998	七	3180、3130	大溪文化三期

续附表五

编号	发掘时间	所在区域	所在探方	时代
300	1998	七	3080	大溪文化三期
301	1998	六	3227	大溪文化二期
302	1998	七	3179	大溪文化三期
303	1998	七	3081、3080	大溪文化二期
304	1998	六	3225	大溪文化二期
305	1998	七	3130	大溪文化二期
306	1998	七	3179	大溪文化二期
307	1998	六	3276	大溪文化一期
308	1998	七	3080	大溪文化三期
309	1998	七	3130	大溪文化三期
310	1998	六	3275	大溪文化二期
311	1998	七	3080	大溪文化三期
312	1998	七	3180	大溪文化二期
313	1998	七	1079	大溪文化一期
314	1998	七	1080	大溪文化一期
315	1998	七	1080	大溪文化一期
316	1998	六	3325	大溪文化二期
317	1998	七	3079	大溪文化二期
318	1998	六	3326	大溪文化二期
320	1998	六	3275	大溪文化二期
321	1998	七	3079	大溪文化三期
322	1998	七	3129	大溪文化二期
323	1998	七	3079	大溪文化二期
324	1998	七	3131	大溪文化二期
325	1998	七	3129	大溪文化一期
326	1998	七	3130	大溪文化二期
328	1998	七	3180	大溪文化二期
329	1998	七	3079	大溪文化一期
331	1998	七	3179	大溪文化一期
332	1998	七	3129	大溪文化一期
333	1998	七	3180	大溪文化二期
334	1998	七	3180	大溪文化二期
335	1998	七	3179	大溪文化二期

续附表五

编号	发掘时间	所在区域	所在探方	时代
336	1998	七	3080	大溪文化一期
337	1998	七	3179	大溪文化一期
338	1998	七	3179	大溪文化一期
339	1998	七	3179	大溪文化一期
340	1998	七	3179	大溪文化一期
341	1998	七	3179	大溪文化一期
342	1998	七	3081	大溪文化二期
343	1998	七	3079	大溪文化一期
344	1998	七	3079	大溪文化二期
345	1998	七	3130	大溪文化二期
346	1998	七	3079	大溪文化二期
347	1998	七	3131	大溪文化二期
348	1998	七	3179	大溪文化一期
349	1998	七	3180	大溪文化二期
350	1998	七	3131	大溪文化一期
351	1998	七	3131	大溪文化一期
352	1998	七	3131	大溪文化一期
354	1998	七	3180	大溪文化一期
355	1998	七	3180	大溪文化一期
356	1998	七	3180	大溪文化一期
357	1998	七	3131	大溪文化一期
358	1998	七	3130	大溪文化一期
359	1998	七	3129	大溪文化一期
360	1998	七	3180	大溪文化一期
363	1998	七	3180	大溪文化一期
364	1998	七	3180	大溪文化一期
365	1998	七	3131	大溪文化一期
366	1998	七	3179	大溪文化一期
367	1998	七	3179	大溪文化一期
368	1998	七	3180	大溪文化一期
369	1998	七	3179	大溪文化一期
370	1998	七	3179	大溪文化一期
371	1998	七	3179	大溪文化一期

续附表五

编号	发掘时间	所在区域	所在探方	时代
372	1998	七	3180	大溪文化一期
373	1998	七	3081	大溪文化一期
374	1998	七	3082	大溪文化一期
375	1998	七	3180	大溪文化一期
376	1998	七	3180	大溪文化一期
377	1998	七	3180	大溪文化一期
378	1998	七	3180	大溪文化一期
379	1998	七	3180	大溪文化一期
380	1998	七	3130	大溪文化一期
381	1999	七	1178	石家河文化二期
382	1999	七	1178	屈家岭文化三期
383	1999	二	5362	石家河文化二期
384	1999	七	1130	屈家岭文化一期
385	1999	七	1129	屈家岭文化二期
386	1999	七	1180	屈家岭文化二期
387	1999	七	1127	石家河文化二期
388	1999	七	1177	石家河文化二期
389	1999	二	5312	石家河文化二期
390	1999	七	1180	屈家岭文化一期
391	1999	七	1180	大溪文化二期
392	1999	七	1129	屈家岭文化一期
393	1999	七	1127	屈家岭文化一期
394	1999	二	5262	石家河文化二期
396	1999	七	1178	大溪文化三期
397	1999	七	1178	大溪文化三期
398	1999	七	1129	大溪文化三期
399	1999	七	1180	大溪文化三期
400	1999	七	1130	大溪文化三期
401	1999	七	1178	大溪文化三期
402	1999	七	1130	大溪文化三期
403	1999	七	1130	大溪文化三期
404	1999	七	1130	大溪文化三期
405	1999	七	1130	大溪文化三期

续附表五

编号	发掘时间	所在区域	所在探方	时代
406	1999	七	1180	大溪文化三期
407	1999	七	1127	大溪文化三期
408	1999	七	1130	大溪文化二期
409	1999	七	1127	大溪文化三期
410	1999	七	1127	大溪文化三期
411	1999	七	1180	大溪文化二期
412	1999	二	5362、5363	屈家岭文化三期
413	1999	七	1177	大溪文化三期
414	1999	七	1177	大溪文化三期
416	1999	七	1127	大溪文化三期
417	1999	七	1128	大溪文化二期
418	1999	七	1178	大溪文化三期
419	1999	七	1129	大溪文化三期
420	1999	七	1178	大溪文化三期
421	1999	七	1127	大溪文化三期
422	1999	七	1179	大溪文化二期
423	1999	七	1127	大溪文化三期
424	1999	七	1177	大溪文化三期
425	1999	七	1178	大溪文化二期
426	1999	七	1128	大溪文化三期
427	1999	二	5263	石家河文化二期
428	1999	七	1178	大溪文化二期
429	1999	七	1177	大溪文化三期
430	1999	二	5163	石家河文化一期
432	1999	二	5413	屈家岭文化三期
433	1999	二	5212	石家河文化一期
434	1999	二	5413	石家河文化一期
436	2000	八	1775	石家河文化二期
437	2000	八	1774	石家河文化二期
438	2000	八	1673～1675、1623～1625	石家河文化二期
439	2000	八	1725	石家河文化二期
440	2000	二	5161	石家河文化二期

续附表五

编号	发掘时间	所在区域	所在探方	时代
441	2000	二	5161	石家河文化一期
442	2000	二	5161	石家河文化一期
443	2000	二	5159	石家河文化一期
444	2000	八	1773	石家河文化二期
445	2000	八	1774	石家河文化二期
446	2000	八	1675	石家河文化二期
447	2000	二	5159	石家河文化一期
448	2000	二	5158	石家河文化一期
449	2000	八	1675	石家河文化一期
450	2000	六	3324	石家河文化二期
451	2000	六	3072	石家河文化一期
452	2000	六	3023	石家河文化一期
453	2000	六	3073	大溪文化四期
454	2000	六	3122	大溪文化四期
455	2000	六	3072	大溪文化四期
456	2000	六	3072	大溪文化四期
457	2000	六	3022	大溪文化四期
458	2000	六	3024	大溪文化四期
459	2000	六	3174	大溪文化三期
460	2000	六	3172	大溪文化四期
461	2000	六	3022	大溪文化四期
462	2000	六	3022	大溪文化四期
463	2000	六	3322	大溪文化三期
464	2000	六	3173	大溪文化三期
465	2000	六	3123	大溪文化三期
466	2000	六	3222	大溪文化二期
467	2000	六	3224	大溪文化三期
468	2000	六	3124	大溪文化三期
469	2000	六	3124	大溪文化三期
470	2000	六	3173	大溪文化三期
471	2000	六	3122	大溪文化二期
472	2000	六	3074	大溪文化三期
473	2000	六	3074	大溪文化三期

续附表五

编号	发掘时间	所在区域	所在探方	时代
474	2000	六	3074	大溪文化三期
475	2000	六	3274	大溪文化三期
476	2000	六	3024	大溪文化三期
477	2000	六	3023	大溪文化三期
478	2000	六	3023	石家河文化一期
479	2000	六	3174	石家河文化二期
480	2000	八	1675	石家河文化一期
481	2000	八	1723	石家河文化一期
482	2000	八	1673	石家河文化一期
483	2000	八	1673	屈家岭文化三期
484	2000	二	5314	屈家岭文化一期
485	2000	二	5214	石家河文化二期
486	2000	二	5358	屈家岭文化一期
487	2000	二	5360	屈家岭文化一期
488	2000	八	1625	大溪文化三期
489	2000	八	1625	大溪文化三期
490	2000	四	7404	石家河文化二期
491	2000	四	7453	石家河义化二期
493	2000	四	7402	石家河文化二期
494	2000	四	7403	石家河文化二期
496	2000	四	7452	大溪文化四期
497	2000	四	7402	大溪文化三期
498	2000	六	3174	大溪文化二期
499	2000	六	3174	大溪文化二期
500	2000	六	3322~3324	大溪文化三期
502	2000	六	3272	大溪文化三期
503	2000	六	3172	大溪文化一期
504	2000	六	3272	汤家岗文化
505	2000	六	3272	大溪文化三期
506	2000	六	3222	大溪文化三期
507	2000	六	3222	大溪文化二期
508	2000	六	3172	大溪文化二期
509	2000	六	3174	大溪文化一期

续附表五

编号	发掘时间	所在区域	所在探方	时代
511	2000	六	3072	大溪文化二期
512	2000	六	3073	大溪文化二期
513	2000	六	3073	大溪文化二期
514	2000	六	3023	大溪文化三期
515	2000	六	3023	大溪文化三期
516	2000	六	3023	大溪文化三期
517	2000	六	3073	大溪文化一期
518	2000	六	3122	大溪文化二期
519	2000	六	3122	大溪文化三期
520	2000	六	3122	大溪文化二期
521	2000	六	3122	大溪文化三期
522	2000	六	3072	大溪文化二期
523	2000	六	3123	大溪文化二期
524	2000	六	3123	大溪文化二期
525	2000	六	3123	大溪文化二期
526	2000	六	3123	大溪文化二期
527	2000	六	3123	大溪文化二期
528	2000	六	3073	大溪文化一期
529	2000	六	3074	大溪文化三期
530	2000	二	5360	屈家岭文化一期
531	2000	二	5360	屈家岭文化一期
533	2000	二	5359	屈家岭文化一期
534	2000	六	3123	大溪文化三期
535	2000	六	3073	大溪文化二期
536	2000	六	3023	大溪文化二期
537	2000	六	3123	大溪文化二期
538	2000	六	3173	大溪文化二期
539	2000	六	3074	大溪文化二期
540	2000	六	3124	大溪文化二期
541	2000	六	3274	大溪文化一期
542	2000	六	3323	大溪文化三期
543	2000	六	3023	大溪文化二期
544	2000	六	3222	大溪文化一期

续附表五

编号	发掘时间	所在区域	所在探方	时代
545	2000	六	3272	大溪文化二期
546	2000	六	3272	大溪文化二期
547	2000	六	3072	大溪文化二期
548	2000	六	3274	大溪文化一期
549	2000	六	3122	汤家岗文化
550	2000	六	3272	大溪文化二期
551	2000	六	3273	大溪文化一期
552	2000	六	3122	汤家岗文化
553	2000	六	3324	大溪文化二期
554	2000	六	3022	大溪文化二期
555	2000	六	3022	大溪文化二期
556	2000	八	1673	大溪文化三期
557	2000	六	3224	大溪文化二期
558	2000	六	3223	大溪文化二期
559	2000	六	3024	大溪文化二期
560	2000	六	3323	大溪文化二期
561	2000	六	3173	汤家岗文化
562	2000	六	3122	汤家岗文化
563	2000	六	3074	大溪文化二期
564	2000	六	3124	大溪文化二期
565	2000	六	3172	大溪文化二期
566	2000	六	3172	大溪文化二期
567	2000	六	3323	大溪文化二期
569	2000	六	3074	大溪文化二期
570	2000	六	3124	大溪文化二期
571	2000	六	3022	汤家岗文化
572	2000	六	3172	大溪文化一期
573	2000	六	3172	大溪文化一期
574	2000	六	3224	汤家岗文化
575	2000	六	3124	大溪文化二期
576	2000	六	3124	大溪文化二期
577	2000	六	3023	汤家岗文化
578	2000	六	3023	汤家岗文化

续附表五

编号	发掘时间	所在区域	所在探方	时代
579	2000	六	3324	大溪文化一期
580	2000	六	3124	汤家岗文化
581	2000	六	3273	大溪文化一期
582	2000	六	3224	汤家岗文化
583	2000	六	3222	大溪文化一期
584	2000	六	3223	汤家岗文化
585	2000	六	3272	汤家岗文化
586	2000	六	3322	汤家岗文化
587	2000	六	3322	汤家岗文化
588	2000	六	3324	汤家岗文化
589	2000	六	3224	汤家岗文化
590	2000	六	3224	汤家岗文化
591	2000	六	3224	汤家岗文化
592	2000	六	3074	汤家岗文化
593	2000	六	3124	汤家岗文化
594	2000	六	3074	汤家岗文化
595	2000	六	3023	汤家岗文化
596	2000	六	3272	汤家岗文化
597	2000	六	3174	汤家岗文化
598	2000	六	3123	汤家岗文化
599	2000	六	3123	汤家岗文化
600	2000	六	3123	汤家岗文化
601	2000	六	3123	汤家岗文化
602	2000	六	3123	汤家岗文化
610	2001	一	4255	大溪文化二期
611	2001	八	1622	大溪文化四期
615	2001	八	1621、1622	大溪文化二期
616	2001	八	1624	大溪文化二期
617	2001	八	1626	大溪文化二期
618	2001	八	1628	大溪文化二期
619	2001	八	1622	屈家岭文化一期
620	2001	八	1620	大溪文化三期
621	1997	七	5161	石家河文化二期
011（补遗）	1997	七	3029	大溪文化二期

附表六　　　　　　　　　　**汤家岗文化灰坑登记表**　　　　　　　单位：厘米

编号	所在探方	层位关系		形制	尺寸				出土遗物	备　注
		上	下		长	宽	深	口深		
504	T3272	7	8	Ca	110	100	100	175	陶碗 2、盘 1、盆残片	
549	T3122	7	8	Ca	125	90	105	185	陶碗 A 型Ⅲ式 1、B 型 I 式 1，釜残片，支座 1	
552	T3122	7	8	Cb	160 82	100 100	155	185	陶釜、钵残片	
561	T3173	8	生土	Ca	93	82	20	210	陶釜 D 型 I 式 1，钵残片；燧石片	
562	T3122	7	8	Cb	60 40		120	175	陶片	
571	T3022	7	8	Cb	148 130	110 88	90	210	陶釜、钵残片	
574	T3224	7	8	Ed	185	165	80	160	陶釜、碗残片；石斧 B 型Ⅱ式 1	打破 H590
577	T3023	7	8	Ca	116	95	60	210		
578	T3023	8	生土	Ac	85		80	225		
580	T3124	7	8	Ea	186	152	26	245	陶釜 B 型Ⅱ式 1	
582	T3224	8	生土	Ba	130	96	60	200	陶釜 K 型 I 式 1、O 型Ⅲ式 2，碗、钵残片	
584	T3223	7	8	Bb	260 230	125 110	85	164	陶釜 H 型Ⅲ式 1、H 型Ⅱ式 1、I 型Ⅱ式 1	打破 H589
585	T3272	8	生土	Ed	165	120	170	230	陶釜 G 型 I 式 2，支座 A 型 I 式 1，碗、钵残片	
586	T3322	8	生土	Ea	84	80	66	230	陶釜残片	
587	T3322	8	生土	Ed	190	148	58	230	陶釜、钵残片	
588	T3324	8	生土	Ac	150		25	220	陶釜 B 型Ⅲ式 1，碗、支座残片	
589	T3224	7	8	Eb	210 200	150 136	45	195	陶釜 K 型Ⅱ式 1	上部残。被 H584 打破
590	T3224	7	8	Ac	90		35	190		残。被 H574 打破

续附表六

编号	所在探方	层位关系		形制	尺寸				出土遗物	备注
		上	下		长	宽	深	口深		
591	T3224	7	8	Ac	84	55	30	190		部分发掘。被H574打破
592	T3074	8	生土	Bb	105 90	85 76	22	220	陶釜残片	
593	T3124	7	8	Ac	180	90	20	205		部分发掘
594	T3074	8	生土	Ec	250	235	45	265	陶碗、支座残片，石斧1	
595	T3023	8	生土	Bb	270 240	210 190	50	290		
596	T3272	8	生土	Cb	140 132	62 54	60	220	陶釜残片	
597	T3174	7	8	Ab	100 86		150	197	陶釜、钵、碗残片；石斧1，锛1	
598	T3123	8	生土	Eb	145 130	75 55	15	220	陶釜1、钵1、盆残片	
599	T3123	8	生土	Ac	150		25	220	陶釜残片	
600	T3123	8	生土	Ba	70	60	30	220	陶碗残片	
601	T3123	8	生土	Bb	100 85	86 75	35	230		
602	T3123	8	生土	Ab	78 66		35	220	陶钵、支座残片	

附表七　　　　　　　　**大溪文化灰坑登记表**　　　　　　　　单位：厘米

编号	所在探方	层位关系		形制	尺寸				出土遗物	期别	备注
		上	下		长	宽	深	口深			
5	T3028	3	4	不明	50	150	50	50	陶鼎、釜、锅残片	三	部分发掘
6	T3127	3	4	Ec	85	70	38	70	陶釜、罐、缸残片	三	
7	T3125	3	4	Aa	160		80	70	陶釜、鼎、豆、碗、器盖、擂钵残片	三	
10	T3176	3	4	Aa	65		40	60	陶鼎、缸、钵残片	三	
13	T3127	4	5	Ec	135	90	35	90	陶釜2，盘残片	二	

续附表七

编号	所在探方	层位关系		形制	尺寸				出土遗物	期别	备注
		上	下		长	宽	深	口深			
14	T3075	4	5	不明	315	600	175	95	陶釜 B 型 Ⅱ 式 1，罐、豆、盘残片	二	部分发掘
15	T3025	3	4	不明	180	255	40	55	陶罐 G 型 Ⅱ 式 1，杯、鼎、钵、豆残片	三	部分发掘。被 M30 打破
16	T3127	4	5	Ec	146	85	66	105	陶釜、碗残片	二	
17	T3026	4	5	不明	50	168	100	75	陶鼎、釜、器盖、擂钵、碗、豆残片	二	部分发掘
19	T3026	4	5	Bc	160	130	65	120	陶豆、釜、碗、盘、器盖残片	二	
20	T3076	4	5	Bc	270	225	108	115	陶鼎、釜、擂钵、碗、豆、器盖残片	二	
21	T3026	4	5	Ac	302		90	112	陶盘 J 型 Ⅲ 式 1，釜、豆残片	二	
22	T3126	4	5	Ec	920	375	160	120	陶釜、罐、器盖、碗、缸、豆、盘、钵残片	二	
24	T3076	3	4	Aa	95		72	75	陶釜、盘残片	三	
25	T3076	5	6	Bc	150	118	76	156	陶釜、钵残片	二	
26	T3076	5	6	Bc	130	95	52	160	陶钵残片	二	
27	T3176	4	5	Ec	158	135	54	125	陶釜残片	二	
29	T3176	5	6	Aa	65		40	148	陶盘 D 型 Ⅱ 式 1	二	
30	T3176	4	5	Aa	100		70	132	陶豆 J 型 Ⅱ 式 1	二	
31	T3075	7	8	不明	130	150	80	170	陶钵、碗、釜残片	一	部分发掘
32	T3076	4	5	不明	195	200	105	95	陶豆、钵、盘残片	二	部分发掘。被 M24 打破
33	T3125	4	5	Ed	420	320	75	120	陶缸 D 型 Ⅰ 式 1，盖 G 型 Ⅴ 式 1	三	
34	T3127	5	6	Ac	95		60	153	陶鼎、釜残片	二	

续附表七

编号	所在探方	层位关系		形制	尺寸				出土遗物	期别	备注
		上	下		长	宽	深	口深			
36	T3177	6	7	Ac	85		90	150	陶釜、罐残片	二	部分发掘
37	T3175	6	7	不明	296	103	106	120	陶盘 J 型 I 式 1，器盖 I 型 II 式 1	二	部分发掘
38	T3125	4	5	Ec	86	60	32	116	陶鼎残片	二	
39	T3128	6	7	Ca	175	175	130	145	陶钵残片，石锄	二	
40	T3176	7	8	Ec	155	105	340	250	陶釜、钵、盘残片	一	
41	T3027	7	8	不明	120	270	55	190	陶钵、盘、器盖、釜残片	一	部分发掘
43	T3175	7	8	不明	65	70	110	210	陶碗、釜、盘、钵、器盖残片	一	部分发掘
44	T3125	7	8	Bb	145 126	130 110	60	165	陶钵 C 型 I 式 1，盆残片	一	
46	T3125	6	7	Aa	120		83	150	陶豆、钵、盘、器盖残片	二	
48	T3176	4	5	Aa	120		45	136	陶盘、钵、器盖残片	二	
49	T3126	4	5	Aa	170		132	125	陶钵、罐、盘、豆、碗、釜残片	二	
51	T3126	5	6	Bc	118	102	60	147	陶釜、罐、钵、盘、碗、器盖残片	二	
52	T3126	7	8	Bc	290	216	68	172	陶盘、豆、釜、钵、罐残片	一	
53	T3126	7	8	Ec	175	120	50	170	陶钵、盘、豆、碗、釜、罐、器盖残片	一	
126	T7005	6	7	Ed	240	60	60	90	陶釜、器盖、甑、罐、鼎残片	四	
142	T5005	6	7	Ab	250 215		70	108	陶釜、鼎、碗、豆、擂钵、器盖、曲腹杯残片	三	
145	T7055	7	8	Eb	380 352	106 68	82	105	陶釜、罐、鼎、器盖、碗、曲腹杯残片	三	部分发掘。打破 H172

续附表七

编号	所在探方	层位关系		形制	尺寸				出土遗物	期别	备注
		上	下		长	宽	深	口深			
146	T7055	6	7	Bc	228	86	105	120	陶鼎、釜、擂钵、碗、豆、器盖残片	三	部分发掘
165	T7005	6	7	Eb	330 290	220 130	75	145	陶纺轮 F 型 II 式 1，陶盘、釜、鼎、豆、碗、缸残片	三	被 F28 打破
168	T5054	7	8	Ca	200	280	85	180	陶钵 D 型 IV 式 2，陶釜、碗、鼎、豆、盘、器盖、缸、擂钵残片	三	打破 Y4
171	T7003	5	7	Ed	193	155	65	152	陶釜、豆、碗、盘、器盖残片	三	被 G42 及 H162 打破。
172	T7054	7	8	Ac	310		75	145	陶釜、锅、缸残片，球 1	三	被 H145 打破
173	T7054	7	8	Ec	480	290	90	115		三	
174	T6351	14	壕沟	Ba	166	140	110	238		三	
191	T1030	6	7	不明	46	156	75	118	陶器座、釜残片	三	部分发掘
193	T1030	6	7	Eb	138	90	55	126	陶锅、擂钵残片	三	
194	T1080	6	7	Ec	300	165	30	135		三	
195	T3029	6	7	Cb	130 90	100 60	70	210	陶釜、锅、盘残片	三	被 M653 打破
196	T1078	6	7	Ec	400	300	80	130		三	
197	T1080	6	7	Ec	315	180	50	122	陶鼎、釜残片	三	
198	T3030	6	7	Bc	190	65	55	120	陶锅残片	三	
199	T1080	9	10	Ec	226	250	30	118		一	
200	1078	6	7	不明	335	108	175	126	陶釜、盘、锅、豆、器盖残片	三	部分发掘
201	1078	6	7	不明	155	130	40	135	陶豆、釜、器盖、鼎、盘、缸、杯残片	三	部分发掘
202	T1079	6	7	Eb	225 170	200 150	45	125	陶盘、鼎、釜、豆、瓮残片，石凿 C 型 I 式 1	三	
203	T1080	6	7	Eb	386 300	220 142	90	130	陶甑 A 型 II 式 2，盘、鼎、器盖、豆、器座、釜残片	三	

续附表七

编号	所在探方	层位关系		形制	尺寸				出土遗物	期别	备注
		上	下		长	宽	深	口深			
204	T1078	5	6	Ec	235	120	36	140	陶罐、缸残片	四	部分发掘。被H206打破
205	T1078	5	6	不明	86	125	48	133	陶釜、器盖、鼎、盘残片	四	部分发掘。被H206打破
206	T1078	5	6	Dc	195	120	50	140	陶釜、甑残片	四	部分发掘。打破H204
207	T1080	7	8	Bb	152 100	90 85	90	162	陶釜、碗、器盖、豆、盘、器座、缸、罐残片	二	部分发掘
208	T1078	5	7	Ec	340	250	50	148	陶釜、鼎、锅、罐、豆、盘、缸残片	三	部分发掘。被H206打破
209	T1078	10	17B	Bc	265	200	85	195	陶碗、盘、钵残片	一	
210	T1079	8A	8B	Ec	390	130	120	130	陶豆F型Ⅱ式1，盘N型Ⅱ式1，碗O型Ⅱ式1，罐O型2，盆A型Ⅲ式1，钵E型Ⅳ式1，球B型1，釜、盖、鼎、锅、缸、瓮残片	二	打破H417
211	T1080	12	城Ⅰ	不明	65	185	45	222	陶鼎、锅、盘残片	一	部分发掘
212	T1080	12	城Ⅰ	不明	237	84	78	230	陶罐、盆、钵残片	一	部分发掘
243	T1078	6	城Ⅱ	不明	105	40	45	208	陶釜、豆残片	三	部分发掘
273	T3179	4A	4B	Bc	90	75	55	90	陶釜残片	四	部分发掘。打破H291

续附表七

编号	所在探方	层位关系		形制	尺寸				出土遗物	期别	备注
		上	下		长	宽	深	口深			
274	T3225	5B	6	Eb	550 360	300 200	90	76	陶釜、豆、器盖、鼎、锅、盘、钵、器座残片，石凿1	三	
275	T3275	5B	6	Bc	320	230	210	95	陶釜、鼎、罐、盘、锅、碗、器盖、钵、器座、缸残片	三	部分发掘。打破H294
276	T3225	5B	6	Bb	127 80	165 85	90	70	陶盘M型Ⅲ式1，豆、釜、罐、锅残片	三	
277	T3129	4B	6	Ac	160		30	63	陶器座A型Ⅳ式1、C型Ⅱ式1、C型Ⅲ式1	三	部分发掘
278	T3327	6	10	Ed	580	355	125	98	陶釜、器盖、碗、锅、盘、钵、鼎、缸、器座残片	三	部分发掘。打破H292
279	T3225	5B	8A	Ac	76		38	73		三	
280	T3080	4A	4B	Ec	225	128	50	90	陶釜、锅、鼎、瓮、盘残片	四	
281	T3179	4A	4B	Ba	156	115	74	76	陶釜、豆、鼎、器盖残片	四	
282	T3179	4A	4B	Ac	54		30	76	陶盘K型Ⅲ式2	四	
283	T3275	5B	6	Ca	245	190	110	123	陶豆、鼎、盘、器盖残片，玉坠	三	
284	T3327	6	7	Bb	220 185	170 154	65	83	陶豆、钵、瓮残片	三	
286	T3225	5B	6	Bb	140 120	95 80	20	124	陶釜、鼎、器盖、锅残片	三	
287	T3325 3326	6	7	Ba	170	92	50	130	陶碗E型Ⅴ式2，钵、罐残片	三	
288	T3080	4B	6	Ed	180	152	36	115	陶釜、碗、器盖残片	三	
290	T3225	8B	8C	Ec	300	90	60	132	陶釜残片	三	
291	T3179	4A	4B	不明	210 195	200 140	76	80	陶锅残片	四	部分发掘。被H273打破

续附表七

编号	所在探方	层位关系		形制	尺寸				出土遗物	期别	备注
		上	下		长	宽	深	口深			
292	T3327	6	10	不明	230	90	60	150	陶钵 E 型 V 式 1，锅、碗、器盖、鼎、釜残片	三	部分发掘。被 H278 打破
293	T3079	4B	5	Ec	130	120	40	52	陶釜、豆、器盖残片	三	部分发掘
294	T3275	5B	6	Eb	442 390	140 125	70	92	陶罐、杯、壶、擂钵残片	三	被 H275 打破
295	T3275	6	7	Db	380 328	140 120	120	90	陶釜、罐、盘残片，环 1	三	
296	T3080	4B	5	Bc	180	100	28	105	陶罐、豆、釜、碗、器座残片	三	
297	T3080	4B	7	Bb	80 70	43 38	65	95		三	
298	T3079	4B	5	不明	140	45	66	90	陶擂钵 B 型 1，豆、罐、杯、壶残片	三	部分发掘。打破 H300
299	T3180、3130	4B	5	Ec	265	170	40	85	陶釜、缸、器盖残片	三	
300	T3080	4B	5	Eb	268 180	128 100	60	80	陶豆 L 型 I 式 1，釜、碗、器座、罐残片	三	被 H298 打破
301	T3227	9	10	Ac	85		60	170	陶釜、罐、豆、锅残片	二	
302	T3179	4B	6	Ec	140	110	112	125	陶球 A 型 1，釜、器盖、罐残片	三	部分发掘
303	T3081、3080	7	城II	Bc	175	145	45	160	陶釜、盘、器盖残片	二	
304	T3225	9	10	Eb	370 230	220 180	70	162	陶钵 D 型 III 式 3，罐、器盖、缸残片	二	
305	T3130	9A	9B	Ba	118	90	24	125	石锛 A 型 II 式 1	二	
306	T3179	10	12B	Db	100 88	40 36	16	198	陶器座 A 型 II 式 1，釜、罐残片	二	部分发掘。被 M744 打破

续附表七

编号	所在探方	层位关系		形制	尺寸				出土遗物	期别	备注
		上	下		长	宽	深	口深			
307	T3276	10	11	Ca	110	70	30	156	陶器座 B 型 Ⅱ 式 1，釜 K 型 Ⅱ 式 1，豆、盘残片；石镞 1	一	
308	T3080	4B	6	Ab	134 100		8	95	陶釜、锅、盘残片	三	
309	T3130	4B	6	Ab	126 110		50	104	陶釜、锅、碗、器盖残片	三	
310	T3275	8C	9	Ab	80 70		50	185	陶釜 E 型 Ⅲ 式 1，钵残片	二	
311	T3080	4B	6	Ab	75 56		44	98	陶釜、锅、盘	三	
312	T3180	9B	10	Eb	130	95	20	128		二	部分发掘
313	T1079	14	稻田 Ⅱ	Ca	100	65	30	350		一	
314	T1080	14	城 Ⅰ	Ab	76 66		104	240	陶釜 3、盘 2，砺石	一	
315	T1080	14	城 Ⅰ	Ca	95	66	110	250	陶釜 B 型 Ⅰ 式 1、B 型 Ⅱ 式 1，F 型 Ⅱ 式 1、钵 A 型 Ⅰ 式 1、A 型 Ⅱ 式 31、罐 B 型 Ⅰ 式 1、B 型 Ⅱ 式 1，碗、器盖残片	一	
316	T3325	9	10	Ca	80	60	25	160	陶釜、钵残片	二	部分发掘
317	T3079	9A	10	Ab	92 62			123	陶球 B 型 1，盘残片	二	
318	T3326	8C	9	不明	105	60	58	155	陶釜、钵残片	二	部分发掘
320	T3275	9	10	Ec	210	160	50	175	陶钵、釜残片，白陶盘残片	二	
321	T3079	6	7	Ab	94 80		60	118		三	
322	T3129	12A	12B	Ca	68	50	22	168	陶盘 Q 型 Ⅱ 式 1，釜残片	二	
323	T3079	10	12B	Ac	132		38	138		二	部分发掘

续附表七

编号	所在探方	层位关系		形制	尺寸				出土遗物	期别	备注
		上	下		长	宽	深	口深			
324	T3131	12A	12B	Ea	590	390		185		二	未清理
325	T3129	12B	13	Bc	144	120	40	170		一	打破 H332
326	T3130	12B	12C	Ed	335 210	260 100	70	175	陶罐 B 型 Ⅳ 式 4，釜 3，钵 4，器盖 3，碗残片；牛肢骨	二	打破 H359、M764
328	T3180	12B	12C	Bc	220	180	124	180	陶釜残片	二	部分发掘
329	T3079	12B	祭台 1	Eb	245 190	173 120	60	168	陶釜、器盖、罐残片	一	打破 M774
331	T3179	12B	13	Ab	135 118		70	175	陶釜、钵残片	一	部分发掘
332	T3129	12B	15	Ab	90 68		20	212	陶钵、釜残片	一	被 H325 打破
333	T3180	12A	12B	Ac	165	74	152	2		二	部分发掘。打破 H334
334	T3180	12A	12B	Ab	130 120	135	170	2	陶釜残片	二	部分发掘。被 H333 打破
335	T3179	9B	10	Cb	140 130	80 60	100	180	陶釜、罐、钵残片	二	
336	T3080	12C	13	Bc	170	140	48	195	陶釜、罐残片	一	
337	T3179	13	祭台 1	Cb	70 135	115 100	24	225		一	口部残。打破 H338
338	T3179	13	祭台 1	Ec	110	86	25	227	陶器盖 D 型 Ⅱ 式 1，釜、钵残片	一	部分发掘。被 H337 打破
339	T3179	13	16	不明	120	88	85	210	陶釜残片	一	部分发掘

续附表七

编号	所在探方	层位关系		形制	尺寸				出土遗物	期别	备注
		上	下		长	宽	深	口深			
340	T3179	13	16	不明	91	42	37	210	陶釜残片	一	部分发掘
341	T3179	13	16	Ca	115	100	110	166	陶罐 F 型 I 式 1，釜、器座残片；石斧 C 型 I 式 1	一	被 H371 打破
342	T3081	12A	12B	Ec	275	200	65	188	陶锅、盘、釜、器座残片	二	
343	T3079	13	祭台 1	Ab	76 70		16	170	陶釜残片	二	
344	T3079	12B	祭台 1	Ab	90 75		28	175	陶盘、鼎釜残片	二	
345	T3130	12B	祭台 1	Ab	90 82		22	160	陶釜残片	二	
346	T3079	13	祭台 1	Ab	110 103		16	170		二	
347	T3131	12B	14	Bb	110 66	98 52	34	240	陶釜 1，罐 3，盘、器盖、豆残片；石斧 E 型 Ⅲ 式 1	二	部分发掘
348	T3179	13	15	Eb	212 110	154 100	155	225	陶釜 A 型 I 式 3、E 型 Ⅱ 式 3，石斧 E 型 I 式 1，钵 2，罐；兽骨；砾石	一	打破 H369
349	T3180	12C	16	Ca	136	108	100	190	陶钵 D 型 Ⅱ 式 1，釜、罐残片，碗 1；兽骨	二	部分发掘。被 H328 打破
350	T3131	12B	生土	Ba	133	84	18	256	陶罐，兽骨	一	部分发掘
351	T3131	12B	生土	Ab	90 70		28	265	陶釜残片，石斧	一	部分发掘
352	T3131	14	生土	Ec	88	78	35	273	陶釜残片	一	部分发掘
354	T3180	14	16	Ca	65	55	30	255		一	
355	T3180	14	16	Bc	103	78	26	200	陶钵残片	一	
356	T3180	14	16	Ca	70	60	65	205		一	打破 H363
357	T3131	14	生土	Ab	115 50		45	250		一	部分发掘

续附表七

编号	所在探方	层位关系		形制	尺寸				出土遗物	期别	备注
		上	下		长	宽	深	口深			
358	T3130	12B	12C	Ba	135	80	45	235	陶釜、钵残片，砾石	一	被 H326 打破
359	T3129	12B	12C	Ad	112		120	170	陶釜、钵残片	一	被 H326 打破
360	T3180	12B	12C	Cb	122 105	80 60	62	230	大型兽骨 1 块	一	部分发掘。被 H326 打破
363	T3180	14	16	Ca	103	60	32	260	陶釜、器盖残片	一	
364	T3180	14	16	Ca	75	63	33	258		一	
365	T3131	14	生土	Ba	70	45	15	267	陶罐残片	一	
366	T3179	13	15 H367	Ca	77	68	98	265	陶钵残片	一	被 H348 打破；打破 H367
367	T3179	13	15	Ca	60	70	30	265	牛肢骨	一	口部残。被 H366 打破
368	T3180	15	16	Cb	112 104	66 56	90	205	兽骨 1 块，砾石 2	一	
369	T3179	13	15	Ea	120	86	66	228	陶釜、钵、罐残片	一	被 H348 打破；打破 M775
370	T3179	13	16	Ca	100	65	102	210	陶罐 F 型 II 式 1	一	部分发掘
371	T3179	13	15	Ea	110	124	76	156	陶釜残片	一	打破 H341
372	T3180	15	16	Ca	96	66	80	188	陶器盖 P 型 1	一	
373	T3081	14	16	Ab	125 96		72	235	陶釜 2、罐 1	一	打破 H374
374	T3082	14	16	Cb	70 30	96 62	75	240		一	残存部分。被 H373 打破

续附表七

编号	所在探方	层位关系		形制	尺寸				出土遗物	期别	备注
		上	下		长	宽	深	口深			
375	T3180	15	16	Cb	130 108	123 94	110	220	陶釜 G 型 I 式 1	一	部分发掘
376	T3180	15	16	Eb	158 142	126 115	130	210	陶罐 G 型 I 式 3、A 型 II 式 2、钵 F 型 II 式 2，釜残片；石斧	一	
377	T3180	15	16	Eb	167 97	97 77	143	212	陶釜残片，兽骨	一	被 H378 打破
378	T3180	15	16	Ba	120	75	75	210		一	残存部分。被 H379 打破；打破 H377
379	T3180	15	16	Ca	105	105	125	225	陶釜、罐残片	一	打破 H378
380	T3130	15	16	Ca	100	85	75	206		一	残存部分 被 H379 打破
391	T1180	8A	8B	不明	205	110	102	130	陶釜 K 型 I 式 1、罐 J 型 1、盆 A 型 I 式 1、擂钵 A 型 1，碗残片；石锄 A 型 I 式 1	二	部分发掘
396	T1178	6A	6B	Ea	318	138	75	100		三	打破 H397
397	T1178	6A	6B	Ea	120	90	28	80	陶釜、罐、豆残片	三	被 H396 打破；打破 F80
398	T1129	6B	7	Eb	210 180	110 90	18	75		三	
399	T1180	6A	6B	Ec	135	70	40	80		三	部分发掘
400	T1130	6B	II 3C	Dc	400	130	50	85	陶釜、锅、盘残片	三	部分发掘
401	T1178	6A	6B	Ec	160	140	35	78		三	

续附表七

编号	所在探方	层位关系		形制	尺寸				出土遗物	期别	备注
		上	下		长	宽	深	口深			
402	T1130	6B	6C	Ec	110	120	16	90	陶碗B型V式2	三	
403	T1130	6C	城Ⅱ	不明	255	140	20	80		三	部分发掘
404	T1130	6B	城Ⅱ	Ec	180	105	28	115		三	
405	T1130	6B	城Ⅱ	Ac	60		14	115		三	
406	T1180	6C	城Ⅱ	Ec	130	120	35	100		三	
407	T1127	6B	7	Ab	80 60		25	115		三	部分发掘
408	T1130	城Ⅱ	8A	Eb	174 132	143 115	34	125	陶豆F型Ⅰ式2,钵残片	二	
409	T1127	6C	7A	Ac	140		70	130	陶鼎、豆、碗、缸残片	三	打破H416
410	T1127	6C	7A	Eb	140 102	85 54	115	130	陶器盖A型Ⅳ式1,豆、盘、缸、釜残片;石锛B型Ⅲ式1,锄B型Ⅰ式1	三	打破H416
411	T1180	城Ⅱ	8A	Dc	205	80	50	110	陶釜、罐、碗残片	二	
413	T1177	6C	8A	Bc	156	128	80	240	陶鼎、器盖、釜、罐残片	三	被H414打破
414	T1177	6C	8A	Bc	450	240	60	260	陶盘、釜、器盖、缸、鼎、锅、碗、豆残片	三	打破H413
416	T1127	7A	台3	Eb	243 198	185 160	125	120	陶釜C型Ⅳ式1、C型V式1、罐R型Ⅱ式1,器盖、鼎、豆、缸、盘、器座残片,纺轮D型Ⅲ式1	三	打破H421
417	T1128	8A	8B	不明	175	210	40	130	陶釜、盘、壶、缸残片	二	部分发掘
418	T1178	6C	8A	Eb	140 106	110 90	40	250		三	
419	T1129	6C	7B	Ec	390	265	120	275	陶釜K型Ⅲ式1,鼎足J型1,豆E型Ⅰ式3,罐C型Ⅱ式1;锅、盘、缸、瓮、杯、器盖残片,纺轮D型Ⅱ式1;石锛C型Ⅰ式1,凿D型Ⅰ式1,饼形器A型Ⅱ式1	三	被H426打破

续附表七

编号	所在探方	层位关系		形制	尺寸				出土遗物	期别	备注
		上	下		长	宽	深	口深			
420	T1178	6C	7B	Eb	290 260	250 210	65	280	陶缸 F 型 1，碗 B 型 V 式 1、器盖、釜、盘、豆、钵、鼎、罐残片	三	被 H414 打破
421	T1127	7A	台 3	Eb	260 220	140 120	60	220	陶碗 K 型 I 式 2，擂钵 B 型 1、器盖、鼎、釜、盘、缸残片	三	被 H416 打破；打破 H423
422	T1179	8A	台 2	Ec	220	190	45	160	陶釜、鼎、缸、豆残片	二	部分发掘
423	T1127	7A	台 3	Bb	130 70	110 60	40	250		三	被 H421 打破
424	T1177	6D	8A	Ea	385	200	60	150	陶器盖 J 型 I 式 1、碗、锅、釜、鼎、罐、豆残片	三	部分发掘
425	T1178	8A	台 2	Ed	190	360	50	160	陶釜 3、鼎 1、盘 1、碗 1、器盖 2	二	部分发掘。被 H428 打破
426	T1128 T1127	6C	8A	Eb	180 170	145 118	37	135	陶釜 D 型 V 式 3、缸 A 型 Ⅲ 式 1、盘、豆、罐残片	三	被 H420 打破；打破 H419
428	T1178	8A	10	Ac	102		60	165	陶釜 G 型 Ⅱ 式 2、豆 D 型 Ⅱ 式 1，瓮 A 型 Ⅱ 式 1、盘、碗、缸、器盖、器座残片	二	打破 H425
429	T1177	6C	8A	Ec	194	110	70	150	陶盘 K 型 Ⅱ 式 1、碗、釜、鼎、豆残片	三	
453	T3073	4A	4B	Ec	190	115	105	120		四	
454	T3122	4A	5	Bd	360 225	270 150	100	95	陶釜、鼎、碗、盘、豆、锅、缸、瓮残片，球 1	四	打破 H512
455	T3072	4A	4B	Bc	75	82	33	90	陶碗、锅、盘残片	四	打破 H456
456	T3072	4A	4B	Ec	300	155	43	95	陶钵 E 型 Ⅵ 式 1、釜、鼎、盘、碗、缸、器盖残片，纺轮 1	四	被 H455 打破

续附表七

编号	所在探方	层位关系		形制	尺寸				出土遗物	期别	备注
		上	下		长	宽	深	口深			
457	T3022	4A	4B	不明	305	140	85	110		四	部分发掘
458	T3024	4A	4B	不明	165	72	34	105		四	部分发掘
459	T3174	4A	5	Eb	212	150	50	120	陶釜、鼎、锅、器盖、器座、单耳杯残片	三	
460	T3172	4A	5	Ea	300	210	70	160	陶釜O型Ⅲ式1，罐G型Ⅱ式1，碗H型Ⅳ式4，器盖、锅、豆、缸残片	四	
461	T3022	4A	5	不明	225	115	70	90	陶釜、锅、盘、钵残片	四	部分发掘
462	T3022	4A	5	Eb	280 246	302 283	170	95	陶釜、鼎、盘、碗、豆、锅、缸残片；石凿B型Ⅰ式1，镰1，网坠A1，饼形器B型Ⅳ式1，锛B型Ⅲ式1	四	部分发掘
463	T3322	5	6A	Bc	260 250	245 205	112	120	陶器盖Ⅰ型Ⅳ式1，釜、鼎、盘、碗、豆、锅、缸残片	三	
464	T3173	5	6A	Eb	100 60	76 35	60	135	陶釜、盘、碗残片	三	
465	T3123 T3122	5	6A	Ec	548	295	50	120	陶釜、锅、缸、碗、盘、器盖残片	三	打破H527；被H534打破
466	T3222	5B	6A	Ec	310	110	96	110	陶盆A型Ⅱ式1，盘L型Ⅰ式1，釜、罐、豆、钵、缸、器盖残片；石杵B型1	二	部分发掘。打破H507
467	T3224	5	6A	Ed	400	260	80	110	陶鼎足C型Ⅲ式1，B型Ⅱ式1，鼎、釜、锅、盘、罐、碗、器盖残片	三	
468	T3124	4A	4B	不明	345	170	68	80	陶釜、锅、器座残片	三	部分发掘
469	T3124	4B	6A	Ec	226	115	30	155	陶盘、缸、器盖、器座残片	三	

续附表七

编号	所在探方	层位关系		形制	尺寸				出土遗物	期别	备注
		上	下		长	宽	深	口深			
470	T3173	5	6A	Aa	80		80	135	陶釜 F 型 V 式 1、J 型 Ⅵ 式 1，鼎 B 型 Ⅱ 式 1，盘 H 型 Ⅱ 式 1，碗 Q 型 Ⅰ 式 1，缸 B 型 Ⅲ 式 1、D 型 Ⅱ 式 1，曲腹杯 F 型 Ⅰ 式 1，器座 B 型 Ⅱ 式 1、B 型 Ⅲ 式 1，器盖 E 型 Ⅰ 式 1	三	
471	T3122	6A	7	Cb	90 78	70 60	64	143	陶釜、锅残片	二	
472	T3074	5	6A	Ab	120 98		125	130	陶碗 Q 型 Ⅲ 式 1，釜、盘、钵残片	三	
473	T3074	5	6A	Ea	94	90	115	140	陶釜、鼎、碗、盘残片	三	被 H529 打破；打破 H513
474	T3074	5	6A	Aa	95		170	130	陶釜、锅、盘、罐、器盖残片	三	
475	T3274	5	6A	Ab	70 44		90	110		三	
476	T3024	4B	6A	Eb	380 160	320 48	150	95	陶釜、盘、锅、罐、豆、器盖、器座残片	三	部分发掘
477	T3023	4B	6A	Bb	80 70	60 50	90	130	陶罐 R 型 Ⅲ 式 1，釜、豆、钵、器盖残片	三	
488	T1625	5B	台1	Ac	115		30	125	陶锅、器盖	三	部分发掘被 F104 打破；打破 H489
489	T1625	5B	台1	Ac	115		40	65		三	被 H488 打破
496	T7452	4	5	Db	380 363	100 86	40	85	陶釜、器盖残片，动物骨渣	四	
497	T7402	5	6	Ed	140	70	65	80	陶鼎足，杯、盘、碗残片	三	部分发掘

续附表七

编号	所在探方	层位关系		形制	尺寸				出土遗物	期别	备注
		上	下		长	宽	深	口深			
498	T3174	6A	7	不明	140	120	55	160		二	部分发掘。被 H570 打破
499	T3174	6A	7	Ac	140		65	125		二	
500	T3322~3324	5	6A	Dc	590 560	210 185	120	135	陶缸 B 型 II 式 2，釜、锅、豆、器盖、鼎、盘、罐、碗残片	三	
502	T3272	5	6A	Bc	138	115	60	120		三	
503	T3172	6A	7	Eb	240 200	200 160	70	150	陶釜 E 型 I 式 2，碗、盘、钵、器盖残片；燧石片	一	
505	T3272	4A	6A	Cb	110 90	85 70	62	55		三	
506	T3222	4A	6A	Bb	375 300	265 160	45	150	陶釜、盘、锅、碗残片	三	打破 H544
507	T3222	5	6A	Eb	365 350	210 180	120	115	陶盘 G 型 II 式 1，鼎足 B 型 II 式 2，锅 B 型 I 式 1，釜、碗、钵、罐、器盖、器座残片；石饼形器 C 型 II 式 1	二	被 H466 打破；打破 H583
508	T3172	6A	7	Aa	120		100	150	陶器盖 B 型 IV 式 1，碗 J 型 III 式 1，缸 E 型，釜、盘残片，球 1	二	
509	T3174	6A	7	Ed	230	210	70	178	陶钵 F 型 II 式 1，釜残片	一	
511	T3072	6A	7	Bc	105	80	78	175		二	
512	T3073	6A	7	Ba	88	65	108	165	陶豆、器盖残片	二	
513	T3073	6A	7	Ab	110 60		90	180	陶锅、釜、盘、缸残片	二	被 H473 打破
514	T3023	5	H515 6A	Aa	90		95	170	陶釜、钵、器座残片	三	打破 H515
515	T3023	5	6A	Aa	90		95	175		三	被 H514 打破；打破 H516

续附表七

编号	所在探方	层位关系		形制	尺寸				出土遗物	期别	备注
		上	下		长	宽	深	口深			
516	T3023	5	6A	Ca	82	80	108	175	陶釜残片	三	被 H515 打破
517	T3073	6A	7	Bb	145 100	88 70	117	178	陶盘 E 型 I 式 2、釜、碗、豆、器盖、器座残片	一	
518	T3122	6A	7	Ac	112		65	145	陶器盖残片	二	
519	T3122	4A	6A	不明	115	45	110	105		三	部分发掘
520	T3122	6A	7	Aa	60		45	145	陶釜、锅残片	二	
521	T3122	5	6	Ca	53	39	30	155	陶釜1、碗1	三	被 H454 打破
522	T3072	6A	7	Ec	62	52	40	145		一	
523	T3123	6A	7	Ea	88	50	30	140		二	
524	T3123	6A	7	Ca	60	44	50	140		一	
525	T3123	6A	7	Ea	205	160	25	140	陶釜、盘、瓮残片	二	
526	T3123	6A	7	Ba	100	45	45	140		二	
527	T3123	5	6A	Bb	140 125	120 110	50	135	陶甑、器盖、锅、盘、罐残片	二	口部残。被 H465 打破
528	T3073	6A	7	Cb	140 114	104 60	100	210	陶釜、盘、钵、盆残片，动物残骨	一	
529	T3074	5	6A	Ca	72	30	110	180	陶釜、盘残片	三	打破 H473
534	T3123	5	6A	Ec	406	130	30	148		三	打破 H465
535	T3073	6A	7	Bb	118 70	70 52	92	175	陶鼎、缸残片	二	
536	T3023	6A	7	Bc	295	155	40	150	陶釜、鼎、锅、盘、缸、器盖残片	一	被 H543 打破
537	T3123	6A	7	Aa	120		44	140	陶釜、碗、豆残片	二	
538	T3173	6A	7	Eb	300 276	186 165	56	160	陶釜、钵、豆、器盖残片	二	
539	T3074	6B	7	Aa	65		32	165	陶釜、钵残片	二	
540	T3124	6A	7	Ca	90	85	65	168	陶釜、器座残片	二	打破 H576

续附表七

编号	所在探方	层位关系		形制	尺寸				出土遗物	期别	备注
		上	下		长	宽	深	口深			
541	T3274	7	8	Bd	230	130	110	175	陶钵 A 型Ⅱ式 2、器盖 I 型 I 式 1，釜、罐、盘、器座残片	一	
542	T3323	5	6A	不明	127	54	80	120		三	部分发掘。打破 H560
543	T3023	6A	7	Ca	134	130	90	175	陶釜、罐、盆、器盖残片	二	打破 H536
544	T3222	6A	7	Ab	72 64		34	165	陶釜、钵、碗残片	1	被 H506 打破
545	T3272	6A	7	不明	400	78	75	165	陶釜、钵残片	二	部分发掘
546	T3272	6A	7	Ca	30	75	50	160	陶釜、钵、器盖、盆、瓮残片	二	
547	T3072	6A	7	Ab	160 145		85	170		二	
548	T3274	7	8	不明	64 40	125 82	65	150	陶釜 3、钵 1	一	部分发掘
550	T3272	6A	7	Ab	78 65		58	150	陶钵 3、器盖 2	二	
551	T3273	7	8	Ca	120	85	80	175	陶釜 H 型 I 式 1，罐、碗残片	一	
553	T3324	6A	7	Ba	105	75	68	155	陶釜 1、钵 1	二	
554	T3022	6A	7	Bb	68 55	50 40	50	170	陶盘、钵、豆残片	二	打破 H555
555	T3022	6A	7	Ac	80		45	170		二	被 H554 打破
556	T1673	6	8	Bb	190 150	123 96	35	175	陶豆、钵残片	三	
557	T3224	6A	7	Ad	290		50	130	陶碗 N 型 1，甑Ⅵ式 1，釜、豆、盘、钵、器盖残片	二	打破 H558

续附表七

编号	所在探方	层位关系		形制	尺寸				出土遗物	期别	备注
		上	下		长	宽	深	口深			
558	T3223	6A	7	Ba	125	98	50	145	陶罐、钵残片	二	被 H557 打破
559	T3024	6A	7	不明	115	45	125	152	陶鼎、罐、豆残片	二	部分 发掘
560	T3323	5	6A	不明	250	100	73	116	陶釜、钵残片	二	部分 发掘。 被 H542 打破
563	T3074	6B	7	Ca	80	80	80	145	陶釜、锅残片	二	
564	T3124	6A	7	Ea	300	145	90	210	陶碗 A 型Ⅲ式 2、缸 B 型Ⅰ式 1、器盖 B 型Ⅲ式 1，钵、釜残片	二	打破 H575
565	T3172	6A	7	Ca	90	45	50	140		二	部分 发掘
566	T3172	6A	7	Aa	64		56	160	陶钵、器盖残片	二	
567	T3323	6A	7	Aa	63		40	160		二	
569	T3074	6B	7	Ca	70		82	150	陶罐残片，石锄 B 型Ⅰ式 1	二	
570	T3124	6A	7	Eb	175 156	85 80	85	150	陶釜、碗、钵、器盖残片	二	部分 发掘。 被 H498 打破
572	T3172	6A	7	Bd	126	150	20	150	陶釜、碗、钵、器盖残片	一	被 H573 打破
573	T3172	6A	7	Eb	230 188	108 95	45	150	陶釜残片，罐 1、钵 1	一	打破 H572
575	T3124	6A	7	Ea	175	90	87	188	陶碗 G 型Ⅲ式 1，钵 A 型Ⅴ式 1，釜、豆、盘、器盖残片	二	被 H564 打破
576	T3124	6A	7	Ca	80	50	20	183	陶盘、豆、罐残片	二	口部残。 被 H540 打破
579	T3324	7	8	Cb	190 178	70 60	15	225	陶釜、盘残片	一	

续附表七

编号	所在探方	层位关系		形制	尺寸				出土遗物	期别	备注
		上	下		长	宽	深	口深			
581	T3273	7	生土	Ca	150	40	75	225	陶钵 E 型 II 式 1	一	
583	T3222	7	8	Ca	108	58	36	190	陶碗、器盖残片	一	口部残被 H507 打破
610	T4255	6B 城 II ①	城 II ②	Ed	1000		50	150	陶豆 E 型 III 式 1、器盖 1、鼎足 1	二	部分发掘
611	T1622	4C	6	Dc	200	185	75	70	陶釜 G 型 IV 式 1、盆 B 型 II 式 1、盘 O 型 1	四	部分发掘
615	T1621 1622	11	城 I	Eb	340	90	35	120	陶瓮 A 型 III 式 1、盘 D 型 I 式 1，鼎、釜、盆、罐、缸、器盖残片	二	部分发掘
616	1624	6	黄土台 1	Ac	190	50		120	陶锅 B 型 II 式 1	二	部分发掘
617	1626	6	城 II	Ec	150	50		120	陶釜、缸、豆残片	二	部分发掘
618	1628	6	7	Ec	350	50		200	陶釜残片	二	部分发掘
620	1620	4c	6	Ac	220		100	40		三	部分发掘
011	3029	12B	13	Ab	100 95		25	170		二	补遗

附表八　　　　　　　　　　　　屈家岭文化灰坑登记表　　　　　　　　　　单位：厘米

编号	所在探方	层位关系		形制	尺寸				出土遗物	期别	备注
		上	下		长	宽	深	口深			
60	T5309	5A	5B	Ac	168		30	90		三	
67	T7801	4	6C	Eb	148 125	105	85	120		二	
74	T3008	4B	5A	不明	420	390	50	80		三	部分发掘
104	T6403	1	3	Ec	195	130	45	22	陶盘、豆残片	二	
108	T5259	6A	6B	Ec	200	70	50	110	陶豆、盆、鼎、釜、盘、瓮、罐、碗、钵残片，鼎足 1	二	

续附表八

编号	所在探方	层位关系		形制	尺寸				出土遗物	期别	备注
		上	下		长	宽	深	口深			
131	T5007	5	6	Ca	80		35	50	陶盘、碗、豆残片，石锛A1	一	
135	T5007	5	6	不明	210	70	30	75		一	部分发掘
138	T1009	4A	5B	Ec	360	210	130	140	陶豆残片，石锛B1	三	部分发掘
141	T5057	F30	6	Eb	110 98	90 78	25	95		二	被F30打破
144	T5057	5	6	Ec	200	150	30	70		二	
161	T5057	5	6	Ac	140		25	105		一	
162	T7003	5	H171	Ca	140	130	58	86	陶盖Ⅰ型1，釜、缸、鼎、豆、盘残片	三	打破H171
187	T1080	4	5	Ac	140		75	56	陶釜、罐残片	二	
189	T1078	5	城Ⅲ	Ec	265	250	35	50		一	
190	T1080	5	6	Eb	270 246	160 140	70	65	陶斧A型Ⅰ式1	一	
382	T1178	3B	5	Eb	245 205	210 185	40	50	陶罐、盘、豆、碗残片	三	
384	T1130	城Ⅲ	6A	不明	200	150	55	40		一	部分发掘
385	T1129	3C	4A	Dc	405	100	30	85	陶鼎、簋、缸、罐残片	二	
386	T1180	3C	4A	Ec	155	70	40	70		二	
390	T1180	城Ⅲ	6A	Dc	675	100	35	85		一	
392	T1129	城Ⅲ	6A	Eb	345 320	160 140	35	85		一	打破G71
393	T1127	5	6A	Eb	250 220	122 80	27	86		一	部分发掘
412	T5362	5B	F86	Db	450 438	160 140	45	110	陶器盖、豆、盘、杯、盆残片，鼎足2；石斧A型Ⅱ式1	三	口部残。打破F86
432	T5413	5A	F86	Ec	150	100	40	130	石斧A型Ⅱ式1	三	部分发掘。打破F86

续附表八

编号	所在探方	层位关系		形制	尺寸				出土遗物	期别	备注
		上	下		长	宽	深	口深			
483	T1673	4E	5B	Ec	285	245	35	110		三	部分发掘
484	T5314	6A	6B	Eb	176 158	112 100	10	85	陶罐、鼎、豆、簋、瓶、曲腹杯	一	上部残
486	T5358	6A	F88	不明	630	300	28	150	陶罐、碗、豆残片	一	部分发掘。打破F88
487	T5360	6A	6B	Ca	95	70	50	155	陶釜、罐、豆残片	一	被F57打破；打破F88
530	T5360	6A	6B	Ca	100	88	50	140	陶罐、釜残片	一	
531	T5360	6A	6B	Ca	76	60	25	130	陶罐、豆残片	一	被F57打破；打破F88
533	T5359	6A	6B	Eb	84 80	68 65	10	132	陶鼎、釜残片	一	
619	T1622	4B	4C	Ac	130		20	50	陶鼎足	一	部分发掘

附表九　　　　　　　　石家河文化灰坑登记表　　　　　　　单位：厘米

编号	所在探方	层位关系		形制	尺寸				出土遗物	期别	备注
		上	下		长	宽	深	口深			
2	T3075	2	3	Ac	150		68	32		二	
54	T7351	2A	2B	Ac	245		86	30	陶豆、盆、罐、鼎、釜残片，鼎足1	二	
55	T1351	2A	2B	Bc	196	128	55	35		二	
102	T6454	2B	3A	Bc	182	86	40	40	陶釜、碗、罐残片		部分发掘打破H103

续附表九

编号	所在探方	层位关系		形制	尺寸				出土遗物	期别	备注
		上	下		长	宽	深	口深			
103	T6454	2B	3A	Bc	70	80	70	45	陶釜、鼎、缸、钵残片		部分发掘被H102打破
107	T5360	2B	3A	Ec	300	160	30	50	陶鼎、釜、豆、瓮、盘、盆、器盖、罐、钵残片，鼎足1，纺轮1；石片	二	
109	T5209	3A	3B	Ec	336	115	65	80	陶钵F型Ⅰ式1，瓮G型2，豆、罐、盘、釜、碗、盆、器盖残片，鼎足1	二	
110	T5361	3A	3B	Bc	164	52	20	65		二	
111	T1354	3A	3B	Dc	196	85	24	65	陶豆、缸、盘、罐残片，鼎足3	二	
112	T5360	3A	3B	Ec	152	80	22	72		二	
113	T7402	4	5	Db	160 142	50 45	40	85	陶豆A型Ⅰ式3、鼎足3，釜残片	二	打破H114
114	T7402	4	5	Bb	90 85	95 80	30	90		二	部分发掘并被H113、H153打破
115	T7402	G24	5	Bc	70	80	20	95	陶盘、鬶、盆残片	二	
116	T5309	5A	5B	Ec	230	70	20	95		二	
117	T5309	5A	5B	Ec	110	90	20	102		二	
118	T7402	10	16	Bb	95 80	70 58	15	70		二	上部残
120	T7055	2	4	Ec	200	90	80	60		二	部分发掘
122	T5360	3B	3C	Bb	245 215	196 158	65	95	陶盘B型Ⅰ式2，圜底罐A型3、B型3，瓮A型1，钵E型Ⅱ式1，鼎足1，豆、盆、擂钵、杯、缸残片	一	
123	T5259	3B	4B	Dc	236	84	60	108	陶豆、盆、罐、碗、杯、鼎、釜残片，鬶足1、鼎足1、环1	一	

续附表九

编号	所在探方	层位关系		形制	尺寸				出土遗物	期别	备注
		上	下		长	宽	深	口深			
124	T5360	3B	4B	Ec	248	170	184	100	陶瓮B型1，高领罐A型Ⅱ式3，鼎足、碗、盘、盆、杯、尊、鼎、釜、钵、器盖、器座、壶形器残片	一	
125	T5310	4A	4B	Ec	320	240	35	100	陶器盖E型Ⅰ式1，盆、盘、豆、钵、瓮、罐、缸残片	一	
127	T5360	3A	3B	Ab	88 76		30	80		二	部分发掘
128	T5056	4	5A	Ec	700	355	25	70		一	
129	T5311	3A	3B	Ec	185	90	18	65		二	
133	T5409	3A	3C	Eb	90 86	120 95	35	85		二	部分发掘
139	T5358	3A	3B	Dc	290	100	50	75	陶罐、鼎、缸残片	二	
147	T5359	3A	3B	Bc	145	110	25	90	陶鼎足1，鬶、盆残片	二	
148	T5409	4B	5A	Eb	155 100	125 110	50	120		一	
149	T5360	4A	4B	Bc	160	120	30	105		一	
150	T1451	6	7	Eb	400 368	300 275	40	136	陶擂钵A型Ⅰ式1，豆、罐、盆、瓮、钵、鼎、缸残片	二	
151	T7401	10	17	不明	122	150	60	148	陶鼎足3、盆残片	一	部分发掘。打破M269
152	T1354	8	F36	Ac	165		25	100		二	
153	T1354	4	5	Ec	175	150	20	58	陶豆残片	二	打破H114
154	T1353	10	15	Bc	135	102	35	150	陶鼎足3，豆、鼎、釜残片	一	打破F34
155	T1452	6	15	不明	140	55	38	125		二	部分发掘。打破F32

续附表九

编号	所在探方	层位关系		形制	尺寸				出土遗物	期别	备注
		上	下		长	宽	深	口深			
156	T1403	10	16	不明	100	40	20	144	陶鼎足2、器盖2、罐1、盘1	一	部分发掘。打破F33
157	T1403	10	15	不明	70	98	30	152		一	部分发掘。打破F35
158	T7351	3	4	不明	120	85	56	68		一	部分发掘
159	T1402	10	15	Bc	135	98	30	155		一	打破G35
163	T5408	3B	4B	Ec	250	215	38	70		二	
164	T5408	4B	4C	Eb	180	118	62	70		一	
188	T3029	2	3	Ec	340	350	95	74	陶鼎足1，釜、盘、器盖残片	一	部分发掘
289	T3179	1	4A	Ab	105 90		30	80	陶罐、釜、器座残片，砺石2	一	
381	T1178	2	3A	Eb	160 148	66 52	16	64	砺石1	二	
383	T5362	2B	3A	Eb	215	240	30	35		二	部分发掘
387	T1127	2	3A	Eb	206 140	160 110	20	70		二	
388	T1177	2	3A	Ec	375	280	20	80	陶豆、盘、盆、杯、尊残片	二	
389	T5312	2A	3A	Ec	210	145	16	52	陶豆、瓮、缸残片	二	
394	T5262	2B	3A	Dc	258	116	25	55	陶盘D型I式1，小罐、鼎、釜、器盖、杯、钵、豆残片，纺轮1	二	
427	T5263	1	2A	Ac	120		10	105		二	
430	T5163	4C	5A	Bc	250	115	50	85	陶鼎足3，盆、豆、盘、鼎、釜、罐残片	一	

续附表九

编号	所在探方	层位关系		形制	尺寸				出土遗物	期别	备注
		上	下		长	宽	深	口深			
433	T5212	4C	5A	Ec	210	166	30	65	陶鼎足 4，豆、鼎、釜、罐、钵、瓮残片	一	
434	T5413	4B	5A	Ac	525		84	70		一	
436	T1775	4B	4C	Eb	230 210	120 90	38	56	陶缸残片、鼎足	二	
437	T1774	4B	4C	Ac	55		36	43		二	
438	T1673、T1674、T1675、T1623、T1624、T1625	3D	4A	Eb	1210	860	55	40	陶鼎足 3，豆、瓮、罐、缸、盘、鬶、盆、杯残片	二	
439	T1725	3D	4B	Ad	305		210	60	陶豆、鼎、釜、罐残片，鼎足 1、残石器 1	二	部分发掘
440	T5161	3B	4B	不明	140	100	12	74	陶杯	二	部分发掘
441	T5161	3B	4B	Db	208 180	82 60	35	92	陶甗 A 型 1，鼎足 2，豆 1；砺石 1	一	
442	T5161	3B	4B	Ec	210	60	10	90	陶鼎足，罐残片	一	
443	T5159	3B	4C	Ec	288	180	35	92	陶罐、豆、鼎、釜、盘、瓮残片	一	
444	T1773	4B	4D	Eb	230 190	64 30	58	50		二	
445	T1774	4B	4D	Bc	55	44	17	70		二	
446	T1675	3D	4C	不明	45	70	55	45		二	部分发掘
447	T5158、T5159	3B	4B	Ac	280		45	100	陶鼎足，豆、盆、碗、杯、鼎、釜、缸、罐残片	一	
448	T5158	3B	4C	Bc	116	158	30	150	陶罐、豆、盆残片，鼎足 1	一	部分发掘

续附表九

编号	所在探方	层位关系		形制	尺寸				出土遗物	期别	备注
		上	下		长	宽	深	口深			
449	T1675	4C	4D	Ac	320		70	110	陶釜、罐、盘残片	一	
450	T3324	2	3A	Ec	78	57	50	80		二	部分发掘
451	T3072	3B	4A	Bc	183	120	72	95		一	部分发掘
452	T3023	3B	4A	Bb	94 65	70 45	85	80	陶钵 C 型 Ⅱ 式 4、鼎足 1	一	打破 H478
478	T3023	3B	4A	Eb	168 123	146 97	144	160	陶高领罐 B 型 Ⅰ 式 1、釜 A 型 Ⅰ 式 1，缸残片	一	部分发掘。被 H452 打破
479	T3174	3A	3B	Bb	145 132	110 100	185	75		二	
480	T1675	4D	5B	Bb	325 194	310 175	50	150	陶钵 D 型 1，豆、盘、碗、杯、瓶残片	一	仅存底部
481	T1723	4D	5B	Eb	175 140	85 80	16	102		一	
482	T1673	4D	4E	Bb	95 70	60 40	20	105	陶折沿罐 A 型 Ⅱ 式 1	一	
485	T5214	1	2A	Db	275 260	80 68	55	50	陶豆、鬶、瓮、罐、钵残片，鼎足 1	二	
490	T7404	1	2A	Db	236 225	92 84	28	40	陶鼎、罐、碗残片	二	
491	T7453	1	2A	Bc	120	80	30	40	陶豆残片，鼎足 1	二	
493	T7402	1	2A	Ec	310	200	85	30	陶长腹罐 B 型 1，鼎足 1，釜、盆、碗、豆残片，长腹罐 D 型 1	二	
494	T7403	2A	2B	Bc	280	160	45	48	陶鼎足，罐、豆残片	二	
621	T5161	3B	4B	Ec	410	98	30	84	陶瓮、罐、豆残片	二	原编 H439，因重号，改为 H621

附表一〇 新石器时代灰沟一览表

编号	发掘时间	所在区域	所在探方	时代
7	1992	六	3176	石家河文化二期
9	1992	六	3176	石家河文化二期
11	1992	六	3126	汤家岗文化
21	1994	一	6405、6455	屈家岭文化二期
23	1994	三	7054、7055	石家河文化二期
24	1994	三	7402	石家河文化二期
26	1994	三	5005、5006	大溪文化三期
27	1994	二	5208～5214	屈家岭文化一期
28	1994	二	5261、5311、5361	屈家岭文化一期
31	1994	五	3011	石家河文化一期
32	1994	二	5261、5311、5361	屈家岭文化三期
33	1994	二	5208～5214	屈家岭文化一期
34	1994	三	7056、7006	大溪文化三期
35	1994	四	1402、1452	石家河文化一期
36	1994	四	1402	屈家岭文化三期
41	1994	二	5360、5410	石家河文化一期
42	1994	三	7003、7053	屈家岭文化二期
46	1997	七	1079	大溪文化四期
47	1997	七	1079	大溪文化四期
52	1997	七	1081、1031	大溪文化二期
54	1998	六	3276、3277、3326	石家河文化二期
57	1998	六	3325、3326	石家河文化一期
58	1998	六	3326、3327	石家河文化一期
59	1998	六	3227、3277	大溪文化一期
61	1998	七	3081	大溪文化三期
62	1998	七	3131	大溪文化一期
63	1998	七	3180	大溪文化二期
64	1998	七	3130、3180	大溪文化二期
65	1999	七	1180	屈家岭文化二期

续附表一〇

编号	发掘时间	所在区域	所在探方	时代
66	1999	七	1129	屈家岭文化一期
67	1999	一	6355、6405、6455	大溪文化四期
68	1999	七	1128	屈家岭文化一期
69	1999	二	5262、5263、5312、5313	石家河文化二期
70	1999	七	1178	屈家岭文化三期
71	1999	七	1180	屈家岭文化二期
72	1999	二	5413、5363、5313	屈家岭文化三期
73	1999	二	5162	屈家岭文化三期
74	1999	二	5162	屈家岭文化三期
75	1999	七	1180	大溪文化三期
76	1999	七	1177、1178	屈家岭文化一期
77	1999	七	1178、1179	大溪文化三期
78	1999	二	5212、5262	屈家岭文化三期
79	1999	二	5413	屈家岭文化三期
80	1999	二	5412、5413	屈家岭文化三期
81	1998	一	6355	大溪文化二期
83	2000	八	1723	石家河文化一期
84	2000	二	5159、5160	石家河文化一期
85	2000	二	5159、5160、5161	石家河文化一期
86	2000	二	5212、5213	屈家岭文化一期
87	2000	二	5212～5214	屈家岭文化三期
88	2000	六	3322、3323、3324	石家河文化一期
89	2000	八	1624、1625、1673、1674、1675	大溪文化三期
91	2000	八	1624、1625、1674、1675	大溪文化三期
92	2000	八	1674	大溪文化三期
95	2000	二	5410	屈家岭文化一期
96	2000	八	1673、1674、1624	大溪文化二期

附表一一 汤家岗文化、大溪文化灰沟登记表 单位：米

编号	所在探方	层位关系		尺寸	形状	填土	出土遗物	期别	备注
		上	下	长×宽－深					
11	3126	9	生土	5×0.4－0.2	长条形	白色黏土	少量陶片	汤	
26	5005 5006	6	9	4.9×1.5－1.6	长条形	大量草木灰和红烧土块	彩陶片、瓶口式纽器盖	三	Y5出灰沟，以下1、2、3均为大溪文化分期
34	7056 7006	6	7	8×1.16－(0.25~1)	长条形，北深南浅，底平	黑灰土	陶片少，以粗泥红陶为主	三	北端、东端被H146打破
46	1079	5	6	5×0.5－0.4	长条形	灰黑土夹烧土，草木灰	少量陶片	四	被G47打破
47	1079	5	6	2.7×0.2－0.14	长条形	灰褐黏土	少量陶片	四	打破G46
52	1081 1031	12	13	6.2×(0.42~0.97)－(0.25~0.33)	甲字形，北宽南窄	灰白色土	包含物少，可见灰陶豆残片	二	水沟
59	3227 3277	10	12	9.8×(0.4~0.5)－0.25	窄长条形，北高南，壁直底平	黑灰土，底部红烧土面	红陶盘、釜、曲沿高领罐、钵	一	与F77东墙平行，疑为F77排水沟.
61	3081	城Ⅲ 4B	城Ⅱ	5×(0.83~0.98)－0.48	北宽南窄，梯形	松散黄褐土	极少夹砂红陶片	三	
62	3131	城Ⅰa	城Ⅰb	2.4×0.54－0.1	长条形，壁内收，平底	灰黄土夹红烧土块	少量红陶片	一	
63	3180	12A	12B	3.9×(0.4~0.7)－0.15	长条形，壁内收，底近平	黄色质紧黏土	无包含物	二	疑与F78基槽有关

续附表一一

编号	所在探方	层位关系		尺寸	形状	填土	出土遗物	期别	备注
		上	下	长×宽－深					
64	3130 3180	12B	13	7×0.28－0.3	长条形	灰褐土	红陶圈足碗	二	水沟
67	6355 6405 6455	3	4B	14×(0.95~1.55) (0.4~1.2)	沟直,壁斜,底平	纯净黄褐色土	红陶釜,高领罐,黑陶豆,白陶片	四	水沟
75	1180	6C	城Ⅱ	1.7×0.3－0.2	长条形	浅灰土夹红烧土	少量灰陶,有盘残片,纺轮	三	
77	1178 1179	6A	7	1×0.38－0.33	长条形	青灰色膏泥	无包含物	三	
81	6355	14	15	4×(0.8~1)－0.25	长条形,东段略加宽	灰褐土	厚胎红陶大盆,凹沿釜,盘,缸等	二	
89	1624 1625 1673 1674 1675	5B	6	15×2.2－0.6	长带状,西端扩张	灰褐土含大量草木灰	器盖,绳纹缸,盘口釜,石斧	三	与 G91 平行水沟 被 F104 打破
91	1624 1625 1674 1675	6	7	14.3×(0.66~0.9) －(0.35~0.6)	长条形	黄灰土夹红烧土	红陶片,有釜,盘,钵,器座,兽牙	三	与 G89 平行水沟
92	1674	7	8	7×1－(0.25~1.4)	长条形,壁直,近西端加深	黄灰土夹红烧土,西侧凹下部分为淤泥	极少陶片	三	被 F104 打破
96	1673 1674 1624	8	9	10×(1.4~1.7) －0.7	长条形	青色淤泥	少量陶片	二	

附表一二　　　　　　　　　　　　屈家岭文化灰沟登记表　　　　　　　　　　　单位：米

编号	所在探方	层位关系		尺寸	形状	填土	出土遗物	期别	备注
		上	下	长×宽－深					
21	6405 6455	2	3	9×0.5－0.3	长条形,横断面梯形	松软灰土	少量黑陶和红陶片	二	建筑物排水沟
27	5208～5214	6A	6B	28×0.2－0.3	长条形	灰褐土	下层细弦纹黑陶高领罐、双腹豆,上层扁平鼎足、鬶	一	与G33平行,L一侧排水沟,延续使用时间长
28	5261 5311 5361	6A	7	13.8×(1～1.6)－(0.1～0.3)	不规则长条形	黑灰土夹较多炭末	红陶鼎、碗、钵、细弦纹黑陶高领罐	一	F87东侧
32	5361 5311 5261	4C	5A	13.6×(0.8～2.16)－(0.4～0.8)	原为长带状,后遭破坏成不规则形	上部草灰层,下部黄土夹灰	陶片多,可见彩陶壶形器,双腹豆等	三	
33	5208－5214	6A	6B	28×0.2－0.3	原为规整长条形直沟,后遭破坏,部分拓展成水塘	含较多红烧土和质地较硬的灰土	下部多细弦纹黑陶片,上部可见贴弦纹陶片和石家河文化的鼎足	一	与G27平行为L一侧排水沟
36	1402	10	15	3.35×1.6－0.4	长方形,底近平	松软灰土	少量黑陶片	三	被G35打破
42	7003 7053	5	7	8.6×1.4－(0.4～0.7)	长条形,南段加深,形成两级	灰黑松土	大量细弦纹陶片,可见壶、罐、杯、碗等	二	被F51打破
65	1180	3C	4A	1.7×0.2－0.1	长条形,斜壁,平底	大量红烧土	无包含物	二	可能为基槽
66	1129	5	6B	3.8×0.3－0.2	底平、壁直、长条形	松软浅褐色土	黑陶簋形器、高领罐	一	
68	1128	5	6A	2.5×0.2－0.24	长条形	红褐色土夹红烧土	细弦纹黑陶片	一	

续附表一二

编号	所在探方	层位关系		尺寸	形状	填土	出土遗物	期别	备注
		上	下	长×宽－深					
70	1178	3A	3B	2.3×0.4－0.58	长条形,斜壁	土质混杂	红胎黑陶豆柄、红陶豆	三	
71	1180	3C	6A	2.1×0.3－0.1	弧形带状	疏松灰土	无包含物	二	被 H392 打破
72	5413 5363 5313	4C	4D	10.6×1.5－0.47	北宽南窄、底平、壁斜	红褐色松土	南北两端出大量陶片,另出纺轮7件	三	
73	5162	4C	5A	4.25×0.25－0.1	规整长条形	纯净黄土	无包含物	三	G74 平行
74	5162	4C	5A	4.25×0.25－0.1	规整长条形	纯净黄土	无包含物	三	G73 平行
76	1177 1178	5	6B	1.5×0.5－0.37	长条形	深灰土夹少量黄土	少量灰陶,有圈足盘残片,纺轮	一	
78	5212 5262	4C	5A	5×0.46－0.25	直壁、平底长条形	深灰松土	红陶高领罐、澄滤器、鼎足	三	
79	5412 5413	4C	5A	2.18×0.33－0.2	长条形	黑色松土夹大量草木灰	少量贴弦纹灰陶片	三	两端在发掘区处
80	5412 5413	5A	F86	6.5×(1～1.2)－0.3	长条形	浅灰土	少量贴弦纹灰陶片	三	可能为 F86 散水沟
86	5212 5213	6A	L	8.3×(1.12～2.54)－0.3	因后代破坏,成不规则刀把形,东深西浅	黑灰土头大量炭末	出较多黑陶片,有簋、豆、高足杯等	一	被 G87 打破
87	5212 5213 5214	5B	5C	9.4×(0.36～0.78)－0.34	主要部分为规整长条形,近西端外张	黄灰色土,纯净细腻	陶片以灰陶为主,黑陶次之,红陶较少	三	打破 G86
95	5410	6B	未挖	2.7×1.9－0.7 (未到底)	长条形	全部用红烧土填平	少量细弦纹黑陶片	一	可能为基槽,南端在发掘区外

附表一三　　　　　　石家河文化灰沟登记表　　　　　单位：米

编号	所在探方	层位关系		尺寸	形状	填土	出土遗物	期别	备注
		上	下	长×宽－深					
7	3176	2	3	4.4×0.4－0.3	长条形	白色黏土	少量陶片	二	
9	3176	2	3	4.2×0.5－0.3	长条形	白色黏土	少量陶片	二	
23	7054 7055	3	4	7×(0.55~0.8)－0.4	长条形，东窄西宽	上层浅黄松土，下层质杂	绳纹、方格纹陶片	二	水沟
24	7402	4A	10	1.1×0.2－0.2	不规则长条形	疏松灰土	麻面鼎足	二	
31	3011	4B	5B	4×0.3－0.25	长条形	含大量草木灰、红烧土	高圈足杯盘、钵、扁平鼎足	一	南端在发掘区外
35	1402 1452	10	15	残长7.7×(1.5~1.7)－0.4	不规则长条形，壁不规整	灰土夹红烧土颗粒	多方格纹陶片，可见缸、扁平鼎足、高圈足杯	一	被 H159 打破；打破 G36
41	5360 5410	4B	5B	8.2×0.6－0.2	长条形底有坡度	灰色土夹少量炭末	较多泥质灰、黄、红、黑陶，出有撸钵、鼎、豆	一	
54	3276 3277 3326	3A	4	11×0.5－0.2	规整长条形	深褐土	杯、麻面鼎足	二	南端在发掘区外
57	3325 3326	5A	5B	3.85×0.4－0.2	长条形	疏松灰土	纵棱脊鼎足	一	
58	3326 3327	5A	6	5.2×0.5－0.54	规整长条形，壁直底平	黑灰土	无包含物	一	
69	5262 5263 5312 5313	2	4A	5.4×(0.6~1.2)－0.6	长条瓜形，弧壁，沟中线深	黑灰土夹较多红烧土颗粒	圈足杯、麻面鼎足、细柄豆	二	打破 F86
83	1723	4D	4E	3.2×0.33－0.1	长条形，壁直	浅灰土	无包含物	一	
84	5159 5160	4B	4C	3×0.4－0.25	不规则长条形底平	纯净灰褐灰土	弦纹、网纹、方格纹陶片，可见碗，罐等	一	

续附表一三

编号	所在探方	层位关系		尺寸	形状	填土	出土遗物	期别	备注
		上	下	长×宽－深					
85	5159 5160 5161	4B	4C	7.5.×0.7－0.15	规整长条形,南壁陡、底平	灰褐色纯净松土	网纹、弦纹陶片,可见鼎、碗、钵等	一	
88	3322 3323 3324	3B	4A	10.2×(0.2~0.5)－0.3	弧形带状	灰土夹大量红烧土	少量灰、红陶片	一	东、西端均在发掘区外

附表一四　　　　　　　　　　　　新石器时代墓葬一览表

墓号	发掘时间	所在区域	所在探方	墓葬类型	时代
15	1992	六	3028	瓮棺	屈家岭文化一期
18	1992	六	3075	瓮棺	大溪文化三期
19	1992	六	3028	瓮棺	大溪文化三期
20	1992	六	3078	瓮棺	大溪文化三期
21	1992	六	3077	瓮棺	大溪文化三期
22	1992	六	3128	瓮棺	大溪文化二期
23	1992	六	3027	瓮棺	大溪文化二期
24	1992	六	3176	瓮棺	大溪文化二期
25	1992	六	3176	瓮棺	大溪文化二期
26	1992	六	3176	瓮棺	大溪文化三期
27	1992	六	3028	瓮棺	大溪文化三期
29	1992	六	3025	瓮棺	大溪文化二期
30	1992	六	3025	瓮棺	大溪文化三期
32	1992	六	3175	土坑	大溪文化三期
34	1992	六	3026	瓮棺	大溪文化二期
35	1992	六	3028	瓮棺	大溪文化二期
36	1992	六	3178	瓮棺	大溪文化二期
37	1992	六	3026	瓮棺	大溪文化二期
38	1992	六	3028	瓮棺	大溪文化二期
39	1992	六	3028	土坑	大溪文化二期
40	1992	六	3176	瓮棺	大溪文化二期
41	1992	六	3027	瓮棺	大溪文化一期
42	1992	六	3076	瓮棺	大溪文化一期

续附表一四

墓号	发掘时间	所在区域	所在探方	墓葬类型	时代
43	1992	六	3028	瓮棺	大溪文化一期
44	1992	六	3078	瓮棺	大溪文化一期
45	1992	六	3178	瓮棺	大溪文化一期
46	1992	六	3178	瓮棺	大溪文化三期
47	1992	六	3125	瓮棺	大溪文化二期
48	1992	六	3176	瓮棺	大溪文化一期
49	1992	六	3176	瓮棺	大溪文化一期
50	1992	六	3176	瓮棺	大溪文化一期
51	1992	六	3176	瓮棺	大溪文化一期
52	1992	六	3176	瓮棺	大溪文化一期
53	1992	六	3176	瓮棺	大溪文化一期
54	1992	六	3176	瓮棺	大溪文化一期
55	1992	六	3176	瓮棺	大溪文化一期
56	1992	六	3176	瓮棺	大溪文化一期
57	1992	六	3176	瓮棺	大溪文化一期
58	1992	六	3028	土坑	大溪文化一期
59	1992	六	3028	土坑	大溪文化一期
60	1992	六	3028	土坑	大溪文化一期
61	1992	六	3028	土坑	大溪文化一期
62	1992	六	3028	土坑	大溪文化一期
63	1992	六	3078	土坑	大溪文化一期
64	1992	六	3077	土坑	大溪文化一期
65	1992	六	3076	土坑	大溪文化一期
66	1992	六	3128	瓮棺	大溪文化一期
67	1992	六	3028	土坑	大溪文化一期
68	1992	六	3176	瓮棺	大溪文化一期
69	1992	六	3128	瓮棺	大溪文化一期
70	1992	六	3128	瓮棺	大溪文化一期
71	1992	六	3178	瓮棺	大溪文化一期
72	1992	六	3176	瓮棺	大溪文化一期
73	1992	六	3128	土坑	大溪文化一期
74	1992	六	3176	土坑	大溪文化一期
75	1992	六	3176	土坑	大溪文化一期

续附表一四

墓号	发掘时间	所在区域	所在探方	墓葬类型	时代
76	1992	六	3176	土坑	大溪文化一期
77	1992	六	3176	土坑	大溪文化一期
78	1992	六	3177	土坑	大溪文化一期
79	1992	六	3127	土坑	大溪文化一期
80	1992	六	3127	土坑	大溪文化一期
81	1993	四	1351	瓮棺	屈家岭文化三期
82	1993	四	1351	瓮棺	屈家岭文化三期
84	1993	四	7351	土坑	屈家岭文化一期
87	1993	六	3019	瓮棺	屈家岭文化二期
89	1993	三	5016（探沟）	土坑	屈家岭文化三期
92	1993	四	1351	瓮棺	屈家岭文化三期
93	1993	四	1351	瓮棺	屈家岭文化三期
94	1993	四	1351	瓮棺	屈家岭文化二期
95	1993	四	7651（探沟）	瓮棺	屈家岭文化三期
96	1993	四	7651（探沟）	瓮棺	屈家岭文化三期
97	1993	四	7651（探沟）	瓮棺	屈家岭文化三期
98	1993	四	7651（探沟）	瓮棺	屈家岭文化三期
99	1993	四	7651（探沟）	瓮棺	屈家岭文化三期
102	1993	四	1401	瓮棺	屈家岭文化三期
105	1993	四	1401	瓮棺	屈家岭文化三期
106	1993	四	1401	瓮棺	屈家岭文化三期
107	1993	四	1401	瓮棺	屈家岭文化三期
108	1993	四	1351	瓮棺	屈家岭文化三期
109	1993	四	1351	瓮棺	屈家岭文化三期
110	1993	四	1351	瓮棺	屈家岭文化三期
111	1993	四	1351	瓮棺	屈家岭文化三期
112	1993	四	1351	瓮棺	屈家岭文化三期

续附表一四

墓号	发掘时间	所在区域	所在探方	墓葬类型	时代
113	1993	四	1401	土坑	屈家岭文化三期
114	1993	四	1401	瓮棺	屈家岭文化三期
115	1993	四	1401	土坑	屈家岭文化三期
117	1993	四	1351	瓮棺	屈家岭文化三期
120	1993	四	1351	瓮棺	屈家岭文化三期
121	1993	四	7351	瓮棺	屈家岭文化三期
122	1993	四	7351	瓮棺	屈家岭文化三期
123	1993	四	1351	土坑	屈家岭文化三期
124	1993	四	7351	瓮棺	屈家岭文化三期
125	1993	四	7351	瓮棺	屈家岭文化一期
126	1993	四	7351	瓮棺	屈家岭文化一期
127	1993	四	7351	瓮棺	屈家岭文化一期
128	1993	四	7351	瓮棺	屈家岭文化三期
129	1993	四	1401	瓮棺	屈家岭文化三期
130	1993	四	1351	瓮棺	屈家岭文化三期
132	1993	四	1351	瓮棺	屈家岭文化三期
134	1993	四	7401	瓮棺	屈家岭文化三期
135	1993	四	7401	瓮棺	屈家岭文化三期
137	1993	四	1401	瓮棺	屈家岭文化三期
138	1993	四	1401	瓮棺	屈家岭文化三期
139	1993	四	1401	瓮棺	屈家岭文化三期
140	1993	四	1401	瓮棺	屈家岭文化二期
141	1993	四	1351	瓮棺	屈家岭文化三期
142	1993	四	1401	瓮棺	屈家岭文化三期
143	1993	四	1401	土坑	屈家岭文化三期
144	1993	四	1401	土坑	屈家岭文化三期
148	1993	四	1401	土坑	屈家岭文化三期
150	1993	四	7401	瓮棺	屈家岭文化三期
151	1993	四	7401	瓮棺	屈家岭文化二期
152	1993	四	7401	瓮棺	屈家岭文化三期
153	1993	四	7401	瓮棺	屈家岭文化三期
154	1993	四	7401	瓮棺	屈家岭文化一期
157	1993	四	7401	土坑	大溪文化四期

续附表一四

墓号	发掘时间	所在区域	所在探方	墓葬类型	时代
158	1993	四	7401	土坑	屈家岭文化一期
160	1993	四	7351	土坑	屈家岭文化一期
161	1993	四	1351	土坑	屈家岭文化三期
162	1993	四	1351	土坑	屈家岭文化三期
163	1993	四	1351	土坑	屈家岭文化三期
172	1993	四	7401	瓮棺	屈家岭文化三期
191	1993	四	7401	瓮棺	屈家岭文化二期
197	1994	三	7003	瓮棺	石家河文化二期
198	1994	二	5409	土坑	屈家岭文化三期
199	1994	一	5409	土坑	屈家岭文化三期
203	1994	二	5211	瓮棺	石家河文化二期
205	1994	三	7002	瓮棺	大溪文化四期
206	1994	二	5310	土坑	屈家岭文化三期
209	1994	二	5261	土坑	石家河文化一期
210	1994	二	5311	土坑	屈家岭文化三期
211	1994	二	5361	土坑	屈家岭文化三期
212	1994	二	5310	土坑	屈家岭文化三期
213	1994	三	7056	土坑	石家河文化二期
214	1994	二	5261	土坑	石家河文化一期
216	1994	二	5361	瓮棺	石家河文化一期
217	1994	二	5409	瓮棺	石家河文化一期
218	1994	二	5311	土坑	屈家岭文化三期
219	1994	二	5361	土坑	屈家岭文化三期
221	1994	四	7401	瓮棺	屈家岭文化三期
222	1994	四	7401	瓮棺	屈家岭文化三期
223	1994	四	7401	瓮棺	屈家岭文化三期
224	1994	四	7401	瓮棺	屈家岭文化三期
225	1994	四	7401	瓮棺	屈家岭文化一期
226	1994	四	7401	瓮棺	屈家岭文化一期
227	1994	四	7401	瓮棺	屈家岭文化一期
228	1994	四	1401	瓮棺	屈家岭文化三期
229	1994	四	1401	瓮棺	屈家岭文化三期
230	1994	四	1401	瓮棺	屈家岭文化三期

续附表一四

墓号	发掘时间	所在区域	所在探方	墓葬类型	时代
231	1994	四	1401	瓮棺	屈家岭文化三期
232	1994	四	1401	瓮棺	屈家岭文化三期
233	1994	四	1401	瓮棺	屈家岭文化三期
234	1994	四	1401	瓮棺	屈家岭文化三期
235	1994	四	1401	瓮棺	屈家岭文化三期
236	1994	四	1401	瓮棺	屈家岭文化三期
237	1994	四	1351	瓮棺	屈家岭文化三期
238	1994	四	1351	瓮棺	屈家岭文化三期
239	1994	四	1402	瓮棺	屈家岭文化三期
240	1994	四	1403	瓮棺	屈家岭文化三期
241	1994	四	1403	瓮棺	屈家岭文化三期
242	1994	四	1403	瓮棺	屈家岭文化三期
243	1994	四	1403	瓮棺	屈家岭文化三期
244	1994	四	1403	瓮棺	屈家岭文化二期
245	1994	四	1403	瓮棺	屈家岭文化三期
246	1994	四	1403	瓮棺	屈家岭文化二期
247	1994	四	1404	瓮棺	屈家岭文化三期
248	1994	四	1404	瓮棺	屈家岭文化三期
249	1994	四	1404	瓮棺	屈家岭文化三期
250	1994	四	1352	瓮棺	屈家岭文化三期
251	1994	四	1452	瓮棺	屈家岭文化三期
252	1994	四	1451	瓮棺	屈家岭文化三期
253	1994	四	1451	瓮棺	屈家岭文化三期
254	1994	四	1452	瓮棺	屈家岭文化三期
255	1994	四	1452	瓮棺	屈家岭文化三期
256	1994	四	1403	瓮棺	屈家岭文化一期
258	1994	四	7451	瓮棺	屈家岭文化三期
259	1994	四	7451	瓮棺	屈家岭文化三期
260	1994	四	7451	瓮棺	屈家岭文化二期
261	1994	四	1501	瓮棺	屈家岭文化三期
262	1994	四	1501	瓮棺	屈家岭文化三期
263	1994	四	1501	瓮棺	屈家岭文化三期
264	1994	四	7501	瓮棺	屈家岭文化一期

续附表一四

墓号	发掘时间	所在区域	所在探方	墓葬类型	时代
265	1994	四	1403	瓮棺	屈家岭文化二期
266	1994	四	1402	瓮棺	屈家岭文化二期
267	1994	四	7402	瓮棺	屈家岭文化三期
268	1994	四	7402	瓮棺	屈家岭文化三期
269	1994	四	7401	瓮棺	屈家岭文化一期
270	1994	四	7401	瓮棺	屈家岭文化三期
271	1994	四	7401	土坑	屈家岭文化一期
272	1994	四	1452	瓮棺	屈家岭文化一期
274	1994	四	1451	瓮棺	屈家岭文化三期
275	1994	四	1451	瓮棺	屈家岭文化三期
276	1994	四	1452	瓮棺	屈家岭文化一期
277	1994	四	1452	瓮棺	屈家岭文化三期
278	1994	四	1451	瓮棺	屈家岭文化三期
279	1994	四	1452	土坑	屈家岭文化三期
280	1994	四	7401	瓮棺	屈家岭文化三期
281	1994	四	1452	瓮棺	屈家岭文化一期
282	1994	四	1402	瓮棺	屈家岭文化三期
283	1994	四	1402	瓮棺	屈家岭文化三期
284	1994	四	1401	瓮棺	屈家岭文化三期
285	1994	四	1401	瓮棺	屈家岭文化三期
286	1994	四	1401	瓮棺	屈家岭文化三期
287	1994	四	1351	土坑	屈家岭文化三期
288	1994	四	1351	土坑	屈家岭文化三期
289	1994	四	1351	土坑	屈家岭文化三期
290	1994	四	1351	瓮棺	屈家岭文化三期
291	1994	四	1352	瓮棺	屈家岭文化三期
292	1994	四	1352	土坑	屈家岭文化三期
293	1994	四	1451	瓮棺	屈家岭文化三期
294	1994	四	1401	瓮棺	屈家岭文化三期
295	1994	四	1404	瓮棺	屈家岭文化三期
296	1994	四	1451	瓮棺	屈家岭文化三期
297	1994	四	1403	瓮棺	屈家岭文化三期
298	1994	四	7351	瓮棺	屈家岭文化三期

续附表一四

墓号	发掘时间	所在区域	所在探方	墓葬类型	时代
299	1994	四	7351	土坑	大溪文化四期
300	1994	四	7401	土坑	屈家岭文化二期
301	1994	四	7401	土坑	屈家岭文化二期
302	1994	四	1401	土坑	屈家岭文化三期
303	1994	四	1401	瓮棺	屈家岭文化三期
304	1994	四	1401	瓮棺	屈家岭文化三期
305	1994	四	1401	瓮棺	屈家岭文化三期
306	1994	四	1401	瓮棺	屈家岭文化三期
307	1994	四	1401	瓮棺	屈家岭文化三期
308	1994	四	1401	瓮棺	屈家岭文化三期
309	1994	四	1401	瓮棺	屈家岭文化三期
310	1994	四	1401	瓮棺	屈家岭文化三期
311	1994	四	1401	瓮棺	屈家岭文化三期
312	1994	四	1401	瓮棺	屈家岭文化三期
315	1994	四	1451	瓮棺	屈家岭文化三期
316	1994	四	7451	瓮棺	屈家岭文化二期
317	1994	四	7451	瓮棺	屈家岭文化三期
318	1994	四	1451	土坑	大溪文化四期
319	1994	四	1401	瓮棺	屈家岭文化三期
320	1994	四	7351	瓮棺	屈家岭文化一期
321	1994	四	1401	瓮棺	屈家岭文化三期
322	1994	四	7401	瓮棺	屈家岭文化二期
323	1994	四	1401	瓮棺	屈家岭文化二期
324	1994	四	1401	瓮棺	屈家岭文化三期
325	1994	四	1451	瓮棺	屈家岭文化三期
326	1994	四	1451	瓮棺	屈家岭文化三期
327	1994	四	1451	瓮棺	屈家岭文化三期
328	1994	四	1451	瓮棺	屈家岭文化三期
329	1994	四	1451	瓮棺	屈家岭文化三期
330	1994	四	1451	瓮棺	屈家岭文化三期
331	1994	四	1401	瓮棺	屈家岭文化三期
332	1994	四	1451	瓮棺	屈家岭文化三期
333	1994	四	7401	瓮棺	屈家岭文化三期

续附表一四

墓号	发掘时间	所在区域	所在探方	墓葬类型	时代
334	1994	四	1352	土坑	屈家岭文化三期
335	1994	四	1352	土坑	屈家岭文化三期
336	1994	四	1352	土坑	屈家岭文化三期
337	1994	四	1352	土坑	屈家岭文化三期
338	1994	四	1402	土坑	屈家岭文化三期
339	1994	四	1402	土坑	屈家岭文化三期
340	1994	四	1402	瓮棺	屈家岭文化三期
341	1994	四	1402	土坑	屈家岭文化三期
342	1994	四	1402	土坑	屈家岭文化三期
343	1994	四	1402	土坑	屈家岭文化三期
344	1994	四	1401	瓮棺	屈家岭文化三期
346	1994	四	1401	瓮棺	屈家岭文化三期
347	1994	四	1401	瓮棺	屈家岭文化二期
349	1994	四	1351	瓮棺	屈家岭文化三期
350	1994	四	1401	瓮棺	屈家岭文化三期
351	1994	四	1401	瓮棺	屈家岭文化三期
352	1994	四	1451	瓮棺	屈家岭文化三期
353	1994	四	1451	瓮棺	屈家岭文化三期
354	1994	四	1451	瓮棺	屈家岭文化三期
355	1994	四	1451	瓮棺	屈家岭文化三期
356	1994	四	1451	土坑	屈家岭文化一期
357	1994	四	1451	土坑	屈家岭文化二期
358	1994	四	1451	瓮棺	屈家岭文化三期
359	1994	四	1451	瓮棺	屈家岭文化三期
360	1994	四	1451	瓮棺	屈家岭文化三期
362	1994	四	1451	土坑	屈家岭文化二期
363	1994	四	1451	瓮棺	屈家岭文化三期
364	1994	四	7303（探沟）	瓮棺	屈家岭文化三期
365	1994	四	1403	土坑	屈家岭文化三期
366	1994	四	1402	瓮棺	屈家岭文化三期
367	1994	四	1402	土坑	屈家岭文化二期
368	1994	四	1401	土坑	屈家岭文化三期

续附表一四

墓号	发掘时间	所在区域	所在探方	墓葬类型	时代
369	1994	四	1452	瓮棺	屈家岭文化三期
370	1994	四	1452	瓮棺	屈家岭文化三期
371	1994	四	1452	瓮棺	屈家岭文化三期
372	1994	四	1452	瓮棺	屈家岭文化三期
373	1994	四	1452	瓮棺	屈家岭文化三期
374	1994	四	1452	瓮棺	屈家岭文化三期
375	1994	四	1452	瓮棺	屈家岭文化三期
376	1994	四	1452	瓮棺	屈家岭文化三期
377	1994	四	1452	瓮棺	屈家岭文化三期
378	1994	四	1452	瓮棺	屈家岭文化三期
379	1994	四	1401	瓮棺	屈家岭文化三期
380	1994	四	1401	瓮棺	屈家岭文化三期
381	1994	四	1451	瓮棺	屈家岭文化三期
382	1994	四	1451	瓮棺	屈家岭文化三期
383	1994	四	1402	土坑	屈家岭文化三期
384	1994	四	1402	土坑	屈家岭文化三期
385	1994	四	1403	瓮棺	屈家岭文化三期
386	1994	四	1403	瓮棺	屈家岭文化三期
387	1994	四	1403	瓮棺	屈家岭文化三期
388	1994	四	7401	土坑	大溪文化四期
389	1994	四	7401	土坑	大溪文化四期
390	1994	四	7401	土坑	屈家岭文化一期
391	1994	四	7351	土坑	大溪文化四期
392	1994	四	7351	土坑	屈家岭文化二期
393	1994	四	7351	土坑	屈家岭文化二期
394	1994	四	7401	土坑	屈家岭文化一期
395	1994	四	1451	土坑	屈家岭文化一期
396	1994	四	7451	土坑	屈家岭文化一期
397	1994	四	7451	土坑	屈家岭文化一期
399	1994	四	7451	瓮棺	屈家岭文化三期
400	1994	四	7451	瓮棺	屈家岭文化三期
401	1994	四	7451	瓮棺	大溪文化四期
402	1994	四	7451	土坑	屈家岭文化一期

续附表一四

墓号	发掘时间	所在区域	所在探方	墓葬类型	时代
403	1994	四	1403	瓮棺	屈家岭文化三期
404	1994	四	1351	土坑	屈家岭文化三期
405	1994	四	1351	瓮棺	屈家岭文化三期
406	1994	四	7401	土坑	大溪文化四期
407	1994	四	7401	瓮棺	屈家岭文化三期
409	1994	四	1452	瓮棺	屈家岭文化三期
410	1994	四	1452	瓮棺	屈家岭文化三期
411	1994	四	1452	瓮棺	屈家岭文化三期
412	1994	四	1452	瓮棺	屈家岭文化三期
413	1994	四	1402	瓮棺	屈家岭文化三期
414	1994	四	1403	瓮棺	屈家岭文化三期
415	1994	四	1403	瓮棺	屈家岭文化三期
416	1994	四	7351	瓮棺	屈家岭文化一期
417	1994	四	7351	瓮棺	屈家岭文化三期
418	1994	四	7401	土坑	屈家岭文化二期
419	1994	四	1451	土坑	屈家岭文化二期
420	1994	四	1402	土坑	屈家岭文化三期
421	1994	四	1402	土坑	屈家岭文化三期
422	1994	四	1402	土坑	屈家岭文化三期
423	1994	四	1402	瓮棺	屈家岭文化三期
424	1994	四	1352	土坑	屈家岭文化三期
425	1994	四	1352	土坑	屈家岭文化三期
426	1994	四	1451	瓮棺	屈家岭文化二期
427	1994	四	1451	土坑	大溪文化四期
428	1994	四	1402	土坑	屈家岭文化三期
429	1994	四	1452	土坑	屈家岭文化三期
430	1994	四	1401	土坑	屈家岭文化三期
432	1994	四	1401	土坑	屈家岭文化三期
433	1994	四	1401	瓮棺	屈家岭文化一期
434	1994	四	1401	瓮棺	屈家岭文化三期
436	1994	四	1401	瓮棺	屈家岭文化三期
437	1994	四	1401	瓮棺	屈家岭文化三期
438	1994	四	1401	瓮棺	屈家岭文化三期

续附表一四

墓号	发掘时间	所在区域	所在探方	墓葬类型	时代
439	1994	四	1401	瓮棺	屈家岭文化三期
440	1994	四	1401	瓮棺	屈家岭文化三期
441	1994	四	1452	瓮棺	屈家岭文化三期
442	1994	四	7351	土坑	屈家岭文化二期
443	1994	四	7451	土坑	屈家岭文化三期
444	1994	四	7401	土坑	大溪文化四期
445	1994	四	7401	土坑	大溪文化四期
446	1994	四	7401	瓮棺	屈家岭文化二期
447	1994	四	7401	土坑	大溪文化四期
448	1994	四	1401	土坑	屈家岭文化三期
449	1994	四	1402	土坑	屈家岭文化二期
450	1994	四	1401	土坑	屈家岭文化一期
451	1994	四	1401	土坑	屈家岭文化一期
452	1994	四	1451	土坑	屈家岭文化二期
453	1994	四	1351	土坑	屈家岭文化三期
454	1994	四	1352	土坑	屈家岭文化三期
455	1994	四	1352	土坑	屈家岭文化三期
456	1994	四	7451	土坑	屈家岭文化一期
457	1994	四	7401	土坑	大溪文化四期
458	1994	四	7451	土坑	屈家岭文化一期
459	1994	四	7451	土坑	大溪文化四期
460	1994	四	7451	土坑	屈家岭文化二期
461	1994	四	7351	土坑	屈家岭文化二期
462	1994	四	7351	土坑	屈家岭文化一期
463	1994	四	7351	瓮棺	屈家岭文化一期
464	1994	四	1402	土坑	屈家岭文化三期
465	1994	四	1402	土坑	屈家岭文化三期
466	1994	四	1351	瓮棺	屈家岭文化三期
467	1994	四	1351	土坑	屈家岭文化三期
468	1994	四	7451	土坑	大溪文化四期
469	1994	四	7451	土坑	大溪文化四期
470	1994	四	7451	土坑	大溪文化四期
471	1994	四	7351	土坑	屈家岭文化二期

续附表一四

墓号	发掘时间	所在区域	所在探方	墓葬类型	时代
472	1994	四	7451	土坑	大溪文化四期
473	1994	四	1452	土坑	屈家岭文化三期
474	1994	四	1351	土坑	屈家岭文化三期
475	1994	四	1351	土坑	屈家岭文化三期
476	1994	四	1351	瓮棺	屈家岭文化三期
477	1994	四	1401	土坑	屈家岭文化三期
478	1994	四	1401	土坑	屈家岭文化二期
479	1994	四	1401	瓮棺	屈家岭文化三期
480	1994	四	1401	土坑	屈家岭文化三期
481	1994	四	1401	土坑	屈家岭文化三期
482	1994	四	1401	土坑	屈家岭文化一期
483	1994	四	1401	瓮棺	屈家岭义化一期
484	1994	四	1352	土坑	屈家岭文化三期
485	1994	四	1352	土坑	屈家岭文化三期
486	1994	四	1451	土坑	屈家岭文化三期
487	1994	四	1451	土坑	屈家岭文化二期
488	1994	四	1451	瓮棺	屈家岭文化二期
489	1994	四	7351	土坑	屈家岭文化一期
490	1994	四	7351	瓮棺	屈家岭文化一期
491	1994	四	7351	土坑	屈家岭文化二期
492	1994	四	1401	瓮棺	屈家岭文化三期
493	1994	四	1451	土坑	屈家岭文化三期
494	1994	四	1451	土坑	大溪文化四期
495	1994	四	7401	土坑	屈家岭文化三期
496	1994	四	7401	土坑	屈家岭文化一期
497	1994	四	7401	土坑	屈家岭文化一期
498	1994	四	1451	土坑	屈家岭文化三期
499	1994	四	7401	土坑	大溪文化四期
500	1994	四	7401	瓮棺	屈家岭文化一期
501	1994	四	7401	瓮棺	屈家岭文化二期
502	1994	四	7401	瓮棺	屈家岭文化三期
503	1994	四	7401	瓮棺	屈家岭文化三期
505	1994	四	1401	瓮棺	屈家岭文化三期

续附表一四

墓号	发掘时间	所在区域	所在探方	墓葬类型	时代
506	1994	四	1401	瓮棺	屈家岭文化三期
507	1994	四	1401	土坑	屈家岭文化三期
509	1994	四	1401	瓮棺	屈家岭文化三期
510	1994	四	1402	瓮棺	屈家岭文化三期
511	1994	四	7451	土坑	屈家岭文化二期
512	1994	四	7451	瓮棺	屈家岭文化三期
513	1994	四	7451	瓮棺	屈家岭文化三期
514	1994	四	7451	瓮棺	屈家岭文化三期
515	1994	四	7451	瓮棺	屈家岭文化三期
516	1994	四	1501	瓮棺	屈家岭文化二期
517	1994	四	7451	土坑	屈家岭文化一期
518	1994	四	7401	瓮棺	屈家岭文化三期
519	1994	四	7401	瓮棺	屈家岭文化三期
520	1994	四	7401	瓮棺	屈家岭文化二期
521	1994	四	7401	土坑	屈家岭文化一期
522	1994	四	1352	土坑	屈家岭文化三期
523	1994	四	1401	瓮棺	屈家岭文化三期
524	1994	四	1401	瓮棺	屈家岭文化三期
525	1994	四	1401	瓮棺	屈家岭文化三期
526	1994	四	1401	瓮棺	屈家岭文化三期
527	1994	四	1401	瓮棺	屈家岭文化三期
528	1994	四	1402	瓮棺	屈家岭文化三期
529	1994	四	1402	瓮棺	屈家岭文化三期
530	1994	四	1402	瓮棺	屈家岭文化三期
531	1994	四	1402	瓮棺	屈家岭文化三期
532	1994	四	1402	瓮棺	屈家岭文化三期
534	1994	四	1401	土坑	屈家岭文化三期
535	1994	四	1351	土坑	屈家岭文化二期
536	1994	四	7401	土坑	屈家岭文化二期
537	1994	四	1401	瓮棺	屈家岭文化三期
538	1994	四	1401	瓮棺	屈家岭文化三期
539	1994	四	7501	瓮棺	屈家岭文化三期
540	1994	四	7501	土坑	屈家岭文化三期

续附表一四

墓号	发掘时间	所在区域	所在探方	墓葬类型	时代
541	1994	四	1351	土坑	屈家岭文化三期
542	1994	四	1352	土坑	屈家岭文化三期
543	1994	四	1402	瓮棺	屈家岭文化三期
544	1994	四	1402	土坑	屈家岭文化三期
545	1994	四	1401	土坑	屈家岭文化三期
546	1994	四	1401	瓮棺	屈家岭文化三期
547	1994	四	1401	瓮棺	屈家岭文化三期
548	1994	四	1401	瓮棺	屈家岭文化三期
549	1994	四	1401	瓮棺	屈家岭文化三期
550	1994	四	1451	瓮棺	屈家岭文化三期
551	1994	四	1451	瓮棺	屈家岭文化三期
552	1994	四	1452	瓮棺	屈家岭文化三期
553	1994	四	1451	瓮棺	屈家岭文化三期
554	1994	四	7401	土坑	屈家岭文化一期
555	1994	四	1451	土坑	屈家岭文化一期
556	1994	四	1351	瓮棺	屈家岭文化三期
557	1994	四	1402	土坑	大溪文化四期
558	1994	四	1401	土坑	屈家岭文化三期
559	1994	四	1402	土坑	屈家岭文化三期
560	1994	四	1401	瓮棺	屈家岭文化三期
561	1994	四	1401	瓮棺	屈家岭文化三期
562	1994	四	1401	瓮棺	屈家岭文化三期
563	1994	四	1401	瓮棺	屈家岭文化二期
564	1994	四	1401	瓮棺	屈家岭文化三期
566	1994	四	1401	瓮棺	屈家岭文化三期
567	1994	四	1401	瓮棺	屈家岭文化三期
569	1994	四	1401	土坑	屈家岭文化二期
570	1994	四	7351	土坑	屈家岭文化一期
571	1994	四	1451	瓮棺	屈家岭文化三期
572	1994	四	7401	瓮棺	屈家岭文化三期
573	1994	四	7401	瓮棺	屈家岭文化三期
574	1994	四	7401	土坑	屈家岭文化二期
575	1994	四	1452	瓮棺	屈家岭文化三期

续附表一四

墓号	发掘时间	所在区域	所在探方	墓葬类型	时代
576	1994	四	7403	土坑	屈家岭文化二期
577	1994	四	7404	土坑	大溪文化四期
578	1994	四	1402	土坑	屈家岭文化三期
579	1995	四	1401	土坑	屈家岭文化三期
580	1995	四	1351	瓮棺	屈家岭文化二期
581	1995	四	1401	土坑	屈家岭文化三期
582	1995	四	1401	土坑	屈家岭文化二期
583	1995	四	1451	土坑	屈家岭文化二期
584	1995	四	1451	土坑	屈家岭文化二期
585	1995	四	1351	土坑	屈家岭文化三期
586	1995	四	1351	土坑	屈家岭文化三期
587	1995	四	1451	土坑	屈家岭文化二期
588	1995	四	1351	土坑	屈家岭文化二期
589	1995	四	1451	土坑	屈家岭文化二期
591	1995	四	1351	土坑	屈家岭文化二期
593	1995	四	1351	土坑	屈家岭文化三期
594	1995	四	1451	土坑	屈家岭文化一期
595	1995	四	1401	土坑	屈家岭文化二期
596	1995	四	1351	瓮棺	屈家岭文化一期
597	1995	四	1351	土坑	大溪文化四期
600	1995	四	7351	土坑	屈家岭文化二期
601	1995	四	7451	瓮棺	屈家岭文化一期
602	1995	四	1351	土坑	屈家岭文化二期
603	1995	四	7351	土坑	大溪文化四期
604	1995	四	7451	土坑	屈家岭文化一期
606	1995	四	7401	土坑	屈家岭文化二期
608	1995	四	1351	土坑	屈家岭文化二期
609	1995	四	1401	土坑	屈家岭文化三期
610	1995	四	1351	土坑	屈家岭文化三期
612	1995	四	1452	瓮棺	屈家岭文化二期
613	1995	四	7401	土坑	屈家岭文化一期
614	1995	四	7451	土坑	大溪文化四期
616	1995	四	7401	土坑	大溪文化四期

续附表一四

墓号	发掘时间	所在区域	所在探方	墓葬类型	时代
617	1995	四	1401	瓮棺	屈家岭文化二期
619	1995	四	7401	土坑	大溪文化四期
620	1995	四	7401	土坑	大溪文化四期
622	1995	四	1401	土坑	屈家岭文化三期
623	1995	四	7401	土坑	大溪文化四期
624	1995	四	7451	土坑	屈家岭文化二期
625	1995	四	7451	瓮棺	屈家岭文化三期
626	1995	四	7401	土坑	大溪文化四期
627	1995	四	1401	土坑	屈家岭文化三期
628	1995	四	1401	土坑	屈家岭文化二期
629	1995	四	1402	土坑	屈家岭文化三期
630	1995	四	1452	土坑	屈家岭文化三期
631	1995	四	1452	土坑	屈家岭文化二期
632	1995	四	1402	土坑	屈家岭文化三期
633	1995	四	1402	土坑	屈家岭文化三期
634	1995	四	1402	土坑	屈家岭文化二期
635	1995	四	1352	土坑	屈家岭文化三期
636	1995	四	1352	土坑	屈家岭文化三期
637	1995	四	1351	土坑	屈家岭文化一期
638	1996	七	1029	土坑	大溪文化一期
639	1996	七	1029	土坑	大溪文化一期
641	1996	七	1028	瓮棺	大溪文化一期
642	1996	七	1028	瓮棺	大溪文化一期
643	1996	七	1029	土坑	大溪文化一期
644	1996	七	1029	土坑	大溪文化一期
645	1996	七	1029	土坑	大溪文化一期
646	1996	七	1030	土坑	大溪文化一期
647	1996	七	1030	土坑	大溪文化一期
648	1996	七	1031	瓮棺	大溪文化二期
649	1996	七	1030	土坑	大溪文化二期
650	1997	七	1078	土坑	大溪文化二期
652	1997	七	3029	瓮棺	屈家岭文化三期
653	1997	七	3029	土坑	屈家岭文化三期

续附表一四

墓号	发掘时间	所在区域	所在探方	墓葬类型	时代
654	1997	七	1078	土坑	屈家岭文化一期
655	1997	七	3030	土坑	屈家岭文化二期
656	1997	七	3030	土坑	屈家岭文化二期
657	1997	七	3029	土坑	大溪文化三期
658	1997	七	1078	瓮棺	大溪文化三期
659	1997	七	1078	土坑	屈家岭文化一期
660	1997	七	3029	瓮棺	大溪文化三期
661	1997	七	3030	土坑	大溪文化三期
662	1997	七	1078	土坑	大溪文化三期
664	1997	七	3030	瓮棺	大溪文化三期
665	1997	七	1080	土坑	大溪文化二期
666	1997	七	3030	土坑	大溪文化三期
667	1997	七	3029	瓮棺	大溪文化二期
668	1997	七	3029	土坑	大溪文化二期
669	1997	七	3030	土坑	大溪文化二期
670	1997	七	3030	土坑	大溪文化二期
671	1997	七	3030	土坑	大溪文化二期
672	1997	七	3030	土坑	大溪文化二期
673	1997	七	3030	土坑	大溪文化二期
674	1997	七	1078	土坑	大溪文化二期
676	1997	七	3029	土坑	大溪文化二期
677	1997	七	3029	瓮棺	大溪文化二期
678	1997	七	3030	土坑	大溪文化二期
679	1997	七	3030	土坑	大溪文化二期
680	1997	七	3030	土坑	大溪文化二期
681	1997	七	3030	土坑	大溪文化二期
682	1997	七	3030	土坑	大溪文化二期
683	1997	七	1078	瓮棺	大溪文化二期
684	1997	七	1078	瓮棺	大溪文化二期
685	1997	七	3028	瓮棺	大溪文化二期
686	1997	七	3031	瓮棺	大溪文化二期
687	1997	七	3028	瓮棺	大溪文化二期
688	1997	七	3030	土坑	大溪文化二期

续附表一四

墓号	发掘时间	所在区域	所在探方	墓葬类型	时代
689	1997	七	3030	土坑	大溪文化二期
690	1997	七	3030	土坑	大溪文化二期
691	1997	七	3030	土坑	大溪文化二期
692	1997	七	3031	土坑	大溪文化二期
693	1997	七	3030	土坑	大溪文化二期
694	1997	七	3029	瓮棺	大溪文化一期
695	1997	七	3029	瓮棺	大溪文化二期
697	1997	七	3030	瓮棺	大溪文化二期
698	1997	七	3030	瓮棺	大溪文化二期
699	1997	七	3028	土坑	大溪文化二期
700	1997	七	3029	土坑	大溪文化二期
701	1997	七	3030	瓮棺	大溪文化二期
702	1997	七	1080	瓮棺	大溪文化一期
703	1997	七	1031	瓮棺	大溪文化一期
705	1997	七	1080	土坑	大溪文化二期
706	1997	七	1081	土坑	大溪文化一期
707	1998	六	3226	土坑	屈家岭文化三期
708	1998	六	3226	土坑	大溪文化四期
710	1998	六	3326	土坑	石家河文化一期
711	1998	六	3327	瓮棺	大溪文化三期
715	1998	七	3079	瓮棺	大溪文化四期
716	1998	七	3079	瓮棺	大溪文化三期
717	1998	七	3080	瓮棺	大溪文化四期
718	1998	六	3327	瓮棺	大溪文化三期
719	1998	六	3276	瓮棺	大溪文化二期
720	1998	六	3226	瓮棺	大溪文化二期
721	1998	六	3226	土坑	大溪文化二期
722	1998	七	3180	土坑	大溪文化三期
723	1998	六	3226	土坑	大溪文化二期
724	1998	六	3275	土坑	大溪文化二期
725	1998	六	3226	土坑	大溪文化二期
726	1998	六	3226	瓮棺	大溪文化二期
727	1998	六	3225	土坑	大溪文化二期

续附表一四

墓号	发掘时间	所在区域	所在探方	墓葬类型	时代
728	1998	六	3226	土坑	大溪文化二期
729	1998	七	3080	土坑	大溪文化二期
730	1998	六	3275	土坑	大溪文化二期
731	1998	七	3179	瓮棺	大溪文化二期
732	1998	六	3326	瓮棺	大溪文化二期
733	1998	六	3275	瓮棺	大溪文化二期
734	1998	六	3325	瓮棺	大溪文化二期
735	1998	七	3131	土坑	大溪文化二期
736	1998	七	3080	土坑	大溪文化二期
737	1998	七	3080	土坑	大溪文化二期
738	1998	七	3080	土坑	大溪文化二期
739	1998	七	3080	土坑	大溪文化二期
740	1998	六	3225	土坑	大溪文化二期
741	1998	七	3079	土坑	大溪文化二期
742	1998	七	3080	土坑	大溪文化二期
743	1998	六	3327	瓮棺	大溪文化一期
744	1998	七	3179	土坑	大溪文化二期
745	1998	六	3276	土坑	大溪文化一期
746	1998	六	3276	土坑	大溪文化一期
747	1998	六	3275	土坑	大溪文化二期
748	1998	六	3227	土坑	大溪文化一期
749	1998	六	3227	土坑	大溪文化一期
750	1998	七	3080	土坑	大溪文化二期
751	1998	七	3079	土坑	大溪文化一期
752	1998	七	3179	瓮棺	大溪文化二期
753	1998	七	3179	瓮棺	大溪文化二期
754	1998	七	3180	瓮棺	大溪文化一期
755	1998	六	3275	瓮棺	大溪文化二期
756	1998	六	3225	土坑	大溪文化二期
757	1998	七	3079	瓮棺	大溪文化二期
758	1998	七	3129	土坑	大溪文化二期
759	1998	七	3080	瓮棺	大溪文化二期
760	1998	七	3129	瓮棺	大溪文化二期

续附表一四

墓号	发掘时间	所在区域	所在探方	墓葬类型	时代
761	1998	六	3225	土坑	大溪文化一期
762	1998	七	3131	瓮棺	大溪文化二期
763	1998	七	3129	瓮棺	大溪文化一期
764	1998	七	3179	土坑	大溪文化二期
765	1998	七	3080	土坑	大溪文化二期
766	1998	七	3079	土坑	大溪文化一期
767	1998	七	3080	瓮棺	大溪文化一期
768	1998	七	3179	土坑	大溪文化一期
769	1998	七	3180	土坑	大溪文化一期
770	1998	七	3079	土坑	大溪文化一期
771	1998	七	3081	土坑	大溪文化一期
772	1998	七	3179	土坑	大溪文化一期
773	1998	七	3080	土坑	大溪文化一期
774	1998	七	3079	土坑	大溪文化一期
775	1998	七	3179	土坑	大溪文化二期
776	1999	七	1177	瓮棺	屈家岭文化一期
777	1999	七	1178	土坑	屈家岭文化一期
778	1999	七	1129	瓮棺	屈家岭文化一期
779	1999	七	1178	瓮棺	屈家岭文化一期
780	1999	七	1127	瓮棺	大溪文化三期
781	1999	七	1180	土坑	屈家岭文化一期
782	1999	七	1127	瓮棺	大溪文化三期
783	1999	二	5362	土坑	屈家岭文化三期
784	1999	二	5362	土坑	屈家岭文化三期
785	1999	七	1127	瓮棺	屈家岭文化一期
786	1999	七	1128	瓮棺	大溪文化三期
787	1999	二	5413	瓮棺	石家河文化一期
788	1999	七	1129	瓮棺	大溪文化二期
789	1999	二	5212	土坑	屈家岭文化三期
790	1999	二	5314	土坑	屈家岭文化三期
791	1999	二	5312	土坑	屈家岭文化三期
792	2000	六	3072	瓮棺	石家河文化一期
793	2000	六	3073	瓮棺	大溪文化二期

续附表一四

墓号	发掘时间	所在区域	所在探方	墓葬类型	时代
794	2000	八	1673	瓮棺	大溪文化三期
795	2000	八	1725	瓮棺	石家河文化二期
796	2000	八	1673	土坑	石家河文化一期
798	2000	八	1673	瓮棺	大溪文化三期
799	2000	八	1674	瓮棺	大溪文化三期
800	2000	六	3173	瓮棺	石家河文化一期
801	2000	六	3172	土坑	大溪文化二期
802	2000	四	7454	土坑	大溪文化四期
803	2000	四	7453	土坑	大溪文化四期
804	2000	六	3122	土坑	大溪文化一期
805	2000	四	7404	土坑	大溪文化四期
806	2000	四	7404	土坑	大溪文化四期
807	2000	四	7404	土坑	大溪文化四期
808	2000	四	7404	土坑	大溪文化四期
809	2000	四	7452	土坑	大溪文化四期
810	2000	四	7452	土坑	大溪文化四期
811	2000	四	7452	土坑	大溪文化四期
812	2000	四	7402	土坑	屈家岭文化一期
813	2000	四	7403	土坑	屈家岭文化一期
814	2000	四	7453	土坑	大溪文化四期
815	2000	四	7403	土坑	大溪文化四期
816	2000	四	7453	土坑	大溪文化四期
817	2000	四	7453	土坑	大溪文化四期
818	2000	四	7453	土坑	大溪文化四期
819	2000	四	7453	土坑	大溪文化四期
820	2000	四	7403	土坑	大溪文化四期
821	2000	四	7402	土坑	大溪文化四期
822	2000	四	7452	土坑	大溪文化四期
823	2000	四	7454	土坑	大溪文化四期
824	2000	四	7454	土坑	大溪文化四期
825	2000	四	7454	土坑	大溪文化四期
826	2000	四	7454	土坑	大溪文化四期
827	2000	四	7404	土坑	大溪文化四期

续附表一四

墓号	发掘时间	所在区域	所在探方	墓葬类型	时代
828	2000	四	7404	土坑	大溪文化四期
829	2000	四	7403	土坑	大溪文化四期
830	2000	四	7452	土坑	大溪文化四期
831	2000	四	7502	土坑	大溪文化四期
832	2000	四	7502	土坑	大溪文化四期
833	2000	四	7502	土坑	大溪文化四期
834	2000	四	7454	瓮棺	石家河文化一期
835	2000	四	7454	瓮棺	石家河文化一期
836	2000	四	7452	土坑	屈家岭文化一期
837	2000	四	7452	土坑	大溪文化四期
838	2000	四	7452	土坑	大溪文化四期
839	2000	四	7453	瓮棺	屈家岭文化三期
840	2000	四	7404	土坑	大溪文化四期
841	2000	四	7503	土坑	大溪文化四期
842	2000	四	7452	土坑	大溪文化四期
843	2000	四	7454	土坑	大溪文化四期
844	2000	四	7503	土坑	大溪文化四期
845	2000	四	7452	土坑	屈家岭文化一期
846	2000	四	7452	土坑	大溪文化四期
847	2000	四	7402	土坑	屈家岭文化一期
848	2000	四	7403	土坑	大溪文化四期
849	2000	四	7403	土坑	大溪文化四期
850	2000	四	7402	土坑	大溪文化四期
851	2000	四	7404	土坑	大溪文化四期
852	2000	四	7403	土坑	大溪文化四期
853	2000	四	7403	土坑	屈家岭文化一期
854	2000	四	7402	土坑	屈家岭文化一期
855	2000	四	7403	土坑	大溪文化四期
856	2000	四	7404	土坑	大溪文化四期
857	2000	四	7404	土坑	大溪文化四期
858	2000	四	7404	土坑	大溪文化四期
859	2000	四	7403	土坑	大溪文化四期
860	2000	四	7454	土坑	大溪文化四期

续附表一四

墓号	发掘时间	所在区域	所在探方	墓葬类型	时代
861	2000	四	7454	土坑	大溪文化四期
862	2000	四	7402	土坑	大溪文化四期
863	2000	四	7402	土坑	屈家岭文化一期
864	2000	四	7403	土坑	大溪文化四期
865	2000	四	7403	土坑	大溪文化四期
866	2000	四	7403	土坑	大溪文化四期
867	2000	四	7453	土坑	大溪文化四期
868	2000	四	7453	土坑	大溪文化四期
869	2000	四	7454	土坑	大溪文化四期
870	2000	四	7402	土坑	大溪文化四期
871	2000	四	7452	土坑	大溪文化四期
872	2000	四	7452	土坑	大溪文化四期
873	2000	四	7452	土坑	大溪文化四期
874	2000	四	7402	瓮棺	石家河文化一期
875	2000	四	7402	瓮棺	石家河文化一期
876	2000	四	7404	土坑	大溪文化四期
877	2000	四	7404	土坑	大溪文化四期
878	2000	四	7452	土坑	大溪文化四期
879	2000	四	7403	土坑	大溪文化四期
880	2000	四	7403	土坑	大溪文化四期
881	2000	四	7453	土坑	大溪文化四期
882	2000	四	7453	土坑	大溪文化四期
883	2000	四	7454	土坑	大溪文化四期
884	2000	四	7454	土坑	大溪文化四期
885	2000	四	7402	土坑	大溪文化四期
886	2000	四	7453	土坑	大溪文化四期
887	2000	四	7453	土坑	大溪文化四期
888	2000	四	7403	土坑	大溪文化四期
889	2000	四	7404	土坑	大溪文化四期
890	2000	四	7403	土坑	大溪文化四期
891	2000	四	7403	土坑	大溪文化四期
892	2000	四	7453	土坑	大溪文化四期
893	2000	四	7452	土坑	大溪文化四期

续附表一四

墓号	发掘时间	所在区域	所在探方	墓葬类型	时代
894	2000	四	7404	土坑	大溪文化四期
895	2000	四	7404	土坑	大溪文化四期
896	2000	四	7453	土坑	大溪文化四期
897	2000	四	7453	土坑	大溪文化四期
898	2000	四	7454	土坑	大溪文化四期
899	2000	四	7454	土坑	大溪文化四期
900	2000	四	7454	土坑	大溪文化四期
901	2000	四	7402	瓮棺	大溪文化四期
902	2000	四	7404	土坑	大溪文化四期
903	2000	四	7402	土坑	大溪文化四期
904	2000	六	3123	土坑	汤家岗文化
905	2000	六	3123	土坑	汤家岗文化
906	2001	一	4305	土坑	大溪文化二期
907	2001	八	1624	瓮棺	屈家岭文化二期

附表一五 汤家岗文化墓葬登记表 单位：厘米

墓号	所在探方	分期	层位 上	层位 下	墓坑 长×宽－深	方向	葬式	随葬品	备注
904	T3123		7	8	170×110－20	270°		陶釜A型Ⅰ式1、C型Ⅱ式1，碗A型Ⅰ式1，盘A型Ⅰ式1	
905	T3123		7	8	150×80－24	275°		陶盘A型Ⅱ式1,残片,砺石1	

附表一六 大溪文化土坑墓登记表 单位：厘米

墓号	所在探方	分期	层位 上	层位 下	墓坑 长×宽－深	方向	葬式	随葬品	备注
58	T3028	一	7	9	120×52－10	125°	仰身屈肢		
59	T3028	一	7	9	130×68－17	120°			打破M67
60	T3028	一	7	9	110×50－20	101°	仰身屈肢		
61	T3028	一	7	9	102×56－11	125°	仰身屈肢		
62	T3028	一	7	9	110×48－21	120°	仰身屈肢		
63	T3078	一	4	原生土	202×120－30	90°		陶釜D型Ⅰ式1、J型Ⅰ式1	

续附表一六

墓号	所在探方	分期	层位		墓坑 长×宽－深	方向	葬式	随葬品	备注
			上	下					
64	T3077	一	8	原生土	130×50－27	285°	仰身屈肢		
65	T3076	一	8	原生土	105×55－20	280°		陶碗 D 型 I 式 1	
67	T3028	一	7	9	120×52－17	125°	仰身屈肢		被 M59 打破
73	T3127 T3128	一	8	生土	120×52－12	270°		陶釜 C 型 II 式 1，器盖 A 型 I 式 1，碗 J 型 I 式 1	
74	T3176	一	8	生土	100×54－20	105°	屈肢		
75	T3176	一	8	生土	122×60－25	100°	屈肢		
76	T3176	一	8	生土	108×42－20	100°	屈肢		
77	T3176	一	8	生土	118×48－22	100°	屈肢	陶罐 1	
78	T3177	一	8	生土	10×44－30	100°	屈肢	陶釜 D 型 II 式 1，罐 1	
79	T3127	一	8	生土	98×51－27	100°	仰身屈肢		
80	T3127	一	8	生土	98×50－21	110°	屈肢		
638	T1029	一	9	10	83×51－25	110°	侧身屈肢	陶盆 C 型 I 式 1，盖 B 型 II 式 1	
639	T1029	一	9	10	85×50－24	110°	侧身屈肢		
643	T1029	一	9	10	73×41－15	107°	仰身屈肢		
644	T1029	一	9	10	93×52－27	131°	仰身屈肢	陶釜 A 型 II 式 1	
645	T3029	一	9	10	108×51－20	122°	仰身屈肢		
646	T1030	一	9	10	98×53－27	125°	仰身屈肢	陶碗 F 型 I 式 1，器盖 A 型 I 式 1，罐 D 型 I 式 1	
647	T1030	一	9	10	100×50－27	123°	仰身屈肢		
706	T1081	一	一期城墙①	一期城墙②	198×120－50	328°	仰身直肢		
745	T3276	一	12	14	146×60－60	265°	残骨架		
746	T3276	一	12	14	160×72－10	280°		陶釜 1、碗 1、残片	
748	T3227	一	12	13	130×50－10	100°		陶罐 1、碗 1、器盖 1	
749	T3227	一	12	13	130×50－10	105°		陶残片	
751	T3079	一	12B	15	80×40－14	90°		石斧 1	

续附表一六

墓号	所在探方	分期	层位		墓　坑 长×宽－深	方向	葬式	随葬品	备注
			上	下					
761	T3225	一	10	15	85×46－14	90°		陶罐 B 型 Ⅱ 式 1、残片	
766	T3079	一	12B	15	100×50－14	100°	仰身屈肢		
768	T3179	一	13	14	78×60－14	10°		残陶片	
769	T3180	一	13	祭台 1	186×96－14	100°		残陶片	
770	T3079	一	13	祭台 1	114×48－14	122°	仰身屈肢		
771	T3081	一	12B	13	92×63－8	180°		陶碗、器盖	
772	T3179	一	13	14	75×66－8			残陶器	
773	T3080	一	13	祭台 1	106×66－30	135°	仰身屈肢		
774	T3079	一	12B	祭台 1	124×120－10	122°	仰身屈肢	牛下颌骨，鹿牙	被 H329 打破
804	T3122	一	7	8	155×46－33	87°		残陶片	
39	T3028	二	6	8	118×60－17	120°		陶盘	
649	T1030	二	8B	9	210×120－21	151°		陶釜 D 型 Ⅲ 式 1、Ⅰ 型 Ⅱ 式 1，碗 F 型 Ⅱ 式 1，盘 Q 型 Ⅱ 式 1，鼎 D 型 Ⅰ 式 1	
650	T1078	二	8A	8B	110×60－23	185°		陶碗 A 型 Ⅱ 式 1、F 型 Ⅲ 式 1；盘 G 型 Ⅰ 式 1，釜 F 型 Ⅳ 式 1	
665	T1080	二	8A	9	160×80－20	85°		陶鼎 B 型 Ⅰ 式 1，豆 B 型 1，盘 A 型 Ⅲ 式 1，盖 E 型 Ⅰ 式 1	
668	T3029	二	7	8A	78×40－20	45°	仰身直肢		
669	T3030	二	7	8B	206×80－20	90°		陶釜 M 型 1，豆 C 型 Ⅱ 式 2、B 型 1，盆 C 型 Ⅱ 式 1，碗 G 型 Ⅲ 式 1，盘 K 型 Ⅰ 式 1，盖 F 型 Ⅰ 式 1、O 型 1、Ⅰ 型 Ⅰ 式 1，盖 G 型 Ⅱ 式 1，猪牙	
670	T3030	二	7	8B	145×58－22	90°		陶豆 A 型 Ⅲ 式 1	
671	T3030	二	7	8B	90×50－20	90°	侧身屈肢	陶釜 J 型 Ⅲ 式 1	
672	T3030	二	7	8B	75×63－22	90°		陶罐、杯	
673	T3030	二	7	8B	70×60－20	90°		陶碗 B 型 Ⅲ 式 1，盘 K 型 Ⅰ 式	
674	T1078	二	7	8A	90×60－25	120°		陶罐 2	
676	T3029	二	7	8B	90×60－30	90°		陶盘 F 型 Ⅰ 式 1	

续附表一六

墓号	所在探方	分期	层位 上	层位 下	墓　坑 长×宽－深	方向	葬式	随葬品	备注
678	T3030	二	7	8B	250×110－20	90°	仰身直肢	陶釜 H 型 III 式 1、豆 A 型 I 式 2、A 型 II 式 2、B 型、C 型 II 式 2，鼎 C 型 I 式 1，碗 D 型 II 式 1、R 型 1，盘 D 型 II 式 1、E 型 II 式 2、E 型 III 式 1，器盖 F 型 I 式 5、G 型 I 式 1、G 型 II 式 2、G 型 III 式 2；玉璜 2	
679	T3030	二	7	8B	240×94－23	90°		陶豆 D 型 II 式 1，杯 B 型 1、C 型 II 式 1，盘 A 型 II 式 1、E 型 II 式 1、I 型 I 式 1，器盖 H 型 I 式，罐 F 型 V 式 4；砺石	
680	T3030	二	7	8B	224×80－24	90°		陶盘 H 型 I 式 1、F 型 II 式 1、F 型 III 式 1，豆 A 型 II 式 1、D 型 I 式 2，杯 A 型 1、C 型 I 式 1，器盖 F 型 I 式 1、G 型 IV 式 1，玉玦，石片，燧石器	
681	T3030	二	7	8B	106×残 20－25	90°	侧身屈肢		
682	T3030	二	7	8B	102×30－20	90°	侧身屈肢		
688	T3030	二	7	8A	120×30－20	90°	侧身屈肢		
689	T3030	二	7	8A	165×75－20	90°	侧身屈肢	陶釜 J 型 III 式 1，豆 D 型 II 式 1，器盖 C 型 II 式 1；石鼻塞	
690	T3030	二	7	8B	125×68－25	90°	侧身屈肢		
691	T3030	二	7	8A	160×68－17	270°	侧身屈肢	陶盘 L 型 II 式 1	
692	T3031	二	7	8B	86×65－15	11°		陶碗 E 型 II 式 1、H 型 I 式 1	
693	T3030	二	7	8A	110×65－20	8°		陶釜 H 型 III 式 1，碗 E 型 III 式 1，盖 C 型 III 式 1	
699	T3028	二	7	8A	105×75－22	87°		豆 C 型 II 式 1	
700	T3029	二	7	8B	残 60×40－25	90°	侧身屈肢		
705	T1080	二	7	8	180×90－20	46°		陶碗 B 型 III 式 1，盘 A 型 IV 式 1、H 型 II 式 1	
721	T3226	二	8A	9	110×60－15	90°		陶器盖 K 型 II 式 1，球 A 型 1	

续附表一六

墓号	所在探方	分期	层位		墓坑	方向	葬式	随葬品	备注
			上	下	长×宽－深				
723	T3226	二	9	10	130×40－45	105°	仰身屈肢		
724	T3275	二	F74	8C	120×78－10	100	侧身屈肢	陶釜残片	被H283打破
725	T3226	二	9	10	106×54－14	110°	仰身屈肢		
727	T3325	二	9	10	112×54－30	60°		残陶片	
728	T3226	二	9	10	90×40－30	100°		残陶片	
729	T3080	二	10	11	115×65－10	92°	侧身屈肢		
730	T3275	二	8C	10	130×60－25	100°		残陶片	
735	T3131	二	7	8A	84×43－16	90°		陶钵D型I式1	
736	T3080	二	10	11	104×53－10	90°	侧身屈肢	石斧1、砺石1	
737	T3080	二	10	11	90×50－10	135°	侧身屈肢		
738	T3080	二	10	11	135×53－10	90°		残陶片	
739	T3080	二	10	11	110×70－20	95°		陶釜N型1、J型II式1,钵E型III式1,碗E型IV式1,盘A型I式1、E型II式1、K型I式1,器盖F型I式1、G型3,杯D型1、G型1,纺轮D型I式1,残片	
740	T3225	二	9	11	114×74－25	282°		绿松石粒	
741	T3079	二	10	11	112×70－10	90°	侧身屈肢		
742	T3080	二	10	11	108×30－30	90°	侧身屈肢	陶鼎C型II式	
744	T3179	二	9B	10	120×80－45	111°		残陶器	
747	T3275	二	9	14	60×60－10	115°		陶釜H型IV式2	
750	T3080	二	12B	12C	94×64－10	90°		陶碗B型III式1	
756	T3225	二	9	10	136×85－20	90°		陶釜G型I式1	
758	T3129	二	12B	14	84×72－22	340°		陶釜J型IV式1、L型II式1	
764	T3179	二	12C	祭台1	93×80－17			残陶片	被H326打破
765	T3080	二	12B	12C	108×48－10	100°	侧身屈肢		
775	T3179	二	12B	生土	90×50－20	4°		陶罐F型IV式1	
801	T3172	二	6	7	80×50－20	180°		陶罐D型II式1	

续附表一六

墓号	所在探方	分期	层位 上	层位 下	墓坑 长×宽－深	方向	葬式	随葬品	备注
906	T4305	二	7	10	83×84－20			陶豆 C 型 Ⅱ 式 1、C 型 Ⅳ 式 1、D 型 Ⅳ 式 1、E 型 Ⅱ 式 1，盘 A 型 Ⅱ 式 1、D 型 Ⅰ 式 1、E 型 Ⅱ 式 3，钵 E 型 Ⅳ 式 1，器盖 F 型 Ⅱ 式 3、F 型 Ⅲ 式 1、H 型 Ⅱ 式 1、Q 型 1，器座 A 型 Ⅰ 式 1、B 型 Ⅱ 式 1、C 型 Ⅰ 式 1，豆圈足 2；石斧 1	
32	T3175	三	3	4	90×60－40	315°		陶器圈足 1	
657	T3029	三	6	7	112×75－22	90°	侧身屈肢		
661	T3030	三	6	7	110×60－10	100°		陶碗 D 型 Ⅲ 式 1	
662	T1078	三	6	7	120×20－30	88°			
666	T3030	三	6	8	120×76－20	89°	仰身屈肢		
722	T3180	三	4B	8	165×85－22	350°		陶盘 C 型 1，碗 F 型 Ⅳ 式 3，器盖 A 型 Ⅴ 式 1，卵石 1	
157	T7401	四	3	4	90×50－18	305°		陶鼎 G 型 Ⅱ 式 1，簋 B 型 Ⅰ 式 1、B 型 Ⅳ 式 1	
299	T7351	四	10	17	110×44－27	270°		陶壶 Ⅰ 型 Ⅳ 式 1，豆 N 型 1，鼎 E 型 Ⅲ 式 1、G 型 Ⅱ 式 1，瓶 E 型 Ⅲ 式 1，杯 H 型 1，簋 G 型 Ⅰ 式 1、L 型 Ⅱ 式 1	
318	T1451	四	10	17	76×53－21	90°		陶豆 L 型 Ⅳ 式 1，曲腹杯 B 型 Ⅵ 式 1、C 型 Ⅱ 式 1，罐 W 型 1，簋 D 型 Ⅲ 式 1、E 型 1，器盖 D 型 Ⅳ 式 1	
388	T7401	四	15	17	72×56－20	0°		陶鼎 G 型 Ⅱ 式 1、E 型 Ⅳ 式 1，豆 G 型 Ⅱ 式 1，壶 L 型 Ⅴ 式 1，器盖 M 型 Ⅱ 式 2	
389	T7401	四	16	17	58×25－15	5°		陶鼎 F 型 Ⅱ 式 1，曲腹杯 B 型 Ⅶ 式 1	
391	T7351	四	16	17	98×87－13	90°		陶鼎 F 型 Ⅱ 式 1，豆 G 型 Ⅰ 式 1、G 型 Ⅴ 式 1，壶 H 型 Ⅲ 式 1，罐 L 型 Ⅶ 式 1、M 型 Ⅱ 式 1，簋 A 型 Ⅲ 式 1	

续附表一六

| 墓号 | 所在探方 | 分期 | 层位 | | 墓坑 | 方向 | 葬式 | 随葬品 | 备注 |
			上	下	长×宽－深				
406	T7401	四	16	17	71×50－13	142°		陶鼎G型Ⅰ式2	
427	T1452	四	16	17	60×32－10	90°		陶曲腹杯B型Ⅴ式1，篮A型Ⅲ式1	
444	T7401	四	16	17	142×62－14	132°		陶鼎H型1，壶H型Ⅱ式1，罐K型Ⅷ式1、P型Ⅱ式1，盖M型Ⅱ式1、L型Ⅱ式1	
445	T7401	四	16	17	120×70－20	70°		陶鼎E型Ⅲ式1，F型Ⅳ式1，壶H型Ⅰ式1、Ⅳ式1、Ⅴ式1，篮A型Ⅱ式1、B型Ⅲ式2	
447	T7401	四	16	17	68×42－17	271°		陶鼎E型Ⅳ式1、G型Ⅲ式1，豆K型2，罐K型Ⅱ式1	
457	T7401	四	16	17	残53×68－20	90°		陶鼎L型1，豆L型Ⅲ式1，壶D型Ⅱ式1；石锛H型1	
459	T7451	四	16	17	70×42－18	93°		陶鼎F型Ⅲ式1，瓶D型Ⅲ式1、D型Ⅵ式1、F型Ⅱ式1，器盖M型Ⅰ式1	
468	T7451	四	16	17	残74×残20－20	90°		陶鼎E型Ⅲ式1，豆J型Ⅰ式1，壶Ⅰ型Ⅱ式1，篮L型Ⅱ式1，碗Q型Ⅳ式1	
469	T7451	四	16	17	52×40－14	90°		陶壶C型Ⅲ式1，瓶D型Ⅳ式1，纺轮B型Ⅲ式1	
470	T7451	四	16	17	62×50－14	90°		陶壶H型Ⅳ式1	
472	T7451	四	16	17	70×40－16	90°		陶釜L型Ⅴ式1，罐L型Ⅲ式1，碗Q型Ⅲ式1，曲腹杯F型1	
494	T1451	四	16	17	残40×残20－16	0°		陶豆L型Ⅳ式1	
499	T7401	四	16	17	150×36－10	94°		陶瓶D型Ⅱ式1、F型Ⅱ式1	
557	T1402	四	16	17	135×86－25	104°		陶篮D型Ⅳ式1，碗N型1	
577	T7404	四	10	17	140×60－19	300°		陶罐N型1，壶C型Ⅱ式1，篮D型Ⅳ式1，盖J型Ⅲ式1	

续附表一六

墓号	所在探方	分期	层位 上	层位 下	墓　坑 长×宽－深	方向	葬式	随葬品	备注
597	T1351	四	16	17	124×60－25	274°		陶豆 J 型Ⅲ式 1、R 型Ⅵ式 1，鼎 G 型Ⅱ式 2	
603	T7351	四	16	17	110×60－15	90°		陶器座 D 型Ⅱ式 1	
614	T7451	四	16	17	120×83－60	90°		陶釜 L 型Ⅳ式 1	
616	T7401	四	16	17	200×77－30	81°		陶壶 H 型Ⅱ式 1，杯 E 型Ⅰ式 1	
619	T7401	四	16	17	100×40－28	90°		陶鼎 E 型Ⅴ式 1，罐 L 型Ⅵ式 1，簋 C 型Ⅲ式 1，碗 Q 型Ⅱ式 1，盖 J 型Ⅲ式 2	
620	T7401	四	16	17	残 100×70－32	180°		陶豆 M 型Ⅰ式 1、R 型Ⅱ式 1、R 型Ⅳ式 1，壶 A 型Ⅲ式 1，盖 J 型Ⅱ式 1	
623	T7401	四	16	17	124×69－30	122°		陶鼎 G 型Ⅱ式 1，罐 L 型Ⅳ式 2，壶 H 型Ⅴ式 1，碗 P 型Ⅳ式 1，杯 D 型Ⅱ式 1，器盖 J 型Ⅲ式 2；石锛 1	
626	T7401	四	16	17	121×52－30	101°		陶鼎 F 型Ⅲ式 1，豆 S 型Ⅰ式 1，罐 K 型Ⅺ式 1	
708	T3226	四	5B	7	160×70－22	85°		陶盆 B 型Ⅱ式 1	
802	T7454	四	4A	5	105×70－20	98°		陶鼎 G 型Ⅰ式 1，壶 A 型Ⅱ式 1，豆 L 型Ⅲ式 1，三联罐 1，碗 M 型Ⅱ式；石锛 G 型Ⅱ式 1，凿 B 型Ⅱ式 1，器盖 M 型Ⅰ式 1	
803	T7453	四	4A	5	120×68－20	195°		陶罐 E 型Ⅰ式 1，豆 R 型Ⅲ式 1、L 型Ⅲ式 1、M 型 1，曲腹杯 B 型Ⅲ式 1；石钺 B 型Ⅱ式 1	
805	T7404	四	3	4A	90×50－15			陶罐 M 型Ⅲ式 1，豆 H 型Ⅱ式 1；石锛 F 型Ⅱ式 1、F 型Ⅲ式 1	
806	T7404	四	3	4A	100×70－20			陶鼎 G 型Ⅱ式 1，豆 H 型Ⅱ式 1、R 型Ⅲ式 2，簋 A 型Ⅲ式 1、C 型Ⅱ式 1，器盖 J 型Ⅳ式 1	

续附表一六

墓号	所在探方	分期	层位 上	层位 下	墓坑 长×宽－深	方向	葬式	随葬品	备注
807	T7404	四	3	4A	90×60－15			陶豆O型Ⅱ式2，罐Q型1，簋D型Ⅱ式1，器盖L型Ⅳ式1	
808	T7404	四	3	4A	92×50－17			陶壶K型Ⅶ式1，簋A型Ⅲ式1，罐K型Ⅶ式1，碗Q型Ⅱ式1，器盖J型Ⅳ式1	
809	T7452	四	2A	3	116×66－15	295°		陶鼎G型Ⅲ式1、E型Ⅳ式1，豆J型Ⅱ式1，簋H型Ⅰ式1、M型1，曲腹杯D型Ⅰ式1，甑C型Ⅰ式1；石斧E型Ⅳ式1	
810	T7452	四	3	4A	120×65－22	27°		陶豆L型Ⅱ式1、L型Ⅴ式1、T型1、R型Ⅳ式1，鼎Ⅰ型1，壶B型Ⅱ式1、L型Ⅲ式1，曲腹杯C型Ⅰ式1，甑B型Ⅱ式1，器盖D型式Ⅳ式1；石斧E型Ⅳ式1，凿C型Ⅱ式1	
811	T7452	四	2A	3	100×60－30	90°		陶碗R型Ⅱ式2，石锛G型Ⅰ式1	
814	T7453	四	3	4A	90×75－15	150°		陶壶H型Ⅳ式1、L型Ⅱ式1，杯E型Ⅱ式1，簋G型Ⅲ式1，碗S型Ⅳ式1，器盖N型Ⅰ式1	
815	T7403	四	3	4A	105×53－20	45°		陶豆G型Ⅲ式2，鼎H型Ⅲ式2，壶M型Ⅴ式1、O型Ⅱ式1，瓶A型Ⅱ式1，碗Q型Ⅳ式1；石凿C型Ⅲ式1	
816	T7453	四	3	4A	120×56－20	150°		陶豆R型Ⅲ式1，壶A型Ⅰ式1，碗P型Ⅰ式1，杯B型Ⅰ式1，瓶A型Ⅱ式1，罐P型Ⅰ式2，器盖D型Ⅳ式1	
817	T7453	四	3	4A	115×60－30	76°		陶豆H型Ⅰ式1、S型Ⅲ式1，壶F型1、Ⅰ型Ⅱ式1，曲腹杯B型Ⅳ式1，瓶E型Ⅱ式1，器盖A型Ⅵ式1	

续附表一六

墓号	所在探方	分期	层位		墓　坑 长×宽－深	方向	葬式	随葬品	备注
			上	下					
818	T7453	四	3	4A	85×53－30	25°		陶鼎 G 型Ⅱ式 1，瓶 D 型Ⅳ式 1，壶 I 型Ⅱ式 1、H 型Ⅳ式 1，簋 A 型Ⅱ式 1	
819	T7453	四	3	4A	95×55－25	310°		陶鼎 G 型Ⅲ式 1，簋 G 型 I 式 1，瓶 A 型Ⅴ式 1，器盖 J 型Ⅴ式 1	
820	T7403	四	3	4A	140×65－25	80°		陶鼎 G 型 I 式 1，豆 I 型 I 式 1、L 型 I 式 1、M 型 1，壶 L 型Ⅱ式 1	
821	T7402	四	3	4A	80×64－40	90°		陶鼎 G 型 I 式 1，罐 L 型Ⅶ式 1、E 型Ⅱ式 1，簋 J 型Ⅱ式 1，瓶 F 型Ⅲ式 1，碗 Q 型Ⅵ式 1，罐 E 型Ⅴ式 1，甑 E 型 1，器盖 M 型Ⅱ式 1，纺轮 F 型Ⅲ式 1	
822	T7452	四	3	4A	120×55－18	112°		陶豆 F 型Ⅳ式 1，壶 B 型 I 式 1，盘 C 型 1、D 型Ⅴ式 1，簋 C 型 I 式 1，曲腹杯 B 型Ⅱ式 1，器盖 M 型Ⅱ式 1	
823	T7454	四	3	4A	125×75－25	37°		陶鼎 F 型Ⅲ式 2，豆 F 型Ⅳ式 1，簋 G 型Ⅱ式 1，瓶 A 型Ⅲ式 1，罐 U 型 1，钵 D 型Ⅴ式 1，器盖 A 型Ⅶ式 1，碗 Q 型Ⅴ式 1；石斧 E 型Ⅳ式 1，凿 C 型Ⅲ式 1	
824	T7454	四	3	4A	82×55－25	322°		陶罐 R 型Ⅳ式 1，石斧 C 型Ⅳ式 1	
825	T7454	四	3	4A	100×60－20	65°		陶瓶 D 型Ⅲ式 1	
826	T7454	四	3	4A	100×50－15	350°		陶簋 A 型Ⅱ式 1，瓶 D 型 I 式 1、Q 型Ⅴ式 1	
827	T7404	四	3	4A	123×70－20	295°		陶豆 H 型 I 式 1，壶 A 型Ⅳ式 1，碗 M 型 I 式 1，器盖 D 型Ⅴ式 1，纺轮 B 型Ⅶ式 1	
828	T7404	四	3	4A	93×75－20	105°		陶豆 F 型Ⅳ式 1、L 型Ⅵ式 1、S 型Ⅲ式 1，壶 A 型Ⅲ式 1；石斧 B 型Ⅲ式 1，锛 H 型 1	

续附表一六

墓号	所在探方	分期	层位		墓　坑 长×宽－深	方向	葬式	随葬品	备注
			上	下					
829	T7403	四	3	4A	100×50－18	10°		陶豆 L 型Ⅲ式 1、S 型Ⅰ式 1，壶 A 型Ⅲ式 1，簋 D 型Ⅰ式 1	
830	T7452	四	2B	3	124×64－10	90°		陶壶Ⅰ型Ⅲ式 1，纺轮 B 型Ⅳ式 1；石斧 D 型Ⅳ式 1	
831	T7502	四	2B	3	182×80－12	60°		陶鼎 E 型Ⅳ式 1、G 型Ⅱ式 1，瓶 E 型Ⅲ式 1，碗 P 型Ⅲ式 1	
832	T7502	四	2B	3	172×82－20	65°		陶鼎 1	
833	T7502	四	2B	3	150×70－10	89°		陶鼎 F 型Ⅳ式 1、K 型 1，豆 L 型Ⅱ式 1	
837	T7452	四	2B	3	80×60－15	275°		陶釜 G 型Ⅳ式 1、簋 H 型Ⅱ式 1、J 型Ⅱ式 1，瓶 D 型Ⅴ式 1；石凿 D 型Ⅲ式 1	
838	T7452	四	2B	3	80×64－10	275°		陶鼎 E 型Ⅳ式 1、F 型Ⅲ式 1，豆 J 型Ⅲ式 1，罐 L 型Ⅴ式 1，碗 Q 型Ⅳ式 1	
840	T7404	四	2B	3	150×65－17	270°		陶鼎 G 型Ⅲ式 1，簋 D 型Ⅱ式 1，豆 G 型Ⅲ式 1	
841	T7503	四	2B	3	155×60－27	276°		陶鼎 1、簋 1	
842	T7452	四	2B	3	80×64－10	275°		陶鼎 F 型Ⅱ式 1，瓶 E 型Ⅳ式 1，碗 P 型Ⅱ式 1，盘 O 型 1，盖 M 型Ⅱ式 1	
843	T7454	四	2A	3	120×56－15	278°		陶簋 A 型Ⅰ式 1、A 型Ⅱ式 2，瓶 B 型Ⅱ式 1，曲腹杯 C 型Ⅲ式 2，器盖 J 型Ⅳ式 1	
844	T7503	四	2B	3	112×52－30	305°		陶鼎 D 型Ⅲ式 1，豆 L 型Ⅰ式 1，壶 K 型Ⅱ式 1	
846	T7452	四	2B	3	146×70－26	135°		陶豆 G 型Ⅴ式 1，壶 J 型 1，碗 P 型Ⅱ式 1、Q 型Ⅶ式 1，瓶 D 型Ⅵ式 1、F 型Ⅲ式 2，石凿 B 型Ⅲ式 1	
848	T7403	四	2B	3	80×50－20	18°		陶簋 C 型Ⅱ式 1，瓶 E 型Ⅳ式 1	

续附表一六

墓号	所在探方	分期	层位 上	层位 下	墓坑 长×宽－深	方向	葬式	随葬品	备注
849	T7403	四	2B	3	84×55－20	18°		陶鼎 E 型 II 式 1、G 型 I 式 1，壶 L 型 I 式 1，罐 K 型 IV 式 1，簋 E 型 I 式 1	
850	T7402	四	2B	3	124×70－20	45°		陶鼎 F 型 II 式 1、F 型 III 式 2，壶 C 型 III 式 1，罐 K 型 IX 式 1，杯 C 型 III 式 1，曲腹杯 E 型 2，器盖 J 型 III 式 1	
851	T7404	四	2B	3	110×56－25	80°		陶豆 L 型 VI 式 1，石环 C 型 6、D 型 1	
852	T7403	四	2B	3	115×60－20	280°		陶豆 L 型 VI 式 1；石斧 B 型 IV 式 1，凿 D 型 III 式 1	
855	T7403	四	2B	3	114×70－30	285°		陶鼎 E 型 I 式 1，豆 G 型 IV 式 1，罐 K 型 V 式 1、L 型 IV 式 1、O 型 IV 式 1，簋 H 型 II 式 1，曲腹杯 D 型 II 式 1，器盖 J 型 IV 式 1	
856	T7404	四	2B	3	110×65－25	270°		陶鼎 G 型 II 式 1，壶 L 型 II 式 1，罐 K 型 IV 式 1，簋 E 型 I 式 1，碗 L 型 II 式 1	
857	T7404	四	1	3	90×60－15	270°		陶壶 I 型 I 式 1、IV 式 1	
858	T7404	四	2B	3	114×54－20	283°		陶鼎 G 型 II 式 1、G 型 III 式 1，瓶 F 型 I 式 1	
859	T7403	四	2A	3	110×50－30	352°		陶鼎 G 型 II 式 1，豆 H 型 II 式 1，壶 G 型 1，瓶 D 型 VI 式 1，纺轮 B 型 IV 式 1；石环 A 型 4、B 型 4	
860	T7454	四	2A	3	114×64－20	278°		陶鼎 F 型 IV 式 1，罐 L 型 II 式 1，簋 A 型 II 式 1、I 型 III 式 1，瓶 D 型 IV 式 1，碗 Q 型 IV 式 1	
861	T7454	四	2A	3	102×64－20	95°		陶豆 R 型 I 式 1，壶 B 型 II 式 1、K 型 II 式 1，盘 D 型 IV 式 1	
862	T7402	四	2B	3	94×56－20	30°		陶鼎 F 型 V 式 1，瓶 E 型 II 式 1	

续附表一六

墓号	所在探方	分期	层位 上	层位 下	墓　坑 长×宽－深	方向	葬式	随葬品	备注
864	T7403	四	2B	3	106×56－22	10°		陶壶 H 型Ⅳ式 1，碗 Q 型 Ⅱ式 1	
865	T7403	四	2B	3	93×52－20	260°		陶瓶 E 型Ⅰ式 1	
866	T7403	四	2B	3	118×65－24	285°		陶鼎 G 型Ⅰ式 1、G 型Ⅲ式 1、E 型Ⅲ式 1，豆 S 型Ⅱ式 1、T 型 1，簋 G 型Ⅲ式 1，瓶 A 型Ⅰ式 1，罐 K 型Ⅰ式 1，碗 Q 型Ⅳ式 1，甑 C 型 Ⅳ式 1，盖 J 型Ⅳ式 2	
867	T7453	四	2B	3	120×58－28	43°		陶鼎 E 型Ⅳ式 1、E 型Ⅴ式 1，簋 A 型Ⅳ式 1	
868	T7453	四	2B	3	110×56－25	278°		陶瓶 A 型Ⅳ式 1，碗 Q 型Ⅳ 式 2	
869	T7454	四	2A	3	94×58－40	10°		陶鼎 H 型 1，壶ⅠⅠ型Ⅲ式 1，瓶 B 型Ⅰ式 1，曲腹杯 C 型Ⅰ式 1、C 型Ⅱ式 1，簋 B 型Ⅰ式 1，豆 T 型 1，碗 Q 型Ⅱ式 1，罐 V 型 1，器盖 J 型Ⅲ式 2、J 型Ⅴ式 1；石 网坠 C 型 1，锛 F 型Ⅰ式 1	被 H490 打破
870	T7402	四	2B	3	84×60－40	30°		陶釜 G 型Ⅳ式 1，豆 L 型Ⅴ 式 1	
871	T7452	四	2A	3	166×66－32	97°		陶豆 T 型 1，壶 H 型Ⅰ式 1，罐 K 型Ⅵ式 3、L 型Ⅴ 式 1，瓶 C 型Ⅲ式 1、D 型 Ⅱ式 1，簋 K 型Ⅱ式 1、Ⅰ 型Ⅳ式 1，碗 Q 型Ⅳ式 1、Ⅴ式 2，器盖 J 型Ⅲ式 1、J 型Ⅱ式 1，纺轮 B 型Ⅲ式 2、B 型Ⅵ式 1	
872	T7452	四	2A	3	106×74－20	310°		陶豆 G 型Ⅲ式 1，罐 L 型Ⅷ 式 1，簋 J 型Ⅰ式 1，瓶 D 型Ⅲ式 1，器盖 J 型Ⅴ式 1	
873	T7452	四	2A	3	100×60－26	332°		陶鼎 E 型Ⅲ式 1、H 型 1；罐 M 型Ⅰ式 1	

续附表一六

墓号	所在探方	分期	层位 上	层位 下	墓坑 长×宽－深	方向	葬式	随葬品	备注
876	T7404	四	1	3	90×54－18	290°		陶鼎 F 型 Ⅳ式 1，壶 E 型 1，簋 A 型 Ⅱ式 1、L 型 Ⅲ式 1；石凿 D 型 Ⅲ式 1	
877	T7404	四	2B	3	110×56－15	276°		陶鼎 E 型 Ⅶ式 1，杯 E 型 Ⅱ式 1，簋 F 型 Ⅰ式 1	
878	T7452	四	3	4A	130×66－15	357°		陶鼎 J 型 1，豆 P 型、R 型 Ⅵ式 1；石斧 E 型 Ⅳ式 1	
879	T7403	四	2B	3	96×50－20	? 232°		陶鼎 G 型 Ⅲ式 1，豆 O 型 Ⅰ式 1、R 型 Ⅲ式 1，壶 L 型 Ⅰ式 1，罐 M 型 Ⅱ式 1；石斧 F 型 Ⅳ式 1	
880	T7403	四	2B	3	94×50－20	325°		陶簋 A 型 Ⅳ式 1，甑 C 型 Ⅲ式 1	
881	T7453	四	2B	3	120×70－22	102°		陶鼎 E 型 Ⅰ式 1、G 型 Ⅲ式 1，豆 G 型 Ⅳ式 1，簋 C 型 Ⅱ式 1，碗 L 型 Ⅰ式 1	
882	T7453	四	3	4A	92×62－20	90°		陶盘 1、碗 1、壶 1	
883	T7454	四	3	4A	82×50－10	65°		陶罐 K 型 Ⅱ式 1，簋 K 型 Ⅰ式 1，碗 P 型 Ⅲ式 1	
884	T7454	四	3	4A	120×60－15	90°		陶鼎 E 型 Ⅱ式 1，罐 M 型 Ⅰ式 1、L 型 Ⅱ式 1，豆 L 型 Ⅳ式 1，瓶 E 型 Ⅲ式 1，簋 B 型 Ⅱ式 1	
885	T7402	四	3	4A	95×60－20	90°		陶罐 L 型 Ⅵ式 1，豆 G 型 Ⅱ式 1，簋 B 型 Ⅰ式 1，瓶 A 型 Ⅱ式 1，碗 Q 型 Ⅱ式 1；有肩石锛 F 型 Ⅱ式 1	
886	T7453	四	2A	3	100×55－25	310°		陶鼎 F 型 Ⅴ式 1，豆 G 型 Ⅴ式 1，罐 K 型 Ⅱ式 1、I 型 Ⅲ式 1，壶 I 型 Ⅱ式 1，碗 Q 型 Ⅳ式 1，甑 D 型 1，器盖 C 型 Ⅵ式 1，纺轮 B 型 Ⅳ式 1	
887	T7453	四	3	4A	92×70－35	306°		陶豆 O 型 Ⅳ式 1、R 型 Ⅵ式 1，壶 C 型 Ⅰ式 1、I 型 Ⅰ式 1，杯 F 型 Ⅱ式 1，罐 T 型 1，器盖 M 型 Ⅰ式 1	

续附表一六

墓号	所在探方	分期	层位 上	层位 下	墓 坑 长×宽－深	方向	葬式	随葬品	备注
888	T7403	四	3	4A	160×74－18	108°	仰身直肢	陶豆L型Ⅲ式1、R型Ⅴ式2、S型Ⅱ式1，壶K型Ⅰ式1，曲腹杯B型Ⅰ式1，盆B型Ⅲ式1，釜G型Ⅳ式1；石斧A型Ⅴ式2、锛H型1，钺A型1，凿D型Ⅱ式1	
889	T7404	四	3	4A	80×50－22	90°		陶豆G型Ⅱ式1，罐K型Ⅲ式1，碗L型Ⅰ式1；石塞1	
890	T7403	四	3	4A	126×56－20	79°		陶鼎E型Ⅵ式1，壶L型Ⅲ式1、L型Ⅶ式1，曲腹杯B型Ⅴ式1，器盖M型Ⅲ式1，纺轮B型Ⅴ式1；石凿C型式Ⅱ式1	
891	T7403	四	2B	3	112×60－30	103°		陶豆L型Ⅱ式1、S型Ⅱ式1，壶A型Ⅱ式1，罐P型Ⅱ式1；石斧F型Ⅱ式1，凿C型Ⅱ式1	
892	T7453	四	3	4A	85×50－50	158°		陶豆F型Ⅳ式1、R型Ⅳ式1	
893	T7452	四	3	4A	145×65－20	110°		陶壶A型Ⅱ式1；石钺B型Ⅰ式1，石凿E型1	
894	T7404	四	3	4A	176×70－30	110°		陶鼎D型Ⅴ式1、F型Ⅰ式1，豆L型Ⅲ式1、R型Ⅱ式1，曲腹杯A型1，器盖A型Ⅵ式1；石斧H型1，钺B型Ⅲ式1，凿F型1	
895	T7404	四	3	4A	120×65－30	100°		陶鼎G型Ⅱ式1、F型Ⅳ式1，罐L型Ⅱ式1，簋A型Ⅱ式1、L型Ⅰ式1，瓶F型Ⅰ式1，甑C型Ⅱ式1，器盖L型Ⅰ式1	
896	T7453	四	4A	5	103×80－20	8°		陶簋F型Ⅱ式1，瓶C型Ⅱ式1，器盖L型Ⅲ式1；石斧E型Ⅳ式1，凿C型Ⅱ式1、C型Ⅲ式2	

续附表一六

墓号	所在探方	分期	层位		墓　坑 长×宽－深	方向	葬式	随葬品	备注
			上	下					
897	T7453	四	3	4A	95×63－30	195°		陶豆 R 型 V 式 1，杯 E 型 I 式 1；石铲 A 型 III 式 1	
898	T7454	四	4A	5	100×70－25	340°		陶豆 L 型 II 式 1，壶 A 型 III 式 1；石锛 A 型 IV 式 1	
899	T7454	四	4A	5	120×65－30	100°		陶鼎 G 型 I 式 1，豆 R 型 IV 式 1	
900	T7454	四	4A	5	165×76－25	113°	仰身屈肢	陶鼎 D 型 IV 式 1，豆 L 型 III 式 1、R 型 II 式 1，壶 A 型 II 式 1，器盖 C 型 V 式 1、L 型 II 式 1；石锛 G 型 II 式 1	
902	T7404	四	3	4A	80×50－52	15°		陶豆 R 型 II 式 1，壶 K 型 I 式 1，器盖 L 型 III 式 1	
903	T7402	四	3	4	90×70－40	360°		陶豆 R 型 III 式 1、M 型 2，壶 A 型 I 式 1，瓶 C 型 I 式 1，甑 B 型 I 式 1	

附表一七　　　　　　　　　　大溪文化瓮棺葬登记表　　　　　　　　单位：厘米

墓号	所在探方	分期	层位		形　状	尺寸		葬具	随葬品	备注
			上	下		径	深			
41	T3027	一	7	8	圆形	70	35	陶钵 B 型 I 式 2、釜 H 型 I 式 1，罐 A 型 III 式 1		
42	T3076	一	7	8	圆形	72	18	陶罐 1		
43	T3028	一	7	8	圆形	54	17	陶釜 1		
44	T3078	一	7	8	圆形	56	20	陶釜 E 型 II 式 1		
45	T3178	一	7	8	圆形	65	31	陶釜 1		
48	T3176	一	7	8	圆形	50	38	陶釜 1		
49	T3176	一	7	8	圆形	60	23	陶釜 1		
50	T3176	一	7	8	圆形	44	34	陶钵 B 型 II 式 1，罐 A 型 IV 式 1		
51	T3176	一	7	8	圆形	40	25	陶罐 1		

续附表一七

墓号	所在探方	分期	层位		形　状	尺寸		葬具	随葬品	备注
			上	下		径	深			
52	T3176	一	7	8	圆形	68	9	陶釜1		
53	T3176	一	7	8	圆形	80	27	陶釜1		
54	T3176	一	7	8	圆形	43	28	陶钵B型I式1		
55	T3176	一	7	8	圆形	54	17	陶釜1		
56	T3176	一	7	8	圆形	58	21	陶釜1		
57	T3176	一	7	8	圆形	15	12	陶釜1		
66	T3128	一	7	8	圆形	105	23	陶碗O型I式1		
68	T3176	一	7	8	圆形	80	35	陶钵B型I式1		
69	T3128	一	9	生土	圆形	65	32	陶罐1、器盖1		
70	T3128	一	9	生土	圆形	78	38	陶盖B型I式1，釜P型1		
71	T3178	一	9	生土	圆形	32	19	陶钵A型III式1		
72	T3176	一	9	生土	圆形	26	18	陶钵B型I式1		
641	T1028	一	9	10	圆形	35	25	陶釜J型I式1，钵G型1		
642	T1028	一	9	10	圆形	30	22	陶釜B型I式1，钵A型III式1		
702	T1080	一	11	12	圆形	65	25	陶釜1		
703	T1031	一	11	12	圆形	65	25	陶釜1		
743	T3327	一	10	12	圆形	56	25	陶釜1		
754	T3180	一	12B	13	圆形	80	20	陶釜H型I式1、L型I式1，碗G型I式1		
763	T3129	一	13	15	圆形	80	12	陶釜H型I式1、J型I式2，罐H型1		
767	T3080	一	12C	13	圆形	56	18			
22	T3128	二	4	5	圆形	70	35	陶钵B型III式2		
23	T3027	二	4	5	圆形	72	18	陶罐1		
24	T3176	二	4	5	圆形	54	17	陶釜1		

续附表一七

墓号	所在探方	分期	层位		形　状	尺寸		葬具	随葬品	备注
			上	下		径	深			
25	T3176	二	4	5	圆形	58	21	陶釜1		
29	T3025	二	4	5	圆形	50	38	陶釜1		
34	T3026	二	4	5	圆形	40	25	陶罐1		
35	T3028	二	4	5	圆形	68	9	陶釜1、瓮E1		
36	T3178	二	4	5	圆形	42	26	陶釜O型Ⅰ式1	豆B型，器盖G型Ⅱ式	
37	T3026	二	5	6	圆形	56	23	陶罐C型Ⅱ式1		
38	T3028	二	5	6	圆形	70	50	陶钵C型Ⅰ式1，釜B型Ⅳ式1		
40	T3176	二	5	6	圆形	42	31	陶罐1，钵1		
47	T3125	二	5	6	圆形	68	21	陶瓮A型Ⅲ式1		
648	T1031	二	7	8	圆形	76	56	陶瓮1		
667	T3029	二	7	8A	圆形	48	35	陶钵A型Ⅳ式1		
677	T3029	二	7	8A	圆形	60	36	陶釜B型Ⅱ式1，钵A型Ⅳ式1		
683	T1078	二	7	8A	圆形	60	30	陶釜J型Ⅴ式1		
684	T1078	二	7	8A	圆形	60	30	陶釜1		
685	T3028	二	7	8A	圆形	65	30	陶釜1		
686	T3031	二	8A	9	圆形	60	20	陶釜A型Ⅴ式1，碗G型Ⅱ式1		
687	T3028	二	7	8A	圆形	75	40	陶釜H型Ⅲ式1、H型Ⅳ式1		
694	T3029	二	8B	9	圆形	56	30	陶釜H型Ⅳ式1，钵A型Ⅰ式1		
695	T3029	二	8A	9	圆形	61	34	陶釜A型Ⅳ式1，D型Ⅳ式1		
697	T3030	二	8B	9	圆形	62.5	25	陶釜1		
698	T3030	二	8B	9	圆形	60	45	陶釜A型Ⅱ式1		
701	T3030	二	8B	9	圆形	70	28	陶釜H型Ⅱ式1、H型Ⅳ式1		

续附表一七

墓号	所在探方	分期	层位		形　状	尺寸		葬具	随葬品	备注
			上	下		径	深			
719	T3276	二	8C	10	圆形	44	36	陶釜 E 型 Ⅱ式 1、E 型 Ⅲ式 1		
720	T3226	二	9	10	圆形	56	20	陶釜 1		
726	T3226	二	9	10	圆形	66	30	陶钵 F 型 Ⅲ式 1		
731	T3179	二	12B	15	圆形	95	30	陶缸 A 型 Ⅲ式 1，锅 B 型 Ⅲ式 1，器座 A 型 Ⅲ式 1、B 型 Ⅲ式 1		
732	T3326	二	9	10	圆形	70	25	陶釜 E 型 Ⅲ式 2		
733	T3275	二	8C	10	圆形	58	31	陶釜 E 型 Ⅲ式 1		
734	T3325	二	8C	9	圆形	50	20	陶罐 1		
752	T3179	二	12A	12B	圆形	76	25	陶罐 B 型 Ⅳ式 1		
753	T3179	二	12B	13	圆形	68	30	陶釜 Ⅱ型 Ⅱ式 1、D 型 Ⅱ式 1		
755	T3275	二	9	14	圆形	58	32	陶釜 F 型 Ⅱ式 1，罐 F 型 Ⅳ式 1		
757	T3079	二	12A	12B	圆形	70	10	陶釜 1		
759	T3080	二	12A	12B	圆形	40	14	陶釜 Ⅰ型 Ⅱ式 1，碗 G 型 Ⅱ式 1		
760	T3129	二	12A	12B	圆形	50	38	陶釜 Ⅰ型 Ⅲ式 1，盘 Q 型 Ⅰ式 1		
762	T3131	二	12A	12B	圆形	73	45 66	陶釜 C 型 Ⅲ式 1，碗 A 型 Ⅱ式 1		
788	T1129	二	F83	8	圆形	76	48	陶釜 1		
793	T3073	二	5	6A	圆形	45	20	陶釜 J 型 Ⅱ式 1		
18	T3075	三	3	4	圆形	80	72	陶罐 1		
19	T3028	三	3	4	圆形	62	34	陶釜 1		
20	T3078	三	3	4	圆形	72	48	陶釜 1		
21	T3077	三	3	4	圆形	71	33	陶釜 1		
26	T3176	三	3	4	圆形	65	31	陶釜 1		
27	T3028	三	3	4	圆形	60	29	陶釜 1		

续附表一七

墓号	所在探方	分期	层位		形状	尺寸		葬具	随葬品	备注
			上	下		径	深			
30	T3025	三	3	4	圆形	60	23	陶釜1		
46	T3178	三	3	4	圆形	50	20	陶盘F型Ⅳ式1，釜1		
658	T1078	三	6	7	椭圆形	50×45	20	陶罐1		
660	T3029	三	6	7	椭圆形	60×50	25	陶釜1		
664	T3030	三	6	8A	圆形	90	45	陶豆F型Ⅲ式1，陶器盖F型Ⅳ式1		
711	T3327	三	5B	6	圆形	70	25	陶釜C型Ⅴ式1		
716	T3079	三	5	10A	圆形	75	20	陶器座C型Ⅱ式1		
718	T3327	三	5B	10	圆形	70	32	陶罐1		
780	T1127	三	6A	6B	圆形	50	20	陶釜C型Ⅴ式1		
782	T1127	三	F82	6C	圆形	70	35	陶鼎D型Ⅱ式1、罐1		
786	T1128	三	6B	6C	圆形	65	22	陶盘I型Ⅱ式1		
794	T1673	三	5B	6	椭圆形	60×50	25	陶器盖G型Ⅵ式1		
798	T1673	三	5B	6	圆形	80	25	陶瓮D型1		
799	T1674	三	5B	6	圆形	60	20	陶釜1		
205	T7002	四	4	5	圆形	87	27	陶豆L型Ⅳ式1		
401	T7451	四	4	17	圆形		瓮			
715	T3079	四	4A	4B	圆形	75	20	陶釜L型Ⅴ式1		
717	T3080	四	4A	4B	圆形	60	10	陶釜1		
901	T7402	四	4C	5	圆形	56	26	陶釜1		

附表一八　　　　　　　　　　屈家岭文化土坑墓登记表　　　　　　　单位：厘米

墓号	所在探方	分期	层位		墓坑 长×宽−深	方向	随葬品	备注
			上	下				
84	T7351	一	3B	4	70×40−22	85°	陶簋A型Ⅰ式1，甑A型Ⅰ式1	
158	T7401	一	3B	4	135×60−17	305°	陶鼎B型Ⅰ式1，瓶B型Ⅰ式1，碗C型Ⅰ式1	

续附表一八

墓号	所在探方	分期	层位		墓坑	方向	随葬品	备注
			上	下	长×宽－深			
160	T7351	一	3B	4	108×50－24	274°	陶鼎 B 型 Ⅱ 式 2、A 型 Ⅳ 式 1，豆 A 型 Ⅲ 式 2，壶 C 型 Ⅰ 式 1，簋 A 型 Ⅱ 式 1，器盖 B 型 Ⅰ 式 1、甑 A 型 Ⅰ 式 1	
271	T7401	一	10	17	80×24－29	290°	陶豆 A 型 Ⅰ 式 1，壶 A 型 Ⅱ 式 1，曲腹杯 A 型 1	
356	T1451	一	16	17	116×54－18	90°	陶鼎 A 型 Ⅰ 式 2、A 型 Ⅱ 式 1，壶 C 型 Ⅰ 式 1，簋 B 型 Ⅰ 式 2、C 型 Ⅱ 式 1，瓶 C 型 Ⅰ 式 1、B 型 Ⅰ 式 1、G 型 1，曲腹杯 B 型 Ⅰ 式 1，器盖 A 型 Ⅰ 式 1，甑 A 型 Ⅰ 式 1	
390	T7401	一	10	17	88×60　13	88°	陶鼎 B 型 Ⅰ 式 1、B 型 Ⅲ 式 1，豆 A 型 Ⅰ 式 1，壶 A 型 Ⅱ 式 1，瓶 B 型 Ⅰ 式 1，簋 Ⅰ 型 1，器盖 A 型 Ⅰ 式 2	
394	T7401	一	16	17	70×38－14	150°	陶鼎 A 型 Ⅲ 式 1，豆 A 型 Ⅰ 式 1，器盖 A 型 Ⅰ 式 2；石钺 1	
395	T1451	一	16	17	104×58－18	107°	陶鼎 A 型 Ⅰ 式 2，豆 A 型 Ⅱ 式 1，壶 C 型 Ⅱ 式 1，簋 A 型 Ⅰ 式 1、F 型 Ⅰ 式 1，瓶 A 型 Ⅲ 式 1，碗 E 型 Ⅰ 式 1、F 型 Ⅰ 式 1，纺轮 A 型 1	
396	T7451	一	10	17	61×58－22	90°	陶簋 B 型 Ⅱ 式 1，瓶 A 型 Ⅰ 式 1、B 型 Ⅰ 式 1	
397	T7451	一	10	17	63×44－15	5°	陶鼎 A 型 Ⅰ 式 1，豆 A 型 Ⅰ 式 1，碗 C 型 Ⅱ 式 1，器盖 B 型 Ⅰ 式 1	
402	T7451	一	10	17	83×56－22	90°	陶鼎 A 型 Ⅰ 式 2，豆 A 型 Ⅰ 式 1，碗 C 型 Ⅱ 式 1，器盖 B 型 Ⅲ 式 1，簋 A 型 Ⅲ 式 1，罐 1	被 M400 打破
450	T1401	一	15	17	50×28－14	180°	陶壶 C 型 Ⅱ 式 1	
451	T1401	一	15	17	89×40－13	90°	陶瓶 B 型 Ⅰ 式 1	
456	T7451	一	16	17	70×70－32	90°	陶鼎 C 型 Ⅱ 式 1，豆 D 型 Ⅰ 式 2，壶 C 型 Ⅱ 式 1，罐 E 型 Ⅰ 式 1，碗 F 型 Ⅱ 式 1，器盖 B 型 Ⅰ 式 1	
458	T7451	一	16	17	50×50－26	90°	陶罐 A 型 Ⅰ 式 1、G 型 Ⅰ 式 1	
462	T7351	一	16	17	158×72－10	103°	陶鼎 B 型 Ⅰ 式 1，瓶 C 型 Ⅰ 式 1、B 型 Ⅰ 式 1，器盖 A 型 Ⅰ 式 1；石钺 1	

续附表一八

墓号	所在探方	分期	层位		墓坑 长×宽－深	方向	随葬品	备注
			上	下				
482	T1401	一	16	17	180×94－40	85°	陶鼎 A 型 V 式 1、C 型 I 式 1，壶 H 型 1，曲腹杯 B 型 II 式 1，纺轮 B 型 I 式 1	
489	T7351	一	16	17	109×50－25	107°	陶瓶 A 型 II 式 1、D 型 I 式 1，碗 A 型 I 式 1，器盖 A 型 I 式 1	
496	T7401	一	16	17	93×41－16	90°	陶鼎 B 型 IV 式 2，盆 B 型 I 式 1，甑 A 型 I 式 1	
497	T7401	一	16	17	102×48－16	57°	陶鼎 B 型 I 式 1，器盖 B 型 I 式 1	
517	T7451	一	16	17	70×44－12	360°	陶豆 A 型 I 式 1，壶 A 型 I 式 1，罐 E 型 II 式 1	被 M512 打破
521	T7401	一	10	17	100×70－23	90°	陶豆 A 型 IV 式 2，壶 C 型 II 式 1，罐 A 型 I 式 1	
554	T7401	一	10	17	91×40－16	284°	陶鼎 A 型 IV 式 1，簋 B 型 II 式 1，瓶 C 型 II 式 1，器盖 A 型 I 式 1	
555	T1451	一	16	17	90×82－23	241°	陶罐	
570	T7351	一	16	17	100×50－20	180°	陶瓶 A 型 I 式 1，钵 D 型 1	
594	T1451	一	16	17	145×74－30	101°	陶壶 C 型 I 式 1，簋 C 型 II 式 2，器盖 A 型 I 式 2，鼎 A 型 IV 式 3，瓶 B 型 I 式 1、豆 A 型 I 式；石锛 1、凿 1	
604	T7451	一	16	17	130×60－19	90°	陶瓶 B 型 I 式 1	
613	T7401	一	16	17	80×70－20	270°	陶罐 N 型 1，碗 C 型 I 式 1	
637	T1351	一	15	17	70×46－20	90°	陶壶 C 型 I 式 1，簋 C 型 I 式 1；石钺 1	
654	T1078	一	5	7	110×60－40	285°	陶罐 G 型 I 式 1	
659	T1078	一	5	7	100×88－50	30°	陶罐 G 型 I 式 1，豆 A 型 III 式 1	
777	T1178	一	3C	7	130×50－25	90°	陶残陶片	
781	T1180	一	3C	III 期 城墙	140×80－18	90°	陶残陶片	
812	T7402	一	2	3	76×54－26	124°	陶鼎 B 型 III 式 1，壶 A 型 I 式 1，罐 E 型 II 式 1，簋 B 型 III 式 1、F 型 I 式 1，曲腹杯 A 型 1，器盖 A 型 I 式 1，甑 C 型 I 式 1	

续附表一八

墓号	所在探方	分期	层位		墓坑 长×宽－深	方向	随葬品	备注
			上	下				
813	T7403	一	2B	3	100×60－16	282°	陶鼎B型Ⅰ式2，鼎1，壶C型Ⅰ式1，簋A型Ⅲ式1、B型Ⅱ式1，瓶A型Ⅰ式2、D型Ⅰ式1，碗A型Ⅰ式1，甑A型Ⅰ式1，器盖A型Ⅰ式1；砺石1，石环1	
836	T7452	一	2A	3	85×50－15	0°	陶鼎1，豆A型Ⅰ式1，壶C型Ⅱ式2，簋B型Ⅱ式1、A型Ⅳ式1，瓶C型Ⅰ式1，器盖B型Ⅰ式1	
845	T7452	一	2A	3	124×66－20	115°	陶鼎B型Ⅰ式2、C型Ⅰ式1，簋B型Ⅱ式1，瓶A型Ⅰ式1，甑A型Ⅰ式1	打破M846
847	T7402	一	2B	3	100×60－24	85°	陶鼎A型Ⅱ式1，豆A型Ⅰ式1，壶H型1，碗F型Ⅱ式1	
853	T7403	一	2B	3	86×54　20	280°	陶鼎A型Ⅱ式1，簋B型Ⅱ式1，碗1，C型Ⅱ式1	
854	T7402	一	2C	3	86×54－20	70°	陶鼎A型Ⅱ式2，簋B型Ⅱ式1，釜A型1、罐E型Ⅱ式1	
863	T7402	一	2B	3	130×54－20	45°	陶鼎B型Ⅰ式2、鼎C型Ⅰ式1，壶A型Ⅰ式1、B型Ⅱ式1，瓶B型Ⅰ式1、D型Ⅰ式1，碗A型Ⅰ式1、H型Ⅰ式1；石斧1	
300	T7401	二	16	17	48×40－13	90°	陶曲腹杯1	
301	T7401	二	16	17	100×50－10	90°	陶鼎A型Ⅳ式2，豆C型1，器盖B型Ⅱ式1，钵E型1，甑C型Ⅱ式1	被M222打破
357	T1451	二	16	17	60×24－10	130°	陶簋B型Ⅳ式1、D型Ⅱ式1，豆D型Ⅲ式1，器盖1	
362	T1451	二	15	17	93×77－12	0°	陶鼎4，罐Ⅰ型Ⅰ式1、Ⅰ型Ⅱ式1，簋G型Ⅱ式1，器盖1	打破M361
367	T1402	二	15	16	72×45－50	90	陶罐C型Ⅰ式1，钵A型Ⅰ式1	被G35打破
392	T7351	二	10	17	78×43－14	98	陶鼎B型Ⅴ式1，罐E型Ⅱ式1，簋B型Ⅳ式1，瓶B型Ⅰ式1	
393	T7351	二	10	16	72×38－9	90°	陶瓶C型Ⅲ式1，器盖A型Ⅱ式1	
418	T7401	二	10	16	残50×60－11	90°	陶豆	
419	T1451	二	16	17	44×30－7	90°	陶豆1、壶1	

续附表一八

墓号	所在探方	分期	层位 上	层位 下	墓坑 长×宽-深	方向	随葬品	备注
442	T7351	二	15	16	100×54-14	292°	陶簋B型V式1，瓶D型Ⅲ式1	
449	T1402	二	16	17	110×64-18	282°	陶罐A型Ⅳ式1，壶L型1，碗E型Ⅲ式1	
452	T1451	二	16	17	137×85-23	40°	陶壶C型Ⅳ式2，罐F型Ⅲ式2、F型Ⅳ式1，器盖E型1	
460	T7451	二	16	17	130×98-30	0°	陶鼎B型V式1、A型Ⅵ式1，罐A型Ⅲ式1，簋1，瓶C型Ⅱ式2，器盖A型Ⅱ式1	
461	T7351	二	16	17	108×60-13	99°	陶鼎B型V式1，豆D型Ⅲ式1，簋D型Ⅱ式1、F型Ⅱ式1，瓶B型Ⅲ式1，曲腹杯B型Ⅱ式1，器盖A型Ⅱ式1	
471	T7351	二	16	17	105×44-16	88°	陶鼎A型Ⅵ式2，鼎4，豆D型Ⅲ式1，罐C型Ⅰ式1、Ⅰ型Ⅱ式1，瓶E型1，器盖A型Ⅱ式1、C型1，甑A型Ⅱ式2	
478	T1401	二	16	17	140×74-21	90°	陶鼎B型Ⅵ式2，豆Q型Ⅰ式1，壶C型Ⅲ式1，罐A型Ⅳ式4、F型Ⅱ式6，瓶F型Ⅱ式1，簋G型Ⅰ式1，杯Ⅰ型Ⅰ式1，甑A型Ⅱ式1，器盖B型Ⅱ式3、G型Ⅰ式1、H型Ⅰ式1，纺轮B型Ⅱ式1	被M479、M439打破
487	T1451	二	16	17	74×70-20	93°	陶鼎B型V式1，豆Q型Ⅰ式1，簋D型Ⅰ式1、G型Ⅱ式2，瓶B型Ⅲ式1，器盖A型Ⅱ式1	
491	T7351	二	16	17	148×63-21	105°	陶鼎G型Ⅰ式1、B型V式1，壶C型Ⅲ式1，罐1，器盖B型Ⅱ式2，甑A型Ⅱ1、A型Ⅲ式1	被M490打破
511	T7451	二	15	17	150×58-18	90°	陶壶L型1，簋D型Ⅱ式1，曲腹杯B型Ⅲ式1，器盖A型Ⅱ式1，甑C型Ⅲ式1	
535	T1351	二	15	16	110×64-11	103°	陶鼎A型Ⅵ式1，鼎7，豆Q型Ⅱ式1，罐A型Ⅱ式1，器盖A型Ⅱ式1、E型1、B型Ⅲ式2、C型Ⅰ式1	被M466、M467打破
536	T7401	二	10	16	76×50-21	17°	陶簋B型Ⅳ式1，碗F型Ⅱ式1	

续附表一八

墓号	所在探方	分期	层位		墓　坑 长×宽－深	方向	随葬品	备注
			上	下				
569	T1401	二	16	17	60×42－14	90°	陶鼎A型Ⅵ式1、B型Ⅵ式1，豆A型Ⅴ式1、N型Ⅰ式1，罐A型Ⅲ式1，簋B型Ⅴ式1，器盖B型Ⅱ式2，甑A型Ⅲ式1；石斧B型1	被M341打破
574	T7401	二	10	16	89×56－20	90°	陶豆1，壶C型Ⅴ式1、I型Ⅰ式1，簋B型Ⅴ式1，罐F型Ⅱ式1	
576	T7403	二	10	16	90×61－14	360°	陶簋B型Ⅳ式1，瓶D型Ⅱ式1	
582	T1401	二	16	17	90×50－14	360	陶罐F型Ⅱ式1，碗B型Ⅰ式2，杯C型Ⅰ式1，器盖1	
583	T1451	二	16	17	残130×89－26	342°	陶豆F型Ⅰ式1，壶D型Ⅱ式1，盂形器A型Ⅰ式1，瓶A型Ⅲ式1，罐F型Ⅱ式1，器盖B型Ⅱ式2，鼎1，豆1	打破M587
584	T1451	二	16	17	138×80－30	90°	陶鼎B型Ⅴ式1，豆F型Ⅰ式1，壶C型Ⅳ式1，罐A型Ⅳ式1、F型Ⅱ式2，器盖G型Ⅱ式1，甑C型Ⅳ式1	
587	T1451	二	16	17	残110×60－18	360°	陶鼎B型Ⅵ式1、B型Ⅴ式1；簋E型1，器盖B型Ⅱ式2，盆A型Ⅳ式1	被M583打破
588	T1351	二	16	17	140×40－18	90°	陶瓶B型Ⅲ式1，F型Ⅰ式1	
589	T1451	二	16	17	110×80－28	97°	陶鼎C型Ⅱ式1，豆F型Ⅰ式1、O型Ⅰ式1，壶C型Ⅲ式1，罐B型Ⅰ式1，器盖B型Ⅲ式1，甑A型Ⅳ式1	
591	T1351	二	16	17	160×90－30	90°	陶豆O型Ⅰ式4、S型Ⅰ式1、F型Ⅳ式1，罐F型Ⅲ式5，碗B型Ⅱ式2、G型Ⅲ式1，器盖B型Ⅲ式1，纺轮2，小罐2、壶1；玉坏1	
595	T1401	二	16	17	180×84－31	90°	陶鼎B型Ⅴ式1、A型Ⅵ式1，豆D型Ⅱ式1、N型Ⅰ式1，壶C型Ⅲ式1，罐A型Ⅲ式2，器盖B型Ⅲ式2，甑A型Ⅱ式1、E型1	

续附表一八

墓号	所在探方	分期	层位 上	层位 下	墓坑 长×宽－深	方向	随葬品	备注
600	T7351	二	16	17	210×63－29	96°	陶鼎B型V式1，豆B型I式2、Q型Ⅱ式1，壶B型Ⅱ式1、C型Ⅳ式1、D型Ⅱ式1、D型I式2，罐J型1，簋C型Ⅲ式1，碗B型I式1，器盖B型Ⅲ式3、D型I式1，甑C型Ⅳ式1；石锛2，凿1，钺1，斧1	
602	T1351	二	16	17	残110×65－14	90°	陶鼎B型V式1、A型Ⅵ式1，盘A型壶1，盖1	
606	T7401	二	16	17	残60×70－26	270°	陶鼎A型Ⅵ式1，豆I型I式2，壶B型I式2，罐E型Ⅲ式1	
608	T1351	二	16	17	残40×60－20	0°	陶罐A型Ⅳ式1、F型Ⅲ式1	
624	T7451	二	16	17	140×83－20	76°	陶鼎B型V式1，豆Q型I式1，器盖E型1，甑A型Ⅱ式1	
628	T1401	二	16	17	残52×15－30	50°	陶壶C型Ⅲ式1	
631	T1452	二	15	16	178×90－40	90°	陶鼎C型Ⅱ式1，壶C型Ⅳ式1，罐B型I式1，器盖G型I式1	
634	T1402	二	15	16	144×56－20	0°	陶鼎B型Ⅵ式1，盂形器A型I式1	
655	T3030	二	3	4	140×120－20	119°	陶罐F型Ⅱ式1，瓶B型Ⅲ式1	
656	T3030	二	3	4	80×50－20	0°	陶豆B型I式1，罐F型Ⅲ式1	
89	T5016	三	4	5	90×46－20	350°	陶豆G型Ⅲ式1	
113	T1401	三	2B	3A	不清		陶杯G型1	
115	T1401	三	2B	3A	50×35－8	340°	陶罐I型Ⅲ式1，杯I型Ⅱ式1	
123	T7351	三	2B	3A	100×50－40	0°	陶甑1，豆1	
143	T1401	三	2B	3A	110×50－22	55°	陶豆I型Ⅱ式3	
144	T1401	三	2B	3A	120×55－30	290°	陶壶I型Ⅲ式1，杯A型Ⅱ式1，器盖D型Ⅳ式1、F型V式1	
148	T1401	三	2B	3A	145×72－20	279°	陶豆H型Ⅱ式1，壶G型Ⅲ式1	
161	T1351	三	2B	3A	残140×75－34	270°	陶鼎A型Ⅷ式1、A型Ⅹ式1，豆F型Ⅱ式2、G型Ⅱ式2、G型Ⅲ式1、J型I式1、L型I式1，壶E型Ⅱ式2，罐F型V式1、F型Ⅹ式1，碗A型Ⅱ式1、D型Ⅱ式1，杯A型I式4，器盖2、残片堆2	

续附表一八

墓号	所在探方	分期	层位		墓　坑	方向	随葬品	备注
			上	下	长×宽－深			
162	T1351	三	2B	3A	140×66－30	270°	陶豆G型Ⅰ式1、G型Ⅱ式1，器盖Ⅰ型1	
163	T1351	三	2B	3A	130×70－18	218°	陶豆G型Ⅱ式1，盂1，壶形器1	
198	T5409	三	5B	5C	残120×70－20	15°	陶碗F型Ⅱ式1、G型Ⅴ式1，杯1	
199	T5409	三	5B	5C	132×42－12	16°	陶罐Ⅰ型Ⅳ式1，簋D型Ⅲ式1，钵1	
206	T5310	三	5B	5C	104×90－20	0°	陶杯C型Ⅱ式1，器盖1	
210	T5311	三	5B	5C	140×45－12	0°	陶罐1、豆1	
211	T5361	三	5B	5C	212×87－28	16°	陶豆H型Ⅲ式2，罐F型Ⅹ式2，鼎2，壶1	
212	T5310	三	5B	5C	116×75－38	330°	陶罐Ⅰ型Ⅵ式1，豆A型Ⅵ式1，钵1	
218	T5311	三	5B	5C	170×45－33	0°	陶钵C型Ⅰ式1，杯M型Ⅲ式1	
219	T5361	三	5B	5C	124×78－22	248°	陶鼎B型Ⅷ式1，壶D型Ⅲ式1	
279	T1452	三	10	15	152×72－13	168°	陶壶K型Ⅱ式1，碗D型Ⅳ式1，纺轮A型Ⅱ式1，豆1，罐F型Ⅹ式1	打破M281
287	T1351	三	4	15	68×39－25	84°	陶豆K型Ⅱ式1，壶F型Ⅰ式1，罐Ⅰ型Ⅷ式1，器盖F型Ⅳ式1	
288	T1351	三	4	15	残60×58－20	5°	陶豆G型Ⅱ式1	
289	T1351	三	4	15	75×35－20	90°	陶豆P型Ⅱ式1、K型Ⅱ式2，罐K型Ⅰ式1，器盖K型Ⅱ式1	被M209打破
292	T1352	三	4	15	114×52－31	100°	陶鼎A型Ⅶ式1、豆F型Ⅱ式1、K型Ⅲ式1，罐A型Ⅴ式2，壶E型Ⅵ式1，杯A型Ⅱ式1，器盖F型Ⅵ式3、豆1	打破M424、M425
302	T1401	三	13	15	62×46－24	0°	陶豆Ⅰ型Ⅱ式1，壶F型Ⅲ式1，杯E型21、C型1，器盖HⅡ式2	
334	T1352	三	4	15	200×84－20	90°	陶罐F型Ⅺ式1，甑D型Ⅱ式1，碗D型Ⅱ式1	打破M455
335	T1352	三	4	15	146×76－12	110°	陶豆F型Ⅳ式1、K型Ⅲ式2、L型Ⅰ式2，罐A型Ⅵ2、Ⅰ型Ⅷ式1、C型Ⅲ式1，壶E型Ⅳ式1，杯D型2、G型2，器盖F型Ⅲ式3，器盖1、残陶片堆2	被M291打破；打破M453、M541

续附表一八

墓号	所在探方	分期	层位 上	层位 下	墓　坑 长×宽－深	方向	随葬品	备注
336	T1352	三	12	15	180×115－34	103°	陶豆 K 型Ⅲ式 3，豆 4，壶 F 型Ⅲ式 1、I 型Ⅱ式 1，罐 F 型Ⅴ式 1、I 型Ⅶ式 1、I 型Ⅷ式 1、I 型Ⅸ式 1，杯 F 型 2，M 型Ⅱ式 1，器盖 F 型Ⅲ式 3，钵 A 型Ⅲ式 1，器盖 1	
337	T1352	三	5	16	110×75－12	270°	陶豆 J 型Ⅱ式 1，杯 C 型Ⅱ式 1，纺轮 C 型 1、甑 1	打破 M454
338	T1402	三	14	15	72×44－13	0°	陶豆 H 型Ⅳ式 1，壶 G 型Ⅱ式 1，杯 M 型Ⅲ式 1、E 型 1、C 型Ⅳ式 1，器盖 F 型Ⅲ式 1	
339	T1402	三	14	15	64×60－11	138°	陶罐 I 型Ⅷ式 1、F 型Ⅹ式 1，篡 H 型 1，盘 E 型 1	被 M340、M345 打破
341	T1402	三	14	15	60×52－12	265°	陶罐 F 型ⅩⅢ式 1	被 M340 打破；打破；M342
342	T1402	三	14	15	80×49－13	270°	陶豆 I 型Ⅱ式 1、I 型Ⅲ式 1，壶 G 型Ⅱ式 1，罐 C 型Ⅳ式 1、F 型ⅩⅣ式 1、F 型Ⅹ式 1，杯 E 型 1，器盖 1	被 M341 打破
343	T1402	三	15	16	86×45－15	88°	陶豆 G 型Ⅲ式 1、I 型Ⅱ式 1，罐 F 型Ⅶ式 1，盖 1，甑 1	打破 M345
365	T1403	三	12	16	140×63－12	78°	陶豆 I 型Ⅱ式 1，壶 G 型Ⅱ式 1，杯 E 型 1，器盖 F 型Ⅰ式 1	
368	T1401	三	15	16	52×46－20	0°	陶豆 G 型Ⅳ式 1，盘 C 型Ⅰ式 1，豆 1	
383	T1402	三	14	15	110×44－12	90°	陶豆 J 型Ⅱ式 1、I 型Ⅱ式 1，盘 F 型 1，壶 J 型Ⅱ式 1、E 型Ⅶ式 1，器盖 F 型Ⅲ式 1，杯 A 型Ⅲ式 1	
384	T1402	三	14	15	108×54－11	250°	陶杯 M 型Ⅱ式 1，器盖 1	被 M338、M339 打破

续附表一八

墓号	所在探方	分期	层位		墓　坑 长×宽－深	方向	随葬品	备注
			上	下				
404	T1351	三	4	16	78×52－13	141°	陶鼎 B 型Ⅶ式 1，豆 G 型Ⅲ式 1、O 型Ⅱ式 1，壶 D 型Ⅲ式 1，罐 B 型Ⅳ式 1，甑 C 型Ⅴ式 1	
420	T1402	三	14	15	68×50－13	302°	陶豆 2、壶 1、罐 1、杯 B 型 2，石钺 1	打破 M421、M422
421	T1402	三	14	15	81×60－11	84°	陶碗 A 型Ⅳ式 1	被 M420 打破；打破 M423
422	T1402	三	14	15	残 73×81－14	290°	陶豆 G 型Ⅲ式 1、G 型Ⅳ式 1	被 M420 打破；打破 M423
424	T1352	三	14	16	152×64－24	113°	陶鼎 D 型 1、F 型 1，豆 J 型Ⅰ式 2、P 型Ⅳ式 1、Q 型Ⅳ式 1，壶 I 型Ⅱ式 1、E 型Ⅴ式 1，罐 B 型Ⅱ式 1，杯 A 型Ⅲ式 1，器盖 F 型Ⅲ式 1、H 型Ⅱ式 1，器盖 1	被 M336、M292 打破，打破 M425
425	T1352	三	14	15	200×83－35	100°	陶鼎 A 型Ⅷ式 15，豆 A 型Ⅵ式 4、B 型Ⅱ式 9、E 型Ⅱ式 4、N 型Ⅱ式 10、Q 型Ⅳ式 2，壶 E 型Ⅱ式 6、E 型Ⅳ式 6，盂形器 A 型Ⅱ式 1，罐 A 型Ⅵ式 1、B 型Ⅱ式 1、B 型Ⅲ式 5、K 型 2、F 型Ⅴ式，杯 M 型Ⅰ式 1，器盖 D 型Ⅱ式 4、G 型Ⅲ式 20、H 型Ⅱ式 1，器盖 6，甑 C 型Ⅱ式 3，纺轮 C1；石锛 1	被 M336、M424、M292 打破
428	T1402	三	15	16	残 50×44－12	120°	陶罐 F 型Ⅺ式 1	
429	T1452	三	15	16	残 59×60－10	182°	陶鼎 1，壶残片	
430	T1401	三	15	16	40×30－13	0°	陶壶 1、杯 1	
432	T1401	三	15	16	70×38－12	90°	陶壶 G 型Ⅰ式 1	
443	T7451	三	15	16	78×28－22	95°	陶罐 G 型Ⅰ式 1，盆 C 型 1	

续附表一八

墓号	所在探方	分期	层位		墓 坑 长×宽–深	方向	随葬品	备注
			上	下				
448	T1401	三	14	15	180×110–26	96°	陶鼎A型Ⅸ式1，豆G型Ⅰ式1、J型Ⅱ式1、T型Ⅱ式1、O型Ⅳ式2、Ⅲ式1、L型Ⅰ式1、Ⅱ式1，罐A型Ⅵ式2，F型Ⅲ式1、F型Ⅶ式2、B型Ⅲ式2，碗A型Ⅱ式1、F型Ⅶ式2，杯C型Ⅲ式2，器盖D型Ⅱ式1，甑D型Ⅰ式1，纺轮C型1	被M474打破
453	T1352	三	4	15	170×58–12	110°	陶鼎D型1，豆J型Ⅱ式1、I型Ⅱ式1、L型Ⅳ式2，豆1，壶E型Ⅳ式2、E型Ⅵ式1，罐A型Ⅵ式1、D型Ⅱ式1、E型Ⅵ式1、F型Ⅺ式1，杯A型Ⅱ式2，器盖F型Ⅴ式1，碗1，器盖2，纺轮1	被M334、M335打破；打破M451、M454
454	T1352	三	5	16	140×81–24	93°	陶鼎E型1，壶F型Ⅳ式1，罐I型Ⅶ式2、D型Ⅲ式2，杯A型Ⅱ式1，器盖G型Ⅳ式1，陶豆1，小锛1	被M337、M453打破
455	T1352	三	5	16	130×81–29	90°	陶鼎1、壶1、豆1、罐1	
464	T1402	三	14	16	120×52–13	93°	陶豆H型Ⅲ式1、K型Ⅱ式1，壶J型Ⅰ式1、G型Ⅲ式1，盘C型Ⅰ式1，纺轮D型1	
465	T1402	三	14	15	残136×74–12	60°	陶豆L型Ⅳ式1，罐C型Ⅱ式1、I型Ⅳ式2、F型Ⅺ式1，碗F型Ⅱ式1，器盖F型Ⅰ式2，盆A型Ⅶ式1，甑A型Ⅴ1	
467	T1351	三	15	16	124×68–26	93°	陶鼎A型Ⅵ式1，豆D型Ⅳ式1，壶E型Ⅰ式1，盂形器B型Ⅰ式1，篮，器盖E型2，甑C型Ⅴ式1	被M466打破
473	T1452	三	15	16	142×110–45	95°	陶鼎A型Ⅷ式3，豆E型Ⅰ式2、G型Ⅲ式2、F型Ⅴ式2、L型Ⅰ式2，壶K型Ⅰ式4、E型Ⅲ式4，罐B型Ⅲ式1、B型Ⅳ式3、A型Ⅵ式2、I型Ⅲ式1、F型Ⅶ式3、D型Ⅳ式2，碗B型Ⅲ式2，器盖G型Ⅳ式5、F型Ⅱ式1、F型Ⅲ式1，甑C型Ⅴ式1，纺轮C型Ⅱ式2	

续附表一八

墓号	所在探方	分期	层位 上	层位 下	墓　坑 长×宽－深	方向	随葬品	备注
474	T1351	三	14	15	140×52－20	90°	陶鼎 A 型Ⅷ式 1、豆 F 型Ⅱ式 1、O 型Ⅳ式 2、N 型Ⅱ式 1、Q 型Ⅳ式 1、罐 A 型Ⅶ式 1、F 型 V 式 1、Ⅶ式 5、C 型 V 式 1、壶 F 型Ⅱ式 1、盂形器 B 型Ⅱ式 1、碗 B 型Ⅲ式 1、器盖 B 型 V 式 1、E 型 1、盆 A 型 V 式 1、纺轮 C 型Ⅱ式 1	打破 M448
475	T1351	三	15	16	148×110－40	103°	陶鼎 A 型Ⅶ式 2、豆 J 型Ⅱ式 2、F 型Ⅲ式 1、O 型Ⅱ式 1、Q 型Ⅳ式 1、壶 E 型Ⅱ式 1、罐 C 型Ⅱ式 1、B 型Ⅱ式 1、F 型 V 式 1、F 型Ⅵ式 2、杯 A 型Ⅰ式 1、碗 D 型Ⅱ式 1、A 型Ⅳ式 2、F 型Ⅳ式 1、器盖 C 型Ⅱ式 2、D 型Ⅱ式 1、F 型Ⅲ式 1、G 型Ⅳ式 1、盆 A 型 V 式 1、甑 1	
477	T1401	三	15	16	180×134－32	105°	陶鼎 A 型Ⅹ式 1、豆Ⅰ型Ⅱ式 1、F 型Ⅵ式 1、Q 型Ⅳ式 1、罐 F 型Ⅶ式 3、器盖 G 型Ⅳ式 1、甑 B 型Ⅰ式 1	
480	T1401	三	15	16	180×94－40	85°	陶鼎 A 型Ⅶ式 2、E 型 1、豆 E 型Ⅱ式 1、J 型Ⅱ式 1、P 型Ⅲ式 1、S 型 1、壶 D 型Ⅲ式 1、E 型Ⅳ式 2、罐 F 型 V 式 4、F 型Ⅸ式 2、杯 A 型Ⅰ式 1、碗 B 型Ⅲ式 3、A 型Ⅲ式 1、器盖 B 型 V 式 2、G 型Ⅲ式 1、钵 A 型Ⅱ式 1	打破 M481
481	T1401	三	15	16	残 100×62－20	90°	陶豆 F 型Ⅲ式 1、簋 D 型Ⅲ式 1、甑 1	被 M480 打破
484	T1352	三	15	16	210×62－50	12°	陶鼎 A 型Ⅹ式 7、豆 G 型Ⅲ式 1、O 型Ⅲ式 2、壶 D 型Ⅱ式 1、罐 B 型Ⅱ式 1、K 型 1、器盖 G 型Ⅳ式 8、盆 A 型Ⅶ式 1、甑 C 型 V 式 4	打破 M485
485	T1352	三	12	16	160×72－23	93°	陶鼎 A 型Ⅸ式 3、豆 G 型Ⅲ式 1、P 型Ⅰ式 1、M 型Ⅰ式 22、壶 J 型Ⅱ式 1、D 型Ⅳ式 3、罐Ⅰ型Ⅵ式 1、杯 A 型Ⅰ式 2、K 型 1、H 型 1、器盖 G 型Ⅳ式 4、甑 C 型Ⅵ式 1、器盖 2	被 M484 打破

续附表一八

墓号	所在探方	分期	层位 上	层位 下	墓坑 长×宽-深	方向	随葬品	备注
486	T1451	三	15	16	60×40-10	3°	陶鼎A型Ⅷ式1，豆F型Ⅲ式1，器盖B型Ⅳ式1，甑C型Ⅱ式1	
493	T1451	三	15	16	45×40-14	12°	陶豆F型Ⅲ式1、F型Ⅵ式1	
495	T7401	三	10	16	72×50-30	298°	陶鼎B型Ⅶ式1，器盖G型Ⅲ式1，甑C型Ⅵ式1	
498	T1451	三	15	16	126×43-25	90°	陶豆J型Ⅱ式2，杯L型1、I型Ⅱ式1，器盖F型Ⅱ式1	
507	T1401	三	H15	15	150×92-20	51°	陶罐D型Ⅰ式1、F型Ⅹ式2	被M505、M506打破
522	T1352	三	14	15	114×60-20	30°	陶罐I型Ⅶ式1、F型Ⅷ式2，碗1，杯J型1	
534	T1401	三	15	16	80×40-21	90°	陶鼎1，甑1	
540	T7501	三	1	16	44×44-22	90°	陶杯K型1	
541	T1351	三	1	16	158×90-24	90°	陶豆J型Ⅱ式1、G型Ⅱ式1、L型Ⅰ式2、L型Ⅳ式1，壶K型Ⅱ式1、K型Ⅲ式1，罐B型Ⅱ式3、C型Ⅱ式1，罐1，器盖F型Ⅴ式2；石锛1	
542	T1352	三	14	15	150×80-40	90°	陶豆B型Ⅲ式1、C型1、H型Ⅲ式2、L型Ⅰ式2、K型Ⅰ式2，壶E型Ⅳ式1、K型Ⅱ式2，罐B型Ⅲ式2、C型Ⅳ式1，杯A型Ⅲ式1，器盖F型Ⅲ式1、F型Ⅴ式2，甑A型Ⅳ式1、C型Ⅵ式1；石斧1	被G36打破
544	T1402	三	12	15	90×50-15	42°	陶碗D型Ⅱ式1	
545	T1401	三	15	16	136×68-22	228°	陶鼎D型1，豆J型Ⅱ式1、M型Ⅱ式1，壶E型Ⅵ式1，罐F型Ⅻ式2，杯AⅢ式1，盆A型Ⅴ式1，瓶A型Ⅳ式1，甑E型1，器盖1	
558	T1401	三	14	15	151×62-12	0°	陶豆G型Ⅱ式1、P型Ⅱ式1，罐C型Ⅱ式1、F型Ⅵ式3，器盖H型Ⅱ式1，钵A型Ⅲ式1，甑1	

续附表一八

墓号	所在探方	分期	层位		墓　坑 长×宽－深	方向	随葬品	备注
			上	下				
559	T1402	三	14	16	133×70－16	90°	陶豆 G 型 II 式 1、P 型 II 式 1、L 型 II 式 3、Q 型 III 式 1，壶 E 型 IV 式 2、E 型 VI 式 1，罐 F 型 XI 式 3、I 型 III 式 3，碗 D 型 II 式 1、A 型 IV 式 1、F 型 III 式 1，杯 A 型 I 式 1，器盖 F 型 III 式 2，盆 A 型 V 式 1，甑 C 型 V 式 1，盘 B 型 1	
578	T1402	三	15	16	90×18－16	90°	陶豆 L 型 III 式 1，壶 E 型 IV 式 1，杯 A 型 II 式 1，盘 D 型 I 式 1，碗 A 型 II 式 1、III 式 1、B 型 III 式 1、F 型 V 式 1，罐 I 型 III 式 2，盆 A 型 V 式 1	
579	T1401	三	14	15	80×57－12	315°	陶鼎 B 型 VII 式 1，碗 A 型 III 式 1，盆 A 型 V 式 1，盘 B 型 1、D 型 II 式 1	
581	T1401	三	14	15	80×60－17	11°	陶鼎 E 型 II 式 1，壶 E 型 III 式 2，盆 B 型 III 式 1，甑 B 型 II 式 1	
585	T1351	三	15	16	70×60－25	342°	陶壶 D 型 III 式 1、E 型 III 式 1，杯 H 型 1，器盖 G 型 IV 式 1，缸 G 型 1	
586	T1351	三	15	16	残 50×60－24	0°	陶碗 B 型 IV 式 1，盆 A 型 VII 式 1	
593	T1351	三	15	16	140×60－30	105°	陶豆 L 型 I 式 1，罐 I 型 IV 式 1，杯 A 型 I 式 1，釜 B 型 1	
609	T1401	三	15	16	残 60×50－21	270°	陶豆 H 型 I 式 1、K 型 II 式 1，壶 F 型 II 式 1，器盖 H 型 I 式 1，钵 F 型 1	
610	T1351	三	15	16	140×70－20	90°	陶鼎 B 型 VII 式 1，豆 H 型 I 式 1，罐 A 型 VI 式 1，篓 1，甑 A 型 V 式 1	
622	T1401	三	15	16	120×68－23	49°	陶豆 G 型 I 式 1、G 型 III 式 1、L 型 IV 式 1，壶 K 型 II 式 2，器盖 F 型 IV 式 2，纺轮 C 型 I 式 1	
627	T1401	三	15	16	84×46－15	50°	陶豆 G 型 II 式 1、P 型 IV 式 1	
629	T1402	三	15	16	120×60－20	0°	陶器盖 G 型 II 式 1，器盖 1	

续附表一八

墓号	所在探方	分期	层位 上	层位 下	墓坑 长×宽－深	方向	随葬品	备注
630	T1452	三	15	16	164×90－40	90°	陶鼎A型Ⅹ式1，豆F型Ⅴ式1，盂形器B型Ⅰ式1，壶E型Ⅵ式1、E型Ⅵ式1，罐A型Ⅵ式1、F型Ⅷ式3、F型Ⅺ式1、杯A型Ⅱ式1、C型Ⅱ式1，器盖B型Ⅳ式1，纺轮B型Ⅱ式1	
632	T1402	三	15	16	178×90－40	90°	陶鼎A型Ⅷ式3，豆J型Ⅱ式3、P型Ⅲ式1、F型Ⅳ式1、Q型Ⅳ式2，壶B型Ⅲ式1、E型Ⅳ式2、E型Ⅵ式1，罐F型Ⅶ式7、I型Ⅳ式2，瓶A型Ⅳ式1，器盖D型Ⅲ式1、G型1、F型1	
633	T1402	三	14	15	140×76－30	90°	陶鼎G型Ⅱ式2，豆F型Ⅳ式1、J型Ⅱ式1、L型Ⅳ式1，罐A型Ⅵ式1、I型Ⅴ式1，器盖B型Ⅳ式1、F型Ⅳ式1，甑D型Ⅰ式1	
635	T1352	三	15	16	90×50－24	90°	陶鼎D型1，盆B型Ⅳ式1	
636	T1352	三	15	16	110×65－30	90°	陶甑1	
653	T3029	三	2	4	108×58－20	0°	陶碗1	
707	T3226	三	5	6	150×66－22	90°	陶盘1、豆R型1	
783	T5362	三	5B	F86	235×97－26	90°	残陶器	
784	T5362	三	5B	F86	50×40－24	90°	残陶器	
789	T5212	三	5B	F86	160×76－12	90°	陶杯C型Ⅱ式1、E型1，盘1	
790	T5314	三	5B	7	165×66－20	90°	残陶器	
791	T5312	三	5B	7	140×60－20	90°	残陶器	

附表一九　　　　　　　　　　**屈家岭文化瓮棺葬登记表**　　　　　　　　单位：厘米

墓号	分期	所在探方	层位 上	层位 下	墓坑 形状	墓坑 尺寸 径－深	葬具	随葬品	备注
15	一	T3028	2	3	圆形，斜直壁，圜底	45－30	陶瓮B型Ⅰ式1		
125	一	T7351	3B	4	圆形，斜弧壁，圜底	58－20	陶盆A型Ⅰ式1		

续附表一九

墓号	分期	所在探方	层位		墓　坑		葬具	随葬品	备注
			上	下	形状	尺寸 径－深			
126	一	T7351	3B	4	圆形，斜弧壁，圜底	55－15	陶釜 A 型 1	陶篮 B 型 Ⅱ 式 1	
127	一	T7351	3B	4	圆形，斜直壁，平底	12－8	陶瓮 B 型 Ⅰ式 1	陶篮 B 型 Ⅱ 式 1	
154	一	T7401	3B	4	圆形，斜直壁，平底	38－32	陶碗 G 型 Ⅰ式 1，瓮 B 型 Ⅰ式 1		
225	一	T7401	10	17	圆形，斜直壁，平底	74－32	陶瓮 B 型 Ⅰ式 1	陶鼎 B 型 Ⅰ 式 1	被 M224 打破
226	一	T7401	10	17	圆形，斜弧壁，圜底	38－40	陶釜 A 型 1		
227	一	T7401	10	17	圆形，斜直壁，平底	46－37	陶釜 A 型 1		
256	一	T1403	10	16	圆形，斜直壁，平底	50－20	陶釜 A 型 1	陶罐 G 型 Ⅰ 式 1	
264	一	T7501	10	17	圆形，斜弧壁，圜底	66－21	陶釜 A 型 1	陶壶 H 型 1，罐 A 型 Ⅰ 式 1，篮 B 型 Ⅱ 式 1	
269	一	T7401	10	17	圆形，斜弧壁，圜底	35－20	陶瓮 B 型 Ⅰ式 1		被 H151 打破
272	一	T1452	1	17	圆形，斜弧壁，圜底	29－25	红陶罐		被 M318 打破
276	一	T1452	1	17	圆形，斜弧壁，圜底	50－22	陶罐 1		
281	一	T1452	10	17	圆形，斜弧壁，圜底	46－26	陶罐 1		被 M279 打破
320	一	T7351	10	17	圆形，斜直壁，平底	52－14	陶盆 A 型 Ⅰ式 1		
416	一	T7351	15	17	圆形，斜直壁，平底	56－31	陶釜 1、盆 A 型 Ⅰ式 1		打破 M417

续附表一九

墓号	分期	所在探方	层位		墓坑		葬具	随葬品	备注
			上	下	形状	尺寸 径－深			
433	一	T1401	16	17	圆形，斜弧壁，圜底	78－31	陶罐 G 型 I 式 1、碗 E 型 I 式 1	陶簋 A 型 I 式 1	
463	一	T7351	16	17	圆形，斜弧壁，圜底	78－32	陶釜 A 型 1、盆 B 型 II 式 1	陶壶 H 型 1，瓶 B 型 II 式 1，纺轮 B 型 I 式 1	
483	一	T1401	16	17	圆形，斜弧壁，圜底	50－48	陶釜 A 型 1、器盖 1		
490	一	T7351	16	17	圆形，斜直壁，平底	53－32	陶釜 A 型 1、器盖 B 型 I 式 1		打破 M491
500	一	T7401	10	17	椭圆形，斜直壁，平底	53×38－42	陶瓮 B 型 I 式 1	陶壶 C 型 I 式 1	
596	一	T1351	16	17	圆形，斜直壁，平底	71－32	陶瓮 B 型 I 式 1		
601	一	T7451	16	17	圆形，斜弧壁，圜底	75－52	陶釜 A 型 1		
776	一	T1177	3	4A	圆形，斜弧壁，圜底	30－25	陶鼎 1		
778	一	T1129	3	4A	圆形，斜弧壁，圜底	70－40	陶瓮 B 型 I 式 1		
779	一	T1178	3	III 期城墙	圆形，斜弧壁，圜底	68－20	陶瓮 B 型 I 式 1		
785	一	T1127	3	4A	圆形，斜弧壁，圜底	60－28	陶釜 A 型 1		
87	二	T3019	4	5	圆形，斜弧壁，圜底	80－41	陶罐 1		
140	二	T1401	3B	4	圆形，斜直壁，平底	40－20	陶瓮 B 型 II 式 1		
151	二	T7401	3B	4	圆形，斜直壁，平底	55－30	陶碗 G 型 II 式 1	陶豆 1	

续附表一九

墓号	分期	所在探方	层位		墓　坑		葬具	随葬品	备注
			上	下	形状	尺寸径-深			
191	二	T7401	3B	4	圆形，斜直壁，平底	56－30	陶瓮A型Ⅱ式1	陶豆A型Ⅴ式1	
244	二	T1403	10	16	圆形，斜直壁，平底	37－30	陶瓮A型Ⅱ式1	陶器盖1	
246	二	T1403	10	16	圆形，斜直壁，平底	50－28	陶盆A型Ⅲ式1		
260	二	T7451	10	16	圆形，斜直壁，平底	58－36	陶瓮B型Ⅱ式1	陶簋B型Ⅳ式1	
265	二	T1403	10	16	圆形，斜壁，圜底	40－32	陶瓮A型Ⅰ式1		
266	二	T1402	10	16	圆形，斜直壁，平底	40－38	陶瓮A型Ⅱ式1		
316	二	T7451	10	16	圆形，斜直壁，平底	60－16	陶瓮A型Ⅱ式1	陶簋B型Ⅳ式1	
322	二	T7401	10	16	圆形，斜直壁，平底	42－27	陶瓮B型Ⅱ式1	陶簋B型Ⅳ式1	
323	二	T1401	15	16	圆形，斜弧壁，圜底	56－30	陶瓮A型Ⅱ式1		
347	二	T1401	15	16	圆形，斜弧壁，圜底	54－38	陶瓮A型Ⅱ式1		
426	二	T1451	16	17	圆形，斜直壁，平底	40－30	陶瓮A型Ⅱ式1		被M352、M353打破
446	二	T7401	10	16	圆形，斜直壁，平底	45－24	陶瓮A型Ⅱ式1		
488	一	T1451	10	17	圆形，斜弧壁，圜底	50－40	陶碗D型Ⅰ式1、瓮A型Ⅱ式1		
501	二	T7401	10	16	圆形，斜弧壁，圜底	40－40	陶罐G型Ⅱ式1	陶簋B型Ⅴ式1	被M502打破；打破M518、M520

续附表一九

墓号	分期	所在探方	层位		墓 坑		葬具	随葬品	备注
			上	下	形状	尺寸 径－深			
520	二	T7401	10	16	圆形，斜弧壁，圜底	32－27	陶罐 1		
563	二	T1401	16	17	圆形，斜弧壁，圜底	40－25	陶瓮 A 型 I 式 1		
580	二	T1351	15	16	圆形，斜弧壁，圜底	60－50	陶盆 A 型 II 式 1，瓮 B 型 II 式 1		
612	二	T1451	16	17	圆形，斜直壁，平底	34－20	陶碗 G 型 II 式 1，瓮 B 型 II 式 1		
617	二	T1401	15	16	圆形，斜直壁，平底	71－60	陶瓮 B 型 II 式 1，器盖 1		
81	三	T1351	2B	3	圆形，斜直壁，平底	40－24	陶碗 D 型 III 式 1		
82	三	T1351	2B	3	圆形，斜弧壁，圜底	50－32	陶钵 B 型 I 式 1		
92	三	T1351	2B	3	圆形，斜弧壁，圜底	30－32	陶钵 1、釜 B 型 1		
93	三	T1351	2B	3	圆形，斜直壁，平底	34－33	陶钵 1、釜 B 型 1		
94	三	T1351	2B	3	圆形，斜弧壁，圜底	50－36	陶缸 C 型 1		
95	三	T7651	4	5	圆形，斜弧壁，圜底	75－37	陶钵 A 型 III 式 1，罐 G 型 III 式 1		
96	三	T7651	4	5	圆形，斜弧壁，圜底	62－26	陶碗 B 型 IV 式 1		
97	三	T7651	4	5	圆形，斜弧壁，圜底	48－23	陶钵 C 型 I 式 1		
98	三	T7651	4	5	圆形，斜弧壁，圜底	50－20	陶罐 1		

续附表一九

墓号	分期	所在探方	层位		墓坑		葬具	随葬品	备注
			上	下	形状	尺寸 径－深			
99	三	T7651	4	5	圆形，斜弧壁，圜底	75－31	陶缸 C 型 1，兽骨 1		
102	三	T1401	2B	3	圆形，斜直壁，平底	35－39	陶缸 C 型钵 1、B 型 Ⅱ 式 1		
105	三	T1401	2B	3	圆形，斜直壁，平底	50－42	陶缸 B 型 Ⅰ 式 1、Ⅲ 式 1，碗 D 型 Ⅱ 式 1		
106	三	T1401	2B	3	圆形，斜弧壁，圜底	63－53	陶缸 C 型 1		
107	三	T1401	2B	3	圆形，斜直壁，平底	40－36	陶钵 A 型 Ⅲ 式 1		
108	三	T1351	2B	3	圆形，斜弧壁，圜底	40－28	陶碗 D 型 Ⅳ 式 1		
109	三	T1351	2B	3	圆形，斜直壁，平底	80－38	陶缸 B 型 Ⅱ 式 1	陶盂形器 A 型 Ⅱ 式 1，杯 E 型 1、J 型 1	
110	三	T1351	2B	3	圆形，斜直壁，平底	50－56	陶瓮 1	陶簋 1	
111	三	T1351	2B	3	圆形，斜弧壁，圜底	39－25	陶瓮 1		
112	三	T1351	2B	3	圆形，斜直壁，平底	55－30	陶罐 1		人牙
114	三	T1401	2B	3	圆形，斜直壁，平底	25－22	陶瓮 C 型 Ⅰ 式 1	陶豆 O 型 Ⅳ 式 1，杯 A 型 Ⅰ 式 1	
117	三	T1351	2B	3	圆形，斜弧壁，圜底	45－28	陶瓮 C 型 Ⅱ 式 1	陶杯 M 型 Ⅰ 式 1	
120	三	T1351	2B	3	圆形，斜直壁，平底	40－30	陶瓮 1，碗 D 型 Ⅱ 式 1		
121	三	T7351	2B	3	圆形，斜弧壁，圜底	45－40	陶釜 C 型 Ⅰ 式 1		

续附表一九

墓号	分期	所在探方	层位		墓坑		葬具	随葬品	备注
			上	下	形状	尺寸 径-深			
122	三	T7351	2B	3	圆形，斜直壁，平底	65-21	陶盘 1		
124	三	T7351	2B	3	圆形，斜弧壁，圜底	38-21	陶罐 H 型 I 式 1，盆 B 型 IV 式 1		
128	三	T7351	2B	3	圆形，斜直壁，平底	56-26	陶罐 G 型 III 式 1		
129	三	T1401	2B	3	圆形，斜弧壁，圜底	37-25	陶钵 C 型 III 式 1		
130	三	T1351	2B	3	圆形，斜直壁，平底	42-28	陶罐 1		
132	三	T1351	2B	3	圆形，斜直壁，平底	53-21	陶罐 1		
134	三	T7401	2B	3A	圆形，斜弧壁，圜底	57-16	陶盘 1，器盖 K 型 II 式 1		
135	三	T7401	2B	3A	圆形，斜弧壁，圜底	58-15	陶釜 B 型 1		
137	三	T1401	2B	3A	圆形，斜弧壁，圜底	38-40	陶碗 F 型 III 式 1，瓮 1		
138	三	T1401	2B	3A	圆形，斜直壁，平底	39-30	陶釜 C 型 II 式 1		
139	三	T1401	2B	3A	圆形，斜弧壁，圜底	40-40	陶钵 A 型 III 式 1		
141	三	T1351	2B	3A	圆形，斜弧壁，圜底	65-60	陶罐 1，碗 G 型 VI 式 1		
142	三	T1401	2B	3A	圆形，斜直壁，平底	35-34	陶盆 A 型 III 式 1，釜 B 型 1		
150	三	T7401	2B	3A	圆形，斜弧壁，圜底	40-34	陶罐 H 型 III 式 1		
152	三	T7401	2B	3A	圆形，斜直壁，平底	50-28	陶盆 A 型 IV 式 1		

续附表一九

墓号	分期	所在探方	层位		墓坑		葬具	随葬品	备注
			上	下	形状	尺寸 径-深			
153	三	T7401	2B	3A	圆形，斜弧壁，圜底	55-32	陶钵 A 型 Ⅲ 式 1，瓮1		
172	三	T7401	2B	3A	圆形，斜弧壁，圜底	56-30	陶釜 B 型 1		
221	三	T7401	15	16	圆形，斜弧壁，圜底	66-22	陶釜 C 型 Ⅱ 式 1		
222	三	T7401	10	16	圆形，斜直壁，平底	48-36	陶器盖 K 型 Ⅰ 式 1		打破 M301
223	三	T7401	10	16	圆形，斜弧壁，圜底	52-40	陶釜 B 型 1		
224	三	T7401	10	16	圆形，斜直壁，平底	48-53	陶釜 C 型 Ⅱ 式 1		
228	三	T1401	10	16	圆形，斜弧壁，圜底	51-42	陶缸 C 型 1		打破 M229
229	三	T1401	10	16	圆形，斜弧壁，圜底	40-38	陶钵 B 型 Ⅱ 式 1		被 M228 打破
230	三	T1401	10	16	圆形，斜直壁，平底	44-38	陶钵 C 型 Ⅰ 式 1		
231	三	T1401	10	15	圆形，斜弧壁，圜底	44-24	陶碗 D 型 Ⅲ 式 1	陶杯 C 型 Ⅱ 式 1	
232	三	T1401	10	15	圆形，斜直壁，平底	40-16	陶釜 B 型 1		打破 M233
233	三	T1401	10	15	圆形，斜直壁，平底	43-20	陶罐 H 型 Ⅱ 式 1		
234	三	T1401	10	15	圆形，斜直壁，平底	52-30	陶罐 1		
235	三	T1401	10	15	圆形，斜直壁，平底	64-41	陶缸 B 型 Ⅱ 式 1		打破 M294
236	三	T1401	15	16	圆形，斜弧壁，圜底	42-38	陶罐 M 型 1	陶碗 F 型 Ⅲ 式 1	

续附表一九

墓号	分期	所在探方	层位		墓　坑		葬具	随葬品	备注
			上	下	形状	尺寸 径－深			
237	三	T1351	3	15	圆形，斜弧壁，圜底	52－37	陶釜C型Ⅱ式1		
238	三	T1351	3	15	圆形，斜直壁，平底	80－48	陶釜B型1		
239	三	T1402	11	15	圆形，斜弧壁，圜底	52－28	陶碗F型Ⅲ式1，罐D型Ⅳ式1		
240	三	T1403	10	16	圆形，斜直壁，平底	46－42	陶缸D型Ⅰ式1		
241	三	T1403	10	16	圆形，斜弧壁，圜底	38－20	陶釜B型1，钵B型Ⅱ式1		
242	三	T1403	11	15	圆形，斜弧壁，圜底	60－40	陶釜C型Ⅱ式1		
243	三	T1403	10	16	圆形，斜直壁，平底	44－70	陶缸C型1		
245	三	T1403	10	16	圆形，斜弧壁，圜底	31－22	陶钵A型Ⅲ式1		
247	三	T1404	10	16	圆形，斜弧壁，圜底	52－30	陶罐H型Ⅲ式1		
248	三	T1404	8	16	圆形，斜弧壁，圜底	52－36	陶罐1，盘D型Ⅲ式1		
249	三	T1404	8	16	圆形，斜弧壁，圜底	63－58	陶缸B型Ⅳ式1，鼎1	陶壶F型Ⅱ式1	
250	三	T1352	12	16	圆形，斜直壁，平底	51－12	陶瓮C型Ⅱ式1		
251	三	T1452	6	15	圆形，斜直壁，平底	50－20	陶瓮C型Ⅱ式1		
252	三	T1451	H150	15	圆形，斜直壁，平底	49－50	陶缸B型Ⅱ式1		

续附表一九

墓号	分期	所在探方	层位		墓坑		葬具	随葬品	备注
			上	下	形状	尺寸 径－深			
253	三	T1451	15	16	圆形，斜弧壁，圜底	68－32	陶釜 B 型 1	陶钵 C 型 I 式 1，碗 D 型 III 式 1	
254	三	T1452	6	15	圆形，斜直壁，平底	41－31	陶釜 B 型 1、碗 1		
255	三	T1452	6	15	圆形，斜直壁，平底	40－25	陶釜 B 型 1	陶罐 1、缸 1	
258	三	T7451	1	16	圆形，斜直壁，平底	59－22	陶罐 1	陶碗 G 型 IV 式 1	
259	三	T7451	6	15	圆形，斜直壁，平底	48－28	陶釜 B 型 1、盘 C 型 II 式 1		
261	三	T1501	1	16	圆形，斜弧壁，圜底	55－24	陶缸 B 型 II 式 1		
262	三	T1501	1	16	圆形，斜弧壁，圜底	50－12	陶釜 C 型 I 式 1		
263	三	T1501	1	16	圆形，斜直壁，平底	69－23	陶罐 B 型 II 式 1		
267	三	T7402	10	16	圆形，斜直壁，平底	60－11	陶罐 1		
268	三	T7402	10	16	圆形，斜直壁，平底	62－15	陶罐 1		被 H114 打破
270	三	T7401	10	16	圆形，斜直壁，平底	30－20	陶罐 B 型 I 式 1		打破 M269
274	三	T1451	1	16	圆形，斜直壁，平底	44－16	陶碗 D 型 II 式 1，釜 B 型 1		
275	三	T1451	1	16	圆形，斜直壁，平底	46－26	陶碗 D 型 II 式 1，釜 B 型 1		
277	三	T1452	1	16	圆形，斜弧壁，圜底	50－14	陶罐 1、豆 1		
278	三	T1451	H150	15	圆形，斜弧壁，圜底	40－18	陶釜 C 型 I 式 1		

续附表一九

墓号	分期	所在探方	层位		墓　坑		葬具	随葬品	备注
			上	下	形状	尺寸（厘米）径－深			
280	三	T7401	10	16	圆形，斜弧壁，圜底	72－12	陶釜 C 型 I 式 1		
282	三	T1402	11	16	圆形，斜直壁，平底	42－24	陶碗 D 型 II 式 1，瓮 C 型 I 式 1		
283	三	T1402	11	16	圆形，斜弧壁，圜底	34－14	陶钵 A 型 II 式 1，瓮 C 型 II 式 1		
284	三	T1401	10	15	圆形，斜弧壁，圜底	41－26	陶缸 E 型 1		被 M285 打破
285	三	T1401	10	15	圆形，斜直壁，平底	31－30	陶釜 C 型 II 式 1，钵 B 型 I 式 1		打破 M284
286	三	T1401	10	15	圆形，斜弧壁，圜底	70－30	陶缸 E 型 1	陶钵 B 型 I 式 1	打破 M295
290	三	T1351	3	15	圆形，斜弧壁，圜底	36－14	陶釜 C 型 II 式 1		打破 M290
291	三	T1352	4	15	圆形，斜弧壁，圜底	40－18	陶釜 C 型 II 式 1	陶壶 F 型 II 式 1	打破 M335、M541
293	三	T1451	10	16	圆形，斜弧壁，圜底	45－23	陶罐 1、壶 1		
294	三	T1401	15	16	圆形，斜弧壁，圜底	53－51	陶瓮 A 型 III 式 1，碗 1		被 M235 打破
295	三	T1404	15	16	圆形，斜弧壁，圜底	56－25	篮纹红陶罐 1		被 M286 打破
296	三	T1451	15	16	圆形，斜弧壁，圜底	40－31	陶缸 H 型 1	陶壶 G 型 III 式 1、F 型 II 式 1，盘 F 型 1	
297	三	T1403	11	16	圆形，斜直壁，平底	35－33	陶瓮 C 型 II 式 1		

续附表一九

墓号	分期	所在探方	层位		墓　坑		葬具	随葬品	备注
			上	下	形状	尺寸 径-深			
298	三	T7351	10	16	圆形，斜直壁，平底	46-34	陶罐 H 型 II 式 1		打破 M299
303	三	T1401	10	15	圆形，斜弧壁，圜底	44-37	陶碗 F 型 IV 式 1		
304	三	T1401	10	15	圆形，斜直壁，平底	41-29	陶釜 B 型 1，碗 D 型 IV 式 1，器盖 K 型 I 式 1		打破 M306
305	三	T1401	15	16	圆形，斜直壁，平底	59-41	陶罐 L 型 1，碗 I 型 1		
306	三	T1401	10	15	圆形，斜弧壁，圜底	50-34	陶釜 B 型 1		被 M304 打破；打 破 M307
307	三	T1401	15	16	圆形，斜弧壁，圜底	43-30	陶钵 A 型 II 式 1		被 M306、 M309 打破
308	三	T1401	10	15	圆形，斜弧壁，圜底	46-38	陶瓮 C 型 II 式 1		
309	三	T1401	10	15	圆形，斜弧壁，圜底	40-25	陶缸 B 型 II 式 1		被 M524、 M538 打破
310	三	T1401	10	15	圆形，斜直壁，平底	37-30	陶瓮 C 型 II 式 1		
311	三	T1401	10	15	圆形，斜弧壁，圜底	48-39	陶碗 D 型 IV 式 1		
312	三	T1401	10	15	圆形，斜弧壁，圜底	48-34	陶瓮 C 型 II 式 1		被 M537 打破
315	三	T1451	15	16	圆形，斜直壁，平底	46-26	陶瓮 C 型 II 式 1		被 M527 打破
317	三	T7451	10	16	圆形，斜弧壁，圜底	51-15	陶釜 B 型 1		
319	三	T1401	15	16	圆形，斜直壁，平底	55-30	陶碗 G 型 V 式 1，釜 B 型 1		

续附表一九

墓号	分期	所在探方	层位		墓坑		葬具	随葬品	备注
			上	下	形状	尺寸 径－深			
321	三	T1401	15	16	圆形，斜弧壁，圜底	50－37	陶釜1，钵A型III式1		
324	三	T1401	10	15	圆形，斜弧壁，圜底	50－38	陶釜C型II式1，碗D型IV式1		
325	三	T1451	10	15	圆形，直壁，平底	50－48	陶缸B型II式1		
326	三	T1451	10	15	圆形，斜弧壁，圜底	41－31	陶釜C型II式1，碗G型II式1、F型III式1、F型IV式1，罐H型II式1		
327	三	T1451	10	15	圆形，斜直壁，平底	42－26	陶碗D型II式1		被M328打破
328	三	T1451	10	15	圆形，斜弧壁，圜底	45－31	陶盘C型I式1		打破M327
329	三	T1451	10	15	圆形，斜弧壁，圜底	40－20	陶罐1		
330	三	T1451	10	15	圆形，斜直壁，圜底	50－38	陶釜C型II式1，碗D型III式1		
331	三	T1401	15	16	圆形，斜弧壁，底近平	46－38	陶瓮B型III式1，碗F型IV式1		
332	三	T1451	15	16	圆形，斜直壁，平底	42－7	陶釜C型II式1		
333	三	T7401	15	16	圆形，斜直壁，平底	37－10	陶瓮C型I式1		
340	三	T1402	15	16	圆形，斜直壁，平底	34－25	陶罐1		打破M339、M341
344	三	T1401	15	16	圆形，斜弧壁，圜底	52－20	陶釜C型II式1		

续附表一九

墓号	分期	所在探方	层位		墓坑		葬具	随葬品	备注
			上	下	形状	尺寸 径-深			
346	三	T1401	15	16	圆形，斜弧壁，圜底	62-34	陶釜 C 型 II 式 1		
349	三	T1351	15	16	圆形，斜直壁，平底	38-16	陶罐 G 型 III 式 1		
350	三	T1401	10	16	圆形，斜弧壁，圜底	38-27	陶釜 C 型 I 式 1	陶钵 1、杯 1	
351	三	T1401	10	15	圆形，斜直壁，平底	残 23-28	陶瓮 1	陶豆 1	被 M527 打破
352	三	T1451	10	15	圆形，斜弧壁，圜底	31-18	陶钵 C 型 IV 式 1		打破 M426
353	三	T1451	10	15	圆形，斜弧壁，圜底	43-19	陶缸 B 型 II 式 1		
354	三	T1451	10	15	圆形，斜弧壁，圜底	39-11	陶釜 B 型 1		被 M355 打破
355	三	T1451	10	16	圆形，斜直壁，平底	46-17	陶瓮 C 型 II 式 1		打破 M354
358	三	T1451	10	15	圆形，斜直壁，平底	30-30	陶罐 1、钵 1		
359	三	T1451	15	16	圆形，斜弧壁，圜底	54-11	陶釜 B 型 1	陶豆 C 型 1	
360	三	T1451	15	16	圆形，斜弧壁，圜底	42-26	陶釜 B 型 1		
363	三	T1451	15	16	圆形，斜直壁，平底	50-41	陶瓮 C 型 I 式 1		
364	三	T7303 (探沟)	15	16	圆形，斜弧壁，圜底	64-31	陶瓮 B 型 III 式 1	陶盆 A 型 VII 式 1	
366	三	T1402	14	15	圆形，斜直壁，平底	54-15	陶罐 F 型 V 式 1		
369	三	T1452	12	15	圆形，斜弧壁，圜底	45-20	陶罐 1		

续附表一九

墓号	分期	所在探方	层位 上	层位 下	墓坑 形状	墓坑 尺寸 径－深	葬具	随葬品	备注
370	三	T1452	12	15	圆形，斜弧壁，圜底	50－20	陶盘 E 型 1		
371	三	T1452	12	15	圆形，斜弧壁，圜底	42－17		陶钵 A 型 Ⅲ 式 1	
372	三	T1452	12	15	圆形，斜弧壁，圜底	54－18	陶罐 1		
373	三	T1452	12	15	圆形，斜弧壁，圜底	44－30		陶钵 C 型 I 式 1	被 M374 打破
374	三	T1452	12	15	圆形，斜直壁，平底	43－18	陶盆 A 型 VII 式 1，盘 C 型 I 式 1		打破 M373
375	三	T1452	12	15	圆形，斜弧壁，圜底	50－40	陶釜 C 型 II 式 1，钵 A 型 III 式 1		
376	三	T1452	12	15	圆形，斜弧壁，圜底	46－24	陶釜 B 型 1，钵 A 型 III 式 1		
377	三	T1452	12	15	圆形，斜直壁，平底	46－12		陶豆 A 型 VI 式 1	
378	三	T1452	F32	15	圆形，斜弧壁，底近平	54－44	陶缸 F 型 1、C 型 1	陶杯 E1 型	被 F32 打破
379	三	T1401	15	16	圆形，斜弧壁，圜底	48－20	陶罐 1		
380	三	T1401	15	16	圆形，斜弧壁，圜底	47－20	陶罐 1		
381	三	T1451	15	16	圆形，斜弧壁，圜底	78－76	陶釜 C 型 II 式 1		
382	三	T1451	10	16	圆形，斜直壁，平底	78－76	陶缸 A 型 I 式 1，盘 C 型 I 式 1		打破 M492
385	三	T1403	12	16	圆形，直壁，圜底	60－45	陶缸 D 型 II 式 1	陶杯 E 型 2	
386	三	T1403	12	16	圆形，斜直壁，平底	40－40		陶钵 B 型 II 式 1	

续附表一九

墓号	分期	所在探方	层位		墓坑		葬具	随葬品	备注
			上	下	形状	尺寸 径-深			
387	三	T1403	10	16	圆形，斜直壁，平底	56-45	陶罐 F 型 V 式 1		
399	三	T7451	10	16	圆形，斜直壁，平底	46-41	陶罐 1		
400	三	T7451	10	16	圆形，斜弧壁，圜底	60-31	陶釜 B 型 1，器盖 J 型 1		
403	三	T1403	12	16	圆形，斜直壁，平底	30-16	陶器盖 K 型 I 式 1		被 H157 打破
405	三	T1351	15	16	圆形，斜弧壁，圜底	56-11	陶釜 B 型 1		
407	三	T7401	10	16	圆形，斜弧壁，圜底	55-32	陶罐 1		
408	三	T1452	12	15	圆形，斜弧壁，圜底	43-17	陶罐 1		
409	三	T1452	12	15	圆形，斜直壁，平底	38-19	陶釜 B 型 1		
410	三	T1452	12	15	圆形，斜直壁，平底	41-23	陶罐 1		
411	三	T1452	12	15	圆形，斜直壁，平底	41 19	陶碗 F 型 VI 式 1、D 型 II 式 1		打破 M412
412	三	T1452	12	15	圆形，斜直壁，平底	51-22	陶碗 F 型 VI 式 1		被 M411 打破
413	三	T1402	H150	15	圆形，斜直壁，平底	36-25	陶盆 A 型 VII 式 1		
414	三	T1403	12	16	圆形，斜弧壁，圜底	59-49	陶缸 B 型 II 式 1		打破 M415
415	三	T1403	12	16	圆形，斜直壁，平底	80-80	陶缸 B 型 I 式 1、C 型 1	陶豆 O 型 II 式 1，壶 G 型 II 式 1	被 M414 打破

续附表一九

墓号	分期	所在探方	层位		墓坑		葬具	随葬品	备注
			上	下	形状	尺寸（厘米）径－深			
417	三	T7351	10	15	圆形，斜弧壁，圜底	39－30	陶盆 A 型 VII 式 1、B 型 III 式 1，碗 G 型 V 式 1		
423	三	T1402	14	15	圆形，斜弧壁，圜底	46－15	陶釜 B 型 1		
434	三	T1401	15	16	圆形，斜直壁，平底	60－55		陶壶 G 型 II 式 1，器盖 B 型 IV 式 1	
436	三	T1401	15	16	圆形，斜直壁，平底	58－43	陶瓮 C 型 II 式 1		
437	三	T1401	15	16	圆形，斜直壁，平底	46－29	陶瓮 C 型 II 式 1，钵 A 型 III 式 1	陶杯 1	打破 M438
438	三	T1401	15	16	圆形，斜直壁，平底	58－36	陶瓮 C 型 II 式 1		被 M437 打破
439	三	T1401	15	16	圆形，斜直壁，平底	78－60	陶缸 B 型 I 式 2		被 M440 打破
440	三	T1401	15	16	圆形，斜弧壁，圜底	72－30	陶釜 B 型 1		打破 M439
441	三	T1452	15	16	圆形，斜直壁，平底	40－18	陶釜 B 型 1		
466	三	T1351	15	16	圆形，斜弧壁，圜底	51－17	陶盆 D 型 II 式 1		
476	三	T1351	15	16	圆形，斜直壁，平底	70－60	陶钵 A 型 III 式 1	陶碗 F 型 III 式 1	
479	三	T1401	15	16	圆形，斜直壁，平底	50－20	陶罐 1、盆 1		打破 M478
492	三	T1401	15	16	圆形，斜弧壁，圜底	45－40	陶瓮 C 型 II 式 1		
502	三	T7401	10	16	圆形，斜弧壁，圜底	32－24	陶瓮 C 型 I 式 1		打破 M501、M503

续附表一九

墓号	分期	所在探方	层位		墓坑		葬具	随葬品	备注
			上	下	形状	尺寸 径-深			
503	三	T7401	10	16	圆形，斜直壁，平底	42-31	陶瓮 C 型 I 式 1		被 M502 打破
505	三	T1401	H150	15	圆形，斜直壁，平底	16-11	陶缸 A 型 II 式 1		
506	三	T1401	H150	15	圆形，斜弧壁，圜底	37-41	陶缸 D 型 III 式 1		
509	三	T1401	10	15	圆形，斜直壁，平底	40-40	陶盘 C 型 II 式 1，釜 B 型 1		打破 M561
510	三	T1402	12	15	圆形，斜弧壁，圜底	37-23	陶釜 C 型 II 式 1，钵 F 型 1		
512	三	T7451	10	16	圆形，斜弧壁，圜底	30-20	陶鼎 1，盖 1		打破 M517
513	三	T7451	10	16	圆形，斜弧壁，圜底	40-32	陶釜 B 型 1		
514	三	T7451	10	16	圆形，斜直壁，平底	30-21	陶釜 B 型 1	陶豆 H 型 1	打破 M515
515	三	T7451	10	16	圆形，斜弧壁，圜底	40-26	陶缸 B 型 I 式 1		被 M514 打破
516	三	T1501	10	16	圆形，斜弧壁，圜底	50-26	陶罐 1		
518	三	T7401	10	16	圆形，斜直壁，平底	50-35	陶罐 F 型 VII 式 1、I 型 III 式 1，釜 1，盆 D1		
519	三	T7401	10	16	圆形，斜弧壁，圜底	32-27	陶盘 1、釜 B 型 1		
523	三	T1401	10	15	圆形，斜直壁，平底	37-40	陶瓮 C 型 II 式 1		
524	三	T1401	10	15	圆形，斜直壁，平底	38-40	陶罐 1、钵 C 型 II 式 1		打破 M538、M309
525	三	T1401	10	15	圆形，斜直壁，平底	30-30	陶罐 1，盆 1，碗 H 型 II 式 1		

续附表一九

| 墓号 | 分期 | 所在探方 | 层位 | | 墓　坑 | | 葬具 | 随葬品 | 备注 |
			上	下	形状	尺寸径－深			
526	三	T1401	10	15	圆形，斜直壁，平底	40－30	陶钵 1		
527	三	T1401	10	15	圆形，斜直壁，平底	27－22	陶罐 1		打破 M351
528	三	T1402	H150	15	圆形，斜弧壁，圜底	46－27	陶罐 1		
529	三	T1402	12	15	圆形，斜弧壁，圜底	38－20	陶釜 B 型 1，碗 D 型 II 式 1		打破 M530
530	三	T1402	12	15	圆形，斜直壁，平底	40－22	陶碗 F 型 V 式 1		被 M529 打破
531	三	T1402	12	15	圆形，斜弧壁，圜底	46－29	陶盘 D 型 II 式 1		
532	三	T1402	12	15	圆形，斜弧壁，圜底	41－25	陶釜 C 型 II 式 1		
537	三	T1401	10	15	圆形，斜直壁，平底	30－40	陶缸 B 型 I 式 1，釜 1		打破 M538
538	三	T1401	10	15	圆形，斜弧壁，圜底	35－46	陶瓮 C 型 II 式 1		被 M524、M537 打破
539	三	T7501	1	16	圆形，斜直壁，平底	41－11	陶碗 D 型 III 式 1		
543	三	T1402	12	15	圆形，斜直壁，平底	38－26	陶钵 A 型 III 式 1		
546	三	T1401	H150	15	圆形，斜弧壁，圜底	37－31	陶缸 B 型 III 式 1		
547	三	T1401	H150	15	圆形，斜直壁，平底	26－34	陶釜 B 型 1、盆 A 型 VI 式 1		
548	三	T1401	H150	15	圆形，斜直壁，平底	30－31	陶罐 1		被 M548 打破；打破 M549
549	三	T1401	H150	15	圆形，斜直壁，平底	44－40	陶瓮 C 型 II 式 1		

续附表一九

墓号	分期	所在探方	层位		墓坑		葬具	随葬品	备注
			上	下	形状	尺寸 径－深			
550	三	T1451	H150	15	圆形，斜直壁，平底	42－34	陶罐 1		
551	三	T1451	H150	15	圆形，斜弧壁，圜底	36－37	陶瓮 C 型 Ⅲ 式 1		
552	三	T1452	H150	15	圆形，斜弧壁，圜底	45－26	陶罐 1		
553	三	T1451	H150	15	圆形，斜直壁，平底	30－24	陶碗 D 型 Ⅳ 式 1、釜 B 型 1		
556	三	T1351	15	16	圆形，斜弧壁，圜底	73－45	陶壶 C 型 Ⅳ 式 1，器盖 K 型 Ⅰ 式 1		
560	三	T1401	15	16	圆形，斜弧壁，圜底	40－30	陶罐 H 型 Ⅲ 式 1		
561	三	T1401	15	16	圆形，斜直壁，平底	40－22	陶碗 D 型 Ⅳ 式 1，瓮 1		
562	三	T1401	15	16	圆形，斜直壁，平底	52－18	陶罐 G 型 Ⅲ 式 1		
564	三	T1401	10	15	圆形，斜直壁，平底	46－41	陶釜 B 型 1		
566	三	T1401	H150	15	圆形，斜弧壁，圜底	40－29	陶釜 B 型 1，碗 D 型 Ⅱ 式 1		
567	三	T1401	10	15	圆形，斜弧壁，圜底	49－20	陶罐 G 型 Ⅲ 式 1		
571	三	T1451	10	15	圆形，斜弧壁，圜底	38－34	陶罐 M 型 1		
572	三	T7401	10	16	圆形，斜弧壁，圜底	40－35	陶罐 H 型 Ⅱ 式 1		
573	三	T7401	10	16	圆形，斜弧壁，圜底	40－40	陶罐 1		
575	三	T1452	12	15	圆形，斜直壁，平底	35－34	陶瓮 C 型 Ⅱ 式 1		
625	三	T7451	15	16	圆形，斜直壁，平底	50－30	陶缸 B 型 Ⅲ 式 1，碗 1		
652	三	T3029	2	3	图形、斜弧壁，圜底	70－30	陶罐 G 型 Ⅲ 式 1		

续附表一九

墓号	分期	所在探方	层位		墓 坑		葬具	随葬品	备注
			上	下	形状	尺寸 径－深			
839	三	T7453	2B	2C	圆形，斜直壁，平底	90－40	陶缸 D 型 III 式 1		
907	三	T1624	4C	6	圆形，斜壁，圜底	50－30	陶釜 B 型 1		

附表二○　　　　　　　　　石家河文化土坑墓登记表　　　　　　单位：厘米

墓号	所在探方	分期	层位		墓 坑 长×宽－深	方向	随葬品	备注
			上	下				
209	T5261	一	4B	5	220×66－10	10°		
213	T7056	二	2	8	150×50－18	256°	陶罐1，瓮1	
214	T5261	一	4B	F56	148×88－20	133°	陶鼎 A 型 I 式 2、缸 A 型 I 式 2、盘 A 型 III 式 1，釜 B 型 I 式 2	
710	T3326	一	4	5	162×72－20	95°	陶鼎1	
796	T1673	一	4C	5	146×48－16	0°	陶罐1	

附表二一　　　　　　　　　石家河文化瓮棺葬登记表　　　　　　单位：厘米

墓号	所在探方	分期	层位		墓 坑		葬具	随葬品	备注
			上	下	形状	尺寸 径－深			
197	T7003	二	2	3	圆形，斜壁，圜底	50－24			
203	T5211	二	2B	3A	圆形，斜壁，圜底	75－31			
216	T5361	一	3B	4B	圆形，斜壁，圜底	77－20	陶瓮 K 型 I 式 1		
217	T5409	一	3B	4B	圆形，斜壁，圜底	77－18	陶罐1		
787	T5413	一	4B	4C	圆形，斜壁，圜底	55－16	陶残鼎1		
792	T3072	一	3	7	圆形，直壁，平底	46－20	陶瓮1		
795	T1725	二	3	4	圆形，直壁，平底	55－30	陶釜1		
800	T3173	一	3	4	圆形，斜壁，圜底	60－40	陶釜1		
834	T7454	一	1	2A	圆形，斜壁，圜底	70－45	陶瓮1		
835	T7454	一	1	2A	圆形，斜壁，圜底	60－25	陶罐1		
874	T7402	一	1	2B	圆形，斜壁，圜底	70－30	陶釜 A 型 1		
875	T7402	一	1	2B	圆形，斜壁，圜底	50－25	陶罐1		

结 束 语

城头山古城址的田野考古工作连续进行了十一年，最大的收获是通过对城墙和护城河（环壕）的多处解剖精确地掌握了其地层关系，确认有四次筑城，最早一次筑城的时间为大溪文化一期，这是目前我国通过考古发掘已知最早的一次筑城。其后筑城工程的规模不断扩大，技术不断提高。如果连同筑城之前汤家岗文化时期的环壕一道研究，可以看到史前聚落从环壕到逐渐出现最初始的城墙进而发展到具有一定规模的城的演变过程。城头山古城的出现在中国文明起源这一漫长的历史中所具有的意义，我们在报告中未展开讨论，而只是为学术界提供了尽可以详尽的最原始的研究资料。

在洞庭湖平原出现早期的城，有学者认为其功能主要是防水。但考察了洞庭湖区乃至长江中游地区多处史前城址的地理环境后，发现这些城在择址时即已尽可能地选在丘陵和平原交界地带较高的地方。即使不设城，受到水患的可能性也较小。城头山所在，较澧阳平原大部分地方要高数米到十来米，1998 年大洪水都未能对其所在的徐家岗以及周边农田造成丝毫损失。在较其地势低很多的周邻同时期遗址也并未发现城墙设施，这似可反证城头山筑城的动因并不是，或主要不是考虑水患。那么最早的城主要是起什么作用呢？看来还是为了防御，即防御其他聚落对其财产和安全的侵袭。古代社会最重要的经济部门是农业，在长江中游地区主要是稻作农业。在城头山古城址发现的古稻田证明早在 6500 年以前稻作农业即已走过了最原始的阶段。各个聚落由于所处自然条件和其他因素的不同，稻作农业的发展水平有高低，收获有丰歉，因此财富在聚落之间已出现差别。城头山正处于丘陵进入平原区的地理环境，既能避水患，又可得水利，自然较其他聚落更富足，特别是可能有了剩余的粮食，从而引起其他条件较差的聚落的觊觎，引发一些掠夺性的争斗，这应是情理之中的事。这种争斗，或者早期战争，对于文明因素的催生具有何等的意义，正是学术界讨论的热点问题。

城头山古城址的发掘，揭露清理了近八百座墓葬、六百多个灰坑、数十座房址和十座陶窑以及其他重要遗迹，为我们认识当时的聚落形态，进而推论其社会组织结构提供了极为重要的资料。由于墓葬多，因此可修复的器物达到数千件，其时代从汤家岗文化一直延续到石家河文化。本报告较全面地公布了这些资料，应该会对长江中游史前文化谱系和编年的研究有所帮助。

城头山古城址的发掘，得到国家文物局、社会科学院考古研究所、北京大学考古文博学院、湖南省文物局的高度重视和关怀，得到澧县县委、县政府和当地群众的巨大支持和帮助，得到国内外众多考古学和其他相关学科学者的指导，我们深表感谢。

对于古城址的大面积发掘，作为我们来讲是第一次，没有经验是可想而知的。城址文化堆积厚、地层复杂、遗迹极多，即使有数十年田野工作经验的人也常遇到难解决的难题。而我们的发掘队伍动辄数十人，其中不少是初涉考古的年轻人。因此在地层掌握、遗迹的认识和清理等诸多方面都常有不准确之处。多年发掘，且分为数区，地层划分不可能完全一致。在报告的整理过程中，我们虽然尽可能地将其统一，但仍难避免有不尽如人意之处。而出土器物的整理，是由几位同志按考古学文化分工进行的，对于器物定名、型式划分的掌握也有差异。特别是定名，因系约定俗成，而很多种器物的名称容易混淆，比如碗、钵、盆、簋等食器，又比如罐、瓮、釜等容器。定稿时，虽作了一些改动，但要做到彻底，不仅工作量太大，而且牵涉面甚广，因此仍有很多遗憾，回过头来检查定名不妥之处甚多，型式划分也有一些需推敲之处。好在报告中器物图和照片发表比较充分，研究者自可纠正其不准确之处。

由于发掘时间紧，加上酸性土质而造成的墓葬人骨保存状况极差，因此除极少几座外，其余均未能作性别和年龄的鉴定。此外也还有一些标本需作分析、检测和鉴定，但至今尚未及进行或未取得结果，待以后有了结果再补充发表。

Chengtoushan in Lixian

(Abstract)

Located about 10 km northwest to the municipal center of Lixian 澧县, the Neolithic walled site Chengtoushan 城头山 (E 110°40′, N 29°42′) is under the administration of the Nanyue 南岳 Village, Chexi 车溪 Township, Lixian County, Hunan 湖南 Province. It was discovered by the local archaeologists of Lixian in a field survey in 1978.

Landscape of Lixian, which is higher in the northwest and lower in the southeast, consists of mountains, hills, plains and lakes. The mountains in the northwest, which are 150 ~ 550 m above the sea level, are parts of the Wuling 武陵 Mountains. They turn to be low hills about 50 ~ 120 m above the sea level when running to the east. Further eastward, there are wide open plains with a high density of rivers, lakes and channels. The plain area can be divided into two sub – districts – the alluvial plain of the tributaries north of the Li 澧 river, and the plain around the Honghu 红湖 lake. The Chengtoushan walled site, which is about 5 km away from the hills of the Jiuli 九里 Township, Linli 临澧 County, is just located at the center of the alluvial plain between the Cen 涔 river to the north and the Li river to the south. This flat wide alluvial plain, 34 ~ 52 m above the sea level, lower than 20 m in relative altitude and sloping from the northwest towards the southeast to the Li river, is part of the bank of the ancient Dongting 洞庭 lake basin formed during the Himalayas period. Groundwater level of the plain is low.

The site occupies the southern end of the eastern part of the flat – top Xujiagang 徐家岗 hill which is 45. 4 m above the sea level. The Tan 澹 river, a tributary of the Li river, runs from north to south along the west side of the hill, and turns to east along the southern end of the hill. The hill is about 2 m higher than the riverbed. Plain area to the east and south of the hill is 43 ~ 44 m above the sea level.

Situated at the northern edge of the semi – tropical inland monsoon zone, the Lixian County enjoys a climate with distinct four seasons, abundant sunlight and precipitation, an average temperature of 16. 5 ℃ and an annual precipitation of 1272 mm. The alluvial soil with affluent moisture and humus is well suitable for the growth of crops, cotton, oil plants and trees. Hence Lixian has long been the important marketable base of grains, cotton and oil plants. The high density of prehistoric sites discovered on the alluvial plain demonstrates that this area also had been suitable for the living of prehistoric residents.

About 80 sites dating to the early, middle and late Paleolithic have been found within this area. The Zhuma 竹马 site in Linli and the Shiligang 十里岗 site in Lixian are representatives of the Mesolithic sites. Platform – shaped house foundations were found at Zhuma. At Shiligang, were unearthed flint microlithic tools. The Pengtoushan 彭头山 culture (9000 ~ 7500 BP) witnessed the emergence of permanent residential settlements. More than ten sites of this period, including Bashidang 八十垱 and Lijiagang 李家岗 in Lixian and Jinjigang 金鸡岗 in Linli have been found. The quantity of sites increased to morn than 20 in the following Lower Zaoshi 皂市 culture dating to 7400 ~ 6800 BP. After then, the Tangjiagang 汤家岗 culture, the Daxi 大溪 culture, the Qujialing 屈家岭 culture and the Shijiahe 石家河 culture successively controlled this area and left nearly 400 sites. Several dozens sites of the Daxi and Qujialing cultures were recorded within the 5 km radius circle with Chengtoushan as the center. This is an important context for understanding the emergence of Chengtoushan.

The surrounding wall of Chengtoushan still can be recognized on the ground. Although in the 1970s, local peasants had taken earth from the eastern and southern parts of the wall to fill the surrounding moat for enlarging their arable lands, the round shape of the wall kept unchanged. According to our measurement, the wall is 315 m in south – north diameter, 325 m in east – west diameter, and encloses an area of 8 ha.

The wall is surrounded by a moat. The well – preserved northwestern part of the moat from the southwest to the eastern end of the northern wall is 460 m long, 35 m wide and 4 m deep. The eastern part of the moat from the eastern end of the northern wall to the southern end of the eastern wall had been filled in the 1970s. Yet a belt (35 m wide) of low paddy field (42 m above the sea level) can still be recognized on the ground. Between the eastern wall and the paddy field is a 50 ~ 90 m wide slow slope. The moat outside the southern wall also had been filled and now is wide paddy field with an altitude of 43 m. The total area within the outside bank of the moat is about 14 ha.

Excavations at the site started in the winter of 1991. Till the winter of 2001, excavations had been conducted in every autumn and winter of the 11 years. More than 200 archaeologists and scholars of other disciplines had participated the fieldwork directed by the Hunan Provincial Institute of Archaeology and Cultural Relics. Since cultural deposit of the site is 2 to 3 m thick with high density of features and complex stratigrphical context, we had only exposed 6402 sq m, which is about 1/13 of the site.

The excavations were concentrated in nine districts, besides some separated test ditches and test grids.

A principal aim of the excavations is to define the date of the wall. In the winter of 1991, we dug a test ditch at the southwestern part of the wall, partly because local villagers had destroyed part of the wall there when building a house. We originally planed a long ditch across the wall. However, due to several problems, only a short ditch which cut the inner part of the wall was dug to the culturally sterile bottom. Since the earliest cultural layer covering the inner part of the wall can be dated to the middle Qujialing culture, we inferred that the wall was established around 4800 BP. As the earliest surrounding – wall in prehistoric

China ever found at that time, it was elected as one of the top – ten most important archaeological discoveries in China in 1991.

In the excavation from the winter of 1996 to early 1997, we widened the test ditch and extended it to make a complete section of the wall as well as part of the phase I moat which is about 2.5 m deep. This excavation demonstrates that there are in fact four walls covered one by another of four successive phases. The earliest wall – the phase I wall against the western edge of the Xujiagang hill, is 11 m in bottom width and 1.5 m in remaining height. It is covered by a cultural layer containing typical ceramic vessels of early phase II of the Daxi culture. The calibrated dates of two carbon samples from the layer are 5730 ± 100 BP and 5920 ± 110 BP. Hence the wall might have been established earlier than 6000 BP. It is the earliest surrounding – wall ever discovered in China. The phase II wall covering the phase I wall might have been established during the phase II of the Daxi culture dating to about 5800 BP. The phase III and phase IV walls were built respectively in the early (about 5300 BP) and middle (about 4800 BP) Qujialing culture. After the accomplishment of the phase IV wall, the southwestern part of the wall was 37m in bottom width. It is now 16 m in top width and 4.8 m in remaining height. We also dug a test ditch across the northeastern part of the wall in that excavation. Stratigraphy of the ditch is almost the same with the first test ditch.

In order to get a better understanding of the exact position, size and structure of the moats of different periods, we dug more than ten long test ditches in the following excavations. The longest of them, which cuts the southeastern walls and moats of all the four phases, is 101 m long. Four test grids were also excavated in the district IX outside the southeastern wall. A full – coverage coring was conducted after the excavations, which sheds light on the relationship between the moats and natural rivers. The northeastern and southeastern corners of the moat of the Tangjiagang culture (about 6600 ~ 6300 BP) was found by the coring and an excavation afterward. The moat is 3 m wide and 1 m deep. No trace of the wall of the Tangjiagang period was found inside the moat.

According to the excavations, the phase I and phase II surrounding – walls only have one entrance in the south. A low wall, several meters wider than the entrance, was found outside the entrance. Facing the entrance, were discovered structures of posts and reed bundles, each nearly 20 m in length, at the inner and outer banks of the moat. A large number of several meters long logs with cut – marks, remains of rice and other vegetables, finely made wooden oars, wooden rudders were unearthed from the silt near the structures. Since steps towards the moat were found at the eastern side of the entrance, we infer that the structures might the remains of a dock.

No trace of ramming can be recognized on the phase I wall. When making a section on the wall northeast of the altar I, we found a shallow round pit near the bottom (between layer 1 and layer 2), within which there is a complete skeleton of a sacrificed male adult. Clear marks left by ramming tools were found at the bottom layer of the southern wall of phase II. In addition, the postholes discovered on the top of the eastern wall of phase II indicate that there might be a wooden fence. It seems that phase II witnessed a development of wall construction techniques. The walls of phase III and phase IV which were established respectively in the early and middle Qujialing culture can be recognized on the ground. Two entrances were found at the eastern and southern wall. The eastern entrance is 30 m wide and orientates 3 degree on the compass. A road paved with pebbles runs through the entrance and ends near the bank of the moat. The southern entrance is 30 m wide and orientates 13 degree on the compass. Two square platforms, more than 10 m in length and width, were found on the top of the wall beside the entrance – probably remains of guardhouses.

Important features unearthed within the wall include 80 houses, 447 pits, 57 ditches, 10 kilns, 790 burials (not including burials of historical time), three altars and two pieces of paddy field.

The early Qujialing houses F87, F57 and F23 discovered in district II were all established on man – made platforms. F57 has a passage in the middle, beside which there are two small rooms only 3 ~ 4 sq m in size. Small rooms of the same size were found at one end of the house. F23 has a living room and a kitchen with four hearths and complete ceramic vessels. F87, 88 sq m in size, is a palace – like single room architecture. A 2 m wide burnt earth paved road with gutters at both sides, was found running from west to east across the excavated area north of these houses. To the northwest of the road, there is a large square paved with burnt earth. Obviously, district II might have been an important public center during early and middle Qujialing period.

Most of the burials were found in district IV. The 553 pit – burials and urn – burials, mainly dating to phase IV of the Daxi period or the Qujialing period, were unearthed within an area of more than 500 sq m. Burials of phase I and II of the Daxi period distribute within the district VII north of the altar I. Noticeably, the three richest burials – M678, M679 and M680 were situated in a line. More than 30 finely made ceramic vessels were found around the well – preserved skeleton of the male adult deceased of M678. He is lying with an extended supine position and has two jade *huang* 璜 ornaments on his neck. Skull of a child was put on his left side. Two contracted burials without any burial offerings were discovered near two corners of M678.

Six of the ten kilns, all dating to phase III of the Daxi period, were discovered in district III. Beside the kilns, were unearthed workshops and pits for clay processing, water storing and earth taking. Artifacts found near the kilns indicate that different kilns might produce different vessels.

The largest altar and also the altar with the most accessorial features – altar I, was discovered in district VII. It is in the shape of an irregular oval, 16 m in long diameter from south to north, 15 m in short diameter from east to west and more than 200 sq m in size with a convex center and sloping sides. Part of the altar was destroyed in the 1992 excavation. Four types of features were discovered on the altar: 1) five round, shallow, level – bottom pits; 2) 13 contracted burials, 33 urn burials, all dating to phase I and II of the Daxi period; 3) 48 sacrifice pits; 4) 3 burnt earth piles at the eastern side, the southwestern side and the southeastern corner. The piles are covered by a thick layer of ash and painted pottery sherds – probably left by certain ritual ceremonies. Altar as early, large and complex as altar I has seldom found by present. Since it is located just beside the ancient paddy fields, some scholars argue that ceremony for good harvest might have been practiced on the altar. Yet others suggest that the large burials such as M678 near the altar indicate that the altar might have functioned as an arena for ancestor cult.

One paddy field was located in district VII in the northeast of the walled site. It was discovered under the phase I wall in the 1996 excavation. Deposit in the paddy field, which is obviously formed in a static − water environment, is green − grayish in color with cracks on the surface caused by alternate dry and wet process. Roots, stems and carbonized grains of rice, as well as remains of polygonaceae and shells were found in the deposit. Phytolith analysis shows that the percentage of phytolith of rice leaves and rice grains in this ancient paddy field is much higher than that in modern paddy field. This might be caused by the long − term usage of the ancient paddy field. Three field ridges running from northwest to southeast were unearthed in the winter of 1997. The first ridge is 40 long. The second ridge is 4. 6 m east to the first one. The area between the two ridges is about 0. 3 mu 亩 (1mu = 667 sq m). Two layers of cultivated soil can be recognized in this field. The calibrated dates of two carbon samples from the upper layer are 4320 ~ 4055 BC and 4230 ~ 3985 BC. Thermoluminescent date of the clay from the lower layer is 6629 ± 896 BP. All the dates fall in the Tangjiagang period and phase I of the Daxi period. This result is supported by the typological research on pottery found in the field. Hence the field is the earliest paddy field not only in China, but also in the world. Accessorial irrigation systems, including two ditches and three water storage pits, were found beside the paddy field. It might have been in function in the Tangjiagang period. The other paddy field, dating to phase I of the Daxi period, was found in district I. Thanks to the discoveries of prehistoric paddy fields, irrigations systems and altars, the Chengtoushan site again was elected as one of the top − ten most important archaeological discoveries in China in 1997, and one of the top − hundred most important archaeological discoveries in China in the twentieth − century.

More than 3500 complete and reconstructable ceramic vessels, nearly 1000 stone objects and some jade objects, bone objects, antler objects, linen textile and bamboo woven articles had been unearthed during the excavations. Remains of rice, millet, melon and dozens species of other vegetables were also found. All these discoveries are extremely important for researches on the origin and development of Chinese civilization, the urbanization in China, the origin and development of rice domestication and ancient religions in China, and the paleoenvironment.

According to the " Agreement of Sino − Japan Cooperative Research on Environmental Archaeo8y in the Liyang 澧阳 Plains and Related Archaeological Scientific Techniques" permitted by the National Council, the Hunan Provincial Institute of Archaeology and Culture Relics and the Japan National Research Center of lktevhational cultures had conducted an cooperative multi − disciplines research from 1998 to 2000. The main research topics include micro − environment of the Liyang plains; loess and landscape in the Liyang plains; phytolith and rice agriculture at the Chengtoushan site; pollen analysis and agricultural environment at the Chengtoushan site; botanic remains from the Chengtoushan site; faunal remains from the Chengtoushan site; insects, diatomite and parasites at the Chengtoushan site; genetic research on carbonized rice from the Chengtoushan site; extensive study on rice agriculture of the Chengtoushan site; reconstruction of architectures of the Chengtoushan site. Besides, dozens of samples have been taken for radio carbon dating.

Chengtoushan in Lixian contains two parts − the excavation report and the Sino − Japan cooperative archaeological research on prehistoric environment of the Liyang plain. The huge excavation report consists of three volumes. Contents of volume I include introduction, stratigraphy, periodization and features. Volume II talks about the artifacts. All the plates are in volume III.

(Translated by Li Xinwei)

澧県城頭山遺跡

（要旨）

　城頭山新石器時代古城遺跡は、湖南省澧県の県所在地より北西方向約10km離れる車渓郷南岳村に位置し、すなわち東経110°40′、北緯29°42の地点にある。1978年、澧県の考古学者による当該場所の調査を通じて古城遺跡が発見された。

　澧県の地形は、北西が高く、南東が低い形を呈し、地形に沿って順番に山地、台地、平野、湖沼といった四種類の自然区が現れる。県境の北西部は、武陵山脈の延長線にあり、海抜150～550mの山地である。東へ行けば、台地に変わり、海抜50～120mとなる。さらに東へ行くと、平坦な地形に広がりをみせ、河川や湖や水路の多い中東部平野区が現れる。この地域はまた、澧陽河川沖積平野亜区と湖濱湖平野亜区に分けられる。城頭山古城遺跡の所在地は、ちょうどこの澧陽河川沖積平野の中心部に位置し、西は台地の東縁である臨澧県九里郷と5kmほど離れる。

　城頭山遺跡は、徐家崗と呼ばれる台地東部の南端にある。徐家崗は海抜45.4m、両側の澹水河床より2m以上高い。城壁の東部から南部にかけて、海抜43m～44mの平野地帯が広がっている。

　澧県は中亜熱帯北縁の内陸性季節風気候区に属し、四季の移り変わりがはっきりし、日照が充足し、雨量が豊潤である。年間平均気温は16.5℃、年間降水量は1272mm、土壌に水分と植物の腐敗質が豊富に含まれ、食糧、綿花、植物油、植林、養蚕などの営みに適し、現在も湖南省における食糧、綿花、植物油などの商用農産物の重要な生産基地とされている。ここに有史以前の遺跡が密集していることは、澧陽平野の自然条件が人類の生存に極めて適していることを裏付ける。彭頭山文化（約9000年前～7500年前）時期は、既に露天集落の形で人類が住みつき、その後に続く皂市下層文化は約7400年前～6800年前にあたる。澧県平野において、既にこの発展段階にあたる遺跡を20ヵ所以上発見された。その後、澧県平野は、湯家崗文化、大渓文化、屈家嶺文化、石家河文化などといった多くの新石器時代の文化発達時期を経た。城頭山古城遺跡から5km周囲だけでも、文化財調査を通じて大渓文化と屈家嶺文化遺跡が数十ヵ所見つかった。城頭山古城がこの地域に現れたことは、古代文化発達の深遠な意味をもつことが分かる。

　城頭山城壁のほとんどは今もそのまま保存されているが、ただ20世紀の70年代頃、東と南の城壁は、農業用地をつくるために城壁の土で濠を埋め立てたことがあり、それで高さが低くなった。但し、城の外観全体からして、基本的に円形土城の姿がそのまま目に映る。城壁の実測値として、外壁の直径は南北315m、東西325m、面積は約8万㎡となる。

　城壁の外側に、城を囲む形の濠があり、今も南西から北側城壁の東端にかけて長さ460m、幅35m、深さ約4mの一部の川筋が残っている。外濠から起算して、その範囲を計算すれば、城頭山古城の面積は約14万㎡もある。

　城頭山の発掘は1991年から開始し、その後、毎年の秋冬季節に発掘を再開し、2001年の冬まで継続した。発掘作業は湖南省文物考古研究所のリーダシップのもとで進められ、前後にして発掘に参加された国内外の考古学者および研究者人数は合計100余名以上であった。発掘した面積は6042㎡あるが、城壁内の遺跡面積の僅か13分の1しかなかった。

　11年間にわたって9つのエリアが発掘された。これ以外に試掘用の溝や穴が若干あった。

　当初から確定した発掘の目的はあくまで古城の営造年代であったから、1991年の冬、城壁南西部の場所を選んで試掘用の溝を掘ることにした。掘ったところ、城壁内側斜面にある最も古い地層は屈家嶺文化中期に形成されたことが分かり、城頭山古城の造営年代を、今より約4800年前の屈家嶺文化中期に決めたわけである。当時において中国で発掘された最古の城として、城頭山古城遺跡は1992年中国十大考古学発見に選ばれた。1996年の冬から1997年の年初にかけて、南西部の城壁にある試掘用の溝を城壁の主体部と外側斜面のほうに広げ、城壁を貫通させた結果、実際四つの時期でつくられた城壁が重なっているといった地層関係が存在し、これらの相対的位置は少しずつ内側のほうにずらしていることが分かった。一番外側にある城壁は一期目の城壁であり、一期目城壁の内側斜面に重なった堆積土から大渓文化二期早期にあたる典型的な土器が出土された。これらのサンプルを中国地質科学院に依頼し、C14による年代測定をした結果、この二つのデータから得られた年代は、それぞれ5730年BC±100と5920年BC±110年であることが判明された。したがって、一期目古城の営造年代は6000年も超え、これは、今まで中国で見つかった古城のなかで最も古い年代に営造された城になった。また、この上に重なった二期目城壁の営造年代は大渓文化二期にあたり、約5800年前である。三期目城壁の造営年代は屈家嶺文化早期にあたり、約5300年前である。四期目城壁の造営年代は屈家嶺文化中期にあたり、約4800年前である。なお、四期目城壁が完成されたとき、南西部城壁の底辺部の幅は37mに達し、一番上の部分は幅16m、高さは4.8mであった。1996年の冬から1997年の年初にかけて、南西にある城壁を解剖したと同時に、北東部城壁の解剖も一応完成させたため、四期目古城の造営時期、城壁が互いに重なった地層関係を再び裏付けることができた。その後、古城遺跡内外の各場所にわたるボーリングを行った結果、四期目環濠および濠の内外斜面、そしてこれらと外側の自然河川との相互関係を解明することができた。同時に発掘とボーリングを通じて、古城が建造される前に、ここは湯家岡文化時期（約6600年前～6300年前）集落の環濠であったことも分かった。

　一期目城壁では、突き固めた土の痕跡ははっきり見られない。祭壇I北東部の城壁を解剖したときに、外側斜面の底辺部にある第一層と第二層の土の間に、円形の浅い土坑が見つかった。その中に完全な形をした成人男性の骸骨が城壁の勾配角度に沿って置かれているのが発見された。周りに副葬品がないことから、城を建造するときの生け贄だったと思われる。二期目城壁南側の底辺部には、突き固めた土の痕跡があり、また一期目、二期目の東側城壁が古水田に重なった部分の上には、柵を並べるために掘られた穴が見つかった。上記の状況から、二期目城壁の営造技術が一期目より向上されたことを物語る。今も地上に見える城壁は屈家嶺文化の早期、中期に建造された三期目と四期目のものであり、通路の出入り口は東側と南側にしかない。

古城内から発掘された重要遺跡として、建物は80ヵ所、土坑は447ヵ所、溝は57本、土器作りの窯は10ヵ所、墳墓は790ヵ所（有史以来のものは含まない）、祭壇は3ヵ所、古水田は2ヵ所あった。

第二発掘エリアから発掘された屈家嶺文化早期のものであるF87、57、23は、ともに土台型建物である。その代表としてのF87は、面積88㎡もある間仕切りのない殿堂型建築となっている。土台型建物遺跡群の北側に幅2mの赤い焼き土で舗装された道があり、その両側に排水溝が整備され、その北西部に赤い焼き土で舗装された広場がある。ここは明らかに屈家嶺文化早期から中期にかけて最も重要な建築エリアであり、人々の公共集会場でもあると思われる。

墳墓は第四発掘エリアのものが最も多かった。500㎡少し超えるエリアだけで出土した土葬墓と甕棺は553ヵ所、主に大渓文化四期と屈家嶺文化時期の墳墓である。大渓文化の一期、二期の墳墓は主に祭壇Ⅰの北側に位置する第七発掘エリアに分布されている。

土器作りの窯10ヵ所のうち6ヵ所は第三発掘エリアで発見され、大渓文化三期の窯であると思われる。同時に、この窯とセットしていた土坑、貯水池、土を取るための坑道および簡易な作業場も発見された。

祭壇は3つ発見された。最も規模が大きく且つ付属遺跡の多い祭壇Ⅰは第七発掘エリアにあった。祭壇は凡そ不規則な楕円形を呈し、北西から南東方向に並べられ、中間部の最も高いところから周辺に傾斜面をつくりながら下がる形を呈している。全体の面積は200㎡を超えることになる。祭壇の上に4種類の遺跡が発見された。すなわち、1、円形平底浅坑5つ。2、屈葬墳墓13基、甕棺墳墓33基、みな大渓文化一期と二期のものである。3、祭祀用坑48ヵ所、4、赤い焼き土の堆積場所3ヵ所、それぞれ東側斜面と南西方向と南側東端にあった。赤い焼き土の上に厚くたまった草木灰と大量の彩陶破片があり、燎祭といった祭祀の場所ではないと思われる。このような時代が古く、施設が揃い、規模が大きい祭壇遺跡は、これまで発掘されたもののなかでも大変珍しい。祭壇Ⅰが古水田の傍に位置することから、豊作を祈るための祭祀用施設ではないかと推測する人もいれば、また、祭壇の周辺に大量の墳墓が発見され、特にM678のような大型墳墓が存在していることから、先祖を祭るための祭祀施設ではないかという見方をもつ人もいる。

古水田は2ヵ所発見された。うちの一ヵ所は城内の北東部にあり、第七発掘エリアに属する。1996年の冬、東側城壁を解剖したときに、一期目城壁の底辺部文化層の下にある、生土の表面に青灰色を呈したきれいな静止水が沈積し、その土の中から籾殻、種籾、炭化米およびタニシなどが分別できた。土のサンプルを測定した結果、大量の稲籾のプラントオパールが検出され、古水田のプラントオパールが現代のものよりはるかに高いことが分かる。これは古水田の使用年数が長かったことから、プラントオパールが蓄積されたと見られる。1997年の冬に、北西から南東方向にはしる3本の畦が発掘された。第1水田の面積は約0.3畝（約200㎡）あり、一期目畦はみな生土から出来ていたが、のちに田んぼが盛り土されたため、生土の上に人工による新しい畦に被覆され、上下二期が同一の水田で形成されたことになる。香港大学では、この水田の上層部で採取された二つの土のサンプルに対し、AMS（加速器質量分析法）による年代測定を行い、校正年代はそれぞれ4320年BC～4055年BCおよび4230年BC～3985年BCにあることが判明された。いっぽう、その下層部の土に対し、熱放射光による年代測定を行った結果、採取された二つの土のサンプルとも年代は約6629年前±896年であることが確認された。上記二つの地層のデータはそれぞれ、大渓文化一期と湯家岡文化の時期にあたる。この年代測定データと地層関係および出土された土器破片の年代データは完全に合致した。城頭山古城遺跡で発見された水田は中国だけでなく、世界的にも今まで発掘されたもののなかで最も年代の古いものとなった。そのほか、水田とセットした原始灌漑システムも見つかり、このシステムには水路2本と池3ヵ所が含まれ、しかも湯家岡文化時期に既に使われていたことが地層分析から確認できる。もう一ヵ所の水田は第一発掘エリアにあり、時代は大渓文化一期にあたる。湯家岡文化、大渓文化一期の古水田、灌漑システム、大型祭壇などの発見により、城頭山遺跡は1997年に再び中国十大考古学発見に選ばれた。

　城頭山古城は11年間にわたる発掘を経て、出土したものに、形の完全な土器類は3500余点、石器類は1000点近く、ほかに玉器や骨器、角器、麻織物、竹編み物など多数あった。また、稲、粟、瓜などの農作物および数十種類の植物の種も見つかった。この豊富な考古学成果は、歴史、文物、芸術などの研究において重要な価値をもつだけでなく、中国の古代都市と文明、稲作農業、原始宗教、古代気候および生態環境の変化など、それらの起源と発達の研究においても得がたく、掛け替えのない貴重な資料を提供してくれる。この成果により、城頭山遺跡は2001年に「20世紀における中国考古学大発見100」に選出された。

　中国国務院から承認を得て、湖南省文物考古研究所と日本国際日本文化研究センターとの間で締結された『澧陽平野環境考古学調査およびハイテク技術による考古学調査に関する協議書』により、中日両国の考古学者は城頭山を重点に、1998年から2000年にかけて、澧陽平野環境考古学に関する学際的共同研究を行った。研究成果には、澧陽平野微地形環境の研究、澧陽平野のレスおよび地形の研究、城頭山遺跡に沈積された花粉分析による農耕環境の研究、城頭山遺跡植物遺体の研究、城頭山遺跡昆虫珪藻石および寄生虫分析、城頭山から出土した動物残骸鑑定および研究、城頭山遺跡炭化米の遺伝学研究、城頭山遺跡稲作に関する総合研究、城頭山建築遺構に関する復原等々あった。また、新型年代測定用加速器質量分析装置を用いて城頭山の数十のサンプルに対し、精密なC14による年代測定を行い、これらは城頭山遺跡に関する研究領域の拡張と成果の拡大につながった。

　『澧陽城頭山』は、『新石器時代遺跡発掘報告書』と『日中協力による澧陽平野環境考古調査およびその他の総合研究』の二大部分からなる。野外考古報告書は内容が多く、上中下の3

冊に分けられ、第 1 冊は『野外考古報告書』の序論と地層堆積および文化期の区分、遺跡など
の内容から構成され、第 2 冊、第 3 冊には遺物の部分、野外考古の図版がそれぞれ収められて
いる。

（鄔利明　蔡敦達訳）